हिमालय परिचय

Owing to the antiquity and rarity of this book, certain pages are regrettably absent, and readability is compromised due to the blurring of the original text. If you possess any insights regarding the availability of these missing sections, kindly inform us. Your assistance is crucial in ensuring the completion of this significant work for the benefit of future generations.

हिमालय परिचय

राहुल सांकृत्यायन

GYAN

Published by

GYAN

Gyan Publishing House
5, Ansari Road
Daryaganj, New Delhi-110002
Phone: 011-47034999, 9811692060
E-mail: books@gyanbooks.com

Distribution Network
gyanbooks.com
India, USA, Canada, UK, Australia

ISBN: 978-93-7097-028-1 (PB)

First Published, 1958

2nd Impression 2025

Printed at: Gyan Press, Delhi.

हिमालय परिचय

Author: **राहुल सांकृत्यायन**

हिमालय-परिचय

राहुल सांकृत्यायन

समर्पण

गढ़भूमिके सुपुत्र

श्रीमुकुंदीलाल

बी०ए० (कैंब्रिज), बैरिस्टर-एट्-ला

के करों में

प्राक्कथन

हिमालय किसको अपनी ओर आकृष्ट नहीं करता? मेरा तो उसके प्रति आकर्षण १९१० ई०से ही हुआ, और पिछले तैंतालीस वर्षोंमें उसके साथ इतना घनिष्ट संबंध हुआ, कि "स्वान्तः सुखाय" भी मुझे लेखनी चलानेकी जरूरत महसूस होने लगी। लिखनेका मतलब ही है, और अधिक परिचय प्राप्त करना। पहले मेरा ख्याल नहीं था, कि मैं "हिमालय-परिचय"पर कलम चलाऊंगा। यदि वैसा होता, तो इस ग्रंथ (गढ़वाल)को "हिमालय-परिचय (३) —गढ़वाल" नाम देना पड़ता, क्योंकि तिब्बत-संबंधी पुस्तकोंको छोड़ देनेपर "किन्नर देशमें" इस विषयकी मेरी पहली पुस्तक है, और दूसरी "दार्जिलिङ्-परिचय"। हिमालयके नेपाल, कूर्मांचल कुमाऊं, केदार (गढ़वाल), जलन्धर (शिमला-कांगड़ा या हिमाचल प्रदेश), और कश्मीर ये पांच खंड संस्कृतके पुराने ग्रंथोंमें माने गये हैं। "कुमाऊं" लिख लेनेपर मेरे मनमें ख्याल आया, कि "हिमालय-परिचय" लिख डालना चाहिए। यह प्रसन्नताकी बात है, कि नेपाल, कुमाऊं और गढ़वाल तीनों क्रमशः "हिमालय-परिचय" (३),(२),(१)के रूपमें लिखकर छप या प्रेसमें आ चुके। "किन्नर देशमें" को जलन्धर (हिमालय प्रदेश)का पूरा परिचय नहीं कहा जा सकता, तो भी उसके सबसे अधिक अल्प-परिचित प्रदेश—सतलजकी ऊपरी उपत्यका—के बारेमें उसमें काफी लिखा जा चुका है, और यदि हो सका तो अगले संस्करणमें उसे "हिमालय-परिचय (४)—हिमाचलप्रदेश"के नामसे परिवर्द्धित किया जा सकता है। तब दार्जिलिंगसे चम्बा (तिस्तासे चनाब) तकके हिमालयका परिचय पाठकोंके सामने आ जायेगा। साठ सालकी उमरमें किसी कामके लिए संकल्प करना अच्छा नहीं है। उसे तो सिर्फ हाथमें लिया जा सकता है। इसी ख्यालसे "हिमालय-परिचय (५)—कश्मीर"के बारेमें मैं संकल्प नहीं करता। इस पांचवें खंडको "मेरी लदाख-यात्रा"में स्पर्श किया गया है; किन्तु, कश्मीरके बारेमें विस्तृत लिखनेके लिए एक बार फिर वहांकी यात्रा (चौथी) करनी होगी, जिसके लिए मेरा स्वास्थ्य और शरीर आज्ञा नहीं देता।

हिमालयके पांचों खंडोंकी सीमायें प्राचीनकालमें एक जगह नहीं रही होंगी, यह तो निश्चय है, किन्तु पुरानी सीमायें अधिकतर स्थानीय भाषाओं या संस्कृ-

तियोंके आधारपर हुआ करती थीं, इसीलिए उनका परिचय पाना दिलचस्पीसे खाली नहीं होगा। मेरी समझमें नेपाल और कूर्माचलकी पुरानी सीमा करनाली और गंडकीके पनढरोंकी सीमा (जलविभाजक) थी, इसीलिए नेपालके पूरबिया और कुमाईं ब्राह्मणोंके मूलस्थान इसी पनढरके वारपार थे। नेपालके विद्वान आज भी कालीगंडकीके पश्चिम कुमाई ब्राह्मणोंकी भूमि मानते हैं। कूर्माचल (कुमाऊं) और केदार (गढ़वाल)की सीमा शारदा (महाकाली) और गंगाका पनढर है। बधान शताब्दियों तक कुमाऊनियों और गढ़वालियोंके झगड़ेका कारण बना रहा। केदार और जलन्धरकी सीमा आजकल देखनेसे जमुना या उसकी पश्चिमी शाखा टौंस (तमसा) मानी जा सकती है, यद्यपि जमुनापारी—जौनपुर और जौनसारके—लोग अपनी भाषा और रीति-रवाजसे गढ़वालियों और हिमाचल प्रदेशियोंसे भिन्नता रखते हैं। जौनपुर, जौनसारका मेल रवाईं (ऊपरी जमुना)से अधिक खाता है। जमुनाकी उपत्यकाके लोगोंको प्राचीनकालमें, हो सकता है, केदारके भीतर ही माना जाता हो। आज भी बदरी, केदार और गंगोत्रीकी तरह जमुनोत्री केदारखंडके भीतर है।

जलन्धर तब टौंसके पश्चिम माना जाता होगा, जैसा कि आजकल भी हिमाचल-प्रदेशकी सीमा उसे माना जा रहा है। यह विचित्रसी बात है, कि पुराने समयमें जलन्धरको पश्चिमी हिमालयका एक बड़ा खंड माना जाता था, जिसमें सतलज, व्यास, रावी और चनाबकी चारों नदियां बहती थीं; लेकिन, पीछे किसी समय मैदानमें आधुनिक जलन्धरके प्रदेशको वह नया नाम दिया गया। इसका क्या कारण हो सकता है? शायद पहाड़ी जलन्धरियोंने किसी समय पंजाबके इस मैदानी इलाकेको जीतकर अपने राज्यमें मिला लिया, और अपने एक नगरका नामकरण जलन्धर किया। जलन्धर नगर एक विशाल नगर होनेकी योग्यता रखता है, और ईसाकी आरंभिक शताब्दियोंमें वह वैसा महत्त्वपूर्ण नगर रहा भी। पंजाबियोंने सचमुच ही भांग खा ली, जब उन्होंने पंजाबीक्षेत्रके ऐसे अच्छे नगरके रहते अपनी भाषासे बाहर चंडीगढ़में राजधानी बनानी आरंभ की। आज करोड़ों रुपये लगाकर चंडीगढ़को आबाद किया जा रहा है, लेकिन क्या जाने उसकी भी अवस्था दौलताबाद जैसी हो। प्रदेश भाषाओंके अनुसार ही बन सकते हैं, इसलिए आज या कल किसी समय पंजाबी भाषाभाषियोंका एक प्रदेश बनकर रहेगा, और उसे पेप्सू, तथा पूर्वी पंजाबके रूपमें हरियानाको मिलाकर खिचड़ी पकाये रखना सम्भव नहीं हो सकेगा। उस समय जलन्धरका भाग्य फिर खुले, तो कोई आश्चर्य नहीं। तब चंडीगढ़को अपने संस्थापकोंके

नामपर रोना पड़ेगा, या उसे एक औद्योगिक केन्द्र बनकर जीवित रहनेका अधिकार मिलेगा।

जलन्धर-खंड (हिमाचल प्रदेश) के लिखनेका ख्याल अभी छूटा नहीं है।

इस ग्रंथको पूर्ण कहना उपहासास्पद होगा। पूर्ण तो वस्तुतः किसी ग्रंथको नहीं कहा जा सकता, क्योंकि हरेक पीढ़ी अपने अनुभव और ज्ञानके अनुसार ज्ञान-प्रासादकी एक ईंट ही रख सकती है, जिसपर आनेवाली पीढ़ियां अपने अधिक विशाल और गम्भीर ज्ञान तथा अनुभवके अनुसार प्रासाद खड़ी करती हैं। यदि मेरा "हिमालय-परिचय" पहली ईंट बननेके योग्य माना गया, तो मैं अपने प्रयत्नको सफल समझूंगा। इस पुस्तकके लिखनेमें अपने पहलेके लेखकोंसे मुझे बड़ी सहायता मिली, जिनके नाम जहां तहां आ चुके हैं। हिंदीमें श्री रतूड़ीका "गढ़वालका इतिहास" ही गढ़वालके इतिहासपर प्रकाश डालता है। समसामयिक लेखकके तौरपर महान् चित्रकार और कवि मोलारामका ग्रंथ बहुत महत्त्व रखता है, जिसकी प्राप्तिमें गढ़वालके सुपुत्र बैरिस्टर मुकुन्दीलालजीका मैं बहुत कृतज्ञ हूं। श्री शम्भूप्रसाद बहुगुणा द्वारा उद्धृत "मानोदय" काव्यके कुछ अंश भी दिशाप्रदर्शनमें बहुत सहायक हुए, उसके लिए उनका भी आभारी हूं। श्री विश्वेश्वरदत्त चंदोलाने अपनी संगृहीत पुस्तकोंको देकर मेरी बड़ी सहायता की, जिसके लिए उनका कृतज्ञ होना आवश्यक है। और जिन महानुभावोंने पुस्तकके लिखनेमें जो सहायता की, उन सबका नाम देना यहां सम्भव नहीं है, तो भी उनमेंसे कितनों हीके नाम जहां तहां आ चुके हैं। हिमालयने अंग्रेजोंको १९वीं शताब्दीके आरंभसे ही अपनी ओर आकृष्ट करना शुरू किया, और उन्होंने हिमालयमें गर्मियोंमें भी शीतल रहनेवाले नगर ही स्थापित नहीं किये, बल्कि उसके बारेमें भी पचासों लेख और पुस्तकें लिखीं। एट्किन्ससनका दो विशाल जिल्दोंमें 'हिमालय गजेटियर" कुमाऊं और गढ़वालवाले हिमालयके ज्ञानकी खान कहा जा सकता है। अंग्रेजीमें जितने भी महत्त्वपूर्ण ग्रंथ सुलभ थे, मैंने उनसे मधुसंचय करनेकी यहां कोशिश की है, और "क्वचिदन्यतोपि" कहनेकी तो अवश्यकता ही नहीं।

ग्रंथमें सभी तरहका परिचय दिया गया है, यह तो उसके अवलोकनसे ही मालूम होगा, और इसे दुस्साहस कहा जा सकता है, क्योंकि सभी देनेपर सभी बातें अपूर्ण रहती हैं। लेकिन, हिंदीमें अभी इस तरहके साहित्यका आरंभ ही हो रहा है, इसलिए कितनी ही बातोंके बारेमें दूसरे ग्रंथोंकी ओर संकेत करके नहीं छोड़ा जा सकता। हिंदीको अब हमारे देशमें वह सब काम करना है, जो अब तक

अंग्रेजी द्वारा होता रहा। "हिमालय-परिचय"की त्रुटियां मुझे मालूम हैं। त्रुटियोंको हटाकर और अच्छे ग्रंथको प्रदान करना हमारी नई पीढ़ीका काम है।

यह प्रसन्नताकी बात है, कि "हिमालय-परिचय (२)—कुमाऊं" और "हिमालय-परिचय (३)—नेपाल" भी प्रेसमें हैं। प्रकाशकोंसे हम आशा रखते हैं, कि वह इसी सालमें उन्हें प्रकाशित कर देंगे।

मसूरी, १०-३-५३ राहुल सांकृत्यायन

विषय-सूची

अध्याय १
प्राकृतिक रूप

अध्याय २

इतिहास

अध्याय ३.
भोटान्त

अध्याय ४.
(निवासी)

अध्याय ८

प्रसिद्ध ग्राम-नगर

अध्याय ९

यात्राओंकी तैयारी

अध्याय १०

यात्रायें

अध्याय ११

केदार-बदरी-यात्रा

अध्याय १२

जन-साहित्य

चित्र-नकशे

हिमालय-परिचय

(१)

गढ़वाल

अध्याय १

प्राकृतिक रूप

हिमालयको प्राचीनोंने पाँच खंडोंमें विभाग किया था—

"खण्डाः पंच हिमालयस्य कथिता नेपाल-कूर्माचलौ।
केदारोऽथ जलंधरोऽथ रुचिरः कश्मीर-संज्ञोऽन्तिमः।।"

जो हैं: (१) नेपाल, (२) कूर्माचल, (३) केदार, (४.) जलंधर और (५) कश्मीर। काली नदीसे पूर्व नेपाल-खंड है, कालीसे पश्चिम कूर्माचल या कुमाऊ नन्दाकोट और रामगंगा (पश्चिमी) तक है—जो आजकल अलमोड़ा और नैनी-तालके दो जिलोंमें विभक्त है। कूर्माचलकी पश्चिमी सीमासे जमुनातक अथवा गंगा और प्रायः जमुनाका सारा पनढर केदारखंड है, जो मध्यकालमें छोटे-छोटे ठाकुरों (सामन्तों) की ५२ गढ़ियोंमें विभक्त होनेसे गढ़, गढ़वाल या बावनी कहा जाने लगा। देहरादून भी वस्तुतः पूर्वकालमें गढ़वालका अंश रहा, किंतु अंग्रेजोंने मनमाना उसे निकालकर मेरठ कमिश्नरीमें डाल दिया, जबकि गढ़वाल कुमाऊँ-कमिश्नरीमें रह गया। १९४८ में जब रियासतोंको भारतका अभिन्न अंग बनाया जाने लगा, तो टेहरी राज्यको उत्तर-प्रदेशमें मिलाकर उसका एक स्वतन्त्र जिला रहने दिया गया। अगले अध्यायके पढ़नेसे मालूम होगा, कि किस तरह नेपाल-अंग्रेज युद्धके बाद अंग्रेजोंने गढ़वालको दखल करते हुए गढ़वाल (पँवार)-राजवंशको टेहरीवाला इलाका दे दिया, और बाकीको गढ़वाल और देहरादूनके दो जिलोंमें विभक्त कर दिया। गढ़वाल वस्तुतः कालीसे सतलजतक फैले मध्य-हिमालयका अंग है।

§१. मध्य-हिमाचल

मध्य-हिमाचलमें कुमाऊँ कमिश्नरीके चार और मेरठ-कमिश्नरीका देहरा-न—ये पाँच जिले सम्मिलित हैं। यहाँ १०,४५८ गाँव और १८ नगर हैं। त्र जिलोंमें अलमोड़ा और नैनीताल कुमाऊँमें है, तथा गढ़वाल और टेहरी

गढ़वालमें। देहरादून मुख्यतः गढ़वालियों और जौनसारियोंसे बसा है। मध्य-हिमाचलका क्षेत्रफल आदि निम्न प्रकार है—

	जिला	क्षेत्रफल (वर्गमील)	जनसंख्या (१९३१)	आय (१९३०)
कुमाऊँ	अल्मोड़ा	५३९०	५,८३,०००	२,६०,०००
	नैनीताल	५६५८	२,७७,०००	५,८२,०००
गढ़वाल	गढ़वाल	५६२९	५,३४,०००	२,४३,०००
	टेहरी	४५१६	४,००,०००	६,१४,०००
	देहरादून	११९३	२,३०,०००	१,५७,०००
			२०,२४,०००	१८,५६,००० रु०

§२. गढ़वाल

१. सीमा, क्षेत्रफल—

गढ़वालसे यहाँ वर्तमान गढ़वाल तथा टेहरी दोनों जिले अभिप्रेत हैं, जिसके पूर्व-उत्तरमें चीनगणराज्यका प्रदेश भोट (तिब्बत) है, पश्चिम-उत्तरमें हिमाचल-प्रदेश और दक्षिण तथा पूर्वमें उत्तर-प्रदेशके देहरादून, विजनौर, नैनी-ताल, अल्मोड़ाके जिले हैं। यह उत्तरी अक्षांश २९°, २६' और ३१° .८ तथा देशान्तर ७७° .४९' और ८०° .६ के बीचमें है। क्षेत्रफल १०१४५ वर्गमील है, जिसमें ४५१६ वर्गमील टेहरीका वतला चुके हैं।

२. उपत्यका-सौंदर्य—

वेदोंकी भूमि कुरु-पंचालका उत्तरी पड़ोसी होनेसे प्राचीनोंका ध्यान हिमालयके इस खंडकी ओर जाना स्वाभाविक था, किंतु, यह उनका अस्थाने पक्षपात नहीं था। हिमाचलकी कुछ अतिसुन्दर उपत्यकायें यहीं हैं। इसकी सत्यताके लिए नंदाकोट-हिमानीसे निकलनेवाली पिंडारी नदीकी सारी उपत्यका (उसके स्रोतसे कर्णप्रयागमें अलकनंदासे संगम) को देख लीजिये। कहीं सदाहरित देवदारों और वंजों (ओक, वान) के सुन्दर वन हैं। किसी जगह पानीके झरने और शीतल छाया श्रान्त पथिकके हृदयको प्रफुल्लित करनेको तैयार है। चाँदपुर पर्गनेकी धनपुर-पर्वत-श्रेणी अपने प्राकृतिक सौंदर्यके लिए प्रसिद्ध है। रमनी (दसोली), विरहीगंगाकी उपत्यका, सूखा-ताल, छिजो-

नली गाड, (वधाण)-उपत्यका भी गढ़वालके रमणीय स्थान हैं। गढ़वालका सर्वोच्च भाग सदा हिमाच्छादित रहता है, जो सारे क्षेत्रफलके एक तिहाईके करीब है। यही वह स्थान है, जहाँ कोई प्राणी या वनस्पति नहीं दीखते, और जहाँ प्राचीन कालसे सजीव देवताओंका निवास माना जाता है। उसके नीचेके शीतकालमें हिमाच्छादित रहनेवाले स्थानोंमें भी ग्राम या अरण्य नहीं है, किन्तु यही वह बुग्याल है, जो पशुपालोंका स्वर्ग है। वर्षामें यह सारी भूमि रंगबिरंगे हजारों प्रकारके पुष्पोंसे ढँकी रहती है। वर्षाकाल यहाँका वसंत है।

३. भाबर—कुमाऊँकी भाँति गढ़वालमें भी भाबरकी भूमि है, जिसे पातली-दून और कोटादून कहते हैं। यह पहाड़की जड़में देशके मैदानसे लगी समतल भूमि है। "ऊपरसे वहकर आई हुई मिट्टी और पत्थरसे दूण (दून)की घाटियाँ वनी हैं। जाँच करने वालोंने इसके तहकी मोटाई १७,००० फुट वतलाई है। गढ़वालका भाबर ५८ मील लंबा, और अधिकसे अधिक दो मील चौड़ा है। इसका अधिक भाग गंगा और गढ़वालके रक्षित-वनके बीचमें है, जिसके वहुत थोड़े ही भागोंमें काटकर खेत बनानेकी कोशिश की गई है। गंगा जैसी कुछ वड़ी नदियोंको छोड़ पहाड़की सारी छोटी-छोटी नदियाँ भाबरमें पहुँचकर अन्तर्धान हो जाती हैं, और कुछ मील बाद फिर ऊपर आती हैं। खेतीके लिए यहाँकी सूखी निर्जल भूमिमें सिंचाई बड़ी समस्या है। अंग्रेजी शासनके आरंभ (१८१५ ई०) में भी भाबर आबाद नहीं था, किन्तु कोटद्वारसे पाँच मील पश्चिम मावकोटमें कितने ही तालाबोंके अवशेष हैं, जिससे पता लगता है, कि पहले यहाँ बस्तियाँ थीं। पतली-दूनके नीचे पहाड़की जड़में कुछ गाँव उन्नीसवीं शताब्दीके आरंभसे ही बसे हैं। खोह और मालन (शकुन्तलाकी मालिनी) नदियोंकी नहरोंके भरोसे कुछ खेती अवश्य बढ़ाई गई है, किंतु इसका आरंभ १८६९-७० ई० में हुआ। उस समय कर्नल गर्सिनकी जिला-मजिस्ट्रेटीमें १८ गाँव तथा २०६९ बीघा[१] कृष्टभूमि थी। १८९९ में गाँवोंकी संख्या ६२ और कृष्टभूमि २५,५४२ बीघा हो गई—यह सब खोह और मालनकी नहरोंकी कृपासे ही। १९०७ में गाँव बढ़कर ६८ और कृष्ट-भूमि ३७,५६१ बीघा हो गई। भाबरको आबाद करानेका यह ढंग था—ठीकेदारको जंगलका कुछ भाग सरकारी नहरसे पानी पीनेके प्रबन्धके साथ ठीकेपर दे दिया जाता था। यही ठीकेदार आदमियोंको वसाते, जंगल कटवाकर खेत और गाँव आबाद करते। गाँवके काफी आबाद हो जानेपर वहाँके अपने

---

[१] **भाबरका साढ़े छ बीघा एक एकड़के बराबर होता है।**

हलबैलसे खेती करनेवाले परिवारोंके साथ खेतका बन्दोबस्त कर दिया जाता और मूल ठीकेदार गाँवका मुखिया बना दिया जाता ।

§३. पर्वत

१. पर्वत-श्रेणियाँ--

भाबरकी थोड़ीसी भूमिको छोड़कर गढ़वाल पर्वतोंकी भूमि है, जिसमें लक्ष्मणझूला-ऋषि केशकी १,००० फुटकी ऊँचाईसे नन्दादेवी त्रिशूलकी २५,६६० फुटकी उंचाइयाँ भी सम्मिलित हैं। गढ़वालमें मुख्यतः तीन प्रकारकी पर्वत-श्रेणियाँ हैं—(क) **हिमाल**, जिसकी नौसे ग्यारह हजार फुट ऊँची पर्वत-श्रेणियाँ नवंबरसे अप्रैलतक हिमाच्छादित रहती हैं। सत्रह हजार फुटसे ऊपर सदा हिम बनी रहती है। इसमें नन्दादेवी और बदरीनाथ दो श्रेणियाँ हैं। (ख) **दूदातोली** पर्वत-श्रेणी अलकनंदासे पूर्व और पिंडारसे दक्खिन है; (ग) **दीपाडांडा**—अलकनंदासे पूर्व एवं नयार नदीसे दक्खिनमें है। इन तीनों प्रकारकी पर्वत-श्रेणियोंका विभाजन निम्न प्रकार है:--

(क) हिमाल--

(१, २) **नंदादेवी-बदरीनाथ**—नंदादेवी तथा बदरीनाथ दोनों श्रेणियाँ पूर्वसे पश्चिमकी ओर २५ मीलतक फैली हुई हैं। नंदादेवी-श्रेणीमें ही नंदादेवी, नंदाकोट, त्रिशूल जैसी ऊँची चोटियाँ है; बदरीनाथ-श्रेणीमें बदरीनाथ, चौखंभा और केदारनाथ। यह दोनों श्रेणियाँ वस्तुतः एक ही श्रेणी है, जिसे कि अलकनंदाने (जल और लंबाईकी मात्राके आधिक्यकी दृष्टिसे वस्तुतः इसे ही गंगाकी मुख्य धार मानना चाहिए) पीपलकोटी चट्टीके पास काटकर दो टुकड़ोंमें बाँट दिया है। यह दोनों श्रेणियाँ एक दूसरेसे कुछ ही मीलके अंतरपर आकर गंगाकी धारकी ओर ढल जाती हैं। इस स्थानको हिमालय-द्वार (क्रौंच-द्वार) कह सकते हैं। इसीके भीतर १५९२ वर्गमीलका पैनखंडाका विशाल पर्गना गढ़वालका बहुत टंडा तथा सुन्दर भूभाग है।

(३) **कामेत-गंधमादन श्रेणी**—नंदादेवी-बदरीनाथ-श्रेणी तिव्वत (चीन) और भारतकी सीमा नहीं है। इस श्रेणीके उत्तरमें एक और विशाल हिम-पर्वत-श्रेणी है, जो दोनों देशोंको विभक्त करती है, उसीकी एक बाहींपर कामेत (२५, ४४३ फुट) शिखर है। इस श्रेणीकी औसत ऊँचाई १८,००० फुट है। नंदादेवी-बदरीनाथ-श्रेणीके पीछे होनेसे आदमीको पता भी नहीं लगता कि इस हिमालके पीछे भी एक और हिमाल है।

(४, ५) **गंगोत्री-जमुनोत्री श्रेणी**—टेहरी जिले में है ।

(ख) **अन्य श्रेणियाँ**—

(६) **तुंगनाथ श्रेणी**—बदरीनाथ श्रेणीसे तुंगनाथ होते यह पर्वतवाही अलकनंदा तटपर रुद्रप्रयागके पास पहुँचती है । यही केदारनाथसे आनेवाली मंदाकिनीकी उपत्यकाको अलकनंदा उपत्यकासे अलग करती है।

(७) **मंदाकिनी-श्रेणी**—केदारनाथसे निकलकर यह पर्वतवाही मंदाकिनी और भागीरथीकी उपत्यकाओंको अलग करती देवप्रयागतक पहुँचती है । इसका अधिकाँश भाग टेहरी जिले में है ।

(८) **रमनी श्रेणी**—अलकनंदासे पूर्व अवस्थित नंदादेवी-हिमालश्रेणीमें त्रिशूलसे चलकर यह पर्वतवाही नन्दकिनी और बिडहीकी उपत्यकाओंको अलग करती अलकनंदा-तट तक पहुँचती है ।

(९) **खमिल श्रेणी**—यह श्रेणी नन्दकिनी-उपत्यकाको पिंडार और कैल-गंगाकी से पृथक् करती है । इसकी **खमिल** चोटी १३,३५६ फुट ऊँची है ।

(१०) **नन्दाकोट-दूदातोली श्रेणी**—नन्दाकोटसे चलकर पिंडारके बायें तटसे होती पहिले दक्षिण-पश्चिम फिर पश्चिमकी ओर हो दूदातोली श्रेणीकी ओर जाती यह पर्वतश्रेणी गढ़वालकी पर्वत-श्रेणियोंकी कुंजीसे है । यही श्रेणी सरयू और गंगाकी जलविभाजक है, जिनमेंसे एक ओरका पानी बरमदेवमें जाकर पहाड़ छोड़ता है, और दूसरा हरद्वारमें ।

(११) **ग्वालदम-श्रेणी**—उपरोक्त (८) श्रेणीकी ही एक शाखा बधानगढ़-चोटीके पास रामगंगा (पश्चिमी) को गंगा और सरयू दोनोंके पनढरोंसे अलग करती है ।

(१२) **दूदातोली** (१३) **मुख्य श्रेणी**—जैसा कि पहले बतलाया, दूदातोली-श्रेणी हिमाल और उसकी शाखाओंसे एक स्वतन्त्र श्रेणी है, यद्यपि देखनेमें वह ग्वालदम-श्रेणीसे संबद्ध मालूम होती है । ग्वालदम-श्रेणी काले चूना-पत्थरकी है, जो बहुधा सीधी खड़ी है । लाखों वर्षोंसे क्षीण होते पाषाणोंने इसके निम्न भागमें बहुत उर्वर मिट्टी जमा कर दी है । दूदातोलत्त-श्रेणी सफेद दिखाई देते चकमक और बलुआ पत्थरोंकी है । सारे गढ़वालमें धीरे-धीरे ढलान लेते ऐसे पहाड़ नहीं हैं । इसके नीचेके भागकी मिट्टी बलुआ तथा अनुर्वर है । लोहबापट्टीमें जहाँ रामगंगाके पश्चिमको भूमि कृषिके लिए दरिद्र है, वहाँ पूर्वकी ओर वह बड़ी उर्वर है । हिमाल-श्रेणीके बाद सारे कुमाऊँ-गढ़वालमें दूदातोली-श्रेणी बहुत चौरससी ऊँची श्रेणी है, जहाँ ६,००० फुटसे १०,१८८ फुटके बीचमें ५० वर्गमील अच्छी कृष्टभूमि है ।

इससे निकलनेवाली कितनी ही बाहियाँ ८ से १० मीलतक ८,००० फुटकी ऊँचाई कायम रखती हैं।

(१४) **धनपुर-श्रेणी**—दूदातोलीकी पूर्वसे पश्चिमकी ओर जाती शाखा अपनी ताँबेकी खानोंके लिए कभी बहुत महत्त्व रखती थी और आगे भी रखेगी। वधाणगढ़ीकी दुरारोह काली पहाड़ी इसीमें है। यह अपनी ९,००० फुटकी ऊँचाई बहुत दूर तक कायम रखती है। और इसकी चोटियाँ तो ९,८०० फुटसे अधिक ऊँची हैं। आगे पूर्व और दक्षिणकी ओर चलती ७,००० फुटसे अधिककी खिरसू, देवीदत्त (पौड़ीके ऊपर) और रानीवागकी चोटियोंको लेते व्यासघाट पहुँचती है। शायद ही कहीं इसका डांडा ६,००० फुटसे कम ऊँचा है। दूदातोली- श्रेणी जैसा कि पहले कहा, नयार-उपत्यकाको अलकनन्दाकीसे पृथक् करती है।

(१५) **अमेली श्रेणी**—दूदातोलीकी यह शाखा दोनों नयारोंकी उपत्यकाओंको अलग करती नयार और अलकनन्दाके संगमतक पहुँचती है।

(१६,१७) **बिनसर-रानीगढ़-श्रेणी**—दूदातोलीकी यह श्रेणी नयार-उपत्यकाकी उत्तरी और पूर्वी सीमा है।

(१८) **खतली श्रेणी**—इसको दूदातोलीसे मिलानेवाली विनसर श्रेणी है। यह पूर्वसे अल्मोड़ाकी सीमापर खमलेकगढ़ीसे पश्चिममें रिखनीखालतक चली गई है। इसकी कितनी ही चोटियाँ ७,००० फुट ऊँची हैं।

(१९) **उताई-श्रेणी**—रिखनीखालसे आगे उपरोक्त श्रेणी चमेताखाल (४,००० फुट) तक चली जाती है। इसकी मुख्य चोटी ६,९०० फुट ऊँची है। चमेताखालसे आगे इसीके ऊपर कलोनगढ़ी (लैंसडोन) और लंगूरगढ़ीकी महत्त्वपूर्ण पहाड़ियाँ हैं। करौंदा (कीचका डंडा) से इसकी दो बाहियाँ हो जाती हैं,। जिनके बीचमें ह्यंल-उपत्यका है।

पैनखंडा—कुमाऊँके कमिश्नर मिस्टर बैटन (१८४८-५६ ई०) ने हिमाचलकी इस उच्च अधित्यकाके बारेमें सौ वर्ष पहिले लिखा था—"जोशीमठके पास नन्दादेवीके पश्चिम पार्श्वसे आनेवाली रिनी नदीके संगम तक यह सारी श्रेणी अत्यंत सौंदर्यशाली है। नदीतटतक ढलते दक्षिणी पहाड़ वंज (ओक), जंगली गुलाब (कुंज), पांगर, सफेदा (आदि) के घने जंगलोंसे ढंके है। वहाँ कहीं-कहीं सुन्दर गाँव हैं, जिनकी मुख्य शोभा है लाल मरसा और वत्थूके खेत। बदरीनाथ और नीतीकी उपत्यकाओंको पृथक् करनेवाली उत्तरी पहाड़ों तथा शिखरोंकी श्रेणी खड़ी उतराईके साथ धौली नदी पर पहुँचती है। रिनीके ऊपर

उपत्यकाके दोनों पार्श्व नियमपूर्वक हिमालयके वन्य सौन्दर्यको धारण करते हैं, यद्यपि यहाँ भी दुरारोह ऊँचाइयोंपर जहाँ-तहाँ कोई-कोई गाँव टंगे हुए हैं। यहाँ नदी चौड़ी और गहरी है, जिसमें कहीं ही कहीं उछलता पानी मिलता है। तल्ला पैनखंडा और मल्ला (ऊपरी) पैनखंडाको अलग करनेवाले दस-बारह मीलके उपत्यका-भागमें कोई गाँव नहीं है। बांजके वृक्षोंको छोड़कर अब हम देवदार-भूमिमें पहुँच चुके हैं। यहाँ पहाड़पर नीचेसे ऊपर तक केवल देवदार ही देवदारके जंगल हैं, जिनमेंसे कुछ अत्यंत विशाल तथा २७ फुटकी पेटीवाले भी पाये जाते है। मेजर गार्सिनने उनमेंसे एकको ३८ फुट तथा मिस्टर ममने जुमाग्वारमें दूसरेको ४५ फुट (३० हाथ) की मोटाईका नापा था।

"जुमासे मल्ला-पैनखंडा आरंभ होता है। प्रकृति अपनी विशालताके साथ यहाँ अत्यंत प्रियदर्शन हो उठी है। यहां हर खुली जगहमें ठीक स्विट्ज़रलैण्ड जैसे गाँव मिलते हैं, जिनके चारों तरफ देवदारके वृक्ष तथा ऊपर विशाल शैल—जिनके शीर्षस्थान पर चमकती हिमराशिकी सीमातक हरे जंगल—दिखाई पड़ते हैं। ....**मलारीसे** आगे हम एक अत्यंत सुन्दर उपत्यकामें चले, जहाँ शाखा फैलाये देवदार वृक्ष नदीकी धार तक चले आये थे। अब जंगलमें बीच-बीचमें चित्त-दयार (Pinus excelsa) और रघा भी मिले-जुले थे। कुछ गाँवोंको पार होते हम बम्पा, गमसाली आदिमें पहुँचे, जोकि १०,२०० से ११,००० फुटकी ऊँचाईपर बसे हुए हैं। बम्पामें देवदार समाप्त हो जाते हैं, और भुर्ज (भोजपत्र), चित्त छोड़ दूसरे वृक्ष पहाड़ोंपर दिखाई नहीं पड़ते, हाँ, निम्न भूभागमें, देवदार, हंसवदर (Gooseberries), Currants, जंगली गुलाब (कुंज) और पद्म अवश्य मिलते हैं।"

पश्चिमी धौली प्रदेशमें गिरथी और रिनी गंगाकी उपत्यकायें निर्जन, निर्वन सुनसान बयाबान हैं। ऋषि-उपत्यकासे नन्दादेवीके हिमाच्छादित शिखरका पूर्णदर्शन होता है।

२. पर्वतशिखर—

हिमाचल-पर्यटक सर जान स्ट्रेचीने लिखा था—"मैंने बहुतेरे युरोपीय पहाड़ोंको देखा है, किंतु अपनी विशालता तथा भव्य सौंदर्यमें उनमेंसे कोई हिमालयकी तुलनामें नहीं आ सकता। कुमाऊँ (गढ़वाल) की चोटियोंमें यद्यपि कोई उतनी ऊँची नहीं हैं, जितनी कि हिमाल-श्रेणीके दूसरे भागोंकी कुछ चोटियाँ—यहाँकी केवल दो ही चोटियाँ २५,००० फुटसे अधिक ऊँची हैं, किन्तु गढ़वाल-कुमाऊँ

हिमाल-श्रेणीकी औसत ऊँचाई सबसे बढ़कर है। २० मीलतक लगातार इसके कितने ही शिखर २२,००० से २५,००० फुटतक ऊँचे हैं।"[१]

गढ़वालके प्रधान-प्रधान हिमशिखर निम्न हैं—

(१) **कामेत**—(२५४४३ देशाँतर ७९°. ३५'; अक्षांश ३०°. ५५') गढ़वालका यह सर्वोच्च शिखर भीतरी हिमाल (कमेत)-श्रेणीमें पर्गना पैन-खंडाकी मल्ला-पैनखंडापट्टीमें विष्णुगंगा और धौलीगंगाके पनढरपर अवस्थित है। नीती और माणा दोनों ही इसके समीप हैं। इसकी हिमानीसे स्रवित जल नीचे जमा होकर देवताल बन जाता है।

(२) **कुन्लिङ्**—(२१,२२६ और २०,०३८ फुट)—यह बदरीनाथ-शिखरसमूहमेंसे एक है। विष्णुगंगा इन्हींकी हिमानियाँसे निकलती है। इनसे दक्षिण-पश्चिममें **नर** और **नारायणके** दो सुन्दर शिखर हैं। इनके पूर्वमें नील-कंठ (नीलाकाँठा) शिखर है। इनकी पूर्वी ढलानमें भगत-खडक और सतोपंथकी हिमानियाँ अलकनंदाका उद्गम हैं।

नन्दादेवी-समूहमें निम्न शिखर हैं—

	ऊँचाई (फुट)	
नन्दादेवी	२५५८९	
त्रिशूल (१)	२३४०६	(नंदादेवीसे दक्षिण-पश्चिममें)
त्रिशूल (२)	२३४९०	,, ,,
त्रिशूल (३)	२२३६०	,, ,,
दूनागिरि	२३५३१	(नन्दादेवीसे उत्तर-पश्चिम, और नीतीसे दक्षिण-पूर्व)

नंदादेवीसे पश्चिम बदरीनाथ-समूहमें—

	ऊँचाई (फुट)	
सतोपंथ (सत्यपथ)	२३२४०	
,,	२१९९१	
कुनलिङ्ग	२१२२६	(विष्णुगंगाका उद्गम)
,,	२००३८	

बदरीनाथ-समूहसे पश्चिम केदारनाथ-समूहमें—

(३) **केदारनाथ** (२२८४४ फुट)—इसके दो शिखर भारतखंड और

---

[१] "India"

खरचा-खंड क्रमशः २२८४४ और २१६९५ फुट ऊँचे हैं। इन्हीं शिखरोंके नीचे केदारनाथ तीर्थ है। इनके दक्षिण-पूर्वके सानुसे मंदाकिनी निकलती है। केदारनाथसे भागीरथी-उद्गम तक लगातार हिमाल है, जिसमें कितने ही शिखर २०,००० फुटतक ऊँचे हैं।

(४) **गौरीपर्वत** (७९° .४२'×३०°.४३')—मल्ला-पैनखंडामें कमेत शृंखलाकी एक चोटी है।

(५) **चौखंबा** (२०,००० फुट)—बदरीनाथ तीर्थके ऊपरकी चोटी, जिसकी हिमानियोंसे अलकनंदा निकलती है।

(६) **चन्द्रशिला** (१२०७१ फुट)—या तुंगनाथ-शिखिर चोपताचट्टीसे ३ मीलपर है। यहाँसे गढ़वालकी पर्वतमालाकी सुन्दर झाँकी होती है।

(७) **त्रिशूल** (२३,४०६ फुट, दे० ७९° .४५'×३०° .१८')—नंदादेवी-श्रेणीका यह शिखर-समूह है, जिसमें मुख्य शिखर २५,६६०फुट, दूनागिरि २३,१८४ फुट, नंदाकोट २२,५३० फुट और छंङाबंग २२,५१६ फुट है। त्रिशूल नंदादेवी समूहके दक्षिण-पश्चिमके भाग में है। नंदा (पार्वती) के पास शिवजीका त्रिशूल रहना ही चाहिए। त्रिशूलकी तीनों चोटियाँ एक सरल-रेखामें उत्तर-पूर्वसे दक्षिण-पश्चिम चली गई हैं। इनमें सबसे ऊँची उत्तर-पूर्वी छोरपर (२३,४०६ फुट) है। इसके और बिचले शिखर (२२,४९०)के वीच त्रिशूल-हिमानी है। तीसरा शिखर २२,३६० फूट ऊंचा है। डाक्टर लौंगस्टाफ १२ जून १९०७ के चार बजे शामको त्रिशूल-शिखरको विजय करनेमें सफल हुए।

(८) दूनागिरि (२३१८४ फुट)—

यह नंदादेवी-परिवारका एक शिखर है।

(९) **नंदादेवी** (२५,६६०°, दे० .८०'×अ० ३०° २०')—भारतका यह सबसे ऊँचा पर्वतशिखर तल्ला-पैनखंडा-पट्टीमें अवस्थित है। नंदादेवी पार्वतीका ही नाम है। अपने पिता हिमालयके घरमें रहनेसे नन्दा शायद ननांदासे ही बना। नवीं-दसवीं शताब्दीके प्रतापी कत्यूरी राजा अपनेको "नन्दाभगवती कमलकमला-सनाथमूर्ति" अथवा नंदाके सेवक कहनेमें गौरव अनुभव करते थे। उन्हें क्या मालूम था, कि नंदा-शिखर नेपाल-तिब्बत-सिक्किमके तीन शिखरोंको छोड़ एसियाका सबसे बड़ा शिखर है। त्रिशूल (२३,४०० फुट), दूनागिरि (२३,१८४) और नन्दाकोट (२२,५३०) इसी परिवारके शिखर हैं। नंदा-परिवार गंगा और सरयूका जलविभाजक है। नंदादेवी-शिखर इतना सीधा खड़ा है, कि उसपर हिम ठहर नही सकता। शिखरसे एक मील नीचे हर बारहवें वर्ष नन्दा भगवतीका मेला

लगता है। स्थानकी दुर्गमताके कारण वहाँ मुश्किलसे ५० श्रद्धालु पहुँच पाते हैं।

(१०) **बंदर-पूँछ** (२०,७३१ फुट, दे० ९८°. २८'×अ० ३१°. १')—टेहरीके रवाँई पर्गनेमें अवस्थित इस शिखरकी तीन चोटियाँ एक दूसरेके आमने-सामने हैं, जिनमें श्रीकंठ २०,१३५ फुट, वंदरपूँछ २०,७१८ फुट और जमनोत्री-काँठा २०,०२९ फुट हैं। इसके दक्षिण ओरसे जमुना निकलती है और पूर्वसे सीयागाड निकलकर झालाके पास भागीरथीमें मिल जाती है, पश्चिमोत्तर-पार्श्वमें टौंस (तमसा) निकलकर कालसी-हरिपुरके पास जमुनासे मिलती है। बंदरपूँछ नामकरणके वारेमें कहा जाता है, कि लंका-विजयके वाद अयोध्या लौटनेपर हनूमानजीने तपस्याके लिए बंदरपूँछको ही चुना। तवसे वह यहीं तप करते हैं। उनकी सेवाके लिए प्रतिवर्ष एक हृष्ट-पुष्ट वानर अयोध्या (हनुमानगढ़ी) से आकर हनुमान-गंगाके किनारे-किनारे बन्दरपूँछकी ओर जाता दिखाई पड़ता है। हिमालमें भोजनके अभावसे वह कंकालमात्र रह और शिखरपर अपनी पूँछ गँवा सालभर वाद लौट जाता है, फिर उसकी जगह दूसरा बंदर आ जाता है।

(११) **भारतखंड** (२२८,३३३, दे० ७९°. ६'×अ ३०°. ४४')—यह केदारनाथके दो शिखरोंमेंसे एक है, जिनके नीचे कि केदारनाथतीर्थ है।

(१२) **श्रीकंठ** (२०,१३० फुट)—केदारनाथके ऊपरवाले हिमालका यह एक शिखर है, जहाँ सतोपंथ हिमाल-श्रेणीका अन्त होता है।

(१३) **सतोपंथ** (२३,६६० फुट)—इसका दूसरा नाम सतोपथ भी है। यह, मल्ला-पैनखंडामें अवस्थित है। इसकी चार चोटियोंमें दो २१,९९१ और २३,२४९ फुट ऊँची है। सतोपथसे पूर्वमें माणा-घाटा है, जिसके पास २०,००० फुटसे ऊपर तीन, २१,००० फुटसे ऊपर तीन और २३,००० फुटसे ऊपरकी ऊँचाईके तीन शिखर हैं।

सुमेरु—सतोपथका ही दूसरा नाम है।

(१४) **स्वर्गारोहिणी (२०,२९५ फुट)**—केदारनाथकी तीन चोटियोंमेंसे एक है। इसकी उत्तरी ढलानसे केदार-गंगा निकलकर गंगोत्रीके सामने भागीरथीमें मिल जाती है और दक्षिण-पूर्वकी ढलानसे मन्दाकिनी तथा काली निकलती है। मन्दाकिनी रुद्रप्रयागमें अलकनंदासे मिलती है। इन्हीं पर्वतोंकी दरारोंमें "भृगुपंथ" और "महापंथ" नामक स्थान हैं, जहाँ "केदारकल्पके"[१] अनुसार—

---

[१] **पटल ५, श्लोक ४**

"आत्मानं घातयेद् यस्तु भृगुपृष्ठेषु मानवः।
इन्द्रेण धारिते छत्रे रुद्रलोकं स गच्छति ॥"

भृगुपृष्ठ(भैरवझाँप)से गिरके मरकर इन्द्र द्वारा धारित छत्रसे वंचित रहते लोगोंको एक शताब्दी हो गई। अंग्रेजोंने इसे बन्द कर दिया।

(१५) **हाथी-पर्वत** (२२,१४१ फुट दे० ७९°४२'×अ० ३०°४२')—मल्ला-पैनखंडामें अवस्थित यह पर्वत धौली और अलकनन्दाकी उपत्यकाओंको अलग करता है। इसकी आकृति कुछ कुछ बैठे हाथी जैसी है।

३. हिमानियाँ—

नंदादेवीसे गंगोत्रीतक कितनी ही छोटी-बड़ीं हिमानियाँ चली गई हैं, जिनमेंसे कुछके नाम हैं—

(१) अरहमनी (नंदादेवीसे पश्चिम)
(२) कमेत
(३) कोसा
(४) खैग्राम
(५) जुमा
(६) त्रिशूल
(७) थिअपका-बाँक
(८) पिंडारी
(९) बगात खरक (नालीकाँठासे नीचे)
(१०) बागिनी (द्रूनागिरिके सामने)
(११) बाँके
(१२) बेटातोली (लाटा खरकके पास)
(१३) भ्युदर-खरक (लकपाल कुंडके पास)
(१४) रायकाना
(१५) लवानी
(१६) सतोपंथ (माणा गाँवसे कुछ मील उत्तर-पश्चिम)

§४. नदियां

सारा गढ़वाल गंगा का पनढर है—यहाँ के प्रायः सभी स्थानोंका बरसाका जल भिन्न-भिन्न नालों-गाडों या शाखानदियोंमें होकर गंगामें जाता है। दरद

लोग जैसे सभी नदियोंको सिन्धु कहते हैं, वैसे ही गढ़वाली भी अपनी नदियोंको किसी-न-किसी गंगाका नाम देते हैं। यहाँकी मुख्य नदियाँ अलकनंदा, जमुना, टौंस, धौली, नंदकिनी, नयार, पिंडार, भागीरथी, भिलम, मन्दाकिनी, मालन, रामगंगा (पश्चिमी), रुपिन, विष्णुगंगा और सुपिन हैं, जिनके उद्‌गम और शाखाएँ निम्न प्रकार हैं—

	नाम	शाखायें	उद्‌गम आदि
१	अलकनंदा		विष्णुगंगा धौली=विष्णुप्रयाग
		सरस्वती	माणा डाँडेसे
		रुद्रगंगा	रुद्रनाथ (तुंगनाथ)
		पातालगंगा	तुंगनाथ
		विडहीगंगा	त्रिशूली-कंठाका पश्चिमपार्श्व
		बालासुती	पिंडारी हिमानीके उत्तरमें
		निगोमती	केदारनाथ शिखर पू० द०
		नंदकिनी	दूदातोली-श्रेणी
		पिंडार	नन्दादेवी-श्रेणी
		मंदाकिनी	केदारनाथ-श्रेणी
		नयार (पूर्वी, पश्चिमी)	
२	जमुना		बंदर-पूँछ
		टौंस	
३	टौंस		
		रुपिन	
		सुपिन	
४	धौली (प०)		नीती-डांडा
		गिरथी	कुङ-री-बुंग-री श्रेणी
		रिनी गंगा	नंदादेवी शिखर
		गनेश गंगा	
५	नंदकिनी		नंदादेवी, संगम नंदप्रयाग
६	नयार		„ संगम व्यासघाट
		पसीन	
		कोटा	

		छरा	
		पान	
		कूल	
७	पिंडार		संगम कर्णप्रयाग
		भाई गंगा	
		कैल गंगा	
		तलोर	
		गोपतारा	
		भवारी	
		तलिगर	
८	भागीरथी		गोमुख, संगम देवप्रयाग
		जाड़गंगा या जाह्नवी	
		भिलंगना	
९	मंदाकिनी		संगम रुद्रप्रयाग
		डमर	
		पाबी	
		काली	
		गाबिनि	
		ब्युम	
		पौन	
		धरमा	
		लस्तेर	
१०	मालन	(रामगंगाकी शाखा)	(भावरमें)
११	रामगंगा (प०)		लोहबापट्टीमें दूदातोली
		सूना	
		मंदाल	
		पलायन	
		खोह	
		मालन	
		खासण	
		विदासण	

१२	रुपिन	(टौंसकी शाखा)	
१३	विष्णुगंगा		कुनलिङ शिखर
		सरस्वती	माणा घाटासे
		सतपती	कुनलिङ शिखरसे
		पबिगर	,,
		सुपन	,,
१४	सुपिन		(टौंसकी ऊपरी धारा)

§५. ताल

गढवालमें कई ताल हैं, जिनमें हिमाल-श्रेणीके भीतरके सतोपंथ, लोकपालकुंड, देवताल बड़े हैं। १८९३ तक देवरीताल यहाँका सबसे बड़ा ताल था, जबकि पर्वतपातके कारण बिडरी गंगामें गोहना (दुरमी) ताल बन गया। यह नैनीतालसे तीन गुना बड़ा है। कुछ तालोंका विवरण निम्न प्रकार है—

१. **गुड्यार ताल**—दसोली पर्गनेकी मल्ली-दसोली पट्टीमें यह छोटा ताल है। पहिले यह आध मील लम्बा था, किन्तु १८६८ के पर्वपातने तालके पेंदेको पूरी तरह भर दिया। इसके कारण उस समय चमोलीचट्टी (लाल साँगा) में विश्राम करते ७३ यात्री बह गये।

२. **गोहना**—मल्ली दसोलीमें बिडही गंगाके किनारे गोहना गाँव है। सितंबर १८९३ में एक जबर्दस्त पर्वतपातके कारण नदीकी धारामें ९०० फुट ऊंचा, (नीचे ११,००० फुट तथा ऊपर २०००, फुट चौड़ा) बाँध बन गया। नदीका पानी एकत्रित होते जब (२५ अगस्त १८९४) बाँधके ऊपर पहुँच गया, तो उसने बाँधको तोड़ते भयंकर बाढ़का रूप लेते अपने मार्गमें प्रलय-लीला मचा दी। इंजीनियरोंने पहले ही हिसाब लगा लिया था, इसलिए प्राणहानि नहीं हुई। इससे श्रीनगरकी पुरानी नगरीको भारी क्षति हुई। पर्वतपातसे बने बाँधने अब वहाँ एक बड़ा ताल तैयार कर दिया है, जिसे पासके गाँवके नामसे गोहना-ताल कहते हैं। चित्रकार मोलारामके प्रपौत्र बालकराम जैसे कितनोंका विश्वास है, कि अंग्रेज इंजीनियरने अपनी भविष्यद्वाणी सच्ची सिद्ध करनेके लिए डाइनामाइटसे बाँधका थोड़ासा भाग तोड़ दिया।

३. **देवरीताल** (८,००० फुट, ४००× २५०×६६ गज)—ऊखीमठसे ६ मील उत्तर-पूर्व बदरीनाथसे नन्दकिनी नदीकी ओर आनेवाली पर्वतवाहीपर

८०० गज घेरेका यह ताल अवस्थित है। उत्तरी भाग में यह बहुत गहरा है, वैसे कहीं भी यह बहुत उथला नहीं है। इसके तटका दृश्य अत्यंत मनोहर है। विशाल दर्पणकी भाँति इसमें १५ मील पर अवस्थित बदरीनाथ-शिखर सिरसे पैरतक प्रतिबिंबित दिखाई पड़ता है। प्रातःकाल सारी बदरीनाथ-केदारनाथ हिमाल-श्रेणी सरोवरकी जलराशिके भीतर डूबी दीखती है। देवरीतालके चारों ओरकी प्राकृतिक सुषमा हिमालयके सर्वोत्तम दृश्योंमें है।

४. **देवताल**—पर्गना बधाणमें यह छोटा ताल है।

५. **भेकलताल** (९००० फुट)—यह छोटा (२० एकड़का) किन्तु अत्यंत सुन्दर ताल है, जो बधाण पर्गनकी पट्टी पिंगरपारके फलदिया गाँवसे १० मीलपर अवस्थित है। इसके तटवर्ती पहाड़ोंपर भुर्ज, बुराँश (गुराँश), केल और रिंगाल (पतले बाँसों) के घने जंगल हैं। पर्वत-प्राकारके भीतर सूर्यका ताप बहुत कम जा पाता है, जिससे जाड़ेमें गरमीमें भी तालके धरातलपर काफी मोटी बर्फकी तह जम जाती है।

६. **लोकपाल**—पाँडुकेश्वरसे १६ मील पूर्व यह सुन्दर सर या कुंड है। इसे हेमकुंडके नामसे सिक्खोंने अपना तीर्थ बना लिया है।

७. **सतोपथ (सत्पंथ)**—बदरीनाथसे १६ मील पश्चिम यह सरोवर है।

८. **सुबताल**—बधाण पर्गनेमें यह एक छोटी सी झील है।

§६. तप्तकुंड

गढ़वालके निम्न स्थानोंपर तप्तकुंड हैं—

१. कुलसानी	पिंडारके बायें तटपर
२. गंगनाणी	गंगोत्रीके रास्तेपर
३. गौरीकुंड	केदारनाथके मार्गपर
४. जमुनोत्री	जमुनोत्री तीर्थमें कई तप्तकुंड हैं, जिनमेंसे एकमें १९४°.७ गर्मी है
५. तपोवन	जोशीमठसे ७ मील (चार कुंड)
६. पलाई नदी	नदी तटपर बदलपुर-पट्टीमें
७. बदरीनाथ तप्तकुंड	(तापमान १२८° तक)
८. मौरी	पर्गना गंगा सलाणमें अमोला गाँवके पास

§७. भूतत्त्व और खनिज

१. भूतत्त्वीय विभाग—

भूतत्त्वकी दृष्टिसे गढ़वालकी भूमि तीन भागोंमें विभक्त है—

१. **उप-हिमालय**—गढ़वालके दक्षिणमें यह पतली-सी गिरिमेखला चली गई है। यहाँ वनाच्छादित छोटे पहाड़ हैं, जिनके ही बीच दून (द्रोणी) की पतली पट्टीसी मौजूद है। दूनकी १७,००० फुट मोटी बालू-रोडे आदिकी तहमें ऊपरी **तृतीय युगके** अलवण-सिंधु के पदार्थ मिलते हैं। इसके निम्न भागमें निम्न-सिवालिक (या नाहन) बलुआ-पत्थर है। इसके ऊपरी मध्य-सिवालिककी बलुआ-चट्टानें और फिर **ऊपरी-सिवालिककी** ढंडमंड चीजें हैं। उप-हिमालयके जंगलोंके आगे निम्न-हिमालयमें पहाड़ आमतौरसे ऊँचे हो गये हैं।

२. **बाह्य-हिमालय**—बाह्य-हिमालयकी भूमि और केन्द्रीय अक्षमें ऊँचे भूभाग तथा हिमाच्छादित चोटियाँ हैं। इसके दक्षिणार्धमें स्लेट, विशाल चूना, पाषाण हैं, जहाँ कहीं-कहीं मध्यजीवक युगके चूनापाषाणकी पट्टियाँ तथा उत्तरमें स्लेट-शिस्टोज, क्वार्ट्ज़ (बिल्लौर)-शिस्ट तथा आधारित लावाके प्रवाह भी मिलते हैं। शिस्टोज स्लेटके बाद, अभ्रक शिस्ट आ जाते हैं, जिनमें कहीं-कहीं आग्नेय संग-खारा (ग्रेनाइट) के पेवंद लगे हुए हैं।

३. **उत्तर-हिमालय**—हिमालयके केन्द्रीय अक्षसे उत्तर नीतीघाटाके पास यही तिब्बतीय जल-विभाजक है। इसकी चट्टानें और अवशेष सिलूरीय युगसे क्रेलकस (Crelaceoas) तकके सामुद्रिक तत्व मिलते हैं, जो इसकी बिल-कुल नये किस्मकी बनावटको बतलाते हैं।

२. खनिज

यहाँकी खनिज संपत्ति अपार है। किसी समय अपने ताँबे और लोहेके लिए मध्य-हिमालय बहुत प्रसिद्ध था। ताँबेकी खानोंमें अंग्रेजी राज्यके आरंभ (१८१५) तक अच्छा काम होता था। अंग्रेजोंको आरंभमें हिमालयके अनुकूल जलवायुको देखकर ख्याल आया था, कि अस्ट्रेलिया, दक्षिणी अफ्रीकाकी भांति इसे भी यूरोपीय उपनिवेश बना दिया जाये। लेकिन यह काम नौकरी या दूकान-दारीसे नहीं हो सकता था। अंग्रेज-परिवार तभी यहाँ स्थायी तौरसे बस सकते थे, जब कि यहींसे वह अपनी जीविका अर्जित कर सकते। इसके लिए उनका ध्यान चाय-बगान और फलोद्यानके साथ-साथ खनिज उद्योगकी ओर गया। गार्डनर कुमाऊँ-का प्रथम कमिश्नर ६ महीनेसे अधिक नहीं रहा और उस समय भी ट्रेल उसका

सहायक था। ट्रेलको आज्ञा हुई, कि यहाँकी धूनों (ओर) के नमूने कलकत्ता-टकसालमें भेजे। विशेषज्ञकी सम्मति धूनके अनुकूल नहीं मिली। १८२८ में कप्तान हरबर्टको इस कामपर लगाया गया। उसकी रिपोर्टका भी कोई परिणाम नहीं निकला—इंगलैण्डके खनिज उद्योगपति इसे क्यों पसंद करने लगे, कि भारतमें भी उनके उद्योगका प्रतिद्वंद्वी खड़ा हो जाये। लेकिन, अंग्रेज हिमालयको अंग्रेज-उपनिवेश बनानेपर तुले हुए थे। १८३८ में कप्तान ड्रमंडकी नियुक्ति हुई। ड्रमंड अपने साथ कार्नवालके एक खनक (विल्किन) को लाया। कंपनी-सरकारने ३४१५ का अनुदान दिया—"अपने उद्देश्यके लिए सबसे अनुकूल खानोंको परीक्षार्थ खोला जाये। उद्देश्य यही था "पता लगावें, कि क्या युरोपीय प्रबंधके आधीन काम करनेपर खानें लाभपूर्वक चल सकेंगी। इसके लिए तल्ला-नागपुरमें पोखड़ीको चुना गया।"[1] परीक्षा सफल नहीं हुई।

(क) आधातुक खनिज—

गढ़वाल प्रदेशमें अजबेस्तो, अभ्रक, गंधक, गृहपाषाण, ग्रेफाइट, जिप्सम्, नीलम, विजोत्रा, शिलाजीत जैसे अधातुक खनिज निकलते हैं, जिनके स्थान आदिका विवरण निम्न प्रकार है—

(१) **अज्बेस्तो**—इसे मुर्दा-कपास या पाषाणतूल भी कहते हैं। ऊखीमठसे थोड़ी दूर उत्तर अच्छे किस्मका अज्बेस्तो मिला है। मोरीके पाइप, लोहेके कारखानेकी ईटों आदिके बनानेके लिए इसकी बहुत माँग है, किन्तु, जबतक सस्ते यातायातका प्रबन्ध नहीं होता, अर्थात् पनबिजलीकी सहायतासे चलनेवाला रज्जुमार्ग (रोपवे) ऊखीमठतक नहीं बन जाता, अथवा बड़ी लारियोंके लिए मोटर सड़क नहीं तैयार हो जाती, तबतक वहाँ किसी कारखानेके खोलने या अज्बेस्तोंको ही अन्यत्र ले जानेकी बात बेकार है।

(२) **अभ्रक**—अभ्रक कई जगह मिला है, किन्तु उसके निकालनेका काम नहीं होता।

(३) **कोयला**—पत्थरका कोयला ढ़ेला (लालढंगके पास), चला और फीका नदियोंमें मिला है।

(४) **गंधक**—गढ़वालमें दो गंधकके चश्मे हैं। (१) एक मध्यमेश्वर मन्दिर (पर्गना नागपुर) के उत्तर-पूर्वमें हिमाल-श्रेणीमें है; (२) बीरी नदी

---

[1] British Garhwal Gazetteer (H. G. Walton, Allahabad 1910) p. 8.

के किनारे उसके अलकनंदाके साथ संगमसे दो मील ऊपर है। वीरीवाले चश्मेकी गंध दूरसे ही मालूम होने लगती है। इन दोनों चश्मोंसे गंधक निकालनेका काम नहीं किया जाता।

(५) **गृह-निर्माण सामग्री**—चूनापाषाण, गृहपाषाण और स्लेट आदि घरके बनानेकी सामग्री गढ़वालमें बहुत सुलभ है।

(क) **चूनापाषाण**—गढ़वालमें चूनापाषाणकी तीन पर्वत-श्रेणियाँ हैं—(१) एक नागपुर पर्गनेमें अलकनंदासे उत्तरमें है; (२) दूसरी लोहबापट्टीसे पिंडूरतक और फिर बछनस्यून पट्टीमें अलकनंदातक चली गई है; (३) तीसरी नयार नदीके दक्षिणमें मैदानकी भूमिसे समानान्तर चली गई है। वैसे छोटे-छोटे चूनापाषाणी पहाड़ और जगहोंमें भी मिलते हैं। श्रीनगरके पास रानी-बागमें चूना निकाला जाता है। वहाँ १९२३ में ६० आदमी काम करते थे।

(ख) **गृहपाषाण**—मकान बनानेके साधारण पत्थर हर जगह मिलते हैं।

(ग) **स्लेट**—पहाड़में मकानोंकी छतोंके लिए स्लेटका बहुत उपयोग होता है, और वह प्रायः सब जगह मिलता है। गहरे नीले रंगके स्लेट केवल लोहबामें मिलते हैं। लिखनेके लिए लोहेकी चादरपर सीमेंट जमाये स्लेट तथा छतोंके लिए टीनकी चादरें अब स्लेटकी प्रतिद्वंद्वितामें खड़ी हो गई हैं, तो भी गरीबोंके झोपड़े अभी भी स्लेटकी पट्टियोंसे ही छाये जाते हैं।

(६) **ग्रेफाइट**—पट्टी लोहबामें कर्णप्रयागकी सड़कपर यह खनिज मिला है। यह पेंसल तथा दूसरी चीजोंके बनानेमें काम आता है।

(७) **जिप्सम्**—रसायनिक खादमें जिप्सम् सबसे आवश्यक पदार्थ है। अलकनंदाके किनारे पनाई और नगरासूमें जिप्सम् पाया जाता है। गहरे नीले रंगका जिप्सम् भी मिलता है, जिसका बर्तन बनता है। जिप्सम्से पेरिस-प्लास्तर बनाया जाता है, किन्तु अभी हिमालयके जिप्सम्का उपयोग लेनेवाला कोई नहीं है।

(८) **नीलम**—भिलङ्ग पर्गनेमें भिलंगना नदीके उद्गमपर कच्चे नीलमकी खान है, शायद वहाँ नीचे पक्का नीलम भी निकले।

(९) **फिटकिरी**—इसकी खानें कोटगाँव और गगवाड़स्यूँ (पौड़ीके पास) में है।

(१०) **बिजोत्रा**—या कच्चे हीरेके टुकड़े बहुत जगह मिट्टीमें मिलते हैं।

(११) **शिलाजीत** (अलुमिना-गंधेत)—यह पैनखंडा और नागपुरके पर्गनोंमें चट्टानोंसे निकलता है। प्रतिवर्ष मार्चके महीनेमें चमोलीमें एस० डी०

ओ० इसका ठीका देते हैं, जिससे "४०० से १७३९ रुपये वार्षिक आमदनी होती है।"[१]

हरताल, साबुन-पाषाण आदिका भी यहाँ पता लगा है।

(ख) धातुक खनिज--

गढ़वालमें ताँबा, पारा, लोहा, सीसा, सोना जैसी धातुयें मिलती हैं, जिनका विवरण निम्न प्रकार है--

(१) **ताँबा**--जैसा कि पहले कहा, यह प्रदेश भारतके प्रमुख ताम्र-उत्पादक स्थानोंमें है, और इस उद्योगका उच्छेद अंग्रेजी शासनमें हुआ। गोरखा-शासन (१८०५--१५ ई०)में सरकारको ताँबेकी खानोंसे प्रतिवर्ष ५० हजार रुपयोंकी आय होती थी। कंपनीके बीस वर्षके शासनके बाद १८३८ में वह सौ रुपये रह गई। उस साल ३४१८ रुपयेके अनुदानसे जो तजर्बा किया गया, उसमें ७३८४ रुपयेका घाटा रहा। कमिश्नरने उसके बारेमें लिखा था--"इस तजर्बेकी असफलताको देखकर मेरा साहस नहीं होता, कि फिरसे नया तजर्बा करनेकी राय दूँ। इस प्रदेशकी ताँबेकी खानोंके बारेमें यही राय कायम कर सकता हूँ, कि इस समय उनमें पूँजी लगाना उचित सिद्ध नहीं होगा।" किन्तु विशेषज्ञ कप्तान ड्रमंडकी राय दूसरी थी। उनकी राय थी कि पहिले अनुदानको अनुसंधान और परीक्षणमें लगाना चाहिए था, लाभकी आशासे छोटे रूपमें कारबार शुरू करना ठीक नहीं था। १८४५ में मिस्टर रेकेनडोर्फकी भी सम्मति वैसी ही थी, और वह चाहते थे कि यह काम किसी प्राइवेट कंपनीको हाथमें लेना चाहिए। १८५२ में फिर खानोंमें काम लगाया गया, किन्तु सफलता नहीं हुई। आधी शताब्दी बाद १९०९ में फिर एक यूरोपियन कंपनीने कुछ जाँच-पड़ताल की, किन्तु कोई परिणाम नहीं निकला। यहाँकी धून (ओर) मुख्यतः पाइराइट और धूसर (Vitreous) ताम्र है। लाल ओषिद तथा हरा कार्बनेन भी कहीं कहीं मिलता है, किन्तु हरा कार्बनेत दुर्लभ है। खरना, डंडा, डूंगर, बखनास्यूँ, तालपुगला, थाला, धनपुर, धोबरी, नोता, पोखरी, बगौड़ी, राजाखान यहाँकी ताँबेकी खानें हैं, जिनमें मुख्य हैं देवेलगढ़ पर्गनेमें धोबली तथा धनपुरकी, एवं नागपुर पर्गनेमें पोखरीकी खानें। विशेष विवरण निम्न प्रकार है--

(१) अगरसेरा-- पट्टी लोहवामें लालगंगाके दाहिने किनारेपर

---

[१] Report on the Industrial Survey of Garhwal District, p. 18

(२) खरना	नागर नदीके संगमके पास वंगतालके नीचे (खरनाकी स्थिति थाला जैसी है) ।
(३) डंडा	पोखरीसे ढाई मील, थालासे १,००० हाथ ऊपर
(४) डुंगरा-बछनस्यूं	डोब गाँवके पास (पट्टी धनपुर, पर्गना देवलगढ़)
(५) ताल पुंगला	डंडासे एक मील उत्तर-पूर्व
(६) थाला	नोतासे एक मील उत्तर-पश्चिम । ईंधन पानी मौजूद है, यद्यपि खानमें भरजानेवाले पानीका निकास एक समस्या है ।
(७) धनपुर	खानें उत्तर ओरके एक ऊँचे पहाड़में अवस्थित हैं । धूनोंका स्तर उत्तरसे दक्षिणकी ओर चला गया है, जो कहीं-कहीं एक फुट मोटा है, १ इंचकी मोटाई आम है । खानोंके पहाड़के ऊपर होनेसे जलनिर्गमकी दिक्कत नहीं है, दीवारोंकी मजबूतीके कारण थूनी भी नहीं चाहिए ।
(८) धोवरी	(प० देवगढ़) धनपुर पहाड़के दक्षिण भागमें है । धोबरी-उपत्यकाके पश्चिमकी खानें अधिक अच्छी हैं । इनकी धूनमें २५% ताँबा है । पानी और ईंधन दोनों पासमें मौजूद हैं ।
(९) नोता	पोखरीसे ढाई मील उत्तर-पश्चिम । समीप हीमें उपयोगके लिए पानी और काष्ठ-ईंधन मौजूद है ।
(१०) पोखरी	यहाँ बहुत-सी खानें हैं ।

—केसवारा
—गगली
—चौमटिया
—दुइनेद
—देवथान

(११) राजाकीखान--राजाखानसे ९०० हाथ उत्तर, २५% ताँबा

—कुबेरचौक
—गजाचौक
—भरतवाल कुंड

(१२) बगोड़ी

(२) **पारा**—हिमाल-श्रेणीमें बतलाया जाता है।

(३) **लोहा**—ताँबेकी भाँति लोहेके लिए भी मध्य-हिमाचल प्रसिद्ध था। दिल्ली (कुतुव) की निर्मल लोहेकी लाट किसी समय यहींके अगरियोंने अपने लोहेसे बनाई थी। अगरियाँके पूर्वज कलिया लोहारने पाँडवोंके लिए हथियार बनाये थे, जिसके लिए आज भी अगरियाँ पाँच कोयला पहिले निकाल देते हैं—यह परंपरा चली आती है। वर्तमान शताब्दीके आरंभमें भी स्थानीय उपयोगका बहुतसा लोहा यहीं निकाला जाता था, किन्तु यन्त्रोंद्वारा उत्पादित सस्ते लोहेके सामने अगरियों के महँगे और नरम लोहेको कौन पूछता? यहाँकी धूनमें ७०% तक शुद्ध लोहा होता है, जिससे पुराने ढंगसे मनमें पाँच सेर ही लोहा निकल पाता था। धून काली, चुंबकिक, स्फटिन है। लोहेकी मुख्य खानें नागपुर, दसौली और इरियाकोटमें है। उनका विवरण निम्न प्रकार है—

(१) खुश	पैनखंडा पर्गनामें सीली-चाँदपुरके पास
(२) गीलेत	विचला-नागपुर पर्गनेकी पट्टी तल्ली-कालीफांटमें
(३) चलिया	पट्टी पैपूनमें
(४) चारवंग	पट्टी मल्ली-दसौली (धून पड़ोसी मोक खान जैसी है)।
(५) जाखटोली	पट्टी विचला-नागपुर
(६) डंडातोली	पट्टी हरियाकोट
(७) डुंगरा	
(८) तल्ली-चाँदपुर	पट्टी-बछनस्यूं में गढ़वालका सबसे अच्छा लोहा
(९) पिपली	पट्टी इरियाकोट
(१०) बुखंडा	पट्टी बिचला नागपुर
(११) मोक	पट्टी मल्ली दसौली (अत्यधिक चुंबकिक)
(१२) राजबुंगा	पट्टी सिली-चाँदपुर (पर्ग०-पैनखंडा) हेमेतित धून
(१३) लोहवा	(हेमेतित)
(१४) हाट	पट्टी मल्ला-नागपुरमें अलकनंदाके किनारे (पैराइट धून) केजणी, कैड़ली और भरपूरमें भी लौहधून है।

(४) **सीसा**—ताँबे-लोहेकी भाँति गढ़वालमें सीसेकी भी प्रचुरता है। नागपुरमें इसकी अच्छी खानें हैं, यद्यपि वह दुर्गम स्थानोंमें है। कुछ खानें निम्न स्थानोंमें हैं—

ऐंयार	टौंसके बाँये तटपर (जौनसार)
गोल	पट्टी खरोही

तच्छिरा	पर्गना धनपुर
बोरैला	टौंसके वाँये तटपर (जौनसार)
मैंयार	टौंसके वाँयें तटपर (जौनसार)
सोरगंगा	पट्टी मौदरस्यूंन

(५) **सोना**—अभीतक सोनेकी खानका पता नहीं लगा है, किंतु, उसकी संभावना कितनी ही नदियोंके बालूमें प्राप्त सोंनेसे पाई जाती है। अलकनंदा, पिंडार और सोनाके उद्गम गढ़वालके भीतर है। पिछली शताब्दीमें कप्तान हर्बर्टको अलकनंदाके तटपर कहीं ग्रेनाइट (संगखारा) की मातृकामें सोना प्राप्त हुआ था।

सोनाधुलाई—अलकनंदा, पिंडार और सोनगढ़के अतिरिक्त लछमन झूलातक गंगा, तथा सोनगढ़के संगमसे थोड़ा नीचेतक रामगंगा (पश्चिमी)की रेतमें सोना पाया जाता है। आजकल सोना नदीमें लालदर्वाजा और दुधियाके बीच धोर्णालोग (न्यारिये) सोना धुलाई करते हैं। यह भूमि जंगल-विभागके हाथमें है, जिसे सोनेसे वार्षिक २५ रुपये शुल्कके रूपमें मिल जाया करता था। ३० वर्ष पूर्व १०-१२ धोणिया प्राचीन ढंगसे सोना निकालनेका काम करते थे। उस समय एक आदमीको आध आनासे चार आना रोज मिल जाता था। सोनेका मूल्य चौगुना होनेसे यदि आय बढ़ गई होगी, तो खाद्यका दाम चौगुनासे भी अधिक हो गया है। धुलाईका समय जनवरीसे अप्रैलतक तीन-चार महीनेका है, जबकि धार क्षीणतम रहती है। धोणिये प्रतिवर्ष पाँच-सात तोला सोना निकाल लिया करते थे—१९२२ में ९ आदमियोंने ४ महीना काम करके ७ तोला सोना निकाला था, जिसका दाम २५ रुपया तोलाके हिसाबसे १७५ रुपया हुआ। २५ रुपया सरकारी शुल्क दे देनेपर १५० रुपया धोणियोंको मिला। १९२३में ११ धोणियोंने ५ तोला ही सोना निकाल पाया। धोणियोंका ढंग बहुत पुराना है। लंबी कठौतमें बाँसकी छलनीसे छनकर पानीसे धोया जाता बालू जमा होता है। उसे फिर पानीमें धोते इस प्रकार वहाया जाता है, कि हल्के कण बह जायें और भारी नीचे बैठ जायें। इस प्रकार सोनेके कण दिखलाई देने लगते हैं, जिनमें बड़ोंको ही धोणिये निकाल पाते हैं। यदि सूक्ष्म सुवर्ण-कणोंको इकट्ठा करनेके लिए बालूमें पारा मिश्रित किया जाता, तो और भी सोना निकलता और पीछे गरम करके पारेको भी निकाल लिया जाता, किन्तु अभी हमारे धोणिये आस्ट्रेलियाके धोणिये नहीं बन पाये हैं। गढ़वालकी इन सुवर्ण-कणवाली नदियोंके तट या उद्गमपर कहाँ सोनेकी मातृका है, यह अभी अज्ञात है।

§८. जलवायु और ऋतु

१. जलवायु—

ऊँचाईका प्रभाव जलवायुपर कितना पड़ता है, इसके दृष्टांत श्रीनगर (१७५८ फुट) और पौंडी (५८३० फुट) हैं. इनके बीचमें केवल ८ मीलका अन्तर है, और दोनों ही ३०°. १३' और ३०. ८'. ५९" उत्तरी अक्षांशके बीचमें हैं। जलवायुकी अनुकूलताके अनुसार वृक्षोंको भी पाया जाता है। ३५०० फुटतक आम, पीपल, वर्गद अच्छी तरह होते हैं, और बाँज, बुराँस (रोडेन्ड्रन) साढ़े चार और छ हजारकी ऊँचाई चाहते हैं। छ से सात हजार फुटतक दो प्रकार का जलवायु मिलता है —

(१) **गर्म-भूभाग**—भाबर तथा चार हजार फुट की ऊँचाई तककी उपत्यकायें गर्मियोंमें गर्म रहती हैं। अप्रेलसे अक्तूबरतक यहाँका तापमान कष्टप्रद रहता है। रातको भी गर्म हवा चलती है और मध्यम तापमान ४०° रहता है। वर्षामें यहाँ मच्छरों-मक्खियोंकी भरमार रहती है और वर्षाके अन्तमें मलेरिया, चर्मरोग तथा पेचिशकी शिकायत हो जाती है। नवंबरसे मार्चतक यहाँकी ऋतु सुखद रहती है।

(२) **नर्म-भूभाग**—५,०००—७,००० फुट अत्यंत स्वास्थ्यकर ऊँचाई है। यहाँके निवासी सालभर बहुतसे रोगोंसे सुरक्षित रहते हैं। जाड़ा तीव्र नहीं होता, बर्फ ४,०००फुटतक पड़ जाती है। लोग बारहों महीने शारीरिक और मानसिक परिश्रमके कार्य निराबाध कर सकते हैं। गर्मियोंमें बहुत सी चिड़ियाँ मैदान छोड़ यहाँ आ जाती हैं—स्वास्थ्यकामना उनमें भी होती है।

अपनी भिन्न-भिन्न ऊँचाइयोंके कारण कुमाऊँकी भांति गढ़वालमें अतिशीत प्रधान देशोंका भी जलवायु मिलता है। यहाँके कितने ही स्थान सिबेरियाकी स्थिति उपस्थित करते हैं, जैसे—

(३) **तैगा**—६,००० से १०,००० फुटकी ऊँचाईपर हिमाचलमें सिबेरियाकी तैगा मौजूद है, जहाँ देवदार, वज्रकाष्ठ (बाँज या ओक), ब्रोंस (गुरांस) के जंगल हैं। यहाँ के पहाड़ोंके उत्तरी भागपर सूर्यकी किरणें कम समयतक रहती हैं, जिससे वहाँ धरतीमें नमी अधिक बनी रहती है। यही कारण है, जो पहाड़ोंके उत्तरी पार्श्व जंगलदार होते हैं, और अधिक धूपके कारण दक्षिण-पार्श्व वृक्षहीन देखे जाते हैं।

(४) **बुग्याल**—तैगासे ऊपर १०,०००—१३, ००० फुटपर घाससे

ढँकी ढलाने हैं, जिन्हें पयार या बुग्याल कहते हैं । यहाँ पशुपाल युगका स्वर्ग अब भी मौजूद है । इस भूमिमें बर्फ मार्चसे पिघलने लगती है, फिर हरी घासोंका फर्श बिछ जाता है, जो बरसातमें रंग-बिरंगे फूलोंका उद्यान बन जाता है। अप्रैलसे ही यहाँ पशुपाल –भोटांतिक मेषपाल और दूसरे—डेरा डाल देते हैं, और सितंबर-अक्तूबरमें ही हटते हैं ।

(५) **तुंद्रा**—हिमाल-श्रेणीकी हिमानियों (ग्लेसियर) तथा हिमशिखरोंके इस ओर सिबेरियाकी तुंद्राकी भाँति आठ मास धरती बर्फसे ढँकी रहती है। गर्मीमें बर्फके पिघल जानेपर भी कुछ ही इंच नीचे धरती सदा हिमित रहती है। तुंद्राकी भाँति यहाँ भी वनस्पतिके नामपर कुछ झाड़ियाँ और छोटे-छोटे पौधे पाये जाते हैं ।

(६) **ध्रुवकक्षीय भूभाग**—१३,००० फुटसे ऊपर ध्रुवकक्षीय जलवायु आ जाता है। यहाँ जाड़ा लंबा और गर्मीका मौसिम छोटा होता है, जिसके कारण अभी बर्फ अच्छी तरह पिघलने भी नहीं पाती, कि नई बर्फ पड़ जाती है। शीतकी अधिकता यहाँ वनस्पतिके अभावका कारण है।

२. **ऋतुयें**—

गढ़वालमें तीन ऋतुयें मानी जाती हैं, यद्यपि वह सभी ऊँचाइयोंपर नहीं मिलतीं । वह हैं—

१. रूडी या खडसो (ग्रीष्म)	१३ फरवरी—१२ जून
२. बस्काल (वर्षा)	१३ जून—१२ अक्तूबर
३. ह्यूंद (शीतकाल)	१३ अक्तूबर—१२ फरवरी

माणा और नीती गाँव यहाँकी उच्चतम उन्नतांशकी मानव-बस्तियाँ हैं। वहाँ वसन्त बहुत छोटा होता है, जब कि उस समय थोड़ी गरमाहट मालूम पड़ती है। जून और जुलाई वहाँके ग्रीष्मके दिन हैं। उस समय तापमान दोपहरको घरमें ७०, ८० डिग्रीतक होता है, और घरसे बाहर ९०° से ११०° तक। लंबे दिनों और उसके ही कारण संचित होती गर्मीसे जुलाईमें बोई फसल सितंबरमें पककर कटने लायक होती है। सितंबरके अन्तमें तापमान तेजीसे गिरने लगता है। सवासौ वर्ष पहिले कमिश्नर ट्रेलने लिखा था—"यहाँ मईसे सितंबरतकके पाँच महीनोंमें वसंत, ग्रीष्म, शिशिर सभी आ जाते हैं। इनके भी चार महीनोंमें ऐसा समय कम होता है, जबकि हिमपात नहीं होता। सितंबरके अन्तसे बर्फ पड़ने लगती है, जो अप्रैलके आरंभतक जमा होती रहती है। इस समय बहुत कड़ी सर्दी होती है। फिर बर्फ पिघलने लगती है, यद्यपि हिमपात मईके अन्तमें भी हो जाता है। खुली और समतल भूमिमें ६ से १२ फुट मोटी बर्फ़ जम जाती है। दिसंबरसे

अप्रैलतक माणा और नीतीके गाँव सफेद हिमकी चादरके नीचे ढँके मानव-शून्य हो जाते हैं ।

३. तापमान—

भिन्न-भिन्न ऊँचाइयोंके अनुसार यहाँके तापमानमें भेद पाया जाता है । उत्तरके माणा, नीती जैसे अतिशीतल स्थानोंमें औसत वार्षिक तापमान ५० (१०° सेंटीग्रेड) पाया जाता है । उष्णतम समय मध्य-जून में ५,००० फुटके स्थानोंमें ९४°. १०′ होता है । प्रति हजार फुटकी ऊँचाईपर ३° के हिसाबसे तापमान गिरता है । यहाँके कुछ स्थानोंका तुलनात्मक तापमान निम्न प्रकार है—

स्थान	उन्नतांश (फुट)	जनवरी	अप्रैल	जून	नवंबर	वर्ष
बरेली	५६८	५७°.३	८३°.४	९०°.३	६६°.५	७५°.८
श्रीनगर	१९५०		७१.०	८४.०	..	..
कालसी	२०००	५८.३	७७.७	८६.०	६३.२	७१.८
देहरादून	२२३२	५४.८	७६.१	८४.९	६२.५	७०.६
पौड़ी	५३५०		६०.०	७३.०	..	..
अल्मोड़ा	५५४६	४६.३	६४.७	७५.०	५७.९	६३.२
मसूरी	६९३७	४१.५	५९.६	६८.५	५२.३	५६.७
चकराता	७०५२	४१.६	५९.६	६८.०	५२.२	५६.३
लंढौर	७५११	३७.८	५६.३	६८.५	४९.४	५५.२
नीती	११४६४					५०.०
लेह	११५३८	१७.६	४०.१	५३.६	३०.७	३९.३
स्पिती	१३०००	१७.५	३७.५	५६.९	२२.५	३७.२

हिमरेखा—यहाँकी सनातन हिमरेखा १६,०००—१७,००० फुटपर है, जो जाड़ोंमें ७,००० फुट तक चली आती है ।

४. वर्षा—

मानसून बंबईसे प्रायः १५ दिनमें यहाँ पहुँचता है । वर्षाकी मात्रा कुछ स्थानोंकी निम्न प्रकार है—

स्थान	उन्नतांश	वर्षा (इंच)
कोटद्वार	...	६८.८८
देवप्रयाग	१५५०	३०.०

श्रीनगर	१७५०	३६.६३
देहरादून	२२३०	७४.९६
टेहरी	२५२६	३६.८७
वाडाहाट (उ. काशी)	...	३८.५५
कर्णप्रयाग	२६००	५३.१२
ऊखीमठ	४३००	३१.३७
पौड़ी	५३५०	५०.२२
अलमोड़ा	५४९०	३८.९४
जोशीमठ	६१५०	२२.९६
मसूरी	६५००	९४.९
नीती	११४६०	५.५

जिसकी तुलना कीजिए—

ठाकुरद्वारा	७८०	४४.५४
देवबंद (देववन)	८७०	३१.०४
हरद्वार	९२४	४५.६९
सहारनपुर	९५०	३६.७६
काशीपुर	९५०	४३.८१

कुमाऊँ गढ़वालमें ऊँचाईके अनुसार वार्षिक वर्षा (इंच) निम्न प्रकार होती है—

उन्नतांश (फुट)	वर्षा (इंच)	उन्नतांश	वर्षा
८००	४३	७०००	८८
१०००	६०	८०००	५२
२०००	१२५	९०००	२७
३०००	१५९	१००००	८४
४०००	१६१	११०००	७
५०००	१४९	१२०००	४
६०००	१२२		

§६. जंगल

पिछले डेढ़ सौ सालोंमें गढ़वालकी जनसंख्या चौगुनी हो गई। कृषि आजी-विकाका मुख्य साधन होनेसे कृषिकी भूमिको उसी परिमाणमें बढ़ाना आवश्यक

था, जिससे जंगल बहुत कट गये। जो रक्षित वनखंड बचे हुए हैं, वह भी खराब हो गये होते, यदि जंगल-विभागने उन्हें संभाला न होता। बाहरी हिमालयमें रामगंगासे गंगातक और कुछ पतली दूनमें भी वन हैं,।

गढ़वाल और टेहरी जिलोंमें जंगल क्षेत्र निम्न प्रकार है—

	कुल क्षेत्र	जंगलक्षत्र (वर्गमील)
गढवाल	५६२९	८००
टेहरी	४२००	३१३५

१. जंगल-इतिहास—

(क) **गढ़वाल-जंगल—**पुराने समयसे ही जंगलको राजसंपत्ति माना जाता था, किन्तु उससे उसकी रक्षा नहीं हो पाती थी। झूमप्रथाके अनुसार जंगलको काट-जलाकर साफ कर, वहाँ दो-चार साल खेती कर, फिर उसे छोड़ दूसरी जगह चले जाते। यद्यपि लोगोंकी स्थायी आबादीके कारण झूमका प्रचार बहुत नहीं था। राज्यने वनकर वसूल करनेके लिए जगह-जगह चौकियाँ स्थापित कर दीं। यह प्रथा कंपनी सरकारने भी कितने ही समयतक रक्खी। फिर इसको हटाकर कमिश्नर ट्रेलको प्रबन्धका भार दिया गया। ट्रेलने जंगलके काठ, बाँस और कत्थाके महाल जमींदारोंको ठेकेपर दे दिये, जिसके फलस्वरूप १८१८ की ५६६ रुपयेकी आमदनी १८२८ में १४०५ रु० हुई। १८४९ में वन और चराई करकी वसूली कोटरीदूनमें देहरादूनके सुप्रिन्टेन्डेंट (जिलाधीश) और उदयपुरमें बिजनौरके कलेक्टरको दे दी गई। १८५८ में कमिश्नर हेनरी रामजे प्रथम वनपाल (कंजर्वेटर) नियुक्त हुए। उन्होंने ठेकेदारी प्रथाको बन्द कर दिया और उत्तरके जंगलोंको अछूता रखते किसानोंको निचले पहाड़ों तथा भाबरमें भूमि लेनेकी प्रेरणा दी। १८६८ तक यही प्रबन्ध रहा, फिर गढ़वालके जंगलोंको जंगल-विभागके हाथमें दे दिया गया। १८७९ में भारतीय वन-विधानकी धारा ३४ के अनुसार जंगलोंको रक्षित-वन घोषित कर दिया गया, और गंगासे रामगंगातकका सारा जंगल पाँच ब्लाकोंमें विभक्त किया गया, जिनमें सनेह, लालढांग और खाराके जंगलोंको मिलाकर दिसंबर १८७९ में गंगा-विभाग बनाया गया। नवंबर १८८० में चंडी ब्लाकको भी रुडकी वर्कशापके सुप्रिन्टेंडेंटसे लेकर गंगा-डिवीजनमें मिला दिया गया। अप्रेल १८८५ में खोह नदीके पूर्वका कोटरी-दून-जंगल गढ़वाल डिवीजनसे हटा दिया गया। इस प्रकार गंगा और गढ़वालके दो जंगल-डिवीजन गढ़वाल जिलेके जंगल-प्रबन्धके लिए बनाए गये।

(ख) **टेहरी-जंगल—**टेहरी जिलेका प्रायः आधा भाग जंगल है, और ये

जंगल देवदार जैस बड़े मूल्यवान काष्ठकी निधि हैं। गोरखा-शासन तथा उससे पहिले यहाँ भी वही काठ-बाँस-करका रवाज था। जंगलोंकी सुरक्षा और आमदनीके ख्यालसे राजाने पहिले १८६५-८५ के लिए अंग्रेजी सरकारको ठेका दिया। १८८५ में उसमेंसे केवल ६४.५ वर्गमीलका ही ठेका १२,००० रु० वार्षिकपर दोबारा दिया गया, जिसमें टौंस और पब्बरके देवदार वन तथा शिवपुरीके शालवन भी सम्मिलित थे। दो साल बाद शिवपुरी जंगल छोड़ दिया गया। १८९६ में नष्ट होनेसे बचाने के लिए टौंस-उपत्यकाके ७२.१ वर्गमील चीड़-वनका भी ठेका ८०%पर ले लिया गया। १९०४ में जंगल-विभागने देवदार वनका ठेका लाभमें ८०%पर ले लिया। १९४९ में राज्यके विलयनपर टेहरी जिलेके जंगलकी स्थिति भी गढ़वाल जिलेके जंगलों जैसी हो गई।

२. जंगल-डिवीजन—

गढ़वालके जंगल ३ डिवीजनों (विभागों) और गढ़वाल-जिला जंगलमें बंटे हुए हैं। इनमें गंगा और गढ़वाल डिवीजन गढ़वाल जिलेमें हैं और टेहरी-डिवीजन टेहरी जिलेमें।

(१) **दक्षिण-गढ़वाल डिवीजन**—यह डिवीजन पूर्वमें रामगंगा और पलाईं नदीसे पश्चिममें गंगातक और उत्तरमें गंगासलाण और तल्लासलाणसे दक्षिणमें कंडी सड़कतक फैला हुआ है। इसका क्षेत्रफल २,२४,१०४ एकड़ या प्राय: ३५० वर्गमील है। साल (साखू) के वृक्ष यहाँ प्राय: पाये जाते हैं, विशेषकर उत्तरकी ओरकी ढलानोंमें वह अच्छे होते हैं। हलदूके वृक्ष उतने अधिक नहीं पाये जाते, और वह अधिकतर दक्षिणकी ढलानोंपर होते हैं। सोतोंमें अच्छी प्रकारकी जामुन मिलती है। तून बहुत कम पाया जाता है। सबसे अच्छे साल कोटली और पलाईके रेंजोंमें होते हैं। बाँस इस डिवीजनमें बहुत और अधिक लाभका भी है। यह ३५०० फुटकी ऊँचाई तक पाया जाता है—विशेषकर पर्वत-सानुओंपर। जंगली हाथी खानेसे भी अधिक दलमलकर इन्हें बरबाद करते हैं, कन्सूर और मंडलीके ब्लाकोंमें बाँस बहुत अच्छे होते हैं, किन्तु उपयोग-क्षेत्रसे दूर हैं, तो भी बाँससे आधी आमदनी होती है। स.ईं, बकली धौरा, गोसम, शीशम, खैर, सन्दन, तेंदूके वृक्ष गंगा-डिवीजनमें मिलते हैं। इस डिवीजनका काष्ट अधिकतर गंगा द्वारा बहाकर सनेह और हरद्वार इन दोनों प्रधान काठ-बाजारोंमें पहुँचाया जाता है, जहाँ उसे दिल्ली और मेरठके व्यापारी खरीद लेते हैं। जंगलके आसपासके पहाड़ी लोगोंको कुछ नियमोंके साथ जंगलमें मुफ्त पशुचारण, घास काटने-बेचने, कृषिके कामके लिये लकड़ी लेने तथा सूखे काठोंको जमा करनेका अधिकार है।

जंगलकी देखरेखके लिए डिवीजनमें एक डिप्टी कंजर्वेटर (उपवनपाल) है, जिसका निवास लैंसडोनमें है, किंतु कामके मौसममें वह कोटद्वारमें चला आता है। सारा डिवीजन रेंजरों या उपरेंजरोंके आधीन सात रेंजोंमें विभाजित है। १९२२-२३ में इसकी आय थी--काष्ठ ५७,८५८ रु०, ईंधन २८,३२७, और अन्य ३०,१२१, कुल १,१६,३०६ रु०।

(२) **उत्तर-गढ़वाल डिवीजन**—यह गढ़वाल जिलेके दक्षिण-पूर्व कोनेमें पलाईं और रामगंगा नदियोंके पूर्वमें अवस्थित है। इसके उपवनपालका कार्यालय नैनीतालमें है, किंतु नवंबरसे अप्रैलतक वह रामनगरमें चला आता है। इस डिवीजनका १,३४,३५४ एकड़का जंगल चार रेंजों में विभक्त है। अद्नाला और मंडलके रेंज पलाईं और रामगंगाके बीचमें है, तथा दक्षिणी पतली-दून और धाराके रेंज रामगंगाके दक्षिणमें हैं। ये जंगल ९०० से ३,९०० फुटकी ऊँचाईपर हैं। इन जंगलोंको २४ फरवरी १८७९, १० जुलाई १८८६ और ३ अप्रैल १८९० की सूचनाओं द्वारा रक्षित-वन बनाया गया। यहाँके मुख्य वृक्ष साल और साईं हैं, कहीं कहीं बाँस भी हैं। रामगंगाके किनारे तथा कितनी ही और खालोंमें भी बाँस होता है। १८४० में प्रबन्ध संभालनेपर ठेकेदारोंको जंगलके उपयोगका ठेका दिया जाता था। १८५४ में सरकारने स्वयं इसे करना चाहा, किन्तु १८५८ में फिर ठेकेदारोंको सुपुर्द कर दिया गया, साथ ही नियम कर दिया गया, कि ठेकेदार चिह्नित वृक्षोंको ही काटें। आगसे रक्षा करनेका काम वैसे १८६५ में शुरू कर दिया गया था, किन्तु उसका सफलतापूर्वक सुप्रबंध १८७० से होने लगा। मुख्य आय शाल और बाँससे है। यहाँका शाल मुरादाबाद, मेरठ, दिल्ली और कानपुरतक जाता है। बाँस रामगंगामें बहाकर बरेली और कानपुरतक पहुँचाये जाते हैं। १८९८-१९०७ की औसत वार्षिक आय शाल और बाँससे क्रमशः ७५,३४६ और ३१८७४ रुपये हुई।

गंगा डिवीजनकी भांति यहाँके जंगलोंमें भी आसपासके लोगों को पशुचारण आदिका अधिकार है।

गढ़वालके जंगलोंकी अपनी बहुत-सी सड़कें तथा डाकबंगले हैं।

१९२२-२३ में आय थी—काष्ठ १७,२६६, ईंधन ३४,५८८, बाँस १,८०५, अन्य ४५,५१७ कुल ९९,१७६ रु०।

(३) **जिला-जंगल**—डिवीजनके जंगल मुख्यतः व्यवसायी दृष्टिसे रक्षित-वर्धित किये जाते हैं, किंतु जिला-जंगल स्थानीय लोगोंकी हितकी दृष्टिसे रक्षित किये गये हैं। इनका प्रबन्ध जिलाधीश (डिप्टी-कमिश्नर) करते हैं। इसमें

लाभ उठानेका ख्याल नहीं रखा गया है। यहाँकी आय भी जंगलके प्रबन्ध और विकासमें ही लगाई जाती है। लोगोंको चरानेका अधिकार प्रायः सभी जंगलोंमें है, और वह घास और काठका भी यथेच्छ उपयोग कर सकते हैं।

जिला-जंगल तीन प्रकारके हैं—(१) पहिले वह जो नष्ट-प्राय हो चुके हैं, इसलिए उन्हें रक्षित करनेकी आवश्यकता नहीं। (२) दूसरे प्रकारके जंगल इतने बड़े हैं, कि उनके खुले रखनेसे भी भय नहीं है। (३) तीसरे प्रकारके जंगल रोके जंगल हैं। दूसरे प्रकारके जंगलोंकी देखरेख प्रधानों और पटवारियोंके जिम्मे है। जंगलके अधिकारी अपना सारा ध्यान तीसरे प्रकारके जंगलोंपर रखते हैं। जिलेके जंगल उपरेंजरोंके अधीन उत्तरी, दक्षिणी तथा केन्द्रीय इन तीन रेंजोंमें विभक्त हैं। जिनके ऊपर एक अतिरिक्त सहवनपाल जिलाधीशके नियन्त्रणमें काम करता है।

(क) **दक्षिणी रेंज**—यह गरम मलेरियावाले इलाकेमें है, जहाँ बस्तियाँ बहुत कम हैं, और खेतीके लिए जंगलोंका सत्यानाश नहीं किया गया है।

(ख) **केंद्रीय रेंज**—यहीं चौंदकोट और बारहस्यूनके पर्गने आवाद हैं, जिनमें घास और काठकी बहुत कमी है, जिससे जंगलकी रक्षामें बड़ी सावधा रखनेकी अवश्यकता है। चौंदकोट और बारहस्यूनके दक्षिणमें नयार नदी है। इसके किनारे खड़े पहाड़ झाड़ियोंसे ढँके हैं। यहाँ कतील (झूम)-प्रथासे खेती करनेका रवाज रहा, जिसमें जंगलको काट-जला दो-तीन फसल लेकर छोड़ दिया जाता था। इससे पहाड़ जंगल-विहीन होते गये, भूपातोंने नीचेकी उपत्यकाके खेतोंको भी बर्बाद कर दिया। कतील-प्रथा निषिद्ध कर दी गई। इगासर, चम-नौन, शिमार, मुंडनधार, बेलनधार, और मल्दाधार जैसी जंगलविहीन की हुई पर्वतवाहियोंमें चीड़, देवदार और बाँजके बीज बोकर फिरसे जंगल तैयार करनेकी कोशिश की गई है।

(ग) **उत्तरी रेंज**—जिलेके उत्तरी तथा उत्तर-केन्द्रीय भागमें खूब अच्छा जंगल है। तल्ला-नागपुरमें उसका कुछ अभाव-सा था, जिसको दूर करनेके लिए नये जंगल लगाये गये। चाँदपुर पर्गनेमें दूदातोली[1] का विशाल जंगल सैकड़ों वर्ग-

---

[1] **यहाँ गर्मियोंमें अल्मोड़ा और गढ़वालके पशु चरने आते हैं। सारा पहाड़ निचले भागमें चीड़ और बंजसे तथा ऊपरवाले भागमें तिलोंज-खरसूके जंगलोंसे ढँका है। यह पिंडार और रामगंगाकी उपत्यकाओंको पृथक् करता है। दोनों नयारों के उद्गम यहीं हैं।**

मीलोंमें फैला हुआ है। यहाँके अधिकाँश डांडे ७,००० फुटसे अधिक ऊँचे हैं, इसलिए कृषिकी पहुँचसे बाहर होनेसे वह रक्षाकी आवश्यकता नहीं रखते। गर्मियों-में यहाँ हजारों पशु चरने आते हैं। यहीं रामगंगा तथा दोनों नयारोंके उद्-गम हैं। इसके और उत्तरी भागमें पिंडार और मंदाकिनीकी उपत्यकाओंके सुन्दर देवदार वन हैं, जहाँ करोड़ों परिपक्व देवदार वृक्ष हैं। इनके पाससे बहनेवाली नदियाँ लकड़ी बहानेका काम करती हैं। यहाँ बस्तियाँ बहुत कम हैं, जिनको बढ़ानेका भी प्रयत्न किया जाता है।

(४) **टेहरी डिवीजन**—११०० वर्गमीलका टेहरी जंगल चार रेंजोंमें विभक्त है। यहाँ तीन चौथाई चीड़ आदिके जंगल हैं, और एक चौथाई देवदारके।

(क) **रवाईं-रेंज**—यह टौंस और जमुनाकी उपत्यकाओंमें मुख्यतः चीड़के जंगलोंका जंगल है।

(ख) **टकनोर-रेंज**—भागीरथी-उपत्यकाके इस रेंजमें उत्तरकी ओर देवदारके जंगल हैं, जिसका जाड़गंगाके पासवाला भाग तिब्बतके साथ विवादग्रस्त है। रेंजके निचले भागमें बाँज, कैल, चीड़ आदिके जंगल हैं।

(ग) **भिलंगणा रेंज**—भागीरथी और अलकनंदाकी उपत्यकाओंके बीच-के भूभागमें यह भिलंगणा-उपत्यका रेंज है। यहाँ मुख्यतः चीड़, बाँज जैसे वृक्षोंके जंगल हैं।

(घ) **शिवपुरी रेंज**—यहाँ मुख्यतः साल, केल और चीड़के जंगल हैं—साल और केल तीन चौथाई और बाकीमें देवदार और साल।

१९०७-८ में टेहरीके जंगलोंसे ८३,००० रुपयेकी आय और ४७,००० व्यय हुआ था। यहाँके काष्ठ भागीरथी, जमुना और टौंस द्वारा बहाये जाते हैं।

§१० वनस्पति

ऊंचाईके अनुसार गढ़वालमें भिन्न-भिन्न वृक्षोंके क्षेत्र निम्न प्रकार हैं—

फुट	वृक्ष
४००० तक	शालकी सीमा, हलदू, तूण, साई (असीं), धौरी, सांदण
५०००	चीड़की बहुतायत
६०००	देवदारका आरंभ, बाँज, बुराँस (ब्रोंस)
७०००	चीडका अन्त, बाँज, बुराँस, साइप्रसकी बहुतायत
८०००	बाँजका अंत, तिलोंज (कठोर बाँज), पद्म, राघ (रघा)

९०००	तिलोंज, खरसू
१००००	उदुंबर, बुराँस (ब्रोंस), पाँगर, घास-ढलान (बुग्याल) आरंभ
११०००	घासढलान अधिक, पद्म, रघा, थनेर, सैंसला
१२०००	भुर्ज और पद्म
१३०००	वनस्पतिका अभाव

१. **चीड़**—पहाड़में ७ हजार फुटकी ऊँचाईतक चीड़की बहुतायत है। इसका क्षेत्र दक्खिनके पार्श्वपर १६००फुट (धूप अधिक जहाँ लगे) से ७२०० फुट है। यह अपने पास किसी वृक्ष-वनस्पतिका रहना पसन्द नहीं करता। इसका अपना पत्ता भी न घना और न अधिक हरा होता है, इसलिए यह पर्वतोंकी श्रीवृद्धि नहीं कर सकता। पहाड़के साधारण मकान इसीकी लकड़ीके होते हैं। पानी न पड़े तो लकड़ी कम मजबूत नहीं होती। रेलोंकी स्लीपरके लिए चीड़की माँग है। इसके काष्ठ में लीसा (गोंद, गुग्गुल) ज्यादा होता है, जिससे ताड़पीन तथा दूसरे उपयोगी पदार्थ निकाले जाते हैं। बरेलीमें इसका कारखाना है। चीड़के बीजको खाया जाता है।

२. **बाँज**—चीड़के मुख्य क्षेत्रसे आगे अर्थात् ४००० फुटसे ऊपर बाँज होता है। इसके नाम बाँज, बान, बंज, बजराँठ (नेपाली) वज्रकाष्ठके अपभ्रंश हैं; जो इसके अतिकठोर काष्ठके लिए उपयुक्त ही है। इसके तथा इसके भाई तिलौंज की कटाई-चिराईके लिए जबतक बिजली या यन्त्रचालित आरोंका उपयोग नहीं होता, तबतक इस मूल्यवान् काष्ठका सदुपयोग करना कठिन है। इसका कोयला धातुओंके गलानेके लिए अधिक उपयोगी माना जाता था। वह देरतक जलता है। बाँजके मुख्य क्षेत्र ६०००–८००० फुटपर हैं।

३. **तिलोंज**—८००० फुटसे ऊपर बाँजका स्थान तिलोंज लेता है, जो और अधिक कड़ा है। इसके पत्तोंके मुड़े किनारोंपर काँटे होते हैं। जाड़ोंमें जब कितने ही वृक्षोंके हरे पत्ते गिर जाते हैं, तब भी इसके और बाँजके पत्ते हरे रहते हैं। जाड़ेमें चारेका अभाव होनेपर बाँज और तिलौंजके पत्ते पशुओंके भारी अवलंब हैं।

४. **रिंगाल**—ठंडी जगहोंपर यह सरकंडे जैसा बाँस १०,००० फुटतक १५-२० फुट ऊँचे झुर्मुटके रूपमें अधिक सीलवाली जगहोंमें होता है। चाँदपुरके पर्गनेमें इसकी डलियाँ, टोकरी आदि बनाई जाती हैं।

५. **बुराँस**—(रोडेंड्रन)—ब्रोंस (अल्मोड़ा), गुराँस (नेपाली) भी इसीके नाम हैं। इसके अतिरक्त फूल अप्रेल-मईके महीनोंमें कभी-कभी सारे वृक्षको ढाँके बहुत सुन्दर दिखाई पड़ते हैं। इसके फूलकी पकौड़ी बहुत अच्छी होती है।

६. **पाँगर** (हॉर्स चेस्टनट)—१० हजार फुटतक पाई जाती है ।

७. **उदुंबर** (साइकामोर)—भी इसी ऊँचाईपर मिलता है। इसकी लकड़ीको पनखरादपर खरादकर लकड़ीके बर्तन बनाये जाते हैं ।

८. **राघ (रघा)**—यह सूचीपत्रक-जातीय वृक्ष ७५००-११००० फुटपर होता है, दूदातोलीके ऊपरी डांडोंपर और रमनीके समीप इसके भारी जंगल हैं। देखनेमें यह देवदार जैसा मालूम होता है ।

९. **रौसला** (स्प्रूस)—भी राघकी ही ऊँचाईपर होता है। उक्त दोनों वृक्ष १२० फुटतक ऊँचे और १५ फुट घेरेके मिलते हैं ।

१०. **थनेर और पदम**—भी उसी ऊँचाईपर मिलते हैं ।

११. **कैल (साइप्रस)**—३८ फुट मोटे घेरेवाला कभी कभी देखा गया है। इसका काष्ठ कठोर, चिम्मड़ और टिकाऊ होता है, किन्तु बहुत भारी होनेके कारण इसका नदीमें बहाना मुश्किल है ।

१२. **चीमा या चिमोली**—बुराँसकी ही झाड़ीदार उपजाति है, जिसके लाल ही नहीं पाँडुर, नील शुद्ध-श्वेत आदि रंगोंके भी फूल होते हैं ।

१३. **भुज (भोजपत्र)**—यह १२००० फुटपर होता है। इसकी पतली स्तर-वाली छाल कागज़के युगसे पहिले लिखनेके लिए उपयुक्त होती थी। ऊपरी भागोंमें काष्ठकी छतोंके नीचे पानी न जानेके लिए भुर्जपत्रकी तह लगा दी जाती है। यह पानीमें गलती-सड़ती नहीं ।

१४. **चीला**—भुर्जका सहवासी ११,००० फुटपर पाया जाता है और शक्लमें चीड़ जैसा किन्तु चीड़की भाँति तिनपतिया नहीं पँचपतिया होता है ।

१५. **देवदार**—सुलभ वृक्ष नहीं है, यद्यपि पश्चिमी धौलीके तटपर खडक और मलारीके बीच तथा पाँडुकेश्वरके पास काफी बड़े देवदार-बन हैं। पानी, दीमकसे सुरक्षित तथा सुदृढ़ होनेके कारण इसकी बहुत माँग है, विशेषकर मन्दिरों-के द्वार और छतके बनानेके लिए ।

१६. **फलवृक्ष**—सेब, नासपाती, गिलास, खूबानी, आड़ू, अखरोट, आलू-बुखारा यहाँ जंगली हालतमें मिलते हैं। बमोरा, बेरू, टिमली, काफल, किलमोड़ा, (किंगोरा), रस्पबेरी, ब्लेकबरी आदि भी जंगलोंमें मिलती हैं। कपासी या भोटिया-बादाम (हेज़ल) भी जंगलका एक फल है ।

§११. प्राणि-जगत्

१. **वन्यजन्तु**—

१. **हाथी**—भाबरमें जंगली हाथी हैं, यद्यपि पहलेकी भांति बहुसंख्यक नहीं। जबतक कोई हाथी नरघातक न हो जाये हाथीका शिकार वर्जित है। खेड़ाके कारण हाथियोंकी संख्या इतनी कम हो गई थी, कि सरकारको बलरामपुर-वालोंका खेड़ा बंद करना पड़ा।

२. **बाघ**—भाबरमें काफी बाघ हैं। पहाड़में कभी कभी उसे १०००० फुटतक पाया गया है। दूदातोली जंगलमें कमसे कम एक जोड़ा बाघ जरूर देखनेमें आता है। टेहरीके उत्तरी भागमें भी बाघ मिलता है। चाँदपुर, कंदरस्यूँ और दूदातोली इसके वासस्थान हैं, किन्तु कभी कभी तुंगनाथ, केदारनाथतक, उसे देखा गया है।

३. **चीता (बघेरा)**—पश्चिमी टेहरीमें चीता बहुत पाया जाता है। गढ़वाल जिलेमें भी वह बहुत मिलता है। बाघ या बघेरा मनुष्यपर तभी आक्रमण करता है, जबकि वह नरभक्षक हो जाता है। बघेरा कुत्तोंका भारी शत्रु है।

४. **बर्फानी चीता (ज़िक)**—यह बर्फानी स्थानोंपर ही मिलता है।

५. **बिल्लियां**—यहाँ कई तरहकी हैं, जिनमें गंधमार्जार भी एक है। इसकी नाभि-कस्तूरी भी कड़ी गंधवाली होती है।

६. **लकड़बग्घा (चरक)**—यह और भेड़िया पहाड़में दुर्लभ जन्तु हैं।

७. **मैदानी रीछ**—भाबर और नीचेके पहाड़ोंमें मिलता है।

८. **हिमालीय काला रीछ**—३००० फुटसे ऊपर मिलता है, यद्यपि जाड़ोंमें कभी कभी वह भाबरतक चला जाता है। यह खतरनाक है, और मिलनेपर आदमी-को झिंझोड़ डालता है। जाड़ोंमें यह दीर्घ निद्रा लेता है, और बरसातमें ही इसे अधिक देखा जाता है। मँडुआका यह बड़ा शत्रु है। कभी-कभी यह ढोरों और भेड़-बकरियोंको भी मारता है।

९. **लाल रीछ**—टेहरी जिलेमें पाया जाता है। यह बड़ा भीरु जन्तु है, और घने जंगलोंमें बहुत ऊँचाईपर रहता है। जाड़ोंमें यह भी किसी दुर्गम गुहामें छमासी नींद लेता है।

१०. **कोक (कोकी)** या जंगली कुत्ते सारे गढ़वालमें विशेषकर पिंडार-उपत्यका और दूदातोलीमें पाये जाते हैं। यह झुंडमें रहते हैं, ढोरों और भेड़-बकरियोंपर एक साथ टूट पड़ते हैं।

११. **छतरैला (पाइमार्टन)**—छोटे शिकारोंका यह शत्रु है, जिस तरह कि ऊद-बिलाव मछलियोंका। ये दोनों जन्तु यहाँ पाये जाते हैं।

१२. **पहाड़ी स्यार**—इसका छाला बहुत नरम और घना होता है।

१३. **वानर**—हिमालयमें भी वानरों (लंगूरों तथा ललमुंहों) का राज है। यह फल और फसलको भारी हानि पहुँचा रहे हैं। लोग त्राहि-त्राहि करते हैं, तो भी हनुमानजीका नाम सुनकर कुछ नहीं करना चाहते।

१४. मृग—

(१) **साँभर या जड़ाव**—यह भाबरमें भी मिलता है, और पहाड़में भी १०,००० फुटतक। पहाड़ी साँभर मोटाई और सींग दोनोंमें भावरवालेसे अधिक विशाल होता है। अत्यंत घने जंगलोंमें रहनेके कारण इसका शिकार करना आसान नहीं है। तुंगनाथ, देवरीताल, चोपता, रकसी, वासुकी इसके रहनेके स्थान हैं।

(२) **चीतल**—बहुत मिलता है, किन्तु निम्न पहाड़ोंमें ही ६०, ६० के झुंडमें देखा जाता है।

(३) **गोन और पाढ़ा**—यह दोनों भाबरमें नदियोंके किनारे पाये जाते हैं, इनमें गोनकी जाति प्रायः नष्ट हो चुकी है।

(४) **काकड़**—यह तीन फुटका छोटा मृग भूँकू-मृग भी कहलाता है, क्योंकि संध्या-सबेरे इसकी कुत्ते जैसी आवाज सुनाई पड़ती है। इसके ऊपरी जबड़ेमें खाँग होती है, जिससे वह आदमीको घायल कर सकता है।

(५) **कस्तूरा**—यह ८००० फुटसे नीचे शायद ही कभी मिलता है। इसके रोम मोटे, रूखे और भिदुर होते हैं, पिछले पैर अगलोंसे बड़े होते हैं। नर-मादा दोनों शृंगहीन होते हैं, किन्तु नरके ऊपरी जबड़ेमें प्रायः ३ इंच लंबी पतली खांग होती है। मृग-नाभि नरकी नाभिके पास ग्रन्थि रूपमें मिलती है। माणा, नीतीके डांडे इसके आवास हैं।

(६) **गुराल**—यह ११००० फुट तक पाया जाता है। यह तीनचारके गिरोहमें देवदार और राघाकी बहुत घनी ढलानोंमें रहता है। सींगें इसकी प्रायः छ इंच लंबी होती हैं।

(७) **बढ़ाल**—नीती घाटा या दूसरे स्थानोंमें १००००—१६००० फुटपर यह जंगली भेड़ नंगी घासवाले-स्थानोंमें रहती है।

(८) **सरा**—यह गुरालसे कुछ बड़ा जानवर घने जंगलोंसे ढँके दुर्गम चट्टानोंवाले स्थानोंमें रहता है। उतराईमें भी यह बड़ी तेजीसे छलाँगें मारता है।

(९) **थर**—७०००—१२००० फुटपर यह सुन्दर मृग रहता है। नरकी सींग १३,१४ इंच लंबी होती है। **खरथर** डील और सींग दोनोंमें छोटा और नीचेके उन्नतांशोंमें रहता है।

१०–सूअर—वनैला सूअर १०००० फुटतक अधिकतर बाँजके जंगलोंमें रहता है।

२. पक्षी—

गढ़वालमें कुमाऊँकी भाँति ही बहुत तरहके पक्षी पाये जाते हैं। प्रत्येक जातिका पक्षी अपनी रुचिकी शीतलतावाली ऊंचाईको पसंद करता है। सफेद गालवाला बुलबुल ७००० फुट तक आम मिलता है।

यहाँके कुछ पक्षी हैं—

गृहचटका (गौरैया)		
बुलबुल	मोनाल	८०००–१२००० फुट
कठफोड़ा	लुंगी	१२०००
कोयल	कोकला (पोकरा)	६०००–१००००
तोता	चीर	५०००–१००००
पंडुक	कलिज	६०००
पहाड़ी मैना	चकोर	
कबूतर	प्योडा	
मोर	रामचकोर	
गिद्ध	बाज	

अधिकांश चिड़ियाँ ४०००—६०००० फुटपर रहती हैं।

३. सरीसृप—

गढ़वालमें १० प्रकारके गिरगिट मिलते हैं, कहीं कहीं साँड़ोंकी भरमार है। यहाँ विषैले और विषहीन १५ प्रकारके सर्प भी होते हैं। अजगर भावर ही नहीं तुंगनाथके निचले सानुतक पाया गया है। मेंडक भी मिलते हैं।

४. मछलियाँ—

मछलियाँ प्रायः सभी जलाशयोंमें मिलती हैं, और प्रायः सभी लोग मत्स्य-भोजी हैं। महसिर, करौंत, गैर, कलाबाँस, फरकटा, चिलवार साधारण मछलियाँ हैं। सभी नदियाँ राज-संपत्ति हैं, किन्तु लोगोंको फटियाला, पिंजड़ा-जालसे मछली मारनेका अधिकार है। सरकारने कई सालोंसे टेहरी और गढ़वालमें रोहू (रोहित) पालनेका प्रयत्न किया। गोहना तालाब और ऊपर बिड़ही नदीमें २०,००० बच्चे

कितनेही साल पहिले डाले गये थे। इसी तरह टेहरीमें अस्सी और हनुमानगंगामें भी रोहूके चल्हवे डाले गये। जलको विषाक्त करने, बारुद-प्रयोग, रातको प्रकाशकी सहायता, जाल आदिके प्रयोग द्वारा मछली विना आज्ञाके नहीं मारी जा सकती। विड्ही गंगामें रोहूकी रक्षाके लिए साधारण जाल या धार बाँधकर मछली मारना भी निषिद्ध है। अप्रैलसे जुलाईतक मछलियाँ नीचेसे ऊपरकी ओर चढ़ती हैं, अंडोंके देनेका भी यही समय है। इस वक्त मछलियोंकी रक्षा उनकी वृद्धिके लिए आवश्यक है।

अध्याय २

इतिहास

(प्रदेश)—गढ़वाल नाम बहुत अर्वाचीन है, जो कि बहुराजकता-कालके ५२ ठाकुरोंके गढ़ोंके नामसे पड़ा है। ग्यारहवीं सदीमें, जब कि अलकनंदा और भागीरथीके ऊपरी भाग पश्चिमी-तिब्बत (गूगे)के शासकोंके अधीन थे, गर-देशसे शायद गरतोक नहीं बल्कि गढवालके गढ़ अभिप्रेत थे। ग्यारहवीं सदीमें बहुराजकता यहां थी, इसमें संदेह नहीं; किंतु, यह नाम गढ़वालके अपने उल्लेखोंसे उतना पुराना नहीं जान पड़ता, "जब पंवार-वंशज महाराजा अजयपालने गढ़वालके सब ठकुरी राजाओं और सर्दारोंको विजय कर उनके राज्योंको एक साथ मिलाकर एक सुविस्तीर्ण राज्य स्थापित किया, तब इस प्रदेशका नाम अधिक गढ़ोंके होनेके कारण गढ़वाल रखा गया। गढ़वाल नाम इस देशका....१५०० से १५१५ ई०के बीच रखा जाना पाया जाता है। तबसे यह देश गढ़वाल नामसे प्रसिद्ध हुआ।"[1]

वैसे विस्तृत हिमाचलके पांच खंड किसी प्राचीन परंपराके अनुसार निम्न प्रकार हैं—[2]

खण्डाः पंच हिमालयस्य कथिता नेपाल-कूर्माचलौ।
केदारोऽथ जलन्धरोऽथ रुचिरः कश्मीर-संज्ञोऽन्तिमः॥

अर्थात्—नेपाल, कूर्माचल (कुमाऊं), केदार (गढ़वाल), जलंधर (शिमला-कांगड़ा) और कश्मीर, किंतु वर्तमानकी भांति कालीको कभी नेपालकी सीमा माना गया, यह संदिग्ध है, बल्कि नेपालकी परंपरा, जो भी बहुत पुरानी नहीं हो सकती, बतलाती है[3]—

पूर्वस्यां कौशिकी पुण्या सर्वपापविनाशनी।
गंगा त्रिशूलगंगाख्या प्रतीच्यां दिशि संस्थिता॥

---

[1] गढ़वालका इतिहास, पृ० २ [2] वहीं, पृ० १ पर उद्धृत

[3] पृथ्वीनारायण शाह, पृ० ७ टि० स्कन्दपुराणान्तर्गत नेपाल-महात्म्य, पृ०१०२ (प्रभाकरी कंपनी, बनारस)

उत्तरस्यां दिशि तथा सीमा शिवपुरी मता।
दक्षिणस्यां दिशि नदी पवित्रा शीतलोदका॥
एतन्मध्ये महापुण्यं नेपालं क्षेत्रमीरितम्।

इससे स्पष्ट है, कि उस समय त्रिशूली गंगासे पश्चिम नेपाल नहीं माना जाता था। आगे अशोकचल्लके अभिलेखसे मालूम होता है, कि बारहवीं सदीमें दुल् नेपालमें नहीं माना जाता था। इस प्रकार हिमालयके उपरोक्त पांच खंडोंको मोटे तौरसे ही लेना चाहिए। तो भी, जहां तक गढ़वालका संबंध है, वह "केदारखंड"के नामसे काफी समयसे प्रसिद्ध था।

स्कंदपुराण (केदारखंड) अध्याय ४०के अनुसार केदारखंडका विस्तार है—

पंचाशद् योजनायामं त्रिंशद्-योजनविस्तृतम्।
इदं वै स्वर्ग-गमनं न पृथ्वीं तां महाविभो॥२७॥
गंगाद्वारमर्यादं श्वेतान्तं वरवर्णिनि।
तमसातटतः पूर्वभागे बौद्धाचलं शुभम्॥२८॥
केदार-मंडलं ख्यातं भूम्यास् तद् भिन्नकं स्थलम्।
वात्सल्यात् तव देवेशि कथितं देशमुत्तमम्॥२९॥

इससे पूर्वमें बौद्ध गिरिसे लेकर पश्चिममें तमसा (टौंस) नदी तक केदारखंड माना जाता था। टौंस जमुनाकी एक शाखा आज भी जौनसारकी पश्चिमी सीमा है, जौनसारका ही एक अंश जौनपुर-इलाका टेहरी-गढ़वालका आज भी अंग है। बौद्धाचल बौद्धप्रधानताके युगका अवशेष है, जो अनेक बौद्ध चिन्होंकी भांति गढ़वालसे लुप्त हो गया है; किंतु, इसका उल्लेख कत्यूरी ताम्र-पत्रमें भी आया है और वह कुमाऊंकी सीमापर ही रहा होगा। उत्तरमें श्वेतांत या हिम-श्वेत शिखरोंकी सीमा स्पष्ट ही है, यदि उत्तर पश्चिमको लिया जाये, तो कनौर (किन्नर) देशकी सीमा गढ़वाल-टेहरीसे लगती है। गंगा-भागीरथी और सतलजकी शाखा बस्पाके बीच एक ही पर्वत-श्रेणी है, जो किन्नरको गढ़वालसे अलग करती है, और जो दोनों देशोंके बीच यातायातमें कभी बाधक नहीं हुई। आज भी गढ़वाली ब्राह्मण जोतिसी इसी पर्वतश्रेणीको पारकर बस्पा-उपत्यकाके अपने अर्ध-बौद्ध यजमानोंके पास पहुंचते हैं।

गढ़वालकी मोटी सीमा भाषा द्वारा ही नहीं प्रकृतिकी ओरसे भी निश्चित है। हिमालयमें गंगाका रूप लेनेवाली सारी जल-प्रणालियां जिस भूभागमें प्रवाहित होती हैं, वही गढ़वाल (केदारखंड) है।

§१. प्रागैतिहासिक काल

१. किन्नर-किरात-नाग

गढ़वाल-कुमाऊंमें—और पश्चिमी हिमालयका भी यही हाल है—आज जिन जातीय तत्त्वोंको देखा जाता है, वह पहिले यहाँ मौजूद नहीं थे। कुमाऊँ, गढ़वाल और किन्नरके तिब्बती सीमान्तोंपर जो हमारे भोटांतिक भाई आज मंगोल-मुख मुद्रामें ही नहीं कितने ही भाषामें भी मिश्रित या शुद्ध रूपमें तिब्बती पाये जाते हैं। यह अवस्था वहां छठीं शताब्दी तक नहीं थी। सातवी-आठवीं सदीमें तिब्बती लोग पश्चिमी हिमालयमें फैले, लदाख और बल्तिस्तानमें भी तिब्बती भाषाका प्रसार इसी समय हुआ। यह प्रभाव भाषा और मुखाकृतिपर इतना पड़ा, कि आज इस भूभागको "छोटा तिब्बत" माना जाता है। हम आगे बतलाएंगे, कि तिब्बती (भोट) जातिके पश्चिमाभिमुख प्रसारके बहुत पहिलेसे गिलगित और कराकुरम तकका प्रदेश खश-दरद लोगोंका था, जो दोनों एक ही वंशके थे। ईसापूर्व द्वितीय सहस्राब्दीके प्रारंभमें खश लोग पूर्वी मध्य-एसिया (काशगर, खोतान)की ओरसे हिमालयमें आये। उनसे पीछे वैदिक आर्य उत्तरी भारतके मैदानों (कुरु-पंचाल)से हिमालयमें पहुंचे। इन दोनों जातियोंके आनेसे बहुत पहिले एक जाति हिमाचलमें रहती थी, जिसे हम किन्नर-किरात जाति कह सकते हैं। किन्नरों और किरातोंके पारस्परिक सम्बन्धको ठीकसे बतलाना आसान नहीं है। किन्नरोंका देश एक समय हिमाचलमें गंगाके पनढरसे पश्चिममें सत-लज और चंद्रभागाके पनढर तक फैला हुआ था और किरात गंगाके पनढरके पूर्वी छोरको लिये सारे नेपाल तक थे। १८वीं सदीमें कोसीसे पूर्वमें बसनेवाली जातियां राई, लिम्बू, याखा, किरात कही जाती थीं। गोरखा-जुमलाके बीचके प्रधान निवासी मगर और गुरुंग जातियोंको यद्यपि किरातमें नहीं गिना जाता था, किन्तु मानवतत्त्वकी दृष्टिसे ये भी उसी विशाल किरात जातिका अंग थी। कालीके पश्चिमी तटपर (अस्कोटमें) अब भी राजी (राजकिरात) उसी किरात जातिके अवशेष हैं।

किन्नर (मलाणी) और किरात (राजी) दोनों भाषाओंमें संस्कृतज और तिब्बती शब्दोंकी अधिकता पाई जाती है; किन्तु, साथ ही उनमें उभय-भिन्न एक तीसरी भाषा भी तलछटके रूपमें विद्यमान है।

(१) किरात (राजी) भाषा—

राजी लोग अस्कोट (अलमोड़ा)में बड़ी पिछड़ी अवस्थामें रहते हैं। उनकी भाषाके कुछ नमूने देखिए—

(क) क्रियासूची[1]—

आयो—जोत (कि०)
आयो चि वियन्—जोत आये (कि०)
ईर—गा (भविष्य)
ईस—सो जा (कि०)
ईस जियर कै—सो जाते हैं (कि०)
कानि—आया (,,)
किन—होओ (,,)
कुने-चि—हो (,,)
कै (पुवाँन)—हो गया (,,)
कै हिन—हो गई (,,)
खोअन कै—खुल गया (,,)
गा-हिन—जायेंगे (,,)
गुन—हैं (,,)
गुनी—करै (,,)
घत—जा (,,)
चि—भूतकालिक प्रत्यय (,,)
चिकुने—हो (,,)
चि-गुनी—क्या करैगा (,,)
चि-जानी—खाया (,,)
चि-भीरे—आये हैं (कि० ति०).
छु.जी—बैठो (कि० ति०)
छै—बैठा (कि० ति०)
जा—खाना (ति०)
जानी—खा लिया (,,)
जारी। ति—खायेगा (,,)
जावरे—खाता हूँ (,,)
जिगर—जात (कि०)

---

[1] "कुमाऊँका इतिहास" पृ० ५२०-२३ [यहाँ संकेत हैं—कि० किरात, किन्० किन्नर, ति० तिब्बती, हि० हिन्दी आर्य, त० तमिल (द्रविड़)]

ठाडी—खडा (हि०)
ता—लो (कि०)
तारा कौनी—हल्ला मत कर
तु ओर—पीता हूं (ति०)
तुङ—पी (ति०)
तुवाँ बोये—पीते हो (ति०)
पीय कुनास—आ रहा है (कि०)
पुवाँन-कै—हो गई (कि०)
बयाँ—दो (,,)
बये—देते (,,)
बयेर—देवे (,,)
बियन—आये (कि० किन्०)
बीयर—आता हूं (कि०)
भैकर—मांगते हैं (कि०)
यकी—उठ (ति०)
लाप—लाओ (कि०)
लो—आ (कि०)
सीयन—मरना, मर जायेगा (ति०)
स्यकारलम्—पहचानते हैं (कि०)
हना पौस्याँ—मंगाया (कि०)
हनावनी—मरता है तू (,,)
हरै कोकि—पहचानते हो (,,)
हानोन्—मारूँ (हि०)
हियन—होना (हि०)
ह्वैस्पकौनी—पहिचान (कि०)

(ख) शब्दसूची—

कपाअख—कपास (हि०)
खोत—अच्छा (कि०)
गजिरौ—रातमें (,,)
गरा—धान (,,)
घुमड़—गेहूं (हि०)

चग्रना—चना (,,)
चंजि—छोटा (ति०)
चीहणा—चीना (हि०)
तिलडू—तिल (,,)
ती—पानी (कि०, किन्०, मलाणी)
दरो—चावल (कि०)
देव—वर्षा (हि०)
नामक—नाम (हि०)
नीक—अच्छा (हि०)
पया—लड़का (कि०)
पित्तग्र—लोबिया (हि०?)
बडहर—भटमास (हि०)
बरी—बड़ी (हि०)
बाघो—बाघ (हि०)
भाट्ट—ब्राह्मण (,,)
भात्त—भाजन (,,)
मँढुवा—मँडुवा (,,)
माँग्रख—माष (,,)
माखूर—मसूर (,,)
मांदीदरो—सवाँ
म्हे—ग्राग (ति०)
याङू—राह (ति०)
हलडू—हल (हि०)

(ग) अव्यय-सर्वनाम—

अगरा—देरी
अतर—अब
आखू—कौन (कि०)
इचे—इतने
कताई—किसलिए (हि०)
किनाची—कब
किनौ—कब
कीले—कल
कीलेक
कोता—वहां
ग्वथा—कहां
(थैला चिगुनिर—क्या करता है)
च्या—क्यों
जीवक—परसों

ता—मत
दे—आज (ति०)
ना—में (त०)
नी—तुम (त०)
भायर—बाहर (हि०)
मां—से (कि०)
हंकताई—क्यों (,,)
हंक—हां ,, (,,)
हा—क्या (,,)
हां—क्या (,,)
,, —क्या (,,)
हां—नहीं (कि०)
हांकु चि—क्यों (,,)
हित—यहाँ (हि०)
हियन—कब (कि०)

(घ) दिननाम—

दे—रविवार
किलेक—सोमवार
नीव—मंगल
कुंव—बुध
पारीख—बृहस्पति
पाँच—शुक्र
खात्रव—शनिवार

(ङ) संख्या—

ग—एक
नी—दो (ति०)
खुङ्—तीन (ति०)
पारी—चार (हि०)
पांच—पांच (हि०)
तुरकौ—छ (कि०)
खात्त—सात (हि०)
आट्ठ—आठ (,,)
नौव—नौ (,,)
दख—दस (,,)
डाक—सौ

(च) कुछ वाक्य—

हित ला—यहाँ आ
कोता घत्—वहां जा
ग्वथा मां चिपीयन—कहां से आये ?
ग्वथा जिगार—कहां जाते हो ?
ना बयां—मुझे दो (त०, किन्०)
दे हां-चिजानी—आज क्या खाया ?
निम् क्यनर—तुम्हें देता हूँ (त०, कि०)
हां बया—नहीं देता (कि०, किन्०)
गाजिरौ कै खोअन—रात खुल गई
ती लापअ—पानी लाओ
चु जावरे—खाता हूं
कै इस् जियर—सो जाते हैं

भात्त जा—भात खाओ (हि०, ति०)
भात्त कै जानी—भात खा लिया
ती तुङ—पानी पी (किन्०, ति०)
ठाडी किन—खडा
नीक चिकूने—अच्छे हो
म्हे बया—आग दो
नी सियन्—तू मरैगा (त० ति०)
होना चि गुनिर—मारूं तो क्या करेगा
नी कुच्या इनावनी—क्यों मारता है
भायर भाट्ट पयिकुनास—बाहर ब्रह्मण आ रहा है
हम् बयेर—क्या देवे (किन्०)
इसे हंक तै हना पौस्याँ—इन्होंने क्या मँगाया ?
इचे कनाई हना पौस्याँ—इतना किसके लिए मँगाया ?
किना चि वियर—कव आवेगा ?
इम् घैला चि गुनीर—क्या करता है ?
आखू बियन्—कौन आया ?
आखू कानि—कौन आया ?
निङ हा नामक—तेरा क्या नाम (त०, कि०, हि०)
अतर अगरा कै हिन कि लेक गहिन—अब देर हो गई, कल जावेंगे
नी चे हरैकोकि—तुम पहिचानते हो
गजिरौ ता घत् वाघो ति जारी—रात को वाहर मत जा, बाघ खायेगा
देवलागो होनेर, भीतर ला—वर्षा हो रही है, भीतर आ
नी खोन छुजी—अच्छी तरह बैठो
निङ पया किनौ हियन—तेरा लड़का कब हुआ ?
ना बरी गुन—हम बड़े हैं
नी चीचंजी गुन—तुम छोटे हो
नी हंक ची कर—तुम क्या मांगते हो
हंक हां चिगा—क्यों नहीं आते
निङ मेनाङ कुनीले—तेरी स्त्री है

राजी (राज-किरात)-भाषाकी कोई कथा या गीत हमारे सामने नहीं है, इसलिए हम यह नहीं कह सकते, कि इस भाषामें कितने प्रतिशत हिंदू-आर्य, तिब्बती और किराती भाषाके शब्द हैं। संख्यावाची ११ शब्दोंमें दो—नी, खुङ(सुङ, सुम्) और म्हे-मे (आग) तिब्बती, ती (जल) किन्नर और किरात भाषाओंमें समान हैं। धातुओंमें किराती बीयन (आता है) और किन्नर बीतोक (आयेगा) एकार्थ-वाची है। सँभव है राजी भाषाके विस्तृत संग्रहमें किन्नर-किरातके और भी समान शब्द मिलें। सर्वनामोंमें ना (मैं), नी (तुम), तामिल भाषामें

मिलते हैं। यह आश्चर्य करने की बात नहीं, क्योंकि उत्तरी भारतकी भाषाओंमें पिल्ला, मीन आदि कितने ही द्रविड़ भाषाके शब्द मौजूद हैं, और मानवतत्त्व-वेत्ताओंके अनुसार उत्तर-प्रदेश, बिहारके लोगोंमें आर्यद्रविड़ शरीरलक्षण भी।

(२) किन्नर-भाषा—

किन्नर, मलाणी[१] और किरात एक ही मूल भाषाकी शाखायें हैं, यह ऊपरके कितने ही उदाहरणोंसे मालूम होगा। यद्यपि इसका यह अर्थ नहीं, कि किरात-भाषाने हिन्दू-आर्य और तिब्बती भाषासे काफी लिया। तुलनाके लिए यहाँ हम किन्नर (कनोरी) भाषाके भी कितने ही शब्द देते हैं।[२]

अग—गुफा
अते—भाई
अपी—दादी
ओरचस—वढ़ई
कड्—बेटा
कर—बेटा
कर—भेड़ा
का—अखरोट
कुई—कुत्ता
कुफ—उल्लू
कुम—तकिया
क्यङ—चिनगारी
क्यल्मङ—देवदार
क्युच्—चूहा
खतुच—दुलहा
खलङ—गाय
खस—भेड़
खो—हरिन
गस—परिधान
गुजेर—मच्छर
गुद—हाथ
गोलिङ—कुदाल
ग्यदुर—अँगीठी
चीसङ—आटा
छङ—बालक
छटोच—टोकरी
छतक—डंस
छतगढ—जलपात
छद—दामाद
छेचस—स्त्री
छे चाच—तरुणी बालिका
जू—बादल
टका—वत्थू
तलङ च—चमड़ा
ठंटी—चबूतरा
ठनङ—वर्फ
डना—टीला
डंबर—देवता

---

[१] मलाणी नगर (कुल्लू)से १०-१२ मील दक्षिण पूर्व है, यहांके निवासी भी कनोरी लोगोंकी तरह ती (पानी), ह्लिग्ज (वहिन) बोलते हैं।

[२] विस्तारके लिए देखिए मेरा "किन्नर-देश"

गारुङ—नदी
डेखरस—पुरुष
डोमङ—लोहार
तिक—चकोर
तिपलोक्च—मेंडक
तिशम्—जोंक
ती—जल (मलाणी भी)
तुरप्यातच्—चमगादड़
तेते० को—परदादा
तेत—नाना, दादा
थितफलच—शिशु
दमस्—बैल
दाम्रोची—बहिन
दाच—पात
दुसरङ—चिमनी
नङ—थोली
नाने—मामी
पद—भुर्ज
पिङ—गाल
पिशी—बिल्ली
मुशमिक—बोना
प्याच्—धुन
प्वम्—हिम
फोच—गदहा
बङ—पैर
बनिङ—बर्तन
बरमिक्—मीसना, मसलना।
बस—मधु
बाखीर—बकरी
बेरशा—डंडा
बोद—छाल
डेखराच—तरुण
मन—मादा
ममा—फूपा
मल—चाँदी
मे-रक—अग्निपाषाण, चकमक
यङ—मक्खी
यालू—गुलाब
रग्—पत्थर
रङ—घोड़ा
रिग्—जूँ
रिम्—खेत
रु—ससुर
रुजा—बूढ़ा
रोच—कस्तूरा (हरिन)
रोन—लोहा
लस्त—कुल्हाड़ी
लान—वायु
लानिङ—लता
लानिक्—काटना
लिम्—कैलू
लोमिक—ओसाना।
लीलाच—आँधी
लुम—आँधी
लेमा—गँड़ासा
वन—भाप
वल—शिखर
शग—कंगुनी
शङ—कंकड़
शू—देवता
श्पक—पिस्सू
सखुल—भाथी

बोम—पथ	सग—हीर
सावनिक—भूतनी	स्क्यो—नर
सुट—खटमल	स्तुकुच—नाक
सोफोक—बिच्छू	स्पाच—पौत्र
सोत—जस्ता	होङ—कीट
सोलिच—पौधा	होम—रीछ
स्कुन—साग	

किन्नरकी प्राचीन भाषामें शू (सू) देवता-वाचक शब्द है, जिसमें हिन्दू-आर्य "महा" लगाकर महासू जौनसारका सबसे बड़ा तथा किन्नरका एक देवता है। गढ़वालके बहुतसे ग्रामोंके नामोंमें सू (धरासू) और स्यूँ शब्द आते हैं, जैसे बारहस्यून पर्गनेकी पट्टियोंके नाम हैं—

१. अस्वल स्यूँ	८. नापई स्यूँ
२. इदवाल स्यूँ	९. पटवा स्यूँ
३. कंदवाल स्यूँ	१०. बंगार स्यूँ
४. कफोल स्यूँ	११. बनेल स्यूँ
५. खाट स्यूँ	१२. मन्यार स्यूँ
६. गगवार स्यूँ	१३. रावत स्यूँ
७. नांदल स्यूँ	१४. सितोन स्यूँ

डाक्टर पातीराम[1]ने स्यूँ को सिंहका अपभ्रंश माना है और श्री शालिग्राम वैष्णवने[2] सीमाका। बारहस्यूँ बहुत ही घना आबाद इलाका (२११ वर्गमील, जनसंख्या ५८१७१) उत्तर और पश्चिममें अलकनंदा तथा दक्षिण और पूर्वमें क्रमशः संयुक्त नयार एवं पश्चिमी नयारसे घिरा है। "यहाँके गाँव बड़े और लोग बहुसंख्यक एवं परिश्रमी हैं।[3] गढ़वाल जिलेका मुख्य स्थान पौडी इसी पर्गनेमें है। स्यूँको किन्नर-किरातका शब्द मानना अधिक युक्तियुक्त मालूम होता है।

(३) नाग—

हिमालयके आदिम-निवासियोंकी ही वस्तुतः किन्नर, किरात और नाग अलग अलग शाखायें थीं।

ह्वीलरने अपने "भारत-इतिहास"में नागोंके बारेमें लिखा है—

---

[1] Garhwal Ancient and Modern, p. 220.

[2] भूगोल जिला-गढ़वाल, पृ० ३७ [3] Gaz., p. 149.

"गढ़वालमें नागोंका संबंध हम नागपुर और उरगम् पट्टियोंमें पाते हैं। सार्वजनिक परंपरा बतलाती है, कि अलकनंदा-उपत्यकामें नागोंकी बस्तियाँ थीं। पांडुकेश्वरमें शेषनागकी पूजा की जाती है। रतगाँवमें भेकलनाग, तलोरमें संगलनाग, मरगाँवमें बनपुरनाग, जेलम (नीती)में लोहंबिया नाग, नागनाथ (नागपुर)में पुष्करनाग पूजे जाते हैं।" पौड़ीके पास नागदेवकी पूजा होती है। बहुतसे गाँवोंमें यहाँ "नागराज-तोक" नागोंके मंदिरोंके ही अवशेष हैं। नागपुर, दसोली और पैनखंडा नागोंके गढ़ थे—उरगम् (पैनखंडा)में बोरचा नाग, नागपुरमें बासुकि और पुष्कर नाग और दसोलीमें तक्षक नागकी प्रतिष्ठा अब भी कम नहीं है। प्रागार्यकालीन नागोंके बहुतसे गढ़ भारतके और भागों (राजगृह आदि)में मिलते हैं, हो सकता है हिमालयके इस भागके कितने ही पुराने गढ़ इन्हीं नागोंके रहे हों।

(४) किरात-भूमि—

ताल्मीने भी जमुनासे शारदा (काली) तकके प्रदेश (गढ़वाल-कुमाऊँ)को किरातोंका निवास तथा तंगण प्रदेश कहा है। तंगण या टंगण प्रदेश अपनी छोटी जातिके मजबूत टांघनों (घोड़ों)के कारण बहुत प्रसिद्ध था। आज भी बदरीनाथके रास्तेपर टंगणी नामकी चट्टी चमोलीसे १८ मील ऊपर तथा जोशीमठसे १५ मील नीचे मौजूद है; लेकिन, ये तंगण किरात नहीं खश थे।

केदारखंड खसमंडल बननेसे पूर्व किरातमंडल था, यह केदारखंडके निम्न श्लोकों (अध्याय २०६)से भी पता लगता है—

तस्मिन्नेव महाक्षेत्रे हिमवदाश्रमे मुनेः।
वशिष्ठो मुनिशार्दूलोऽरुंधत्या च समन्वितः ॥१॥
ययौ महादेवमनाः संयतात्मा दृढव्रतः।
चकार वसतिं **तत्र भिल्लानाँ** निचयैर्युतः ॥२॥
रेमे सोऽपि किरातैश्च सन्ध्यास्नानपराङ्मुखः।
मृगमांसाशनो नित्यं कृष्णकंबल-कंचुकः ॥४॥

महाभारत (वनपर्व, अध्याय १४०)में भी किरात-तंगण निवासका वर्णन है—

किराततंगणाकीर्णं पुलिन्द-शत-संकुलम्।
हिमवत्यवरे जुष्टं पिकाश्चर्य-समाकुलम् ॥२५॥
सुबाहुश्चापिता दृष्ट्वा पूजया प्रतिगृह्णतः।
विषयान्ते कुलिन्दानामीश्वर-प्रीतिपूर्वकम् ॥२६॥

हिमवान्के इन किरातोंका परिचय महाकवि कालिदास (चौथी सदी)को भी था। शायद उन्हें भारतकी सबसे ऊँची चोटी नन्दादेवीकी निवासिनी नन्दा पार्वतीका पता था, और कुमारके संभव (जन्म)को उन्होंने यहीं माना था। उन्होंने किरातोंका वहाँ स्मरण किया है (कुमार संभव सर्ग १)—

इदं तुषारस्रुतिधौतरक्तं यस्मिन्न दृष्ट्वा पिहितद्विपानाम्।
विदन्ति मार्गं नखरन्ध्रमुक्तैर्मुक्ताफलैः केशरिणां किराताः ॥६॥
भागीरथीनिर्झरसीकराणां वोढा मुहुः कम्पित-देवदारुः।
यद्वायुरान्विष्ट मृगैः किरातैरासेव्यते भिन्न-शिखंडबर्हः ॥७॥

२. खस

ऋग्वेदकालीन पितापुत्र पंचालराज दिवोदास-सुदास्का शंवर आदि जिन असुर-राजाओंके साथ युद्ध हुआ था, वह हिमाचलके इसी किन्नर-किरात-भिल्ल-नाग-जातिके सरदार थे, किन्तु यह संघर्ष भीतरी हिमालयमें न होकर पंचाल (रुहेलखंड) से मिलते पहाड़ी इलाकेमें हुए होंगे। पहाड़में बसनेके लिए वैदिक आर्य बहुत पीछे आये। उनके आनेसे पहिले ही उन्हींके भाईबंद खश (खस) मध्य-एसियासे पहाड़ों ही पहाड़ आकर गिल्गितसे काली नदी और पीछे नेपाल के पूर्वी सीमान्त तक फैल गये। "आज भी खस पहाड़में अपनी संख्याके कारण बहुत महत्त्व रखते हैं।"[१]

(१) संस्कृतमें खस—

"केदारे खसमंडले"की उक्तिके अनुसार केदारखंड खसदेशका पर्याय है। गंगाकी मुख्यधारा यद्यपि भागीरथीको माना जाता है, किन्तु जलकी मात्रा एवं लंबाईको देखनेपर अलकनंदा और उसकी भी ऊपरी धारा सरस्वती—जो माणा जोतसे निकलती है—को गंगा मानना होगा। भारतकी सबसे पुनीत नदीका उद्गम-स्थान होनेसे केदारखंडकी महिमा अधिक होनी ही चाहिए, किन्तु इतिहासकी ठोस सामग्री मूर्ति, अभिलेख आदि हमें चौथी सदीसे आगे नहीं ले जाते। भाषाकी दृष्टिसे गढ़वाल और कुमाऊंकी आजकी भिन्नता काफी पुरानी मालूम होती है, और इसी तरह इन दोनों देशोंका राजनीतिक विलगाव भी रहा है, किन्तु वह भेद खस क्या कत्यूरी कालमें भी उतना नहीं रहा होगा। तो भी मानना पड़ेगा कि कूर्माचल-केदारखंडमें केवल शकों, गुप्तों, भोटों, कत्यूरियोंके शासनकालमें ही राजनीतिक एकता रही होगी। पीछे गढ़वालमें पंवार

---

[१] Almora Gaz., p. 112.

वंशने इस एकताको कायम किया। बाकी समयोंमें सदा यह देश छोटी-छोटी ठकुराइयोंमें बंटा रहा होगा। खसोंकी निवासभूमि बहुत विशाल रही है, जिसमें किसी समय काशगर (खसगिरि) से लेकर प्रायः सारा हिमालय सम्मिलित रहा।

महाभारतमें युधिष्ठिरके यज्ञमें भेंट लेकर आनेवालोंमें खशोंका उल्लेख है[१]—

मेरुमंदरयोर् मध्ये शैलोदाम् अभितो नदीम्।
एते कीचकवेणूनां छायां रम्यामुपासते ॥२॥
खसा एकासना ह्यर्हाः प्रदरा दीर्घ-वेणवः।
पारदाश्च कुलिन्दाश्च तंगणाः परतंगणाः ॥३॥
तद् वै पिपीलकं नाम उद्धृतं यत् पिपीलिकैः।
जातरूपं द्रौणमेयम् अहार्षुः पुंजशो नृपाः ॥४॥
पार्वतीयं वलिं चान्यं आहृत्य प्रणताः स्थिताः।
अजातशत्रोर्नृपतेर् द्वारि तिष्ठन्ति वारिताः ॥

[मेरु और मंदर (दोनों पर्वतों) के बीच **शैलोदा** नदीके किनारे कीचक (नामक) बांसोंकी रम्य छायामें खस, एकासन, अर्ह, प्रदर, दीर्घवेणु, पारद, **कुलिंद, तंगण परतंगण** लोग बसते हैं, ये राजा (युधिष्ठिर के यज्ञमें) पिपीलिकाओं (चींटियों) द्वारा निकाले पिपीलक नामक सुवर्णको द्रोण-द्रोण भर पुंजशः .... पार्वतीय उपायनोंको लिए शत्रुहीन राजा (युधिष्ठिर) के द्वारको घेरे प्रणत खड़े थे।]

आज भी खस लोग इसी नामसे काँगड़ासे नेपाल तक पुकारे जाते हैं। कुलिन्द, कुनेत्, कनेत शिम्ला और कुल्लूके पहाड़ोंमें खसोंके ही भेद माने जाते हैं। तंगण जाति और नगरका नाम कत्यूरी अभिलेखोंमें आया है। आज भी गढ़वाल और अल्मोड़ाके राजपूतोंकी एक जाति "टंगणिया"[२] है। पुरानी तंगण और परतंगण जाति अलकनंदा तथा मंदाकिनीकी ऊपरी उपत्यकाओंमें रहती थी, जहां कि पहले किरातोंका प्राधान्य था।

महाभारतके युद्धमें खश लोग सात्यकि (कौरवपक्षीय) के साथ लड़े थे[३]। मनु[४]ने खशोंको क्षत्रियसे शूद्र हो जानेका फतवा देते कहा है—

---

[१] **सभापर्व, अध्याय ५२**

[२] **देखो मेरा "कुमाऊँ" परिशिष्ट ४**

[३] **महाभारत द्रोणपर्व १२१/४३, उद्योगपर्व १६०/१०३**

[४] **मनुस्मृति अध्याय १०**

शनकैस्तु क्रियालोपाद् इमाः क्षत्रिय-जातयः ।
वृषलत्वं गता लोके ब्राह्मणाऽ दर्शनेन च ॥४३॥
पौंड्रकाश्चौड्र-द्रविड़ाः कम्बोजा यवनाः शकाः ।
पारदाः पह्लवाः 'चीनाः **किराता** दरदाः खशा ॥४४॥

(पौंड्र, ओड्र, द्रविड़, कंबोज, यवन, शक, पारद, पह्लव, चीन किरात, दरद और खश यह क्षत्रियजातियां संसारमें क्रिया-भ्रष्ट होने तथा ब्राह्मणोंका दर्शन न पाने से धीरे-धीरे शूद्र हो गईं।)

यद्यपि यहां तथा अन्यत्र भी तंगणों, कुलिंदों, दरदोंको खशोंसे अलग गिनाया गया है, किंतु वस्तुतः ये भी विशाल खश-जातिके ही अंग थे ।

महाभारतमें खश आदि ऐतिहासिक जातियोंकी उत्पत्तिके बारे में बतलाया गया है, कि जब वशिष्टकी गाय नंदिनीको उनके प्रतिद्वन्दी गाधिसुत विश्वामित्रने जबर्दस्ती ले जाना चाहा, तो नंदिनीने अपनी रक्षाके लिए इन जातियोंको अपने भिन्न-भिन्न अंगोंसे उत्पन्न किया—

असृजत् पल्लवान् पुच्छात् प्रस्नवाद् द्रविड़ान् शकान् ।
योनिदेशाच्च यवनान् शकृतः शबरान् बहून् ॥३५॥
मूत्रतश्चासृजत् कांश्चित् शबरांश्चैव पार्श्वतः ।
पौंड्रान् **किरातान्** यवनान् सिंहलान् बर्वरान् **खसान्**
चिबुकाच्च पुलिंदाँश्च चीनान्, हूणान् सकेरलान् ।
ससर्ज फेनतः सा गौः म्लेच्छान् बहुविधानपि ॥३७॥

—आदिपर्व अध्याय १७६

अन्यत्र भी—

गंधारान् मद्रकान्, मत्स्यान् त्रिगर्तान् **तंगणान्** खशान् ॥१८॥

—कर्णपर्व, अध्याय ८

और कल्किपुराणमें—

खश— काम्बोजकान् सर्वान् शबरान् बर्बरानपि ॥३२॥
मरुः **खशैश्च** काम्बोजैः युयुधे भीमविक्रमैः ।
देवापिः समरे चीनैर्बर्बरैः **तंगणैरपि** ॥४१॥

—अध्याय ६

इन उद्धरणोंसे पता लगता है, कि ईसाकी आसन्न-पूर्व और पश्चात्की शताब्दियोंमें हमारे इतिहास-भूगोलके जानकारोंको खशोंका परिचय था।

(२) **रोमक-लेखक और खस—**

रोमक इतिहासकार प्लीनी (७९ ई०)ने खशोंके बारेमें लिखा है—"सिंधु (Indus) और जमुना (Jomanes) के बीचकी पहाड़ी जातियां खश (Cesi) और क्षत्रियाणी (खत्री Cetriboni) हैं, जो जंगलोंमें रहती हैं।"

ऐसे और उद्धरणोंपर भी विचार करते हुए अट्किन्सन्ने लिखा है[1]— "प्लीनीके अनुसार उस समय खश लोग अपने वर्तमान निवास कुमाऊं और नेपालसे बहुत पश्चिममें रहते थे, और टौंस तथा शारदा (काली) के बीचकी भूमि (गढ़-वाल-कुमाऊं) में तंगण और किरात रहते थे।"

तालमी (८७–१६५ ई०) को उद्धृत करके अट्किन्सनने फिर लिखा है[2]—

"वह (१) दर्दोंको सिन्धुके उद्गमके पास और (२) कस्पेराई (Kaspe-raioi) को झेलम, रावी, चनाबके उद्गमोंके पास रखता है, (३) कुलिंद व्यास-सतलज–जमुना-गंगाके उद्गमोंके पास रहते थे, जिनका देश कुलिन्द्रिन (Kulindrine) कहलाता था। इनमेंसे पहिले (दर्द) अस्तोर और गिल्गितमें आज भी बसते हैं, दूसरे कस्पेरोई कश्मीर (उपत्यका) और सतलजके बीचके निवासी थे, और तीसरे (कुलिंद) सतलज और गंगाके बीचके थे।"

गिल्गितसे जोज़ीला तकके निवासी आज भी दरद कहे जाते हैं। उनके डांडेके इस पार कस्पेरोई या कश्मीरी झेलम (वितस्ता) की उपत्यकामें रहते ही हैं। उनसे पूर्व चनाब तक (कश्तवार और चंबा) की जातियां खशोंके अंतर्गत हैं, यद्यपि खश नामका पूरा प्रयोग उससे पूर्व कुल्लु-कांगड़ासे लेकर नेपाल तक ही आजकल होता है। कुल्लूके कुनेत (कुनिंद) लोग आज भी खसिया और राव दो श्रेणियोंमें विभक्त हैं। कुनेत या कुनैत (कुलिंद) नाम आजकल कश्तवार –चंबासे शिमला और कन्नौर (ऊपरी सतलज) तक ही अधिक प्रचलित है, किन्तु यह लोग खसिया या खोसिया नामसे भी प्रसिद्ध हैं, जिससे स्पष्ट है कि, कुनेत (कुलिंद) भी खसों हीमें से थे।

अट्किन्सनने फिर लिखा है[3]—

"गंगातटवासी जातियोंमें सबसे उत्तरमें **तंगणोंका** स्थान था और वह सरबू (पालीमें सरभू और आधुनिक शारदा) के ऊपरी भागमें रहते थे।" आज भी खशोंकी एक उपजाति "टंगणिया" मौजूद है। जोशीमठ और चमोलीके बीच

---

[1] **महाभारत द्रोणपर्व १२१/४३, उद्योगपर्व १६०/१०३**

[2] **वहीं**, p. 355 [3] Himalayan Districts, Vol. II

टंगणी नामकी एक चट्टी भी है। पांडुकेश्वरमें प्राप्त एक ताम्रलेखसे मालूम होता है, कि कत्यूरी राजा ललितशूर (९वीं सदी) ने **तंगणपुर** और **अंतरांग** नामक दो जिलों (विषयों) की कुछ भूमि वदरीके ब्राह्मणोंको दी थी। इनमेंसे कुछ भूक्षेत्रके दक्षिणमें गंगा बहती थी, इसलिए ये जिले गंगाके ऊपरी भागमें अवस्थित थे। वहींके एक दूसरे ताम्रपत्रमें बुद्धाचल और काकस्थलका भी उल्लेख है। काकस्थल "केदारखंड" में उल्लिखित काकाचल ही है, जो कि भागीरथी और अलकनन्दाके संगम (देवप्रयाग) के पास था। इस प्रकार तंगणको आसानीसे हम गंगाकी ऊपरी तटभूमि तथा अंतरांगको भागीरथी और अलकनंदाके बीचका द्वाबा मान सकते हैं।"

कत्यूरी राजधानीके तंगणपुर, सुभिक्षपुर, कार्तिकेयपुर भिन्न-भिन्न नाम थे, जो संभवतः वर्तमान जोशीमठ है। इसलिए बुद्धाचल या "केदारखंड" का बौद्धाचल पैनखंडामें ही कहीं बौद्धोंका पवित्र पर्वत था—यदि मूलतः वदरिकाश्रम तपोवनमें था, तो वर्त्तमान वदरीनाथ ही बुद्धाचल हो सकता है।

(३) खश पामीरतक—

खश, खस और कश एक ही शब्दके भिन्न-भिन्न उच्चारण हैं। नेपालसे कश्मीर तककी प्रभावशाली जातियां अब भी खश या कश (कश्मीरी) ही के नामसे पुकारी जाती हैं। तिब्बती भाषामें कश्मीर और कश्मीरियोंको ख-छे कहते हैं, जो कि खशका ही बिगड़ा रूप है। आजकल वहां खछे मुसलमानको कहते हैं, जिसका कारण यही है, कि तिब्बती लोगोंने मुसलमानोंको पहिले-पहिल कश्मीरियों (खशों) के रूपमें देखा। हमारा भी मुसलमानोंसे घनिष्ट परिचय तुर्कोंके रूपमें सर्व-प्रथम हुआ था, इसलिये तुर्क शब्दको कबीरने (हिन्दू-तुरक) मुसलमानका पर्याय मान लिया।

कश्मीरसे आगे चित्राल और कश्कर (उत्तरी और दक्षिणी) तथा यस्सन और मस्तूजके इलाके हैं। जहांके निवासी **खो** कहे जाते हैं। कश्मीरकी भाँति कश्करमें भी वही कश या खश शब्द जुड़ा हुआ है। इस प्रकार नेपालसे दरदोंकी पश्चिमी सीमा (गिल्गित) तक आज भी खश जातिका निवास है।

अट्किन्सनने खशों, कश्करके खोओं और काबुलके कटोरोंको एक बतलाते हुए लिखा है[१]—

"वे (खश) एक ऐसी जातिके अंग हैं, जिसने हिमालय के भिन्न-भिन्न भागों

---

[१] वहीं, Vol. II, pp. 440–41

पर अपनी छाप छोड़ी है।....इनका तथा पश्चिमी हिमालयकी जातियोंका एक ही उद्‌गम है। कालान्तरमें यह महाजाति राजनीतिक कारणों तथा दूसरी जातियोंके घुस आने पर भिन्न-भिन्न लोगोंमें बंट गई। इनमेंसे कुछ मुसलमान हो गए, कुछ बौद्ध रहे, और...कुछ ब्राह्मणिक प्रभावोंके कारण धर्म, आचार तथा भाषामें हिंदू हो गये।..सभी जानते हैं कि मानवधर्मशास्त्र (मनुस्मृति) के कर्ताओं द्वारा शास्त्रीय रीतिसे स्थापित जातियोंके लिए सम्मान, धन, शक्ति वंशपरम्परासे प्राप्त (होती) है, इस लिए वह (खश) अपना संबंध अपनेसे किसी उच्चतर वंशसे जोड़ना चाहते हैं। आज भी ध्यानसे देखनेपर उन नियमोंको काम करते देखा जाता है, जिन्होंने सैकड़ों वर्षोंके भीतर आदिम पहाड़ी जातियोंको अच्छे हिन्दुओंके रूपमें परिणत कर दिया। एक सम्पन्न कुमाऊंनी संगतराश आसानीसे एक निम्न राजपूत--खसिया--की लड़कीसे ब्याह कर सकता है, और एक सफल खसिया किसी देशागत शुद्ध राजपूतकी लड़की मोल ले ब्याह कर सकता है। ये लोग दिनों-दिन अधिक और अधिक कट्टर होते जा रहे हैं।....उत्तरमें तिब्बतसे और दक्षिणमें मैदानसे जो (विजेता) जातियां यहाँ आ घुसती रहीं, वह या तो पच्चर बन कर (अलग जातिके रूपमें) यहां रह गईं, अथवा खसियोंके ऊपर छा गईं--कहींपर उन्होंने विजित जातियोंके साथ ब्याह-संबंधसे और कहीं अवैध संबंधसे रक्त-संमिश्रण कर डाला। इन्हीं कारणोंसे कश्करके खोओं और कटोरों अथवा कुमाऊँके कत्यूरी और खसियोंके बीच संबंध स्थापित करना संभव नहीं है। तो भी दोनों एक हैं, इसे माननेके काफी प्रमाण हैं।"

हिमालयकी भिन्न-भिन्न जातियों और प्रदेशोंके संबंधकी पौराणिक जनश्रुतियोंके आधारपर अट्किन्सनकी राय है[१]—

"गिल्गित और अस्तोरके निवासी दरद हैं, यह प्रसिद्ध ही है। खशीर भी कुनुओंकी भाँति खशोंकी एक शाखा है, जिन्हें प्लीनीने कसिरी (Casiri) कहा है। वराहसंहिता (बरामिहिर) के नामोंको लेनेपर हम तंगणोंके बाद ऊपरी टौसके तटपर कुलूत और सारित्योंको पाते हैं, फिर वन-देश (आता है) जो कि आजकलका जमुनाके पासका इलाका (जौनसार) है। फिर भागीरथी-उपत्यकामें स्वेन्-चाङका ब्रह्मपुर (बाडाहाट या उत्तरकाशी) तब दार्वाद या दारुदेश अलमोड़ाके पासका इलाका है, जिसके पास जागेसरके समीप पूर्वकालमें अवस्थित आम्रवन था। फिर राजकिरातोंका देश।....मार्कण्डेयपुराणमें ब्रह्मपुर-

---

[१] वहीं, p. 362

का उल्लेख है, जिसकी एक तरफ **बनराष्ट्र** था और दूसरी ओर एकपद[१], खस और सुवर्णभूमिके प्रदेश थे। सुवर्णभूमि या स्वेन्-चाङ्का सुवर्णगोत्र तिब्बतका ङ-री-कोर-सुम (मानसरोवर) प्रदेश है। जो गढ़वाल और अलमोड़ाके उत्तरमें अवस्थित है।"

इस प्रकार उस महाजातिका हमें पता लगता है, जो किन्नर-किरात जातिकी प्रधानताके बाद उनकी भूमिमें फैलकर धीरे-धीरे सर्व-सर्वा बन गई। भारतके अन्यत्रके उदाहरणोंसे यह समझना मुश्किल नहीं है, कि पहिले आये खशों और उनके बाद आये वैदिक आर्योंने किन्नर-किरातोंको एक आत्मसम्मानयुक्त स्वतंत्र जाति न रहने दे उन्हें डोम (शिल्पकार) जातिमें परिणत कर दिया, अथवा जंगलोंमें भागनेके लिए मजबूर किया। खसों और वैदिक आर्योंमें आसानीसे समझौता हो गया, क्योंकि वह मूलतः एक ही जातिकी शाखायें थीं। दोनोंकी संयुक्त शक्ति ही किरातोंको पूरी तौरसे दबा सकी होगी।

(४) खसोंकी समाधियाँ—

खश और शक मूलतः एक जाति थी, यह हम आगे बतलायेंगे। शकोंकी भांति खशोंमें भी मुर्दोंको सामर्थ्यानुसार अच्छी प्रकार समाधि देनेकी प्रथा थी। महान् शक-सामन्तोंकी जो समाधियाँ दक्षिणी रूस और अल्ताईमें मिली हैं, उनके देखनेसे छोटे रूपमें मिश्रकी पुरानी समाधियां याद आती हैं। हिमालयके ये पशु-पाल खश उतने समृद्ध नहीं थे, तो भी कोई आश्चर्य नहीं होगा, यदि खश-सरदारोंकी कुछ बड़ी कब्रें भी मिलें।

खशोंके विस्तारके अनुरूप ही यह कब्रें लदाख, लाहुल, चंबा, कनौर (किन्नर) से कुमाऊँके द्वाराहाट, वैजनाथ, बागेश्वर तक मिलती हैं। आजकल मुसलमानोंमें ही कब्र देनेका रवाज देखकर लोग इन्हें भी उन्हींके साथ जोड़ देते हैं। लेकिन इन कब्रोंमें कुछ विशेषतायें हैं, जो मुसलमानी कब्रोंसे इन्हें पृथक् करती हैं। किन्नर (कनौर) में लिप्पा, कनम्, स्पूसे, आगे तिब्बती सीमान्तपर अवस्थित भारतके अंतिम गाँव नम्ग्यातक यह कब्रें मिलती हैं। मुसलमामी कब्रोंसे भिन्नता यह है, कि इनमें शवके शिरके पास मद्य और भोजनके दो बर्तन अवश्य रखे मिलते हैं। दोनों बर्तन प्रायः मिट्टीके होते हैं, किन्तु कुछ बड़ी कब्रोंमें धातुके बर्तन भी पाये गये हैं—लिप्पाकी एक बड़ी कब्रमें मुझे भोजनपात्र कांसेका अर्ध-गोल कटोरा मिला था। लिप्पाकी एक कब्रको मैंने खोदकर देखा। उसका शव दीर्घकपाल था, जब कि आजकल वहां मध्यकपाल तथा आयतकपाल ही लोग मिलते हैं। उक्त कब्रका मुर्दा घुटने मोड़कर लिटाया हुआ था। शायद और जगहोंमें

भी घुटने-मोड़ कब्रें मिलें, किन्तु अभी यह कहना मुश्किल है, कि सभी खश-कब्रें घुटने-मोड़ हुआ करती थीं। लिप्पाकी कांसेकी बर्तनवाली कब्रमें नीचे उतरनेके लिए उसकी दीवारमें तीन-चार खुड्डियाँ बनी थीं। छोटी कब्र कोनोंपर छंटी चौकोर थी। चारों ओर अनगढ़ पत्थरकी पट्टियोंको खड़ा कर दिया गया था, और ऊपर चौड़ी पट्टियोंसे ढांक दिया गया था। पहिले हीसे मुसलमान कब्रें मान लेनेसे द्वाराहाट, बैजनाथ वागेश्वरकी कब्रोंकी जांचपड़ताल नहीं की गई। गगास नदीके किनारे भी ऐसी कब्रें मिलती हैं, जिनमें वर्तन मिलते हैं, ऐसा मुझे एक सज्जनने बतलाया। यदि सावधानीसे खोज की जाय, तो गिल्गितसे नेपाल तकके सारे प्राचीन खस-प्रदेशमें दीर्घकपाल खशोंके अशन-पानके दोनों पात्रोंके साथ कब्रें मिलेंगी।[१]

३. वैदिक आर्य

किरातों और खशोंके बाद वैदिक आर्योंकी पहिली लहर मैदानसे पहाड़ोंकी ओर बढ़ी। पंचाल नामसे प्रख्यात त्रित्सु अपने नामसे बसी पंचालभूमिके स्वामी होते हिमालयके सानु तक पहुँच गये। पंचाल के इन त्रित्सुओंको मैदानी भूमि बिल्कुल जनशून्य जंगलके रूपमें नहीं मिली। उन्हें यहां द्रविड़ और पहाड़ोंके नजदीक पहुँचनेपर किरातोंसे मुकाबला करना पड़ा। यह कहना कठिन है, कि ईसापूर्व द्वितीय सहस्राब्दीके मध्यमें पंचाल राज दिवोदास् तथा तत्पुत्र सुदास्का जिस शंबर-असुरसे मुकाबिला हुआ, वह मैदानी द्रविड़ोंका राजा था अथवा किरातोंका। वैदिक आर्योंके साथ संघर्षसे पराजित होनेपर असुर-सामन्तों-

---

[१] Atkinson Vol., p. 512 n. "The only tradition regarding the Mughals is that certain tombs lined with and covered by large tiles and stones have been found at Dwarahat and Bageswar and are assigned to a Mughal tribe, who are said to have held Central Kumaon for twenty years....At different places in Lahul old tombs have been found and the local traditions point to a people beyond Yarkand as the builders of these tombs." **"और कुमाऊँका इतिहास" पृ० ६३७ : "कुछ कब्रें ईंटोंकी बनी हुई वागेश्वर और द्वाराहाटमें पाई गई हैं, जिनको पुरातत्त्ववेत्ता मुगलोंकी कब्रें कहते हैं, किन्तु यहाँपर ये साधुओंकी समाधियाँ मानी जाती हैं।"**

को भी पहाड़ोंकी शरण लेनी पड़ी होगी। शंबरके पहाड़ी दुर्गोंपर आक्रमण करनेमें सुदास्‌को जो लोहेके चने चबाने पड़े, वह यही बतलाता है, कि ये असुर अविकसित अवस्थाके किरात न हो द्रविड़ (असुर) ही रहे होंगे। द्रविड़ों और किरातोंका संपर्क राजी (किराती) भाषाकी तुलनामें हम बतला चुके हैं।

शंबरके पहाड़ी दुर्ग पंचाल (वर्तमान रुहेलखंड) के उत्तर होनेसे गढ़वाल-कुमाऊँके ही पहाड़ोंमें रहे होंगे। संभव है, मैदानमें परास्त असुर इन दुर्गोंमें आश्रय ले आर्योंकी बस्तियों पर आक्रमण किया करते हों, जिसके लिए दिवोदास्-सुदास्‌को इन दुर्गोंपर आक्रमण करना पड़ा। इसका प्रमाण नहीं मिलता, कि वैदिक आर्योंने अपने लोगोंको वहां बसानेके लिए इन दुर्गबद्ध असुरोंसे लोहा लिया। वैदिक साहित्यमें हिमालयमें आर्योंके बसनेका कोई उल्लेख नहीं मिलता, उसके विरुद्ध हम यहां मध्य-काल तक ही नहीं, आज भी खशोंकी प्रधानता देखते हैं। दिवोदास्-सुदास्‌के समय चाहे खश पंचालके उत्तरवाले हिमाचलमें नहीं पहुँचे हों, किंतु अंतमें वही किरातप्रधान इस प्रदेशको खसदेश बनानेमें सफल हुए।

महाभारतमें हिमालके इस खंडका अनेक बार उल्लेख इतना ही सिद्ध करता है, कि महाभारतके संग्रहके समय (ईसा-पूर्व द्वितीय शताब्दी) में लोग इस प्रदेशसे परिचित हो गये थे। परिचित तो वह बुद्ध-कालमें भी थे, हिमवंतको ऋषियोंकी निवासभूमि कहा जाता था। इस समय तक यह खश देश बन चुका था। फिर रंग-रूपमें एकसे इन ऋषियोंके खशोंमें भी भक्त हो सकते थे। महाभारत या बादके भी कितने ही समयोंतक यदि कुरु या पंचालमें कोई प्रतापी राजा हुए, तो उन्होंने गंगोत्री, जमुनोत्री या बदरीनाथ तक अपना सीधे राज्य स्थापित कर लिया होगा, यह आशा नहीं रखना चाहिए। मुस्लिमकालके उदाहरणसे हम इतना ही मान सकते हैं, कि पहाड़ के शासक अपने प्रतापी दक्षिणी पड़ोसीको अपने देशकी कुछ सौगात दे देता था, जिससे पंचाल या कुरुके छत्रधारीको पूरा संतोष हो जाता था।

§२. आरंभिक इतिहास

अबतक इतिहासके बारेमें जो कहा गया, वह इतिहासकी किसी पुरातात्त्विक ठोस सामग्रीके आधारपर नहीं कहा गया। वस्तुतः ऐसी सामग्री अभी यहां असंदिग्ध रूपसे प्राप्त नहीं हुई। ऐतिहासिक कालके भीतर घुसनेसे पहिले यहांके पुरातात्त्विक स्थानोंके बारेमें कुछ कह देना आवश्यक है। हमारी यह

सूची पूर्ण नहीं कही जा सकती। इन स्थानोंके बारेमें आगे भी कुछ कहना है, इसलिए यहाँ हम अतिसंक्षेपमें ही कहेंगे।

१. पुरातात्त्विक स्थान

क. स्थान

१. **अगस्तमुनि**—कार्तिकेय मंदिर यहांसे छ मीलपर है। अगस्त्य-मुनिसे केदारनाथ तक बहुत-से पुराने मंदिर हैं, जिनमें गुप्तकाशी, नल्ला, भेत्, गौरीकुंड, और केदारनाथ प्रसिद्ध हैं।

२. **आदिबदरी**—यहां कत्यूरी कालके १६ मंदिर हैं। किसी समय चांदपुरगढ़ राजधानी था।

३. **उरगम्**—हेलङसे १॥ मील अलकनंदातक उतराई फिर ५ मील चढ़ाई। यहाँ तीन प्राचीन-मंदिर हैं।

४. **कल्पेश्वर**—हेलङमें यहींसे ३ मील उतराई ३ मील चढ़ाई चढ़कर मिलता है। यहां विष्णु और शिवके दो मंदिर हैं।

५. **कालीमठ**—गुप्तकाशीसे १॥ मील आगे नाला है, यहांसे पगडंडी द्वारा तीन मील उतराई तीन मील चढ़ाईपर कालीमठ है। कुंडका दर्शन वसन्त और शरदके नवरात्रोंमें ही होता है। काली मठसे ३ मील आगे पर्वतकी चोटीपर काली–शिलामें कई प्रकारके चित्र बने हैं। मार्ग विकट है।

६. **केदारनाथ**—यहां शिव, सत्यनारायण, नवदुर्गा, हरगौरीकी सुंदर मूर्तियाँ हैं। मंदिरमें कई शिलालेख हैं, बाहर एक मंदिरमें एक खंडित पुराना (तिब्वती) लेख है।

७. **कोलसारी**—कर्णप्रयागके पास यहाँ पुराने मंदिर हैं।

८. **गढ़ताङ्**—जाड (जाह्नवी) गंगाके किनारे तिब्बती राजाकी राजधानी थी।

९. **गणाई**—पासमें लखनपुरके पुराने मंदिर तथा ध्वंस हैं।

१०. **गरुड़गंगा**—पीपलकोटीसे ५ मील। थोड़ी दूरपर सड़कके दाहिने पाखी गांवमें पुराना नृसिंह-मंदिर है।

११. **गुप्तकाशी**—शिव, नारायणकी मूर्तियां।

१२. **गोपेश्वर**—एक पुराने त्रिशूलपर अशोक चल्ल, और क्राचल्ल देवके लेख उत्कीर्ण हैं।

१३. **गौरीकुंड**—पुरानी पार्वती तथा शंकरकी मूर्तियां।

१४. **चांदपुरगढ़**—कर्णप्रयागसे १० मील पर रामनगरकी ओर पँवारोंकी पुरानी राजधानी।

१५. जोशीमठ—ग्रीक शैलीकी मूर्तियां। सात पुराने मंदिर हैं, जिनमें नारायण, नवदुर्गा, प्राचीन शिव, गणेश, नरसिंहकी मूर्तियां हैं। छतके नीचे नरसिंहधारा है। नरसिंह मूर्ति काले पत्थरकी है। वासुदेव मंदिरकी मूर्ति विशाल है। दुर्गामंदिर वासुदेव-मंदिरसे मिला हुआ है। ज्योतीश्वर मठ गांवसे आध मील पश्चिम चढ़ाईपर जीर्णशीर्ण अवस्थामें है।

१६. टंगणी—पीपलकोटीसे ५ मीलपर ऊपर है।

१७. टेहरी—पुरानी मूर्तियां हैं।

१८. तुंगनाथ—कई पुरानी मूर्तियां है, जिनमें एक धातुकी बुद्धमूर्ति है।

१९. देवप्रयाग—पुराना मंदिर, रामकी ६ फुट ऊंची पत्थरकी मूर्ति है।

२०. नल्ला—पुराने शिवालयके बाहर एक बौद्ध पाषाण-स्तूप है। छोटे मंदिरके द्वारपर तीन पंक्तियोंका कत्यूरीकालीन लेख है।

२१. नागनाथ (नागपुर)—कर्णप्रयागसे चार मील पहिले छतवा पीपल-चट्टी पर लोहा पुलसे अलकनंदा पार हो ९ मीलकी चढ़ाईपर नागनाथ तीर्थ है। पास ही पर्वत शिखरपर नागपुरगढ़ है।

२२. नारायण बगड़—कर्णप्रयागके पास, यहा पुराने मंदिर हैं।

२३. पत्ती—कर्णप्रयागके पास, यहाँ पुराने मंदिर हैं।

२४. पाँडुकेश्वर (योगबदरी)—दो मंदिर बहुत पुराने हैं। यहां कत्यूरी राजाओंके चार ताम्र-पत्र थे जिनमें तीन अब जोशीमठमें रखे हैं। यहांकी मंडपपर ग्रीक प्रभाव है। कुषाण राजा वासुदेवके सिक्कों जैसा नादिया ललित-शूरके ताम्रलेखपर भी मिला है।

२५. पांडुवाला—प्राचीन नगरका ध्वंसावशेष गंगासलान पर्गनेमें हरद्वारसे ६ मील पूर्व मंधल (ध्वस्त) गांवके पास एक पुराना मंदिर है; जिसमें कितनी ही सुंदर मूर्तियां हैं।

२६. बदरीनाथ—बदरीनाथकी मूर्ति काले संगमरमरकी तीन फुट ऊंची ध्यानावस्थित बुद्ध-मूर्ति है। इसके दक्षिणओर उत्सव (ऊधव) मूर्ति, नर, नारायण और बाई ओर कुबेर और नारद। "इसको बौद्धोंकी स्थापित की हुई बुद्ध भगवानकी मूर्ति बतलाते हैं।" मंदिर मुगल-शैलीका है।

२७. बमोथ—कर्णप्रयागसे नीचे है, यहां पुराने मंदिर हैं।

२८. बाडाहाट—अभिलेख-सहित विशाल त्रिशूल ऊपर गोलाई १'.१५", नीचे ८',९", और ऊंचाई २६' है। यहाँ तिब्बती राजा नागराज (ग्यारहवीं सदी) की बनवाई धातुमयी बुद्ध-मूर्ति (दत्तात्रेय) भी है।

२९. **बैराटगढ़ (या गढ़ी)**—कालसीसे ऊपर टूटी फूटी अवस्थामें है।

३०. **बैरासकुंड**—नंदप्रयागसे सात मील वटियाकी चढ़ाई पर है, यहां एक कुंड और प्राचीन शिवमंदिर हैं।

३१. **भटवारी**—बाडाहाटसे १८ मील ऊपर, यहां चढ़ाई पर कुछ मूर्तियां हैं।

३२. **भिल्ल-केदार**—श्रीनगरसे २॥ मील नीचे विल्लकेदारसे २ मीलपर गंगाकिनारे एक प्राचीन विष्णु-मंदिर है, जिसे शंकरमठ कहते हैं। इसीके पास श्रीयंत्र है।

३३. **भेत् (नारायण कुटी)**—गुप्तकाशीसे २॥ मील आगे यहाँ बहुतसे पुराने मंदिर हैं, जो अधिकांश मूर्ति-शून्य है। प्रधान मंदिर लक्ष्मीनारायणका है। सत्यनारायण, वीरभद्र, शिव, प्राचीन शिव, तथा कुंड दर्शनीय हैं।

३४. **मोरध्वज या मुनवरा**—कोटद्वारा-नजीबावाद सड़कके आधी दूरपर है। पुराने गढ़का घेरा ८००–६२५ फुट है। शिगरीका भीटा ४३ फुटके घेरेमें है। यह एक पुराना बौद्ध स्तूप है। यहांके पत्थरोंसे कोटद्वारा और नजीबाबादके पुल बनाये गये। आठवीं सदीके अक्षरोंमें "ये धर्म्मा०" की मुद्रायें भी यहाँ मिली थीं।

३५. **रंगू**—कंडारगढ़के पास पर्गना नागपुरमें पुराने मंदिर हैं।

३६. **श्रीनगर**—ओड लोग हालतक यहां पत्थरकी मूर्तियां बनाते थे। मौलारामके कुछ चित्र उनके वंशजोंके पास हैं। विरही (गोहना) तालके १८९४ में टूटनेपर जो ध्वंसलीला मची, उससे कमलेश्वर महादेव छोड़ सारा नगर ध्वस्त हो गया।

३७. **सुन्यामुन्या**—कर्णप्रयागके पास पुराने मंदिर थे, जो गोहनाकी बाढ़में बह गये।

३८. **सुबै**—तपोवनसे ३ मीलकी चढ़ाई चढ़कर यहां भविष्य-बदरी मंदिरमें पहुंचा जा सकता है, जो शायद भविष्य नहीं भूत तथा असली बदरी है।

३९. **हरियाली**—पुनाड (रुद्रप्रयाग) से १५ मीलकी चढ़ाई चढ़कर पर्वत-शिखर पर प्राचीन लक्ष्मी-मंदिर है। तीन मील नीचे जसोलीमें भी लक्ष्मी-मंदिर है।

४०. **हेलङ्**—जोशीमठसे आठ मील इधर है। यहांसे १ मील आगे सड़कसे दाहिने आधमील चढ़नेपर पैनखंडाका पुराना गढ़ है, जिसके नामपर पर्गनेका नाम पड़ा।

ख. सिक्के—

१. **कुणिंद**—गढ़वालके सिक्कोंका बहुत कम ही अनुसंधान हुआ है। यहाँ

मिले सबसे पुराने "कुणिंदों" के सिक्के हैं। ऐसे हजार सिक्कों (रुपयों) की निधि सुमाड़ी गांवमें हल जोतते समय मिली। यह तीसरी-चौथी सदीके किसी कुणिंद राजाके हैं।

२. **गढ़तांग**—गंगोत्री प्रदेशमें जाड़गंगाके ऊपर गढ़तांगेमें किसी समय भोटिया राजा राज करते थे। इनके भी सिक्के यहां मिले हैं, जो चार आने या तीन माशेके होते थे।

३. **मानोशाही**—बहुराजकताके समय किसी ठाकुरने यह सिक्के चलाये। यह तीन माशेका होता था, पांच मिलाकर १५ माशेका रुपया बनता था।

४. **फतेहशाही**—यह ५ तोले भरका चांदीका सिक्का है, जिसपर लिखा रहता है "मेदिनीशाहसूनो श्री फतेहशाहावनीपते १७५१" तथा दूसरी ओर "बदरी नाथकृपया मुद्रा जयति राजते १७५१"।

५. **गोरखा**—रणबहादुरशाहकी रानी तिरहुती ब्राह्मणीके पुत्र गीर्वाण-युद्ध विक्रमशाहके नामसे यह सिक्का श्रीनगरमें ढाला गया था। इसपर एक ओर फारसीमें लिखा रहता है "महाराजा गीरबान जोध विक्रम ज़रब श्रीनगर" और दूसरी ओर "बादशाह आलम गाजी।"

२. शक

वैदिक आर्योंके प्रवेश तथा खशोंके हिमाचलके इस भागमें छा जानेकी बात हम कह चुके। मौर्योंके समय, जब भारतके बहुत बड़े भागका एकीकरण हुआ, हिमाचलके छोटे-मोटे शासकोंने उपायन भेजकर उनकी अधीनता स्वीकार की होगी, इसमें संदेह नहीं। कालसी (देहरादून) में प्राप्त अशोकके शिलालेखसे भी अनुमान होता है, कि हिमाचलके वाणिज्य-द्वारोंके महत्त्वको मौर्यशासक मानते थे, और उन्होंने हिमालयसे नजदीकका संबंध स्थापित किया था। मौर्योंके उत्तराधिकारी यवनोंने पश्चिमी भारतपर अधिकार रखा, जब तक कि ईसापूर्व प्रथम शताब्दीमें शकोंने उनके शासनको समाप्त नहीं कर दिया। जौनसार (देहरादून) और जौनपुर (टेहरी) के लोगोंकी रूपरेखा, रीति रवाज, वेष-भूषाको देखकर जौनको यवन (ग्रीक) से जोड़नेका लालच हो आता है, किन्तु और अधिक प्रमाणोंके बिना ऐसा निष्कर्ष निकालना उचित नहीं है। जौनसार और जौनपुर नाममें यमुनाके समीप होनेसे "जौन" जमुनाके लिए ही आया हो सकता है। तो भी इससे जौनसारी लोगोंकी समस्या हल नहीं हो जाती। जौन-सारी स्त्रियां ऐसा कोट अपनी जातीय पोशाकके तौरपर पहिनती हैं, जो कूचा

(मध्यएसिया) के पुराने तुखारियोंसे मिलती हैं। क्यों यहांकी स्त्रियां परस्पर मिलनेपर चुंबन द्वारा स्वागत-प्रदर्शन करती हैं?

कुमाऊं-गढ़वालमें जोशीमठ और पांडुकेश्वरके स्थापत्य और कुछ मूर्तियोंपर ग्रीक प्रभाव बतलाया जाता है। ऐसा हो भी तो कोई आश्चर्यकी बात नहीं है, किन्तु जिस समय की यह मूर्तियाँ हैं, उस समय ग्रीककलाको बहुत मोड़ोंके बाद पहुंचना पड़ा होगा। प्रभावकी बात तभी कही जाती है, जब कि वह असंदिग्ध रूपसे दिखाई पड़े।

यवनोंकी अपेक्षा शकोंका प्रभाव यहाँ अवश्य स्पष्ट है, और यह माननेके लिए भी काफी प्रमाण मिलेंगे, कि यहाँ शकोंका शासन ही नहीं रहा, बल्कि यहाँके प्रतापी वंशको भी शकोंने ही प्रदान किया। शक मूलतः खसोंके ही वंशके थे। खश शब्द ही उलट कर शख, शक हो जाता है। प्राचीन खसोंके प्रथम हिमालय-अभियानदके बहुत समय बाद हूणोंसे हारकर १७० ई० पूं० के आसपास शक अपने मूलस्थान पूर्वी सिङक्याङको छोड़नेके लिए मजबूर हुए और धीरे-धीरे आगे बढ़ते १३० ई० पू० में बाल्हीक (बाख्तर) से ग्रीकोंको हटाकर वहाँके स्वामी बन गये। वहांसे ई० पू० प्रथम शताब्दीमें वह पंजाब-अफगानिस्तान सहित पश्चिमी भारतके शासक हो गये। ये शक घुमन्तू कबीले थे। इनमें सम्राट् और सामन्त ही नहीं थे, बल्कि उनकी सेना थी, उनका ओर्दू-घुमन्तू परिवार-समूह—जो अपने पशुओं, और सारे परिवारके साथ वैसे ही चलता था, जैसे आजके उनके वंशज गद्दी और गूजर पशुपाल। कालांतरमें इन शक ओर्दुओंका बहुत-सा भाग राजपूत, गूजर, जाट, अहीरके रूपमें जहां मैदानी भूभागमें बस गया, वहाँ कुछ पहाड़की ओर भी चला आया, जहां कि उनके पुराने बंधु खश शताब्दियोंसे बस चुके थे, और जिनके साथके पुराने संबंधको वह कुछ कुछ जानते भी थे। गुप्तों और हूणों द्वारा शकोंकी प्रभुता के नष्ट होनेपर (चौथी सदीमें) कितने ही शक राजकुमार और सामन्त आगे आनेवाले हेफताल (श्वेत-हूण) मिहिरकुलकी भाँति हिमालयके भिन्न-भिन्न दुर्गम स्थानोंमें शरण लेनेके लिए मजबूर हुए।

शकोंकी शाखा कुषाण वंशके सम्राटोंपर भारतीयताका भारी रंग चढ़ चुका था। कुषाण सम्राट् कनिष्क बौद्ध धर्मके लिए द्वितीय अशोक माना गया है। उसके उत्तराधिकारी तो और भी भारतीयताको अपनानेमें आगे बढ़े। कनिष्कके उत्तराधिकारी थे—

कनिष्क ७९-१०६ ई०

वसुष्क	१०६–१४	ई०
हुविष्क	११४–५२	ई०
वासुदेव	१५२–७६	ई०

कनिष्कके उत्तराधिकारियोंमें वासुदेव जैसा नाम ही नहीं मिलता, बल्कि उनके सिक्कोंपर ब्राह्मणिक देवताओंके लांछन बतलाते हैं कि शक कितनी जल्दी हिन्दू बन गये—वासुदेवके सिक्केकी भांति कत्यूरी राजा ललितशूरके ताम्रलेख पर भी नादिया (बैल) बना पाया जाता है। शायद उनकी इसी ब्राह्मण-भक्तिको देखकर भागवतमें लिखा गया—

"किरात-हूणां-ध्र-पुलिंद-पुल्कसा आभीर-कंका यवनाः खसादयः।
येऽन्ये च पापा यदुपाश्रयाभयाः शुध्यन्ति तस्मै प्रभविष्णवे नमः ॥"

—स्कंध पु० २, अध्याय ४

और इसी भावको लेकर गोस्वामी तुलसीदासने कहा—

"स्वपच सबर **खस** जमन जड़, पाँवर कोल-किरात।
राम कहत पावन परम, होत भुवन विख्यात ॥"

शकोंके कुमाऊँ-गढ़वालके संबंधकी परिचायिका उनकी सूर्य-प्रतिमायें हैं। शक लोग अपने वंशज अन्-ईसाई रूसियोंकी भाँति सूर्यके परम-उपासक थे। अपनी जैसी बूटधारिणी सूर्यकी द्विभुज मूर्तियाँ शकोंने ही भारतमें स्थापित कीं। मार्तंड (कश्मीर) के कटारमल (अलमोड़ा) तक ऐसी अनेकों प्रतिमायें स्थापित हुई थीं। आज भी कुमाऊँ-गढ़वालमें निम्न सूर्यमंदिर मौजूद हैं—

स्थान	जिला (पर्गना या पट्टी)	देवताका नाम
बेलार (बेल)	अलमोड़ा (गंगोली)	आदित्य
पमाई (")	अलमोड़ा (")	"
रमक	"(महार, काली कुमाऊँ)	आदित्य देउ
नैनी	"(लखनपुर, चौगरखा)	आदित्य
जगेश्वर	"	"
जोशीमठ	गढ़वाल	सूर्यनारायण

शकीय ढंगकी सूर्य-मूर्तियोंवाले देवालय भारतमें अन्यत्र भी अपना विशेष ऐतिहासिक महत्व रखते हैं, किन्तु यहाँ खशदेशमें तो वह शकोंके व्यापक प्रभावके प्रतीक हैं। कत्यूरी-राजवंश मूलतः शक-वंशसे संबंध रखता था, यह हम आगे बतलायेंगे। गढ़वालके पश्चिममें सतलजके तटपर निरतका प्राचीन सूर्य-मंदिर शक बूटधारी सूर्यका है, जो आठवीं-नवीं सदीके बादका नहीं हो सकता,

अर्थात् वह कत्यूरी-वंशके आरंभिक कालका है और यदि ललितशूरके ताम्रलेखमें अधिक अतिशयोक्तिसे काम नहीं लिया गया है, तो हो सकता है, निरतका सूर्य-मंदिर विशाल कत्यूरी राज्यका ही एक स्मृतिचिह्न है—कत्यूरी राज्यकी पश्चिमी सीमा सतलज थी, यह परंपरा भी बतलाती है।

शकोंका कुमाऊँ—गढ़वालसे विशेष संबंध था इसमें संदेह नहीं, शायद पहाड़में देशसे अधिक शक-शालिवाहन संवत्का प्रचार तथा गढ़वाल और अलमोड़ाके हालके राजवंशोंका शालिवाहनसे संबंध भी उसी बातकी पुष्टि करता है।

३. हूण

हूण वस्तुतः भारत तक नहीं पहुँचे, तो भी किदार, तोरमान, मिहिरकुलके कबीलोंको ईरानकी भाँति हमारे यहाँ भी हूण समझ लिया गया था, यद्यपि वह हूण नहीं थे। हूणोंसे उनका इतना ही संबंध था, कि शकोंके प्रायः सभी कबीलोंके अपनी जन्मभूमि (शकद्वीप) को खाली कर आनेपर भी यह (हेताल) शक-कबीला वहीं पाँच सदियोंतक किसी तरह बना रहा, और पाँचवीं सदीमें ही किसी कारणसे मजबूर होकर उसे मध्यएसियाकी ओर भागना पड़ा, जहाँ कुषाण साम्राज्यको ध्वंस करते ४५५ ई० में स्कन्दगुप्तको हराकर वह भारत पहुँच गये। इनके राजा तोरमान (मृ० ५०२ ई०) का विशाल राज्य कस्पियन समुद्रसे मध्य-भारत तक फैला हुआ था। उसने ग्वालियरमें सूर्यका एक सुन्दर मंदिर बनवाया था। उसके पुत्र मिहिरगुल (रविकुमार) ने मगधतक आक्रमण किया और ५३४ ई० में मालवेश्वर यशोवर्मा तथा मगधेश्वर बालादित्यकी सम्मिलित शक्तिसे पराजित होकर ही उसे भागकर कश्मीरमें शरण लेनी पड़ी। तोरमान और मिहिरगुलके शासनकालमें हिमालयका बहुत-सा भाग उनके हाथमें रहा होगा।

४. हर्षवर्धनकाल

मिहिरगुलकी पराजय (५३३-३४) के बाद उत्तरी भारतके प्रधान राजवंश थे—थानेश्वरके वर्धन, मगधमें गुप्तोंके उत्तराधिकारी मागध गुप्त, कान्यकुब्जमें उनके उत्तराधिकारी मौखरी, और सौराष्ट्रमें वलभीवंश। मिहिरगुल ५३७ ई० तक कश्मीरमें शासन करता रहा। मध्य-हिमालय (कुमाऊँ-गढ़वाल) के मांडलिक राजा मौखरियों या वर्धनोंके अधीन रहे होंगे। मौखरि ईशानवर्मा (५५४ ई०) अपनेको आन्ध्र (चालुक्य), गौड़ (गुप्त), सूलिक विजेता कहता है, फिर वह अपनी राज्य-सीमाको हिमालयमें बढ़ाये विना कैसे रहा होगा? हर्षवर्धनकी

भगिनी राज्यश्रीका पति ग्रह वर्मा अंतिम मौखरि राजा था। उसकी मृत्यु मालवराजसे लड़ते हुई थी, जिसका बदला लेनेके लिए गये हर्षवर्धनके अग्रज परम-सौगत राज्यवर्धनको गौड़ाधिपति शशांकने छलसे मार डाला (६०५ ई०)। हर्ष-वर्धन (६०५–४७ ई०) उत्तरी भारतका अंतिम चक्रवर्ती तथा थानेश्वर (वर्धन) और कान्यकुब्ज (मौखरि) दोनों राज्योंका स्वामी था। उत्तरमें हिमालयसे ले सौराष्ट्र और गौड़ (बंगाल) तक उसका शासन था। ६०५ के कुछ ही समय पूर्व हर्षके पिता प्रभाकर वर्धनकी मृत्यु हूणों (हेफतालों) से लड़ते रणक्षेत्रमें हुई थी, जिसका अर्थ यही है, कि मिहिरगुलके हारकर कश्मीर जानेपर भी अभी श्वेतहूणों-का बल पंजाव-सिन्धमें खतम नहीं हुआ था। यद्यपि अब वहाँ श्वेतहूणोंका स्थान तुरुष्कोंने ले लिया था, किंतु उन्हें हमारे लोग श्वेतहूण ही समझ रहे थे।

हर्षवर्धनका शासनकाल (६०५–४७ ई०) बड़ी शान्ति और समृद्धिका था। इसी समय चीनी पर्यटक स्वेन्-चाङ् भारतभ्रमणके लिए आये थे। इस वक्त हिमालयमें ब्रह्मपुरका एक राज्य था। स्वेन्-चाङ् ६३४ ई० में थानेश्वर (स्था-ण्वीश्वर) से स्रुघ्न[१] होते गंगापार कर मंदावर (विजनौर) गये। उन्होंने माया-पुर (हरद्वार) का वर्णन किया है, जहाँसे कि वह पो-लो-कि-मो-पुला (ब्रह्मपुर) गये। वह मदावर (विजनौर)से ३०० ली (५०मील) उत्तर था। ब्रह्मपुरका राज्य ४००० ली (६६० मील)लम्बा-चौड़ा था। स्वेन्-चाङ्ने यह भी लिखा है, कि ब्रह्मपुर-राज्यके उत्तरमें सुवर्णगोत्र (सु-फ-ल-न-कु-त-लो) या सुवर्णभूमि है, जहाँपर अच्छी जातिका सोना निकलता है। यह वर्तमान् ङ्-री-कोर-सुम (मान-सरोवर-प्रदेश) था, इसमें संदेह नहीं, जहाँ कि महाभारतके अनुसार पिपीलिक (चींटी) सुवर्ण निकलता था। पिपीलिक सुवर्णकी कहावत रोमक लेखकोंको भी मालूम थी। कनिंघमने ब्रह्मपुरको कत्यूरी-राजधानी लखनपुर या वैरापट्टन माना है, किन्तु वह बाड़ाहाट भी हो सकता है, जिसके उत्तरमें ङ-री-कोर्-सुम मौजूद है, और जहां अब भी सिंधुकी उपत्यकामें खोदकर सोना निकाला जाता है। ब्रह्मपुर, हर्षवर्धनके अधीन रहा होगा।

५. तिब्बती शासन (६५०-८५० ई०)

हर्षवर्धनकी मृत्यु (६४७ ई०)के बाद उसका विशाल साम्राज्य छिन्न-भिन्न हो गया। इसी समय पश्चिममें ईरानको निगलकर अरबकी इस्लामिक शक्ति

---

[१]. सुंग, जिला सहारनपुर।

पूर्वकी ओर बढ़नेका उपक्रम कर रही थी। किंतु, वह हिमालयमें काबुल-कश्मीर तक, सो भी बहुत पीछे पहुंच सकी। इसी समय तिब्बतमें एक नई शक्ति रूप ले रही थी। स्रोङ्-चन्-स्गम्-पो (६२९-४९ ई०)ने एक नये साम्राज्यकी स्थापना की, जो पश्चिममें प्रायः गिल्गित, उत्तरमें तरिम् तथा ह्वाङ्होकी उपत्यकाओं, पूर्वमें चीनके कुछ भीतरसे लेकर दक्खिनमें सारे हिमालयमें फैल गया। करीब दो शताब्दियोंतक इस राज्यके प्रभावमें आसामसे गिल्गित तक सारा हिमालय रहा—यहाँके निवासियोंकी भाषापर तिब्बती भाषाका और मुखोंपर मंगोल मुखमुद्राकी छाप इन्हीं दो शताब्दियोंमें चिरस्थायी तौरसे पड़ी। इस वंशके राजा और उनके समसामयिक उत्तर-भारतीय राजा निम्न प्रकार थे—

भोट (ल्हासा)	कन्नौज	मगध
१. (ख्री) स्रोङ्-ब्चन (६२९)	हर्षवर्धन (६०५-४७)	
२. मङ्-स्रोङ्-मङ्-ब्चन् (६५०)	भंडीवंश (६५०-७८३)	
३. (ख्री) दुस्-स्रोङ् (६७६)		
४. (") ल्दे-ग्चुग्-बर्तन् (७०४)		
५. (") स्रोङ्ल्दे-ब्चन (७५५)		१. गोपाल (७६५)
	(प्रतिहार)	२. धर्मपाल (७७०)
६. (") मु-ने-ब्चन्-पो (७८०)	१. वत्सराज (७८३)	
७. जु-चे-ब्चन्-पो (७९७)		
८. (ख्री) ल्दे-स्रोङ् (८०४)		
९. (") ग्चुग-ल्दे-ब्चन् (८१४)	२. नागभट्ट (८१५)	३. देवपाल (८१५)
१०. (ग्लङ्दर्-म) द्बुदुम्-बर्तन् (८३६)	३. भोज (८३६)	
११. ओद्-स्रुङ्स् (८४१-)		४. विग्रहपाल (८५४)
१२. ऽखोर्-वा-ब्चन्		५. नारायणपाल (८५७)

हर्षवर्धनके सेनापति भंडीके वंशको साम्राज्यका उत्तरी भाग (हिमालय भी) मिला, किन्तु वहाँ उत्तरी प्रतिद्वन्द्वीके सामने वह देरतक न टिक सका होगा, विशेषकर जब कि हर्षवर्धनके उत्तराधिकारी बन बैठे अर्जुनकी भारी दुर्गति तिब्बती सेनाने चीनीदूतकी हिमायतमें आकर की थी, और उसे पकड़कर चीन

भेज दिया था। इससे यही मालूम होता है, कि हिमालयका यह भाग बड़ी आसानीसे ल्हासाके अधीन हो गया होगा। ६४०-७८० तक ल्हासा साम्राज्य एक दुर्धर्ष शक्ति थी। तिब्बती इतिहासके अनुसार इस समय सारे हिमालयके राजा तिब्बतके सामन्त रहे। ख्रि-स्रोङ्ल्दे-ब्चन्का काल (७५५-८०) ल्हासा साम्राज्यकी प्रभुताका मध्यान्ह था, जब कि ७६३ ई०में विजयिनी तिब्बती सेना चीनकी राजधानी छङ्-आन्में प्रविष्ट हुई थी। ८३९से तिब्बतकी शक्तिका ह्रास होने लगा।–ग्लङ्-दर-माके बौद्ध-धर्मविरोधी कार्योंके कारण राजशक्ति निर्बल होने लगी और उसके उत्तराधिकारी ओद्-स्रुङ्स (काश्यप)के समय ८४८ ई०में थाङ्सेनाने तिब्बतको बुरी तरह हराया। अन्तमें ८६६ ई०में उइगुर (तुर्क) सेना-नायक बुक्कुने तरिम्-उपत्यका (सिङ्-क्याङ्)परसे तिब्बतके अधिकारको समाप्त कर दिया।

७६३में जिस समय तिब्बती सेना चीन-राजधानीमें प्रविष्ट हुयी, (ख्रि) स्रोङ्-ल्दे-ब्चन् (७५५-८० ई०) जैसा शक्तिशाली शासक ल्हासामें राज्य कर रहा था। इसीने नालंदाके महान् आचार्य शांतरक्षितको बुलाकर धर्म-प्रचार करानेके साथ तिब्बतके सर्व-पुरातन सम्-ये बिहारकी स्थापना कराई। इस समय भंडी-वंशने हिमालयको ल्हासासे छीन लिया होगा, यह संभव नहीं है। ७८३में कान्यकुब्जके दो दावेदारों—चक्रायुध और इन्द्रायुध—का पक्ष लेकर गुर्जर-प्रतिहार देवशक्ति वत्सराज (७८३-८१५) और मगधराज धर्मपाल (७७०-८१५) सदलबल कन्नौज पहुँचे थे। पहिले धर्मपालका पलरा भारी मालूम होता दिखाई दिया, किन्तु बीचमें राष्ट्रकूट ध्रुव (७८०-९४)आ टपका। अंतिम परिणाम वत्सराजके अनुकूल हुआ। इस झगड़ेके समय ल्हासाका क्या रुख था, यह बतलाना मुश्किल है, ल्हासाकी शक्ति इस समय क्षीण नहीं हुई थी, यह स्मरण रखना चाहिए।

धर्मपाल और उसके प्रतापी पुत्र देवपाल (८१५-५४) दोनों हिमालयपर अधिकार रखनेका दावा करते हैं। धर्मपालकी कन्नौजमें आरम्भिक सफलता उसके दावेको कुछ संभव अवश्य बनाती है, किन्तु उसी समय ल्हासाकी चीनमें सफलता और सिङ्-क्याङ्पर दृढ़ अधिकार होना यह भी ध्यानमें रखनेकी बात है। चीनी इतिहासके अनुसार ८३९-८४८ ई० ही ऐसा समय है, जब कि तिब्बतका भाग्य-सूर्य गिरने लगा। इस समय कन्नौजपर प्रतिहार भोज प्रथम (८३६-९२)का दृढ़ शासन था। जान पड़ता है, इसी समय हिमाचल तिब्बतके हाथसे निकल गया।

§३. कत्यूरी-वंश

१. कत्यूरी-समस्या

(१) **काल**—कत्यूरी हिमालयका प्रथम ऐतिहासिक राजवंश है, किन्तु इसके आरम्भिक राजाओंका काल और वंशोद्गम ऐतिहासिकोंके लिए एक बड़ी समस्या है। कत्यूरी और पाल अभिलेखोंकी अत्यधिक समानतासे इतना ही मालूम होता है, कि कत्यूरी-प्रशस्ति लेखक आदिम पालोंके अभिलेखोंसे भली भाँति परिचित थे। यह होना कठिन नहीं था, क्योंकि धर्मपाल और उसके पुत्र देवपाल केदारखंड-विजय करनेका दावा करते हैं। कन्नौजपर राष्ट्रकूट ध्रुवके आ कूदनेसे पहले धर्मपालका वहाँके झगड़ेमें सफलता-पूर्वक हस्तक्षेप इसे संभव भी कर देता है। आखिर गुप्तों तथा हर्षवर्धनके समय केदारखंड उन्हींका था। हर्षवर्धनके उत्तराधिकारी भंडीवंशके लिए ल्हासा-साम्राज्य बाधक था। नारायणपाल (८५७-९११)के समकालीन प्रतिहार राजा महेन्द्रपाल (८९२-९१३)का राज्य श्रावस्ती भुक्ति तक था, यह दिघवा-दुबौली (सारन, बिहार)-में प्राप्त महेन्द्रपालके ताम्रलेखसे सिद्ध है। श्रावस्ती भुक्तिकी सीमापर गंडक पार तीरभुक्ति (तिरहुत) पालोंकी थी, जो हिमालयसे मिली हुई थी। ८४१में ग्लङ्-दर् माके समय तिब्बती राज्यकी स्थितिके डाँवाडोल होते ही देवपाल (८१५-५४) और भोज प्रथम (कन्नौज)को हिमालयकी ओर हाथ बढ़ानेमें कोई बाधा नहीं थी। हो सकता है, इस समय देवपालने नेपालको अपने प्रभावमें कर लिया हो, और उसकी या भोजकी शहसे कत्यूरी वसंतनदेवने केदारखंडमें अपना पैर मजबूत किया हो। इस प्रकार हम इतना तो अनुमान कर सकते हैं, कि ८५० ई०के आसपास कत्यूरी राजवंशने अपना राज्य हिमालयमें स्थापित किया। वसंतनकी आठ तथा सलोणादित्यकी पाँच—इन तेरह पीढ़ियोंको यदि एक दूसरेका उत्तराधिकारी और एक शताब्दीमें छ राजाओंका होना मान लें, तो तेरह कत्यूरी राजाओंका शासनकाल ८५०-१०५० ई० तक रहा होगा। यह माननेमें अभिलेखोंकी लिपिके कालसे कोई विरोध नहीं होता। प्रश्न इतना ही है, कि कत्यूरियोंके दक्षिणी पड़ोसी प्रतिहार, भोज प्रथम (८३६-९२), महेन्द्र-पाल प्रथम (८९२-९१४) और महीपाल प्रथम (९१४-४५) बड़े ही प्रबल शासक थे, उनके शासनकालमें कत्यूरी राजा कैसे हस्तिबल और उष्ट्रबलके स्वामी हो मैदानी प्रदेश (वर्तमान रुहेलखंड तथा मेरठकी कमिश्नरियों)पर प्रभुत्व रख सकते थे। यही नहीं, केदारखंड भी कैसे प्रतिहारोंके प्रभावसे मुक्त रह सकता

था ? यदि महीपाल (९१४-४५)के बाद कत्यूरियोंकी शक्तिको बढ़ी मानें, तो ९५०-११५० ई० इस राजवंशका शासनकाल मानना पड़ेगा, जो लिपि आदिके ख्यालसे पीछे पड़ जाता है । हमें तो ८५०-१०५० ई० ही कत्यूरियोंका शासनकाल मालूम होता है । प्रतिहारोंके प्रभावकी संगतिके लिए वसंतन (८५०-७० ई०)से इष्टगण (९३०-४८) तकको प्रतिहारोंका सम्मानित सामन्त मान लेनेसे काम चल जायेगा । इन राजाओंका अपना कोई अभिलेख भी नहीं है, जिसमें हस्तिबल, उष्ट्रबल आदिकी बात हो ।

(२) **कत्यूरी-अभिलेख**—कत्यूरियोंके पाँच ताम्रपत्र और एक शिलालेख मिले हैं, जिनका विवरण निम्न प्रकार है—

प्राप्तिस्थान	अभिलेख	राजा	काल	राजधानी	राज्यसं०
१. पांडुकेश्वर	ताम्र	ललितशूर	९४५-५०	कार्तिकेयपुर	२१
२. "	"	"	"	"	२२
३. वागेश्वर १	शिला	भूदेव	९६०-८०		
४. वालेश्वर	ताम्र	देशट	१०१५-३०	कार्तिकेयपुर	५
५. पांडुकेश्वर	"	पद्मट	१०३०-४५	"	२५
६. "	"	सुभिक्षराज	१०४५-६०	सुभिक्षपुर	४

(३) **वंशपरंपरा**—इनमें पहिले तीन अभिलेखोंके अनुसार वंशवृक्ष निम्न प्रकार है—

१. वसन्तन=सज्यनरा
|
=.....
|
२. खर्पर=....
|
३. अधिधज=लउदधा
|
४. त्रिभुवनराज=...
|
५. निंवर्त= नाशू
|
६. इष्टगण=वेग
|
७· ललितशूर=लया
|
८. भूदेव

बाकी तीन अभिलेखोंमें वंशवृक्ष है—

१. सलोणादित्य=सिंहवली
|
२. इच्छट=सिंधु
|
३. देशट=पद्मल्ल
|
४. पद्मट=ईशाल
|
५. सुभिक्षराज

दोनों परम्पराओंका परस्पर क्या संबंध था, इसका उल्लेख नहीं मिलता, किंतु अधिकतर संभावना यही है, कि द्वितीय परम्परा पहिलीकी उत्तराधिकारिणी थी। दोनों परम्पराओंके अभिलेखोंकी लिपि कुटिला है, जो ९वीं-१०वीं सदीके पालवंशी अभिलेखोंमें तथा कुछ पीछेके तिब्बतसे प्राप्त तालपत्रोंमें मिलती है। दोनों एक ही कत्यूरी वंशके थे। दोनों परम्पराओंके चार अभिलेखोंमें राजधानी कार्तिकेयपुर थी। भूदेव अपने पिता ललितशूरसे अलग अपनी राजधानी ले गया होगा, इसकी सम्भावना बहुत कम है। सुभिक्षराजने अपने पिता पद्मटदेवकी राजधानी कार्तिकेयपुरको ही, जान पड़ता है, अपने नामपर सुभिक्षपुर कहा।

(४) **समसामयिक राजा**—कत्यूरियोंके समसामयिक पड़ोसी राजाओंका थोड़ासा वर्णन ऊपर आ गया है। उनकी परम्परा निम्न प्रकार है—

कत्यूरी (जोशीमठ)	भोट (तिब्बत)	प्रतिहार (कन्नौज)	पाल (मगध)
१. वसन्तन ८५०	११. ग्रोद्-स्रुङ्८४१	३. भोज I ८३६	४. विग्रहपाला ८४५
२. खर्पर ८७०	१२. ऽखोरवा-चन्		५. नारायण ८५७
३. अधिघज८९७			
४. त्रिभुवनराज ८९५	१३. ञि-म-मगोन (ङ-री)	४. महेन्द्रपाल I ८९२	
		५. भोज II	
५. निंबर्त ८१५		६. महिपाल I (९१४)	६. राज्यपाल ९११
६. इष्टगण ९३०			७. गोपाल II
		७. महेन्द्रपाल II ९४५	
७. ललितशूर ४५९		८. देवपाल II ९४८	

		९. विनायक ९५३	
८. भूदेव ९६०		१०. महिपाल (९५४)II	
	१४. क-शिस्-स्दे	११. वत्सराज (९५५)II	
		१२. विजयपाल ९६०	
९. सलोणादित्य ९८०	१५. ख्रोर-स्दे		८. विग्रहपाल (९९२) II
१०. इच्छट १०००	१६. नागराज		९. महिपाल
११. देशट १०१५	१७. ख्रोङ्-स्दे	१३. राज्यपाल १०१८	
	१८. ल्ह-स्दे	१४. त्रिलोचन १०२७	
१२. पद्मट १०३०	१९. ख्रोङ-स्दे	१५. यशपाल	१०. नयपाल
१३. सुभिक्ष १०४५			११. विग्रह III
		(गहडवार वंश)	१२. महिपाल १०८२
		१. चंद्रदेव १०८०	१३. शूर १०८२
	२०. चे-स्दे १०७६		१४. राम १०८४
		२. मदनचंद्र ११००	
		३. गोविंद १११४	१५. कुमार ११२६
			१६. गोपाल III (११३०)[1]
			१७. मदनपाल ११३०
		४. विजयचंद ११५५	१८. गोविंदपाल ११५०
		५. जयचंद ११७०९३	

२. कत्यूरी-प्रताप

(१) ललितशूर—

वसन्तन कत्यूरी-वंशका संस्थापक होनेसे महत्त्व रखता है । जैसा कि पहिले कहा गया, ग्लङ्-दर्मा और उसके पुत्र ओद्-स्रुङ्के समयकी भोटसाम्राज्यकी निर्बलतासे लाभ उठाकर पालों या प्रतिहारोंके बलसे इसने भोटशासनको हटाकर अपना राज्य स्थापित कर लिया। अभिलेखोंमें ललितकी भारी प्रशंसा यही बतलाती है, कि उसने महिपाल प्रथम (९१४-४५)का सामन्त होना अस्वी-

---

[1]Atk. Vol. II. p. 450

कार कर दिया। ललितशूर कत्यूरीवंशका सबसे प्रतापी राजा था, और सर्व-पुरातन अभिलेख भी इसीका मिलता है। दसवीं सदीके मध्यमें उत्तरकी भोट और दक्षिणकी प्रतिहार-राजशक्ति बहुत निर्बल हो गई थी, ऐसे समय ललितशूर अपने हस्तिबल, उष्ट्रबल, अश्वबल और लड़ाकू पैदल सेनाको लेकर नीचे देशमें विजययात्रा कर सकता था। शायद ऐसी यात्राका स्मरण फरिश्ताने[1] पर्वतीय राजाके दिल्ली-विजयके रूपमें किया। पाल-अभिलेखोंमें वंश-संस्थापक गोपाल-की उपमा पृथुसे दी गई है, वही उपमा ललितशूरकी भी है, जिससे उसके बड़े विजेता होनेका आभास मिलता है।

देवपालके अभिलेखमें "भोट" और "लासत" नामोंसे तिब्बतका उल्लेख आया है; किन्तु, कत्यूरी लेखोंमें आंध्र, द्रविड़ तकके विजयकी झूठी डींग मारनेपर भी पड़ोसी भोटका नाम न आना खटकता-सा है। संभवतः ललित-पुत्र भूदेवने (०९६-८०) अपने वागेश्वरवाले शिलालेखमें जो अपने परममित्र "किरातपुत्र"-का उल्लेख किया है, वह कोई तिब्बत-जातीय सामन्त अथवा वागेश्वर इलाकेमें ही रहता कोई किरात-सामन्त था।

(२) कत्यूरी अभिलेख—

ललितशूरके दोनों ताम्रलेख पांडुकेश्वरमें थे, किन्तु एक खो गया, बाकी तीन अब जोशीमठमें रखे हैं, जिनमें उसके २१वें राज्य-संवतका अभिलेखमें निम्नप्रकार है—

१—ललितशूरका ताम्रलेख (१)

स्वस्ति (१) श्रीमन्कार्तिकेयपुरात् सकलामरदितितनुजमनुज-विभुभक्तिभाव-भरभारानमितोत्तमाङ्ग-सङ्गि-विकट-मुकुटकिरीट-विटंक-कोटि-कोटिशोऽनेक ना-(२)ना-नायक-प्रदीपद्वीपदीधितिपानमद-रक्तचरणकमलामल-विपुल-वहल-किरण केशरासारसारिताशेष-विशेषमोषि-घनतमस्तेजसस् स्वर्धुनीधौत-जटाजू(३)टस्य भगवतो धूर्ज्जटेः प्रसादान् निजभुजोपार्ज्जितोर्ज्जित्य-निर्ज्जित-रिपु-तिमिर-लब्धो-दयप्रकाश-दया-दाक्षिण्यसत्य-सत्त्व-शीलशौचशौर्योदार्य-गाम्भीर्य-मर्यादार्य-वृत्ताश्चर्य (४)-कार्यवर्यादि-गुण-गणालंकृत-शरीरः महासुकृतिसन्तानवीजावतारः कृतयुगागम-भूपाल-ललितकीर्तिः **नन्दा**भगवतीचरण-कमलकमलासनाथमूर्तिः **श्रीनिम्बरस्** तस्य तनय(५)स् तत्पादानुध्यातो राज्ञीमहादेवी श्री **नाशू** देवी तस्याम् उत्पन्नः परम-माहेश्वरः परमब्रह्मण्यः शितकृपाणधारोत्कृत्तमत्तेभकुम्भा-कृष्टोत्कृष्टमुक्तावलीयशः-पताका(६)च्छायचन्द्रिकापहसिततारागणः परमभट्टारक-महाराजाधिराजपरमेश्व-रश्रीमद् **इष्टगणदेवस्** तस्य पुत्रस्तत्पादानुध्यातो राज्ञी महादेवी **श्रीवेगदेवी** तस्याम्

उत्पन्नः परममा(७)हेश्वरः परमब्रह्मण्यः कलिकलंक-पंकातंक-मग्नधरण्युद्धार-धारितधौरेय-वरवराहचरितः सहजमतिविभवविभूति-स्थगितारातिचक्रप्रतापदहनः (,) अति वैभवसंभारारम्भ-सं(८)भृतभीमभृकुटि-कुटिलकेसरिसटाभीतारातीभकलभभरः अरुणारुण-कृपाणवाण-गुण-प्राणगण-हठाकृष्टोत्कृष्टसलील-जयलक्ष्मी-प्रथम-समालिंगनावलो(९)कनवलक्ष्य-सखेद-सुरसुन्दरीविधूतकर-स्खलद्वलय-कुसुम-प्रकरप्रकीर्णावतंस-सम्बर्द्धितकीर्तिबीजः पृथुरिव दोर्द्दण्डसाधित-धनुर्मण्डलवलावष्टम्भवश(१०)-वशीकृत-गोपालनानिश्चलीकृताधराधरेन्द्रः परमभट्टारक-महाराजाधिराजपरमेश्वर-श्रीमल्-ललितशूरदेव(:) कुशली....(।).... अस्मिन्नेव **श्रीमत्कार्तिकेयपुर**-विषये समु(११)पागतान् सर्व्वानेव नियोगस्थान् राज-राजानक-राजपुत्रा-सृष्ट(राजा)मात्य-सामन्त-महासामन्त-ठक्कुर-महामनुष्य-महाकर्तृ-कृतिक-महाप्रतीहार-महादण्डनायक-महाराजा-प्रमातर-श(१२)रभङ्ग-कुमारामात्य-पेपरिक-दुस्साध्यसाधनिक-दशापराधिक-चौरोद्धरणिक-शौल्किक-गौल्मिक-तदायुक्तक-विनियुक्तक-पट्टाकोपचारिक-ाशेधभंगाधिकृत-हस्त्य-श्वो-ष्ट्र(१३)वल व्यापृतक-दूतप्रेषणिक-दण्डिक-दण्डपाशिक-गमागमि-शार्ङ्गिक-ाभित्वरमाणक-राजस्थानीय-विषयपति-भोगपति-नरपत्य-श्वपति-खण्डरक्ष्य-प्रतिशूरि(१४)कस्थानाधिकृत-वर्त्मपाल-कोट्टपाल-घट्टपाल-क्षेत्रपाल-प्रान्तपाल-किशोर-वडवा-गो-महिष्यधिकृत-भट्ट-महत्तम-ाभीर-वणिक्-श्रेष्ठिपुरोगान् अष्टादशप्रकृ(१५)त्यधिष्ठानीयान् खश-किरात-द्रविड-कलिंग-गौड़-हूणो-ड्र-मेदा-न्ध्र-चाण्डालपर्यन्तान् सर्वसम्बासान् समस्तजनपदान् भट-चट-सेवकादीन् अन्याँश्च कीर्तितान् अकीर्तितान् अस्म(१६) त्पादपद्मोपजीविनः प्रतिवासिनश्च ब्राह्मणोत्तरान् यथार्हं मानयति बोधयति समाज्ञापयति(—)अस्तु बस् सम्बिदितम् उपरिनिर्दिष्ट-विषये गोरुन्नासायां प्रतिबद्ध-खषियाक-परिभुज्यमानपल्लिका तथा **पणिभूतिकायां** प्रतिबद्ध **गुग्गुल**-परिभुज्यमान-पल्लिकाद्वयं एते मया मातापित्रोरात्मनश्च पुण्ययशोभिवृद्धये पवनविघट्टिता(१८)श्वत्थपत्रवच्चलत्-तरंग-जीवलोकमवलोक्य जलबुद्बुदाकारमसारं वायुर् दृष्ट्वा गजकलभकर्णाग्रचपलताञ्चालक्ष्य ,त्वापरलोकनिःश्रेयसार्थंसंसारार्णवोत्तरणार्थञ्च(१९) पुण्येहनि उत्तरायणसङ्क्रान्तौ गन्धपुष्पधूपदीपोपलेपननैवेद्यवलिचरुनृत्यगेयवाद्यसत्रादि-प्रवर्तनाय खण्ड-स्फुटित-संस्करणाय अभिनवकर्म्मकरणा(२०)य च भृत्यपदमूलभरणाय च **गोरुन्नासायां** महादेवी श्रीसामदेव्या स्वयं कारापितभगवते श्रीनारायणभट्टारकाय शासनदानेन प्रतिपादिताः प्रकृतिपरिहारयुक्ताः (२१) प्रचाटभटाप्रवेशाः अकिञ्चित्प्रग्राह्याः अनाच्छेद्या आचन्द्रार्क्कक्षितिस्थितिसमकालिकः विषयाद् उद्धृतपिण्डास्थसीमागोचरपर्यन्तस् सवृक्षारामो ह्रद-

प्रस्रवनोपे(२२)तः देवब्राह्मणभुक्तभुज्यमानवर्जितः यतस् सुखं पारंपर्येण परिभुञ्जतश् चास्योपरिनिर्दिष्टैर् अन्यतरैर् व्वा धरणविधारण-परिपन्थनादिकोपद्रवो मनागपि न कर्त्त(२३)व्यो नान्यथा द्रुहतो महान् द्रोहस् स्याद् (।) इति प्रवर्द्धमान-विजयराज्य-सम्बत्सर एकविंशतिमे २१ माघवदि(।) दूतकोत्र **महादानाक्षपटलाधिकृत** श्रीपीजकः । लि(२४)खितमिदं **महासन्धिविग्रहाक्षपटलाधिकृत** श्रीमद् **आर्यटवतुना** (।) टंकोत्कीर्णा श्रीगंगभद्रेण ।

वहुभिर् वसुधा भुक्ता राजभिः सगरादिभिः (।)
यस्य यस्य यदा भुमिस् त(२५)स्य तस्य तदा फलं ।
सर्व्वान् एतान् भाविनः पार्थिवेन्द्रान् भूयो भूयो याचते रामभद्रः (।)
सामान्योऽयं धर्म्मसेतुर् नृपाणां काले काले पालनीयो भवद्भिः (॥)
स्वदत्ताम् परदत्ताम् वा यो ह(२६)रेत वसुन्धरां ।
षष्ठिम्वर्षसहस्राणि श्वविष्ट्या जायते कृमि (:॥)
भूमेर् दाता याति लोके सुराणां हंसैर् युक्तं यानम् आरुह्य दिव्यं (।)
लौहे कुम्भे तैलपूर्णे सुतप्ते भूमेर् (२७) हर्त्ता पच्यते कालदूतैः (॥)
षष्ठिम्वर्षसहस्राणि स्वर्गे तिष्ठति भूमिदः (।)
आच्छेत्ता चानुमन्ता च तान्येव नरके वसेत् ।
गाम् एकाञ् च सुवर्णञ्च भूमेर् अप्येकमंगुलम् (।)
हृत्वा नर(२८)कम् आयाति यावद् आहूतिसंप्लवं ।
यानीह दत्तानि पुरा नरेन्द्रैर् दानानि धर्म्मार्थ-यशस्कराणि (।)
निर्माल्यवान्तप्रतिमानि तानि को नाम साधुः पुनराददीत ।

अस्मत्कुल(२९)क्रममिदं समुदाहरद्भिर् अन्यैश्च दानम् इदम् अभ्यनुमोदनीयम् (।)
लक्ष्म्यास् तडित्-सलिल बुद्बुदचञ्चलाया दानं फलं परयशः परिपालनञ्च ।
इति कमल-दलोद(१०)-विन्दु-लोल-मिदम् अनुचिन्त्य मनुष्यजीवितञ्च ।
सकलम् इदम् उदाहृतञ्च बुद्ध्वा नहि पुरुषैः परकीर्तयो विलोप्याः ।

(राजमुद्रामें नन्दीके साथ लेख है—)

श्रीनिम्बरस् तत्पादानुध्यातः

श्रीमदइष्टगणदेवः तत्पादानुध्या(तः)

श्रीमल्ललितशूरदेवः क्षितीशः ।

अभिलेखका अर्थ है—

(स्वस्ति) श्रीमत् कार्तिकेयपुरसे....भगवान् धूर्जटिकी कृपासे निजभुजा द्वारा उपार्जित....**नन्दा** भगवतीके चरणकमलके कमलकी शोभासे

सनाथ मूर्ति श्रीनिंवर (थे), उनके तनय....रानी वेगदेवीसे उत्पन्न परममाहेश्वर (परमशैव) परमब्रह्मण्य (परमब्राह्मणभक्त) परमभट्टारक महाराजाधिराज परमेश्वर (महाप्रभु) श्रीमान् इष्टगणदेव (थे)। तिनके पुत्र रानी महादेवी वेगदेवीसे उत्पन्न परममाहेश्वर(परमशैव) परमब्रह्मण्य....पृथुसमान ....परमभट्टारक महाराजाधिराज परमेश्वर श्रीमान् ललितशूरदेव कुशलपूर्वक (हैं और वह) इसी श्रीमत् कार्तिकेयपुरके बीच आये सभी आज्ञानुवर्त्तियों—राजा, राजानक, राजपुत्र, आसृष्ट, राजामात्य सामन्त, महासामन्त, ठक्कुर, महामनुष्य, महाकर्ता, कृतिक, महाप्रतीहार, महादण्डनायक, महाराजप्रमातार, शरभंग, कुमारामात्य, उपरिक, दुस्साध्यसाधनिक, दशापराधिक, चौरोद्धरणिक, शौल्किक, गौल्मिक, तदायुक्तक, विनियुक्तक, पट्टकापचारिक, आशेधभंगाधिकृत, हस्ति-अश्व-उष्ट्र-सेना-व्यापृतक, दूतप्रेषणिक, दण्डिक, दण्डपाशिक, गमागमी, शार्ङ्गिक, अभित्वरमाणक, राजस्थानीय, विषयपति, भोगपति, नरपति, अश्वपति, खंड(वन)-रक्ष, प्रतिशूरिक-स्थानाधिकृत, वर्त्मपाल, कोट्टपाल, घट्टपाल, क्षेत्रपाल, प्रान्तपाल, किशोर-वडवा-अधिकारी, गाय-भैंस-अधिकारी, भट्ट, महत्तम, आभीर, वणिक्, श्रेष्ठी आदि प्रजाओंके अठारह अधिष्ठाताओंको, खश, किरात, द्रविड, ओड़ (ओडिया), मेद, आंध्र, चंडाल तक सभी संवासोंको, समस्तजनपदोंको, भट, चट, सेवक आदि उक्त-अनुक्त हमारे चरणकमलके दूसरे आश्रितोंको, प्रतिवासी ब्राह्मणों आदिको यथायोग्य मानते संवोधित करते आज्ञा देते हैं—"तुमको ज्ञात हो, कि उपरोक्त (कार्तिकेयपुर) विषय (जिले)में गोरुन्नासासे संबंधित, **खसियों** द्वारा उपभोग की जाती पल्लिका (गाँव) तथा **पणिभूतिकासे** संबंधित **गुग्गुलों** द्वारा उपभोग की जाती दो—पल्लिकाओं—इन (तीनों) को मैंने माता-पिता तथा अपने पुण्य और यशकी वृद्धिके लिए संसारको पीपलके पत्तेके समान चलायमान देखकर....और संसार-समुद्रसे उतरनेके लिए पुण्य-दिन उत्तरायण (मकर) संक्रान्तिको गंध, पुष्प, धूप, दीप, उपलेपन, नैवेद्य, वलि, चरु, नृत्य, गीत, वाद्य, सत्र आदिके चलानेके लिए टूटे-फूटेकी मरम्मत तथा नई इमारतके बनानेके लिए और भृत्यों चरणाश्रितोंको पोसनेके लिए **गोरुन्नासामें महादेवी** श्रीसामदेवी द्वारा बनवाये श्रीनारायण भगवान्‌के लिए (इस ताम्र-) शासन द्वारा प्रदान किया। (उक्त संपत्तिपर) न प्रजाका अधिकार न प्रचाट-भट(सिपाही-सैनिक)के प्रवेश योग्य, न कुछ भी लेने योग्य, न छीनने योग्य है(।)....प्रवर्धमान विजयराज्य संवत्सर २१ माघवदि ३ (।) यहाँ (इस ताम्र-पत्रके लिए राजा द्वारा प्रेषित) दूतक महादान (दानविभाग)के अक्षपटल-अधिकारी श्रीपीजक (हैं।)

इस (ताम्रशासन)को लिखा संधिविग्रह (विदेशमंत्री)के अक्षपटल (अभिलेख-विभाग)के अधिकारी श्रीमान **आर्यटपतुने** (और) खोदा श्रीगंगभद्रने...."

(इस ताम्रशासनकी गोल तथा नंदी-लांछित मुद्राकी तीन पंक्तियोंमें लिखाहै—
"श्रीनिंवर, उनके पदानुचर
श्रीमान् इष्टगणदेव, उनके पदानुचर
श्रीमान् ललितशूर देव क्षितीश।"

२. ललितशूरका ताम्रलेख (२)

स्वस्ति श्रीमत्कार्त्तिकेयपुरात् सकलामर-दिति-तनुज-मनुज-विभु-भक्ति-भाव-भरोन्नमितोत्तमांग-संगि-विकट-मुकुट- किरीटविटंक-कोटिकोटिशोऽनेकनानानायक-प्रदीपद्वीप-दीधिति-पानमदरक्त-चरण-कमलामल-विपुलवहलकिरण-केशरासारसरिताशेष-विशेष-मोषि-घनतमस्तेजसस् स्वर्धुनीधौत-जटाजूटस्य भगवतो धूर्जटेः प्रसादान् निजभुजोपार्जितौर्जित्यनिर्जित-रिपु-तिमिर-लब्धोदय-प्रकाश-दयादाक्षिण्यादि शीलशौच-शौर्यौ-दार्य-गाम्भीर्य-मर्यादार्यवृत्ताश्चर्य-कार्यवर्यादिगुण-गणालङ्कृतशरीरः महासुकृति-सन्तान-वीजावतारः कृतयुगागम-भूपालललित-कीर्तिःनन्दा-भगवतीचरण-कमलकमला-सनाथमूर्त्तिः **श्रीनिम्बरस्**, तस्य तनयस् तत्पादानुध्यातो राज्ञी श्रीमहादेवी **श्रीनाशूदेवी** तस्याम् उत्पन्नः परममाहेश्वरः परमब्रह्मण्यः शितकृपाणधारोत्कृत्तोत्खात-मत्तेभ-कुम्भाकृष्टोत्कृष्ट-मुक्तावली-यशःपताकाच्छाय-चन्द्रिका-पहसित तारागणः परम-भट्टारक-महाराजाधिराजपरमेश्वर-श्रीमद् **इष्टगणदेवस्**, तस्य पुत्रस् तत्पादानुध्यातो राज्ञी श्रीमहादेवी श्री**वेग**देवी तस्याम् उत्पन्नः परममाहेश्वरः परमब्रह्मण्यः कलिकलंक-पंकातंक-धरण्युद्धारधारित-धौरेय-वर-वराहचरितः सहज मति-विभवविभु-विभूति-स्थगिताराति-चक्र-प्रताप-दहनः अतिवैभव-सम्भारारम्भ-संभृत-भीम-भृकुटि-कुटिल-केसरि-सटा-भीत-भीताराातिकलभभरः अरुणा-रुणकृपाण-वाणगुण-प्राण-गण-हठाद्-आकृष्ठोत्कृष्ट-सलील-जयलक्ष्मीप्रथम-समालिंगनावलोकन-वलक्ष्य-सखेद-सुरसुन्दरी-विधूत-करस्खलद्- वलय-कुसुम-प्रकर-प्रकीर्णावतंस-संबर्द्धित कीर्त्तिबीजःपृथुरिव दोर्द्दण्ड-साधित-धनुर्मण्डलावष्टम्भवश-वशीकृत-गोपालना-निश्चलीकृतधराधरेन्द्रः परमभट्टारक-महाराजाधिराज-परमेश्वर-श्रीमल् **ललितशूर-देवः** कुशली श्रीमत्कीर्त्तिपुर-विषये समुपागतान् सर्वान् एव नियोगस्थान् राज-राजन्यक-राजपुत्र-राजामात्य-सामन्त-महासामन्त-ठक्कुर-महामनुष्य-महाकर्त्ता-कृतिक-महाप्रतीहार-महादण्डनायक -महाराजप्रमातार-शरभंग-कुमारामात्य- ोपरिक-दुःसाध्यसाधनिक-दशापराधिक-चौरोद्धरणिक-शौल्किक-गौल्मिक- तदायुक्तक-विनि-

युक्तक-पट्टकापचारिक-सेधभंगाधिकृत - हस्त्यश्वो-ष्ट्र-बलाधिकृत-दूतप्रेषणिक-दाण्डिक-दण्डपाशिक-गमागमिक-शाङ्गिका- भित्वरमाणक-राजस्थानीय - विषयपति-भोगपति-नरपत्य-श्वपति-खण्डरक्ष-प्रतिशूरिकस्थानाधिकृत-वर्त्मपाल-कोट्टपाल - घट्टपाल-क्षेत्रपाल-प्रान्तपाल-किशोर-वडवा-गो-महिष्यधिकृत-भट्ट-महत्तम-ाभीर-वणिक्-श्रेष्ठि पुरोगान् साष्टादश-प्रकृत्यधिष्ठानीयान् खस-किरात-द्रविड-कलिंगौड़्-गौड-हूणोड्-द्रमिडा-मेदा-न्ध्र-चाण्डाल-पर्यन्तान् सर्वसंवासान् समस्तजनपदान् भट-चाट-सेवकादीन् अन्यांश्च कीर्त्तितान् अकीर्त्तितान् अस्मत्पादपद्मोपजीविनः प्रतिवासिनश्च ब्राह्मणोत्तरान् यथार्हं मानयति बोधयति समाज्ञापयति(—)अस्तु वः संविदितं उपरि-निर्दिष्ट-विषये **पलसारि**-प्रतिवद्ध **देन्द्र**[1]**वाक** परिभुज्यमानक-स्थानं मया मातापित्रोरात्मनश्च पुण्ययशोभिवृद्धये पवन-विघट्टिताश्वत्थपत्र-चंचलतरंग-जीवलोकम् अवलोक्य जलबुद्बुदाकरम् असारं संसारं च दृष्ट्वा गजकलभकर्णाग्रचपलतां च लक्ष्म्या ज्ञात्वा परलोकनिःश्रेयसोर्थं संसारार्णवतारणार्थं पुण्येहनि विपुवत्संक्रान्तौ गन्धपुष्प-धूपोपलेपन-वलि-चरु-नृत्य-गीत-गेय-वाद्य-सत्रादि-प्रवर्तनाय खण्डस्फुटित-संस्करणाय च **गरुड़ाश्रमे भट्टश्रीपुरुषेण** प्रतिष्ठापितः भगवतः **श्रीनारायण**भट्टारकस्य शासनदानेन प्रतिपादितं प्रकृतिपरिहार-युक्तम् अचाट-भट[1]-प्रवेशम् अकिञ्चित्प्रग्राह्यम् अनाच्छेद्यम् आचन्द्रार्कक्षिति-स्थितिसमकालिकविषयाद् उद्धृत-पिण्डं स्वसीमागोचरपर्यन्तं सवृक्षारामोद्भेद-प्रस्रवणोपेतं देव-ब्राह्मण-भुक्त-भुज्यमान-वर्जितं यतः सुखं पारंपर्येण परिभुंजतश्चास्योपरिनिर्दिष्टैर् अन्यतरैर्वा धरण-विधारण-परिपन्थनादिकोपद्रवो मनागपि न कर्त्तव्यो न्यथा-ज्ञाहानौ महान् द्रोहः स्याद् इति निवेश (?) तस्य देवस्य **वदरिकाश्रमीय-तपोवन**-प्रतिवद्ध ब्रह्मचारिणा यत्किञ्चित्प्रार्थ्यं तत् कर्त्तव्यं तत्सर्वं ब्रह्मचारिभिः करणीयम् । प्रवर्द्धमान-विजय-राज्य-संवत्सरे द्वाविंशतिमे सम्वत् २२, कार्त्तिक सुदी १५ । दूतकोत्र महादानाक्ष-पटलाधिकृत श्रीबीजकः महासन्धिविग्रहाक्षपटलाधिकृत श्रीमदार्य्यट-वचनात् टंकोत्कीर्णा श्रीगंगभद्रेण ।

बहुभिर्वसुधा भुक्ता राजभिः सगरादिभिः ।
यस्य यस्य यदाभू मिस् तस्य तस्य तदा फलम् ॥
स्वदत्तां परदत्तां वा यो हरेच्च वसुन्धराम् ।
षष्ठिवर्षसहस्राणि श्वविष्टा जायते कृमिः ॥
षष्ठिवर्षसहस्राणि स्वर्गं तिष्ठति भूमिदः ॥

---

[1] **वेन्द्र (रतूडी)**

आच्छेत्ता चानुमन्ता च तानेव नरकं वसेत् ।
गामेकां च सुवर्णञ्च भूमेरप्येकमंगुलम् ।
हर्त्ता नरकमाप्नोति यावदाहूति-संप्लवं ।

इति कमल-दलांबु-विन्दुलोलां श्रियमनुचिन्त्य मनुष्यजीवितं च ।
सकलमिदमुदाहृतञ्च बुद्ध्वा नहि पुरुषैः परकीर्त्तयो विलोप्याः ॥

(३) भूदेवका शिलालेख (वागेश्वर)

ललितशूरके पुत्र भूदेवने अपने सिंहासनारोहणके चौथे वर्षके दानका वागेश्वरके मंदिरमें एक शिलालेख लगवाया था, जो कितने ही साल हुए, गुम हो गया। अट्किन्सनने उसका जो अंग्रेजी अनुवाद अपने ग्रंथमें[1] छापा है, उसका भाषांतर निम्न प्रकार है—[1]

"नमः स्वस्ति। इस सुंदर मंदिरके दक्षिण-भागमें विद्वद्रचित राजवंशावली उत्कीर्ण है।

"जन्तुजालध्वंसक **रम्य** ग्राममें **पवुपड़िदलके निनूननुति** नामक द्वारपर अवस्थित परदेवको नमस्कार।

"परमभट्टारक महाराजाधिराज परमेश्वर **मसंतन**[2] देव नामक राजा हुए। उनकी पतिपरायणा पत्नी रानी **सज्यनरा** देवीसे उत्पन्न पुत्र परमसम्मानित श्रद्धाभाजन अति-विभव-संपन्न परमभट्टारक महाराजाधिराज परमेश्वर श्रीमान् ....हुए। परमेश्वर (शिव)के पूजार्थ अनवरत वृत्ति-प्रदाता, **जयकूलभुक्ति**-की ओर जानेवाले कई सार्वजनिक मार्गोंके निर्माता, **अंबलिपालिका**के **व्याघ्रेश्वर** देवके पूजार्थ गंध-पुष्प-धूप-दीप-अनुलेपन-द्रव्योंके दाता और युद्धोंमें त्राता थे। उन्होंने अपने पिता (वसंतनदेव) द्वारा वैष्णवोंको प्रदत्त **शरणेश्वर** ग्राम और पुष्पादि द्रव्य उन्हीं देव (व्याघ्रेश्वर) को प्रदान किया, (तथा) सार्वजनिक मार्गोंके किनारे गृह(पांथशालाएँ) बनवाये। उनकी कीर्ति यावत् चंद्र-दिवाकर अचल रहेगी।

"उनके पुत्र परमभट्टारक महाराजाधिराज परमेश्वर **खर्परदेव** हुए। उनके पुत्र उनकी पतिपरायणा पत्नी....से उत्पन्न वित्त-विद्या-मान-समन्वित तत्पादानुध्यात परमभट्टारक महाराजाधिराज परमेश्वर श्रीमान् **अधिधज** हुए। उनके पुत्र उनकी पतिप्रिया रानी **लद्धादेवीसे** उत्पन्न कर्म-धन-मान-बुद्धि-

---

[1] Vol. II pp. 69-79; J.A.S.B. VII. p. 1056

[2] **वसंतन**

सम्पन्न **त्रिभुवनराज** देव हुए। उन्होंने उन देव (व्याघ्रेश्वर) को **जयकूल**-भुक्तिका-गाँवमें दो द्रोण[1] का **नय** नामक उर्वरखेत प्रदान किया, तथा उन्हीं देव (व्याघ्रेश्वर)-की पूजाके लिये उसमें गंधादि द्रव्योंके उत्पादन करनेकी आज्ञा दी। यह भी विदित हो, कि उन (त्रिभुवनराज) के परममित्र **किरात-पुत्रने** उक्त देव तथा **गंबियपिंड** देवताके लिये ढाई द्रोण भूमि दान दी। **अधिधजके** दूसरे पुत्रने **भरके**[2] देवताको एक द्रोण भूमि दी तथा दो.... (द्रोण) भूमिके दानका संवत् ११में शिलालेख करवाया। उसने व्याघ्रेश्वर देवको एक द्रोण और **चंडालमुंडा** देवीको १४.... (खंड) भूमि प्रदान की और व्याघ्रेश्वर देवके सम्मानमें एक प्याव स्थापित किया। यह सब भूमिखंड व्याघ्रेश्वर देवकी पूजाके लिये दान किये गये।

"दूसरे भी दाक्षिण्य-सत्त्य-सत्त्व-शील-शौच-शौर्य-औदार्य-गांभीर्य-मर्यादा-आर्य-वृत्त-आदि-गुणगणालंकृत, सुदर्शन-नन्दन-अमरावति-नाथ-चरणकमल-पूजार्थ-धृत-शरीर **निंवर्त** नामक राजा हुए, जो अपने अनेक स्वच्छ सुन्दर वृहद् रत्नों, कृष्णसर्प क्रीड़ित-उज्ज्वल-केसरपुष्पों द्वारा अन्य-भास्वर-द्रव्य-निष्प्रभकारक गंगा-परिशुद्ध जलसे उज्ज्वल जटा-युक्त-शिरवाले कोटिवरद धूर्जटिके प्रसादसे स्वकरघृत-धनुषके बल द्वारा सदा (रणमें) विजेता गौरांग, सुवर्णवर्ण, सकल-स्वशत्रु-गण-पराजेता, सर्व-सुरासुरनर-बुधजन-पूजामें सदा बद्धादर और विनम्र थे। यज्ञानुष्ठानोंसे उद्‌भूत उनका यश सर्वत्र गाया जाता था।

"तिन (निंवर्त) के पुत्र उनकी पतिपरायणा अग्र-महिषी **नाशूदेवीं**से उत्पन्न तत्पादानुध्यात परमभट्टारक महाराजाधिराज परमेश्वर श्रीमान्... **इष्टगण देव** हुए। तिनके पुत्र पतिव्रता स्वपत्नी **धरा (वेंग) देवीमें** उत्पन्न तत्पादानुध्यात परम-भट्टारक महाराजाधिराज परमेश्वर श्रीमान् **ललितशूरदेव** हुए। तिनके पुत्र पतिभक्ता स्वपत्नी **लयादेवीं**से उत्पन्न परमभट्टारक परमेश्वर श्रीमान् **भूदेवदेव** हैं। वह परमब्राह्मणभक्त, बुद्धश्रवण (०मण)—शत्रु, सत्त्यप्रिय, सुंदर, विद्वान्, सदा धर्मानुष्ठानतत्पर हैं। उनके पास कलि नहीं फटक सकता। वह सुवर्ण-वर्ण तथा उनके नेत्र नील-सरोज सम सुन्दर तथा चपल हैं। उनके सुवर्णवर्ण-चरणोंमें प्रणत राजसमूहके मुकुटोंकी मणियोंके शब्दोंसे बहुधा उनके श्रवण पीड़ित रहते हैं। उनके महान् शस्त्रने अंधकारको ध्वस्त कर दिया। उन्होंने अपने कृपापात्र अनुचरोंको वृत्ति प्रदान की।....

---

[1] **डेढ़ एकड़** [2] **भटकू** (?)

(४) पद्मटदेव ताम्रलेख (पांडुकेश्वर)

स्वस्तिश्रीमत्कार्तिकेयपुरात् समस्तसुरासुर-मुकुट-कोटि-सन्निविष्टविकट-माणिक्य-किरण-विच्छुरित-नखमयूखोत्खाततिमिरपटलप्रभाव-दर्शिताशयशमशक्ति-महीयसो **भगवतश्चन्द्रशेखरस्य** चरणकमल-रजःपवित्रीकृत-निज-निज-तनुभुजार्जितोर्जिता-नेकरिपुचक्र-प्रतिष्ठित-प्रताप-भास्कर-भासित-भुवनाभोग-विभव-पावक-शिखावली-विलीन-सकल-कलिकलंक-समुद्भूतोदार-तपोवदात-देहः शक्तित्रय-प्रभाव-संवृंहितहितहेतिर् दानदमसत्यशौर्यशौटीर्य-धैर्यक्षमाद्यपरिमित-गुणगुणाकलित-**सगर-दिलीप-मान्धातृ-धुन्धुमार-भगीरथ**-प्रभृति-कृतयुग-भूपाल-चरितसागरस् त्रैलोक्यानन्दजननो **नन्दादेवी**-चरणकमललक्ष्मीतः समधिगताभिमतवरप्रसाद-द्योतित-निखिलभुवनादित्यः **श्रीसलोणादित्यः** तस्य पुत्रस् तत्पादानुध्यातो राज्ञीमहादेवी **सिंधवली**[१] देवी तस्यामुत्पन्नः परममाहेश्वरः परमब्रह्मण्यो परमभट्टारक-महाराजाधिराज-परमेश्वर-**श्रीमदिच्छटदेवः** तस्य पुत्रस् तत्पादानुध्यातो राज्ञी महादेवी श्रीसिन्धुदेवी तस्यामुत्पन्नः परममाहेश्वरः परमब्रह्मण्यो दीनानाथकृपणातुर-शरणागतवत्सलः प्राच्योदीच्यप्रतीच्यदाक्षिणात्य-द्विजवर-मुख्यानाम् अनवरत-हेमदान-(ामृता)-र्द्रितकरः समस्तारातिचक्रप्रमर्दनः कलिकलुषमातंगसूदनः कृतयुगधर्मावतारः परमभट्टारक-महाराजाधिराजपरमेश्वर-श्रीमद्देशटदेवः तस्य पुत्रस् तत्पादानुध्यातो राज्ञी महादेवी श्रीपद्मल्लदेवी तस्यामुत्पन्नः परममाहेश्वरः परमब्रह्मण्यः परमभट्टारक-महाराजाधिराज-परमेश्वर-**श्रीमत्पद्मटदेवः** कुशली (।) **टंकणपुर** विषये समुपागतान् सर्वानेव नियोगस्थान् राज-राजन्यक-राजपुत्र-राजामात्य-सामन्त-महासामन्त-महाकर्ता-कृतिक-महादण्डनायक-महाप्रतिहार-महासामन्ताधिपति-महाराजप्रमातार-शरभंग-कुमारामात्य-ोपरिक-दुःसाध्यसाधनिक-दोषापराधि-क-चौरोद्धरणिक-शौल्किक-गौल्मिक-तदायुक्तक-विनियुक्तक-पट्टकापचारिक-सौधभं गाधिकृत-हस्त्य-श्व-ोष्ट्र-वलव्यापृतक-दूतप्रेषणिक-दाण्डिक—दण्डपाशिक-विषयव्यावृतक-गमागमिक-खाड्गिक-त्वरमाणक-राजस्थानीय-विषयपति-भोगपति-काण्डपति नरपत्य-श्वपति-खण्डरक्षास्थानाधिकृत-वर्त्मपाल-कोट्टपाल-घट्टपाल-क्षेत्रपाल-प्रान्तपाल ठक्कुर-महामनुष्य-किशोर-वडवा-गो-महिष्य-धिकृत-भट्ट-महत्तम-ाभीर-वणिक्-श्रेष्ठि पुरोगान् अष्टादशप्रकृत्यधिष्ठानीयान् **खश-किरात-द्रविड़-कलिंग-गौड़**-हूणान्यभेदान्[२] **आचाण्डाल**-पर्यन्तान् सर्वसमावासान्[३] समस्तजनपदान् भटचाटसेवकादीन् अन्यांश्च कीर्तितान् अकीर्तितान् अस्मत्पादोपजीविनः पल्लिवासिनश्च ब्राह्मणोत्तरान् यथा-

---

[१] सिंह (र.) [२] हूणान्ध्र० [३] सर्वसंवासान्

र्हम् मानयति बोधयति समाज्ञापयति (—) अस्तुः वः संविदितम् उपरिसंसूचित-विषयप्रतिबद्ध **द्रुमती**प्रतिबद्ध दीर्घादित्य[1]बुद्धाचल-यिदादित्य-गुणादित्यानां परिभुज्यमाना पल्लिका च नम्र (?) तथा तस्मिन्नेव द्रुमत्यां पंगरस्य पंचदशभागश् तथा **योशि** प्रतिवद्धं **ओगलावृत्तिर्** अपरभूमिकर्मान्त-स्थलिकास्मिन्नेव **योशि**-प्रतिबद्धा गंगापश्चिमकूलसंक्रमसंन्निकृष्टा **खणोदुपरिउलिका** परिछिन्नापरं च तस्मिन्नेव द्रुमत्या **काकस्थली** ग्रामे पारेवतवृक्षतलिमभागे भूमिः तदीय-देशाचारमानेन द्रोणिकवाधा[2] एतद्द्रोणद्वयवापा भूर्नन्दकेन मूल्येन गृहीत्वा **वदरिकाश्रम**-भट्टारकाय प्रतिपादिता (।) मया च सर्वा एता पल्लि पल्लिकावृत्तिकर्मान्तादिभूमि-सहिता उत्तरायण-संक्रान्तौ मातापित्रोरात्मनश्च पुण्ययशोभिवृद्धये पवनविघटिताश्वत्थ-पत्र-चंचलतरंगजीवलोकम् अवलोक्य जलबुद्बुदाकारम् असारं चायुर् दृष्ट्वा गजकलभकर्णाग्रचंचलताञ्च लक्ष्म्या ज्ञात्वा परलोक-निःश्रेयसोर्थं संसारार्णवतारणार्थञ्च बलि-सत्र-नैवेद्य-प्रदीप-गन्ध-धूप-पुष्प-गेय-वाद्य-नृत्यपूजाप्रवर्तनाय खण्डस्फुटितपुनः-संस्काराय च भगवते वदरिका-श्रमाय प्रतिपादिता पुष्पपट्टनिवेशं कृत्वा प्रकृति-परिहारयुक्तं अचाटभटप्रवेश्यं अकिंचित्प्रग्राह्यं अनाछेद्यं आचन्द्रार्कक्षितिस्थिति-समकालिका विषयाद् उद्घृतपिण्डांश्च आसीमागोचरपर्यन्तां सवृक्षारामोद्भिद्-प्रस्रवणोपेतं राजभोग्य-सकल-प्रत्यय-समेतं देवब्राह्मण-भुक्तभुज्यमान-वर्जितं (।) यतः सुखं परिभुंजतोपरिनिर्दिष्टैरन्यतरैर् वा स्वल्पमपि धारणविधारण-परिपन्थनादिकोपद्रवो न कैश्चित् करणीयः अतोन्यथास्य व्यतिक्रमे महान् द्रोहः स्याद् (।) इति प्रवर्द्धमान-विजयराज्य-संवत्सरे पंचविंशतितमे संवत् २५ माघ वदि १३ दूतकोत्र महादानाक्षपटलाधिकृत श्रीभट्ट **धणः** लिखितमिदं महासंधिविग्रहाक्षपटला-धिकृत**श्रीनारायणदत्तेनोत्कीर्णमिदं** श्रीनन्दभद्रेण (।)

भो राजानः प्रार्थयत्येष रामो भूयोभूयः प्रार्थनीया नरेन्द्राः (।)
सामान्योयं धर्मसेतुर् नृपाणां काले काले पालनीयो भवद्भिः ॥

५. सुभिक्षराज ताम्रलेख (पांडुकेश्वर)

स्वस्तिश्रीमत्सुभिक्षुपुरात् समस्तसुरासुर-पति-मुकुट-कोटि-सन्निविष्ट-विकट-माणिक्यकिरण-विच्छुरित-चरणनखमयूखोत्खात-तिमिरपटलप्रभावातिशय-शम-श - वित-महीयसो भगवतश्चन्द्रशेखरस्य चरणकमलरजः पवित्रीकृतनिजतनुर् निज-भुजार्जितोर्ज्जितानेकरिपु-चक्रप्रतिष्ठित-प्रताप-भास्कर-भासित -भुवनाभोग-पावक - शिखावलीन-सकलकलिकलंक-समुद्भूतोदारतपोवदातदेहः शक्तित्रयप्रभाव-संवर्द्धित-

---

[1]**तीर्थादित्य (र.)** [2]**द्रोण=पौन एकड़=१६ नाली=३२ सेर (?)**

हितहेतिदान-दम-सत्य-शौर्य-शौटीर्य-धैर्य्य-क्षमाद्यपरिमित-गुणगणालंकृत-सगर-दिलीप-**मन्धातृ-धुन्धुमार-भरत-भगीरथ**-दशरथ-प्रभृतिकृतयुग-भूपालचरित-सागरस् त्रैलोक्यानन्द-जननो **नन्दादेवी**-चरणकमल-लक्ष्मीतः समधिगताभिमतवरप्रसादोद्योति-तनिखिलभुवनादित्यः श्री**सलोणादित्यः** तस्य पुत्रः तत्पादानुध्यातो राज्ञी महादेवी श्री**सिंहवली** देवी तस्यामुत्पन्नः परममाहेश्वरः परमब्रह्मण्यः परमभट्टारक-महाराजाधिराज-परमेश्वर श्रीमद् **इच्छटदेवस्** तस्य पुत्रस् तत्पादानुध्यातः(,) राज्ञी महादेवी श्री**सिन्धुदेवी** तस्याम् उत्पन्नः परममाहेश्वरः परमब्रह्मण्यो दीनानाथकृपणातुर-शरणागतवत्सलः प्राच्योदीच्यप्रतीच्यदाक्षिणात्य-द्विजवरमुख्यानाम् अनवरत-हेमदानामृता(द्रित)करः समस्ताराति-चक्र-प्रमर्द्दनः कलिकलुष-मातंगसूदनः कृतयुग-धर्मावतारः परमभट्टारक-महाराजाधिराज-परमेश्वर श्रीमद् **देशट** देवस् तस्य पुत्रस् तत्पादानुध्यातो राज्ञी महादेवी श्री**पद्मल्लदेवी** तस्याम् उत्पन्नः परममाहेश्वरः परमब्रह्मण्यः स्वयमुत्खात-भास्वद्दीप्ति-प्रभा-वितान-सबलीकृत-बाहुबलविर्वाज्जिताशेष-दिग्देशागत - प्रणामोपनीत-करि-तुरंग-विभूषणानवरत-प्रदान - तिरस्कृताशेष - **बलि-वैकर्तन-दधीचि-चन्द्रगुप्त**-चरितश् चतुरुदधि-परिखा-पर्यन्तमेखलादाम्नः क्षितेर् भर्ता परमभट्टारक-महाराजाधिराज-परमेश्वर श्री**पद्मट** देवस् तस्य पुत्रस् तत्पादानुध्यातो राज्ञी महादेवी श्रीमद्-दिशालदेवी तस्याम् उत्पन्नः परमवैष्णवः परमब्रह्मण्यः संविदित-शास्त्रप्रतिपालकः दूरापसारित-कलि-तिमिर-निकर-हेला-कलित-सकल-कलापालंकृत-शरीरः भुवन-विख्यात-दुर्मदाराति-सीमन्तिनी-वैधव्यदीक्षा-दानदक्षैक-गुरुः प्रतिपक्षलक्ष्मीहठ-हरणागणित-प्रचण्डदोर्दण्ड-दर्पप्रसरः परमभट्टारक-महाराजाधिराज-परमेश्वर श्रीमत् **सुभिक्षराज (देवः)** कुशली **टंकणपुर**-विषये **अन्तरांगविषये** च समुपागतान् सर्वानेव नियोगस्थान् राज-राजन्यक-राजपुत्र-राजामात्य-सामन्त-महासामन्त-महाकर्ता-कृतिक-महादण्डनायक-महाप्रतिहार-महासामन्ताधिपति-महाराजप्रमातार-शरभंग-कुमारामात्य- पेरिक-दुःसाध्यसाधनिक-दोषापराधिक-चौरोद्धरणिक-शौल्किक-गौल्मिक-तदायुक्तक-विनियुक्तक-पट्टकापचारिक-सौधभंगाधिकृत-हस्त्यश्वो-ष्ट्रलव्यापृतक-दूतप्रेषणिक-दाण्डिक-दण्डपाशिक-गमागमिक-खाड्गिका-भित्वरमाणक-राजस्थानीय-विषयपति-भोगपति-काण्डपति-नरपत्यश्वपति-खण्डरक्षास्थानाधिकृत-वर्त्मपाल-कोट्टपाल-घट्टपाल-क्षेत्रपाल-प्रान्तपाल-ठक्कुर-महामनुष्य-किशोर-वडवा-गो-महिष्याधिकृत-भट्ट-महत्तमा-भीर-वणिक्-श्रेष्ठिपुरोगान् साष्टादशप्रकृत्यधिष्ठानीयान् **खस–किरात–द्रविड–कलिंग–गौड हूणोड्र-द्रमिड़**-न्ध्र-भेदानाचाण्डाल-पर्यन्तान् सर्वसंवासान् समस्तजनपदान् भटचाट-सेवकादीन् अन्यांश्च कीर्तितानकीर्तितान् अस्मत्पादपद्मोपजीविनः प्रतिवासिनश्च ब्राह्मणो-

त्तरान् यथार्हं मानयति बोधयति समाज्ञापयति (——) अस्तु वः संविदितम् उपरिसंसूचितवैषयिक-**नम्बरम**[1]-ग्राम-प्रतिबद्ध **वच्छरकसत्कविडिमलाक** नामा भूः षण्णां नालिकानां वापा तथा **भेटसार्या** भूखंडम् अष्टनालिका-वापः तथा **वाडियालिके**[2] भूखण्डं चतुर्णां द्रोणानां वापः तथा **भागरुसत्कवनोलकाभिधाना** भूखण्डं त्रयनालिका-वापं तथा **सुभट्टकसत्का शरणंखोन**[3] रामद्धितं कण्डियाका-परिच्छिन्नं तथा **पस्त-राकभुतिरोड**-सत्कशठिकनामा भूमि द्वय-द्रोण-वापं तथा **गोवितंगक सत्कयच्छ-सृद्धाभिधान**-भूमि त्रयद्रोण-वापः तथा **वेनवाक**-सत्क **क्षीरानावा**-भिधान भूखंड त्रय-द्रोणवापं तथा **शोषिजीवाक**-सत्क **गंगरकनामा** भूमि अष्टद्रोणवापा तथा च **जीवाकसोमादित्य**-इच्छवलान्ता-सत्क **पेट्टकनामा** भूमि त्रयद्रोणवापा तथा कट नामा भूमि द्वय-द्रोणवापा **नाम्बरंगीय**[4] समस्त-जनपदानां सत्क **न्यायपट्टक** नामा भूमि दश-द्रोण-वापा तथा **पंकरहस्तमेकं** तथा **इच्छाबल-विहलक-महर्जियाक-प्रथमादित्यानां** सत्क **बडिवलाभिधाना** भूमि **षड्द्रोणवापा शिलादित्य**-सत्क **खोर-खोट्टक** नामा भूमि षण्णां वापः तथा **श्रीहर्षपुर** कर्मान्ति-प्रतिबद्ध पूर्वं **पवमाणक-**[5] **उंगक**-परिभुज्यमान पल्लिका (।) एतद्भूमयः पल्लिकाश्च **श्रीहर्षपुरीय श्रीदुर्गाभट्ट-**विषया तथा **वरोषिका**-ग्राम-संबंधना **उष्णोदक-विज्जट-दुर्जणातंग-विषयतङ्ग-चाचटक-वराह-सिट्टक**[6]**-सत्का** नपाभिधान[7] भूखण्ड **नवद्रोणवापं** तथा **सत्तक-**पुत्राणां **नपोणां** सत्का **नय** भूखण्ड-चतुष्टयं खारिवापं[8] तथा **जातिपाटकनामा**[9] **भूइज्जार** समद्धितं तथा **समिज्जीयं** भूखण्डद्वयं नवद्रोण-वापं तथा **सत्रकपुत्राणां** सत्क **पैरी**-ग्राम-प्रतिबद्ध **गोदोधकाभिधाना** भूमिर् विंशद्रोणवापा तथा **यो(?)षिक** ग्रामनिवासिनां सत्क **घस्सेरुका** नाम भूमिद्वयद्रोणवापा तथा **सिहारा** नाम भूमि द्रोण-वापं तथा **वलीवर्दशिला** नाम भू त्रयद्रोणवापं तथा **इहंगनामा** भू पंच-द्रोणवापं तथा **तिरंगनामा**[10] भूः त्रय-द्रोण-वापं तथा **कट्टणशिल्ल** नामा भू त्रयद्रोणवापं तथा **गान्दोडारिक** नामा भू त्रयद्रोणवापं तथा **युग** नामा भूः द्रोणवापं **ककठयाला** नामा भूः त्रयद्रोणवापं तथा **पंकरहस्ते** द्वय तथा **धारणाक**-सत्क **दालीमूलक** नामा भू द्वय-द्रोणवापं तथा **शिखन**-सत्क **ग्रामिदारके** भूखण्ड द्वयद्रोणवापं तथा **इच्छवर्दन शिलादित्ययोस्** सत्क **सृष्टधीमा** नाम भू पंचद्रोणवापं तथा **विषयिणानां** सत्क

---

[1] **नवरंग (र.)**, [2]**वाडिवालिके (र.)** [3]**शरण्यंखोतु यक्षद्धया (र.)**

[4]**नायरंगीय (र.)**, [5]**वरमाणक (र.)**, [6]**सिट्टक (र.)**, [7]**नना (र.)** [8] **२० द्रोण (६४० सेर बोने की भूमि)=-एक खारी (१६ एकड़)** [9]**जतिकटक**, [10]**पात्रकोशविका ।**

कर्कण्ठक भू चतुर्णां द्रोणानां वापं तथा **कटुस्थिकानां** सत्क **चिधाभारिका** नाम भू त्रयद्रोणवापं तथा **रडवक** ग्रामिणानां सत्क **पन्तकोरापिका** नामा भू द्वादशद्रोणवापं तथा **तुंगादित्य**-सत्क लोहरसमेणा भृ षण्णालिकानां वापं तथा **योषिक**-कर्मान्त-सम्बद्ध **ग्रामपरक** नामा भू पंचदशद्रोणवापः **मठिक**-समन्विता एतद् भूमयो **विष्णु**-गंगा-सम्मेलित-भगवते श्री**नारायण**-भट्टारकाय तथा **सदायिका**-प्रतिबद्ध **रच्चप-हिल्लका** भिधानस्य घाटानि लिख्यंते (——) श्रीसंकटसीमायां पश्चिमतः **अण्डारिनि-गनिक** पूर्वतः गंगायाम् उत्तरतः **समेहक** ग्राम दक्षिणतस् तथा **सेवायिकायां बच्छक**-सत्क ग्रहणकयाकी सप्तनालिकावापाः भगवते ब्रह्मेश्वर-भट्टारकाय एता भूमय पल्लिके द्वे च मया माता-पित्रोरात्मनश्च पुण्ययशोभिवृद्धये पवन-विघट्टिताश्वत्थपत्र-चंचल-तरंग-जीवलोकम् अवलोक्य जल-बुद्बुदाकारम् असारं चायुर् दृष्ट्वा गजकलमकर्णाभिचपलतां च लक्ष्म्या ज्ञात्वा परलोकनिःश्रेयसोर्थं संसारार्णवतार-णार्थञ्च पुण्ये हनि भगवद्भ्यः श्रीदुर्गादेवी-श्रीनारायणभट्टारक-श्रीब्रह्मेश्वर-भट्टारकेभ्यः गन्ध-धूप-दीप-पुष्पोपलेपन-संमार्ज्जन-गीत-वाद्य-नृत्य-वलिचरुस् तत्र प्रवर्तनार्थं खण्डस्फुटित-पुनःसंस्करणार्थं च प्रतिपादितः प्रकृतिपरिहार-युक्ता-चाट-भट्टप्रवेश्याम् अकिंचित्प्रग्राह्याम् अनाच्छेद्यां आचन्द्रार्कक्षितिस्थिति-समकालिक-विषया उद्धृतपिण्ड-स्वसीमा-गोचर-पर्यन्तं अवृक्षारामोद्भेद-प्रस्रवणोपेतं देवब्राह्मण-भुक्तभुज्यमान-वर्जितं यतः सुखं पारम्पर्येण परिभुज्यमानानां स्वल्पमपि धरण-विधारण-परिपन्थनादिकोपद्रवो न कैश्चित् करणीयो न्यथा व्यतिक्रमे महान् द्रोहः स्याद् (।) इति प्रवर्द्धमान-विजयराज्य-सम्वत्सरे चतुर्थ सम्बत् ४ ज्येष्ठ वदि ५ (।) दूतकोत्र महादानाक्षपटलाधिकृत श्रीकमला. . . .लिखितमिदम् महासन्धिविग्रहा-धिकृत श्रीईश्वरीदत्तेन (,) उत्कीर्णमिदञ्च श्रीनन्दभद्रेण (।)

बहुभिर्वसुधा भुक्ता राजभिः सगरादिभिः (।)
यस्य यस्य यदा भूमिस् तस्य तस्य तदा फलम् (।।)
षष्ठि-वर्ष-सहस्राणि स्वर्गे तिष्ठति भूमिदः (।)
आच्छेत्ता चानुमन्ता च तानेव नरकं वसेत् ।
अनूदकेष्वरण्येषु शुष्ककोटरवासिनः ।
कृष्णसर्पा विजायन्ते ब्रह्मदायं हरन्ति य ।
भो राजानः प्रार्थयत्येष रामो भूयो भूयोःप्रार्थनीया नरेन्द्राः ।
सामान्यो यं धर्म्मसेतुर् नराणां काले-काले पालनीयो भवद्भिः ।
इति कमलदलाम्बु-विन्दु-लोलां श्रियमनुचिन्त्य मनुष्य-जीवितञ्च ।
सकलमिदमुदाहृतञ्च बुद्ध्वा न हि पुरुषैः परकीर्तयो विलोप्याः ।

(३) पालों-कत्यूरियोंके अभिलेखोंकी तुलना

पालवंशी (१) देवपाल (८१५-५४)के मुँगेरवाले[1] तथा (२) नारायणपाल[2] (८५७-९११ ई०)के ताम्रलेखोंकी भाषा, लिपि और पदाधिकारियोंको ललितशूर,[3] (५) पद्मट[3] और (६) सुभिक्ष राजके[3] ताम्रलखोंसे मिलानेपर जो समानता दीख पड़ती है, वह आकस्मिक नहीं हो सकती; विशेषकर जब कि वही समानता गुर्जर-प्रतिहारोंके अभिलखोंमें नहीं मिलती—

(क) अधिकारियोंकी सूची—

		१	२	३	४	५	
	(अर्थ)	देवपाल	नारायण	ललित	पद्मट	सुभिक्ष	
अभित्वरमाणक	धावनदूत					३५	
अमात्य-राज	राजमंत्री	३	३	५	५	५	५
अश्वपति	सवार-नायक			४०	४०	४१	३४
अश्वबलाधिकृत	सवार-सेनापति	२६	२६	२८	२८	२७	२०
आभीर	अहीर			४९	४९	५२	४५
आयुक्तक, तद्-	तदर्थ कमिश्नर	२४	२४	२३	२३	२२	१४
उपचारिक, पट्टक-	अभिलेख-अधिकारी			२६	२६	२५	१८
उपरिक	राज्यपाल	१३	१३	१७	१७	१६	
उष्ट्रबलाधिकृत	ऊँट-सेनापति	२६	२६	२८	२८	२७	२०
किशोर-अधिकृत	खच्चरअधिकारी(?)	२७	२७	४७	४७	५०	४३
किशोर-बडवा-गो-महिष्यधिकृत	खच्चर. . अधिकारी	२७	२७	४७	४७	५०	४३
कुमारामात्य	जिला-अधिपति	९	१२	१६	१६	१५	
कोषपाल	खजांची	२२	२२	४३	४३	४४	३७
क्षेत्रपाल	कृषि-अध्यक्ष		२०	४५	४५	४६	४९
खड्गिक	खड्गधारी			३४	३४	२४	३७
खंडपति	वनपाल	२३	२३			३९	३२

वेगदेवी—ललितशूरके (पांडुकेश्वर १) ताम्रपत्रमें।

[1] मुंगेर ताम्रपत्र (As. Res. I. p. 123) [2] भागलपुर-ताम्रपत्र J. A. S. B. XLVI. I. p. 384

[3] पांडुकेश्वर (अब जोशीमठ)में

खंडरक्षास्थानाधिपति	कंजर्वेटर			४१	४१	४२	३५
गमागमिक	दूत	२९	२९	३३	३३	३३	३६
गो-अधिकृत	गो-अफसर	२७	२७	४७	४७	५०	४३
गौल्मिक	सिपाही	१९	१९	२२	२२	२१	१३
घट्टपाल	डांडेका रक्षक			४४	४४	४५	३८
चौरोद्धरणिक	चोरनिग्राहक	११	१५	२२	२०	१९	१३
ठक्कुर	खश-सामन्त			८	८	४८	४१
तरपति	घाट-अधिकारी	३२	३०	३९	३९	४०	३३
दंडनायक, महा-	मजिस्ट्रेट	५	११	१२	१२	९	९
दंडपाशिक	पुलीस	१७	१७	३२	३२	३१	२४
दांडिक	दंडधारी	१६	१६	३१	३१	३०	२३
दु:साध्यसाधनिक	पुलीस-सुप्रेंटेंडेंट	८	१०	१८	१८	१७	
दूतप्रेषणिक	दूतप्रेषक	२८		३०	३०	२९	२२
दोषापराधिक	पुलीस पर्यवेक्षक	१४	१४	१९	१९	१८	
नियोगस्थ	शासननियुक्त			१	१	१	१
पट्टक	अभिलेख			१५	२५	२४	१७
पट्टकोपचारिक	०अधिकारी			१५	२५	२४	१७
प्रकृत्यधिष्ठानीय, अष्टादश-१८	प्रजाधिष्ठाता			५२	५२	५५	४८
प्रतिहार, महा-	महाअंगरक्षक	६	८	११	११	१०	१०
प्रमातार	सर्वेयर	१०		१४	१४	१३	
प्रान्तपाल	सीमारक्षकअधिकारी	२१	२१	४६	४६	४७	४०
भट्टमहोत्तम				४८	४८	५१	४४
भोगपति	उपरिक			३८	३८	३८	३१
महामनुष्य	ग्राम-सरपंच			९	९	४९	४२
महाराजा				१३	१३	१२	
महिष्यधिकृत	भैंस अफसर	२७	२७	४७	४७	५०	४३
राजन्यक	रैनका, राजकुमार	१	१	३	३	३	३
राजपुत्र	राजपूत	२	२	४	४	४	४
राजस्थानीय		१	२	३	४	५	६
राजा				२	२	२	२
वडवा-अधिकृत	घोड़ी-अफसर	२७	२७	४७	४७	५०	४३

वणिक्	व्यापारी			५०	५०	५३	४६
वर्त्मपालक	मार्गरक्षक			४२	४२	४३	३६
विनियुक्तक		२५	२५	२४	२४	२३	१६
विषयपति	जिलाधिपति	३१	३१	३७	३७	३७	३०
विषयव्यापृतक	जिला-सचिव					३२	२५
व्यापृतक	सचिव			२९	२९	२८	२१
शरभंग		११		१५	१५	१४	
शौल्किक	कर-अफसर	१८	१८	२१	२१	२०	१३
श्रेष्ठी	नगरसेठ			५१	५१	५४	४७
सामन्त				६	६	६	६
सामन्त, महा-		७	६	७	७	७	७
सामन्ताधिपति, महा-						११	११
सौधभंगाधिकृत	महलइंजीनियर			२७	२७	२६	१९
हस्तिबलाधिकृत	गज-सेनानायक	२६	२६	२८	२८	२७	२०
हस्त्यश्वोष्ट्रबलाधिकृत	गज-अश्व-ऊँट०	२६	२६	२७	२८	२७	२०

(ख) भौगोलिक नाम–

कत्यूरियोंके अभिलेखोंमें बहुतसे स्थानों, भूभागों तथा जातियोंके नामोंका उल्लेख है, जिनमेंसे बहुत कमका पता लग सका है। "मानसखंड"में भी बहुतसे भौगोलिक नाम आते हैं, किन्तु वह निश्चय ही अभिलेखोंसे बहुत पीछेकी कृति है। यहाँ इन नामोंकी सूची दी जाती है—[1]

नामसूची–

नाम	कहाँ	अभिलेख	राजा
अंडारिगनिक	रत्नावलीसे पूर्व	पांडुकेश्वर ४	सुभिक्ष
अंतग	(भरोसिक)	"	"
अंतरांग (प्रदेश)[2]		" ३	पद्म.
अंबलिपालका	में व्याघ्रेश्वर	वागेश्वर	भूदेव.

[1] यहाँ अभिलेखोंके संकेत हैं: ल१–ललितशूर (पांडुकेश्वर १), ल२–ललितशूर (पांडुकेश्वर २), भू–भूदेव (वागेश्वर), देश–देशट (बालेश्वर), पद्म–पद्मट (पांडुकेश्वर ३) सुभि-सुभिक्षराज (पांडुकेश्वर ४), देव–देवपाल (मुंगेर).

[2] अलकनंदा और भागीरथी के बीचका द्वाबा।

आदित्य (प्रदेश)	में पेट्टक[1]	पांडु. ४	सुभि.
इच्छावल	शीलादित्य	"	"
इज्जर	में जातिपोतक	"	"
इंद्रवक		पांडुकेश्वर २	ल. २
इहंग	योशिका (जोशीमठ)	" ४	सुभि.
ईशाल	में यमुनाग्राम	बालेश्वर	देश.
उंगक	भरोसिक	पांडु. ४	सुभि.
कटनसिला	घरनाग	"	"
कटुस्थिक	में दारक	"	"
कंडायिक	सुभट्टकमें	"	"
कथासिल	आदित्य	"	"
करनसिल	घरनग	"	"
कर्कटथल	"	"	"
कार्तिकेयपुर		पांडु. १	ल. १.
खोटाखोट्टनक	शिलादित्य	" ४	सुभि.
गंगा	रत्नावलीसे उत्तर	"	"
गंगारक	सोशीजीवक पास	"	"
गंगोधारिक	घरनाग	"	"
गोचिगटक	में यच्छसद्दा	"	"
गोदोधक	पैरी	"	"
गोरुन्नासा		" १	ल. १
घरनाग	योशिका[2]	" ४	सुभि.
जयकूलभुक्ति		वागेश्वर	भू.
जातिपतोक	इज्जरमें	"	"
तंगणपुर[3]		पांडु. ३	पद्म.

[1] पेट्टक, कथासिल, न्यायपट्टक, बंदीबल।

[2] इसी प्रदेशमें धारुमेंगक, सिदारा, बलीवर्दशिला, इहंग, रुल्लथ, तिरिंग, कटनसिल, गंधोधरिक, पुग, कर्कटथल, रालीमूलक थे।

[3] अलकनंदा–भागीरथी संगमसे ऊपर अलकनंदाकी उपत्यका ही तंगण प्रदेश थी जिसमें तंगणी नामकी आज भी एक चट्टी है।

"		" ४	सुभि.
तपोवन		" २	ल. २
तमेह्क	रत्नावली पास	" ४	सुभि.
तल्लासाट	विहान्दक	"	"
तिरिंग	घरनाग	"	"
तुंगादित्य[1]	रणदावक....	"	"
थपलियासारी	इन्द्रवक पास	पांडु. २	ल. २
दारक	कटुस्थिकामें	पांडु. ४	सुभि.
दालीमूलक	घरनाग	"	"
दावक	तुंगादित्यमें	"	"
दुज्जन	भरोसिकामें	पांडु. ४	सुभि.
दुर्गाभट्ट	हर्षपुर	"	"
न्यायपट्टक	आदित्य	"	"
पणभूतिक		" १	ल. १
पर्वभानु	उगंक	" ४	सुभि.
पूग	घरनाग	"	"
पेट्टक	आदित्य	"	"
पैरी	में गोदोघ	"	"
बदरिकाश्रम[2]	तंगणपुरमें	"	"
बंदीवल	आदित्य	"	"
वलीवर्द	घरनाग	"	"
वरियाल		"	"
भरोसिक	सिट्टक[3]	"	"
भिहलक	शिलादित्य	"	"
भेटसरी		"	"
महाराजियक	शिलादित्य	"	"
यच्छसद्दा	गोचिगाटक	"	"
यमुना		वालेश्वर	देशट.

---

[1]में रणदावक और लोहरस।

[2]बदरिकाश्रममें [3]सिट्टक, उसोक, विजत, दुज्जत, अंतग, वाचटक, वराहभूमि।

योशिका[१]	घासमेंगक	पांडु. ४	सुभि.
रत्नावली[२]	सडायिक पास	"	"
रुल्लनाथ		"	"
लोहरस	तुंगादित्य	"	"
वनोलिक		"	"
वच्छतक	विधिमालके पास	"	"
वतिपतोक	इज्जर	"	"
वराह	भरोसिक	"	"
वाचाटक	"	"	"
विजट	"	"	"
विधिमालका		"	"
विहान्दक		"	"
व्याघ्रेश्वर	अंवलिपालिका	वागेश्वर	भू.
शिला		पांडु. ४	सुभि.
शिलादित्य[३]		"	"
शीरा	वेनवक	"	"
संकट		पांडु. ४	सुभि.
सदायिक	रत्नावली	"	"
सटिकतोक		"	"
सत्रकपुत्र	समिज्जीय	"	"
सरना	सुभट्टक पास	"	"
सामिज्जीय	सत्रकपुत्र	"	"
सिट्टक	भरोसिक	"	"
सिदारा	योशिका	"	"
सिला		"	"
सुभट्टक	सरना पास	"	"

[१]योशिक (जोशीमठ) में घासमेंगक, सिद्दारा, वलीवर्दशिला, ईहंग, रुल्लथ, तिरिंग, कटनसिल, गंधोधारिक, पुग, कर्कटथल, द्राली [२]मूलक इसकी सीमा थी पूर्वमें अंदारिगनिक पश्चिममें संकट, दक्षिणमें तमेहक (सेनयिक)

[३]इसमें थे—इच्छावल, भिहलक, महाराजविक, खोराखोट्टनक।

सेनीयक	तमेहक	"	"
सोशीजीवक	गंगारक पास	"	"
हर्षपुर		"	"

(ग) जाति-नामसूची–

आन्ध्र	पांडु. १, २	ल. १, २
"	वालेश्वर	देश.
"	पांडु. ४	सुभि.
आन्ध्रक	मुँगेर	देव.
ओड्र	पांडु. १, २	ल. १, २
"	पांडु ३	पद्म.
"	पांडु. ४	सुभि.
कलिंग	पांडु. १, २	ल. १, २
"	वालेश्वर	देश.
"	पांडु. ३	पद्म.
"	मुँगेर	देव.
किरात	पांडु. २	ल. २
"	पांडु. ३	पद्म.
"	" ४	सुभि.
खष (खश, खस)	" १ २	ल. १ २
"	वालेश्वर	देश.
"	पांडु ३	पद्म.
"	" ४	सुभि.
"	मुँगेर	देव.
गौड़	पांडु. १, २	ल. १ ल. २
"	वालेश्वर	देश.
"	पांडु ३	पद्म.
"	पांडु ४	सुभि.
"	मुँगेर	देव.
चंडाल	पांडु. १, २	ल. १, २
"	बालेश्वर	देश.
"	पांडु. ३	पद्म

"	" ४	सुभि.
"	मुँगेर	देव.
द्रविड़	पांडु १, २	ल. १, २
	" ३	पद्म.
	" ४	सुभि.
भोट (तिब्बती)	मुँगेर	देव.
मेद	पांडु. २	ल. २
"	बालेश्वर	देश.
"	पांडु. ३	पद्म.
"	"	सुभि.
"	मुँगेर	देव.
लासत (ल्हासा)	"	"
हूण	पांडु. २	ल. २
"	" ३	पद्म.
"	" ४	सुभि.
"	मुँगेर	देव.

(घ) मानसखंडमें आये भौगोलिक नाम–

अगस्त्येश्वर	अगस्त्यमुनि (मंदाकिनी-तट)
अग्नितीर्थ	अग्निकुंड
असुरगिरि	पालीसे ऊपर (तल्ला डोरामें)
आकाशगंगा	तुंगनाथसे निकली नदी (आगास)
ऋषिकेष	हृषिकेश
कर्णप्रयाग	
कल्पस्थल	
कल्पेश्वर लिंग	उरगम गाँवमें
कषाय	कशार (कलमांटिया-शिखर, अलमोड़ा)

कात्यायनी (श्यामा) देवी—सियाही देवी

कालिक्षेत्र	काल वंगवारा
काली	कैल गंगा
कूर्म-शिला	कानादेव पहाड़ (पट्टी चरालमें छीरापानीके पास)
कूर्माचल	कुमाऊँ

केतुमान्	गोरीफाटमें एक पर्वतबाँही
केरलगि	छे-छुल (व्यांस)
कौशिकी	कोसी नदी
क्षीर गंगा	मंदाकिनीकी ऊपरी धारा
खेचर तीर्थ	खोजरनाथ (तिब्वत)
गणनाथ	अलमोड़ाके पास
"	व्यांसमें
गर्ग (पर्वत)	गागर
गार्गी	गौला
"	गगास नदी
गालव	ऋषि
गुप्तवाराणसी	गुप्तकाशी (मारी गाँव)
गोदावरी	गाँव
गोपेश्वर	गाँव (चमोलीके पास)
गोपीवन	गोपाई
गोरक्षाश्रम	त्रियुगी
गोस्थल	गोपेश्वर
गोस्थल-क्षेत्र	गोथल (मल्ला-नागपुर)
गंगाद्वार	हरद्वार
गंगेश्वर	फलासी गाँव (तल्ला-नागपुर)
गंडकी	गिधिया (काली कुमाऊँ)
गौरी गिरि	डोल्मा ला (?)
घोषेश्वर	नेलङ्के ऊपर (माना, रुदता, जाट संगम)
चक्रेश्वर	विकिया साईंमें नैलेश्वर
चतुर्दंष्ट्र	चौंदंस प्रदेश
चंद्रभागा	चंद्रभागा
चंद्रशेखर	
चर्मण्वती	मेना नदी (उरगम)
चंडीश	शिवगण
चित्रशिला	रानीबागके पास
जीवार	जोहार

ज्योतिर्धाम	जोशीमठ
ज्वालातीर्थ	ज्वालामुखी (कांगडा)
टंकर	जागेश्वर पहाड़
तक्षक	सर्पगाँव (सोमेश्वरके समीप)
तत्क्षेत्र	पिंडार पार आधाकोश
तपोवन	जोशीमठके पास
तमसा	टौंस नदी
तारक	तारकधुरा (भोट-मार्ग)
तृषि	नैनीताल
तंकर	जागेश्वर
तंकरा	"
त्रिविक्रमनदी	सिनी (त्रियुगी-पास)
दक्षतीर्थ	
दमयंतीसर	रानी दमयंतीका ताल (नैनीताल जि०)
दारक (शिखर)	संथोली दरकोट
दारु	
दारुकावन	जागेश्वर
दारुण	दारुम (गंगोली)
दारुन	जागेश्वरपहाड़
दुर्गेश्वर	भ्युँखी गाँव
दुःशासनेश्वर	सुकोचर (पट्टी अठागुलीमें, बसुलीसरके पास)
देवकी	दबका नदी
देवीकुंड	नागनाथके पास (वि० नागपुर)
द्रुणिन	द्वारकाके परे
द्रोण	दूनागिरि (द्वारा हाट)
नन्दप्रयाग	नन्दाकिनी-अलकनन्दा संगम
नलकुंड	नलपटन
नवकोण सरोवर	नौकुचिया (नैनीताल जि०)
नागपुर	नाकूरी (पर्गना दानपुर)
नाला	कैलास पर्वत-मालाका शिखर
नीलगिरि	कोकसका डंडा (वार्गेश्वर)

पंचशिरा	पंचचूली
पंचसरोवर	कालीह्रद, कामह्रद, पद्मह्रद
पताका	ध्वज पहाड़ (पट्टी खरायत)
पाटन	वालेश्वरसे ऊपर
पांडुस्थान	पांडुकेश्वर (बदरीनाथके पास)
पावन (पहाड़)	पट्टी माली (शिरा)
पिंडारक	पिंडार नदी
पिनाकीश	पिननाथ (बैजनाथके पास)
पुष्कर	त्रिशूलका एक शिखर
पुष्करशिखर	पोखरी गाँवके ऊपर (वि० नागपुर)
पुष्पभद्र	भीमतालकी नदी
पुलोमा शिखर	दरमा-व्यांस-विभाजक गिरि-दंड
फाल्गुण तीर्थ	सोमेश्वरके पास
ब्रह्मकपाल	बदरीनाथके पास चट्टान
ब्रह्मद्वार	ब्रह्मकंठी
ब्रह्मपुत्रस्थान	बान-उपत्यकामें
ब्रह्म-सरोवर	मानसरोवर
बालखिल्य	सुसवा नदी (देहरादून)
बिन्ध्य	अगरगार
भिल्ल-क्षेत्र	भिलंगना-उपत्यका (टिहरीमें त्रियुगीसे पश्चिम)
भीम-सरोवर	भीमताल
भीमसेन	भीम उडियार (गुफा)
भुवनेश्वर, पाताल-	(पट्टी बराँवमें)
भृगुतुंग	पोखरी (पट्टी-भेरङ्)
मणिभद्रा	महादेवसर (प० दसोली)
मन्धाता	उखीमठ मंदिर
मर्कतेश्वर	माको गाँव (तुंगनाथके पंडोंका)
मल्लनारायण	मूलेन (पिंडारीके मार्गमें सुरिङ्से ऊपर)
मल्लिका	माला गाँवके पास
मल्लिकादेवी	नदीकी चट्टान
मल्लिकार्जुन	अस्कोटमें

महापंथ	केदारके ऊपर शिखर-हिमानी
महाभद्र	मल्ली-दसोलीमें
महिषमर्दनी	त्रियुगी गाँव
माध्वी	नलपटनसे उत्तर
मानस	मानसरोवर, मि-फम्-छो
रतीश्वर	गोपेश्वरसे नीचे, त्रिशूल-संगमपर
रथवाहिनी	पश्चिमी रामगंगा
रम्भा	अलमोड़ामें मिशन-स्कूलसे निकली धारा
राजराजेश्वरी	रांसी तरसाली गाँव
रामसरोवर	कुहुरिया ताल
रावणह्रद	राकस ताल
लक्ष्मण-स्थान	लछमन झूला
लास्य-तरंगिणी	लातूर नदी (टिहरी)
लोध्रशिखर	भदकोट
लोह	लोहाघाट नदी
वरादित्य	कटारमल्ल सूर्यमंदिर
वह्नितीर्थ	अग्नितीर्थ (गौरीकुंड)
वागलक्षेत्र	टेहरीमें
वागेश्वर	व्याघ्रेश्वर
वाराणसी क्षेत्र	उत्तरकाशी
विद्रोण	विधोन
विनायकद्वार	त्रियुगी-मंदाकिनी संगम
विभांडेश्वर	राना (डोरा-मल्ला)के पास
विरहवती	विरह्रीगंगा
विल्वेश्वर	
विष्णुगंगा	अलकनन्दा
विष्णुतीर्थ	यमुना-तमसा-संगम (कलसीके पास)
वेणु	वेनशिखर (आदिबदरीके पास)
वेतालीन	खमगढ़
वैतरणी	कुदरीगढ़
व्याघ्रेश्वर	वागेश्वर

व्यासाश्रम	व्यांस
शतद्रु	सतलज
शंभु	गुरला (?)
शाकंभरी क्षेत्र	टेहरीमें
शारदा	करनाली नदी
शालो	सुवाल नदी
शाल्मलि	सालम
शिवकुंड	मध-मन्दाकिनीके संगमपर
शीतवनि	कोटा (दून)
शेषनाग	नागमंदिर
शेषेश्वर	टेहरीमें
सरयू	करनाली नदी
सरस्वती	सुन्दर ढुंगा
सारा	लोहबाकी नदी
सिद्धकूट	नागसिद्ध
सीताह्रद	कुहुरियाके समीप (अब शुष्क)
सूर्यकुंड	वागेश्वरसे ऊपर सरयूपार
सौम्यकाशी	गुप्तकाशी
स्वयंभू	सितोला (अलमोड़ा समीपे)
स्वर्गारोहणी	महापंथके ऊपरके शिखर-समूह
हरिद्रानदी	जलमाल (सिनीगढ़)
हरिणकाली०	गत्-क्युत्-छो, गोर, ग्यल-छो, छोल-गन (रावण ०)
हंसतीर्थ	कानदेव
हिरण्यगर्भ	गौरीकुंड
हेमशृंग	नागशिखर

३. कत्यूरीवंशका उदगम

परम्पराके अनुसार इस वंशका संस्थापक वासुदेव और समापक वीरदेव था। दोनोंका नाम किसी अभिलेखमें नहीं है। आश्चर्य तो यह है, कि ये नाम वंशावलियोंमें भी नहीं हैं। वैजनाथके मूर्तिसंग्रहालयमें दो शिलालेख हैं, जिनमेंसे एकमें "महाराजाधिराज परमभट्टारक श्री लखनपाल देव के" भूमिदान तथा

"वैद्यनाथ कार्तिकेयपुर" का उल्लेख है। यहीं रुद्रपाल देव, तिभुवनपाल देवके नाम भी उल्लिखित हैं, जिनका भी पता दोनों वंशावलियोंमें नहीं है। उनके बारेमें कहा जा सकता है, कि डोटी और अस्कोट शाखाके अतिरिक्त पाली (द्वाराहाट) की भाँति वैजनाथमें भी कोई कत्यूरी शाखा राज करती होगी, लखनपाल उसी शाखाका राजा था।

(१) कत्यूरी और शक–

शत्रुद्वारा पदच्युत राजाओं अथवा राजवंशोंका दुर्गम पर्वतोंमें शरण लेना इतिहासमें बहुत देखा जाता है। श्वेत-हूणोंने जब बलख और मध्यएसियाके कुषाण राजाओंको परास्त किया, तो उन्होंने दरवाज़, बदखशाँ आदि की दुर्गम पहाड़ियोंमें शरण ली और वहाँके सीधेसादे निवासियोंकी श्रद्धा तथा शक घुमन्तुओंकी सहायतासे वह छोटे-मोटे राज्य स्थापित करनेमें सफल हुए। यही अवस्था हूणों तथा दूसरे शत्रुओंके प्रहारसे भारतीय शक-शासकोंकी भी हुई होगी। डोटी और अस्कोटकी वंशावलियोंमें कत्यूरियोंका मूलपुरुष शालिवाहन माना गया है। गढ़वालकी दो वंशावलियों (विलियम्स और अल्मोड़ाकी) में भी क्रमशः आठवें तथा ग्यारहवें राजा शालिवाहन हैं। यद्यपि शालिवाहन आंध्र-शातवाहनोंका नाम है, जो कितने ही समयतक शकोंके प्रतिद्वन्द्वी तथा संबंधी भी रहे, किन्तु जिस तरह शकोंके शकाब्दको शालिवाहन शकाब्द भी कहा जाता है, वैसे ही शक के लिये शालिवाहनका प्रयोग किया जा सकता था। कत्यूरियोंके शकोंसे संबंधका इससे भी अधिक प्रमाण हैं, शकों जैसी बूटधारी सूर्यकी मूर्तियाँ, जो गोनेश्वर, कटारमल, बैजनाथ, बागेश्वर, द्वाराहाट सभी जगहोंमें बहुतायतसे मिली हैं।

(२) काबुली कटोर और कत्यूर–

कत्यूरको कार्तिकेयपुर या कार्तिकपुरका अपभ्रंश माना जाता है, किन्तु कार्तिकपुर 7 कत्तियउर 7 कत्तिउर 7 कत्यूर अधिक स्वाभाविक है। कत्यूरका कभी कभी कटार भी हो जाता है, यह कटारमलके प्रसिद्ध सूर्यमंदिरके नामसे प्रकट होता है। अटकिन्सनने लिखा है[१]—"ऊपरी कुनार-उपत्यकाकी चित्राल, यस्सन और मस्तूज रियासतोंका नाम (कश्कर) है। ......इन रियासतोंके शासक **आज भी कटोरवंशके** हैं, (जिनमें) खुशवख्तिया शाखा यस्सन और मस्तूजमें रहती है और शाहकटोर-शाखा चित्रालमें ।......अभिलेखोंसे आठवींसे सोलहवीं सदी तक एक वंशकी परम्परा प्राप्त होती है, जिससे कि अनेक छोटे-छोटे

[१] At. Vol II, p. 381

राजवंश इन पहाड़ोंमें आ फूटे। गढवाल-कुमाऊंके खसिया-कत्यूरीके उद्गमके लिये हमें सिन्धु पारके इन पहाड़ी खसिया-कटोरोंकी ओर देखना होगा।" लेकिन कत्यूर और कटोरसे संबंध स्थापित करनेके लिये यह आवश्यक नहीं है, कि हम कत्यूरोंको सिन्धुपारसे आया मानें, और न यही आवश्यक है, कि कटोरोंको खस माना जाये। खश और शक एक ही जातिकी दो लहरें हैं, जिनमें शक ईसापूर्व प्रथम शताब्दीमें भारतमें आये, जब कि खस आर्योंके हिमालयमें फैलनेसे पूर्व ही यहां फैल गये थे। कटोर और कत्यूर खशोंसे अपनी आत्मीयता भले ही समझते रहे हों, विशेषकर खशोंके देशमें आके बस जानेपर, वह वस्तुतः शकोंकी कुषाण शाखाके अंतर्गत थे, तभी उनका संबंध शकशालिवाहन-कनिष्कसे जोड़ा जा सकता है। शब्द-साम्य, सूर्यपूजा-साम्य आदिसे कत्यूर और कटोर अवश्य एक हो सकते हैं।

अट्किन्सनकी संचित[१] सामग्रीका सारांश यह है: मुसलमान ऐतिहासिकोंके अनुसार काबुलमें कटोरमान वंशका राज्य था। इसके राजाओंमें एक वासुदेव था, जिसका उत्तराधिकारी कनक अंतिम राजा हुआ। जोशीमठ (प्रथम कार्तिकेयपुर) के कत्यूरीवंशके संस्थापकका नाम भी वासुदेव था। पाँचवीं सदीके मध्यमें कस्पियनसे यमुना तकका भूभाग श्वेतहूणों (हेफ्तालोंके) हाथमें था, किंतु छठी सदीके मध्यमें काबुल तकका उनका राज्य तुर्कोंने ले लिया, और भारतमें भी मिहिरकुलको पराजित हो कश्मीरमें शरण लेनी पड़ी। इसी समय काबुलपर तुर्कोंका शासन स्थापित हुआ होगा। प्रारम्भिक मुसलमान भूगोलज्ञोंके लेखोंसे पता लगता है, कि उनके समयमें काबुल—जिसे अल्बेरूनी कपिशा[२] भी लिखता है—के निवासी हिन्दू और शासक तुर्क (मुसलमान नहीं) थे। इतिहासकार इस्तखरी (९१५ ई०) लिखता है: "काबुलका दुर्ग अपनी दृढ़ताके लिये प्रख्यात है, जिसपर पहुँचनेका एक ही मार्ग है। वहाँ मुसलमान भी हैं, किन्तु अधिकांश नगरमें हिन्दके काफिर रहते हैं।" काबुलकी ओर मुसलमानोंका प्रथम आक्रमण ६४४ ई० में खलीफा उस्मानके इराकी क्षत्रप अब्दुल्लाके समयमें हुआ था, किन्तु गाजी अबदुर्रहमान ६६१ ई० में ही काबुल पहुंच सका, जब कि उसने वहाँके राजा (काबुलशाही) को बंदी करके मुसलमान बनाया। राजाने फिर इस्लामको छोड़ मुसलमानोंको मार भगानेके लिये भारतके राजाओंसे प्रार्थना की। उसने

[१] At. Vol. II, pp. 382, 984, 430-43

[२] अल्-हिन्द

प्रायः अपने सारे राज्यको स्वायत्त करना चाहा, किन्तु उसे अरब-सेनाके सामने परास्त हो वार्षिक कर देना स्वीकार करना पड़ा। ६८३–८४ ई० में काबुलके राजाने कर देनेसे इन्कार किया, जिसपर अरबोंने आक्रमणकर उसे मार डाला। इसके बाद भी संघर्ष बंद नहीं हुआ, कभी काबुलका राजा बिल्कुल स्वतंत्र हो जाता और कभी करद बन जाता। ६९७–९८ में राजा रत्नपाल (रनबल) ने मुस्लिम सेनाको बुरी तरह हराया और अरब सेनापतिको अपना प्राण बड़े मंहगे मोल लेना पड़ा। अब बगदादके अब्बासी खलीफोंका शासन था, जिसकी स्थापनामें सबसे भारी हाथ ईरानी हुज्जाजका था। हुज्जाजने (७००–१ में) बदला लेनेके लिये अबदुर्रहमानके नेतृत्वमें एक बड़ी सेना काबुल भेजी, जो राजा काबुलको हरानेमें सफल हुई, किन्तु हुज्जाजने विजेताका जैसा स्वागत-सम्मान करना चाहिए था, नहीं किया, क्योंकि उसने स्थायी रूपसे काबुलपर अधिकार नहीं कर लिया। अब्दुर्रहमानने काबुलके राजासे समझौता करके विद्रोह किया, किन्तु वह असफल हो आत्मघात करनेके लिए बाध्य हुआ। भावी खलीफा मामून जब खुरासानका गवर्नर था, उसी समय काबुलपर अधिकार करके उसने राजाको मुसलमान बनाया, किन्तु यह विजय भी अस्थायी थी। बगदादी खलीफोंके साम्राज्यके ध्वंसके बाद स्थापित होनेवाले खुरासान-मध्यएसियाके शासक याकूब लैसपुत्रने ८६९-७० में काबुलपर अधिकार कर उसके राजाको बंदी बना लिया। यह विजय कुछ स्थायी जरूर थी, किन्तु अन्तिम नहीं। बेरूनीके अनुसार कनक कटोरमान-वंश तथा काबुलका अंतिम राजा था। उसे वह तुर्क वंशका बतलाता है। बेरूनीकी जन्मभूमि ख्वारेज्म कई सदियोंतक तुर्कोंके शासनमें रही। वह उनके जातिवंशसे भली प्रकार परिचित था, इसलिए वह कटोरमानोंको तुर्क कहनेमें गलती नहीं कर सकता, किन्तु इसमें संदेह है, कि छठी सदीसे चार सदियोंतक अन्य हिन्दुओंमें व्याह-शादी करके भी कटोरमान अपनी तुर्की (मंगोली) मुखमुद्राको कायम रख सके होंगे। कटोरमान कनकका राज्य ब्राह्मण-मंत्री कलारके हाथमें चला गया, जिसके उत्तराधिकारी भीम, जयपाल, आनंदपाल और निरंजनपाल थे। निरंजनपाल १०२१ में गद्दीपर बैठा, जिसके पाँच साल बाद उसका पुत्र भीमपाल राज्यारूढ़ हुआ।

पहिलेके मुसलमान सुलतान काबुलसे दूर रहते थे, किन्तु ९६१ ई०में गजनीके (तुर्क) सुल्तान अल्पतगिनने गजनीमें अपना राज्य स्थापित किया, इसी समयसे काबुलके बौद्धों और ब्राह्मणधर्मियोंपर जबर्दस्त अत्याचार होने लगा, जिससे वह या तो मुसलमान हो गए अथवा पहाड़ों या भारतकी ओर भाग गये। यही अवस्था उसके उत्तराधिकारी सुबुक-तगिन तथा तत्पुत्र महमूद गजनवीके समय भी रही।

महमूदके पुत्र मसऊद (१०३२ ई०) के समय एक नवमुस्लिम बने हिंदू तिलकने सभी हिन्दू कटोरोंको सुल्तानके आधीन बनवाया।

तैमूरने १४०८ ई० में कटोरोंपर आक्रमण किया था। उस समय काबुल-उपत्यकामें कटोर ही नहीं तुर्क, ऐमक (मंगोल) और अरब भी निवास करते थे, तो भी अधिकांश निवासी ताजिक थे, जैसा कि आज भी पासकी कोहदामन (कपिशा) उपत्यकामें हैं। उत्तर-पूर्वके पहाड़ोंमें तब भी काफिर कटोर और गबरक रहते थे। इस समय कटोरोंकी भूमि कश्मीरसे काबुलतकके पहाड़ोंमें फैली हुई थी। जहांगीरके समय (१६१९ ई०में) इस प्रदेश—पकली सरकार (जिले)के उत्तरमें कटोर प्रदेश, दक्षिणमें घक्कर, पूरबमें कश्मीरी पर्वत और पश्चिममें अटक-बनारस थे। आजकल कटोर गिल्गित, दरेल, और चित्रालके इलाकोंका नाम है, और जैसा कि पहिले कहा गया, खुशबख्तिया कटोर यस्सनके शासक हैं, चित्रालके महतर (राजा) शाहकटोर हैं। गिल्गितका अंतिम राजा श्री बुद्धदत्त भी शाह-कटोर-वंशी था।

(३) कत्यूर-कार्तिकपुर

जिस तरह पहाड़ोंमें काबुल-गिल्गित-काशगरसे कुमाऊँ और आगे तक खश कश, या शक जातिका विस्तार रहा है, वही बात यदि उनके उत्तराधिकारियों कटोरों और कत्यूरोंके समय हो, तो कोई आश्चर्य नहीं है। कुषाण-शकोंके सिक्कोंपर कार्तिक (कार्तिकेय या स्कन्द) की भी मूर्ति रहती थी, इसलिए उनके वंशज अपने वंश-गौरव तथा वीरत्वकी सूचनाके लिए यदि देव-सेनानीके नाम पर अपनी राजधानीको कार्तिकपुर या कार्तिकेयपुर कहें, तो स्वाभाविक ही है। शायद प्रथम कार्तिकेयपुर जोशीमठमें था, जिसके पतनपर यह नाम कत्यूरवंशजोंकी नयी राजधानी वैद्यनाथ और गौमती-उपत्यकाके लिये व्यवहृत होने लगा।

४. हिमाचल बौद्धसे ब्राह्मणधर्मी

परम्परा वासुदेव (८५० ई०) को कार्तिकेयपुर तथा कत्यूरीवंशका संस्थापक बतलाती है, और यह भी कि वही बौद्धसे ब्राह्मणधर्मी बना। अभिलेखोंमें प्राप्त तेरह राजाओंमें उसका नाम नहीं मिलता। वसंतनदेवको वासुदेव मान लेनेपर पहिले कहे अनुसार वह कन्नौजके राजा भोज प्रथम (८३६–९२) और पालवंशी विग्रहपाल (८४५–५७) का समकालीन होगा। भोटके शासनका जुवा फेंकनेका काम शायद इसीने किया, यह कह आये हैं। यह भी संभव है, कि किसी कटोरवंशीके इस भूभागमें आ जमनेमें भोटसाम्राज्य कारण बना हो, क्योंकि

भोट-साम्राज्य कटोरोंके देश गिल्गित (उत्तर कटोर) तक फैला हुआ था, जहां पर कि अरब और भोट राज्योंकी सीमायें मिलती थीं। वासुदेव "गिरिराज-चक्र-चूड़ामणि" की उपाधिसे भी विभूषित किया गया है। शंकराचार्य (७८८-८२० ई०) वासुदेव या वंसतनके समकालीन हो सकते हैं। परम्परा शंकराचार्यके हिमालय-के इस भागमें आनेकी भी बात कहती है। आनेपर वह वसंतन या वासुदेवके समय आये होंगे। किन्तु यह कोरी कल्पना है, कि शंकरने भारतके और स्थानों तथा यहाँसे भी बौद्धोंका उच्छेद किया। वागेश्वर (व्याघ्रेश्वर), वैद्यनाथ आदिकी विशेष प्रकारकी शिवमूर्तियों और लिंगोंसे पता लगता है, कि यहाँका धर्म माहेश्वर संप्रदाय, (लकुलीश) था, जिसका गुर्जर-प्रतिहार कालमें उत्तर-भारतमें सर्वत्र जोर पाया जाता था। इसमें शिवलिंगको पूरे शिश्नका रूप देनेकी कोशिश की जाती थी। अभिलेखोंमें कत्यूरी राजाओंने अपनेको "परममाहेश्वर" लिखवाया है, और उनके समयकी शिवमूर्तियाँ उन्हें लकुलीश पंथसे जोड़ती हैं। नवीं शताब्दी भारतके बहुतसे भागोंमें बौद्धधर्मके ह्रासकी शताब्दी नहीं मानी जा सकती। इसी समय पूर्व-भारतमें नालंदा, विक्रमशिला जैसे विश्वविख्यात बौद्ध विद्यापीठ दूर दूर तक ज्ञान-विज्ञानका प्रसार कर रहे थे। हाँ, सिंध, मुलतानपर एक शता-ब्दीके मुस्लिम-शासनके कारण वहाँ ब्राह्मण और बौद्ध दोनों धर्मोंको क्षति जरूर हुई थी। हिमालयमें कश्मीर अब भी बौद्धगढ़ था, जहांके पंडितोंने संस्कृतसे तिब्बतीभाषामें सैकड़ों अनमोलग्रंथोंका अनुवाद करनेमें भारी सहायता की। यदि हिमालयके इस भागमें बौद्ध धर्मका ह्रास हुआ और उसका स्थान ब्राह्मण धर्मने लिया, तो इसका कारण शंकराचार्य नहीं थे, उनका तो यहां उस समय नाम भी लोग नहीं जानते होंगे।

वस्तुस्थिति यह थी: कम या अधिक दो शताब्दियोंसे इस भागपर विदेशी भोटदेशियोंका शासन था, जिसमें कभी कभी जन-साधारण पर अत्याचार, तिब्बतियोंके बौद्ध होनेके कारण बौद्धोंके प्रति पक्षपात एवं ब्राह्मणोंके प्रति कुछ द्वेष या उदासीनता भी रही होगी। तिब्बती लोग ब्राह्मणोंके वर्णाश्रम-साम्राज्यसे दूर रहते थे, उससे उन्हें कुछ लेना-देना नहीं था, इसलिए वह अपना देश छोड़ आए कुषाणोंकी भाँति उनके फंदेमें फंसनेके लिए मजबूर नहीं थे। जब तिब्बती राज-शक्ति विकेन्द्रित होने लगी, केदारखंड परसे उसका दबाव हटने लगा और यहाँ शक्ति हथियानेके लिए विदेशी (भोट) क्षत्रप तथा स्वदेशी सामन्तोंका द्वन्द्व मचा, उस समय विदेशी बौद्ध सत्ताधारियोंके हिन्दुत्वको स्वीकार न करनेके कारण भोट क्षत्रपका बल निर्बल रहा होगा और स्वदेशीय जातीयताके

समर्थक सामन्तोंका बल मजबूत । इस प्रकार राजनीतिक युद्धमें जौके साथ घुनकी भाँति बौद्धधर्म पिस गया होगा । इसी समय शक-वंशीय कत्यूरी वसंतन या वासुदेवने हवाका रुख देख बौद्धधर्म छोड़ ब्राह्मणधर्मकी शरण ली होगी, भोट-शासनको उठानेमें सहायता की होगी, और इस प्रकार अलकनंदाकी घाटीका एक ठाकुर केदारखंडका राजा बन गया ।

ऐतिहासिक परिस्थिति बतलाती है, कि यहां नवीं शताब्दी तक बौद्ध धर्मका अच्छा प्रचार था, किन्तु यह आश्चर्यकी बात है, कि गढवाल-कुमाऊँमें बौद्धधर्मके पुरातात्विक चिह्नोंका सर्वथा अभाव-सा है । वैजनाथ (अलमोड़ा)की जिस मूर्तिको लोग बुद्धकी मूर्ति बतलाते हैं, वह कुबेर या भैरवकी मूर्ति हैं, बुद्धकी हर्गिज नहीं । द्वाराहाट (द्वारा) में दसवीं-बारहवीं सदीके एक पीतल तथा कई पाषाण जैन मूर्तियाँ विद्यमान हैं, किन्तु वहाँ भी कोई बौद्ध मूर्ति नहीं दिखलाई पड़ती । सिर्फ वागेश्वरकी दो पाषाणमूर्तियाँ बुद्धमूर्ति-सी मालूम होती हैं, जो किसी जलते मंदिरमें से निकली हैं, किंतु सामनेसे पत्थरके एक मोटे स्तरके टूटकर निकल जानेसे वह इतनी विरूप हो गई हैं, कि पद्मासनके साथ भूमिस्पर्श-मुद्राकी रूपरेखा ही से उनके बुद्धमूर्ति होनेका संदेह होता है । इससे यह भी मालूम होता है, कि इस स्वदेशी-विदेशी कलहमें नगरों-ग्रामोंमें आग लगाकर जो ध्वंसलीला हुई थी, उसके शिकार मंदिर और विहार भी हुए थे । यह भी केदार-कुमाऊँमें बौद्ध मूर्तियोंके अभावका कारण हो सकता है । वैसे तिब्बतके विहारोंके देखनेसे मालूम है, कि उस समय केदारखंडके बौद्धविहारोंकी मूर्तियाँ भी पत्थरकी नहीं बल्कि अधिकतर धातु, काष्ठ और मिट्टीकी रही होंगी । धातु-मूर्तियाँ तो कत्यूरीकालके पीछेके संघर्षोंमें नष्ट हुयी होंगी । काष्ठमूर्तियां लंका-दहनसे कैसे बच पातीं ? मिट्टीकी मूर्तियां तो स्वतः भंगुर होती हैं, उनकी रक्षाके लिए किसी गोबी या तकलामकानकी बालुकाराशि यहाँ नहीं थी ।

५. कत्यूरी वंशावली

सुभिक्षराज (१०४५-६५ ई०)के बादका मौन शायद कत्यूरी शक्तिके ह्रासका सूचक है, तो भी उनके आधुनिक उत्तराधिकारियोंकी परम्परा बतलाती है, कि तेरहवीं सदीके अंतमें मूलवंशका अंतिम बिखराव हुआ, जब कि डोटी, अस्कोट, पाली (द्वाराहाट)में स्वतंत्र कत्यूरी राजवंश स्थापित हुए ।

दोनों परम्पराओंके अनुसार राजा शालिवाहन इस वंशके प्रथम पुरुष थे । यह बात भी अपने भीतर ऐतिहासिक महत्व रखती है, कि जहाँ सारे उत्तर-भारतमें

विक्रमी संवत्का प्रचार था, वहाँ हिमाचलमें शकसंवत्की आज भी प्रधानता है और शकसंवतीय दक्षिणापथकी भाँति यहाँ सौरपंचांग चलता है। मैदानके बैस राजपूत भी अपना पूर्वज शालिवाहनको मानते हैं, और डोटीके रैनकाके उत्तराधिकारी नेपालके डोटीवाले अपनेको शालिवाहन-वंशज तथा बैस-राजपूत कहते हैं। यहाँ हम डोटी, अस्कोट और पालीके घरानोंसे प्राप्त राजावलिको देते हैं (डोटीकी परम्पराके ३९ राजाओंकी जगहपर अस्कोटमें ४८ राजा मिलते हैं)—

डोटी[1]	अस्कोट[2]	पाली	अभिलेख
१. शालिवाहन देव	१. शालिवाहन	०	०
२. शक्तिवाहन देव	२. संजय	०	०
	३. कुमार	०	०
३. हरिवर्म देव	४. हरित सिंह	०	०
४. ब्रह्मदेव	५. ब्रह्म	०	०
	६. शक	०	०
५. वज्र"	७. वज्र	०	०
	८. धनंजय (?)	०	०
६. विक्रमादित्य"	९. विक्रमादित्य	०	०
	१०. सारंगधर	०	०
७. धर्मपाल"	११. धर्मपाल	०	०
८. नीलपाल"	१२. नीलैपाल	०	०
९. मुंजराज"		०	०
१०. भोज	१३. भोजराज	०	०
	१४. विनयपाल	०	०
	१५. भुजनपाल	०	०
११. समरसिह देव	१६. समरसी	०	०
१२. असल देव	१७. असल	०	०
	१८. अशोक	०	०
१३. सारंग्य देव	१९. सारंग	०	०
	२०. नज	०	०
	२१. कामजय	०	०

[1] Atkinson. Vol. II, pp. 530-31. [2] वहीं, pp. 531-32.

१४. नकुलदेव	२२. शालि-नकुल	०	०
	२३. गणपति	०	०
१५. जयसिंह	२४. जयसिंह	०	०
	२५. संकसर	०	०
	२६. सनेश्वर	०	०
१६. अनिजल "	२७. ऋभिध्धि	०	०
१७. विद्याराज "	२८. विधिराज	०	०
१८. पृथिवीश्वर "	२९. पृथिवीश्वर	०	०
१९. चनपाल "	३०. बलाकदेव	०	०
२०. असंति "	३१. असंतिदेव	१. असंतिदेव	०
२१. वसंति ,,	३२. वसंति ,,	२. वसंतिदेव	१. वसंतनदेव (८५०-७०)
२२. कटारमल्ल "	३३. कटारमल्ल		२. खर्परदेव (८७०-९०)
	३४. सोतदेव	३. सोतदेव	
२३. सिंहमल्ल "	३५. सिंघ "		
२४. फनिमल्ल "	३६. कीना	४. फनेव	
२५. निफि	३७. रानाकीना		३. निंबर (९१५-३०)
२६. निलपराय "	३८. निलपराय		
२७. वज्रवाहु "	३९. वज्रवाहु		
२८. गौरांग "	४०. गौर		
२९. सीयमल्ल "	४१. सकिल		
३०. ईलराज "	४२. इतिनराज		
३१. नीलराज "	४३. तिलंगराज		
३८. फटिकसिलाराज "	४४. उदकसिला		
३३. पिथियराज "	४५. प्रीतम		
३४. धाम "	४६. धाम	५. धामदेव	
३५. ब्रह्मदेव	४७. ब्रह्मदेव	६. ब्रह्मदेव	
३६. त्रिलोकपाल देव	४८. त्रिलोकपाल "	३. असन देव	
३७. निरंजनदेव	४९. अभयपाल	४. अभयदेव	

(१२७९ ई०)

३८. नागमल्ल ५०. निर्भयपाल ५. निर्भयदेव
३९. अर्जुनशाही ५१. भारतीपाल ६. भारतीपाल

डोटी और आस्कोटकी राजावलियोंमें भेद होते भी कितने ही नामोंमें समानता है, अंतिम राजाओंमें पालीवंशावली भी साथ देती है, किन्तु अभिलेखोंमें आये १३ कत्यूरी राजाओंको इनसे मिलाना बहुत कठिन है।

६. अंतिम दिन

यद्यपि वीरदेवका नाम न किसी अभिलेखमें मिलता है, न कत्यूरी-वंशकी किसी प्रचलित वंशावलीमें ही, तो भी परम्परा उसे ही महान् कत्यूरी वंशका अंतिम राजा बतलाती है। इसके अत्याचारोंकी कितनी ही कथाएँ प्रसिद्ध हैं। आज भी कुमाऊँमें देवताके सिरपर आनेके समय देववाहन कहता है—

हंकारो [1], तुम्हारा बाबा जिन ऊँचा-गढ [2] नीचा बनाया।
नीचा गढ ऊँचा बनाया, मार गड मैदान बनाया।
हंकारो, तुम्हारा बाबा सुलटी नाली ले लिंह्छा [3], [4]
उलटी नाली ले दिंछा [5] तरणी [6] तिरिया र्‌ह्योण [7] नि दिना [8]।
बरुणी-बाकरी र्‌ह्योण नि दिना।
महाराजनके राजा [9] पेड़ोंपर फलफूल नि र्‌ह्योण दिना।
हंकारो तुम्हारा बाबा, मान [10] चवाँणीको [11] घट रिङो [12] छा।
बांजा [13] घटकी [14] भाग लिहं छा [15]"

उस समय प्रजापर होते अत्याचारकी इस कहानीका अर्थ है: राजाकी बखारसे कूटनेके लिए लोगोंको धान तौलते समय नालीको[16] उलटकर पेंदीकी ओरसे नापा जाता और कुटकर आनेपर चावलको नालीको सीधा करके नाप

---

[1] पुकारो [2] महल या दुर्ग [3] सो लेते थे। [4] [5] देते थे [6] तरुणी [7] दुहने [8] दिने [9] कत्यूरी महाराजाधिराज [10] [11] [12] [13] [14]

[15] दूसरी भी कहावत है—"बांजा घटकी भाग उघौनी, बाझी गैंकी दूध छीनी।
उलटी नाली भर दीनी, कणक बनै लीनी।

[16] मापका एक पात्र जिसमें दो सेर अन्न समाता है।

लिया जाता। तरुणी स्त्रियोंको राजा जबर्दस्ती पकड़वा मँगाता, और किसीके घर बकरी भी नहीं बचने पाती। महाराजाधिराज किसीके पेड़पर फल-फूल भी नहीं रहने देता था। कौसानीके पास अब भी एक निर्झरका नाम "हथछिना" है, जहाँसे (सीधे जानेपर भी ३-४ मील) दूर राजान्तःपुरः (हाट) तक स्त्रीपुरुषोंकी कतार खड़ी कर दी जाती, क्योंकि महाराजा झरनेका ताजा पानी पीना चाहते थे। ये लोग झरनेका पानी कलशमें भरकर उसे एक हाथसे दूसरे हाथमें थमाते राजाके पास पहुँचा देते थे। वीरदेवके बारेमें यह भी कहा जाता है, कि उसने धर्म-विरुद्ध अपनी मामी तिलोत्तमादेवीको रख लिया था।[1] प्रजा उसके अत्याचारसे त्राहि-त्राहि कर रही थी। जब वह पालकी (डांडी) पर चलता, तो उसके डंडेको ढोनेवालोंके कंधेपर छेदकर चमड़ेके भीतरसे डलवाता। दो ढोनेवालोंने इस अत्याचारीके अंत करनेका निश्चय कर लिया, और जिस समय राजाकी सवारी एक खड्डके किनारेसे गुजर रही थी, दोनोंने डांडी लिये दिये खड्डमें छलांग मार दी।

वीरदेवके बाद कत्यूरी राज्य छिन्न-भिन्न होकर अपने खानदान और बाहरवालोंमें बँट गया। गढ़वाल शायद पहले ही अलग हो गया था। कुमाऊँमें भी (१) कत्यूरी ब्रह्मदेवने काली-कुमाऊँ (काली-उपत्यका) का शासन सँभाला, उसका दुर्ग सुईमें था; (२) दूसरी शायद जेठी शाखा डोटीमें शासन करने लगी; (३) तीसरी अस्कोट चली गई; (४) चौथी बारामंडल (अलमोड़ा इलाकेमें) राज करने लगी; (५) पाँचवीं शाखा कत्यूरी (बैजनाथ-वागेश्वर) और दानपुर पर्गनोंकी शासक हुई; (६) छठी शाखाका राज्य द्वाराहाट और लखनपुरमें था। गढ़वालमें भी कई कत्यूरी शाखायें राज करती रही होंगी, किंतु उनकी ऐतिहासिक सामग्री स्थानीय परम्पराओंसे ही मिल सकती है, जिसके संग्रह करनेकी कोशिश नहीं की गई।

§४. बहुराजकता

(११९०–१४०० ई०)

१. अशोकचल्ल (११९१ ई०)

वंशावलियोंमें, शायद वीरदेवके भी बाद, त्रिलोकपाल अंतिम कत्यूरी राजा था, जिसका एक (ज्येष्ठ) पुत्र निरंजनदेव डोटीमें रहा और दूसरा अभयपाल १२७९ ई०में अस्कोट चला गया। किन्तु अभिलेखों द्वारा हमें मालूम है, कि ११९१ ई०में अशोक-

---

[1] "मामी तिले धारो बोला"

चल्लने कत्यूरियोंकी भूमिको विजय किया अर्थात् इस नेपाली (?) विजेताने उस साल कत्यूरी राज्यका ध्वंस किया। इसके दो साल बाद (११९३ ई०में) उसके दक्षिणी महान् पड़ोसी कन्नौजके गहड़वारोंका ध्वंस मुहम्मद गोरीने किया।

अशोकचल्लने अपनी विजयके परिचायक दो अभिलेख छोड़े हैं—(१) जिनमेंसे एक **गोपेश्वरमें** १६ फुट लंबे विशाल लौह त्रिशूलपर उत्कीर्ण है, और (२) दूसरा बाडाहाट (उत्तर-काशी) में २१ फुट लंबे पुराने अष्टधातुके त्रिशूलपर। गोपेश्वर चमोलीसे तीन मील पहिले केदारनाथसे आनेवाली सड़कपर है, अर्थात् कत्यूरियोंकी पुरानी राजधानी जोशीमठ (कार्तिकेयपुर)से ३१ मीलपर। कत्यूरी लेखोंमें यही प्रदेश तंगण था, जिसका परिचायक चमोलीसे[1] आगे पीपलकोटीसे ऊपर तंगणी चट्टी अब भी मौजूद है। गोपेश्वर और बाडाहाट (उत्तरकाशी) के **अभिलेखोंसे मालूम** होता है, कि बारहवीं सदीके अंतमें **अशोकचल्लका** अधिकार अलकनन्दासे भागीरथी तककी सारी **केदारभूमि** अर्थात् आजके टेहरी और गढवाल दोनों जिलोंपर था। गूगे (पश्चिमी मानसरोवर-प्रान्त) के भोटनृपति परमभट्टारक नागराज द्वारा बनवाई बुद्धकी भव्य धातु-मूर्ति बाराहाटमें आज भी दत्तात्रेयके नामसे पूजी जा रही है, जिससे पता लगता है कि ग्यारहवीं शताब्दीके आरंभमें ही **भल्याणा** तककी भागीरथी उपत्यका कत्यूरियोंके हाथमें नहीं रह गई थी।

(१) अशोकचल्लने अपने गोपेश्वरके अभिलेखमें लिखा है—[2]

"ओं स्वास्ति। जिसकी प्रतापाग्निने उसके शत्रुओंकी तलवारोंको भस्म कर दिया, जिस (के पदों) की नखमणि शत्रु-राजाओंकी वधुओंके ललाटसिंदूरसे रंजित हैं, जो अपनी कीर्तिके गांभीर्य और विस्तारमें सागर-सा है, जिसके पादुकापीठके रत्नोंकी प्रभा शत्रु-मित्र-राजगणकी भास्वर शिरोमणियोंके किरणजालसे चारों ओर उद्भासित है, जो नृपगजोंका सिंह, बेतालके (राजा) **विक्रमादित्य** की भाँति **दानवभूतलका** राजा है, जो नारायणकी भाँति सर्पराज-गरुड़-वाहन तथा शक्तिसम्पन्न है, उसी **गौडवंशोद्भव** वैराथ-कुल-तिलक, अभिनव-बोधिसत्त्वावतार अवनिपतितिलक परमभट्टारक महाराजाधिराज श्रीमान् **अशोकमल्लने** अपनी सर्वगामिनी वाहिनीसे **केदार-भूमि**को जीता। जीते भूभागको अपना प्रदेश बना, युद्धसे निवृत्त हो उस पृथ्वीपतिने यहां **पद्मपाद**-राजायतन बना स्वभोग्य सर्व वस्तुसे अलंकृत कर दान और भोज दिये। शकसंवत् गताब्द १११३ (११९१ ई०) सौर-मानतः ० ० ० गत

---

[1]बदरीनाथ मार्गपर अलकनन्दाके किनारे। [2]Ae. Re. XI A. 477 **अट्किन्सनने अशोकमल्ल लिखा है, किन्तु मैंने उसे अशोकचल्ल पढ़ा है।**

दिनांक गणपति १२, शुक्रवासर नवमी चंद्र ००० लिखितं मल्लश्रीराजमल्ल, श्री ईश्वरीदेव, पंडित श्री रंजनदेव, और श्री चंद्रोदय सेना-पति सेनानायकके साथ।"

गोपेश्वरके विशाल लोहत्रिशूलपर द्वाराहाट वाले छंदोंमें अशोकचल्लका निम्न लेख भी है—[1]

"यशस्वी महाराजा अनेकमल्लने अपने दिग्विजयका विस्तार कर महादेवके इस पुण्यस्थानपर स्तम्भ-लांछनके नीचे स्वविक्रमजित जगत्के प्रभुओंका सम्मेलन किया....और इस प्रकार इस विजयस्तम्भको पुनः स्थापित कर कीर्ति प्राप्त की—परास्त हुए योग्य शत्रुको ऊपर उठाना पुण्य-कर्म है।"

(२) **बाराहाट** (उत्तरकाशी) के २१ फुट लंबे पीतलके विशाल त्रिशूलके बारेमें (अटकिन्सनके अनुसार) स्थानीय परम्परा कहती है, कि इसे किसी तिब्बती (भोट) राजाने स्थापित किया, और यह प्रदेश पहिले तिब्बतके अधीन था। परम्परा क्या, जैसा कि पहिले कहा गया, दत्तात्रेयके नामसे अब भी पूजी जाती बुद्धमूर्तिपर भोटराज नागराजका लेख "चम्-बो नगरजइ थुब-प (भट्टारक नागराजके मुनि) भी बाराहाटके भोट-राज्यके अन्तर्गत होनेकी पुष्टि करता है। कमिश्नर ट्रेलने त्रिशूलके अभिलेखकी प्रतिलिपि (कलकत्ता) ऐसियाटिक सोसायटीके पास भेजी। डा० व० ह० मिलने अपने अध्ययनका जो परिणाम सोसायटीके जर्नलमें[2] प्रकाशित कराया, वह पूर्ण नहीं है, तो भी उसका कुछ अंश निम्न प्रकार है—

"(१)....यस्य तत् कर्म यच्छृंगोच्छ्रितं दीप्तं....(२) ग्रीष्मसूर्यसी पृथिवीरसशोषिणी असंख्य सेना द्वारा उन्नत-वैभव तत्पुत्र सिंहासन पर बैठा। उसने अपने धनुषको नवाये बिना लोभ-त्याग सुमंत्रणासे शासन किया। उदारचरित नामसे पहिले ज्ञात, सर्वधर्मकृत्यपटु उसने परमशक्तीश्वरकी भांति अपने विरोधियोंकी पंक्तिको उनके रथादिको चूर्ण छिन्न-भिन्न कर दिया (३) पितुः पुत्रस्य (पिताके पुत्रका) ....तिलकं यावदंके पि ध्वजे तावत् कीर्तिः सुकीर्तयोरक्षामयी तस्यास्तु राज्ञः (तिलकको जब तक धारण करता है, तब तक उस राजाकी कीर्ति और सुकीर्ति रक्षित होवे)"

(३) तत्कालीन मानसप्रदेश—बाडाहाटका यह त्रिशूल अशोकचल्लके बहुत पहिलेका है।

अशोकचल्ल या अनेकमल्ल कहांका राजा था? जहांतक उसके अपने अभि-

---

[1] At. Vol. II, p. 515 **(डाक्टर मिलके अंग्रेजी अनुवादसे)**

[2] G. A B. S. Vol II, pp. 34–48, plate IX

लेखोंसे पता लगता है, वह दानव-भूतलका स्वामी गौड़-वंशोद्भूत वैराथकुल-तिलक था। यह तीनों बातें नेपालके लिच्छवि या किसी और राजापर नहीं घटतीं। दानव-भूतल नाम "हूणदेश" (पश्चिमी तिब्बत) पर घट सकता है, किन्तु पश्चिमी तिब्बतके भोट-राजाओंको गौड़वंशी कहना कठिन है। बारहवीं सदीमें मल्लनामधारी राजा नेपालमें होते थे, यह संदिग्ध है; किन्तु पड़ोसके गूंगे (पश्चिमी मानसरोवर प्रदेश) में प्रायः इसी समय मल्लनामधारी राजा थे, और वह बाराहाटमें बुद्ध-मूर्ति (अतएव विहार) स्थापित करनेवाले राजा नागराजके ही वंशज थे—[1]

- ल्दे-ग्चुग
  - खोर-ल्दे
    - नागराज
    - देवराज
  - स्रोङ्-ल्दे
    - ल्ह-ल्दे
      - ओद्-ल्दे
        - चे-ल्दे (१०७६)
          - द्वङ्-ल्दे
            - ब्क्रशिस्-ल्दे
              - भ-ल्दे
                - नागदेव
                  - ब्चन्-फ्युग्-ल्दे
                    - ब्क्र-शिस्-ल्दे
                      - ग्रगस्-ब्चन-ल्दे
                        - अनमल
                        - ऐ-रुग्-ल्दे
                        - जिन-दर-मल
                          - अ-जिग्-मल
                            - कलनमल

[1] देखो "तिब्बतमें बौद्ध धर्म" परिशिष्ट ११ (मेरा)

चे-ल्देका समय (१०७६ ई०) निश्चित है, जिससे आठवीं पीढ़ीमें अनमल हुआ था, अर्थात् आठ पीढ़ियोंके लिये १२५ वर्ष लेनेपर अनेकमल्ल और अनमल्लका समयएक हो जाता है। जो भी हो, यह विचारणीय बात है, कि इधर पास ही शङ्शुङ् (थोलिङ्) के इलाकेमें मल्लनाम-धारी राजा बारहवीं सदीके अंतमें होते थे।[1]

२. क्राचल्ल देव (१२२३ ई०)

अनेकमल्लके बत्तीस वर्षों बाद इस नये विजेताके कुमाऊँमें आनेका पता लगता है। क्राचल्लके नेपाली होनेका पता नेपालके इतिहास[2] से लगता है। बैस ठाकुरोंके राज्यके समय नेपालमें टोलों-मुहल्लोंतकके राजा हो गये थे। कान्ति-पुर (काठमांडव) में १२ राजा थे, जिन्हें झिनिमथकुल कहा जाता था। इन ठाकुरोंने बहुतसे बौद्ध विहार बनवाये, तथा उनमें वृत्तिबंधान लगाये थे।

क्राचल्लदेवका अभिलेख बालेश्वरके उसी ताम्रपत्रकी पीठपर उत्कीर्ण है, जिस पर कत्यूरी राजा देशटदेवका लेख है। लेखका अनुवाद निम्न प्रकार है—

"सिद्धि हो। **भरोत** राज्यकी समृद्धि।

"युद्धमें बलाद् आकृष्ट उसके भटोंके भालों द्वारा निहत-निपातित शत्रुगजोंके कपालसे बिखरे अनर्घ मोतियों द्वारा प्रभासित, नाकपति द्वारा ही जेय विजयशील स्वस्वामिके द्वारा सदा दृढ़ीकृत, गोब्राह्मण-हित-रक्षा-प्रवणा श्रीमती **शिरा** स्वर्गका शासन कर रही है। उसका पुत्र महावीर राजा **क्राचल्ल** हुआ, जो सभी शस्त्र-धारियों और शास्त्रधारियोंमें श्रेष्ठ, प्रमुख तथा शील-दानपरायण था। पृथिवी-पति क्राचल्ल देव भाला, खड्ग और पाश द्वारा नवोद्गतदंत-दंतीसे युद्ध करनेमें पांडवोंकी भांति अद्भुत था। वह परम-सौगत[3] **जिनि**-कुल-कमलका प्रभास्वर दिवाकर आयुधशक्तिमें और पराक्रममें भयंकर था।

"परमभट्टारक महाराजाधिराज परमेश्वर श्रीमान् क्राचल्ल देव नरपतिने अपने १६ वें विजयराज्य(=संवत्सर)में अधिकृत क्षेत्रमें हथियारोंसे अपने सारे शत्रुचक्रको परास्त किया और विध्वस्त कीर्तिपुर (कार्तिकेयपुर) के राजाओंको

---

[1] Atk. Vol. II, p. 515 "The term 'Raika'or 'Rainka' is an old title in the Malla family and its branches to the present day"

[2] Atk. Vol. II, p. 51 [3] परमबौद्ध।

नष्टकर वहां अपना अधिकार स्थापित किया। फिर उसने पुराने राजाओं द्वारा प्रदत्त भूमिका निरीक्षण किया, और उन सभीको उनके धनागमके साथ अब परमवंदनीय एक-रुद्र श्री वालेश्वर ०००(के पूजाधिकारी) बंगज ब्राह्मण भट्ट नारायणको ०००योगक्षेमार्थ दान किया।

यहाँ राजाकी भगिनीका यह श्लोक है—
"मेघ भूरिशः वर्षाजलको पर्वतों और नदियोंपर फैलाते हैं,
किन्तु जगदाह्लादक यह कीर्ति त्रिभुवनमें फैलती है।"
फिर महारानीका यह श्लोक है—
"दानादि गुण श्रेष्ठ हैं, किन्तु वह (नारी) और भी (श्रेष्ठ) है, जो स्वधर्म-परायणा सदा स्वपतिभक्ता है, क्योंकि काल-मुख (सबका) भक्षक है।"

श्री याहडदेव मांडलिक	श्री विद्याचंद्र मांडलिक
श्री चंद्रदेव "	श्री जयसिंह "
श्री हरिराज राउत्तराज	श्री जीहलदेव "
श्री अनिलादित्य "	श्री वल्लालदेव "
श्री विनयचंद्र मांडलिक	श्री मूसदेव "

–इन अपने पारिषदों तथा मित्रामात्योंसे मंत्रणा कर और अपने कर्तव्य कर्मपर विचारकर (क्राचल्ल देवने) उपरोक्त दान नैयायिक, तांत्रिक, पारिषद सत्पुरुष, क्षांत, विवेकी, कलियुगमें गद्य-पद्य-काव्य-रचनामें प्रख्यात कवि, कृत्यानुष्ठान-परायण, जातकफलगणनादिचतुर, शकुनशास्त्रपटु, लोक-प्रसिद्ध **नन्दपुत्र** (भट्ट-नारायण) को प्रदान किया।

"उक्त दान भूमिका सीमान्त निम्न प्रकार है—पूर्वमें **स्वहारगाड़ी,** दक्षिणमें **कहुड़कोट**-पर्यन्त, पश्चिममें **तलकोटा** तक और उत्तरमें **लघौल**तक। इस प्रकार चतुः सीमावद्ध, **कोनदेवमें** अवस्थित आकर-नदीतट-जंगल, तथा उनकी उपजको इस दानपत्र द्वारा (हमने) यावत्-चंद्र-दिवाकर सदा प्रवर्तित रहनेके लिये दे दिया।

सभी शक्तिशाली (राजा) जो समय-समयपर मेरे वंशमें पैदा होंगे, तथा दूसरे भूपति इस (दानकी) सदा रक्षा करें,
श्रीक्राचल्लदेवस्य यावद् अम्भोजिनीपति।
विहरतु भुवि तावत् कीर्तिरस्य नृपकुमुदाकरस्य॥
[जब तक कमलिनी-पति (सूर्य)हैं, तब तक इस नृपकमलाकर श्री क्राचल्लदेव की कीर्ति पृथिवीपर विहरे]

सौंदर्य में चंद्र और रतिपति समान, दरिद्रोंके लिए कल्पतरु, वीरता गुणमें रघु-मणिसा, सभामें भवानीपतिसा सर्वगुणोंवाला, धनुर्धरत्वमें स्वयं भीष्म-रामसा, न्यायमें धर्म-सुत (युधिष्ठिर) सा क्राचल्ल कलियुगमें शत्रुगजनिषूदन था।

हमारे मित्र मित्रतामें दृढ़ रह पावें समृद्धि,
सदा वर्षभर भूपाल न्याय-शासन करें भूपर।
रहे सदा चतुर्विध राजनीति नववधू सी तुम्हारे साथ।
चापार्धमणिशेखर देव देवें सौभाग्य मानवोंको।

(इति) शक संवत् ११४५ (१२२३ई०) पौष कृष्ण द्वितिया सोमवासर कर्कमें चंद्र, धनुमें सूर्य, शनि उसीका अनुगामी, कन्यामें मंगल, वृश्चिकमें वृहस्पति और शुक्र, कुम्भमें बुध, मेषमें ascending node और दक्षिणपूर्वमें discending node दूलू-समीपस्थ श्रीसंपन्न नगरमें लिखित। सर्व जगत्का मंगल हो।"

क्राचल्ल जिनिकुलोत्पन्न तथा संभवतः दूलूका निवासी था। वह बौद्ध था, किंतु संकीर्ण-साम्प्रदायिकताका शिकार नहीं, इसीलिए बालेश्वर महादेव तथा ब्राह्मण पुरोहितको दान देते उसे संकोच नहीं हुआ। उसके दस सचिवोंमें मांडलिक जिहलदेव और जयसिंह देव खसिया राजा जीहल और जय मालूम होते हैं। दो राउत्त हरिराज और अनिलादित्य डोमकोटवालों जैसी उपाधि रखते हैं। श्रीचंद्रदेव, विनयचंद्र और विद्याचंद्र चंद्रनामधारी पीछेके चंद्रवंशके राजाओंका उपनाम धारण किये हैं।

§५. पंवार-वंश

गढ़वाल नाम पड़नेका कारण यही गढ़ थे। कत्यूरियोंके शासनके विच्छिन्न होने तथा अशोकचल्ल, क्राचल्लदेवके बाहरी शासनके अस्थिर होनेके कारण इन गढ़ोंमें विभक्त हो केदार-खसमंडल गढ़वाल वन गया। कत्यूरी स्वयं भी शक-खस थे और इन बावन गढ़ोंके युगमें भी खशोंकी ही प्रधानता थी। यह काल था कत्यूरियोंका अन्त और पंवारोंका आरंभ अर्थात् १२००–१४०० ई०। ये गढ़वाले ठाकुर आपसमें लड़ते लूटपाट मचाते रहते थे। यही नहीं पहाड़वाले मैदान तक धावा बोला करते। जहाँ ऊपरी हिमालयके समीपवाले पर्गनों—पैनखंडा, नागपुर—के सुंगढ़ और बुढेरे निचले पहाड़ोंको लूटते वहां स्वयं उत्तरके भोटवासियोंका शिकार बनते थे। "एक राजा (ठाकुर) दूसरे राजाकी

प्रजाको दंड नहीं दे सकता था, न स्वयं अपनी लुटेरू प्रजाको दंड देना पसंद करता था।"[1] यह ठकुराई या बहुराजकता उस समय गढ़वालमें ही नहीं बल्कि नेपालसे कश्मीर तक सर्वत्र विद्यमान थी।

१. बावन गढ़

यहाँ ५२ गढ़ थे, जिनके कारण केदारखंड (खसमंडल) का वावनी और गढ़वाल नाम पड़ा, जिसे संकल्पमें "गढ़वाल" भी कहते हैं। ५२ गढ़ हैं[2]—

	नाम	पर्गना या पट्टी	किस जातिका	विशेष
१.	अजमीर	अजमीर	पयाल	
२.	इडिया	रवाईं बडकोट	इडिया	रूपचंद द्वारा ध्वस्त, यहां भैरव-मंदिर है
३.	उपु	उदयपुर	चौहान	
	उल्का	देवलगढ़		
४.	एरासू	श्रीनगरके ऊपर		
५.	कंडार	नागपुर	कंडारी	अंतिम राजा नरवीरसिंह पंवारोंसे हारकर मंदाकिनीमें डूब मरा
६.	कांडा	रावतस्यूं	रावत	
७.	कुइली	कुइली	सजवाण	जौरासीगढ़ भी कहते हैं
८.	कुजेगी	कुजेगी	सजवाण	अंतिम थोकदार गोविंद सिंह
९.	कोल्लीगढ़	बछबाणस्यूं	बछवाणबिस्ट	
१०.	गडताङ्	टकनौर	भोट	वंशका पता नहीं
११.	गढ़कोट	मल्ला ढांगू	बगडवाल बिस्ट	
१२.	गुजड़ू	गुजड़ू		
	गुरन (देखो श्रीगुरूगढ़)			
	घघटीगढ़	तल्ला सलाण		पुराना गढ़

---

[1] **गढ़वालका इतिहास, पृ० ३१४**

[2] **गढ़वालका इतिहास, पृ० ३२३–३०**

१३.	चम्पा			
१४.	चाँदपुर	तेली चाँदपुर	सूर्यवंशी भानुप्रताप	पंवार कनकपालने जीता
१५.	चौडा	शीली चाँदपुर	चौंडाल	
१६.	चौंदकोट	चौंदकोट	चौंदकोटी	
१७.	जौट	जौनपुर		
	जौरासी (देखो कुहली)			
१८.	जौलपुर			
१९.	डोडराक्वाँरा	बिशेर (महासू)		
	ढांगूगढ़	गंगासलाण		
२०.	तोप		तोपाल	तुलसिंहने तोप ढलवाई थी
२१.	दशोली	दशोली		मानवर प्रतापी राजा
२२.	देवल	देवलगढ़		देवल राजा निर्माता
२३.	धौना	इडवालस्यूँ	धौन्याल	
२४.	नागपुर	नागपुर	नागवंशी	अंतिम राजा सजनसिंह
२५.	नयाल	कटूलस्यूँ	नयाल	अंतिम ठाकुर भग्गू
२६.	नाला	देहरादून		अब नालागढ़ी
	पैनखंडा	पैनखंडा		जोशीमठसे ८ मील नीचे हेलङ्के पास
२७.	फल्याण	फल्दाकोट	फल्याण ब्राह्मण	शमशेरसिंह ठाकुरने ब्राह्मणोंको दान दिया
२८.	बदलपुर	वदलपुर		
२९.	बधाण	बधाण	बधाणी	पिंडार नदीके ऊपर
३०.	बनगढ़	वनगढ़		अलकनंदाके दक्षिण
३१.	बाग	गंगासलाण	बागूडी नेगी	वागडी भी कहते हैं
३२.	बागर	बागर	नागवंशी राणा	धिरवाण खसियोंका अधिकार
३३.	बिराल्टा	जौनपुर	रावत	अंतिम थोकदार भूपसिंह
३४.	भरदार	भरदार		अलकनंदाके दक्षिण तटपर

३५. भरपूर	भरपूर	सजवाण	अंतिम थोकदार गोविंदसिंह
३६. भुवना			
मवागढ़	गंगा-सलाण		
३७. मुंगरा	खाई	रावत	अब भी रौतेले रहते हैं
३८. मोल्या	रमोली	रमोला	
३९. रतन	कुजणी	धमादा	ब्रह्मपुरीके ऊपर
४०. खाड	बदरीनाथमार्ग	खाडी	
४१. राणी	राणीगढ़ पट्टी	खाती	
४२. रामी	शिमला	राणा	
४३. रैका	रैका	रमोला	
४४. लंगूर	लंगूर पट्टी		भैरवका प्रसिद्ध मंदिर
४५. लोद		लोदी	
४६. लोदन			
४७. लोहबा	लोहबा	लोहबाल नेगी	दिलेवरसिंह और प्रमोदसिंह प्रतापी
४८. श्रीगुरु	सलाण	पडियार (परिहार)	अंतिम राजा विनोदसिंह
४९. संगेला	तैल चामी	संगेला बिस्ट	
५०. सांकरी	खाई	राणा	
५१. सावली	सावली खाटली		
५२. सिलगढ़	सिलगढ़	सजवाण	अंतिम राजा सबलसिंह

२. वंशावलि

जिस प्रकार अठारहवीं सदीमें नेपालमें बहुराजकताको हटाकर गोरखा-वंशने एक बड़ा राज्य स्थापित किया, और उससे चार शताब्दियों पूर्व चंदवंशने कुमाऊँको एकताबद्ध किया; वही काम गढ़वालमें पँवार-वंशने किया। इस वंशका आरंभ चंदोंकी ही भाँति अंधकाराच्छन्न है। हो सकता है, वह नीचेसे आये हों, यह भी हो सकता है, कि किसी खसिया सरदारने ही सारे गढ़ोंको तोड़कर एक गढ़वाल बना, और अधिक सम्माननीय वंशकी खोजमें पँवारोंके साथ अपना संबंध जोड़ना चाहा हो। कुलीनतामें कोई अंतर नहीं पड़ता, आखिर अग्निकुलके राजपूत पँवार भी शुद्ध शकवंशी हैं, खस भी शकोंकी ही एक पुरातन शाखा है।

इस वंशके इतिहासके बारेमें कुछ और लिखनेसे पहले इसकी वंशावली दे देना अच्छा होगा। सबसे पुरानी वंशावली हार्डविकने १७९६ ई०में पाई थी।[१] ब्रेकेटकी वंशावली १८४९की है, विलियम्सने पीछेकी एक वंशावली दी है और एक वंशावली अल्मोड़ासे प्राप्त हुई थी। पंडित हरिकृष्ण रतूडीकी वंशावली ब्रेकेटकी ही है। हार्डविक[१]वाली वंशावली (१७९६) सबसे पुरानी लिखित वंशावली होनेपर भी, फतेहशाहसे पहलेके राजाओंके लिये अत्यन्त अविश्वसनीय हैं। इस वंशके इतिहासका आरंभ अधिकसे अधिक अजयपालसे हुआ माना जा सकता है, कनकपाल या भगदत्तको रखना वंशको अतिप्राचीन सिद्ध करनेका प्रयत्न मात्र है। हार्डविकके उच्चारण भी वहुत संदिग्ध हैं। रतूडी (ब्रेकेट), विलियम्स और अल्मोड़ासे प्राप्त वंशावलियाँ निम्न प्रकार हैं—

रतूड़ी और ब्रेकेट	विलियम्स	अल्मोड़ा
		१. भगवानपाल
		२. अभयपाल
		३. विसेषपाल
१. कनकपाल	१. कनकपाल	४. कर्णपाल
२. श्यामपाल	२. विश्वेश्वरपाल	५. क्षेमपाल
	३. सुमतिपाल	६. व्यक्तपाल
३. पांडुपाल	४. पूरनपाल	७. सुरथपाल
४. अभिगतपाल	५. अभिगतपाल	८. जयतिपाल

---

[१] **हार्डविककी वंशावलि इस प्रकार है—**

१. भगदत्त, २. अदयपाल, ३. विजय, ४. लंक, ५. बेहरम, ६. करम, ७. नरायनदेव, ८. हर, ९. गोविन, १०. राम, ११. रनजीत, १२. इंदरसेन, १३. चंदर, १४. मंगल, १५. चुरामन, १६. चिंता, १७. पूरन, १८. बिर्खभान, १९. वीर, २०. सूरे, २१. खरगसिंह, २२. सूरत, २३. महान, २४. अनूप, २५. परताब, २६. हरी, २७. जगरनाथ, २८. बिजे, २९. गोकुल, ३०. राम, ३१. गोपी, ३२. लछे ३३. प्रेम, ३४. सदानन्द ३५. परमा, ३६. महा, ३७. सुख, ३८. सुभचंद, ३९. तारा, ४०. महा, ४१. गुलाब, ४२. रामनरायन, ४३. गोविंद, ४४. लछमन ४५. जगत, ४६. महताब, ४७. शिताब, ४८. आनंद, ४९. हरया, ५०. मही, ५१. रनजीत, ५२. रामरू, ५३. चितरू, ५४. झगरू, ५५. हरू, ५६. फतेह, ५७. दूलभ, ५८. पिरथी।

५. सीगतपाल	६. भुक्तिपाल	९. पूर्णपाल
६. रत्नपाल	७. रेतीपाल	१०. अव्यक्तपाल
७. शालिवाहन	८. शालिवाहन	११. शालिवाहन
		१२. संगितपाल
		१३. मंगितपाल
		१४. रतनपाल
८. विधिपाल	९. मदनपाल	१५. मदनपाल
९. मदनपाल	१०. विधिपाल	१६. विधिपाल
१०. भक्तिपाल	११. भगदत्तपाल	१७. भगदत्तपाल
	१२. विभोगपाल	
११. जयचंद्रपाल	१३. जयचंद्र	१८. जयचंद्रपाल
१२. पृथिवीपाल	१४. हीरतपाल	१९. कीर्तिपाल
१३. मदनपाल	१५. मदनसहायपाल	२०. मदनपाल
१४. अगस्तपाल	१६. अविगतपाल	
१५. सुरतिपाल	१७. सूरजपाल	
१६. जयतपाल	१८. जयतपाल	
१७. सत्त्य (अनन्त) पाल		
१८. आनन्दपाल	१९. अनिरुद्धपाल	२१. अनिरुद्धपाल
१९. विभोगपाल	२०. विभोगपाल	२२. विभोगितपाल
२०. शुभयान (सुभजान) ,,	२१. गुग्यानपाल	२३. सुवधन कोटपाल
२१. विक्रमपाल	२२. विक्रमपाल	२४. विक्रमपाल
२२. विचित्रपाल	२३. विचित्रपाल	२५. विजयपाल
२३. हंसपाल	२४. हंसपाल	२६. हंसपाल
२४. सोन (सोहन) पाल	२५. सोन (सुवर्ण) पाल	२७. सोनपाल
२५. कान्ति (कदिल) ,,	२६. कान्तिक्रपापाल	२८. कान्हपाल
२६. कामदेव	२७. कामदेव	२९. संधिपाल
२७. सुलक्षणपाल	२८. सुलक्षणपाल	३०. सुलक्षणदेव
२८. सुदक्षण (लखन) ,,	२९. महालक्षणपाल	३१. लक्षणपाल
		३२. अलक्षणपाल
२९. अनन्तपाल	३०. सतपाल	३३. अनन्तपाल
३०. पूर्वदेवपाल	३१. अपूर्वदेव	३४. अभिपाल

३१. अभयपाल		३५. अभयपाल
		३६. अजयपाल
३२. जयरामपाल	३२. जय	३७. अजेयपाल
३३. आशलपाल		३८. असाप्रतापपाल,
		३९. जयदेवपाल
३४. जगतपाल		४०. गनितपाल
३५. जितपाल	३३. जितंगपाल	४१. जितार्थपाल
३६. आनन्दपाल	३४. कल्याणपाल	४२. कल्याणपाल
		४३. अनपाल
		४४. दिपाल
३७. अजयपाल (१५००-१९ ई०)	३५. अजयपाल	४५. (अजयपाल)
३८. कल्याणशाह (१५१९-२९)	३६. अनन्तपाल	४६. प्रियनिहारपाल
३९. सुन्दरपाल (१५२९-३९)	३७. सुन्दरपाल	४७. सुन्दरपाल
४०. हंसदेवपाल (१५३९-४७)	३८. सहजपाल	४८. सहजपाल
४१. विजयपाल (१५४९-५५)	३९. विजयपाल	४९. विजयपाल
४२. सहजपाल (१५५५-७५)		
४३. बलभद्र (बहादुर). शाह (१५७५-९१)	४०. बहादुरशाह	५०. बलभद्रशाह
	४१. शीतलशाह	५१. शीतलशाह
४४. मानशाह (१५९१-१६१०)[१]	४२. मानशाह	५२. मानशाह
४५. श्यामशाह (१६१०-२९)	४३. श्यामशाह	५३. श्यामशाह
		५४. दुलारामशाह

[१] १५४७–१६०८ ई० "विराट हृदय" (शंभुप्रसाद बहुगुणा) पृ० २०१

४६. महीपतिशाह (१६२९-४६)	४४. महीपतिशाह	५५. महीपतिशाह
४७. पृथिवीपतिशाह (१६४६-७६)	४५. पृथिवीपतिशाह	५६. पृथीशाह
४८. मेदिनीशाह (१६७६-९९)	४६. मेदिनीशाह	५७. मेदिनीशाह
४९. फतेहशाह (१६९९-१७४९)	४७. फतेहशाह	५८. फतेहशाह
५०. उपेन्द्रशाह (१७४९-५०)		५९. उपेन्द्रशाह
५१. प्रदीप(०प्त)शाह (१७५०-८०)		६०. प्रदीप्तशाह
५२. ललितशाह (१७८०-९१)		६१. ललितशाह
५३. जयकृत(जयकीरत)शाह (१७९१-९७)		
५४. प्रद्युम्नशाह (१७९७-१८०४)		६२. प्रद्युम्नशाह
५५. सुदर्शनशाह (१८१५-५९)		६३. सुदर्शनशाह
५६. भवानीशाह (१८५९-७१)		६४. भवानीशाह
५७. प्रतापशाह (१८७१-८६)		
५८. कीर्तिशाह (१८८६-१९१३)		
५९. नरेन्द्रशाह (१९१३-५०)		
६०. मानवेन्द्रशाह (१९५०-...)		

इन सभी वंशावलियोंसे अधिक प्रमाणिक है "मानोदय" काव्यकी (रचयिता भरत ज्योतिराय), जिसने मानसाहको अजयपालका पौत्र तथा सहजपालका पुत्र कहा[1] है। कविके मानसाहका समकालीन होनेसे इसमें भ्रमकी गुंजाइश नहीं हो सकती। इसके अतिरिक्त उन वंशावलियोंमें कई असंगतियाँ हैं: तीनोंमें

[1] अजेयपालो नृपतिः स आसीत् नाम्नैव यः शत्रु-मनो-विभेत्ता।
चन्द्रान्वये जन्म बभूव तस्य युधिष्ठिरस्येव युधिस्थिरस्य ॥१॥
सहजपाल-नृपाल-शिरोमणिः समभवत् तनयोऽस्य महीभुजः।
यमधिगम्य जना जगतीतले मुमुदिरे मुदिरे विहगा इव ॥४॥
तस्मात् पयोधेरिव शीतभानुर् यशःप्रभा-दीपितदिग्विभागः।
गुणैकवश्यो जगदेक-दृश्यः स्फुरत्प्रतापोऽजनि मानशाहः ॥१२॥
"मानोदय सर्ग १" "विराट्हृदय (शंभुप्रसाद) से

क्रमशः ७,८,११वाँ राजा शालिवाहन है। कुमाऊँके कत्यूरियोंकी वंशावलिमें शालिवाहन आता है। शालिवाहन बैस राजपूतोंका आदिपुरुष है, न कि पँवारोंका। कत्यूरीवंशज डोटी (नेपाल) वाले अपनेको बैस राजपूत कहते हैं। "मानोदय"ने मानशाहके वंशको चंद्रवंशी कहा है, जिससे वह अग्निकुली[1] नहीं रह जाते। इस प्रकार जान पड़ता है, पँवार कल्पना पीछे की है। कोई आश्चर्य नहीं यदि अजयपाल कत्यूरी-वंशकी ही किसी शाखाका हो, जिसके कारण उसे शालिवाहनके साथ जोड़ा गया।

३. वंशकी ऐतिहासिकता

कनकपाल—अजयपालकी ऐतिहासिकतामें सन्देह नहीं है, किन्तु वंशस्थापक कनकपालके बारेमें बहुत सन्देह है। अजयपालके पौत्र[2] मानशाहके दरबारी ज्योतिषी कवि भरथ ज्योतिराय जहाँगीरके भी दरबारी ज्योतिषी थे, इसलिए अजयपालको सोलहवीं सदीके आरंभमें विद्यमान होना चाहिए। अजयपालके पुत्र सहजपालने देवप्रयागके रघुनाथ-मंदिरमें १५६१ ई० (१४८२ शाके)में घंटा चढ़ाया था, इससे भी इसकी पुष्टी होती है। अजय या विजयसे नरेन्द्रशाहकी मृत्यु तक १५००-१९५०के साढ़े चार सौ वर्षोंमें बीस राजा हुए, फिर कनकपाल तकके लिये साढे तेरह सौ वर्ष चाहिए अर्थात् कनकपाल हर्षवर्धनका समकालीन और कत्यूरी वंशी ललितशूर आदिसे भी पूर्व था, जो माननेकी बात नहीं है। यदि उस समय कनकपाल नामका कोई कत्यूरी मांडलिक हो भी, तो भी उसका संबंध अजयपाल-वंशके साथ जोड़ना आसान नहीं है।

चाँदपुरगढ़में प्राप्त एक शिलालेखमें निम्न श्लोकका होना बतलाया जाता है—

"शायकाब्धि-नव-सम्मितवर्षे विक्रमस्य विधुवंशज-पूज्यः।
श्रीनृपः कनकपाल इहाप्तः शौनकर्षिकुलजः प्रमरोयम् ॥"

इसमें प्रमर (पँवार) शब्द तथा कनकपालका उत्तराखंडमें ९४५ संवत् (सन् ८८८ई०)में आना पीछेकी गढन्त है।

---

[1]अग्निकुली चार राजपूत हैं—परमार (पंवार), चौहान (चाहमान), सोलंकी (चालुक्य) और परिहार (प्रतिहार)।

[2]"मानोदय"के अजयपालको ही ४१ वां राजा विजयपाल बना दिया गया और सहज तथा मानशाहके बीचका बलभद्रशाह भी संदिग्ध है।

पँवार-वंशावलीमें लिखा है—

"राजा वै कनकपालो विधकुलतिलको गुर्जरातात् प्रसिद्धः,
दैवात् तीर्थप्रदेशान् अवनिलगतान् धूतपापान् प्रपश्यन्।
गच्छन् शृण्वन् प्रभावं विशदमतिरयं प्रापद् अश्रान्तचेताः,
वर्षे वाणाब्धिगोत्रे नरहरिकृपया प्राप्य राज्यं शशास॥"

इसपर टिप्पणी करते हुए रतूड़ीजीने लिखा है—"मालूम होता है कविने बिना ठीक जाने हुए केवल प्रचलित किंवदंतीके आधारपर अपनी कविताको इस प्रकार दूषित किया"[१]

हार्डविकने अठारहवीं सदीके अन्तमें सुनी परम्पराओंके आधारपर लिखा था[२] "उसका नाम कनकपाल नहीं था, बल्कि भोगदत्त था। वह पँवार-क्षत्रिय था। अपने भाई सूजदत्तको साथ लेकर अहमदाबाद गुजरातसे पहले पहल गढ़वालमें आया था। वह योग्य और साहसी था और चाँदपुरके राजाकी—जो सब राजाओंमें बड़ा और बलिष्ट था—सेनामें भरती हुआ था।...भोगदत्तने बड़ी उन्नति कर सेनामें सबसे बड़ा पद प्राप्त किया अर्थात् सेनापति हुआ। राजाने अपनी कन्या उसे विवाह दी थी।...भोगदत्तने...पहले राजाको गद्दीसे उतारा, तब अपने बल-पौरुषसे गढवालके सब राजाओंको अधीन किया।"

जी० आर० सी० विलियम्सकी राय है[३]—"मैंने स्वयं बड़ी खोजके साथ तहकीकात की, जो विश्वास-योग्य है। गढवालके राजवंशका मूलपुरुष कनकपाल ही था। कनकपालने पहिले जिला सहारनपुरमें गंगोह नामक कसबा बसाया था। कनकपाल अहमदाबाद-गुजरातसे नहीं आया था, क्योंकि अहमदावाद वहुत पीछे[४] बसा है। वह धारानगर या धार-मालवेसे आया था। इसका दूसरा नाम गंग भी था, यह बात सहारनपुरके इतिहाससे मिली है। उसमें लिखा है कि कनिष्क या कनकके नामके सिक्के वहाँ पाये जाते हैं।"

कनकपालको शक-सम्राट् कनिष्कसे मिलाना तथा धाराका पँवार सिद्ध करना खामखाहकी खींचातानी है।

कनकपालके राजजामाता बनकर गद्दी सँभालनेकी बातें भी परस्पर विरोधी मिलती हैं। किसी राजाश्रित पंडितके एक ग्रंथको रतूड़ीजी उद्धृत करके बतलाते

---

[१] "गढ़वालका इतिहास", पृ० ३५४.

[२] वहीं, पृष्ठ ३५४-५५ [३] वहीं, पृष्ठ ३५५-५६

[४] सुलतान अहमदशाह द्वारा १५५४ ई० (९६१ हिज्री) में बसाया गया।

हैं, कि कनकपालका वह ससुर भानुप्रताप था[1]. "चाँदपुरगढ मल्ला-चाँदपुरमें है।...यहीं किला राजा भानुप्रतापके रहनेका था।...भानुप्रताप नामक राजा[2] इस प्रान्तका था और ५२ गढोंके राजाओंमें यह बलवान् भी था। इसके अतिरिक्त बदरीनाथका राजा कहलाए जानेसे अन्य सब राजा धार्मिक दृष्टिसे इसे अपना मुकुट मानते थे।...पृथ्वीराज (चौहान)की कुछ पीढ़ीमें भानुप्रताप हुआ। भानुप्रतापका भी कोई पुत्र नहीं था, केवल दो कन्यायें थीं। ज्येष्ठ कन्याका विवाह उसने कुमाऊँके राजाके पुत्र राजपाल नामकसे कर दिया, कनिष्ठ कन्याका विवाह पँवार-वंशज राजा कनकपालसे किया था, जिससे अब तक गढवालका राजवंश चल रहा है।[3]

दूसरी परम्परा बतलाती है, कि कनकपालने भिलङ्के राजा सोनपालकी कन्यासे ब्याह किया, जो कि ऊपरी गढवालके पश्चिमी भागका राजा था।[4]

---

[1] वहीं, पृ० २५७–५८

[2] आसीत् कश्चिद् हिमाद्रौ सुर-वर-तटिनी नीर-तीरे तिरम्ये,
पुण्ये केदारखंडे सुरुचिरवदरीकाननस्यैकदेशे।
नाम्ना भानुप्रतापो नृपमुकुटमणिश्रेणि-नीराजितांघ्रिः,
सर्वोर्वी-सार्वभौमो विबुध-गणयुतः पालको वै प्रजानाम्।
दैवात् कन्याप्रजोऽसौ कुलविरतिभयात् श्रीविशाले चरन्ते,
भेजे भक्त्या नितान्तं क्रतुभिरपि तपोदानमानव्रताद्यैः।
आगन्ता दर्शनार्थं मम कनकमहीपालसंज्ञो धरेशः।
दत्वा तस्मै सुतां स्वां मम तनय इव त्वं कुलस्यास्य हेतुः,
पश्चाल्लोके मदीये जनि-भूति-भवनं त्यज्य गन्तासि नूनम्॥

[3] वहीं, पृ० ३३७–३९

[4]. "In Sambat 755 [A.D. 699] Raja Kanakpal of the reigning Chand family of Malva arrived in Garhwal. Kanakpal on his arrival was adopted successor to a Raja named Sonpal, who gave his doughter and sole heir, in marriage to Kanakpal. (Sonpal is said to have ruled over the western portion of modern upper Garhwal. Bhilong now a portion of Garhwal State was his capital....) Sonpal and Katyuris were the overlords of the petty states in the North of Garhwal. Kanakpal

चाँदपुरगढ और भिलङ् तथा भानुप्रताप और सोनपालमेंसे किसके कनकपाल दामाद थे, यह भी निश्चय नहीं है।

इस वंशका इतिहास वस्तुतः अजयपालसे शुरू होता, जो मानशाह (४४)से ७ पीढ़ी पहिले नहीं, बल्कि "मानोदय"के अनुसार मानशाहके पिता सहजपालका पिता था, जिसे वंशावलियोंने विजयपाल बना दिया। मानशाहका एक दानपत्र १५४७ ई०का प्राप्त है, इसलिए अजयपालका काल १५०० ई० ठीक है।

४. तेमूरका आक्रमण (१३९८ ई०)

तैमूरलंगने राज्यविस्तारके लिए नहीं बल्कि एकत्रित संपत्तिको लूटनेके लिए मास्को और दिल्ली तककी यात्रा की। उसने पहाड़की समृद्धिकी खबर सुनी थी, इसलिए दिल्लीसे इधरकी ओर चल पड़ा। उस समय गंगा और जमुनाके बीचके पहाड़ी प्रदेश अर्थात् गढवालका राजा बहरोज था। नस्ख-लिपिमें लिखे गये इस शब्दसे भरोज, बरोज, वीरदत्त, ब्रह्मदत्त आदि कितने ही नाम निकल सकते हैं। तेमूरके इतिहास-लेखकोंके कथनानुसार उसके पास बहुत बड़ी सेना थी, अर्थात् अजयपालसे १०० वर्ष पहिले ही सारा गढवाल एक शासकके अधीन हो चुका था, यही नहीं प्रायः सारे हिन्दुस्तानके राजाओंमें वह मुख्य स्थान रखता था।[१] तैमूरने किसी घाटासे पहाड़ पार करनेका निश्चय किया। पहाड़ी योद्धा भी अपने संगठित सरदारोंके साथ लड़नेको तैयार थे। मुकाबला कड़ा था। घाटेके मुंहपर पहुंच तेमूर घोड़ेसे उतर गया। सभी अफसर और सिपाही भी घोड़ेसे उतर पड़े, और दृढ निश्चयके साथ लड़नेके लिए आगे बढे। "शैतान जैसे हिन्दू कितने ही स्थानोंमें हमारे सिपाहियोंपर छापा मारनेके लिए छिपे बैठे थे।...लेकिन मुसल्मान वाणवर्षा करते तलवार लेकर उन पर टूट पड़े, और उन्हें चीरते हुए आगे पहुंच गये। वहां नजदीकसे वह खूब लड़े और दुश्मनको तलवार, खांडा, कटारसे मार कर साफ कर दिया।"—तैमूरने लिखा है। हिंदू

---

settled himself in the midlands, where as Mordhwaj, Panduwala and Brahmapur chiefs ruled over the Southern Garhwal."—"Garhwal" (Patiram)

१. "The number of whose forces and whose lofty, rugged narrow and strong position made him superior to all the chiefs of the hills and indeed of most of Hindustan."—Atkinson, Vol. II.

हारे, कुछ प्राण लेकर पहाड़ोंमें भागे, कुछ बंदी हुये। अपरिमित धन-माल, गाय-भैंसें, स्त्री-बच्चे, हाथी-घोड़े हाथ आये। तेमूर उसी रात अपनी छावनीमें लौट गया। अगले दिन तेमूर पांच कोस चलकर बहरा और तीसरे दिन सरसावा गया। शायद तेमूरने हिमालयमें बहुत भीतर तक प्रवेश नहीं किया। उसके लिए वहाँ कोई आकर्षण नहीं रहा होगा, जिसके लिए कि वह पर्वतीय युद्धके लिए तैयार होता।

दूनमें नवादाको गढवालकी एक पुरानी राजधानी बतलाया जाता है, पृथ्वी-पुर, साहसपुर, कल्याणपुर, नागल, राजपुर, भगवतपुर, थानो, अजबपुर भी पुराने स्थान हैं; किंतु, एक गढवाली जनश्रुति बतलाती है, कि नादिरशाहसे बंदरभेलमें गढवालियोंने असफल लड़ाई की थी। नादिरशाह इधर पहाड़की ओर नहीं आया था, इसलिए परंपराने तेमूरके स्थानपर नादिरशाहको रख दिया। श्रीनगर पँवारोंसे पहिले भी राजधानी रहा, ऐतिहासिक इसे मानते हैं। तेमूरको जो अपार संपत्ति मिली, वह बंदरभेलकी कठिन धारको पारकर श्रीनगर पहुँचनेसे ही मिलती। नाईमोहनसे नौढाखालकी साढ़े चार मीलकी कड़ी चढ़ाई आज भी पैदल यात्रियोंके लिए दुरारोह है। बंदरभेल हरिद्वारसे ३५ मील आगे और श्री-नगरसे ४० मील पीछे रह जाता है, देवप्रयागका प्रसिद्ध तीर्थ इससे २१ मील आगे है। हम समझते हैं, तेमूरकी लड़ाई बंदरभेलमें हुई थी।

५. पँवार-वंशी राजा

(१) अजयपाल (१५०० ई०)—जहांगीरके दर्बारी ज्योतिषी "ज्योतिराय" पदवी-विभूषित "मानोदय" के कर्त्ता भरतने अजयपालके बारेमें उससे तीन ही पीढ़ी बाद लिखा था "युधिष्ठिरकी भांति युद्धमें स्थिर उस अजेयपाल नृपतिका जन्म चंद्रवंशमें हुआ था, जो कि अपने नामसे ही शत्रुओंके मनको तोड़ डालता था।"[1] शायद यहां कवि वास्तविकतासे बहुत दूर नहीं है। उत्तरमें हिम-शिखरोंसे दक्खिनमें चंडी-हरद्वार तक और पश्चिममें जमुनासे पूर्वमें बधाण-

---

[1] **"अजेयपालो नृपतिः स आसीत् नाम्नैव यः शत्रुमनो-विभेत्ता।
चंद्रान्वये जन्म बभूव तस्य युधिष्ठरस्येव युधिस्थिरस्य ॥१॥
दुर्योधनोऽत्यन्तगुणप्रियोऽपि यो भीमसेनो पि गदान्वितेन।
मनुष्यधर्म्मैर्विविधैरुपेतो महीमहेन्द्रोऽपि बलप्रियो वै ॥२॥
नृपवरः स शशास धरां इमां सुनयनंदित-देव-पुरोहितः।
वहुदिगंतनिवासिनराधिपैः कृतनतिः कुसुमेषुसमद्युतिः ॥३॥**

तक सारे गढवालका एकीकरण इसीके समय हुआ, शायद केदारखंडका गढ़ नाम भी इसी समय पड़ा । अजयपालको अपने समकालीन चंपावत (कुमाऊं) राजासे लड़ना पड़ा, जिसमें आरंभिक असफलताके बाद उसे विजय मिली । आगे तो पिंडारकी सुंदर उपत्यकामें स्थित बधाण पर्गनाके लिए दोनों राज्योंमें तब तक लड़ाइयां होती रहीं, जब तक दोनोंको नेपाल और पीछे अंग्रेजोंने आत्मशात् नहीं कर लिया। राजधानी चांदपुर (६९०० फुट) यद्यपि एक दुर्जेय दुर्ग-युक्त नगरी थी, किंतु वह पूर्वके एक कोनेमें पड़ती थी । अजयपाल उसे १५१२ में देवलगढमें लाया, जहांसे और समतल विस्तृत केन्द्रीय स्थान ढूंढते १५१७ ई० में श्रीनगर ले गया । श्रीनगरकी भूमि पहिले भी नगरके रूपमें परिणत हुई थी । राजा अजयपाल और उसके वंशजोंके बनवाये महल और दूसरी इमारतों तथा उनके ध्वंसोंको १८९४ की बाढ़ने बहा दिया । अजयपालको ही गढवालकी पट्टियों और पर्गनोंका विभाजक बतलाया जाता है ।

अजयपालके बाद कल्याणशाह, सुंदरपाल, हंसदेव और विजयपाल केवल वंशावलीको लंबी बनानेके लिए जोड़े गये हैं ।

वस्तुतः अजयपाल-संतानकी गढवाल-राजवंशावलि निम्न प्रकार होनी चाहिए—

		अभिलेख (सन्)
१. अजयपाल	१५०० ई०	
२. सहजपाल	१५६१	१५६१
३. मानशाह		१५४७
४. श्यामशाह		
५. दुलारामशाह		१५८०
६. महीपति शाह		१६२५
७. पृथिवी "	१६४६-७६	
८. मेदिनी "	१६७६-९९	
९. फतेह "	१६९९-१७४९	१६८५, १७०६, १७१०, १७१६
१०. उपेन्द्र "	१७४९-५०	
११. प्रदीप "	१७५०-८०	
१२. ललित "	१७८०-९१	
१३. जयकृत "	१७९१-९७	
१४. प्रद्युम्न "	१७९७-१८०४	
१५. सुदर्शन "	१८१५-५९	

१६. भवानी " १८५९-७१
१७. प्रताप " १८७१-८६
१८. कीर्त्ति " १८८६-१९१३
१९. नरेन्द्र " १९१३-५०
२०. मानवेन्द्र १९५०—....

(२) **सहजपाल (१५६१ ई०)**—"मानोदय"[१] काव्यसे मालूम होता है, कि सहजपाल अजयपालका पुत्र और उत्तराधिकारी था। यदि ज्योतिषी-कविकी बात मानी जाये, तो वह राजनीतिमें बड़ा चतुर था। उत्तरमें तिब्बत, पूर्वमें कुमाऊं, पश्चिममें साक्षात् दिल्लीके नगर, उत्तर-पश्चिममें विशेर (रामपुर) और पश्चिममें सिरमोर (नाहन) जैसे शासकोंके बीचमें अजयपालने गढ़वाल भूमिको एकताबद्ध किया। ऐसे राजाको राजनीतिचतुर होना ही चाहिए। सहजपालने देवप्रयागके रघुनाथ-मंदिरमें १५६१ ई० (शाके १४८२) में एक घंटा चढ़ाया था।

---

[१] "मानोदय" में इस राजाके बारेमें लिखा है—

"सहजपालनृपालशिरोमणिः समभवत् तनयोऽस्य महीभुजः।
यमधिगम्य जना जगतीतले मुमुदिरे मुदिरे विहगा इव ॥४॥
सर्वगा जगति यत्र राजनि राजनीतिचतुरे प्रशासति।
क्वापि नापि गुरुवीरमंडले कंडलेश-विभवाद् दरिद्रता ॥५॥
यच्छ्रिया परितुतोष नागरी नागरीयसि गुणोऽनुरागवान्।
संगरे सकलशत्रुतापनस्तापनस्य कर इव प्रतापकः ॥६॥
यो रराज वसुदेवतर्पकः कृष्णवद् गिरिशवद् वृषाश्रितः।
चन्द्रवत् कुवलयैकमोदकृत् शक्रवद् विबुधवृन्दसेवितः ॥७॥
यत्राजिभाजि प्रतिराजराज्ञी पंचत्वमागच्छदसंख्यकाऽपि।
चकर्ष जीवं धनुषो यदासावपासुरासीत् समरेऽसपत्नः ॥८॥
रागावृतांगीव विपक्षिकंठे लग्नाऽथ मातंगचये पतंती।
लोकेन याऽलोकि स युद्धभूमौ तत्रासियष्टावनुरक्तचेताः ॥९॥
कञ्चिज् जनं जातु न मन्यतेऽसौ श्रियं द्विजेभ्यः प्रददाति किंच
कूप्तैव कीर्त्तिः प्रययौ दिगंतं तस्मात् प्रभोरस्य विशुद्धवर्णा ॥१०॥
भुक्त्वासुभोगान् अखिलान् नरेंद्रो दत्वा द्विभुजेभ्यो द्रविणं वरेण्यम्।
आराध्य कामं जगतीशरण्यं माहेश्वरं तत्पदमाप्रसादम् ॥११॥

सहजपालके आगे वंशावलीने फिर एक संदिग्ध व्यक्ति बलभद्रशाह या बहादुरशाहको रख दिया है। यद्यपि मंगोल भाषाका बगातिर या बहादुर शब्द तुर्क-तैमूर-वंशज मंगोलों—जिन्हें मंगोल कहना गलत है—द्वारा भारतमें तब तक प्रचलित हो चुका था, किंतु "मानोदय" ने सहजपाल और मानशाहके बीचमें किसी सहजपुत्र बलभद्रशाहका नाम नहीं दिया है।

(३) मानशाह—मानशाह अकबरके समकालीन थे। इन्हींकी प्रशंसामें भरत कविने "मानोदय"[1] काव्य लिखा था, जिसका चार सर्ग प्राप्य है। यह कह चुके हैं, कि भरत कवि जहांगीरके राजज्योतिषी भी थे। मानशाहका १५४७ई० का दानपत्र प्राप्य बतलाया जाता है। उनके पिता सहजपालका रघुनाथ-मंदिर वाला घंटा १५६१ में चढ़ाया गया था, इसलिए मानशाहका उक्त अभिलेख संदिग्ध है। भरत कविका जहांगीरका दरबारी होना भी बतलाता है, कि मान-शाह अकबरके तरुण समकालीन थे। मानशाहने उद्योतचंदपर चढाई की थीं, जिसका वर्णन "मानोदय" के तृतीय और चतुर्थ सर्गमें मिलता है[2]। यह युद्ध

---

[1]बहुगुना-उद्धृत "मानोदय" में मानशाह संबंधी कुछ पंक्तियाँ हैं—

"तस्मात् पयोधेरिव शीतभानुर् यशः प्रभादीपितादिग्विभागः।
गुणैकवश्यो जगदेक-दृश्यः स्फुरत्प्रतापोऽजनि मानशाहः॥१२॥
अथार्यगांभीर्यगुणैः समुद्रः शौर्येण भीमः महसा दिनेशः।
दानाद् बली निर्जितकर्णकीर्त्तिर् धनुःश्रिया यो विजयप्रभावः॥१३॥
स नीतिमान् मानपुरं प्रशास्ति शास्ता रिपूणां अजितेंद्रियाणां॥
विपक्षषड्वर्गजयैकदक्षो विचक्षणान् रक्षति शुद्धबुद्धीन्॥१९॥
गीतवाद्यपरिनृत्यमंगलैः संकुलं विपणि-कुट्टिमोज्ज्वलम्।
मंडितं विविधसौध-मंडपैर् भाति मानपुरमस्य भूपतेः॥२।१॥
शुद्धवारि-परितुष्ट-मुकुन्दा फेन-निर्जित मनोहरकुन्दा।
तत्र भाति जनबुद्धिरमंदा यत्र तिष्ठति पुरेऽलकनंदा॥२८॥

[2]"अथ रथगजवाहोद्धूतधूली-कदंबैर् गगनतलमवाप्तैर् गुप्तमार्तण्डबिंबः।
असिनिशित-शरौघोद्दंडकोदंड-चंडः, प्रलयशमनभीमो निर्ययौ मानशाहः॥३।१॥
कतिचिद् अवनिपालास् तत्र कूर्माचलस्थाः पटुमतिसचिवौघान् इत्थमूचुः प्रवाचः।
अयमतिशयदक्षो मानशाहः समक्षः कथय कथमिदानीं दुर्गरक्षा विधेया॥४॥
श्रीमानशाहनृपतेरिति सर्वसैन्यं दैन्यं जगाम रिपुराजबलप्रहारैः।
एतस्य सैन्यपतयस् तरसा निपेतुर् हन्तुं द्विषद्बलमुदग्रतरप्रभावाः॥९॥

रुद्रचंदके पुत्र लक्ष्मीचंदके साथ हुआ था, जिसमें पहिले चंद-सेनाको सफलता मिली, किंतु पीछे मानशाहके सेनापति नन्दीने राजधानी चम्पावती (चम्पावत) तक पर अधिकार कर लिया। कुमाऊंकी भांति पश्चिमी तिब्बतके शासकोंसे भी गढ़वालकी ठनी रहती थी। तेरहवींसे पंद्रहवीं सदी तक सारे तिब्बतकी भांति पश्चिमी तिब्बत (ङ-री) के इलाकेमें भी अलग-अलग ठाकुर राज करते थे। दापाका राजा गढवालका प्रतिद्वंद्वी था। शताब्दियोंसे गढवालमें आकर लूटमार करना वहांके लोगोंका सफल व्यवसाय बन गया था। मानशाहके पिता और पितामहने दापाको सबक सिखलाना चाहा था, किंतु पूरी सफलता नहीं हुई थी। मानशाह वहांके राजा (काकुवा मोर) को परास्त करनेमें सफल हुए। सुलहकी शर्तें थीं: राजा काकुवामोर प्रतिवर्ष सवासेर सोना और चार सींगवाला एक भेड़ा दिया करेगा। उसने गढवालपर लूटमार न करनेका प्रतिज्ञापत्र भी लिखा था। मानशाहने अपनी सीमा हरद्वारसे आगे मंगलोर (सहारनपुर) तक बढ़ाई थी। यह कहना मुश्किल है, कि मुगलोंके साथ उस समय गढवालका क्या संबंध था। पश्चिमी पड़ोसी सिरमोर और बिशैर मानशाहसे छेड़खानी नहीं करते रहे होंगे। १९ वर्ष राज्य करके ३४ वर्षकी अवस्थामें मानशाहके मरनेकी बात बतलाई जाती है।

(४) **श्यामशाह**—मानशाहका उत्तराधिकारी श्यामशाह बहुत अभिमानी राजा था। कहावत मशहूर है "शामशाहीको कोलाई। सामी तो सामी बांगी तो बांगी।" शामशाहने तिब्बत पर चढ़ाई करके पहिली शर्तोंसे एक चंवरी (गाय) अधिक देनेके लिए मजबूर किया। पागलपन और अत्याचारकी भी इसकी कितनी ही कहानियां प्रसिद्ध हैं। इसने एक महलमें आग लगवा दी थी, कुछ गांवोंको भी जला दिया था। गरमीके दिनोंमें शामशाह अलकनंदामें नौकाविहारके लिए घूमा करता था, वहीं एक दिन नाव उलट गई और वह

नन्दी जगाद मयि तिष्ठति युद्धभूमौ मा गर्वमुद्वह निज हृदय मुधति।
जेष्यामि रुद्र-तनयं चरतैव पक्षात् चम्पावतीं निजवशां सहसा करिष्ये ॥१२॥
अथ विधाय बधं बलविद्विषः पयनदुर्गमिहाधिरुरोध स।
विविधसौधविराजितमद्भुतं हरिणनेत्रवतीगणसंयुतम् ॥२१॥
शृंगारशून्यवपुषोऽश्रुपरीतनेत्राः चीरांवराः कुशतृणास्तृतभूमिपृष्ठाः।
तद्वैरिराजवनिता गिरिकंदरेषु कन्दैः फलैर्मुनिजनप्रचरितं वितेनुः ॥२२॥
—चतुर्थसर्गे ("विराटहृदय")

१९ वर्ष राज्य करके अपने मुसाहिबोंके साथ ३१ वर्षकी आयुमें मर गया। कवि-चित्रकार मोलारामने श्यामशाहके समय और उससे आगेके राजाओंके बारेमें अपने ग्रंथ "गढराजवंशका इतिहास"में कितनी ही मार्केकी बातें कही हैं, जिनका उद्धरण पाठकोंके लिये ज्ञानवर्द्धक होगा। यह स्मरण रखना चाहिए कि यह महान् चित्रकार फतेहशाहके समय (१७४०ई०) पैदा हुआ था और अंग्रेजोंके शासनके पंद्रहवें वर्ष (१८३३ ई०) में मरा था। इस प्रकार बहुतसे राजाओंका वृत्त उसकी समकालीन घटनायें थीं, जिसपर उसने अधिकारपूर्वक लेखनी चलाई।[1]

---

[1] मई १६५८ ई० में दाराशिकोहका अभागा पुत्र सुलेमानशिकोह औरंगजेब-के कोपसे बचनेके लिए गढवाल आया। उसके साथ दिल्लीके कुशल चित्रकार पिता-पुत्र शामदास और हरदास भी आये। सुलेमान शिकोहके बंदी होकर चले जाने पर चित्रकार-द्वय यहीं रह गये। इनका वंश आगे इस तरह चला—

बनारसीदास (दिल्ली)
|
शामदास (१६५८ ई०)
|
हरदास
|
हीरालाल
|
मंगतराम
|
मोलाराम (१७४०–१८३३)
|
ज्वालाराम
├── आत्माराम
│   └── मुकंदराम
│   ├── फतेहराम
│   │   ├── मदनमोमन (ज० १९१३ ई०)
│   │   │   └── व्रजमोहन
│   │   └── मनमोहन
│   └── काशीराम
└── तेजराम
    └── बालकराम (जन्म १८६७ ई०)
        ├── बैजनाथ
        ├── रमानाथ
        └── नारायण

मोलारामके पौत्र आत्माराम तक वंशमें चित्रकला रही, उसके बाद वंशजोंने

यशस्वी चित्रकार ने अपने कई समकालीन राजाओं के चित्र भी बनाये हैं, अपने इस काव्य में भी उसने व्यक्तियों का सुस्पष्ट चित्रण किया है। मोलारामने अपने ग्रंथका आरंभ करते हुये श्यामशाहके बारेमें लिखा है[1]—

क्योंकर भ्रष्ट राज यह भयो। सब पंचन हूं यह मिलि कयो।

तब यह पावन पुस्त सौ, कीनी कथा बखान।
एक एक कर कहत हूं, सुनो पंच पर प्रधान।

× × ×

श्यामशाह नृप वामी भये। प्रकट माँह अतिकामी रहे॥
सुंदर सूरमाह अति दाता। देस-देसमें उनकी ख्याता॥
गुन-ग्राहक गुनिजन को मानै। राग-रागनी सब पहिचानै॥
मगन मस्त निसि-वासर रहे। मधुर वचन सब ही को कहै॥
संध्या-पूजा अति मन भावै। नाना विधि सों हवन करावे॥
मदिर-मांस बहु-व्यंजन नाना। पूजन सक्ति करैं मधु-पाना॥
वीर-चक्र नित पूजन करै। मन मथि ध्यान एकागर करै॥
बलीदान महिषासुर मारे। अजा मीन बहु आन संहारे॥
चौसठ कन्या वीर जिमावै। भोजन त्रिप्त सभी को करावै॥

× × ×

वस्तर भूषण शुभ पहिराई। कन्या पूजे अति मन लाई॥
सब को देहि दच्छिणा नित ही। परजा सौं राखै अनहित नहि॥
देस-विदेस के जो नर आवें। जो माँगें सोही वह पावैं॥
गुनिजन रहे सभी तहं राजी। पावै कविजन कुंजर, वाजी॥
वस्त्र शस्त्र भूषण पहिराई। दर्ब दान दे करै बिदाई॥
जैसो गुनि वैसो ही पावै। सहस लक्ष परजंत दिलावै॥
रीझ खीझ समता दोइ राखै। बिन विवेक मुख वचन न भाखै॥

पहिले सोनारी फिर दूकानदारीका काम संभाल लिया—चित्रकारीसे जीविका नहीं चल रही थी।

[1]गढ़वाल के प्रसिद्ध विद्वान् कलाविशेषज्ञ बैरिस्टर मुकुंदीलाल जीके "हिन्दुस्तानी" (प्रयाग) में प्रकाशित लेखों से।

जथा ऽपराध दंड ही देवै । जथा काल प्रबोध ही लेवै ॥
निसि-दिन रहे बोध के माही । बिना बोध कछु करै जो नांही ॥
× × ×
महामत्त वनिता-रस-भोगी । महासिद्ध जोगिन मँह जोगी ॥
भामिनि भौन सुँदर बहुतेरी । बाहर एकसौ एकहि चेरी ॥
गनिका कही भोग को राखी । जमनी कही भोग मँहि थाकी ॥
... ...
तेलन अति सुंदर तुरकानी । ताके संग भये गलतानी ॥
तेलिन वह बाजार रहावै । (नित) दिन ही दुफैर तँह जावै ॥
नंगे सिर हाथी पे चढे । प्याला पिवे केश ही बिखरे ॥
आग अँगीठी राखी तांही । भुनत कबाब फिरे संग माही ॥
अर बाजार फिरै दिन मांही । राखै लाज-सरम कछु नाही ॥
× × ×
राग रंग नृत सँग मँहि आवै । जब तेलन के अंदर जावे ॥
घर महि आय स्नान नित करै । संध्या-पूजा ध्यानहि धरै ॥
पुनि मजलस मँहि बैठे जाई । न्याय करै सब ही का आई ॥
... ...
या बिध बहु चिर राजहि कीन्यो । पूर्ण चन्द्र सम सबने चीन्यो ॥

(५) दुलाराम शाह (१५८० ई०)—रतूड़ी-उद्धृत वंशावलीमें इसका नाम नहीं है, किंतु १५८० में दिया इसका एक दानपत्र मिला है। दुलाराम कुमाऊंके राजा रुद्रचंद (१५६५-९७) का समकालीन और प्रदिद्वंद्वी था। रुद्रचंदने सिरा जीतकर गढवालकी ओर वढ़ना चाहा. किंतु कत्यूर (बैजनाथ) में अब भी पुराने कत्यूर-वंशका राजा सुखल देव शासन कर रहा था। रुद्रचंदने पिंडार-उपत्यकामें वधाणको अपना लक्ष्य बतलाकर सुखल देवसे रास्ता मांगा। सुखलदेवने बाहरसे मान लिया, किंतु वह चंदोंके राज्यविस्तारकी लिप्साको जानता था। चंद-सेनाका सेनापति योग्यतम राजनीतिज्ञ और सैनप पुरखू (पुरुषोत्तम) पंत था। सुखलदेवने सेनाके पिंडार-उपत्यकामें पहुंचते ही पीछेसे संबंध काट दिया। दुलारामने पुरखूके शिरपर भारी इनाम घोषित किया था। ग्वालदमके पास लड़ते हुए परखू पंत एक पडियार राजपूतके हाथ मारा गया, जिसके सिरको श्रीनगर पहुंचाकर घातकने बहुत इनाम पाया। कुमाऊंनी सेना बधाण छोड़कर पीछे भागी, किंतु रुद्रचंदने कत्यूरमें ही रुककर सुखल देवसे वदला लेनेकी ठानी। गढवालियोंने हाथ खींच लिया था, अतः कत्यूरी राजा लड़ते हुए बंदी बना। १५९७ ई० में

रुद्रचंदके मरनेपर उसके पुत्र लक्ष्मीचंदने बापके कामको जारी रखा, किंतु उसका सामना महीपति शाहसे हुआ, जो पंवारोंमें बहुत योग्य और मनस्वी राजा था।

"फरिश्ता"ने जो बात कुमाऊंके बारेमें लिखी है, वह जमुना और गंगाका स्रोत गढवालमें होनेसे गढवालपर ही लागू हो सकती है। वह लिखता है "इस राजाका राज्य बहुत विस्तृत है। उसके देशकी मिट्टीको धोनेसे पर्याप्त सोना मिलता है। उसके यहां तांबेकी खानें भी हैं। उसका राज्य उत्तरमें तिब्बतसे दक्षिणमें भारतके भीतर संभलके पास तक है। उसके पास पैदल और सवार सेनाकी संख्या ८०००० है। दिल्लीका बादशाह उसका बहुत सम्मान करता है।...जमुना और गंगा दोनोंके उद्गम उसके राज्यमें हैं।"अलकनंदा, भागीरथी और सोन नदी (पतली दून) से अब भी रेत धोकर सोना निकाला जाता है। १७९६ में जेनरल हार्डविकको राजा प्रद्युम्न शाहके इतिहास-लेखकने कहा था—"अकबरके समय बादशाहने श्रीनगरके राजासे राजकीय आय और उसके नकशेको मांगा। राजा उस समय शाही दरबारमें थे। उन्होंने बादशाहके हुकुम की पाबंदी करते हुए अपने लेखके साथ एक दुबले पतले ऊंटकी शकलमें नकशा पेश करते हुए कहा :

"हमारे देशकी यही सच्ची तस्वीर है—ऊंचा-नीचा बहुत गरीब। बादशाहने मुस्कराते हुए कर मांगनेका ख्याल छोड़ दिया।"

मोलारामने दुलारामशाहके बारेमें लिखा है—

स्याम साह जू के भये, दुलाराम ही साह
अब तिनकी हौं कहत हूं, दूजी सुनो कथा ॥

दुलोराम-शा राजा भयो। स्यामसाह जब स्वर्गहि गयो ॥
दुलोरामसा राजहि वैठे। मंत्रि मित्र जो रहे इकैठे ॥
करि स्नान प्रात-कृत सबही। पूजा-हवन करत हैं तबही ॥
मध्यम पूजा मध्यम ध्यानहि। मध्यम जप अरु मध्यम हवनहि ॥
वली छाग इक कन्या पांचहि। कह कछु झूठ कछु भाषै सांचहि ॥
राग रंग अति ही मन भावै। कथा-वारता नाहिं सुहावै ॥
मध्यम दान पुन्य कछू करै। सैल-शिकार माँह बहु फिरै ॥
नाना वस्त्र शस्त्र हू धारैं। वाँक पटाव हु खेल निहारैं ॥
तीर तुपक नित आप चलावै। वन सौं मार मिरग बहु लावैं ॥

भोजन नाना खात खुलावत। कर जो उपमा सो मन भावत ॥
फजर-स्याम मजलस ही करै। कबहूं जल महि तिरतो फिरै ॥
कबहुँ कबूतर बाज उड़ावै। तीतर, काग, चकोर मरावै ॥
रस शृंगार लगै बहु नीको। चित वैरागहिं मानत फीको ॥
जस बात वणे ना मन भावै। भानमती बहुतरुण लगावै ॥
राजकाज मंत्रिन को दीन्यो। मन आई सो आपहिं कीन्यो ॥
मधिम कीने काज सब, मधिम कीन्यो राज।
देहांत जब भई, रहतो सब इत साज ॥

× × ×

चल्यो वही संग जो इत दीन्यो। जस-अपजस जो कुछ कर लीन्यो ॥
हाथी घोरा इते रहाये। संग महि कोई न तिनके धाये ॥

(६) **महीपति शाह (१६२५ ई०)**—महीपतिशाहका एक दानपत्र १६२५ का है, इसलिए रतूड़ीका दिया समय १६२९–४६ ठीक नहीं मालूम होता। १६४२ तक तिब्बतमें बहुराजकता चल रही थी, जब कि मंगोलोंने अपने सरदार गुश्री खानके नेतृत्वमें गांव-गांवके राजाओंको ध्वस्त कर सारे तिब्बतको पांचवें दलाई लामा लोब्‌जङ् ग्यम्छो (१६१७.८२ ई०)को प्रदान किया। नीती जोत (घाटा) के पारका इलाका दापाके राजाके पास था, जिससे पहिले भी संघर्ष होता रहता था। सदियोंसे इस इलाकेके भोट (तिब्बती) लोगोंका व्यवसाय बन गया था, पैनखंडा और दसोली पर्गनोंको लूटना। महीपतिने रिखोला लोदीके नेतृत्वमें दापा (दावा)पर सेना भेजी। रिखोलाकी वीरताका पंवाडा अब भी गढवालमें प्रसिद्ध है। युद्धका फैसला तड़ाक-फड़ाक होनेवाला नहीं था। अब भी मधेसकी भांति यहांके क्षत्रिय-ब्राह्मण बिना सिले कपड़ेको पहिनकर खाना बनाते-खाते थे। तिब्बतकी सरदीमें इसके कारण बड़ी अड़चनें पड़ती थीं। सरोला ब्राह्मणोंके हाथकी रसोई सभी लोग खा लेते थे। पहिले तो राजाने सरोलोंके १२ थानों[1]

---

[1]**सरोलोंके पुराने १२ थान थे**

१. नौटी	**४. रतड़ा**	**७. सेमा**	**१०. सिरगुरौ**
२. मैटवाणा	**५. थापली**	**८. लखेसी (लखेड़ी)**	**११. कोटी**
३. खंदूडा	**६. चमोला**	**९. सेमल्टा (या गैरोला)**	**१२. डिम्मर**

सरोलोंकी सूची जो आगे दी गई है, उनमेंसे कितने ही महीपतशाहके द्वारा सरोले बनाये गये

(स्थानों)में ९ और बढाकर २१ किया, फिर संख्या ३२ तक कर दी, जिसमें कि रसोई बनानेवाले अधिक प्राप्त हो सकें। किंतु तिब्बतकी सरदी थी, हार मानकर महीपत शाहने आज्ञा दी कि रोटी शुचि मानी जाये, उसे बिना कपड़ा उतारे तीनों वर्णोंके हाथसे खाया जावे। तबसे पहाड़में यह प्रथा चल पड़ी, जो आज भी है। नीचेवालोंकी टिप्पणीसे बचनेके लिए यहांवाले कह देते हैं, कि थोड़ा सा घी डालकर हम आटाको शुचि कर लेते हैं। भड (वीर) रिखोला लोदी जोतसे भोट-सेनाको भगाता तिब्बती मैदानमें चला गया। दापाके राजाकी मृत्यु हो गई। वहांका गढ और बौद्ध विहार गढवालियोंके हाथमें आगये। थोलिङ्के पाससे बहती सतलज गढवालकी सीमा बनी। गढवालने अब तिब्बतके इस भागपर अपना शासन स्थापित करनेका निश्चय किया। दापाके गढमें बर्त्वाल (पंवार) भ्रातृ-द्वय सेनापति और शासक नियुक्त हुए। राजा रिखोलाको लेकर लौट आया। गढवाली सेना की भी वही हालत हुई, जो डेढ़ सौ वर्ष पूर्व मध्य-एसियाकी तुर्क सेनाकी हुई थी, और जो उसके दो सौ वर्ष बाद डोगरा-विजेता जेनरल जोरावर सिंहके साथ दोहराई गई। पूर्वसे सहायता मिली, ऊपरसे तिब्बतके परम-सहायक जेनरल शीतलसिंह (सरदी) ने सहायता की। बर्त्वाल-भ्रातृद्वय लड़ते हुए मारे गये। उनकी तलवारें दापाके विहारमें विजयोपहारके रूपमें अब भी रखी हैं, और शायद सस्क्य-विहारकी भांति किसी महाकालके मंदिरमें दोनों वीरोंका कटा सूखा सिर भी हो।

महीपत शाहका दूसरा बहादुर सेनापति तथा अमात्य माधवसिंह था, जिसके बारेमें गढवाली कहावत है—

"एक सिंह रणवण एक सिंह गाईका। एक सिंह माधोसिंह और सिंह काहेका॥"[१]

माधवसिंहने तिब्बतके सीमान्तपर चबूतरे बनवाये, जिनमें कुछ अब भी मिलते हैं। उसीने मलेयाकी नहरकी सुरंग तैयार कराई थी। माधवसिंह भंडारीने गढवाली सेना ले संभवतः बाराहाट-हरशिलसे भागीरथी और बस्पाके बीचवाले पहाड़को पार कर बस्पा (सङ्ला) उपत्यकापर अधिकार किया और आगे बढते हुए चिनी (सतलज तट)पर धावा किया, किन्तु किन्नर-देशमें अब सात खुंद और अठारह गढके ठाकुरोंका राज्य समाप्त कर रामपुर-सराहन (बिशेर)का राज्य उसी समयके आसपास स्थापित हो चुका था, जब कि अजयपालने ५२

---

[१]एक सिंह वह जो गायोंको मारता है, एक सिंह है माधव सिंह, इनके अतिरिक्त और सिंह नहीं।

गढोंको एककर गढवाल बनाया। राजा केहरसिंहने १५५४ ई०में रामपुर राजधानी बसाई और १५५६में पश्चिमी तिब्बतके राजा गल्दन्-छेवङ्को मित्रतापूर्ण सन्धि करनेके लिए मजबूर किया, जिसमें लिखा था:[१]—

"हमारा पारस्परिक मैत्रीपूर्ण सम्बन्ध तब तक उभय-पक्ष द्वारा अपरित्यक्त और अपरित्याज्य रहेगा, जब तक कि देवताओंका अनन्त-निवास भूकेन्द्रवर्त्ती कैलाश हिमविहीन नहीं होगा, मानसरोवरका जल नहीं सूखेगा, काला कौआ सफेद नहीं हो जायेगा और लोकमें प्रलय नहीं हो जायेगी। दोनों राजाओंकी प्रजाकी भलाई और राज्योंकी अक्षुण्णता कायम रखनेके लिए दूत भेजा जायेगा। बिशहर प्रति तीसरे वर्ष ङरीके चार प्रान्तों—चपरङ्, स्पुरङ्, दाबा (दापा) और रुदोक तथा राजधानी गर्तोकमें एक दूत भेजा करेगा।"

यह उस समयकी बात है, जब गढवालपर अजयपालके पौत्र मानशाहका शासन था। मानशाहको ङरीके उसी राजा गल्दन्-छेवङ्से भुगतना पड़ा, जिसके चार प्रान्तोंमें एक दाबा (दापा) भी था। गल्दनकी मृत्युपर पल्-जङ् (श्रीभद्र)ने राज्य अपने हाथमें लिया। महीपतशाहके समय, मालूम नहीं ङरीके चारों प्रान्तोंका एक शासक था या अनेक। अस्तु, माधवसिंहको चिनी पहुँचकर बिशैर (रामपुर)के राजा उदयसिंह या बिज्जासिंहके प्रतिरोधसे भी अधिक घातक सेनाका सामना करना पड़ा। अपने सेनापतिके परामर्शानुसार उसकी मृत्युको छिपाकर "शवको तेलमें भून कपड़ेमें लपेट बक्समें बन्द करके" सैनिकोंने पीछे हट हरद्वारमें दाह-कर्म किया। कहते हैं महीपतशाहने १७ वर्ष राज्य कर ६५ वर्षकी अवस्थामें १६४६ ई०में शरीर छोड़ा।

मोलारामने महीपतशाहके शासनके बारेमें लिखा है—

दुलोराम ही शाहके, भये महीपत शाह।
महप्रचंड भुजदंड ही, तापर तिमर अथाह ॥

शक्ती महाप्रबल भुज-दंडा। कीने नित अरिजन बहु-खंडा ॥
शक्ति अरु धन निसि दिन हरै। धूर्त महा मन में नहिं डरै ॥
मदिरा पान करै मदमातो। नेत्र घूर्ण अति वचनहिं तातो ॥
रीझ खीझ महि बिलंब न लावै। कर्म-अकर्म सबहिं करवावै ॥
पाछे सोच करै मन माहीं। "हौं इह बात करी कछु नाहीं" ॥

---

[१]देखो मेरा "किन्नरदेश", पृष्ठ ३६९

तृण बराबर सबको जानै। कही काहुकी कछू नहिं मानै ॥
हिंसा जीव-घात बहु कीनी। भली बुरी कछु नाहीं चीनी ॥
मन्त्री मानस कई जो मारे। भले बुरे कोउ नहीं बिचारे ॥
थर-थर काँपै तिनसों सब ही। रहे प्रसन्न नाहिं वह कब ही ॥

× × ×

आयो मेला कुंभको, चले आप हरद्वार।
तहाँ चलत जो कुछ भई, कहत हुँ सो विस्तार ॥
श्रीनगर सैं जब ही चले। सगुन न कोई नींके मिले ॥
सनमुख पौन प्रचण्डहि आई। खैंचे म्यान सो तेग चलाई ॥
त्रण फणि चर्म दिष्ट महि आये। कागा मिरगा बाँयें छाये ॥

× × ×

चले नृपति रिषिकेश सिधारे। ठाढे भये भरतके द्वारे ॥
मण्डप भीतर जब ही गये। दरसन देख क्रोध अति भये ॥
कह्यो "भर्थ यह उग्र निहारो। उनके दोऊ नेत्र उखारो ॥
हम दरसनको आये याके। इह देखत क्यों हमें रिसाके" ॥
नेत्र दुहू बिल्लौरके, दीने शीघ्र कढ़ाय।
देखे वह जब हाथ ले, गये बहोत सरमाय ॥
दीने वह फिर नेत्र चढ़ाई। चले तहाँ सों आगे धाई ॥
आगे मिले गुसाईं नागे। .... ॥
सस्त्र सबै धारै तन माहि। सारे अंग विभूत रमाहि ॥
महादिगम्बर साधू सूरे। इक बाघंबर-धारी पूरे ॥
चले जात हरिद्वार गुसाँई। भई भेंट तिन मारग माँहीं ॥
राजा देख तिन्हें जो रिसायो। "करो कतल इनको" फरमायो ॥
चली तहाँ तलवार तबै ही। नाँगे दीने काट सबै ही ॥
पड़ी पाँच सौ लोथ गुसाँहीं। गृहस्थी एक हजार तहाँ ही ॥
तिन महि एक सिद्ध भी कूटा। ताके तनसे दूध हि छूटा ॥
ठौर-ठौर सौ रक्त बहायो। ताकी तरफ सौ दूध ही आयो ॥
इह जस पुन्न कियो तह जाई। गढ-पति ही जो महीपति साही ॥
करि स्नान हरिद्वार सौ, सिरीनगर महि आय।
"हत्या कीनी हम घनी", कह्यो जो विप्र बुलाय ॥

× × ×

"याको तुम उद्धार बताओ। किये पाप जो सभी मिटाओ ॥
बिन अपराध हम हते गुसाईं। नेत्र भरतके छोड़े नाहीं ॥
बिना दोष हम दंडहिं दीन्हो। पर-दारा बहु धर्षण कीन्यो ॥
गनका कोई जो छाड़ी नाहीं। भोग कियो जननी-संग माहीं ॥
किनहू हम सौ सुख नहिं पायो। कर्म अकर्म कछू न लखायो ॥
तुम सब हमरी जानो बातहि। कहा कहे (अब) तुमरे साथहि ॥
याको तुम अब कहो विचारा। जाविध छूटे पाप हमारा ॥"

पंडित देस-विदेस के, सुनि के कियो विचार।
कठिन महा दुहू भाँति हीं, याको क्रोध अपार ॥

.... । .... ॥
तब विप्रनने शास्त्र मँगायो। पढि विधि कर्म वही जो सुनाओ ॥
निकसे शास्त्र महि तीन प्रकारा। कटै पाप तबही इह सारा ॥

× × ×

"दान हवन बहु द्रव्य लुटावै। अन्नदान गौ-दान करावै ॥
क्षुदावन्त अत्यन्त जो कोई। तिरपित कीजे जग महि सोई ॥
नाना विंजन वस्तर दीजै। दछिणा देइ बिदा सब कीजै ॥
बीर चक्र रचि पूजन करै। मदिरा मांस हवन महि धरै ॥
शक्ति ऽरु कन्या पूजन कीजै। .... ॥
बस्तर भूषण सब कुछ दीजै। महा प्रसन्न सबहिं विधि कीजै ॥
षट दरसन सब ही जो बुलाइ। कीजै तृप्त सभी मन लाइ ॥
प्रजा कौं भी पास बुलाओ। दुबधा तिनहीं को जो मिटाओ ॥
पीपल वृक्ष को ही घर कीजै। तामे बैठि अग्नि जब लीजै ॥
पाप भस्म तब ही सब होवै। निर्मल होय स्वर्ग तब जोवै ॥
कै तों स्वर्ण गलाय जो लीजै। तातो तातो ही (को) पीजे ॥
प्राण जाय तज पाप सबै ही। पावै नर वैकुंठ तबै ही ॥
कै तो रण मँहि सनमुख मरै। भव सागर सौं तब ही तरै ॥
निर्मल होय स्वर्ग महि जावै। पाप ताप कछ नाहिं रहावै ॥"
निकस्यो इहै शास्त्र के माँही। बाँच्यो सब विप्रन जो तहाँ ही ॥

× × ×

राजा ने सुनि के कही, "हम क्षत्री जग माहिं।
बनिता जलत है अग्नि यह, धर्म हमारो नाहिं ॥

हम हूँ जूझेंगे रण-माहीं। बनिता नाम धरावें नाहीं॥"
किये पुन्न जे शास्त्र बताये। हवन यज्ञ सबहीं जो कराये॥
गऊदान अनधन बहु दीन्यो। विधि-पूर्वक सब हीं कछु कीन्यो॥
राजा प्रजा करी सब राजी। कविजन को दीने गज-बाजी॥

× × ×

चढ़ी फौज तब चले कुमाऊँ। बाजन लागे ढोल दमाऊँ॥
सवा लाख संग फौज तुलानी। तीन ढोल मंगाये सलानी॥
लोर्भी अरु बधाणी आये। तडा तोमडा संग मँहि लाये॥
सातु मातु कंडी मारा। बटफर काठ पटेल सिधारा॥
खसिया संग और दिसवाली। तूंवर दिल्लीके दिलवाली॥
तूंवर दिल्लीके अत प्यारे। सँग वनवाड़ी दास सिधारे॥
मंत्री गढके सब संग लागे। खसिया-बामन चले जो आगे॥

× × ×

करि सलाम हजरतकौं धायो। गढसौं अपने कटक मँगायो॥
वटफर....जबर पटैला। तडा तोमडा भडा पटैला॥
खसिया फसिया....धाये। सातू मातू कंडी लाये॥
कंबल-पोस मारछे काछे। घणे तीर ले आये आछे॥
फरसी फरसा लेकर आये। कोइ डांगरा हीं चमकाये॥
यह पाती लिखि जो दे दीनी। "किह कारण..चढिके आये॥

× × ×

जो तुम कहो सो हमहू करिहैं। तुमरे संग न..हम लरिहैं॥
तुमरो दियो राज हम पायो। निमक तुमारो हमने खायो॥
....
वृक्ष हमारो तुमही लाओ। अब क्यों चाहो याहि कटायो॥
....
हुकम करौ तो हम हीं आवै। जो कछु कहो सो द्रव्य हि लावै॥"

× × ×

"हम धन चाहत ना रजधानी। ....॥
माँगत हैं हम हूँ जो लड़ाई। लड़ो शीघ्र तुम हमसौं आई॥
इह प्रण हमहूँ करिकै आये। क्षत्रिनकौ रणतीर्थ बताये॥
रण महि देह त्याग हम करनी। लख चौरासी पड़ै नं परनी॥"

......................।
चले महीपत शाह सुजाना। कौसल्या महि दीन्यो थाणा॥
....
मुक्ति हेत..वासो कीन्यो।
दीन्यो वहै वकील लगाई। ताने सबही बिथा सुनाई॥
और पाप महि वो नहिं आये। रणभूमी महि मरनहिं धाये॥
वह वकील कहि तिनके जाई। उदोतचंद सुनि अति घबराई॥
सुनिकैं छाड़ दियो सब काजा। ....॥
कह्यो "कहा अब हमहूँ करैं। मित्रनके संग कैसे लरें॥"
....
अन-धन दे..मंत्रि पठायो। गढपति उन बहुविधि समझायो॥
गढपतिके मन महि नहिं भाई। अन-धन सब..दिये हटाई॥
× × ×
गढपति संग सिपाही थोरे। खैंच म्यानसे सब ही दौरे॥
ज्यों बनमाहि काष्ट नर काटै। त्यों रणमाहिं सूरमा छाटे॥
कुर्माचलकी फौज भगाई। भाजनको कहूँ राह न पाई॥
......................।
लड़े महीपत शाह जहाँ हीं। भयो महा-समसान तहाँ हीं॥
......................।
अजर अमर भये वह जग माहीं। जिनकी कविजन कथा बताँहीं॥
दस हजार रण माहि गिणाये। कुर्माचलि गढवालि गिराये॥
खबर कहै गढमें गई, गये स्वर्गको नाह।
दये राज बैठाय तब सबने प्रथिपत शाह॥

(७) पृथिवीशाह (१६४६-६० ई०)—महीपतिके बाद उसका पुत्र पृथिवीपति शाह १६४६के आसपास गद्दीपर बैठा। इसने पश्चिमकी ओर अपनी सीमा सतलज तक पहुँचानी चाही। बिशेर और दूसरे राजाओंने मिलकर लड़ाई की, और पृथिवीपतशाहको पीछे हटना पड़ा। अंतमें संधि हुई, जिसके अनुसार पब्बरं नदी (टौंसकी शाखा)के दाहिने तटपर अवस्थित हाटकोटी सीमा मानी गई। पूर्वी सीमांतपर भी कुमाऊँसे संघर्ष जारी रहा। इसी समय गढवालके बढ़े हुए मनको देखकर दिल्ली (शाहजहाँ)का भी ध्यान इधर गया और १६५४-५५में खलीलुल्ला खाँको ८०००सेना देकर गढवाल भेजा गया। गढवालका प्रति-

द्वंद्वी कुमाऊँका राजा बाज-बहादुर भी शाही सेनाके साथ था। दून (वर्तमान देहरादून)-उपत्यकामें घुसनेमें बहुत कम विरोधका सामना करना पड़ा। खलीलुल्ला वहाँ लूटपाट मचाकर भीतरी पहाड़में घुसे बिना लौट गया। बाज-बहादुरने इसी समय बधाण और लोहबापर आक्रमण कर जुनियागढके महत्त्वपूर्ण सीमान्त दुर्गको ले लिया। उसके बाद तिब्बत पर वह आक्रमण करने गया, उसी समय पृथिवीशाहने कुमाऊँनियोंको भगाकर हाथसे गये अपने इलाकेको लौटा लिया। बाजबहादुरने तिब्बतसे लौटते ही पिंडार पर बधाण और रामगंगा (लोहबा) दोनोंके रास्ते आक्रमण किया। सबली और बंगारस्यूँपट्टीके निवासियों-ने कुमाऊँनियोंकी सहायता की, गढवाली सेनाको भागना पड़ा, और विजेताने श्रीनगर पहुँचकर पृथिवीशाहको अपनी शर्तोंपर संधि करनेके लिए बाध्य किया।

सुलेमान शिकोह—शाहजहाँको औरंगजेबने कैद कर लिया था, किंतु तख्तके लिए भाइयोंका युद्ध जारी था। शाहजहाँका ज्येष्ठ पुत्र दाराशिकोह लाहौरकी ओर लड़ रहा था। उसके पुत्र सुलेमान शिकोहके विरुद्ध औरंगजेबने महाराजा जयसिंहको भेजा था। सुलेमान शिकोह हारकर गढवालकी ओर भागा। उसे पकड़नेके लिए फिदा खाँ हरद्वारकी ओर चला, और मुरादाबादके अफसर कासिम खाँने नगीनाकी ओरसे पीछा किया। सुलेमान शिकोह कोटद्वाराके रास्ते जल्दी-जल्दी कूच कर रहा था। उसके साथ अब अपने दूधभाई मुहम्मद-शाह तथा अपनी स्त्री और कुछ अनुचरों तथा दास-दसियोंके अतिरिक्त कोई नहीं था। श्रीनगरमें पृथीशाहने शाहजहाँके पोतेका स्वागत किया। अब भी शायद औरंगजेबका भविष्य निश्चित नहीं मालूम हो रहा था, इसलिए यदि "सम्राट्" दाराशिकोहके भावी उत्ताधिकारी सुलेमान शिकोहको राजाने अपनी किसी पुत्रीको ब्याह दिया हो, तो कोई आश्चर्य नहीं। फिदा खाँ और कासिम खाँ शाहजादेको लौटा न पाये। फिर जम्मूके राजा राजस्वरूपको एक बड़ी सेना देकर भेजा गया। साल भरके युद्धके बाद भी सफलता नहीं मिली। पृथीशाह शरणागतको लौटानेको तैयार नहीं था। राजाके मंत्रीने प्रलोभनमें पड़कर शाहजादेको विष देना चाहा, किन्तु भेद खुल गया और उसे अपने प्राणोंसे हाथ धोना पड़ा। शाही कोपमें पड़कर राज्यको भस्म करना उच्च कर्मचारियों ही नहीं स्वयं युवराज मेदिनीशाहको भी पसंद नहीं था, किंतु पृथीशाह अडिग रहा। शाही हुकुमसे सिरमोर (नाहन) की सेना पश्चिमसे आक्रमण कर श्रीनगरसे ४५ मील पश्चिम तथा (टेहरीसे ४ मील) तक गंगाके किनारे पहुँच गई। गढ-वाली सेना उसे बड़ी मुश्किलसे जमुना पार करा पाई। कुमाऊँकी सेनाने भी

शाही हुकुमको अपने सीमान्तपर ही बजाकर छुट्टी ले ली। औरंगजेबकी सेनाने अब दूनपर आक्रमण किया। सारा दून, और भाबर हाथसे जाता रहा। जयसिहने अपने पुत्र कुमार रामसिहको समझानेके लिए भेजा। पृथीशाहने उसका बड़ा सत्कार किया, किंतु सुलेमानको लौटाना स्वीकार नहीं किया। कुमार रामसिह और युवराज मेदिनीशाह पकड़नेको तुले हुए हैं—यह सुनकर सुलेमान शिकोहने रातको तिब्बतकी ओर भाग जाना चाहा, किंतु रास्तेका पता नहीं था। सुलेमानने भटकते हुए फिर श्रीनगरकी ओर लौटकर एक गुफामें शरण ली। किसी ग्वालियेने उसे देख लिया। राजाकी इच्छा न होनेपर भी सुलेमानको पकड़कर रामसिहके हवाले कर दिया गया। औरंगजेबने सुलेमानको कुछ समय ग्वालियरके किलेमें कैद रखकर मरवा डाला और पृथिवीशाहको दूनकी सनद दी। दूनमें इस राजाने पृथिवीपुर नगर और एक किला बनवाया था, जहाँ गढ़वालका शासक रहता था। माधोसिह भंडारीके पुत्र गजेसिहकी स्त्री मथुरा बौराणीका इसीके शासनकालका १६६४ ई० (शाके १५८६) में उत्कीर्ण अभिलेख देवप्रयागके रघुनाथ मंदिरके द्वारमें लगा है। ३० वर्ष राज्य करके ६२ वर्षकी अवस्थामें पृथिवीशाहका देहांत हुआ। उसके बाद उसका पुत्र मोदिनी शाह गद्दी पर बैठा।

मोलारामने पृथीपतिशाहके बारेमें लिखा है—

महिपतशाह स्वर्ग जब गये। पृथिपतशाह नृपति तब भये॥
पृथिपतशाह भये अवतारा। तिनको जस गावै संसारा॥
धर्म कर्म शुभ यज्ञहिं कीने। बिरती विप्रनको बहु दीने॥
कविजन सुनि कीरति जो गावें। जरी-दुशाला तिन्हें दिलावें॥
गुणग्राहक रह अति गढ माई। राजी किये गुनिनके ताई॥

× × ×

खिलत देहि ऐंधी इहाँ, हजरत दिये पठाय।
.... ॥

ऐंधी लेहि खिलत गढ आयो। किनहूने वह नाहि गिनायो॥
महाराज सुनि चुप ह्वै रहे। ऐंधी लेन आप नहिं गये॥
मंत्रिन सब ही रीति सुनाई। सो राजाके मन नहिं भाई॥
कह्यो "तुरक पै हम नहिं जावैं। हाथ जोर नहिं सीस नवावैं॥
क्यों गुलामको करहिं सलामहि।" ....॥
"जो तुम अपनी हुरमत चाहो। हुकम मान हमरे संग आओ॥"

कान दाबि तब संग मँहि आयो । खिल्लत बादशाहि सब लायो ॥
ऐंधी भाजिके दिल्ली सटक्यो । मजलस जाय दस्त दो पटक्यो ॥

देखि बादशह ताहिको, गढकी बूझी बात ।
"ऐंधी क्यों घबराइयो, कहो हमारे साथ ॥"

ऐंधी कहे "हम प्राण बचायो । आधी रात जो भाजिके आयो ॥
तुम्हें तहाँ कोई नहीं मानै । राजाको सब कोई मानै ॥
राजा भयो बादशह आपे । तासों घर-घर सबहीं काँपे ॥
पृथिपतशाह आप कहलावे । तुमको हजरत तुरक बतावे ॥"

सुनी हकीकत बादशा, कह्यो "पकरिकै लाव ।
मीर मुगल तुम जल्द ही, अबहीं गढको जाव ॥"

गढ पर्वत सब लिये घिराई । दल-बल..बहु फौजैं आई ॥
इतसौं पृथिपतशाह सिधारे । .... ॥
वार-पार फौजैं सब ठाड़ी । बिच मैदान चले जहँ गाड़ी ॥
सैल शृंग चहूँ ओरहिं ठाड़े । वृक्ष साणके डारहि वाढे ॥
.... ।

× × ×

घोरा चढ़ तुम सनमुख आओ । नाहक क्यों फौजहिं कटवाओ ॥
मीर मुगल चढि घोरा आयो । पृथिपतशाह इधरसौं धायो ॥
घोरा घोरा दिये मिलाई । कर्ण कर्णसों लागे जाई ॥
गल कमान राजाके डाली । राजाने तब सुरत सिंवाली ॥
बाकी काटी वाकोहि दीनी । कमर अलग तहँ ताकी कीन्हीं ॥
बीर मुगल धरणीमें ल्यायो । कटक देखि सिगरोहि भगायो ॥
नृपति फौज तहँ पाछे लागी । आगे जात तुरककी भागी ॥

× × ×

कर सलाम सबहीने दीन्यो । सवा लाखको कागज कीन्यो ॥
"राजा कहे न हमें सताओ । बहुधन जो तुमपै तो लुटाओ ॥"

मीर मुगल भाग्यो जबै, भजी फौज अकुलाय ।
दिल्लीमें जहँगीरसों, कही हकीकत जाय ॥

हजरत बहुत भये सुनि राजी । बकस्यो हाथी ग्यारा वाजी ॥
खिलत दुसाला मूंगा-मोती । .... ॥

और ही ऐंधी पठायो। श्रीनगर महि लेकै आयो॥
महाराज सब मंत्रि पठायो। अत आदरसों ले वह आयो॥

× × ×

"गनिका ऐंधी माँगन लाग्यो। सो हम दई न उठिके भाग्यो॥
इन कंचनी होत है नाहीं। हिंदू रमजनि है पुर माहीं॥"

× × ×

दिल्ली दाखल ऐंधी भयो। उनहू सब विध नीको कह्यो॥
जहाँगीर खुश सुनिके भये। .... ॥
श्रीनगर महराज नित, रह प्रसन्न मनमाँहि।
ख्याल करे जो आनिकै, खाली जात सो नाहि॥

× × ×

या विधि कविजन कविता कीनी। महाराज सों ही कहि दीनी॥
महाराज सुनिके मुसिकाये। हाथी घोरा ताहि दिलाये॥
नाना वस्त्र सस्त्र पहिराये। सहस रूपया रोक दिलाये॥
जावत जीव सुजस फैलायो। देह..तजि स्वर्गहि पायो॥

८. **मेदिनीशाह (१६६०-८४ ई०)**—बाजबहादुरके पुत्र उद्योतचंदने गद्दीपर बैठते ही १६७८में बधाणपर आक्रमण किया, किंतु उसे अपने योग्य सेनापति मैसी साहुको खोकर लौट जाना पड़ा। दूसरे साल उद्योतचंदने गणाई और पंडवा-खालसे घुसकर लोहबाके रास्ते चाँदपुर तक पहुँच उसे लूटा। कुमाऊँ के साथ कालीके परले पारके डोटी (नेपाल)के रैनका-राजाकी खान्दानी दुशमनी थी। गढवाल और डोटी मिल गये। १६८०में डोटीने कुमाऊँकी पुरानी राजधानी चम्पावतपर अधिकार कर लिया तथा गढवालियोंने दूनागिरि और द्वाराहाटको ले लिया, किंतु यह सब सफलतायें अस्थायी रहीं। सिरमोर, बिशेर, गढवाल, कुमाऊँ, डोटीका शक्ति संतुलन शताब्दियों तक ऐसा रहा, कि वह एक दूसरेको निगल नहीं सकते थे। मेदिनीशाहने शुरू हीमें औरंगजेबको अपनी खैरखाही दिखलाई थी, इसलिए उधरसे कोई प्रहार नहीं हुआ। २३ वर्ष राज्य कर ६१ वर्षकी अवस्थामें मेदिनीशाहकी मृत्यु हुई। उसका उत्तराधिकारी तत्पुत्र फतेहशाह हुआ। मेदिनीशाहके बारेमें मोलारामने लिखा है—

देह तजी जब स्वर्गहि पायो।
मेदिनिशाह भये सुत तिनके। कहूँ सुजस अब सुनियो इनके॥
खबर गई दिल्लीमें जब हीं। भेज्यो ऐंधी [एलची] गढमहि तबहीं॥

खिल्लत साथ पार्चा दीन्यो। "इत आओ तुम हुकुम हि कीन्यो" ॥
मेदिनिशाह चले संग ताके। फतेहशाह-सुत राजमें राखे ॥
दिल्ली जाय सलामहि कीन्यो। देखि बादशह हुकमहि दीन्यो ॥
"तुम क्यूँठलगढ साधो जाई। इतकी फौजें हारके आई ॥
आकी वह गढ भयो मवासी। हमरी उन कहँ फौज बिनासी ॥"
सुनी मेदिनीशाह यह, झुकिके कियो सलाम।
कह्यो "मैं हजरत जात हूँ, यही हमारो काम" ॥
करि सलाम हजरतको धायो। गढ सों अपनो कटक मँगायो ॥

× × ×

संग लोभी बधाणी तिनके। तुपक सिरोही कर्महि जिनके ॥
ऐसी गढसों फौजें धाई। जाय क्यूँठल सबहि घिराई ॥
मेदिनिशाह मंत्र ठहरायो। सब मंत्रिनको इहै सुनायो ॥
"पानी रसत बंद करि राखो। भली बुरी तिनसों मत भाखो ॥"
बठफरगढ चहुँ-पास फिरायो। अंदर जान कोई नहिं पायो ॥
गढ महिं बैठि कतल अरि कीने। पड़े पाय मुख मँह तृण दीने ॥
मेदिनिशाह दिल्लीमें आये। बहु आदरसे पास बुलाये ॥
हजरत कह्यो "कुछ अर्जी लाओ। जो तुम माँगो सोही पाओ ॥"
राजा कही "मेहर जो कीजे। दून हमारी हमको दीजे ॥"
बहोत दिननसे छूट रही है। बूझी तुम हम अर्ज कही है" ॥
पट्टा तुरत लिखाय मँगाया। ठपिकै सही कराय दिलाया ॥
हुकम भयो "रहु हमरे पासहि। सब विधि पूरै तुमरी आसहि" ॥
मेदिनिशाह रहे तब तितही। मजलस जात रहे जो नितही ॥
कोई दिन दिल्ली रहे, पाछे गढ महिं आय।
सुरगवास तिनको भयो, रह्यो सुजस जग छाय ॥

(९) **फतेशाह (१६८४-१७१६)**—फतेहशाह १५ वर्षकी अवस्थामें गद्दीपर बैठा। उसकी अभिभाविका उसकी माता कांगड़ाके राजाकी लड़की थी। रानीके कृपापात्र भगतसिंह, आलमसिंह, महीपतसिंह, दयालसिंह और कलमसिंह पाँच भाई कठोत थे। उनका पिता हरकसिंह संबंधके कारण श्रीनगर आकर सेनामें उच्चपदपर नियुक्त था। रानी कठोतोंकी बातपर चलती थी। कठोतोंने तरह तरहके कर लगाये, जिससे प्रजामें अशान्ति फैल गई। लोगोंने उन्हें पकड़कर श्रीनगरसे १०-१२ मील उत्तर (भट्टीसेरा चट्टीसे आगे) एक सूखे पर्वतपर मार डाला, जहाँ

"पाँच भाई कठोतोंकी चौरी" अब भी वहाँ मौजूद है। रानीके सलाहकार अब शंकर डोभाल और पुरिया नैथाणी हुए।

फतेहशाहने शासन संभालते ही १६९२में सिरमौरपर चढाई की। राजा रुद्रप्रकाशसे लड़ाई हुई। पाँवटामें गुरु गोविंदसिंहसे भी झड़प हुई। यहां से आगे बढकर सहारनपुरके पुंडीर-गूजरोंपर आक्रमण किया, जहाँ शाही सेनापति सैयद अलीसे मुकाबिला करना पड़ा। फिर नीती घाटा पार हो दाबा (भोट)के राजाको परास्तकर कर देनेके लिए मज्बूर किया। वहाँ दाबाके विहारमें अब भी उसकी पलीतादार बंदूक, तलवार, कवच और टोप रखे हुए हैं। उधर १६९८में कुमाऊँकी गद्दीपर बैठते ही ज्ञानचंद (१६९८-१७०८ ई०)ने पिंडार-उपत्यका-पर थराली तक आक्रमण किया। अगले साल उसने रामगंगा पार हो, सावली, खटली और साईंधारको लूटा। इसका बदला फतेहशाहने १७०१में चौकोट और गिवाडको लूटकर लिया। आगे सीमान्तकी पट्टियाँ उजड़ गईं, खेतोंमें जंगल उग आये। १७०३में गढवालियोंने दुदुली (मेल चौरीसे थोड़ा ऊपर)में कुमाऊं-नियोंको हराया। १७०७से—जिस साल कि औरंगजेब मरा—अब शत्रु-सेनाकी बारी थी। उसने जुनियागढ (बिचला चौकोट)पर अधिकार करते पंडवाखाल और देवलीखाल होते चांदपुर तक पहुंच उसे हरा दिया। अगले राजा जगतचंदने लोहबा लूटकर वहां लोहबागढी (पांडवाखालके सिरेपर)में अपनी सेना रखी। अगले साल बधाण और लोहबा दोनोंके रास्ते आकर कुमाऊंनी सेनायें पिंडार-अलकनंदाके संगम (कर्णप्रयाग)के पास मिल गईं, और नीचे बढ़ श्रीनगरपर उन्होंने अधिकार कर लिया। फतेहशाह देहरादून भाग गया। जगतचंदने श्रीनगरको एक ब्राह्मणको दान दे दिया और लूटके मालको अपने लोगोंमें बांट दिया। लेकिन यह सफलता स्थायी नहीं थी, १७१०में फिर गढवाली सेना बधाणपर अभियान कर रही थी, यही नही फतेहशाहने गड़सार (कत्युर)को लेकर उसे बदरीनाथको दान दे दिया।

गुरु रामराय—सिक्खोंके सातवें गुरु हरराय (मृ० १६६१)के हरिकृष्ण और रामराय दो पुत्र थे। रामराय ज्येष्ठ पुत्र थे, किंतु उनकी माका दर्जा नीचा था, जिससे उन्हें गुरुकी गद्दीसे वंचित कर दिया गया। हरिकृष्ण गद्दीपर बैठे, किंतु तीन वर्ष बाद १६६४में चेचकसे मर गये। अब भी रामरायको वंचित कर गुरु हररायके भाई गुरु तेगबहादुर (१६६४-७५)को गद्दी मिली। सिक्ख लोग अपने गुरुको सच्चा बादशाह कहा करते थे। कहते हैं, उसीसे चिढकर औरंगजेबने गुरु तेगबहादुरको पकड़कर दिल्लीमें जिस जगह मरवा डाला—वहीं

आज शीशगंजका गुरुद्वारा खड़ा है। गुरु तेगबहादुर रामरायके चचा थे और गुरु गोविंदसिंह चचेरे भाई।

गुरु तेगवहादुरके समय भी गुरु रामरायने अपने दावेको नहीं छोड़ा। गुरु तेगको मरवानेके बाद गुरु रामरायको औरंगजेबने परिचयपत्र देकर दून भेज दिया। वह पहिले टौंसके किनारे कांदलीमें ठहरे, फिर खुड़बुड़ामें आ बसे। राजा फतेहशाहने उन्हें खुड़बुड़ा, राजपुरा, चामासारी गाँव प्रदान किये। पीछे फतेहशाहके पौत्र प्रदीपशाहने चार गाँव और—धामावाला, मियांवाला, पंडित-वाड़ी और धरतावाला—प्रदान किये। धामावालामें गुरु रामरायने एक कच्चा मंदिर बनवाया, जिसे उनकी विधवा पंजाब कुअरने पक्का कराया। खुड़बुड़ा (खरवारा) और धामावाला (धामूवाला) इन्हीं दोनों गाँवोंको लेते आगे चलकर देहरादून नगर बढा। गुरुका डेरा पड़ जानेपर अनुयायी भी वहाँ आकर रहने लगे, और इसे डेरानानककी भांति गुरुका डेरा कहा जाने लगा, जो दून (सिवालिक हिमालयके बीचकी उपत्यका)से मिलकर डेरादून, 7 देरादून बन गया। गुरु राम-राय अंतिम तीन सिक्ख गुरुओंके प्रतिद्वंद्वी रहे, जिनमेंसे गुरु तेगबहादुर और गुरु गोविंदकी कुर्बानियां असीम थी, इसलिए सिक्ख जन-साधारणको उनकी ओर आकृष्ट होना ही चाहिए था। यह अच्छा हुआ, जो गुरु रामरायका उत्तराधि-कार उनकी संतानको न जाकर उनके उदासी शिष्य (महंत) हरप्रसादको मिला। हरप्रसादके शिष्य हरकिसन या हरसेवककी मृत्यु १८१८ ई०में हुई। गुरु राम-राय अधिकतर श्रीनगरमें रहते थे, जहां उनके लिए राजाने एक मंदिर बनवा दिया था।

राजा फतेहशाहने ५० वर्ष राज्य करके ७६ वर्षकी अवस्थामें १७४९में शरीर छोड़ा। उसका पुत्र उपेन्द्रशाह कुछ महीनों राज्य करके ४१ वर्षकी अवस्था-में १७५०में मर गया, फिर उसका भतीजा दलीप-पुत्र प्रदीपशाह गद्दीपर बैठा।

फतेहशाह और उपेंद्रशाहके बारेमें मोलारामने लिखा है—

फतेहशाह राजा इत रहे। दिल्ली नौरंगजेबहि भये॥
फतेशाह दाता भये ज्ञाता। सुंदर सूरज जग विख्याता॥
दिल्ली नौरंगजेब कसाई। पिता-भ्रात सब दिये मराई॥

× × ×

वही कथा अब फिरकै आई। जो पहिलों हम तुमहिं सुनाई॥

तब हस्ती[1] जू यों कही, "आगे कहो सब हाल ।
फतेहशाह-पाछे भयो, जो राजा गढवाल" ॥

(१०) उपेन्द्रशाह

उपेन्द्रशाह-भये पाछे राजा । तिनहूं किये सबै शुभ काजा ॥
सिंह मृगा एक ठौर बंधायो । एक घाटमें नीर पिलायो ॥
नित्त नीत गढराज चलाई । कहूं अनीत होन नहिं पाई ॥
हवन यज्ञ दान बहु कीने । हय हाथीहि कविनको दीने ॥
कलियुगमें सतयुगहि चलायो । राज करन. . बहुत नहिं पायो ॥
नौ दस मास राजहि कीन्यो । स्वर्ग जाय पुनि वासहि लीन्यो ॥
टीका[2] तिनके कोई न हुआ । जो हुआ सोई तहं मुआ ॥

(मुगल-साम्राज्यका अन्त)—

दिल्लीके साथ गढवालके संबंधके बारेमें पहिले जहां-तहां कहा जा चुका है। तुगलकोंके समय हिमालय पर मुसलमानोंका आक्रमण हुआ था। अकबरके समय हुसैन खाँ टुकड़ियाने काफिरोंके धर्मको उखाड़ फेंकनेका प्रबल प्रयत्न किया। १७०७ में औरंगजेबके मरनेके बाद मुगल-साम्राज्यमें जो उथल-पुथल मची, उसका प्रभाव शक्तिहीन होते गढवालपर भी तेजीसे पड़ा। यहाँ उसके संबंधमें कुछ कहना जरूरी है।

औरंगजेबकी मृत्युके बाद मुगल-शक्तिका ह्रास बड़ी तेजीसे होने लगा। पहिलेसे भी मुगल दरबारमें चार दल थे—(१) तूरानी, (२) ईरानी, (३) अफगान (पठान) और (४) हिन्दुस्तानी। औरंगजेबके बाद प्रथम दल (तूरानी) का मुखिया कमरुद्दीन था, जो पीछे चिकिलिच खाँ और अन्तमें निजामुलमुल्क बना। इसके पूर्वज मध्य-एसियाके तुर्कमान थे। कमरुद्दीन पहिले गोरखपुरका सूबेदार था। फर्रुखसियरके राजच्युत होनेके समय वह मुरादाबादका[3] फौजदार था, लेकिन वह रुहेलखंडमें नहीं जमा—उसे तो अपनी कार्यभूमि दक्खिनको बना हैदराबादका प्रथम निजाम (निजामुल्मुल्क) आसफजाह बनना था। सैयद-बंधुओंकी मृत्युके बाद निजामका चचा महामंत्री बना। जिसके मरनेपर १७२२ में निजाम भी एक साल महामंत्री रहा। मुगल भी मध्य-एसियाके तुर्क थे, इसलिए तूरानी दल शाही-दल था। यहां यह बात स्मरण रखनी

---

[1] हस्तिदल गोरखा-शासक, जिसके कहनेपर मोलारामने यह काव्य रचा। [2] युवराज [3] यह शाहजहांके पुत्र मुरादके नामपर बसाया गया था।

चाहिए कि बाबर तैमूरके पुत्रोंके खानदानका अतएव तुर्क था। रोब जमानेके लिए ही उसने अपने पैतृक खानदानकी जगह चंगेज-वंशजा माँके खानदान (मुगल, मंगोल) का नाम अपने साथ जोड़ना शुरू किया।

ईरानी दल एक तरह शीयोंका दल था, जिसमें पीछे मुर्शिदाबाद और लखनऊके होनेवाले नवाब सम्मिलित थे। हिन्दुस्तानी दलके मुखिया अब्दुल्ला खाँ और हुसेन अली खाँ सैयद-बन्धुओंके नामसे प्रख्यात कितने ही समय तक दिल्लीके हर्त्ता-धर्त्ता रहे। इनका मूल स्थान मेरठके पास था। इन्होंने दिल्ली छोड़ अपने लिए किसी लखनऊ या हैदराबादकी नवाबी नहीं तैयार की। औरंगजेबकी मृत्युके बाद की डेढ़ दशाब्दियाँ सैयद-बन्धुओंके शासनकी थीं। फर्रुखसियरको इन्होंने गद्दीपर बिठाया, और जब पसन्द नहीं आया, तो (१७ फर्वरी १७१८ ई०) वह उसे उतारकर तब तक दूसरे कितने ही खिलौनोंको शाह बनाते रहे, जबतक कि मुहम्मदशाहके जमानेमें दोनों भाइयोंकी समाप्ति नहीं हो गई।

पठानोंने अवधसे पश्चिम गंगाके दोनों पार (प्राचीन कुरु-पंचालमें) अपने लिए भूमि तैयार की—गंगाके दक्खिन फर्रुखाबाद[1] बंगश पठानोंका केन्द्र था और गंगासे उत्तरके बड़े भूभागको रुहेलोंने हथियाया था, जो पीछे उन्हींके नामपर रुहेलखंड कहा जाने लगा, और जिनका अन्तिम अवशेष रामपुरकी रियासत हाल हीमें स्वतंत्र भारतमें विलीन हुई। इन पठानोंके बारेमें "मुताखरीन" का लेखक लिखता है "अफगानोंको न दिल होता है, न दिमाग। वह बड़े लालची होते हैं, नमकका हक अदा करना नहीं जानते। अफगानसे झगड़ा करना भिड़के छत्तेमें हाथ देना है। अगर कोई अफगान मारा जाये, तो उसका फिरका उस बातको कभी नहीं भूलता, चाहे कितना ही समय क्यों न बीत जाये, मौका मिलनेपर वह बदला लेकर ही रहता है।"[2]

इसमें शक नहीं, इसमें अतिरंजनसे काम लिया गया है। यह इतिहासकार स्वयं ऐसे दलका था, जिसका पठानोंसे विरोध था।

अवधके सूबेदार सआदतअली खाँका भांजा और दामाद मंसूर पीछे सफदर-जंगके नामसे प्रसिद्ध हुआ। १७४८ में निजामुल्मुल्कके मर जानेपर सफदर जंग[3] दिल्लीका महामंत्री बना, किन्तु दलबंदियोंमें निभ न सका,

---

[1]फर्रुखसियरके नाम पर बसा।

[2]"जगत सेठ" (श्रीपारसनाथ सिंह) पृष्ठ २०० से।

[3]नई दिल्लीके पास सफदर-जंग मद्रसा इसीने स्थापित किया।

और १७५३ में बगावत करके वह अवध चला आया। अपने स्वार्थोंके लिए तूरानी और ईरानी दोनों दल विशेष तौरसे मराठोंसे मदद लेना चाहते थे। सफदर जंगने मराठोंको बुलाकर फर्रुखाबादके बंगश-पठानोंको समाप्त करवा दिया, और **द्वाबा**को मराठों तथा अपनेमें बाँट लिया। मराठे रुहेलोंकी भूमिमें भी पहुंचने लगे, थे, किन्तु इसी समय एक विदेशी शक्ति (अंग्रेज) बीचमें आ कूदी। १७५४ में सफदर जंगकी मृत्यु हुई और उसका बेटा शुजाउद्दौला अवधका नवाब बना। इसके दो साल बाद (१७५६) में अलीवर्दी खांके मरनेपर उसका दामाद सिराज-उद्दौला मुर्शिदाबादका नवाब बना। अगले ही साल (१७५७) पलासीकी लड़ाईमें छलसे विजय प्राप्त कर अंग्रेजोंने १९० सालोंके लिए देश पर अपना प्रभुत्व जमा लिया। इस अवस्थासे लाभ उठानेमें पश्चिमी पड़ोसी क्यों पीछे रहते? ईरानके शाहके सेनापति तुर्कमान नादिर कुल्ली या नादिरशाहने १३ फर्वरी १७३९ को कर्नाल पहुंच दिल्लीकी सेनाको करारी हार दी। अवधका सूबेदार सआदतअली खाँ घायल हुआ। ९ मार्च १७३९ को नादिर दिल्लीमें दाखिल हो दो महीने वहां रहा। कत्लआम और लूटका बाजार गर्म हुआ। मुगल शक्तिको अंतिम प्रहार दे तख्तताउस तथा अपार संपत्ति ले नादिर ५ मई १७३९ को दिल्लीसे विदा हुआ—वह या उसके आदमी गढवालकी ओर नहीं आये।

मराठोंको इसी समय उत्तरमें और आगे बढनेका मौका मिला, और जैसा कि ऊपर कहा, सफदरजंगने उनकी मददसे द्वाबा और रुहेलखंडके पठानोंको दबाया। तुर्कमान नादिरशाहकी लूटको देख अफगान अहमदशाह अब्दाली (दुर्रानी) क्यों चुप रहता? उस समय उत्तर भारतके एक बड़े इलाके पर उसके पठान भाइयों बंगशों और रुहेलोंका अधिकार था। १७४८, १७४९ और १७५१ तक पंजाब और मुल्तानपर उसने अधिकार कर लिया। चौथी बार गाजीउद्दीनके महामंत्रित्वके समय १७५६ के अंतमें उसने और आगे कदम बढ़ाया, और पानीपतमें मराठोंकी सेनाको भी हराकर १७५७ की जनवरीमें वह दिल्लीमें दाखिल हुआ। वहाँ जो कुछ हाथ लगा, उसे तथा रंगीले मुहम्मद शाहकी दो तरुण विधवाओंको भी लेते वह काबुल लौट गया। दो साल बाद १७५९ में वह फिर दिल्लीकी सूखी हड्डियोंको चिचोड़ने वहाँ पहुंचा।

अहमदशाह अब्दालीके आक्रमणके समय सहारनपुरको एक रुहेले सर्दार नजीब खाँ (नजीबुद्दौला)[1] ने अपना गढ़ बना लिया था। पठान होनेसे वह

---

[1] **इसीने नजीबाबाद बसाया।**

खसिया बहु रजपूत संहारे । पहिले मंत्री सबही मारे ॥
नूतन मंत्री नूतन राजा । मंत्री करैं राज को काजा ॥
राजा जहां बालक न्याय नाहीं । मंत्री कटै आपस मध्य मांही ॥
जैसे बिना अंकुश मत्त दंती । जूझै महायुद्ध कवि यों वदंती ॥
जाके रहैं नूतन नित मंत्री । होवै सु कैसे वह राज-तंत्री ॥
भली बुरी ते कुछ न लखंती । राजश्री गर्व कवयो वदंती ॥
जहां ज्ञान सनमानकी बात नहीं । महा अंधकी धुंध कहिये तहांहीं ॥
तहां क्या करें पंडितें पंडिताही । जहां खाक बूरा बिकै एक सा ही ॥

पंडित गुनिजन लोक जे,सबही भये उदास ।
जो पामर कुल-हीन नर,मंत्री भयो वो खास ॥

गढ़ महि निरमानुखता भई । इहै खबर चहुं दिस महँ गई ॥
कुरमाचल तै बिगड़त आई । पुरवा पछुवा पौन भी धाई ॥

कुरमांचल सो जोयसी, हरी राम तिहुँ नाँय ।
होय तमीर श्रीनगर मँहि, आयो वह गढ धाय ॥

सिरीनगर महि जोसी आयो । या विधि उलकापात उठायो ॥
निरमानुखता गढ मँहि देखी । महाराज सों कीनी सेखी ॥
"हे महाराज शरण हौं आयो । राज कुमाऊं तुम्हें चढायो ॥
चलो फौज ले राज कुमाऊं । देस मुलक सब तुम्हें मिलाऊं ॥
गढ़मँहि अपने पुत्र बिठावो । राज कुमाऊं तुमहिं चलावो ॥
तुम राजा हम मंत्रि तुहारे । कुर्माचल सों हुए नियारे ॥
राज-काज सब हमरे हाथा । सो हम निशि-दिन तुमरे साथा ॥
चंद भाजिके देशहि जावें । राज-तख्त मँहि तुम्हें बिठावें ॥"

प्रदिपशाह नरनाह सुनि, लागे बातन मांहि ।
आयो हाथ न राज वो, अपनो राख्यो नाँहि ॥

× × ×

सवा लाख ले फौज सँग, गये कुमाऊं मांहि ।
डेरा दीन्यों जूनियां,-गढमँहि खोड़ बनाहि ॥

कोई दिन जो तहां रहाये । प्रजा कोई नहिं भेंटन आये ॥
हरीराम जोशी हि बुलायो । सबहीने मिल जुलि समझायो ॥
ताकी खिदमत ताको दीनी । खातरजमा सबहि कुछ कीनी ॥
हरीराम बक्सी कहलायो । इनको साफ जवाब दिलायो ॥

× × ×

कुरमांचल सब एक हो, मंत्री लिये मिलाय।
कह्यो "वेग गढ-भूप को, इत सों देहु उठाय" ॥

इकसठ बरस लौं राजहि कीना। आधा अंग अर्धंगने लीना ॥
जड़ी जंत्र औषधि बहु कीनी। लगी एक नहिं काया लीनी ॥

इकसठ बरसकी उमर ही, मरे जो शाह प्रदीप।
ललितशाह को राज भयो, खरी लगाई सीप ॥

गढमंत्री यह मसलत दीनी। गुपत महा तँह कौशल कीनी ॥
"लोग तुम्हारे जब चढ़ि आवैं। राजाको हम तबहि उठावैं ॥

× × ×

राजा लियो घेर जब ताही। बाप-पूत दो लड़े उहांही ॥
बाप-पूत दो भाट भिखारी। उनहूं तहां लड़ाई मारी ॥
राजा तितसों दियो बचाई। बीस-पचीसों लोथ गिराई ॥
तब किनहूं ने गोली दागी। बाप-पूत दोनोंके लागी ॥
निमक हलालीमें सिर दीना। लालच लोभ कछू नहीं कीना ॥

× × ×

भागे गढके लोग सबै ही। सरवसु सबको लुट्यो तबैही ॥
कई लाखको द्रव्य लुटायो। सो सब कुर्माचलिने पायो ॥
राजा भाजि नगर मँहि आये। मिल्यो राज नहि आप लुटाये ॥
ऐसे खसिया दुज हैं गढ के। जानत हैं घर हीमें लड़के ॥

एककी एक करै चुगली,
मुगली, बहु पेचनमें बढ़िकै।
परकाज बिगारत हैं अपनो,
सिर पाप चढावत हैं अड़िकै ॥
याहिते यों गढ़वाल गयो,
कटि आपसमाँहि मरै लड़ि कै ॥
कवि मोलाराम विचार कही,
ऐसे खसिया दुज हैं गढ़ कै ॥

ता दिनतें पर दीप शा, बाहर निकसे नांहि ॥
घरहीमें मजलस करी, मंत्रिनके संग मांहि ॥

विक्रम छाड़ि संधि हीं कीनीं । देश-विदेश पत्रिका दीनी ॥
लिखत पढत सब हीं को राखीं । वैर करै नहिं सँगमँहि काकी ॥

× × ×

फिरैं पचास साठ हीं चकना । मदमातें ज्यों हाथीं मकना ॥
सबहींको पुर महिं घुरकावैं । तिनको देखि सबहिको डरावैं ॥
ऐसे चकना[१] जिनके चेरा । तिनके पुर निस-दिनहि अंधेरा ॥
विभचारीं कौ नाहिं डरावै । गनिका मित्र सौं दंड भरावै ॥
परदारा गनिका हितकारीं । नीत-रीत परदीप बिमारी ॥

× × ×

(१२) ललितशाह (१७७२–८०)--प्रदीपशाह ३० वर्ष शासन करके ६३ वर्षकी अवस्थामें मरा, और उसके स्थानपर उसका पुत्र ललितशाह गढ़वालका राजा हुआ। अब नजीबुद्दौला मर चुका था, दूनको फिर गढ़वाली अपना समझने लगे थे, किंतु अब वह गूजरों और सिखोंकी लूटका शिकार था। सिक्ख सरदार बुगेलसिंहने सहारनपुर लूटकर आगे बढ़ना चाहा था, किंतु आगे अवधके नवाब आसफुद्दौलाकी तपीं थीं। सिक्खोंने दूनको खूब लूटा। उसकी सौ वर्षकी अर्जित समृद्धि लुप्त हो गई। दून-निवासियोंने गुरुद्वारेमें अपनी सम्पत्ति रखकर पहाड़ोंमें पनाह ली। सिक्ख गुरुद्वारके भीतर लूटमार नहीं करते थे, यह उनको मालूम था। दूनके महन्तका प्रभाव इस समय बहुत बढ़ा-चढ़ा था। सिक्खोंकी लूट-खमूट और बर्तावको देखकर एक तत्कालीन लेखक फोस्टरने लिखा था "जिस तरह इनके साथ सम्मान दिखलाया जाता है, या वह स्वयं अपना सम्मान कराते हैं, उसे देख मुझे अक्सर ख्याल आता है, कि कुछ सप्ताहोंके लिए मैं एक सिक्खके शरीरमें चला जाता।" सिक्खोंके बाद सहारनपुरके गूजरों-राजपूतोंने दूनको अपना क्रीड़ा-क्षेत्र बनाया। पुंडीर (राजपूत) राना गुलाबसिंहको ललितशाहने अपनी कन्या दे बारह गांव दहेज दिये थे, जिसका लड़का बहादुरसिंह १७८७ में दूनका प्रबंधक भी था। अब पुंडीरोंका प्रभाव कम हो गूजरोंका बढ़ा। उनके सरदार लंढोराके राजा रामदयालने पाँच गाँव स्वयं ले लिये और सातको खेरी, सखरौडा और रामपुरके रावोंमें बांट दिया।

ललितशाहकी एक रानीसे जयकृतशाह और पराक्रमशाह, तथा दूसरीसे प्रद्युम्नशाह और प्रीतमशाह चार पुत्र थे। उसको सनक थीं, कि चारों पुत्रोंको

---

[१] उचक्के

राजा बनाया जाये। बड़े पुत्र जयकृत (जयकीर्ति) शाहके लिये गढ़वालकी गद्दी थी ही। कुमाऊंकी निर्बलतासे लाभ उठाकर वहां वह अपने दूसरे पुत्र प्रद्युम्न शाहको भी प्रद्युम्नचंदके नामसे गद्दी पर बैठानेमें सफल हुआ। आगे कहीं और दो राज्योंको जीतनेका वह मनसूबा रखता था, किंतु कुमाऊंकी सफलतासे लौटते समय मार्गमें दुलड़ीमें मृत्युने उसे आ घेरा, और ११ वर्ष राज्यकर ५७ वर्षकी उम्रमें उसका देहांत हो गया।

ललितशाहके समय १७८६ में एक बार फिर रुहेलोंने उपद्रव मचाया था। नजीबुद्दौलाके पुत्र जाबिता खां (१७७०–८५) ने दूनसे छेड़छाड़ नहीं की, किंतु जाबिताके पुत्र गुलामकादिर (१७८५–८९) ने हरद्वारकी ओरसे घुसकर दूनमें आग और खूनकी होली खेली। उसने गुरुद्वारेको भ्रष्ट किया। पीछे वह पागल हो गया और उसके सहायक तथा प्रबंधक मुनिवरसिंहने उसके मरने-पर पहिले सिरमौरसे संबंध जोड़ा, पीछे प्रद्युम्नको अपना मुरब्बी बनाया।

मोलाराम अब परिपक्ववयस्क था। वह गढ़वालके शासनको भीतरसे देख रहा था। उसने उसके संबंधमें लिखा है—

बड़ी प्यारी डोटीकी रानी। कहनमें छोटी अत-मनमानी॥
सो तिनके मंत्री बहिकाई। जैसे मात कैकई गाई॥
सोई बात डोटचाली कीनी। नृपताई निज पुत्र सों लीनी॥
रानी कीन्यों मान मन, एक दिन राजा साथ।
राजा रानी सों लगे, हंसि कै बूझन बात॥

× × ×

"राजा, राज मम पुत्रको दीजै। यह बिनती हमरी सुन लीजै॥"
काम अंध ह्वै कह दियो, राजा राणी तांहि।
पाछै आयो सोच यहि, भली भई यह नाहिं॥

× × ×

"कूर्मांचल सिरमौरहिं मारे। राज करै दोउ पुत्र तुम्हारे"॥
इह राजा मनमॅहि ठहराई। लागे फौजाँ रखन सिपाई॥
प्रथम फौज **सिरमौर** चढाई। चहूं गिरद सैं ताक लगाई॥
गढ **वैराट** फूक सब दीन्यों। हेला धाय **कालसी** कीन्यों॥
तब सिरमौर सों फौजां छूटी। जितकी तित गढ फौजें कूटी॥
कई बार जो पड़ी लड़ाई। फते जो उनसे कधीं न पाई॥
रहे जबर सिरमौरी गढ सौं। खैंच पड़े तलवारें मढ सों॥

गढकी फौजें मार हटाई। कियो मेल नहिं पार बसाई ॥
तलब पड़ी देनी सब घरसौं। चाँदी सोना बेंच्यो डर सौं ॥
खबर बरेली यह गई, हर्ष देवके द्वार।
सब जोशी कट्ठे भये, लागे करन विचार ॥

× × ×

हरष देव यह बात सुनाई। जोसी सब ही पास बुलाई ॥
"हमहुं कुमाऊं सै इत आये। बिन उद्यम सबही अकुलाये ॥
अब सब मिलि उद्दिम ठैराओ। पाती लिखि गढमें पौछावो ॥
गढ़पति जो हमरे बस आवैं। सकल काज हमरे बनि जावें" ॥

× × ×

अरजी लिखि गढमें दई, "मरजी तुमरी होय।
नाहण औ **चंपावती**, देहि मारि हम दोय" ॥
अरजी इह गढमें लिखि दीनी। जोशी सब मिलि मसलत कीनी ॥
नाहण तुमहूं फौज चढाई। मंत्री परजा कोइ न मिलाई ॥
हमहुं **कुमाऊं** सै उठि धाये। जब सौं मोहकमचंद[1] हि आये ॥
राजा राणी बालक मारे। तब सों हमहूँ भये नियारे ॥
हम मंत्री जो मंत्र चलावैं। एक पलक महि तिन्हें उड़ावैं ॥
जो तुम आज्ञा हमकों दैहौ। नाहण सहित कुमाऊं लैहौ ॥
प्रथम कुमाऊं राजहि मारैं। ता पीछे नाहण पग धारैं ॥
तीनों ठौर तुम राजहिं पावो। पुत्र आपने जो बैठाओ" ॥
सुनि अरजी महाराज इह, ललितशाह नरनाह।
मनमें आई बात सब, भये प्रसन्न अथाह ॥

× × ×

प्रतिउत्तर तुरतै लिखि दीन्या। . . . . ॥
"पत्री बांच शीघ्र इत आओ। फौज हमारी सॅग ले जाओ ॥
मोहनचंदको देहु उठाई। तुम बैठो कूर्माचल जाई ॥"
कुंवर हमारो संग ले जाओ। प्रद्युमन साह कौं राज बिठायो ॥
"महाराज धन धन्न महापरताप तुम्हारे। मिले आफतैं आफ तुम्हें मंत्री जन सारे ॥
राज तुम्हारो भयो बात निश्चै इह जानो। . . . .

---

[1] **मोहनचंद**

करज फरज सिर पै चढ़्यो, बीस पचीस हजार।
आवन देत न ये तहाँ, हमको साहूकार।"

. . . .

हुकम भयो "जल्दी हि बुलायो। बीस-पचीस हजार पठावो ॥
दई असरफी कछू रुपैया। कह्यो तुरत आवो दोउ भैया" ॥
पत्री संग रुपैया दीने। सो सब जोसी बांटहि लीने ॥
वस्तर नये सभीने बनाये। सजि कै जोसी गढ़-मँहि आये ॥
"महाराज बलिराजवतारी।" लागे बतियां करन पियारी ॥
जयानंद जोसी तह बोले। "महाराज बड़भागी तोले ॥
अरिपुरके सब मंत्री आये। अरिपुर भेंट आफकी लाये" ॥
ललितशाह राजा तब कही। "कही तुम्हारी ह्वैहै सही ॥
तुमहूं श्रीफल अरिपुर लाये। दछिणामें हम पुत्र पठाये ॥
पुत्र होत है प्राण सौं प्यारो। सो हमने तुम गोदहि डारो ॥
प्रदुमन साह है याको नामहि। सो तुमरे हम भेजें धामहि ॥
इनको ले सँगमँहि तुम जावो। कूर्माचलको नृपति बनाओ ॥
तुम मंत्री यह राजा तुमरो। देखि प्रसन्न होय चित हमरो" ॥

× × ×

"साध सत्रुको राज दवावें। तब गढसों हम कुंवर ले जावें" ॥
शुभ दिन नीको छांटके लीनो। राज-तिलक तव कुंवरको कीन्यो ॥
प्रदुमनचंद तंह नाम धरायो। कूर्माचल वनि नृपति ठरायो ॥

× × ×

अर्जी लिख श्रीनगर पठाई। "तुम प्रताप जो फत्ते पाई ॥
मोहकमचंद काढि हम दीन्यो। राज कुमाऊं तुमरो कीन्यो ॥
प्रदुमनचंद अब हमको दीजै। गढपति इह हमरो जस लीजै" ॥

× × ×

"नवो राज इह खोटी परजा। मानत नाहि हुकम यह बरजा ॥
यातें हम आवें..तहाँही। सबको साध करे बस मांही ॥
तब हम राज-पुत्र बैठावें। प्रदुमनचंद हुकुम्म चलावें" ॥

× × ×

नाहक क्यों निज चरन दुखाओ। गढको छाड़ि कुमाऊं आओ ॥
हमहू इनको आफहि साधैं । राजकाज सर तंत्रहि बाधैं ॥
पुत्र आपनो शीघ्र पठाओ। तुम क्यों गादी छोड़के आओ ॥

× × ×

गढको राज करो नित तुमहीं। राज कुमाऊं करें जो हम हीं ॥
इतके मंत्री इत हीं रहें। तितके मंत्री तित ही लहें ॥"
चढे फौज ले आप हीं, ललितशाह महराज।
जोशी सुनि भयभीत भय, ज्यों तीतर लखि बाज ॥
हर्षदेव पालायन कीन्यो । जयानन्द जोशी भय भीन्यो ॥
डेरा दुलड़ी में दियो, खेतसारी देहि छाड़।
बस्यो शहर तहं मध्यमँहि, चार तरफ करि बाड़ ॥
औषध कछू न लागी काहू। मरे कहीं दुलड़ी मैं राऊ ॥
राज-प्रेत ले गढ-मँहि आये। जोशी बहु मनमें हर्षाये ॥
सिरीनगर माहीं गत कीनी। राजश्री जैकीरत दीनी ॥

१३. जयकृतशाह (१७८०–८५)—जयकृतको भी पिताकी सनक कुछ प्रसादमें मिली थी। कहते हैं, शिवजीको सिद्धि करते समय उसकी ऐसी अवस्था हुई। जयकृतने चाहा कि बड़ा भाई होनेसे प्रद्युम्नचंद उसे अपना प्रभु माने, किंतु प्रद्युम्नचंदका कहना था—कुमाऊं सदा स्वतंत्र राज्य रहा है। जयकृतने भाईको सिंहासनसे वंचित करनेके लिए मोहनसिंहके साथ साजबाज की। उधर प्रद्युम्न भी जयकृतको हराकर पराक्रमको गद्दीपर बैठाना चाहता था। इसी बीचमें ६ वर्ष राज्य करके जयकृत शाहकी मृत्यु हो गई। प्रद्युम्न शाहने पराक्रमको कुमाऊंकी गद्दीपर बैठा श्रीनगर आ पैतृक गद्दी संभाली।

अब गढ़वालको अच्छे दिनोंकी आशा नहीं रह गई थी। पुराने राज-वंशोंका साधारण राजरोग उसे लग गया था। राजा दर्बारियोंके हाथका खिलौना था। दर्बारी आपसमें एक दूसरेके विरुद्ध सब कुछ करनेको तैयार थे। कृपाराम डोभाल दीवान था, सारा शासन कार्य उसके हाथमें था। नित्यानंद खंडूडी दफ्तरका मुख्याधिकारी था, वह डोभालको फूटी आंखों भी देखना नहीं चाहता था। (मोलारामने इस अवस्थाका अच्छा वर्णन किया है।) उसपर हर्षदेव जोशीके साथ षड्यंत्र करनेका अभियोग लगाकर डोभालने आंखें निकल-वाकर उनमें नील भरवा दिया और उसके अधिकारको छीनकर अपने नातेदार देवीदत्तको दे दिया। अब श्रीनगरके सभी उच्च अधिकार डोभालों या कृपा-

रामके लोगोंके हाथोंमें आ गये। कृपारामका बहनोई श्रीविलास राजाका शरीर-रक्षक बनाया गया। उसका बड़ा भाई महानन्द कृपारामका सहकारी नियुक्त हुआ। उधर नित्यानन्दके संबंधी रामा और धरणी खँडूडी दोनों भाई फौजदार (सेनानायक) थे। कृपारामको मार डालनेका षड्यंत्र रचा गया। देहरादूनके फौज-दार घमंडसिंहको यह काम सौंपा गया। एक दिन राजसभामें बात-बातमें बिगड़कर घमंडसिंहने कृपारामका सिर काट दिया। दीवानके संबंधी श्रीविलास, भवानंद, देवीदत्त, धनीराम, महानन्द सभी जेलमें डाल दिये गये। अब खंडूडियोंका सितारा चमका। सरदार रामा और धरणी उनके मुखिया थे। "इन्होंने राजाको अपने हाथका खिलौना बना लिया। सेना, कोष, दफ्तर सभी इनके अधिकारमें आ गये।...अत्याचार और चुगलीका बाजार पूर्ववत् गरम रहा।" कप्तान हार्डविकने स्वयं उस समयकी अवस्था देखकर लिखा था "मैंने गढ़वालकी यात्रा की। आबादी बहुत कम है। लोग तबाह-तबाह हैं। देशका बड़ा भाग उजाड़ और जंगल हो गया है, आदमियोंकी बस्ती नहीं है। शाहवंशमें एक राजा और उसके दो भाई हैं—पराक्रमशाह और प्रीतमशाह।....सेनामें युद्ध-शिक्षाका अभाव है। दून-सहित कुमाऊं गढवालकी कुल आमदनी पांच लाख होगी। यह आय भूकर, महसूल, सोना तथा खानके करोंसे होती है। माल-गुजारीमें कुछ नकदी और कुछ जिनस ली जाती है, जो उपजकी प्रायः आधी होती है।"

(क) गढ़राज—

मोलारामने जयकृतके शासनके बारेमें लिखा है—

हस्तीदल[1] सुनिकै इहै, रीझे अत मनमाहिं।
कह्यो "कवी गढराजकी, उत्पति देहु सुनाहि॥
मोलाराम कवी कहु हमसों।
हम पूछत हैं सब कुछ तुमसों"॥
मंत्रि भये डोभाल तब, जयकृतशाह को राज।
कृपाराम डोभाल तहं, लाग्यो करनहिं काज॥
कृपाराम मुख्त्यार कहायो। गढको उन सब भार उठायो॥
मंत्री सब गढके हिरसाये। सिरीनगर मँहि परव उठाये॥

---

[1]मोलारामने हस्तिदलके कहनेपर यह काव्य लिखा था। हस्तिदल चौतरिया १८०३–१५ में गढ़वालका राज्यपाल रहा।

नित्यानंद खंडूड़ी डरिकै । बैठ्यो अपने अंदर घरिकै ॥
राज-काज सब दीन्यो छांड़ी । होनहार इह कुमता बाढ़ी ॥

× × ×

पत्री लिखी कुमाऊं दीनी । "कृपाराम गढराजसि लीनी ॥
कोई दिन मँहि तहां चढ़ेगो । तुमकों भी भाजनहि पड़ैगो ॥
ताते तुम इत पहिले आओ । याकौं दुत ले कुंवरहि जाओ ॥
गढ़को राज चलावें हमहीं । राज कुमाऊं करो जो तुमहीं ॥
इत उत राजा बालक दोहीं । तुम हम रहे एक जो होहीं ॥...

कृपारम कौं आपनी, पत्री दई पठाय ।

"ललितसाह जू फौज रखाई । राखै हमहूं छोट सिपाई ॥
मोहमकचंद काढि हम दीन्यो । राजकुमार तुमारो कीन्यो ॥
तुमहूं इत राजा न पठायो । तलब सिपाही सीर चढाओ ॥
अब सिपाह इह मानत नाहीं । हम को सँग ले आवे तांहीं ॥
ताते इत तुम कुंवर पठायो । तलब सिपहकी सब निवटाओ ॥
जो सिपाह इह सहरमें आवें । हम कौं तुमकौं नाच नचावें ॥
ताते तुम रस्ता मँहि आवो । अपनी हमरी जान बचाओ" ॥
यह सुनि कृपाराम अकुलाये । मंत्री मित्र सबैं हि बुलाये ॥
भवानंद औ सिरीविलासहि । दोनों भैया आये पासहि ॥
जात नौटचाल विप्र दोइ मित्रहि । बड़ो हेत तिनसौं सुभ सूत्रहि ॥
तिनहूं कह्यो "सब मंत्रि बुलाओ" । नित्यानंद खंडूड़ी धावो ॥
तीन टोल नेगीहि वुलाये । नित्यानन्द पास नहिं आये ॥

नित्यानन्दने इह कही, "हम राख्यो दुख पाय ॥
नये नृपति मंत्रीहि तुम, लेव मंत्र ठहराय" ॥

कृपाराम तब संकहि मानी । नित्यानन्द करी चेष्टानी ॥
कृपाराम तव गये तहांहीं । नित्यानन्दके वह गृह-मांहीं ॥
"कह्यो पुरातन तुम हो मंत्री । हम वालक-राजा के तंत्री ॥
बालापन सों टहल हम कीनी । खिजमत काहू की नहिं लीनी ॥
दफ्तर राजको तुमरे पासा । सब कोइ करत है तुमरी आसा ॥
मुल्क सलाण कि तुमपै फौजदारी । सवा लाख गढकी मुखत्यारी ॥
तुम बिन राजकाज नहिं चले । हमसों तो इक पत्र न हिले ॥
तुम जो कहो सो हमहूं गहें । राजा कहें सो तुम सों कहें ॥

तुमसों कहत नृपति शरमावें । हमसों कहत लाज नहिं लावें ॥
बालापन हम गोद खिलाये । हमसौं रहत हैं मिले मिलाये ॥
जुवा भये जब लौं नृप नाहीं । तब लौं कहें बचन हम ताहीं ॥
जुवा होइ तब तुमसों बोले । राजकाज सब मनमहिं तोले ॥
तुम मंत्री होके रहो, हम हो रहें जो दास ।
हुकुम करें जो कुछ नृपति, कहें तुम्हारे पास" ॥

× × ×

"तुम नृप आज्ञा करो सो करिहैं ।
तुम सों बाहर हम नहिं फिरिहैं" ॥

× × ×

अब तो संचे ना तन मांहीं । चल्यो जात मारग पग नाहीं ॥
संचे होय दरबार तब आवैं । राजकाज जो सरे चलावें" ॥
या बिद कृपाराम सों कह्यो । कृपाराम तब घरको गयो ॥
रहे जो कोइ पाछे जन तांही । नित्यानन्द जू के घर मांही ॥

× × ×

तिनसों नित्यानंद जू कही । "अब गुलामगर्दी गढ भई ॥
कृपाराम यह बांदी-बच्चा । लाग्यो करने हमकौं सिच्छा ॥
हमसों आगे हुआ य चाहै । सर्वोपरि मंत्री ठहराहैं" ॥
यह चर्चा पाछे सौं कीनी । किनहूं जाय तहां कहि दीनी ॥
कृपाराम तब लग्यो चेताहीं । "दगा खंडूडीके मन मांही ॥
हम मारनको मंत्र उठायो । जयानंद जोशीहि बुलायो ॥
जयानंद जब पहुंचे आई । हमसौं कछू करा नहिं जाई ॥
तातों पहिलो इनको मारूं । और काज सब पाछे सारूं" ॥
इह मनमथिके सार निकाल्यो । प्रथम राज इह तंत्र सिभाल्यो ॥
बक्सी नेगी खान खवासहि । गोलदार फौजदार जो पासहि ॥
लीन्हें सब घर मांहि बुलाई । कह्यो खंडूड़ी कूल उठाई ॥
जैकृतसाहको मारयो चाहै । पराकरम सह राज बैठाहै ॥
प्रदुमनसाह भेजत हैं कुमाऊं । मंत्री आप बने दुऊ ठाऊं ॥
निमक-हलाली होय सो, करो राजकी आस ।
निमक-हरामी होय सो, जाउ खंडूड़ी पास" ॥

सब पंचन मिलिके इह कहीं। "निमक-हरामी हमहूं नहीं ॥
जो तुम कहो सो हमहूं करिहैं। निमकहलाली सें हम तरिहैं ॥
निमकहरामीको जस नाहीं। दुहूं ठौर वह होय गुनाहीं" ॥
कृपाराम तब धर्म करायो। ऊर्लीखांडो धोय पिलायो ॥
गुप्त तंत्र निशि लियो ठराई। जितके तित दीने पकराई ॥
पकरै नित्यानंद खंडूड़ी। बाने भूलि गये सब गूढी ॥
बाल, कुंवार, जुवा सब पकरै। बृधा सहित जँजीरमँहि जकरै ॥
बनगढ़ गढ़ दीने पहुँचाई। आंखन माहीं नील फिराई ॥
लूटि लियो घरबार सबेहीं। जपत करी जागीर-जमीहीं ॥
दफ्तर देवीदत्तकों दीन्यो। कृपाराम फौजदारहि कीन्यो ॥
जयकृतशाह राज बैठाये। मंत्री सकल बहाल कराये ॥

जयानंद पै खबर इह, गई जो मारग माहिं।
"भये बहाल डोभाल हीं, रहे खंडूड़ी नाहिं" ॥

× × ×

"कौन हेतु तुम आये इतहीं"। बूझे जयानंद जो तिनहीं ॥
दयानंद जोशी तब कहीं। "नई राज श्रीगढ़ मँहि भहीं।
हमहूँ गढके चाकर रहैं। गढकी सब विधि नीकी चहैं ॥
भेंट करनको हमहूं आये। काहूके हम नाहिं लगाये ॥
कृपाराम जो किरपा करिहैं। गढ कुर्माचल दोनौ तरिहैं ॥
बिना राव नगरी कछु नाहीं। बिन भरता बनिताहि बिलाही ॥
भरता मांगनको हम आये। और काज कछु भी नहिं धाये ॥

कृपाराम सौं काम है, और न हमरो कोय।
कृपा करें जब वोहि हम, जयानंद तब होय" ॥

इह कहि पाती लेखि पठाई। कृपाराम जूके मन भाई ॥
बिंजन नाना रूप पठाये। अन्न अनेक छाग घृत ताये ॥
जागा ठौर नीकी हि दिलाई। आदर-सहित दिये बैठाई ॥
सुदिन छांट राजासों मिलायो। तंत्र कुमाऊंको ठहरायो ॥

(ख) कृपारामका प्रभुत्व—

कृपाराम प्रभुता महिं आए। मंत्री गढके सब घबराए ॥
कृपाराम पै सब कोइ जावैं। राजाको दरसन नहिं पावैं ॥
राजा कहे सो मार्यो जाई। भजे कृपाराम करे सहाई ॥

जित तित सों डोभालहि आए। दोत कलम कागज लटकाए ॥
प्रात निशा नित मजलिस लागे। राग रंग सब होय जो आगे ॥
पलँगा ऊपर बैठो रहे। घुरकी-धमकी सब कौं कहे ॥
श्रीविलास ताको बहनोई। राख्यो खास नृपतिपे सोई ॥
महिल दूसरो जान न पावै। श्रीविलास ही तहां रहावे ॥
भवानंदसों हेत महाई। श्रीविलासको जेष्ठ हि भाई ॥

श्रीविलास अंदर रहे, बाहर भवाहीनंद।
कृपारामके मंतरी, अत हितकारी रिंद ॥

उथल-पुथल बहु करने लागे। सब मंत्रिनके कानहि जागे ॥
इह काहूकौं छाड़ै नाहीं। भये धूर्त अति ही गढ माहीं ॥
तीन टोलने मता मतायो। घमंडसिंहको लेखि पठायो ॥
"तुमहूं दूणके वासी भये। राज-काज सब छाड़िंहि गये ॥
कृपाराम इत भये भवासी। लागे सबकों देनहि फांसी ॥
राजसिरी घरमाँहि चलाई। राजकाज सब दियो डुबाई ॥
जाको चाहें ताको मारैं। दया न काहूकी मन धारैं ॥
उथल-पुथल सब खिजमत कीनी। अपने पक्षपात मँहि दीनी ॥
स्याले ससुर मंतिरी कीने। विरता सबके खोसहि लीने ॥
कोई दिन महि नृपति कहावे। तुमकौं भी इह तुरत उठावे ॥
केदारसिंह जु तुमरे भाई। तिनको भी हम लेख पठाई ॥
दुहू भ्रात मंत्र ही कीजै। प्रति-उत्तर तब हमको दीजै"॥

घमंडसिंह यह पत्रिका, बांचि भयो भय-त्रास।
केदारसिंह बैठे जहां, गयो ले तिनके पास ॥

केदारसिंह फौजदार ही बैठे। जमींदार संग मांहि इकैठे ॥
घमंडसिंह तहं सीस नवायो। केदारसिंह तहिं पास बैठायो ॥
कह्यो "घमंडा तुम क्या आये। कागज करमँहि कैसा लाये" ॥
तबै घमंडा कागज दीन्यो। केदारसिंह बांच ही लीन्यो ॥

घमंडसिंह समुझाय यों, दीन्यो शीघ्र लगाय।
बाकी फौजाँ संग ले, रह्यो उफल्डा[1] आय ॥

---

[1]श्रीनगरसे दो मीलपर एक गांव, जहाँ एक भारी मैदान है।

बक्सी संग सुखेती[१] आए। जौंणहिपुर[२]से वहीं बुलाए ॥
सिरीनगर महिं मंत्री जेतें। कम्बल ओढ रात गये तेतें ॥
सबसों धर्म-कर्म तहँ कीन्यो। गुपत यहां किनहूं नहीं चीन्यो ॥
मंत्री सबै सहर महिं आए। अपने अपने घर महिं धाए ॥
घमँडसिंह सजि सेनहिं आए। दखणी बाजा डम्फ बजाए ॥
कृपाराम भी घरसों निकस्यो। चहूं ओर हीं देखत दृगसों ॥
ढोलक ऊपर ढोलक छाई। चहूं ओरसे सजे सिपाही ॥
अपने गृहसे नरपति द्वारे। गए सिपाही फैलहि सारे ॥

हरकारेने आनिके, दई खबर ही ताहिं।
"खबरदार हो जाव तुम, आज बचत हो नाहिं" ॥

कृपाराम गये मजलिस मांहि। जैकृतशाह बैठे थे जहांहि ॥

कर सलाम बैठ्यो तहां, सौंहीं किरपाराम।
आसपास मंत्री सबै, मजलिसमें जो आम ॥

पलँगमध्ये महारज बैठे। मंत्रि सब हुइ रहे इकैठे ॥
देवीदत्त दफ्तरी तांहीं। जूलूपेचहि दस्ती माहीं ॥
भवानंद और सिरीविलासहि। महाराजके आसे-पासहि ॥
धनीराम डोभाल हीं बैठो। कृपाराम हीको वह बेटो ॥
खड़ो भगोता तहां खवासहि। जैकृतशाहको चँवर ले पासहि ॥
और अनेकहि कहा गनाऊं। कारण-कारण सबहिं जनाऊं ॥

प्रथम प्रहर दिन चढ्यो, घमंडसिंह गयो ताहिं।
घुस्यो धाय मजलसहिमें, किनहूं रोक्यो नाहिं ॥

छांटि सूरमा संग सिपाहीं। घेर लई मजलिस सब जाई ॥
करि सलाम सिंहा ज्यों सौंहीं। कृपाराम सँग बैठ्यो त्यौंहीं ॥
ज्यों नभमें चंद तारिका-बृन्दहि। घेर्‌यो घन नहि आन घमंडहि ॥
मुख पीरी सबके परि आई। महाकालने लिये दबाई ॥
कृपाराम तब तासों बोलो। "घमंडसिंह घर कमरहि खोलो ॥
कमर खोलिके भोजन पावो। चौथे पहर फेर तुम आवो ॥
भई भेट सिरकार तुहारीं। करो दूणकीं तुम फौजदारीं ॥

---

[१]सुकेत-राज्य वाले [२]जौनपुर

अरजी जो तुम करों सो माने । तुमैं महाराज अपना जानै ।।
नातेपंथी तुम गढ मांहीं । तुम समान कोउ दूजो नाहीं" ।।

घमंडसिंह सुनिकै इहै, मन महिं कियो विचार ।
इहां दाव फिर हाथ हीं, लगै न दूजी बार ।।

घमंडसिंह मनमाहिं विचारी । करे खुशामद इहै हमारी ।।
बातन महि यह बखत बचावे । फेर हमारे हाथ न आवे ।।
बिन मारे इह छोड़े नाहीं । अब हीं मारौं याके ताहीं ।।
इह अपने मन हीमें लह्यो । हाथ जोरिके ठाड़ो भयो ।।
महाराजके सौंही जाई । भर मजलिस महिं अर्ज सुनाई ।।
"महाराज हम दास तुम्हारे । इनै शत्रु हैं बहुत हमारे ।।
भली कहै नहिं कोय हमारी । खोटी कहैं सभी नर-नारी ।।
कही काहुकी सुनिए नाहीं । बुरो कहैं सब हमरे ताहीं ।।

जान-माल महाराजको, राजद्रोहि हम नाहिं ।
शत्रुनको छांड़ें नहीं, परें आपके पाहिं" ।।

घमंडसिंह यह अरजी कीनी । महाराज सबहीं सुन लीनी ।।
अरजी कर मजलस मँहि बैठ्यो । महा क्रोध मन भयो इकैठ्यो ।।
तहां सिपाहीं जै संग मांहीं । दई दृष्टि सब हीके ताहीं ।।
कही तिन्हें "उठि घरकों चलिये । कृपाराम जूके संग मिलिये" ।।
कृपारामकौं रोक रुपैयां । हरीसिंह दे झटकी बैयां ।।
हरीसिंहकै हजुरि मियाहीं । भर मजलस महिं पकड़ी बांहीं ।।
कृपारामने भेटहि जानी । दगा कछु वो नहिं पैछानी ।।
भेट लेन जो हाथ उठाओ । हरीसिंहने पकड़ दबाओ ।।
लिपट गये तँह सबै सिपाहीं । मंत्री सबहीं दिये बंधाहीं ।।
राजा गोद ले भग्यो खवासा । कूदि परचो धरतीके पासा ।।
पाग भागतें नृपकी ढरी । ता दिन तैं गढ-राजसि गिरी ।।
नंगे सिर राजा ले भागे । कहीं लोग तहँ संग-मँहि लागे ।।
राजा ले महिलों महिं बाढे । चहूं तरफ दरवाजे चाढे ।।

कृपाराम मजलसहिमें, पकड़ लियो छिन माहिं ।
लाग्यो गाली देन तब, सरी और कछु नाहिं ।।

कृपाराम कहै "सुनो घमंडा । . . . . ।।
दगा करी तैं मजलिस माहीं । रण महिं तो तू जीत्यो नाहीं ।।

एकबार तू छोड़ दे मोकौं। डूमन पास पिटाऊं तोकौं ॥
किया काम यह तैं नहिं अच्छा। आखर तूं बांदीका बच्चा" ॥
घमंडसिह सुभि भौंह चढाई। ततकाल ही..दियो मराई ॥
मजलस हीमें घायल कीन्यो। पेसकबज छाती धर दीन्यो ॥
पाछे धरनी माहिं उतारचो। खडगहिसों सिर काटहि डारचो ॥
चहूं तरफसों महल घिरायो। आफ दिवानहि खाने आयो ॥
मंत्री सब तहँ पकर मँगायो। राजापे दो चार रहाये ॥
बाहरके भीतर नहिं जावें। भीतरके बाहर नहिं आवें ॥
पड़ि हड़ताल सहरके माहीं। बाहर कोई निकसे नाहीं ॥
हाहाकार भयो पुर सारे। राजा परजा द्वारे द्वारे ॥

लाल झरोखे आन तब, राजा बैठे आय।
घमंडसिहको आपने, सौंही लियो बुलाय ॥

कह्यो "घमॅडसिह यो क्या कीन्यो। राजा-परजाको दुख दीन्यो ॥
अदब हमारो कछु नहिं राख्यो" । जैकृतशाह यह मुखसौं भाख्यो ॥
घमंडसिह सुनि सौं ही आयो। हाथ जोरिके सीस नवायो ॥
सीस नवाय अर्ज मुख कीनी। "महाराज तुमने नहिं चीनी ॥
कृपाराम कहि काज बिगारे। तब हमने मजलिस मँहि मारे ॥
आपहि इह राजा कहिलायो। हुक्म तुहारो कछू न रहायो ॥
राजकाज सब घर महिं कीन्यो। परजाकौं अति ही दुख दीन्यो ॥
दँड नाहक सब ही पै चलायो। धर्म-कर्म कछहू न रहायो ॥
खिजमत उलट-पुलट कर डारी। गढ-मरजादा सबै बिगारी ॥
अपने नाते गोत बधाये। राज नेक सब ही जो उड़ाये ॥
या ते हमने दुष्ट सिहारो। अब तुम राज करो इहँ सारो ॥
नीत-रीत सों राज चलाओ। परजा अपनी सुबस बसाओ ॥
गउ-विप्रनको पालन कीजे। बिरता-गूंठ रोजीना दीजे ॥
हम प्रभु तुमरो हुकम बजावें। जो तुम कहो सोई करि आवें" ॥

(ग) घमंडसिहकी तपी—

लाल झरोखा राजा बैठे। ओझा गुरु ही संग इकैठे ॥
घमंडसिह चौक महिं ठाड़ो। महिष समान दंभ मँहि बाड़ो ॥
"जिनको मित्र भ्रात पितु मारचो। उनसों मिले न चित्त हमारो ॥
जो अपना तुम राजहि चाहो। इन्हें बाँध हमपै पकरावो ॥"

(जयकृत—)

"पाँचनकौं तुम आजहि मारो।
हम सिर देहि इन्हें नहिं देहैं। पाप आपने सिर नहिं लैहैं" ॥

(घमंड—)

"गाँव जागीर बहाली पावें। इह सरकारमें आवें जावें ॥
इह सब ही पंचनकी मरजी। तब हौं करी आपसौं अरजी" ॥
महाराज तब धर्म कराई। दीने चारों संग पठाई ॥
देवीदत्त घनिराम ही, भवानंद श्री बिलास।
पग जंजीर पहिरायके, राखे अपने पास ॥
तब लागे सब काजहिं माहीं। राजा राख्यो राजहि माहीं ॥
प्रात निसा मजलस ही लगावें। मंत्री सबहीं आवें जावें ॥
घमंडसिंह लीनी मुखत्यारी। चक्री फूटी फिरके सारी ॥

(अजबरामने घंमड सिंहसे कहा—)

"तुम सब लागे आपहि करने। याते लागे सबहीं डरने ॥
इह काहूके मन नहिं भावे। राजा करे सो सब मन आवे ॥
तुम्हें दूण[1] दीनी फौजदारी। तहाँ करो तुमहूँ मुखत्यारी ॥
इत सब मंत्री राज चलावें। महाराजको हुकम वजावें" ॥
घमंडसिंह सुनिकै इहै, कही जो तिनके मांहि ॥
"कृपाराम तुमहूं हत्यो, काढो हमरे ताहि ॥
पाप हमारे सीस लगावो। तुम बैठे श्रीनगर कमावो ॥
बड़े मंतरी तुम गढ माहीं। काहूको तुम राखो नाहीं ॥
कृपाराम हमहूँसो मरायो। हमैं दूणको राह बतायो ॥
हम काहूंकों छोड़ें नाहीं। महाराजके तुम हो गुनाहीं ॥
राज भ्रष्ट तुमहूंने करायो। मजलस माहीं विप्र मरायो ॥
तव हम तुमरी करी सहाई।
अब तुम हमको अकल बताओ। हम मूरख तुम चतुर कहाओ ॥
इन चारोंको नासो जबहीं। गढकी मिटे कुचाल जो तबही ॥
धर्म देहि हम नृपसों लाये। अब हमसों नहिं जाइ मराये ॥
एक पाप तो प्रथम छुटावो। चार पाप क्यों और कमावो ॥

---

[1]देहरादून-उपत्यका

इह इकान्त मंत्रिनने कीन्यो। घमंडसिंह नृपपै कहि दीन्यो ॥
ऐसे प्रभु इह मंत्रि तुहारे। अब यह लागू भये हमारे ॥
कृपाराम इन हूं ने मरायो। अब हम ऊपर दुंद उठायो" ॥

× × ×

अजबराम गजापै आयो। घमंडसिंहकों सँग महिं लायो ॥
कह्यो "बहनको व्याह हमारी। हमरी घरकों भई तयारी" ॥
महाराज कछु खर्च दिलायो। अजबराम तब बिदा करायो ॥
अजबराम कैनूर[1]हि आये। सरंजाम सबहीं जो कराये ॥
धन्नू कूर्माचिलसे धायो। बनरा ह्वै कैनूरमें आयो ॥
"गढ़में गड़बड़ बहुतैं भई। घमंडसिंह मुखत्यारी लई ॥
कृपाराम मजलिस महिं मारो। कर्म-कुकर्म कछू न बिचारो ॥
तलब हमारी देत हैं नाहीं। देत हैं अपनी फौजके ताहीं" ॥
घमंडसिंहपै पत्र पठायो।
"पाँच लाख है तलब[2] हमारी। तुम पाई गढकी मुखत्यारी ॥
जल्दी तलब जो देहु पठाई। नातर फौज देखियो आई" ॥
घमंडसिंह सुनिके घबरायो। महाराजके पासहिं आयो ॥
मंत्री गढके सबहि बुलाए। खत गुल्दारनके दिखलाए ॥
प्रतिउत्तर लिखि दियो पठाई। "तुमहूं हमहूं तलब न पाई ॥
कृपाराम तव तो हम मारचो। तुमरो हमरो काज बिगारचो" ॥

× × ×

(अजवराम—)

शीघ्र प्रतिउत्तर लेखि पठायो। "कृपाराम हति तुम सब पायो ॥
कृपारामकी गादी पाई। सवा लाख गढ लियो दबाई ॥
राज लियो तू चहत है, सबकौं देहि जवाब।
तलव शीघ्र इत भेज दे, नातर करैं खराव ॥

---

[1]कुमाऊंका एक परगना जो गढ़वालसे मिला है।

[2]ललितशाहने कुमाऊंको अपने राज्यमें सम्मिलित कर वहां अपनी गढ़वाली सेना रखदी थी। धनु उसी सेनाका नायक था। उसीके सिपाही अपने वेतनका तक़ाजा करने लगे थे।

पाती बाँच सबैंहि सुनाही। पाती सुनि सब उठे रिसाई ॥
सिरीनगरकौं फौज चढाई ॥
मंत्री गढके जो सब भजाये। अजबरामपै सवही आये ॥

घमंडसिहने बंदसों, दीन्हें सभी छुटाय।
कीन्हें फेर बहाल वह, राखे पास लगाय ॥

देविदत्त धनिराम डोभाल ही। श्रीविलास आये नौट्याल ही ॥
न्हाय धोयके वस्त्र सजाये। घमंडसिह मियांपै आये ॥
घमंडसिहने दई दिलासा। "करैं तुम्हारी पूरन आसा ॥
तुमरे शत्रु गढ मंत्री जेते। हतें तुम्हारे आगे तेते" ॥
इह कहि चढ़े घमंडा धाई। बांकी फौज निसान फहराई ॥
अजबरामपै खबरहि गई। घमंडसिह आयो सुन लई ॥
धन्नू गद्दीके बल धायो। बलिया लछमन ही सँग आयो ॥
बिजयराम सबहींसों आगे। अजबराम नेगी सँग लागे ॥
गढके मंत्री सब सँग माहीं। लाये बांकी फौजके ताहीं ॥

लियो घमंडसिह घेरिकै, पीलि फौज चहुं पास।
उमेदसिह मियां तबैं, आयो मुख ले घास ॥

बैठे सब गुलदार जहाँसी। आयो दुहुं करजोर तहाँसी ॥
सब ही कौं घुस पत्री दीनी। जुदी जुदी सबहीने लीनी ॥
ठोणा साहीं मोहरें बांटी। सबसों मिलिके मसलत छांटी ॥
"लड़ो भिड़ो अब कोई नाहीं। मिलिके चलो सहरके माहीं ॥
राजा कहें सो सबने करना। इत नाहक क्यों लड़के मरना" ॥
या बिध मंत्र-तंत्र ठहराई। घूस असरफी सभी पचाई ॥
सिरीनगरमें चली अवाई। घमंडसिहको देइ मराई ॥

"श्रीविलास हम पास तव, आए आधी रात।
देविदत्त धनिरामकौं, लैकै अपने साथ ॥

हम तिनको बहु आदर कीन्यो। श्रीफल तिनके करसों लीन्यो ॥
गंधाक्षत हम तिन्हें चढाई। तीन मुद्रिका करहिं धराई ॥
तब तिनसों हम बातहि बूझी। "किहि कारण तुम आये हो जी" ॥
श्रीविलास कही "हमकौं राखो। केतो हमरे संगहि लागो ॥
तुम प्रवीन हो मित्र हमारे। तब हम आये सरन-तुहारे ॥
घमंडसिहपै बैरी आये। जिन हूं पहिलौं हम पकराये ॥

घमंडसिहने हम नहिं मारे। वह कै तो इह कहि कहि हारे॥
तब वह शत्रु होय फिरि आए। कुर्माचलसों फौजहि लाये॥
घमंडसिहकौं राखें नाहीं। पहिलौं मारें हमरे ताहीं॥
जातैं हमहूं भाजत रातहि। मिलन तुहारे आये सातहि"॥

मन मथिके हमहूं धरचो, जगदंबेको ध्यान।
परमारथमें करत हूं, जो तुम करो कल्यान॥
हुकुम भयो जगदम्बको, इनकौं रोकहि लेव।
अजबरामको पत्रिका, तुम अपनी लिखि देव॥
तब हम तिनकौं थामिकैं, दई पत्रिका तांहि।
सिरीनगर खलबल पड़ी, भाजत हैं सब ह्यांहि॥
धर्मपत्र लिखि देव तो, राखें हमहूं थाम।
जब तुम आवो शहरमें, लगैं तुहारे काम॥
देविदत्त धनिराम ही, श्रीविलास नौट्याल।
हमहूं राखे रोकि इह, जो तुम देहु सवाल॥
सुनत सार निर्धार हम, धर्मपत्र लिखि दीन।
निर्भय होय गढमें रहो, तुमहूं मानस तीन॥

× × ×

धर्मपत्र इह हमहुं मँगाई। दीन्यो तिनहूंकौं जो दिखाई॥
भये प्रसन तब सिरीविलासहि। देविदत्त धनिराम हुलासहि॥

(घ) अजबरामका विद्रोह—

अजबराम श्रीनगरहिं आये। घमंडसिह बाहरहिं रहाये॥
डेरा कियो उफल्डा मांही। बांध मोरचा बैठचो तांही॥
अजबरामने सहर दबायो। सबै फौज लै सँगमॅहि आयो॥
बोझा बागहि बलिया बैठे। केवल गई संग इकैठे॥
ढुमकी लछमण जाइ दबाई। घमंडसिहके सौंही जाई॥
बिजैराम हरबंस हवेली। और फौज अब आगे पेली॥
वार-पारसैं तुपकैं चटकी। मनों दामिनी घन सौं मटकी॥
तीन पहर निमि (जव) हि बिताई। घमंडसिह फिर दियो भजाई॥

अजबरामने तब हमें, लीन्यो पास बुलाय।
श्रीविलास नोटचाल हम, दिये डोभाल मिलाय॥

अजबराम नेगी तब कह्यो। हमहुं तुमरो बदलो लयो॥

तुमसों छीन घमंडा लीने। हम इह सौंप आपपै दीने ॥
इनकी हमरी करो सहाई। अजबराम इह अरज पठाई ॥
मजलसमें सब मंत्रि बुलाये। गोलदार सब ही संग आये ॥
सकल सिपहको मुजरा लीन्यो। सबने आन सलामहि कीन्यो ॥

× × ×

अजबराम लालच महि आये। गोलदार सबहीं बहकाये ॥
सब सिपाहने जोरा कीना। धनु गढ़ीका घेरा दीना ॥
अजबराम तब लयो बुलाई। महाराम कौंसल ठहराई ॥

(राजा—)

"जासों राज रहे सो कीजे। जुगत जगत सों सबको दीजे" ॥
अजबराम नेगी कह्यो, "हमको देहु सलाण[1]।
सवा लाख हमरी तलब, तब होवे दरम्यान ॥
सवालाख दो तलब हमारी। औ सलाणकी फौजहिदारी" ॥

(राजा—)

करो दूणकी तुम फौजदारी। इह सलाण तो है सरकारी ॥
याके दाम सिरकारहि आवें। राजाराणी सबहीं पावें ॥
कछु भंडार कछु खाहि खवासिन। कछु बस्तर ही आसन बासनि ॥
इह मरजादा है चलि आई। हमसो यह मोटे नहिं जाई ॥
घमंडसिंह केदारसिंह, तुमहूं दिये निकाल।
तिनकी खायल[2]में तुमैं, हमहूं करें वहाल ॥
चालिस कोसकी दून हमारी। सो हम करें सुपुर्द तुमारी ॥
पुश्ताँपुस्त लौं बैठे खावो। दुसमन बढे तो मार हटावो" ॥

(अजबरामने राजाके भाई कुंवर पराक्रमको लिखा—)

"तुमको हमहूं राज बैठावें। जो सलाण जागीरहिं पावें" ॥

(फिर अजबराम दरबारमें आकर बोला—)

"तीन दिवसके बीच मंहि, तलब देहु निबटाय।
जो तुम अब चेतो नहीं, राज उलट हो जाय" ॥
महाराज सुनि सोच हि आये। श्रीविलास भवनन्द बुलाये ॥

(राजाने मोलारामको बुलाया—)

---

[1]-[2]जागीर

प्रतिउत्तर कछु देन न आये। हमको तबहीं पास बुलाये ॥
"पास बुलाइ हमें फरमायो। कठन महा इह कालहि आयो ॥
अजबराम बिपरित ठैराई। राज लेनको वाढचो आई ॥
मंत्री बाहर निकसत नाहीं। निकसे कोइ तो पकड़े बाहीं ॥
तीन दिवस आयुर्बल हमरी। यामें अकल चलें कछु तुमरी ॥
तो हमको कछु मंत्र बताओ। अवके हमरो राज बचाओ" ॥

(मोलारामने कहा—)

धीरज धरे विपत मंहि, छिमा हि संपद मांहि ।
मोलाराम अरजी करे, ता सम दूजो नांहि ॥

तीन दिवस जुगती नहिं जानो। महाराज तुम भय मत मानो ॥
आमल दोय घड़ीको भारी। उलट-पुलट करि डारे सारी ॥
आजहि रात सब काज बनावें। धींग पै धींग दूसरा लावें ॥
जान वचे तो माल बतेरो। हमरे कहेसौं माल वखेरो ॥
दस हजारकी थैली आवें। तो सब आपस माहि भिड़ावें" ॥

(राकर्मचारियोंने—)

उनहूं जाय गुलदार समझाये। आधी रात गुलदार ले आये ॥
दस हजार हम तिनको दीने। बातनसें परसन्नहिं कीने ॥
कमर बंधाय गुफ़त ही लाये। महल नृपतिके आन बैठाये ॥
चार तरफ मजबूती कीनी। अजबराम तब पाछे चीनी ॥

(राजाने कहा—)

"तुम सलाण फौजदारी चाहो। पाछे पाछे राज दवाओ ॥
अपनी तलब ले हमको काढो। ऐसो तुमको गरव ही बाढो" ॥।

× × ×

राज करन महाराजहि लागे। केवल बलिया रहे जो आगे ॥
नेगी सोमनसिंह सिंहारे। उच्छवसिंह दीवानहि मारे ॥
भवानंद औ सिरीविलासहि। सर्वोपै भये मंत्री खासहिं ॥
फौजाँ ले फिर गढ महिं आये। घमंडसिंह ही फेरि बुलाये ॥
महाराज ही जपत जो कीन्ही। अपने गाँव-ठाँव सब लीन्ही ॥
अजबराम फौजदार बनाये। घमंडसिंह मुख्तार कहाये ॥
बिजेराम गुलदारी लीनी। .... ॥

मुलक बांटि सबहींने लीना। जैकृतसाहको काबू कीना॥
बस्तर भोजन बैठे खावें। हुकम चलावन कछू न पावें॥

× × ×

(ङ) सिरमौरकी सहायता

महाराज अति दुःखित भयो। चित्रसाल महिं हमको कह्यो॥
"मोलाराम, काम तजि जावो। चित्रसाल नाहक हि बनावो॥
चित्रसाल लिखि तुम क्या पायो। हमको दुष्टन आन दबायो॥
याको कछु उदिम ठहरावो। हमरी अपनी जान बचावो"॥

तब हमहूँ बिनती करी, "महाराज सुन लेहु।
हम उदिम याको करें, जो तुम आज्ञा देहु॥

हुकम होय तो नाहण जावें। राजा-सहित फौज ले आवें"॥
महाराज तब यह फरमाई। "तुम मत छाड़ो हमरें ताहीं॥
नाहणको धनिराम पठावै। तुम जो कहो ताहि सिखलावें॥
याहि समाको छंद बनावो। अक्कलवरिसों ताहि बुलावो"॥
तब हम कीन्यो इहै सवैया। लगे तीर नहिं लगे रुपैया॥

"जगप्रकास तुम भानुसम, हमहूं तम कियु ग्रास।
ग्राह गह्यो ज्यों गजहिकौं, घमंडसिंह दिय त्रास॥

सूर पै सूर सावंत सावंत पै,
भीरमें वीर पै वीर पधारें।
साहको साह विसाह करै,
जो गिरे वह काम सौं फेर सुधारैं॥
रीत सबैं अपने कुलकी,
कवि मोलाराम न कोउ बिसारैं।
कीचके बीचमें हाथी फँसे,
तब हाथीको हाथ दे हाथी निकारैं"॥

इहै छंद हम दियो बनाई। चित्र-सहित लिखि दियो पठाई॥
धनीराम ले ताकौ गयो। राजा नाहणको खुश भयो॥
महाबीर रस सुनतहि छायो।
सकल समाज फौज ले आयो। बिजेराम नेगी चढ़ धायो॥
कपरोली मँहि पड़ी लड़ाई। मार्‌यो विजैराम कौं आई॥

घमंडसिंह यह सुनत भगायो। पाछे ताके कटक दौड़ायो॥
घेरघार वह दियो मराई। जैकृतसाह जू लियो छुटाई॥
प्रदुमन प्राक्रम कुंवरहि भागे। वहै कुमाऊं जाय हि लागे॥
जगप्रकाश श्रीनगरहिं आये। जैकृतसाह राज बैठाये॥

जैकीरतसह सौं कहीं, जगत प्रकास सलाह।
"चलो हमारे संग तुम, कूर्माचल दें दाह॥

कूर्माचलि नित तुमैं सतावैं। उनको हमहूं जायं खपावैं॥
चलो फौज ले संग हमारैं। कुर्माचल सब उलटहिं डारैं॥

× × ×

जो हम इत सौं घर को जावें। प्रदुमन प्राक्रम ले वह आवैं॥
तुम्हें काढि वह राजहि लैहैं। फेरि यहां हम नाहीं अइहै"॥
जगप्रकास यह कही जबानी। गढ-मंत्रिन हूं ने नहिं मानी॥

(मंत्रियोंने सलाह न पसंद करते जयकृतशाहसे कहा—)

तलब माहि दोहु राजहिं जावैं। फेर तुम्हारे हाथ न आवैं॥
हंसी होय जग माहिं तुहारी। अस मसलत महाराज हमारी॥

(जगतप्रकाशको विदा करते—)

जीगा कलंगी जड़े जड़ाये। भूषण वस्त्र सबहिं पहिराये॥
मुक्तमाल गल डालहि दीनी। माल-जगीर भेट ही कीनी॥

चालिस कोस की माल[१] दे, बिदा करी सब फौज॥
सवा लाख धन लेइ कैं, करते चले जो मौज॥

जगप्रकाश नाहण महिं आये। गढ़-मंत्रिनने शत्रु बुलाये॥

(जयकृतशाहके अंतिम दिन)—

तहां कुंमाई कुंवर बुलायो। दसमी कौं महाराज भगायो॥
लाखन तहां दर्व ही छूट्यो। कुरमाचलकी फौजने लूट्यो॥
जयकृतसाह जू गये भगाई। मंत्री मिले कुंवर कौं आई॥
कुंवर फौज ले सहर में आयो। सिरीनगर सब सहर लुटायो॥
प्रजा लोक कोई मिले न आई। दीनो अपने महल जलाई॥
तीन बरस गढ माहिं रहाये। पीछे फेर कुमाऊं धाये॥
जयकृत साह जू डोलत रहे। धनीराम फिर नाहण गये॥

---

[१] गढ़वालमें तराईको माल कहते हैं

केती अरज करी तहं रहे । ....॥
जगत परकास तऊ नहिं आये । कह्यो "कुमाऊं तब नहिं धाये ॥
हमहूं तुम सों तबही कही । जो हमने कहि सोई भई ॥
बार बार हम कैसे आवें । सत्रु हमारे संग लखावें ॥
जो हम फौज लेइ गढ धावें । दुसमन हमरो राज दवावें" ॥

(धनीरामने आके राजासे कहा)—

बिना माल फौज नहिं आवें । बातन सों कोइ नाहिं पत्यावें ॥

(धनीरामने विद्रोह किया)—

तीन दिवस लौं कायल कीने । राजा-परजा वहु दुख दीने ॥

(राजाने फिर)—

तब जड़ाउ संदूक मंगायो । ताकों दे निज प्राण बचायो ॥

(अंतमें—)

अहंकार करिके बौराये । रैंकासे देप्रागहि आये ॥
देवप्राग हरि-दरसन कीन्यो । चौथे दिवस प्राण तहं दीन्यो ॥
सती चार राजा की भई । श्राप कुंवर मंत्रिन दे गई ॥
इह कहि नृपके संगहि जली । सूरज-मंडल भेदहि चली ॥
देवप्राग भंडार लुटायो । जिन पायो तिन ही ने छिपायो ॥

(१४) प्रद्युम्नशाह (१७९७–१८०४)—प्रद्युम्नशाह अंतिम स्वतंत्र गढ़वाली राजा था, साथ ही वह एक समय जमुनासे काली तक सारे कुमाऊं-गढ़वालका भी राजा रहा। पराक्रमशाह कुमाऊंमें जोशियोंके षड्यंत्रके सामने टिक नहीं सका। प्रद्युम्नने उसे बुला लिया। दोनों सौतेले भाइयोंमें एक विचित्र प्रकारका स्नेह था। पराक्रमको हटा मोहनचंदने फिर कुमाऊंकी गद्दी संभाल ली, किंतु हर्षदेव जोशीने मोहनका काम तमाम कर फिर शासनसूत्र अपने हाथमें ले लिया। मोहनचंदके भाई लालसिंह पर पराक्रमका वरदहस्त था और उसके प्रतिद्वंद्वी हर्षदेव पर प्रद्युम्नशाहका; जबानी ही नहीं वह सैनिक सहायता भी दे रहा था।

१ गुलाम कादिरके खूनी कांडोंके बाद उम्मेदसिंह (मुनियारसिंह)ने दूनका शासनसूत्र संभाला था। पहिले उसने प्रद्युम्न शाहको मालिक बनाया, फिर तीन वर्ष बाद बिगड़कर दूनको सिरमोरसे मिला दिया। सिरमोरवालोंने पृथीपुरको अपना शासनकेंद्र बनाया। प्रद्युम्नशाहको मरहटोंके प्रतापकी खबर थी, उसने उन्हें सहायताके लिये बुलाया। छोटी मोटी लड़ाइयां हुई, किंतु फल कुछ

नहीं हुआ और उम्मेदसिंहके हाथसे दूनको निकाला नहीं जा सका। ८,९ वर्ष बाद सिरमौरके साथ रहकर उसने फिर करवट बदली, और प्रद्युम्नशाहसे मिल गया। उम्मेदसिंहके मरनेपर श्रीनगरसे घमंडसिंहको नया सूबेदार बनाकर भेजा गया।

१७९० में कुमाऊंपर गोरखोंका अधिकार हो गया। गोरखोंके राज्य-विस्तारके बारेमें हम आगे कहनेवाले हैं, यहाँ प्रद्युम्नके शासनके वर्णनको समाप्त करनेके लिए कुछ कहना जरूरी है। कुमाऊं-विजयके बाद अगले साल १७९१ में गोरखा-सेनापतिने गढवालपर एकाएक आक्रमण कर दिया और गोरखे श्रीनगरसे नातिदूर लंगूरगढतक चढ़ आये, लेकिन गढ़वालियोंके प्रतिरोधके सामने उन्हें १२ महीने वहीं रुका रहना पड़ा। इसी बीच चीनी सेनाके नेपालपर आक्रमणकी सूचना आई। नेपाली सेनाको लंगूरगढ़ ही नहीं अल्मोड़ाको भी छोड़कर चला जाना पड़ा।

यद्यपि चीनके खतरेसे गोरखा सेना लंगूरगढ छोड़कर चली गई थी, किंतु गोरखोंका रोब इतना था, कि गढ़वालने २५००० रु० वार्षिक देना स्वीकार कर लिया था। चीनका खतरा दूर हो जानेपर गोरखा जेनरल अमरसिंह थापाने पश्चिमकी ओर ध्यान दिया, किंतु उसने कुमाऊंको ले गढ़वालको करद मात्र बनाकर ही संतोष किया। नेपाली रेजिडेंट श्रीनगरमें रहता, जिसका सारा खर्च गढ़वाल देता, यही नहीं तीर्थ-यात्राके बहाने कितने ही और नेपाली आते रहते, जिनका भी खर्च राजाको देना पड़ता। प्रद्युम्नशाह भीतरी और बाहरी कुचक्रोंसे तंग था। अब वह नेपालके भरोसे चैनकी सांस ले रहा था, उसे शासन-प्रबंधको व्यवस्थित करनेकी न चिंता थी न सेनाको बढा शिक्षित करके तैयार रखनेकी।

किंतु, अभी खँडूडी और डोभालका झगड़ा भी सुलग रहा था। एकके मुखियाकी आंखें निकलवाई गई थीं, तो दूसरेका सिर काटा गया था। रामा धरणी सर्वेसर्वा थे; इसलिए भी सब ओरसे शिकायत होने लगी। उन्होंने रंगी विस्टको नाममात्रका दीवान बना रखा था। षड्यंत्रकारियोंने कुंवर पराक्रम-शाहको राजगद्दीका लोभ दिया। वह भी फेरमें आगया। रामा, धरणी पर दोष लगाया गया, कि उन्होंने सोनेका सिंहासन चुराकर अल्मोड़ा पहुंचा दिया। रामा उस समय पैनखंडा गया था। उसके साथके सैनिकोंको प्रलोभन दे रामाको धूर्णी-रामणी स्थानमें मरवा डाला गया। श्रीनगरमें धरणी प्रातःकृत्यमें लगा था, उसी समय सेनाने घर घेर लिया और "राजाने बुलाया है" कहकर जबर्दस्ती उसे लेजा नगरके पश्चिम ओर अलकनंदाकी रेतीमें मार डाला।

कहते हैं, रामा, धरणीकी मृत्युके वाद उनके कुटुंबकी स्त्री "बैजूकी बामणी", जो नेपालके राजगुरुकी कन्या थी, रोती-काँदती वहां पहुंची। उधर गढ़वालने दो-तीन वर्ष का कर नहीं चुकाया था। चुकाता भी कैसे? १८०३ में भयंकर भूकंप आया, जिसका केंद्र-विंदु गढ़वाल था। रेपरने १८०८ में स्वयं देखा था। उसने लिखा है—"श्रीनगरका शहर प्रायः सारा ध्वस्त हो गया, पांचमेंसे एक घरमें कोई रहता था, नहीं तो सारे घर खंडहर हो गये थे। राजाका महल रहने लायक नहीं रह गया था। भूकंपके झटके कई महीने तक आते रहे। कहा जाता है, कितनी ही धारायें सूख गई, और दूसरी जगहोंमें कितने ही नये चश्मे निकल आये।" "उस भयानक भूकंपसे पहाड़ टूट-फूटकर कितने ही समूचे गांव दब गये। . . . उसके पश्चात् २० या १५ सैकड़ेसे अधिक लोग नहीं वंचे होंगे। जो बचे वह भी घरबार-विहीन हो गये। अन्नका अभाव था। जहां देखो तहां हाहाकार।. . . इकावन-बावन संवतमें घोर दुर्भिक्ष पड़ा, जो इकावनी-बावनी नामसे गढ़वालमें अब तक प्रख्यात है।"[१]

नेपालने यही समय आक्रमणके अनुकूल समझा। कुमाऊं उनके हाथमें था ही। फर्वरी १८०३ को नेपाली सेनाने अमरसिंह थापा और हस्तिदल चौतरिया (महाराजके चचा) के नेतृत्वमें गढ़वालकी ओर अभियान किया। जो भी अस्तव्यस्त सेना थी, उसे लेकर प्रद्युम्नशाहने सीमापर जाकर मुकाबिला किया, किंतु नेपालकी शिक्षित सेनाके सामने वह कैसे टिकता? दूसरी सेना भक्ति थापा और चंद्रवीर कुंवरके नेतृत्वमें लंगूरगढ़की ओरसे बढ़ती श्रीनगर पहुंच गई, जहां राजाको हराती अमरसिंहकी सेना भी आ मिली। बड़ी मुश्किलसे प्रद्युम्नशाहने "किलेसे युवराज सुदर्शनशाह, कम-असल लड़के देवीसिंह और छोटे भाई प्रीतम-शाहको तथा किलेके अन्दर जो खवास और दासियां थीं, सबको. . .अलकनंदा पार कराया।" एकाध झड़प अलकनंदाके वार-पार हुई। गोरखा-सेनाने प्रद्युम्नशाहका पीछा किया। बाराहाट (उत्तरकाशी) में आकर फिर युद्ध हुआ। वहांसे भागकर चमुआ पहुंचते-पहुंचते फिर गोरखा सेनाने आक्रमण किया, जहांसे भागकर प्रद्युम्नशाह देहरादून पहुंचा, किंतु पीछा करती गोरखा सेनासे लड़नेके लिए साधन नहीं रह गया था। प्रद्युम्नशाह सहारनपुर भागा। वहां अपने राजसिंहासन और वहुमूल्य आभूषणोंको बेंचकर लंढौराके गूजर राजा रामदयाल सिंहकी सहायतासे उसने राँगड़-पुंडीर-गूजर राजपूतोंकी १२००० सेना एकत्रित कर,

[१] "गढ़वालका इतिहास", पृष्ठ ४१८–१९

देहरादूनमें आ गोरखोंपर आक्रमण किया। खुडबुडाके मैदानमें १४ मई १८०४ को प्रद्युम्नशाहने अपने सारे कलंकको धोनेके लिए घोड़ेपर चढ़कर सेनाका संचालन किया। एक गोली आकर राजाके सिरमें लगी, वह वहीं औंधे मुँह गिरकर मर गया। सेना तितर-बितर हो गई। कुंवर प्रीतमशाह बंदी बनकर नेपाल गया। पराक्रमशाह भागकर अपनी ससुराल नालागढ़में जा कुछ समय बाद मर गया। सुदर्शनशाहको देवीसिंहके अनुचरोंने रातों-रात ज्वालापुर पहुंचाया। प्रद्युम्न-शाहके शवका गोरखोंनें हरद्वारमें लेजाकर बड़े सम्मानसे दाहकर्म किया।

मोलारामने प्रद्युम्नशाहके शासनके बारेमें लिखा है—

बड़ो प्यार डोटीकी रानी। कहनमें छोटी अतिमनमानी॥
शुभ दिन नीको छांटिके लीन्यो। राजतिलक तब कुंवरको कीन्यो॥
प्रदुमन चंद तहं नाम धरायो। कुरमाचलको नृप ठैरायो॥
स्वर्गवास जब जयकृत भये। मंत्रिन लिखि चिट्ठी दये॥
प्रद्युमन प्राक्रम सुनतहिं आये। हरखदेव जोशी संग लाये॥
प्रद्युमनशाहकौ राज बैठायो। अजबराम नेगीहि मरायो।
गढमंत्री मिलि मंत्र ठैरायो। हरखदेव इह भलो न आयो॥
कुरमाचली छली अन्यायी। सबने मिलिके दयो घपाई॥

गढ़मंत्री आपसहि में, राखन लगे सिपाहि।
प्रद्युमन प्राक्रमसाह कों, दीनो फूट गिराहि॥

कुंवर आपनो हुक्म चलावे। राजा कौं खातिर[1] नहिं लावे॥
मंत्री मिले कुंवर-सँग जाई। आपस दीने दुहू भिड़ाई॥
राजमंत्रि राजा को चाहें। कुंवर-मंत्रि राजाकों रिसाहें॥
कुंवर-मंत्रि सकल्याणी भये। राजमंत्रि ह्वै रामा रहे॥
रामा धरणी दोऊ भाई। जात खंडूड़ी उमर जवाई॥
सीसराम सिवराम सहोदर। ज्यों रावणके मंत्रि महोदर॥
राजकाज सब कंवर कौं दीन्यो। राजा हुकम जपत कर लीन्यो॥
राजमंत्रि तब भये किनारे। गये सु राजपुत्र के द्वारे॥
राजपुत्रको दियो चिताई। "पिता तुम्हारे लिये दवाई॥
तुमहूं अब कुछ होस संभालो। हमरे संग बाहर तुम चालो॥

---

[1]मनमें

बाहर चलि हम करें लड़ाई। तुमकौं राज देंइ बैठाई ॥
साह सुदरसन तिन को नामा। तिनसौं मंत्र कियो इह रामा ॥
कुंवर सुनत इह बाहर आये। रामा पति निज द्वार बिठाये ॥
लगे मोरचा सहर में सारे। सिरीनगर और राजहिं द्वारे ॥
भगे लोक सबही अकुलाई। चचा भतीजे लगी लड़ाई ॥
राजा कुंवरने कीन्यो काबू। बाहर बेटो भीतर बाबू ॥
चहूं गिरद सौं चलें बंदूकें। मानों घन महि केका कूकें ॥
पथरकला बाजें घन गाजें। चमकें ज्वाला बिजली लाजें ॥
बिचली कल गढ़ पड़ी लड़ाई। निकसे बाहर दोनों भाई ॥

महाराज के कुंवर ही, उतरे गंगा पार ॥
साह सुदरसन फौजले, रहे जो गंगा पार ॥

वार-पार सौं फौजें आवें। करें लड़ाई लड़-भिड़ जावें ॥
केते दिवसहि लड़ते भये। पूरब पाप उदय ह्वै गये ॥
कटे मरे जो लोक हजारों। सिरीनगर औ धारा-धारों ॥

§६. गोरखा-शासन

१. गोरखावंशकी स्थापना

गढवालपर गोरखा-शासन के बारेमें कहनेसे पहिले गोरखा-जातिके बारेमें कुछ कहना आवश्यक है। गोरखा-शासनसे पहिले नेपालका भूभाग वहुत से राज्योंमें बंटा हुआ था। हर एक उपत्यका नहीं, उसके कुछ गांवोंके ठाकुर अपने को स्वतंत्र राजा मानते थे। उनमें कभी-कभी कोई सरकंडेकी आगकी तरह जगा भी, तो उसके बुझनेमें देर न लगी। ऐसे ही एक विजेता क्राचल्ल देवके बारेमें हम कह चुके हैं, जो दूलू (कर्नालीकी एक शाखा लोदी नदीके बायें तटपर अवस्थित आधुनिक दुलू-दैलेख) का शासक था। वस्तुतः गोरखा शासन द्वारा मेची (दोर्जेलिङ् जिलासे) काली नदी तकके हिमाचलीय भूखंडके एकतावद्ध होनेसे पहिले वह मुख्यतः तीन भागोंमें विभक्त था।

(१) गुरुंग-मगर भूमि, जो गंडककी प्रधान शाखा त्रिशूली गंगासे काली नदी तक थी। इसमें भी गुरुंग पश्चिममें थे और मगर पूर्वमें। सीह्लानचौक, अजीरगढ़ आदि गुरुंग प्रदेशमें थे, और ढोर, भीरकोट, शतहू, गरहू आदिमें मगरोंकी प्रधानता थी।

(२) कोसीकी सबसे पश्चिमी शाखासे लेकर वर्तमान दोर्जेलिङ्के पास तक किरात-प्रदेश था। राई, याखा, लिम्बू इन किरात-जातियोंमें भी लिम्बू सबसे अधिक पूरबमें रहते थे।

(३) कोसी और त्रिशूलीके पनढरके बीचका छोटा सा भाग वास्तविक नेपाल था।[1]

यद्यपि नेपालमें किरात शब्द पीछेके समयमें राई-याखा-लिम्बूके लिए ही प्रयुक्त होता रहा, किन्तु प्राचीन खसोंको—जो पीछे काली पार गये—तथा मैदानसे पहाड़में आई कुछ और जातियोंको छोड़ कर यहाँकी बाकी सारी जातियाँ किरात-वंशसे संबंध रखती थीं। गुरुंग और मगर तो किरात हैं ही, स्वयं नेपाल-उपत्यका-निवासी नेवार भी मूलतः किरातवंशी हैं। इन्होंने ही इस देश को अपना नाम (नेवार) नेपार>नेपाल दिया। सारे हिमालयकी तराईमें रहनेवाले थारू, पूर्वके मेची, पश्चिमके भोगता, अस्कोटके राजी, यहाँ तक कि ऊपरी सतलजके (कनौरे) किन्नर भी उसी विराट किरात जातिके अंश हैं, जिसके अवशेष आज भी मलाया, बर्मा (मोन, करेन या थलेङ्), इन्दोचीन (ख्मेर) तकमें मौजूद हैं। खश पश्चिमसे पहाड़ ही पहाड़ पूर्वकी ओर बढ़े, यह हम बतला चुके हैं, किन्तु कालीके पूर्व वह अपेक्षाकृत बहुत पीछे पहुँचे। उनकी प्राचीन बस्तियोंके लिए हमें नेपालमें भी खशोंकी अपनी विशेष समाधियों (कब्रों) का पता लगाना होगा। भिन्न-भिन्न भाषाओंके रहते भी आज खसकुरा (गोरखा-भाषा) कालीसे मेचीके किनारे तक बोली जाती है।

(क) **२४ गढ़**—जैसे गढ़वालकी एकताके पहिले यहाँ ठाकुरोंके ५२ गढ़ थे, उसी तरह गोरखों द्वारा एकावद्ध होनेके पहिले वर्तमान नेपालके पश्चिमी भागमें २४ राजा थे, जिनके कारण उसे चौबीसी प्रदेश भी कहा जाता था। गढ़ोंके नाम पांच स्रोतोंसे निम्न प्रकार हैं—

---

[1] **"पूर्वस्यां कौशिकी पुण्या सर्वपापविनाशिनी।**
गंगा त्रिशूलगंगाख्या प्रत्यीच्यां दिशि संस्थिता॥
उत्तरस्यां दिशि तथा सीमा शिवपुरी मता।
दक्षिणस्यां दिशि नदी पवित्रा शीतलोदका॥
एतन्मध्ये महापुण्यं नेपालं क्षेत्रमीरितं।"
—स्कंदपुराण (नेपाल-माहात्म्य)

किर्कपेट्रिक (१८११)	हेमिल्टन (१८१९)	रिपोर्ट (१८८४)	गुर्खा (१९१८)	नेपालको इतिहास
१. लमजुङ्	०[1]	०	०	०
२. तनहूँ	०	०	०	०
३. गलकोट	०	०	०	०
४. पर्वत	मलेबम	०	०	पर्वत
५. नुवाकोट	नयाकोट	०	०	नुवाकोट
६. पुन	पोइन	पैन	पयुङ्	पैय्यूं
७. गरहू	०	०	०	०
८. रीसिङ्	०	०	०	०
९. घीरिङ्	०	०	०	०
१०. पाल्पा	०	०	०	०
११. गुर्मी	०	०	०	०
१२. मुसीकोट	०	०	०	०
१३. प्यूठान	०	०	०	०
१४. इस्मा	०	०	०	०
१५. भीरकोट	०	०	०	०
१६. धुरकोट	०	०	०	०
१७. विधा	अर्धा	०	०	०
१८. लटहूं	सतहूं	लटहूं	०	सतहूं
१९. कास्की	०	पोखरा	कास्की	०
२०. खांची	खार्ची	०	पोखरा	खांची
२१. ढोर	०	०	सतहूं	ढोर
२२. दाङ्	गोरखा	सतहूँ	बुटौल	खुर्प्रीकोट
२३. भिली	ताकी	वढ़ौल	कैखे	भिग्रीकोट
२४. सलमान	गजरकोट	कैखी	देउराली	गजकोट

श्री सूर्यविक्रम ज्ञवाली[2]के मतसे गोरखा कास्कीके तथा बुटवल पाल्पाके अन्तर्गत था, इस प्रकार वस्तुतः इस सूचीके बाईस ही राज्य[3] थे—

---

[1](०) का अर्थ है पूर्ववत्। [2]"पृथिवीनारायण शाह", पृ० १९।

[3]"उस समय बाईस-चौबीस राज्य जुमलाके अधीन थे"—"रामशाहको जीवन-चरित्र", पृ० ६–७

(१) लमजुङ्
(२) तनहूं
(३) गलकोट
(४) पर्वत
(५) नुवाकोट
(६) पुन
(७) गरहू
(८) रीसिङ्
(९) घीरिङ्
(१०) पाल्पा
(११) गुल्मी
(१२) मुसाकोट
(१३) इस्मा
(१४) प्यूठान
(१५) भीरकोट
(१६) धुरकोट
(१७) अर्घा
(१८) सतहूं
(१९) कास्की
(२०) खांची
(२१) ढ़ोर
(२२) सल्याण

इनमें सप्तगंडकी (त्रिशूलीसे बदयार तकके पनढर) में मल्ल, सेन-ठकुरी, और साही-ठकुरी वंशके राजाओंके राज्य निम्न प्रकार थे—

राज्य		वंश
पर्वत, गलकोट		मल्ल
तनहूं, रीसिङ्	तनहूं	सेन-ठकुरी
पाल्पा, गुल्मी, अर्घा, इस्मा	पाल्पा	सेन-ठकुरी
ढोर, भीरकोट, सतहू, गरहू	खान्छा	साही-ठकुरी
नुवाकोट, कास्की, लामजुङ्	मीचा	साही-ठकुरी

चौबीसी राजाओंमें सरयू (काली-करनाली)की भूमिके जुम्ला, दुलू, और डोटी जैसे प्रभावशाली राजाओंको नहीं गिना गया—डोटीके रैणका-राजा पुराने कत्यूरी वंशके थे, दुलूवाले मल्ल और जुम्लाके मल्ल(?) थे। काली-

करनाली भूमिके राज्य सप्तगंडकीकी अपेक्षा कुमाऊँसे ज्यादा संबंध रखते थे। नेपालके एकीकरणके लिए सप्तगंडकीके चौबीसी राज्योंका ही नहीं बल्कि पूर्वमें सप्तकौशिकी (किरात), नेपाल, सप्तगंडकी और काली-कर्नाली तकके छोटे बड़े सभी राज्योंको ध्वस्त करना पड़ा। यह काम साही-ठकुरी वंशने किया।

(ख) साही-ठकुरी—दुनियामें सभी जगह प्रभुत्वसम्पन्न होनेपर अपनी वंशावली "ठीक" करनेकी अवश्यकता होती है, अर्थात् नये राजवंशका संबंध किसी प्राचीन प्रतिष्ठा-प्राप्त राजवंशसे जोड़ना पड़ता है। ईरानके हालके रजाशाहको अपने साधारण ईरानी-तुर्क कुलसे संतोष नहीं हुआ और उसने अपने वंशको पहलवी (प्राचीन पार्थिव-वंशी) बना डाला। इसी तरह पहाड़में भी हुआ है। रामपुर-विशेरके राजवंशको अपने कनोरवंशको छिपानेके लिए प्रद्युम्न और अनिरुद्धके साथ संबंध जोड़नेकी अवश्यकता पड़ी। यही बात नेपालके साही-ठकुरीवंश (और पीछे जंगबहादुरके राणावंश)के साथ हुई। "खान्छा" (ज्येष्ठ) और "मींचा" (कनिष्ठ) वस्तुतः मगर[1] (किरात) भाषाके शब्द हैं, ये भी उसी तथ्यको वतलातें हैं। पीछेकी वंशावलियोंमें साही-ठकुरी-वंशका कर्ता भूपाल तथा उसे चित्तौड़के राणावंशकी उज्जैनमें गयी शाखावाले विक्रम राजाका कनिष्ठ पुत्र माना गया है। जेठेका नाम ब्राह्मणिक था। "चित्र-विलास"की वंशवलीमें क्रम है—

१. जिल्ल	६. ब्रह्मणिक
२. अजिल्ल	७. मन्मथ
३. अटल्ल	८. जैनखान
४. तुथाराज	९. सूर्यखान
५. विमिकिराज	१०. मींचाखान

ये नाम और खान-उपाधि भी चित्तौड़से संवंधकी वातके बारेमें भारी सन्देह पैदा करती है। साही-ठकुरीवंश बहुत सम्भव है, एक खशवंश रहा हो, किन्तु उसका विवाह-संबंध मगर लोगोंसे भी होता था। पालपाके सेनवंशी अभयराणाके बारेमें उल्लेख है[1]—

"एतत्सुतो रूपनारायणेत्यादि-महाराजाधिराज-श्रीमदभयराणा। तेनैव... पलपायां वसतिः कृता।...स मकवानपुरवासि-गजलक्ष्मणसिंह-नाम्नो मगरमही-पालस्य कान्तिमतीनाम्नीं कमनीयतमां कन्यां मकवानी-नाम्नीं विधिनोपयेमे।"

---

[1] **"पृथिवीनारायण शाह", पृ० १५**

वंशावली जोड़नेवालोंके पुराने शक-संवत् संदिग्ध हैं। उनके अनुसार सन् १४९५ ई० (शाके १४१७)में भूपाल उज्जैनसे आकर खिलुंगमें भूमि आबाद करके बस गया। उसकी सन्तान निम्न प्रकार हुई—

भूपाल
- हरिहर (खान्छा)
- अभयसिंह (मींचा)
  - विचित्र
    - यशोब्रह्म
      - नरहरि
      - १. द्रव्यशाह (१५५९-७० ई०)
        - २. पुरन्दर (१५७०-१६०५)
          - ३. राम (१६०६-३३ ई०)
            - ४. डंबर (१६३३-४२ ई०)
              - ५. कृष्ण (१६४२-५८ ई०)
                - ६. रुद्र (१६५८-६९ ई०)
                  - ७. पृथिवीपति(१६६९-१७१६)
                    - वीरभद्र
                      - ८. नरभूपाल(१७१६-४२ई०)
                        - ९. पृथिवीनारायण (१७४२-७४ ई०)

जेठा हरिहरसिंह (खान्छा) ढोर (पश्चिम ३ नंबर), भीरकोट, सतहूं, गरहूं (पश्चिम ४ नम्बर)पर अधिकार कर मगरांत (मगरोंकी भूमि)का राजा

बना, और छोटा अजयसिंह (मीचा) नुवाकोटको जीतकर वहाँका। अजयसिंहके पुत्र विचित्र खानने नुवाकोटसे उत्तर-पूर्वके कास्की प्रदेशको भी अपने राज्यमें मिला लिया। विचित्रका पुत्र यशोब्रह्म कास्कीके पूर्वके लमजुङ् प्रदेशका राजा बना। यशोब्रह्मका ज्येष्ठपुत्र नरहरिशाह लमजुङ्की गद्दीपर बैठा। कनिष्ठ पुत्र नरपतिशाह था। मझले द्रव्यशाहने गोरखापर अधिकार किया। उसके पुत्र रामशाहने वस्तुतः नेपालके एकीकरणका कार्य आरंभ किया, जिसे सफलता तक पहुँचानेका श्रेय पृथिवीनारायणशाहको है।

(ग) द्रव्यशाह (१५५९-७०)—उस समयके राज्य दस-पाँच हजार आदमियोंकी ठकुराइयाँ थीं, जो आपसमें लड़ते-भिड़ते रहते थे। चौदहवीं सदीमें कुमाऊँ, पंद्रहवीं सदीमें गढ़वालमें जैसे ठकुराइयोंका जमाना खतम हुआ, वही बात सोलहवीं सदीमें हिमाचलके इस अंचलमें शुरू हुई, यद्यपि यह काम पहिले हीसे योजना बनाकर कहीं नहीं हुआ। इन ठकुरी राजाओंका काम केवल राज्यसे नहीं चलता था, इसलिए वह पशुपालन और खेती भी करते थे। द्रव्यशाह वचपनमें गोठमें गायोंकी चरवाही करता था। कहते हैं, वहीं गुरु गोरखनाथ (?देवपाल-समकालीन ९वीं सदीके गोरक्षपा)ने उसे राजा होनेका वरदान दिया। असल वरदान था, पोखराके खंडका (खस) राजाके प्रति लोगोंका असंतोष। वहाँकी तागाधारी (खस) और मतवाली (मद पीनेवाली मगर-गुरुंग) दोनों जातियाँ उससे असन्तुष्ट थी। पंडित नारायण अर्ज्याल (कुमाऊँनी ?) और गणेशपांडे (पालपासे आगत) दोनों गुरु-शिष्योंकी चाणक्यनीति इस काममें सहायक हुई। गणेश पांडेने गोरखा और लमजुङ्को रौंदना शुरू किया। संदेह न होने देनेके लिए गणेशने लमजुङ्के तार्कू गाँवके पन्तकी लड़कीसे व्याह कर लिया। मत-वाली (मगर)-दल पहिलेसे रुष्ट था, पांडेने तागाधारी (जनेवधारी) दलको भी खंडकाके विरुद्ध कर दिया। नारायण अर्ज्यालकी लमजुङ्में पहिलेसे ही बड़ी प्रतिष्ठा थी। सब ठीकठाक हो जानेपर अर्ज्यालने तागाधारी दलके नेता गणेश पांडे और मगरनेता गंगाराम रानाको भेजकर यशोब्रह्मसे द्रव्यशाहको माँग लिया। यशोब्रह्मने भगीरथ पन्त, सर्वेश्वर खनाल, केशव बोहरा और मुरली खवास (खवासे)के साथ द्रव्यशाहको भेज दिया। इन्होंने गोरखा-राज्यसीमाके पासके गाँव छोप्राकमें अपना अड्डा बनाया। गोरखा-नगरके उत्तर-पश्चिम गुरुङ् लोगों-का लीग-लीगमें अपना गणराज्य था। ये लोग प्रतिवर्ष एकत्रित हो बलपरीक्षा करके सबसे बलीको अपना राजा बनाते थे। इसी कामके लिए बिना विशेष हथियार लिये गरुङ् लोग वहाँ जमा हुए थे। इसी समय द्रव्यशाहके लोगोंने

आक्रमण कर दिया। गुरुङ् हारे और लींगलींग कोटको खाली पा द्रव्यशाह राज्यसिंहासनपर बैठ गया।

खँडका राजासे अब सीधे युद्ध चलने लगा, किन्तु सफलताप्राप्तिमें कुछ समय लगा। एक रात द्रव्यशाहको नारायण अर्ज्याल, गणेशपांडे, भगीरथ पन्त, गंगाराम राना (मगर), मुरली खवास, सर्वेश्वर खनाल, गजानन पटराइ और केशव बोहराने गोरखाके पुराने दरबार तल्लोकोट[1]में राजसिंहासनपर बैठा दिया—गणेश पांडे राजपुरोहित हुए। ऊपर गोरखा नगरको जीतना अब भी बाकी रहा, जहाँ खँडका दुर्ग-बद्ध होकर बैठा था। उसे द्वन्द्व-युद्धपर राजी किया गया। द्रव्यशाहने उसे मार डाला। भादौ कृष्णाष्टमी बुधवार रोहिणी नक्षत्र शाके १४८१ (सन् १५६९ ई०)को द्रव्यशाहका राज्याभिषेक राजगुरु नारायण अर्ज्यालने कराया। यशोब्रह्मके बाद ज्येष्ठ पुत्र नरहरिशाह लमजुङ्का राजा बना था। उसने छोटा भाई होनेके कारण द्रव्यशाहको अधीनता स्वीकार करनेके लिए कहा। इनकार करनेपर लड़ाई शुरू हो गई, जिसके कारण द्रव्यशाह अपने राज्यका अधिक विस्तार नहीं कर सका। तो भी गोरखाकी सुरक्षाके लिए गुरुंगोंके अजीरगढ़ और सिह्लानचोकपर अधिकार करना आवश्यक था। सिह्लानचोक गोरखा-नगरसे पाँच कोस उत्तर था, जिसे द्रव्यशाहने पहिले दखल किया। अजीर गढ़ गोरखासे ७,८ कोम उत्तर दरौंदी-उपत्यकामें पहाड़के ऊपरी भागमें था।

द्रव्यशाह[2] ११ वर्ष राज्य करके सन् १५७० (शाके १४९२)में मरा। द्रव्यशाहके पुत्र पुरन्दर या पूर्णशाहने १५ वर्ष राज्य करके अकबरके साथ १६०५

---

[1]गोरखाके पहाड़के ऊपर नीचे उपल्लोकोट और तल्लोकोट दो दरबार थे, उपल्लोकोटमें प्राचीन दरबार तथा मनोकामना देवी और गोरखनाथके मंदिर हैं। उपल्लोकोटसे पोखरीथोक तक गोरखा नगर है।

[2]चित्रविलास-कृत रामशाहकी राजवंशावलीका कुछ अंश निम्न प्रकार है—

"इह खलु जगति श्री मेदपाटात् प्रसिद्धाच् छ्रित-मुनिवर-सिद्धाच् चित्रकुटात् सूकूटात्। मनसिकृत-सुमन्त्रो राजपुत्रः सपुत्रोऽगमद् अधिसुखधामं सद्गिरामं नु कश्चित् ॥२॥ तद्गोत्रे जितभिल्ल—देशनियमः श्रीं जिल्ल-राजोऽभवद्।

राज्ये कार्यदृढ़ः प्रजापरिवृढो जातो जिताख्यस्ततः।

सर्वाशाजिद् अटल्ल—राजनृपतिः तस्मादकस्मादभूत्।

तत्पुत्रः सुकथापृथाश्रुतिरतिस् तूथादिराजस्तथा ॥ (३)

यस्यांग-प्रभवोऽभवद् विविकिराट् सम्राट् प्रणीतिप्रियस्।

ई०में शरीर छोड़ा। उसके बड़े लड़के छत्रशाहके छ ही महीनेमें मर जानेपर छोटा रामशाह गोरखाकी गद्दीपर बैठा।

२. राज्य-विस्तार

(१) **रामशाह (१६०६-३३)**—गोरखा राज्यको एक ठकुरी-राज्यसे उठाकर बड़ा राज्य बनानेका श्रेय रामशाहको है। रामशाहने अपनी शक्तिको सुव्यवस्थित करके आगे बढ़ना चाहा। द्रव्यशाहके समयके विश्वसनीय वंश—पांडे, पंत, अर्ज्याल, खँदाल, राना, बोहरा—के उसने छ थर(पद)स्थापित किये। राजकाजमें उनकी सम्मति सर्वोपरि मानी गयी। लामजुङ्के साथका वैमनस्य अब भी चला जा रहा था। रामशाहने तीन-चार लड़ाइयोंके बाद लमजुङ्को जीत लिया। अब गोरखा-राज्यकी पश्चिमी सीमा मरस्याङ् नदी हो गयी। लमजुङ्वालोंने गोरखा-शहरसे १५ कोस उत्तर वारपाकके राजाको उभाड़ा। दाव-पेंच और सीधे लड़ाईमें भी जल्दी सफलताकी आशा न देख रामशाहने धोखेसे काम लेना चाहा और वारपाकके घले(गुरुङ्, मगर) राजा चाग्या

तद्गेहे हरिराज-राज्यतिलको भूमिं बुभोजेश्वरः ॥
तस्माद् ब्रह्मणिको वभूव नितरां गोब्राह्मणप्राणपस् ।
तद्भूमन्मथराजभूपतिरसौ यस्मान् नरेशाधिपः ॥४॥ (४)
तस्माद् भूपतिनायकः पतिरिति श्री जैनखानोऽधिपस् ।
तस्मात् सूर्यनिभः प्रभुः समजनि श्रीसूर्यखानाह्वयः ।
तस्यात्मप्रभवः कृतातिविभवो मीचादिखानोऽभवत्
तज्जः सज्जधनुर् धनुर्धरवरः खानो विचित्रो विभुः ॥ (५)
चित्री वैचित्रिरासीत् तदनु मनुजपः श्रीयशोब्रह्मशाहिर् ।
ब्रह्मज्ञानी सुदानी धनद इव धनी तत्सुतो द्रव्यशाहिः ।
तूर्णं चक्रेऽरिचूर्णं तदधिपतनयः पूर्णकृत् पूर्णशाहिः ।
पूर्णांशोऽस्तोधुना ऽसौ विलसति ससुतो रामवद् रामशाहिः ॥(६)
कृता चित्रविलासेन कारिता रामशाहिना ।
राजवंशावली भूयाद् अभितो वृद्धिगामिनी ॥(७)

यहाँ उदयपुरकी वंशावलीमें राणा कुंभकर्ण (कुंभा) की परम्पराके कुंभकर्ण→अयुत→परावर्म→कविवर्म→यशवर्म→उदुंवरराय→भट्टराय→जिल्लरायको मिलानेका प्रयत्न किया गया है।

और स्यरतानके राजा सुरतानको मित्रताकी रसम अदा करनेका निमंत्रण दिया। सीधे-सादे घले लोग विश्वास करके विना हथियारके आये। रामशाहके आदमी छिपे तौरसे हथियारबंद थे। चाग्या और सुरतान निहत्थे थे। गंगाराम राना आदिने चाग्यापर तलवार चलाकर उसे मार डाला और सुरतान गोरखा-नगरके पूर्व ओर गदी-खोलाके पार सरसल्यान भाग गया। रामशाहकी सेनाने पहिले जाकर वारपाक जीता, फिर स्यारतानको भी। इसके बाद वारपाक और स्यरतानके घले लोगोंने अपने अठारह सौ खोलों (इलाकों)को भी समझा-बुझा-कर रामशाहके आधीन करवा दिया। इस प्रकार उत्तरमें तिब्बत (भोट)की सीमा तक गोरखा-राज्यका विस्तार हो गया। गोरखोंकी महत्वाकांक्षा और बढ़ी, और वह भोटके केरोङ् (-ज्ञोङ्)के भीतर घुस गये, किन्तु चाङ् (मध्य-तिब्बत)की सेनासे हारकर तथा अपने सेनापति भवानी पांडे और पीरू रानाको खोकर उन्हें रोसी (रसुवा)में भाग आना पड़ा। आज भी इधर भोट और नेपालकी वही सीमा है, जिसे रामशाहने स्थापित किया।

पुराना शत्रु सुरतान भागकर सरसल्यानके राज्यमें बसेरी (बस्यारी) गाँवमें जा बसा था। उसके पीछे पड़ी गोरखा-सेनाको मंत्री गणेशपांडेको खोनेके सिवा कुछ हाथ नहीं आया। "मंत्री मरवाकर कैसे तुम भाग आये" कहकर रामशाहने सेनाको फटकारा, किन्तु उसे मालूम हो गया, कि सरसल्यानसे लड़ना हँसी-खेल नहीं है। पूरी तैयारीमें कुछ समय लगा, फिर गंदी नदी पार कर सल्यानियोंसे लड़ाई शुरू हुई। वहाँका घले (गुरुंग) राजा मारा गया और सरसल्यानपर गोरखा-ध्वजा फहराने लगी। वस्यारीको हाथमें करनेमें कठिनाई क्या हो सकती थी? फिर बूढ़ीगंडक पार हो गोरखाके दक्षिण-पूर्वमें अवस्थित खरी[1]को भी घले लोगोंसे छीन लिया गया। यहाँसे रामशाहकी सेनाने दक्षिणमें मैघी (घले)को जीत गोरखासे नुवाकोटके रास्तेमें चरंग[2] (घले)को फिर जा दबाया। फिर बूढ़ीगंडक और त्रिशूलीके बीच निवारचोक-पर अधिकार कर बीचके इलाकोंको जीतती वह धादिङ् पहुँची। राजा रोहि-दास मारा गया और धादिङ्पर गोरखोंका अधिकार हुआ। कुछ ही समय बाद उन्होंने फिरकेप भी ले लिया। रामशाहको आखिरी लड़ाई तनहूंके विजयके लिए लड़नी पड़ी। गोरखा-शहरके पश्चिम मर्स्याङ् नदीके पार तनहूं जिला

---

[1]वर्तमान १ नम्बर जिला धादिङ् तहसील नुवाकोटमें।

[2]वही जिला सल्यान तहसील नुवाकोटमें।

और शहर है, जहाँ सेन-ठकुरी राजा तुलासेनका शासन था। राजा हारकर रीसिङ् भाग गया।

रामशाहने २८ वर्ष राज्य कर १६३३ ई०में शरीर छोड़ा। मृत्युके समय उसका राज्य उत्तरमें चेपे और दक्षिणमें मर्स्याङ् नदी तक, गोरखासे पूर्वमें धादिङ् तक और उत्तरमें भोटके रसुवा-स्थान तक था।

पर्वत, पालपा, जुमला तथा नेपालके नेवार-राजाओंसे रामशाहका मैत्री-पूर्ण संबंध था। जुमला सीआपति, पर्वत (राजमल्ल) और पालपा (मुकुन्दसेन) के राजा रामशाहके यहाँ भी आये थे। यह भी कहा जाता है, कि सप्तगंडकीसे पश्चिममें जुमलाके राजा सीआपतिकी प्रधानता थी। जुमला काली गंडकी और करनालीके बीचमें था। इसके उत्तरमें हिमालश्रेणी तथा तिब्बत और दक्षिणमें दुलू-दैलखका राज्य था। बाईसे-चौबीसे राजा उसकी अधीनता स्वीकार करते थे, और भोटके भीतर भी दूर तक उसका राज्य था। धवलागिरि (एवरेस्टके बाद दूसरा सर्वोच्च तथा नन्दादेवीसे भी ऊँचा शिखर)से दक्षिण, कालीगंडकीसे पश्चिम मेयाङ्दीसे पूर्व और गलकोटसे उत्तरवाले भूभागमें उस समय पर्वत-राज्य था, जिसकी राजधानी घोरल मलेवम(वेनी शहर) मेयाङ्दी और काली-गंडकीके संगमपर बसा था। उस समय पर्वतका राजा राजमल्ल था।

रामशाहके उत्तराधिकारियों—डंबरशाह (१६३३-४२), कृष्ण (१६४२-५८) और रुद्रशाह (१६५८-६९)के शासनके समय कोई विशेष बात नहीं हुयी, फिर रुद्रशाहके पुत्र पृथिवीपतिशाह राजा हुए।

(२) पृथिवीपतिशाह (१६६९–१७१६)—पिछले तीन शासकोंकी निबलतासे लाभ उठाकर गोरखाके पुराने शत्रु लमजुङ्वाले गोरखाको दबाते हुए दरौंदीके किनारे तक पहुँच गये। पृथिवीपतिने छलसे काम लिया। उसने अपने छोटे लड़के रणदुल्लशाह, एवं गौरेश्वर उपाध्याय और बलि उपाध्याय कडरिया-को निकाल दिया। लामजुङ्ने उनपर विश्वास कर गोरखासे जीते प्रदेशपर रणदुल्लशाहको नियुक्त कर दिया, जिसने उसे अपने बापको दे दिया। उसके बड़े भाई तथा उत्तराधिकारीका उसकी नियतपर संदेह हुआ, और रणदुल्लशाहने आत्महत्या कर ली। उत्तराधिकारी वीरभद्र भी पहिले मर गया, और कुछ समय बाद पृथिवीपति भी (१७१६) मर गया। उत्तराधिकारके लिए कुछ झगड़ा हुआ, किन्तु अन्तमें वीरभद्रके पुत्र नरभूपालको सिहासनपर बैठा दिया गया।

(३) नरभूपालशाह (१७१६–४२)—नरभूपालसे भी काम नहीं

संभला । द्रव्यशाहके समयसे मगर लोगोंको दरबारमें जो सम्मान और दायित्व-पूर्ण पद मिलते आ रहे थे, नुवाकोटके अभियानमें असफलतासे चिढ़कर सेनापतिका पद जयन्त राना (मगर)को च्युत कर पंतको दिया गया । यही बात एक और मगर क-जी(अमात्य)के साथ हुयी । मतवाली और तागाधारीका झगड़ा फिर उठ खड़ा हुआ । जयन्त रानाने विजेता काठमांडवके राजा जयप्रकाशमल्लकी शरण ली । दरबारमें लोग पागलसे हो गये । नरभूपालको हटानेकी सोच रहे थे, इसी समय ज्येष्ठा रानी चन्द्रप्रभावतीने नरभूपालको नजरबंद करके राज-काज संभाल लिया ।

नरभूपालने १७३७में नुवाकोटपर आक्रमण किया था, जिसमें पाटनके विष्णुमल्लकी सहायता मिल जानेसे काठमांडवके राजा जयप्रकाशमल्लने गोरखा-सेनाको करारी हार दी । नेपालके तीसरे राजा भादगाँवके रणजितमल्लने पारस्परिक शत्रुता तथा गोरखोंसे मैत्री होनेके कारण युद्धमें तटस्थता रक्खी । पाँच वर्ष बाद नरभूपाल मर गया, और बीस वर्षके पृथिवी नारायणको गोरखाका सिंहासन मिला ।

३. विजययात्रा

(१) पृथिवीनारायणशाह (१७४२–७४)—रामशाहके मरनेके बाद अब गोरखाका भाग्य चमका । १७४२में गोरखा-राज्यकी सीमा थी—उत्तरमें हिमाल, दक्षिणमें सेती नदी, पूर्वमें त्रिशूल-गंडकी और पश्चिममें डांडेमें चेपे और नीचे मरस्याङ् नदी ।

(क) नेपाल-उपत्यका—नेपाल-उपत्यका सदियों तक एक राजनीतिक इकाई रही । अन्तिम मल्ल-वंशके शासनमें भी १४५७ ई० तक सारे नेपालका एक राजा यक्षमल्ल था । उसने बेवकूफीसे नेपालको अपने तीन लड़कोंमें बाँट दिया । (१) जेठे रायमल्लको भादगाँव (भातगाँव) मिला, मझले रणमल्लको बनेपा तथा सातगाँव और छोटे रत्नमल्लको काठमांडव । पाटन काठमांडवके राजाके अधीन था, किन्तु राजा शिवसिंहमल्लके समय (१५८५-१६१४) उसके पुत्र हरिहरसिंहने जाकर वहाँ अपना स्वतंत्र राज्य कायम कर लिया । आगे चलकर बनेपाको भादगाँवने ले लिया और उपत्यकामें भादगाँव, पाटन और काठमांडवके तीन राजा रहे । १७२२में काठमांडवका राजा महीन्द्रमल्ल पाटन-का भी राजा था । पहिले विभाजनमें भादगाँवकी प्रधानता थी और बनेपा तथा काठमांडवका स्थान गौण रहा; किन्तु आगे चलकर काठमांडवकी प्रधानता

स्थापित हो गई। भादगाँव और काठमांडवकी प्रतिद्वन्द्विता तथा शत्रुता बराबर रही। पाटन जब स्वतंत्र होता, तो वह भी काठमांडवका विरोध करता। काठमांडव और पाटन अत्यल्पजला वाग्मतीके आरपार है। भला ऐसे दो स्वतंत्र प्रतिद्वन्द्वी राज्य कैसे नेपाल-उपत्यकाकी रक्षा कर पाते? वैसे नेपाल ईसवी सन्के आरंभसे ही सारे हिमाचलमें संस्कृति-कलाकौशलका केन्द्र रहा, तिब्बतके सभ्यतामें पदार्पण करते ही सातवीं सदीके मध्यसे वह तिब्बतके व्यापारका केन्द्र भी बन गया। इस प्रकार नेपाल-उपत्यका एक बहुत ही समृद्ध प्रदेश था।

नुवाकोटकी लड़ाईके कारण काठमांडवसे गोरखा राजाकी शत्रुता थी, किन्तु भादगाँव उसका मित्र था, जिसे और दृढ़ करनेके लिए १७३२में नरभूपालने अपने पुत्र पृथिवीनारायण (जन्म २७ दिसंबर १७२२)को १० वर्षकी उम्रमें वहाँ भेज दिया, और भादगाँवसे तीन वरस बाद वह गोरखा लौटा।

(ख) काशीयात्रा—पिताके हारके दागको धोनेके लिए पृथिवीनारायणने उतावलेपनसे काम लिया, और नुवाकोटकी चढ़ाईमें फिर उसे हारना पड़ा। पृथिवीनारायणको पता लग गया, कि जब तक अच्छे हथियार और सैनिक-शिक्षाका प्रबंध नहीं होता, तब तक कुछ नहीं हो सकता। रूसके ज़ार पीतरका ४० साल पहिले यही अनुभव हुआ था और उसने इसके लिए पश्चिमी युरोपकी यात्रा की थी। पृथिवीनारायणको युरोपका क्या पता था? अभी पलासीके निर्णायक युद्धमें भी एक दर्जन बरसकी देर थी, इसलिए अंग्रेजोंका महत्त्व उसे पूरी तरह मालूम नहीं था; किन्तु नेपालके तीन वर्षके वासमें उसने रोमन कैथलिक साधुओंको देखा था, उनका गुण तो और भी सुना था; इसलिए हथियारके जोगाड़के लिए पृथिवीनारायणने काशीयात्राका निश्चय किया। उस समय, जब कि रेल-तार-डाक आदिका कोई प्रबंध नहीं था, एक तरुण पहाड़ी राजाके लिए यह कम साहसकी बात नहीं थी; शायद कुछ ऐसा ही भाव मनमें काम कर रहा था, जब कि पृथिवीनारायणका ब्याह बनारस जिलेके बैस-राजपूत अहिमानसिंहकी लड़कीसे किया गया था। पीछे पृथिवीके दूसरे भाईबंदोंकी भी शादी इन्हीं अहिमानसिंहके परिवारमें हुई—इन्द्रजीतसिंहकी कन्याका कीर्तिमहोद्दामशाहके साथ, शिवदत्तसिंहकी कन्याका दलमर्दनशाहके साथ (१७४४में) हुआ।

पृथिवीनारायणने तीर्थ-दान कर बंदूक-बारूद खरीदा तथा हथियार और सैनिक शिक्षाके ज्ञाताओंका प्रबंध कर देशका रास्ता लिया। गोमती पार नवाब सआदत अली खाँका राज्य था। पृथिवीनारायण जब गोमती पार होने लगे, तो कर उगाहनेवालोंने रोका। कहासुनी होनेपर जब शुल्कग्राहियोंने आदमियोंसे

घिरवाया, और पृथिवीनारायणके घोड़ेकी लगाम पकड़ी, तो मामला बढ़ना ही था। पृथिवीनारायणके आदमियोंने उनपर हाथ छोड़ दिया। अब नवाबकी सेनाका भय लगा और पृथिवीनारायणने भेस बदल लिया। दूसरे भी किसी तरह छिप-छिपाकर गोरखपुर पहुँचे।[1] वहाँसे जब वह बुटवल आया, तो वहाँ फिर पाल्पाके राजकुमारोंसे झगड़ा कर बैठा "यौवनके उन्मादमें मनुष्य भले-बुरेका विचार नहीं करता।"

अब पृथिवीनारायणको विजयाभियान करना था। उसकी अनुपस्थितिमें रणरुद्रशाह (सौतेले चचा) और गणेश पांडेकी सन्तान कालू पांडेने काम ठीकसे संभाला था। पृथिवीनारायणने कालू पांडेको अपना प्रधान-मंत्री (क-जी) बनाया। फिरंगी ढंगके हथियारों और गोलाबारूदोंके लिए कई कारखाने खोले, जिनमें नीचेके चतुर कारीगर नियुक्त किये। शेख जवर, मुहम्मद तकी और भैरवसिंह—जो नीचेसे बुलाये गये थे—गोरखा सैनिकोंको बंदूक चलानेकी विद्या सिखलाने लगे।

(ग) नेपाल-विजय—भोट और भारतका व्यापार नेपालके रास्ते नेपालियों द्वारा होता था, जिससे नेपाल बहुत समृद्ध हो गया था। नेपाली (नेवार) राजाका टंका (रुपया) भोट (तिब्बत) में चलता था। तिब्बत और तद्द्वारा चीनकी सहानुभूति नेपालके साथ थी, इसलिए पृथिवीनारायणको बहुत सोचसमझ कर आगे कदम बढ़ाना था। गोरखा-राज्यके पड़ोसी पाल्पा, तनहूं, लामजुङ्, कास्कीके राजा भी भोटसे अच्छा संबंध रखते थे; इसलिए नेपालके विरुद्ध वह सहायता देनेको तैयार नहीं थे। किन्तु, अब नेपाल-उपत्यका कई राज्योंमें बंटी थी। अकबरके समयमें नेपाल-उपत्यका चार राज्योंमें विभक्त हो गयी थी, पीछे भादगाँवने बनेपाको अपने राज्यमें मिला लिया और इस प्रकार पृथिवीनारायणके समय वहाँ तीन राजा थे। १७२२में पाटनका राज्य काठमांडवके राजा महीन्द्र-मल्लके हाथमें आ गया। काठमांडव अब भादगाँवकी भाँति ही शक्तिशाली था। दोनों राज्योंमें भारी शत्रुता थी। गोरखोंका झगड़ा काठमांडवसे था, इसलिए "शत्रु-का शत्रु मित्र होता है"के न्यायसे गोरखा-भादगाँवमें बड़ी मैत्री थी, जिसके ही कारण पृथिवीनारायणको उसके पिताने भादगाँवमें शिक्षा-दीक्षाके लिए भेजा था।

---

[1]नुवाकोट दरबारके शिलालेखमें है—

शंकरीय-नगरीं प्रति याता, शुल्क-हारिषु विधित्सुरनिष्टम्।
योऽवधीत् पथि तुरुष्कनरेशान तस्य को न कथयेत् गुणचर्चाम्॥

नुवाकोट काठमांडवसे ९ कोस उत्तर एक छोटी (२॥×१ कोस) उपत्यका है, किन्तु अपनी उर्वरता तथा भोट-व्यापार-मार्गपर होनेके कारण वह बड़ा महत्व रखती थी। १७३७में पृथिवीनारायणका बाप नरभूपाल नुवाकोट जीतनेमें असफल रहा और उसे जगज्जयमल्ल (मृत्यु १७३५)के उत्तराधिकारी जय-प्रकाशमल्ल (काठमांडव)से करारी हार खानी पड़ी, जिसके लिए गोरखा-स्वामी द्वारा अपमानित होनेपर मगर-सेनापति कजी जयन्त राना जयप्रकाशके पास चला गया। अरु(पहाड़ी) और मगर योद्धा जयप्रकाशमल्लके पास भी थे, किन्तु नेवार राजाओंकी सबसे भारी निर्बलता थी, आपसी फूट। गद्दीपर बैठते ही जयप्रकाशने अपने भाई राज्यप्रकाशको राज्यसे निकाल दिया। राज्यप्रकाशने जाके पाटनके राजा विष्णुमल्लकी शरण ली और उसके मरनेपर वह कुछ समय पाटन-का राजा भी हुआ। जयप्रकाशकी उद्दंडतासे तंग आकर दर्बारियोंने उसे हटाकर उसके छोटे भाई नरेन्द्रप्रकाशको राजा बनाना चाहा, जिसने राज्यके कुछ भागपर चार महीना राज्य भी किया। इस प्रकार जयप्रकाशके शासनमें काठमांडव भीतरी कलहसे और जर्जर हो गया था। ऐसे समय १७४४ ई०में पृथिवीनारायणने अपने नवशिक्षित सैनिकों तथा नये हथियारोंके साथ नुवाकोटपर आक्रमण कर दिया। नुवाकोट-विजयमें बहुत कठिनाईका सामना नहीं करना पड़ा। नेपाल-तिब्बतके व्यापारका ऐसा महत्वपूर्ण स्थानका गोरखोंके हाथमें चला जाना नेपालके लिए भारी क्षति थी। हारके बाद जयप्रकाशमल्लने और भी पागलपन दिखलाना शुरू किया। दरवारियोंने १७६६के आश्विन महीनेमें उसके बालक राजकुमार ज्योतिप्रकाशको राजा घोषित किया। चार बरस तक जयप्रकाश प्राण बचाता भादगाँव और पाटनमें छिपता फिरा। १७५०में देवपाटनमें गुह्ये-श्वरी मंदिरमें जब वह साधुके वेषमें रहता था, इसी समय काठमांडवकी सेनाने उसे घेर लिया, किन्तु जब सेनाने अपने राजाको उस अवस्थामें देखा, तो उसने पक्षमें होकर जयप्रकाशको राजा बनाया।

पृथिवीनारायण काठमांडवके राज्यके इलाकोंको धीरे-धीरे दखल करता जा रहा था। आगे बढते बढते उसने देवरालीको ले अेनम् (कुत्ती) होकर तिब्बत जानेवाले मार्गको काट दिया। नेपाल अब भोटके व्यापारसे वंचित हो गया। अब भादगाँवको भी गोरखा-मैत्री मँहगी मालूम होने लगी। सीधे आक्रमणका अवसर न पा पृथिवीनारायणने कुटिल नीतिका सहारा लिया। संधिके लिए आया प्रतिनिधि-मंडल जब षड्यन्त्र करने लगा, तो जयप्रकाशने भी उस प्रतिनिधि-मंडलको सीधे प्राणदंडका हुकम दिया। पृथिवीनारायणके दूतोंने

झूठे पत्र लिखकर कितने ही दरबारियोंको जयप्रकाशकी क्रोधाग्निमें जलानेमें सफलता पाई। जयप्रकाशने भी "शठे शाठ्यं" किया और पृथिवीनारायणके पुत्र सिंहप्रतापको ब्राह्मणोंकी मददसे पकड़ना चाहा, किन्तु षड्यन्त्रका पता लग गया जिसपर सात जैसी-प्रमुखोंने प्राणसे हाथ धोया। तबसे जैसियोंको ब्राह्मणके अधिकारसे वंचित कर दिया गया—उनकी पावलगी नहीं होती, उन्हें राजाको सलाम करना पड़ता है, वह पुरोहिताई नहीं कर सकते।

१७५५में पृथिवीनारायणने काठमांडवकी ओर हाथ बढ़ाते हुए काठमांडवसे २ कोस दक्षिण पहाड़पर बसे कीर्तिपुर पर आक्रमण किया। सेनाका नेतृत्व स्वयं प्रधान-मन्त्री कालू पांडेने किया, यद्यपि पहिले उसने उसे अच्छा नहीं समझा था। घामामान युद्ध हुआ। ४०० गोरखोंके साथ कालूपांडे मारा गया। पाटन इस समय काठमांडवसे अलग था। जयप्रकाशके अत्याचारोंसे आतंकित वहाँके दरबारियोंने पाटनको पृथिवीनारायणको देना चाहा। उसने अपने भाई दलमर्दन-शाहको भेज दिया। पृथिवीनारायणके घेरेमें तबाह नेवार लोग कैसे दलमर्दनके शासनको बर्दाश्त करते? १७६५ ई०में उसे हटाकर दरबारियोंने तेजनरसिंहको गद्दीपर बैठाया।

कीर्तिपुरकी हारके बाद पृथिवीनारायण चुप नहीं बैठा। १७५९में शिवपुरी पृथिवीनारायणके हाथमें आई और १७६१में कविलासपुर। अगले साल उसने मकवानपुरके पुराने राज्यको अपने हाथमें किया—मकवानपुर काठमांडवसे दक्षिण-पश्चिम तथा हटौड़ासे ४ कोस पूर्वमें है। मकवानपुरका राजा दिग्बंधनसेन पृथिवीनारायणका साला था, किन्तु उससे क्या? पलासी विजयके बाद अंग्रेज अब तराईमें पहुँच गये थे। उनकी सहानुभूति नेवार-राजाओं-की ओर थी। मकवानपुर ले लेनेपर उनकी सहायता नेपालको नहीं मिल सकती थी, यही कारण था मकवानपुरपर हाथ साफ करनेका। भादों (१७६२ ई०)में यह लड़ाई हुयी। गोरखा-सेनाके ५०-६० आदमी मारे गये और मकवानी ३-४ सौ। पलासीके युद्धमें अंग्रेज विजयी हुए थे, तो भी मुर्शिदाबादके नवाब मीर कासिमने ऐंठ नहीं छोड़ी थीं। मकवानपुरपर गोरखोंका अधिकार उसे पसंद नहीं आया और वह सेना ले बेतिया पहुँचा; जहाँसे उसने अपने सेनापति गुर्गीन खाँके नेतृत्वमें एक सेना १७६३के आरंभमें मकवानपुर भेजी। पृथिवीनारायणने भी खबर पा सहायक-सेना भेजी, जिसके सेनापतियोंमें एक रामकृष्ण कुँवर भी था, जिसके वंशमें आगे जंगबहादुर और पीछेके राणा हैं। नवाबकी सेनाकी हार हुयी और पृथिवीनारायणको बहुतसे नये किस्मके हथियार हाथ लगे।

पृथिवीनारायणकी सफलताओं विशेषकर मकवानपुर-विजयसे उसके पासके पड़ोसी चौबीसी राजा चिन्तित हो उठे, जिनमें गोरखा-वंशका सगोत्रिय लमजुङ्-राजा प्रधान था। पृथिवीनारायणको पहिले इनसे भुगतना आवश्यक जान पड़ा। १७६३में कई युद्धोंमें पृथिवीनारायणने उन्हें परास्त किया। अब फिर पृथिवी-नारायणने पूर्वकी ओर मुँह फेरा। इसी साल फरपिंग (कीर्तिपुरसे एक कोस दक्षिणपूर्व)पर भी गोरखोंका अधिकार था। अब पृथिवीनारायण कीर्तिपुरपर प्रहार करनेके लिए तैयार था, किंतु इसी समय फिर चौबीसी युद्धके लिए लौटना पड़ा। कीर्तिपुरपर दुबारा आक्रमण करके भी पृथिवीनारायणको हार खानी पड़ी, किन्तु गोरखोंने अब उसकी घेराबन्दी कर ली थी—उसका बाहरी दुनियासे कोई संबध नहीं रहने दिया था। अंतमें १७६५के चैत्रमें कीर्तिपुरके लोगोंने पृथिवी-नारायणके हाथमें आत्मसमर्पण कर दिया। वीर-शत्रुओंके साथ पृथिवीनारायणने उनकी नाक-कान काटकर बदला लिया—जिसका वजन १७ धरनी था।[1] कपूचिन् साधु जेमपके अनुसार कीर्तिपुरपर अधिकार करनेके दो दिन बाद नुवाकोटसे पृथिवीनारायणकी आज्ञा पाकर सूरप्रतापशाहने वहांके निवासियोंकी नाक-कान कटवाई।

मकवानपुरपर भी अधिकार हो जानेपर नेपालका व्यापार भारतसे रुक गया। अंग्रेज कम्पनीको यह बर्दाश्त नहीं हुआ। १७६७में जयप्रकाशमल्लने बेतियाके अंग्रेज अफसर गोल्डिंगसे सहायता माँगी। वहाँसे पटना होते वह सूचना गवर्नरके पास पहुँची। गवर्नरने धमकीसे काम न होते देख २१ जुलाई १७६७को अन्तिमेत्थं भेजा और अक्तूबर १७६७में कप्तान किनलक सेना लिये चल भी पड़ा। नेपालमें ईसाई धर्मके प्रचार करनेवाले कपूचिन साधु तथा नेपाल-भारत-भोटके बड़े व्यापारी दसनामी नागा गोसाई भी आग भड़कानेमें हाथ बँटा रहे थे। किनलक जनकपुर होते पहाड़में सिंधुली गढ़ी पहुँचा। लड़ाईमें अंग्रेजोंकी हार हुई। किनलक किसी तरह जान बचाकर भागनेमें सफल हुआ। फिर भी दो वर्ष तक मकवानपुरकी तराईको अंग्रेजोंने अपने हाथमें रखा,

---

[1] "**पृथिवीन्द्रवर्णनोदय" काव्यमें लिखा है—**
सर्वान् दुर्गवरान् स भूपतिवरो भित्वा चतुर्दिक्-स्थितान्,
रम्यं कीर्तिपुरेति विश्रुतपुरं जग्राह भूरिश्रवाः।
हत्वा शत्रुमनस्विनः कति पुनः प्रच्छिद्य नासादिकं,
कृत्वा कांश्च विरूपिणः कुपुरुषान् कीर्तिस्वरूपं द्विषः॥"

पीछे पृथिवी-नारायणके साथ झगड़ा न मोल लेनेमें ही खैरियत समझ लौटा दिया।

१७६८के भादोंकी अनन्त चतुर्दशी नेवार (नेपाल-उपत्यकावासी) जातिकी कालरात्रि है। इस दिन उनकी इन्द्रयात्राका त्यौहार था। आठ दिन तक राजा-प्रजा नाच-शराबमें ही बिताते थे। १५ सितंबर (अनन्तचतुर्दशी) १७६८की आधी रात तक सारा काठमांडव राजासे रंक तक शराबमें बेसुध नाचगान कर रहा था। इसी समय गोरखाली सेनाने तीन तरफसे हमला कर दिया। पृथिवी-नारायण स्वयं एक टुकड़ीके साथ हनुमान-ढोका पहुँचा। लोगोंमें भगदड मच गई। जयप्रकाशने भागकर पाटनमें शरण ली। हनुमान-ढोकामें जयप्रकाशके बैठनेका सिंहासन सजाया हुआ था और पृथिवीनारायण जाकर सिंहासनपर बैठ गया। १७६८के पौषमें पृथिवीनारायणने पाटनमें भी सदलबल प्रवेशकर सिंदूर-यात्रा (उत्सव) कराई। पाटनपर अधिकार कर पृथिवीनारायणने वागभैरव मंदिरके पास वसे कपूचिन साधुओंको उनके नेवार-अनुयायियोंके साथ बाहर निकल जानेकी आज्ञा दी। वह आकर वेतियामें बस गये, जहाँ अब भी उनकी संतानें रहती हैं।[1]

अब जयप्रकाशमल्ल और तेजनरसिंह (पाटन) भागकर भादगाँवमें पहुँचे थे। १७७१के कार्तिक महीनेमें पृथिवीनारायणने भादगाँवपर आक्रमण कर दिया। मामूली प्रतिरोधके वाद गोरखा-सेना नगरमें घुस गई। तीनों राजा बंदी हुए। कुछ दिनों बाद आहत जयप्रकाशमल्ल मर गया, तेजनरसिंह कैदमें रहा, भादगाँवके

---

[1]१६५८ में साधु गब्रीलने धर्मप्रचारार्थ सबसे पहिले नेपालमें प्रवेश किया। १६६१से ईसाई धर्मका प्रचार होने लगा, जब कि चीनसे ल्हासा होकर लौटे ग्रूबर और दोरविल दो ईसाई साधु जेनम् (कुत्ती) से होते नेपाल पहुँचे, किन्तु बाकायदा मिशनकी स्थापना अठारहवीं सदीके आरंभसे हुई। उस समय कपूचिन (कैथ-लिक) साधुओंका अड्डा पटनामें था। यहींसे दिसम्बर १७१४ में ल्हासाके लिए जाते साधु होरस अपने दो साथियोंके साथ नेपालमें अगस्त १७३२ तक ठहरा। नेवार-राजाओंकी पादरियोंकी ओर सहानुभूतिका कारण योरपके युद्धयंत्रोंकी श्रेष्ठता थी। १८ नवंबर १७६७ तक ५९ नेपाली ईसाई हुए थे, जिनमें २० कृस्तान माता-पिताकी सन्तान थे। १० फर्वरी १७६९ को ईसाई साधुओंने अपने अनुयायियोंके साथ नेपाल छोड़ा। इससे पहिले १७४५ (अप्रेल) में साधुओंको राजाज्ञासे मजबूर होकर ल्हासा छोड़ना पड़ा था।

राजा रणजितमल्लके अपने पुराने संबंधको स्मरणकर पृथिवीनारायणने उसे काशीवास करनेकी अनुमति दे दी, जहाँ ही उसकी मृत्यु हुई।

अब समृद्ध, संस्कृत, सम्पन्न प्राचीन नेपाल-उपत्यका पृथिवीनारायणके कदमोंमें थी। हनूमान-ढोकाके हातेमें पृथिवीनारायणने वसन्तपुर-दरबार नामक ९ तलेका महल बनवाया।

(घ) सप्तगंडकी विजय—

सप्तगंडकी प्रदेशके लमजुङ्, पर्वत आदि चौबीसी राज्योंके साथ अभी संघर्ष हो रहा था। नेपाल-विजयके बाद १७७०में पृथिवीनारायणने गोरखासे पश्चिमके इस भूभागकी ओर अपने राज्यका विस्तार करना चाहा। एकके बाद एक रीसिङ्, धीरिङ्, भीरकोटको जीतकर उसने गृहकोटमें तनहूंके राजाको हराया। फिर गरहूं, पैयूं, धुवाँकोटको जीतनेके बाद उसे अपने चिरशत्रु लमजुङ्से निबटना पड़ा और उसे हरा वहाँके राजकुमारको पकड़कर नेपाल भेजा—काठमांडव (नेपाल) अब गोरखा-राजधानी बन चुका था। चौबीसी राजाओंको अब अकल आई और उन्होंने मिलकर गोरखोंसे लोहा लिया। गोरखा-जेनरल सरदार कहरसिंह बस्नेत खेत आया, और काजी वंशराज पांडे घायल होकर बंदी बना। पृथिवीनारायण सप्तगंडकी जीतनेमें असफल रहा।

पश्चिममें हार खाकर पृथिवीनारायणने पूर्वमें सप्तकौशिकी या किरातदेशकी ओर १७७०में सेना भेजी। किरातोंके साथ अंतिम लड़ाई अरुण नदीके किनारे हुयी, जिसकी सफलताके बाद १७७३में अरुण नदी तक गोरखा-राज्यकी सीमा बढ गई। अब लगते हाथों उदयपुरगढीके चौदंडी राजा कर्णसेनको हराकर उसे मोरंग भागनेके लिए मजबूर किया। आगे अरुण और तमोर नदियोंके बीच तथा किरातदेशसे उत्तर लिबुआन (लिबू लोगोंका देश) गोरखा सेनाका लक्ष्य बना। यह छोटासा प्रदेश दस सरदारियोंमें बँटा था, जिसके कारण इसका नाम दस-लिबू भी था। यहाँके शासकोंने अधीनता स्वीकार की, जिसका एक कारण पूर्वमें सिकिम-राजाका उनपर होता रहता प्रहार भी था। अब गोरखा-राज्य पूर्वमें तमोर नदीके दाहिने तटपर पहुँचकर सिक्किमकी सीमासे मिल गया।

सेनोंका राज्य मकवानपुरसे तिस्ता तक था। शुभसेनकी मृत्युके बाद उसका राज्य दो पुत्रों मानिकसेन और महीपतिसेनमें बँट गया, जिसमें कमला नदीसे पश्चिमका भाग मानिकसेनको मिला था, और उसे पृथिवीनारायण जीत चुका था। चौदंडी राजा कर्णसेन भागकर महीपतिसेनके राज्य (मोरंग)में शरणागत हुआ, जहाँ उसने राजाको मरवाकर गद्दी सँभाल ली। मोरंगकी अपने उत्तरी

पड़ोसी सिक्किमसे भी अनबन थी। उधर महीपतिसेनके मारे जानेपर पृथिवी-नारायणने २७ मई १७७३के अपने पत्रमें वारन हेस्टिंगजको लिखा था, कि मोरंगका राजा हमारा संबंधी था, जिसके राज्यको हड़पनेवाले कर्णसेनको दंड देनेके लिए हम मजबूर हैं। मोरंग-विजय करनेके बाद अभिमानसिंह बसनेतको वहाँका शासक बनाया गया। मोरंगकी आपसी फूटमे लाभ उठाकर इसी समय सिक्किमने कनकाई और तिस्ताके बीचका भाग हाथमें करके तराई तक अपनी सीमा बढ़ा ली। सिक्किम भी अब पृथिवीरानायणकी आँखोंमें काँटामा चुभ रहा था। युद्धकी तैयारी भी हो गई थी, किन्तु १७७४के आरंभमें पृथिवीनारायणकी मृत्युके कारण वह नहीं हो सका। सिक्किमकी पीठपर तिब्बत भी था, इसलिए पृथिवीनारायण जल्दी युद्धारंभ करनेका साहस नहीं कर सकता था।

पृथिवीनारायण एक दूरदर्शी योद्धा था, यद्यपि वह अवश्यकतासे अधिक क्रूर तथा कलछलमें बहुत नीचे तक उतरनेको तैयार रहता था। पश्चिममें चौबीसी और पूर्वमें सिक्किमको जीतनेका उसका संकल्प पूरा नहीं हुआ, किन्तु उसने अपने पैतृक राज्यको पश्चिममें मरस्याङ् नदीसे पूर्वमें कनकाई नदीके तट तक, एवं उत्तरमें हिमालसे दक्षिणमें तराई तक फैला दिया। वह धर्मके बंधनोंकी परवाह नहीं करता था। कपूचिन साधुओंको नेपालसे निकालना उसकी धार्मिक असहिष्णुताके कारण नहीं हुआ, बल्कि युरोपीय साधुओंके राजनीतिमें दखल देनेके कारण। उस समय संन्यासी अखाड़ेके गोसाईं सारे भारत और हिमालके पार तकके सफल व्यापारी थे। ल्हासामें उनका बहुत मान था। अंग्रेजोंसे भी उनका घनिष्ट संबंध था। इसके कारण वह भी पृथिवीनारायणके कोपके भाजन हुए थे। इतने युद्धोंको चौके-चूल्हेकी पाबंदीके साथ जीता नहीं जा सकता था, इसलिए पृथिवीनारायणने व्यवस्था दी, कि कपड़ा पहिने भात पकाकर खाया जा सकता है।

(२) रणबहादुर शाह (१७७७-१७९९ ई०) –

(क) पश्चिमकी विजय-यात्रा—पृथिवीनारायणकी मृत्युके बाद १० जनवरी १७७५ को उसका ज्येष्ठ पुत्र सिंहप्रताप गद्दीपर बैठ केवल दो वर्ष दस महीना राज्य करके मर गया। इसके शासनमें तनहूं-राज्यके दक्षिणका भूभाग —कविलास—गोरखा-राज्यमें मिलाया गया। बापके मरनेके बाद उसका ढाई वर्षका पुत्र रणबहादुर शाह गद्दी पर बैठाया गया। सिंहप्रतापको हटाकर स्वयं गद्दी संभालनेका षडयन्त्र करनेवाला उसका

भाई वहादुर शाह देशसे निर्वासित हो वेतियामें रहता था। वह तुरंत नेपाल पहुंचा, और अभिभावकताके लिये उमसे और सिंहप्रतापकी रानी राजेंद्र लक्ष्मीसे झगड़ा हुआ, जिसमें दरबारियोंकी सहायतासे राजेन्द्रलक्ष्मीका पल्ला भारी रहा। इस घरू झगड़ेसे फायदा उठानेके लिए १७७९ में चौबीसी राजाओंने आक्रमण कर दिया, लेकिन गोरखा-शासक सजग थे। शत्रुओंसे मुकाबिला करनेके लिए ३१ वर्षके तरुण अमरसिंह थापाके नेतृत्वमें सेना भेजी गयी। उस समय किसे मालूम था, कि यह रक्षात्मक सैनिक यात्रा गोरखा-राज्यको कांगड़ा तक पहुँचानेका महाभियान सिद्ध होगी, और अमरसिंह[1] गोरखोंका सबसे वड़ा जेनरल। चौबीसी राजाओंके सरगना लमजुङ्, पर्वत और तनहूं थे। तार्कूघाटमें पर्वत और लमजुङ्की सम्मिलित सेनाकी हार हुयी, जिसमें लमजुङ्के सेनापति वलिभंजन और भक्ति थापा वन्दी हुए। वलिभंजन कैदमें मर गया, किन्तु भक्ति थापा पश्चिमके दिग्विजयमें अमरसिंहका दाहिना हाथ बना। १७८२ में लमजुङ् गोरखा-राज्यमें मिला लिया गया। १७८५ में पश्चिमी नुवाकोट हाथमें कर धुवांकोटके युद्धमें हराकर पैयूंको भी ले लिया। पाल्पासे लड़ाई करते नेपाल सेनाने सतहूं, भीरकोट और रीसिङ्को जीत लिया। इसी समय (१७८५ या १७८६) में रानी राजेन्द्रलक्ष्मीकी मृत्यु हो गयी। मैदान साफ देख बेतियासे आकर बहादुरशाह ने बालक रणबहादुरकी अभिभावकता संभाली। राजेन्द्र लक्ष्मी द्वारा आरब्ध अभियानको बहादुरशाहने आगे वढ़ाया। इस्मा, वाङ्लुङ्, पर्वत, प्युठान सर करनेके बाद अमरसिंहके नेतृत्वमें नेपाली सेनाने दैलख (दुलू) पर आक्रमण किया, और सुरखेतकी विजय द्वारा गोरखा-सेना करनालीके किनारे तक पहुंच गई। वहाँसे दक्षिण-पश्चिममें वढ़ते उसने डुमराकोट और तारिमघाटकी लड़ाईमें हराकर आछाम और डोटी ले लिए। इस प्रकार १७८९ या १७९० में गोरखा-सीमा आजकी भाँति काली नदी तक पहुँच गई।

काली पार कुमाऊँमें "घरका भेदिया" हर्षदेव गोरखोंको बुलानेके लिए अधीर था। १७९० में गोरखोंने अलमोड़ापर अधिकार किया, और आगे गढ़-वाल पर हाथ साफ करना रह गया।

रणबहादुरशाहको बहादुरशाहकी अभिभावकता अब पसंद नहीं थी। उससे

---

[1] पृथिवीनारायणके सेनापतियोंमें सिह्लानचौकके एक किसान रंजेका पुत्र भीमसेन थापा भी था, जो पीछे सिह्लान चौकका शासक बनाया गया। इसीका पुत्र अमरसिंह था, जिसका जन्म १७९४ ई० में० और मृत्यु १८१६ ई० में हुई।

छुटकारा पानेके लिये उसने एक दिन चचाको पकड़कर जेलमें डाल दिया, जहाँ वह १७९५ में मर गया। इसी साल एक मैथिल ब्राह्मणी कान्तवतीसे[१] रणबहादुरको एक पुत्र हुआ, जिसका नाम गीर्वाण युद्ध विक्रम शाह पड़ा। रणबहादुर अपने इस ब्राह्मणीपुत्रको गद्दी पर बैठानेके लिए उतावला था, क्योंकि वह समझता था, कि पीछे लोग इसमें बाधक होंगे। १७९९ में रणबहादुरने गद्दी त्याग कर उस पर गीर्वाण (१७९९-१८१६) को बिठाया और वह स्वयं स्वामी निर्गुणानन्द बन संन्यास धारण कर पाटनमें रहने लगा। ब्राह्मणी रानी थोड़े समय बाद मर गई। जिससे निर्गुणानन्द विक्षिप्त सा हो गया, और जिन देवी-देवताओंने स्वामिनीको बंचानेमें सहायता नहीं की, उनके मंदिरोंको नष्ट-भ्रष्ट करने लगा। यही नहीं आगे उसने राज्यको फिर लौटा पानेका प्रयत्न किया, जिसपर अधिकारियोंने उसे पकड़कर बन्द करना चाहा। रणबहादुर नेपालसे भागकर १८ अप्रेल १८०१ को बनारस पहुंचा। गीर्वाणयुद्धकी अभिभाविका रानी सुवर्णप्रभा हुईं। प्रधानमंत्री दामोदर पांडेकी नई सरकारने कंपनीकी सहायतासे रणबहादुरको बनारसमें रोके रखनेके लिए अक्तूबर १८०१ में अंग्रेजोंसे मित्रता और व्यापारकी संधि की। अप्रेल १८०२ में कप्तान नाक्स अंग्रेजी दूत बनकर नेपाल पहुंचा, किन्तु दरबारी संधिका विरोध कर रहे थे, जिसके कारण नाक्सको मार्च १८०३ में नेपाल छोड़कर चला जाना पड़ा। साल भर बाद जनवरी १८०४ में लार्ड वेलेस्लीने संधिपत्र नामंजूर कर दिया। अब रणबहादुरका रास्ता खुल गया। रणबहादुरसे मुकाबिला करनेके लिए दामोदर पांडे थानकोटमें सेना लेकर बैठा था, किन्तु पृथिवीनारायणके पौत्र अपने राजाको सामने देखकर सेना उसीकी तरफ हो गयी। दामोदर पांडे और उसके बड़े लड़केने कैद होकर प्राण गँवाये। प्रधान-मंत्रीका पद भीमसेन थापाको मिला। चौतरिया (राजवंशीय) दल च्युत हुआ और शक्ति थापादलके हाथमें चली गई। अमरसिंह थापाका ज्येष्ठपुत्र रणध्वज भी भीमसेनका सहकारी बना। पगला रणबहादुर और भी क्या क्या करता, किन्तु १८०५ के आरंभमें दरबारमें ही रणबहादुरको उसके सौतेले भाई शेरबहादुरने मार डाला। शेर बहादुर भी वहीं मार डाला गया। ऐसा अच्छा अवसर हाथसे न जाने दे भीम-

---

[१]सन् १७९७ ई० (शाके १७१९) विभवनाम संवत्सर माघ कृष्ण १४ सोमवार में लिखित ताम्रपत्र द्वारा "रणब्रहादुरशाह. .कनिष्ठपत्न्या श्री कान्तवती देव्या निज भर्तृ विक्रमार्जित कूर्माचल शतौली" में केदारनाथको भूमिदान दिया था। ताम्रपत्र ऊखीमठमें अब भी मौजूद है।

सेन थापाने अपने प्रतिद्वन्दी चौतरिया दलवाले बिदुर शाही, नरसिंह काजी, त्रिभुवन काजी आदि को मार डाला। रणबहादुरकी छोटी रानी ललित त्रिपुर-सुन्दरी अब बालक राजा (गीर्वाण युद्ध) की अभिभाविका बनी।

(ख) कांगड़ा तक—

थापादलने स्थगित विजययात्राको फिरसे आरंभ किया। गढ़वाल-विजयके बाद १८०४ में देहरादूनतक नेपालका शासन स्थापित हो चुका था। नेपाल-राज्यकी सीमा वहां यमुना और टौंस थीं। साल भरके भीतर नेपाली-सीमा पहाड़में सतलजके किनारे पहुंच गई। सतलज पार कांगड़ाका राज्य था। उसका राजा संसारचंद रणकुशल और चतुर राजनीतिज्ञ था। इसी समय पंजाबमें रणजीतसिह कदम जमा रहा था, किन्तु १८०४ ई० में अभी वह मैदानी प्रदेश तक ही प्रभुत्व रखता था।

गढ़वालके पड़ोसी राज्य सिरमौर (नाहन) का राजा कर्मप्रकाश नेपालका मित्र था, इसलिए सतलजकी ओर बढ़नेमें उसकी ओरसे रुकावट नहीं हुई। सिरमौरसे उत्तर जुब्बल भी उसके अधीन था, इसलिए वहां भी स्वागत ही स्वागत था। क्यूंठल, बघाट, कूथर, कनियां, भज्जी, धामी, बघाट, महलोग, कोठी, कियारी, कोटीगुरु और ठियोक छोटी छोटी ठकुराइयाँ थीं, जिनको हस्तगत करनेमें गोरखोंको कठिनाई नहीं पड़ी। बिशेर (रामपुर) के राजाने कुछ विरोध किया, किन्तु अन्तमें उसे भाग कर कनौरमें शरण लेनी पड़ी। संसारचंद भी राज्यविस्तारका कम मंसूबा नहीं रखता था। १८०३ में उसने जलंधर द्वाबा पर आक्रमण किया, किंतु उसे सिक्खोंसे हारकर भागना पड़ा। फिर उसने सत-लजके दाहिने तटपर अवस्थित सुकेत, मंडी, चंबा, आदि पर हाथ साफ किया। इस पर वहांके बहुतसे राजाओंने विलासपुर (कहलूर) के राजा महाँचंदको अमरसिंह थापाके पास सहायता मांगनेके लिये भेजा। ये राजा थे—

१. राजा भूपसिंह (गुलेर)
२. राजा उम्मेदसिंह (जसवन)
३. राजा गोविन्दचन्द (दातारपुर)
४. राजा गोविन्दसिंह (सीबा)
५. राजा जीतसिंह (चंबा)
६. राजा विक्रमसिंह (सुकेत)
७. राजाविक्रमसिंह (कुल्लू)
८. राजा वीरसिंह (नूरपुर)
९. राजा महेन्द्रसिंह (बिसौली)
१०. राजा. . (कटलेहर)
११. राजा महाँचंद (कहलूर)

कालीके पश्चिम अमरसिंह थापाका शासन था। कांगड़ाकी ओर बढ़ते समय कुमाऊँको अमरसिंहने अपने पुत्र रणजोरसिंह और वीरभद्र कुंवरके हाथमें

छोड़ा। गढ़वालके हर्ताकर्ता वीरभद्रका पिता चंद्रवीर कुँवर और सुब्बा सूरवीर खत्री नियुक्त हुए। नेपालसे काजी नयनसिंह थापा सेना लेकर क्यूँठलके रास्ते हिंदूर (नालागढ़) होते विलासपुरमें अमरसिंहसे जा मिला। १८०५–६ के जाड़ोंमें गोरखावाहिनी जिवरी (मुकेत) और विलासपुर (कहलूर) में सतलज पार हुयी, जहां उधरके राजा सदलबल आ मिले। सतलजके किनारे महलमोरीमें पहिली भिड़न्त हुई, जिसमें संसारचंदकी हार हुई। आगे बढती गोरखा सेनाने नदांवमें १२ वर्षसे संसारचंदके बंदी मंडीके राजा ईश्वरीसेनको मुक्त कर उसे अपना सहायक बनाया। इसी तरह सतलज पारके राज्य कटलेहरको भी उसके राजाको देकर अमरसिंहने अपनी ओर किया। संसारचंदने निरा-मुर्जनपुरमें मुकाबिला करना चाहा, किन्तु वहां भी उसे हार खानी पड़ी। फिर उसने कांगड़ाके अजेय दुर्गका सहारा लिया। सचमुच ही प्रकृति और मानवी हाथोंने इस गढको दुर्जेय बना दिया था। किन्तु, पासकी ज्वालामुखी नगरी (नगर कोट) गोरखोंके हाथमें चली गई। यहां आकर इधरके उपरोक्त राजाओंने अमरसिंहके दरबारमें हाजिरी दे नेपालकी अधीनता स्वीकार की। गोरखा-सेनाने कांगड़ा दुर्गको जीतनेका बहुत प्रयत्न किया, किन्तु परिणाम प्रधानमंत्री भीमसेन थापाके भतीजे नयनसिंह तथा और सैनिकोंकी बलि चढ़ानेके अतरिक्त कुछ नहीं हुआ। अब गोरखोंने घेराबंदी करनेका रास्ता लिया। १८०६ में रणजीतसिंह ज्वालामाईके दर्शन को आया। संसारचंदने पांच लाख रुपया देनेकी बात कहकर उसे अपनी ओर करना चाहा; किंतु अमरसिंहने उतना रुपया देकर रणजीतसिंहको उधर जाने नहीं दिया। कांगड़ाका सारा राज्य नेपालियोंके हाथमें था, किंतु काँगड़ा दुर्गमें संसारचंद अब भी आत्मसमर्पण करनेको तैयार नहीं था; फलतः नेपाली सेनाकी धाक कम होने लगी, और अधीन राजा सिर उठानेके लिये मुस्तैद दीखने लगे। सिरमौरके राजाको इसके लिए अपने राज्यसे हाथ धोना पड़ा।

अगले तीन सालोंमें रणजीतसिंहकी शक्ति और बढ़ी। मैदानमें सतलजके किनारे अंग्रेजी सीमाके पास आजानेसे झगड़ेका डर मालूम होने लगा, जो अप्रेल १८०९ की अमृतसरकी संधि द्वारा हट गया—दोनोंने सतलजको सीमा मान लिया। अब रणजीतसिंहको पूर्वकी ओर राज्यविस्तारका मौका नहीं रह गया और उसने पहाड़की ओर मुंह किया। संसारचंदने कुछ मोलभावके बाद कांगड़ा-किलाको रणजीतसिंहको देना स्वीकार किया। पश्चिमके पहाड़ी राजाओंकी भी आँखें खुलीं और उन्होंने भी रणजीतसिंहकी शरणमें जाना बेहतर समझा। संसारचंद कौशलपूर्वक अब किलेसे बाहर चला गया था। सिक्ख

सेनाने कांगड़ामें अवस्थित नेपालियोंपर आक्रमण किया। दोनों ओरसे बहुतसे सैनिक हताहत हुए, अन्तमें गोरखोंको २४ अगस्त १८०९ को कांगड़ा छोड़ चला जाना पड़ा। नेपालके पश्चिमाभिमुख प्रसारका रास्ता रुक गया—रणजीत-सिंह पत्थरकी चट्टान बनकर उनके रास्तोंमें खड़ा हो गया। इसके कारण गोरखा सेनाका रोब बहुत कम हो गया। अब भी मौकेकी ताकमें अमरसिंह सतलज और जमुनाके बीच के इलाकोंमें तैयारी कर रहा था। उसने अर्कीमें अपनी छावनी डाल वहाँसे कुमाऊं तक रास्ता तैयार कर जगह-जगह रक्षा-दुर्ग बनवाये। १८११ (चैनवदी ३ संवत् १८६८) में अमरसिको क-ज़ी (मंत्री) की पदवी मिली।

(ग) कुमाऊँ-गढ़वाल-विजय—

यह कह आये हैं कि १७७७ में पिताके मरनेपर रणबहादुरशाह (१७७७–१८०५) गोरखाली राजा हुआ; किन्तु राजमाता इन्द्रलक्ष्मीने अभिभाविकाके तौर-पर शासनकी बागडोर अपने हाथमें रखी। रणबहादुरके चचा बहादुरशाहने १७७९ में इन्द्रलक्ष्मीको मरवाकर स्वयं अभिभावक पदको संभाला था। पृथिवी नारायणका यह कनिष्ठ पुत्र ठीक अर्थोंमें अपने पिताका उत्तराधिकारी था। उसने पिताके अपूर्ण कामको बहुत आगे तक बढ़ाया। थोड़े ही समयमें लमजुङ् और तनहूंको लेने क्रमशः उसने चौबीसी राजाओं (कस्की, पर्वन, रीसिंग, सतहू, इस्मा, मस्कोट, दरकोट, उरगा, गुटिमा जुमला, रघान, दरमा-जोहार, प्यूठन, धानी, जसेरकोट, चीली, गोलाम, अचाम, धुलेक, दुलू) और डोटीको आत्मसात् कर पश्चिममें अपनी सीमा काली और उसकी शाखा तक पहुँचा दिया।

गोरखोंसे कुमाऊँकी कमजोरियाँ छिपी नहीं थीं। उधर हर्षदेव जोशी जैसा घरका विभीषण अपनी वैयक्तिक महत्वाकांक्षाकी पूर्तिके लिये गोरखोंको सहायता देनेके लिए तैयार था। १७९० ई० में गोरखा-सेनाने चौतरिया बहादुर शाह, क-ज़ी जगजीत पांडे, अमरसिंह थापा और सूरवीर थापाके अधीन कुमाऊँपर चढ़ाई कर दी। महेन्द्रचंद और उसके चचा लालसिंह इस टिड्डी दलका मुकाबिला नहीं कर सकते थे, और १७९० के आरंभ (चैत) में अलमोड़ा पर गोरखा ध्वजा फहराने लगी। हर्षदेव अब अलमोड़ामें था।

कुमाऊँको लेकर ही गोरखोंको संतोष नहीं हुआ। अगले साल (१७९१) गढ़वालपर भी उनका अभियान हुआ, किन्तु गोरखा लंगूरगढ़के आगे नहीं बढ़ सके। लंगूरगढ़की गढ़वाली सेनाने सालभर तक मुकाबिला किया। आखिरी प्रहारकी तैयारी होने ही लगी थी, कि नेपाल पर चीनी आक्रमणकी खबर आई। १७८१ में चेचकसे पण्छेन् लामाके पेकिंगमें मर जानेपर टशील्हुन्पो विहारमें

आपसी झगड़े शुरू हुए, जिसमें एक पक्षने नेपालको निमंत्रित किया, किन्तु १५००० टंका वार्षिक भेंट देनेकी बात करके उन्हें भीतर आनेसे विरत कर दिया गया। प्रतिज्ञात रकम जब नहीं आई, तो १७९१ में गोरखा-सेनाने तिब्बतके भीतर घुसकर टशील्हुन्पो तथा दूसरे कितने ही विहारों और नगरोंको लूटा। यह खबर चीन गई। वहांसे एक बड़ी सेना नेपालकी गोशमालीके लिए भेजी गई। चीनी सेना दुर्गम पहाड़ों तथा सुदीर्घ मार्गको पार करती काठमांडवके पास पहुँच गई। गोरखा सरकारको हर्जाना तथा लूटी चीजोंको लौटाकर संधि करनी पड़ी; जिसके अनुसार तबसे नेपाल बराबर चीनके पास अपना कर भेजता रहा। चीनके इसी आक्रमणकी खबर पा कर गोरखा-सेनाने लंगूरगढका घेरा उठाना और अलमोड़ाको भी छोड़ना जरूरी समझा। गोरखोंने हर्षदेवको भी साथ ले जाना चाहा, किन्तु हर्षदेव उ.की आंख बंचाकर जोहार पहुंच गया। जोहारियोंने अपने फरतियाल दलके शत्रुको पकड़कर महेन्द्रसिंह-लालसिंहके हाथमें देना चाहा, किन्तु हर्षदेवने पकड़कर ले जानेवाले पदमसिंहको सिंहासनका लोभ दिखलाकर श्रीनगर पहुंचनेमें सफलता पाई।

चीनके साथ संधि हो जानेके बाद गोरखा-सेना अलमोड़ा लौट आई। गढ़वालको भी उनका डर था। हर्षदेव इस समय गढ़वाली राजाका सहायक बना हुआ था। महेन्द्रचंदने दो बार कुमाऊँको लौटानेका प्रयत्न किया, किन्तु महरा और हर्षदेव उसके विरुद्ध गोरखोंकी सहायता कर रहे थे, फिर सफलताकी क्या आशा हो सकती थी?

१७९२ में गोरखा-सेनाने लंगूरगढ़का घेरा उठा लिया था, किन्तु वह अब भी गढ़वालमें लूटपाट से बाज नहीं आती थी। गाँवों और नगरोंके लूटने और जलानेके साथ साथ वह वहांसे पकड़कर लाये बंदियोंको दास बनाकर बेंच देती थी। १८०३ में गोरखा सेनाने गढ़वालको पूरीतौरसे अपने हाथमें करनेके लिये आक्रमण कर दिया। श्रीनगर भादो अनन्तचतुर्दशी संवत् १८६० (१८०३ ई०) के भूकम्पसे भारी क्षतिग्रस्त हुआ था, इसलिए प्रद्युम्नशाहने उसे छोड़ वारा-हाट (उत्तरकाशी) में मुकाबिला करना चाहा। किन्तु उसे हारकर देहरादूनकी ओर भागना पड़ा। गोरखोंने पीछा करते अक्तूबर १९०९ में देहरादून गुरुद्वारापर अधिकार किया। प्रद्युम्नशाहने लंढौराके गूजर राजा रामदयाल-सिंहकी मददसे एक बार फिर गढ़वालको लौटानेका प्रयत्न किया, और देहराके पास खुड़बुड़ामें लड़ते हुए जनवरी १८०४ में प्राण दिया, यह कह आये हैं। इस प्रकार १८०४ के आरंभमें गढ़वाल गोरखोंका हो गया। मोलारामने लिखा है—

(घ) गढ़वालपर आक्रमण—

साठ साल[1] भूकंपहि भयो। सहर बजार महल सब ढयो॥
भार पाप को पड़्यो महाई। परजा-पीड़न ब्रह्म हत्याई॥
मरे हजारों गढ़के माहीं। खबर गई काँतिपुर[2] तांई॥
"साठ साल भूकंप चिताये। इकसठ में अब तुमहूं आये॥
उपत खपत गढ़की सब येती। तुम पै हमहुं कही यो जेती॥
सत्त नाथ गढ उतपत कीन्यो। सो तुम आन गोरखा लीन्यो"॥

इह सुनि भारादार सब, हस्ती दल बल-बीर।
भये प्रसन्न हमकों कह्यो, "तुम सांचे हो कबीर॥

कांतिपुर महिं किरत तुहारी। सुनत रहे अब आँख निहारी॥
चित्र विचित्र तुहारे देखे। आगम निगमहिं कवित परेखे॥
नाहक दुख तुमहू कौं दीन्यो। सो सब ही इन हूं भर लीन्यो॥
अब आई गढ़ हमरी वारी। तुम निस दिन ही करो बहारी॥
अपने गांउ जगीरें खाओ। रोजीना अपना तुम पाओ॥
तुम गनिका वह देहु वताई। कुंवर पराक्रम ने जो छिनाई॥
हमहूं ताको बांधि मंगावें। तुमरे पग महि ताहि गिरावें॥
लछमी ताको नाम कहत हैं। वह गनिका अव कहां रहत है॥
सो तुम हमकों देहु वताई। जहां कुंवर लछमीहि छिपाई"॥

अमरसिंह काजी कही, जब यह हमसों वात।
दयो प्रतिउत्तर इह तबैं, हमहूं तिनके सात॥

"कवि लोगन के संग बैर कियो, गनिकानि के संगत नेही भये॥
अपकीरतसौं जग में न डरे, गुन धर्म सुकर्म कछू न रहे॥
जगदंब तबै अत कोप भई, गढ़ गोरखिया चढ़ राज लये॥
लछमी न रही पछमी न रही, लछमी पुरुषै प्राकर्म गये॥
इहै अलछमी हमहि न चहिये। वहै लच्छमी हमैं दिलैये॥
जासों सब कुछ कारज होवै। राजा रंक जाहि कौं जोहैं॥
इह गनिका धनिका धन खावै। बिन धन पल छिन नाहिं रहावै"॥
इह सुनि भारादार हंसाये। हमरे गांउ सबैहि दिलाये॥
अमरसिंह काजी भये राजी। इह सुनि हमकौं बकस्यो वाजी॥

---

[1] १८६० संवत् (१८०३ ई०) [2] नेपालका नगर

अंदर मंदर बैठे जाई। अपने राज की बात सुनाई ॥

...........................॥

उपजे तिनके बिंदुसौं, श्रीरणबादुर शाह।

गिरवाण जुद्ध तिनके भये, विक्रमशा नरनाह ॥

४. प्रशासन

(१) **व्यवहार**—नेपाल दरबारमें दो दल राजशक्तिको हाथमें लेनेकी कोशिश किया करते थे—(१) चौतारा (चौतरिया) दल जो अपने नामानुसार (चबूतरा-सिंहासन) राजपुत्रों तथा राजसंबंधियोंका दल था, (२) थापा दल अपनी सैनिक सफलताओंके कारण आगे आया था। कुमाऊँका शासन पहिले जोगामल्ल सूबा (१७९१–९२) के हाथमें रहा, फिर १७९३ में कार्जी[1] नरशाहीका अत्याचारी शासन आरंभ हुआ। नरशाहीके अत्याचारोंकी खबर काठमांडव तक पहुंची और उसे हटाकर अजबसिंह खवास थापा उसकी जगह भेजा गया। बहादुरशाह १७७९ से अधिकारारूढ था, किन्तु १७९५ में उसे उसके आधीनस्थ प्रबल राणाने पदच्युत कर दिया। इसी समय उक्त चौतरिया और थापा दलका जन्म हुआ। गोरखा-विजयमें थापोंका प्रमुख हाथ था, इसलिए राजशासनसे कब तक उन्हें राजपुत्र और राज संबंधी वंचित रखते? १७९५ में थापा-दलके अमरसिंह थापा उसके सहायक गोविंद उपाध्याय और सेनानायक भक्ति थापा कुमाऊँके शासक बन कर आये। १७९७ में चौतरिया बम (भीम) शाह और उसका भाई रुद्रवीर शाह कुमाऊँके शासक थे। १८०३ से १८१५ तक हस्तिदल शाह कुछ अंतरके साथ और सरदार भक्ति थापा का कुमाऊँके शासनसे संबंध रहा। १८०६ से गोरखा शासनके अन्त तक बमशाह कुमाऊँका राज्यपाल रहा। अब तक नेपाली शासन लूटखसूटका शासन था। बमशाहने देखा, कि इस तरहका शासन शासक और शासित दोनोंके स्वार्थोंके विरुद्ध है। पिछले १५ सालोंके गोरखा-शासनने गावोंको उजाड़कर जंगल बना दिया था। उसने विश्वास पैदा करनेके लिये सरकारी नौकरियों तथा सेनामें गढवालियोंको लेना शुरू किया। १८१४ में दो तिहाई गोरखा-सेना कुमाऊँनियों-गढवालियोंकी थीं, यद्यपि उनकी गणना नियमित सेनामें नहीं बल्कि स्थानीय मिलिसियामें थीं। कुछ कुमाऊँनी सैनिक अफसर

---

[1] **समकालीन कवि गुमानीकी कवितासे गोरखोंकी करनीतिपर काफी प्रकाश पड़ता है।**

भी बनाये गये थे। बमशाहने अपनी जागीरोंमें गोरखा-अफसरों द्वारा होती धांधली और निष्ठुर शोषण को भी बंद करनेका प्रयत्न किया।

वह दासताका युग था। गोरखा-शासकोंकी आमदनीका एक अच्छा साधन कुमाऊँनी-गढ़वाली दास-दासियोंका क्रय-विक्रय था। हरद्वारमें उन्होंने एक बड़ा दास-बाजार कायम कर रखा था, जिसके बारेमें एक प्रत्यक्षदर्शी अंग्रेज रेपरने १८०८में लिखा था। "हरकी पौड़ीकी ओर जानेवाले घाटेकी जड़में गोरखा-चौकी है, जहाँपर पहाड़से दासोंको लाकर बेंचनेके लिये प्रदर्शित किया जाता है। तीनसे तीस वर्षके ये बेचारे अभागे स्त्री-पुरुष सैकड़ोंकी संख्यामें प्रतिवर्ष बाजारमें बेंच दिये जाते हैं। यह दास पहाड़के भीतरी सभी भागोंसे लाये जाकर हरद्वारमें दससे डेढ़ सौ रुपयेकी दरसे बेंचे जाते हैं।" सात वर्ष बाद गोरखा-शासनके अन्तके समय यात्रा करते ज० ब० फ़ेजरने अन्दाज लगाया था, कि गोरखा-शासनकालमें दो लाख दास बेंचे गये। यह ठीक है, कि दासताके लिए हम केवल गोरखोंको दोषी नहीं ठहरा सकते। अभी तो भारतमें अंग्रेजों द्वारा दासप्रथाको निषिद्ध करनेमें भी तीन दशाब्दियोंकी देर थी।

(ख) कर-भार—समकालीन कवि गुमानीने गोरखोंकी करनीतिके बारेमें लिखा था—

"दिन दिन खजनाका भारका बोकनाले,
शिव-शिव चुलिमें बाल नै एक कैका।
तदपि मुलुक तेरो छोड़ि नै कोइ भाजा।
इति वदति गुमानी धन्य गोरखालि राजा॥"

(ग) शासन और उत्पीडन—१८०३से १८१५ तक हस्तिदलशाह चौतरिया और भक्ति थापाके हाथमें गढ़वालका शासन रहा। पुराने अभिलेखोंसे निम्न गोरखा अधिकारियोंका पता लगता है—

१८०४ काजी रनधीरसिंह, काजी अमरसिंह थापा, रनजीतसिंह कुँवर, अंगद सरदार, परसुराम थापा

१८०५ चंद्रवीर थापा, विजयानंद उपाध्याय, गजेसिंह

१८०६ हस्तिदल थापा, रुद्रवीरशाह, काजी रामाधीन, परसुराम थापा

१८०७-९ छन्नू भंडारी, परसुराम थापा, भैरव थापा

१८१० काजी बहादुर भंडारी, बख्शी दशरथ खत्री, सुबादार सिंह वीर अधिकारी,
१८११-१५ अमरसिंह थापा, परमाराम फौजदार।

श्रीनगर अब भी गढ़वालकी राजधानी था। देशको तीन भागों और ८४ पर्गनोंमें बाँटा गया था। प्रधान शासक, जो सैनिक अफसर भी थे, श्रीनगर, चाँदपुरगढी और लंगूरगढ़ीमें रहते थे। पर्गनोंमें फौजदार नामधारी सैनिक-अधिकारी शासन करते थे। कर सरकारके पास जाता था और जुर्माना अधिकारियोंकी जेबमें। एक तरह अपने-अपने पर्गनेमें ये छोटे अफसर भी सर्व-सर्वा थे और कभी कभी तो अपने अधिकारको किसी दूसरे "बेचारी" (अधीन) को भी दे देते थे। इतना भयंकर शोषण और अत्याचार हो रहा था, कि कितने ही गाँव उजाड़ पड़ गये थे। प्रजाकी पुकार सुननेके लिए जब नेपालसे पंच आये, तब तक मर्ज बहुत आगे बढ़ गया था—विशेषकर बमसिंह चौतरियासे भी हस्तिदलका शासन गढवालमें बडा ही क्रूर था। रणजोरसिंह थापाने अपने शासनमें घावपर मलहम लगानेकी कुछ कोशिश अवश्य की। गोरखा-शासनकी कीर्ति केवल वह गुंठ या सदावरतके गाँव हैं, जिन्हें उन्होंने भिन्न-भिन्न मंदिरोंको दान दिया। गोरखा-शासनके प्रायः अंत (१८०८ ई०) में रेपरने गढ़वालकी यात्रा करते लिखा था—"गोरखोंके विरुद्ध शिकायत करनेमें लोग बड़े कठोर हैं, किन्तु उनसे बहुत डरते हैं। जो दास-मनोवृत्ति इन्होंने स्वीकार कर ली है, उससे यह संदिग्ध है, कि अब उनमें स्वतंत्रता और प्रतिरोधका भाव भरा जा सकता है। गोरखा-शासन द्वारा जो ध्वंस-लीला मची है, उसके जीवित उदाहरण हैं पड़ती पड़े खेत, ध्वस्त जनशून्य झोंपड़े, जो यहाँ चारों ओर दिखाई पड़ते हैं। मंदिरोंके खेत ही केवल ऐसे हैं, जो अच्छी तरह बोये-जोते जाते हैं।" अंग्रेजोंके शासनके आरंभ हीमें बल्कि उनकी सेनाके साथ ही जे० बी० फ़्रेजर गढ़वालमें पहुँचा था। उसने लिखा है "गोरखालियोंने लोहदंडसे गढवालका शासन किया, जिससे यह देश बहुत शोचनीय स्थितिमें पहुँच गया। यहाँके गाँव जनशून्य हो गये, कृषि नष्ट हो गई, और जन-संख्या अप्रत्याशित रूपमें कम हो गई। कहा जाता है, दो लाख गढ़वाली दास रूपमें बेंच दिये गये।....विजेताके तौरपर उनका बर्ताव बड़ा रूखा था। वह अपने विजितोंको बड़ी नीची दृष्टिसे देखते थे। राजधानीसे कुछ ही दूरपर लूट-खसूट जारी थी, अपमान और बलात्कारके दृश्य लगातार होते रहते थे। इससे अपने शासकोंके प्रति लोगोंकी घृणा दृढ़ हो गई थी। देशको उन्होंने पराजित करके चूर्ण कर दिया, किंतु लोगोंको मेलमिलाप या शासनके जूयेको बर्दाश्त करनेके लिए तैयार करनेका कोई कार्य नहीं किया।"

(२) गोरखा-शासनपर मोलाराम—

(क) श्रीनगर दुर्दशा—१८१४ तक हरिद्वारमें हरिकीपौड़ीके पास अंग्रेजी गोरखा चौकीके निकट ही दास-दासियोंका हाट लगता था। दास १०से १५० रुपये तक विकते थे, यह कह आये हैं। उसी समय महान् चित्रकार और कवि मोलारामने "श्रीनगर दुर्दशा"का चित्र उस आवेदन-पत्रमें खींचा है, जिसे उसने नेपालके प्रधान-मंत्री भीमसेन थापाके पास भेजा था—

मालिक रहा नगद् नै, मुल्क ख्वार हो गया।
साहेब गुलाम पाजी सब इकसार हो गया॥
रैयत पै जुल्म और बसियार हो गया।
क्या खूब श्रीनगर था कैसा उजाड़ हो गया॥

गुलजार था यो सैहर जवानीके बखतमें।
बैठे थे महाराज फतेहशाह तखतमें॥
करते थे गौर सबका इन्साफ जुगतमें।
राजी थी दीन दुनिया रहती थी भगतिमें॥

विरता-जगीर-गूँठ सभीके बहाल थे।
मिलता था रोजीना सभी रंगलाल थे॥
घरघरमें लोग सब ही साहेब-कमाल थे।
करते थे राग-रंग महरमें खुस्याल थे॥

बसता था सहर सारा, क्या खूब थी बहार।
राजी थे लोक सब ही हजारान देह हजार॥
करते थे रोजमर्रे सब लोग रोजगार।
साहू रिणी थे राजी चलता था सब व्योहार॥

चलती थी रविश रंगीं गुलज़ार चमन था।
गुल गुल शिगुफ्ते गुंचे बुलबुलको अमन था॥
महबूबकी ज़बाँ लब शीरीने-सुखुन था।
अलमस्त मौलाराम जन संग मगन था॥

ऊजड़ पड़ा है जबसौं नहिं सहरमैं अमाली।
हाटैं पचास-साठ बसैं और सबै खाली॥

तिनकौं बी नहीं चैन तिलंगा हि देडँ गाली ।
करते हैं नाहक सिजतस वाही सौं गोरखाली ॥
सुनता न कोई दाद ही फरियाद किसूकी ।
कहिते न भली बात कोई सात किसूकी ॥
राजी है चुगल चोर नहीं दाद किसूकी ।
असराफ फिरै ख्वार नहीं याद किसूकी ॥
चलती न लाल-मोहर महाराजकी रकम ।
देता न रोजी हाकिम नहीं मानता हुकुम ॥
मलते हैं दोउ दस्त खिरदमंद भरे गम ।
पड़ता है कोई दिनमैं सितमगर पै क्या जुलुम ॥
करते हैं जो तैहसील वो धरतें हैं फाँट ड्योढी ।
वरबाद हुआ मुल्क जो सबहीने आस छोड़ी ॥
किसानके न बीज बयल पास नहीं कौड़ी ।
भाजे सभी मधेसकौं रैयत भई कनौडी ॥
करते हैं जन ज़िनाह जवरदस्त घर पराये ।
सुनते नहीं इन्साफ अमाली जो गढमें आये ॥
करते जो चोर चोरी किसूनै न वो बँधाये ।
साहूके दाम खाय रिणीने सभी हराये ॥
बिरता, जगीर, गूँठ, रोजीना हि हर लये ।
मासंत खर्च भत्तामें सभ भंग ही भये ॥
मिलता नहीं रोजीना सभ बंद कर दये ।
नैपालमें महराज मौलाराम गढ़ रहे ॥
चाहौ मुलुक बसाया तो जल्दी खबर करो ।
जर्नैल भीमसेन साहेब तुमही नजर धरो ॥
आमल रहा न कोई इहाँ पाप मत भरो ।
तुम धर्मकौ प्रकास भीमसेन दुख हरो ॥
बिरता, जगीर, गूँठ, रोजीना हि थाम दीजै ।
देगी दुआ कुल आलम जर्नैल नाम लीजै ॥
भेजो सहरमें जूद अमाली मुदाम कीजै ।
इन्साफ करै साफ सभीको अराम दीजै ॥

साहेब हो मेहरबान कदरदान दरजहाँ।
जर्नैल भीमसेन तुम नैपाल हम यहाँ॥
अर्जी दई पठाय पौंछेगि जो तहाँ।
सब ही जो मतालब इहे कहि देइगी ज़बाँ॥

घर-घरमें अकल सबकी हैरान हो रही है।
खलकत तमाम सारी वीरान हो रही है॥
कोई न खिरदमंद कुफरगान हो रही है।
रैयत यहाँकी सब ही परेशान हो रही है॥

रैयतके घर न पैसा कंगाल सब भये।
ताँबा रहा न काँसा माटीके चढ़ गये॥
टुकड़ेका पड़ा साँसा मधेस बड़ गये।
कपड़ा रहा न तनमें भँगेले भी सड़ गये॥

आम है यो बात मौलाराम मुलक रबका।
रैयतकों करो राजी अहवाल सुनो सबका॥
चहता है मुलक लीया फिरंगी पड़ा है कबका।
होता है कोई दिनमें हुकुम कंपनी साहेबका॥

जीवैगा जौं न तबलौं सुनते हो तब बात कानो।
काजी हो अमरसिंह मानो या मती मानो॥

(ख) कांगड़ा पर प्रथम आक्रमण

"किला कांगड़े हमहूँ जैहैं। फते तहाँ हम कैसे पैहैं॥
सो तुम हमको भेद बताओ। चित्र तहाँको लिखि दिखलाओ"॥
तब हौं चित्र लेखि दिखलायो। बुद्धि अनुमान भेद बतायो॥

× × ×

एक एक ग्यारा करे, ग्यारा ग्यारा एक।
वह जीते गढ़ कांगड़ो, जो याको करे विवेक॥

....

परजा कौं जो नर परचावे। मुल्क परायो सो नर पावे॥
धींग-धांग जो करत है नाई। ताके सब होवें बस भाई॥

धींग-धांग जो कोई करते । तिनके ग्रामहि ऊजड़ पड़तें ॥
बिरता गूंठ जगीर जो हरिहैं । कुम्भी नरक नृपति सो भरहैं ॥
तिनको राज भ्रष्ट सब होई । बंस चले तिनको नहिं कोई ॥
अपकीरत तिनकी जग माँही । मरिके अति तिनकी कछु नाही ॥
जो काजो तुम पच्छिम जाओ । एक एक करि राज दबाओ ॥
परजाको आस्वासन दीजो । बिरता सब बहाल ही कीजो ॥
गाँउ जगीर तगीर न कीजै । रोजीना सब हीका दीजै ॥
परजाकों परचायके रखिये । भली-बुरी काहू नहिं बकिये ॥
नीत न्याय सब हीका कीजै । जथापराध दंड ही दीजै ॥
सबकौं होय तुहारी आसा । सुनै सुजस सब आवें पासा ॥
या बिध सब हीं राज दबाओ । किला कांगड़ा तब तुम पाओ" ॥

"हमें हुकम महाराजको, सरासरी तुम जाव ।
पूरबसौं पच्छिमहिं लौं, हमरो हुकम चलाव ॥

मिले जो कोई ताहि मिलाओ । लड़े जो कोई मार हटाओ ॥
चांडे किला **कांगड़ा** हाणो । पुन **लाहौर दिल्ली** हम जाणो ॥
इह आज्ञा स्वामीनै दीनी । तव हम वाट पछमकी लीनी ॥
अब हम दूण[1] छुड़ावें जाई । गढके राजा संग लड़ाई ॥
फौज लेइ गढ़ राजा आयो । हेड़ी-खेड़ीके संग लायो ॥
तिनकी जातहि सारध पावें । पुनि **नाहण** हम जाय छुटावें ॥

× × ×

तुमरे मुख मँहि सरसुति जो है । तुम जो कहो सोई कछु होवै ॥
तुम कवि हो हमकौं वर दीजै । फतै होय यह किरपा कीजै" ॥
.... ॥
इह कार्जा जब कविसों बोली । कविजन तबैं सारदा तोली ॥
कहै सारदा "सतलुज ताहीं । तुमको कोई रोके नाहीं ॥
आगे आगे गोरख भागे । ताके पाछे मनमथ लागे ॥
मनमथके जो पंथ चलैगो । ताकों दिल्ली तखत मिलैगो ॥
आपा पंथी सब जग माहीं । मनमथ पंथी कोऊ नाहीं ॥
आपा पंथी सिंह फिरंगी । तुमहूँ गोर्खा संग तिलंगी ॥

---

[1]देहरादून

तुम दस ग्यारह बर्सहि ताहीं। काजी रहोगे पच्छम माहीं ॥
किला कांगड़ा सिंह[1] दबावैं। तुमकौं सतलज पार धपावैं ॥
तुमहूँ मिलौ फिरंगी संगा। निमकहरामी करें तिलंगा ॥
तुमैं फिरंगी संग ले जावै। सतलुज कुरमांचलिहिं दबावै ॥
आगे आगम कहत है, जमनी-भाषा[2] माहिं।
नीच महत्त अब होत है, दीनी तुम्हें सुनाहिं ॥
उत्तर औ दखण पूरब पच्छम मबका।
पहाड़ देख जंगल खलकत तमाम सबका ॥
होता है साहेब मालक लेना सलाम सबका।
घर-घरमें अदल करना आलस तमाम सबका।
होता है कोई दिनमें हुकम कम्पनी साहेबका ॥
.... ॥
जुलमी जुलम जे करते उनकों कतल करैगा।
इनसाफ साफ होगा घर-घर सदल फिरैगा ॥
रैयत रहैगी राजी कुनबा जबी भरैगा।
गुलजार जमीं होगी सब कार हीं चलैगा ॥
ले फौज तोफखाने साहेब जिधर पिलैंगे ॥
भाजैंगे सब गनीम जमींदार सब मिलैंगे ॥
हिन्दू क्या मुसलमान सब ईमानसो चलैंगे।
बाढेगा धरम दुनिया पापी सभी गलैंगे ॥
....
....
भूले थे हिंदू जबहीं मुसलमान तबहीं आया।
भूला मुसलमान जबहीं, फिरंगान तब पठाया ॥
फिरंगीने आन धूम इस आलममें मचाया।
बिरता जगीर सबका रोजीना छिनाया" ॥

× × ×

कह्यो "कबी तुम हमहुँ डराये। केतें राज मारि हम आये ॥

---

[1]रनजीतसिंह [2]उर्दू, किन्तु यह तुकबंदी अंग्रेजोंके शासनके स्थापित हो जानेपर की गई मालूम होती है।

हम काहू सेती नहिं डरिहैं । स्वामि कही सो हमहीं करिहैं ॥
. . . .
हमहूँ दिल्ली तखत दबावें । हिन्दू राज हिन्द बैठावें ॥
. . . .
तुम हमरी जयवृद्धि मनाओ । बैठे गाँव रोजीना खाओ ॥
सुजस करो स्वामीका हमरे । सकल काज वनि आवैं तुमरे" ॥

× × ×

समझै जो समझाये नाहीं । पाछे पछतावैं मन माहीं ॥
हँसै लोक सब हाँसी होवै । विनसै काज राज सब रोवै ॥
प्रदीप साहजूने नहिं मानी । लग्यो रोग तन महिं पैछानी ॥
ललितसाह लालची भये । सिगरो गढ लुंठन करि गये ॥
पड़ी न पूरी फौज रखाई । चढी जिधरकौं भजिकै आई ॥
ताके क्लेश प्राण धन गयो । सुजस कछू जगमें नहिं भयो ॥
संततिको वह पापहि लाग्यो । जैकृतिसाहजु गड़सौं भाग्यो ॥
राज खोय प्रद्युम्नहि लीन्यो । ताके पाप पराक्रम कीन्यो ॥
प्रद्युमन प्राक्रम दुहूँ लड़ाये । तिनपै काजी तुमहूँ आये ॥
तुमहूँ बूझी मसलत हमकौ । जथा बुद्धि हम दीनी तुमकौं ॥
हमरे मित्र फिरंगी नाही । हमरो बैर न तुमरे माहीं ॥
हमरो सिंह न तहाँ पठायो । हमने तुमकौं नाहिं बुलायो ॥
हम तुमकौं अटकावत नाही । जित मन आवै जाव तहाँही ॥
जाको हमहूँ निमकहि खावैं । ताको निशि दिन भलीहि चावैं ॥

(ग) कांगड़ा पर द्वितीय आक्रमण—

नैनसिंह सिंहा ज्यों आये । देखि कांगड़ा लोक डराये ॥
नैनसिंह काजी जबैं, पहुँचे पच्छिम जाय ।
महा त्रास सबकौं भयो, भाजे लोक डराय ॥
चल्यो सिंह ज्यों नैनसिंहाहि काजी ।रहे और पाछे फते माहिं साझी ॥
. . . . ।
कई मोरचा मारिकै तोरि डारे । परी लोथ पै लोथ ही भौत सारे ॥
धरे पैर आगे परे नाहिं पाछे । निमक्के हलाली तिलंगाहि आछे ॥
लड़ी खूब पलटन पलट शत्रु दीन्यो । रहे देख सब ही किनाराहि लीन्यो ॥

मनो इंद्र चढ़ि स्वर्गतें आप आयो । चहूँ ओरतें घोर घनसार छायो ॥
किलासें छुटें तोप ही कोप सेती । परे वज्र ज्यों इंद्रके रोष सेती ॥
मनो इंद्र गोपालको जुद्ध लाग्यो । चढ्यो बीर नैपाल कट्टोच भाग्यो ॥
महासिंह ज्यों नैनसिंहाहि गाजैं । चले भाजि कट्टोच ज्यों मृग्गराजैं ॥
दयो भीतरैं बाढ़ ताकों किलाके । दये सिघ्रही पाठ मानो सिलाके ॥
फिरैं भूमते घूमते बीर बाँके । खुले काहुसे नाहिं जो पाठ बाँके ॥
धसे आपही बीर नहिं फौज जागी । अकसमात गोली तहाँ आन लागी ॥

(नैनसिंहकी मृत्यु—)

पड़्यो मत्त मातंग ज्यों भूमि माहीं । कहे जाओ आगे थमो कोउ नाहीं ॥
महासिंह ज्यों नैनसिंहा हि गाजै । सबैं फौज कट्टोच हीकी जो भाजै ॥
करै मार ही मार ललकार सेती । करै हाय तोबाहि संसार जेती ॥
न ऐसो कोई बीर वांको निहार्‍यो । महासूर सावंत दिलको करारो ॥
महा मौज दरिया वही दान दाता । कवीकौं सबीकौं जगतमाहिं ख्याता ॥
किधौं तारिका बूँदसों चंद छुट्यो । किधौं इंद्र इद्रासने इंद्र छुट्यो ॥
किधौं राहु नव जायके युद्ध लायो । गिर्‍यो भानु बेवानसौं भूमि आयो ॥
पर्‍यो खेत महिं चेत नहिं प्रेत लागे । लखै नैनसो नैनहीं भूक भागै ॥
खरे जार ही जार सरदार रोवैं । सबैं आपनो आपनो मूँह धोवैं ॥
मनो आज वर्षा हि रितु रीत लागी । झरैं नैनसों नीर झरना झरागी ॥
भयो भूमिका पै सबै त्रास भारी । रही बीरके चित्तकी चित्त धारी ॥
चढ़े व्योम बेवान सब देव आये । लखे नैन ही सिंह नैना भराये ॥
अचंभा इहै देखि रम्भाऽऽकुलानी । इतैं शत्रुकी फौज सब ही पलानी ॥
किला होन खाली लग्यो कांगड़ाई । इतें जाय किनहूँ हकीकत सुनाई ॥

"काजीकौ गोली लगी, तुम क्यों भाजी जाय" ।
खबरदारने खबर दी, राखो फौज थमाय ॥

. . . .

नैनसिंह जब ही हते, पाई फतह कटोच ।
अमरसिंह काजी कियो, हर्ष सोक ही सोच ॥

हर्ष इहै मन माहिं को कीन्यो । नैनसिंहने किला न छीन्यो ॥
इह जस जो अब हमही पावैं । इक दिन किला इहै जो छिनावैं ॥
शोक इहै कीन्यो मन माहीं । गोत घाव लाग्यो तन पाहीं ॥
सोच भई जो नृप सुन पावैं । निमकहराम हमहिं ठहरावैं ॥

गई खबर नैपाल यह, कांतिपुर दरबार।
"नैनसिंह काजी गिरयो, करी खूब तलवार ॥

प्राण दये पर खेत न छाड़यो। खेत दये अरि जस जग बाढ्यो" ॥
महाराज सुनि उत्तर दीन्यो। "जो इत कहि गयो सो उत कीन्यो ॥
नैनसिंहसे बीर कहाँ अब। जो मुख कहैं करैं सोई सब ॥
सीस दियो पर पीठ न दीनी। निमक-हलाली जग महिं कीनी" ॥

भीमसेन सेती कह्यो, महाराज भरि स्वास।
"जो तुम जाओ कांगड़े, कौन हमारे पास ॥
तुम बिन इत कैसे निभै, तुमरे सिर सब भार।
निमक-हलालीमें रहो, निसि दिन ही दरबार" ॥

(घ) कांगड़ा पर तृतीय आक्रमण

रुद्रबीर चौतरिया आये। दलभंजन सँग माहि पठाये ॥
लियो कांगड़ा तिनहुं घिराई। चहूं तरफ फौजहिं पिलाई।

. . . .

फिरैं तिलंगा चहुं तरफ, आठों जाम अथाह।
देखि पेखि संसार कौं, भयो महाभय त्रास ॥
संसार चंद्र तब ही मिल्यो, आन दुहुनके पास।
पांच लाख धन-पुत्रिका, कीनी आन कबूल।
किला कांगड़ा सहित ही, लेहो मुलक मसूल ॥
संसार चंद्रने इह कही, बैठ एकांतहि माहिं।
दलभंजन पांडेहि से, और चौतरा ताहिं ॥

× × ×

"संसारचंद्र वहु धमहि दीनी। दलभंजन चौतरिया लीनी ॥
किला छाड़ि मिलि बैठे दोई। करी हमारी सबही खोई ॥
जो इह पलटि तहां को जावैं। किला कांगड़ा हमहुं छुटावैं" ॥

. . . .

अमरसिंह ने तंत्र इह, लिखि भेज्यो दरबार।
महाराज ने सुनत ही, भेज्यो भारादार ॥

. . . .

(ङ) **कांगड़ापर गोर्खोंका अन्तिम आक्रमण—**

दलभंजन और चौतरा, दोनों लये बुलाय।
कुंवर वीर ही भद्र जो, दीन्यो सीघ्र पठाय॥
"वीरभद्र तुम वीर हो, करो काज इहि आज।
किला कांगड़ा फौज ले, जाव" कह्या महाराज॥

× × ×

कियो प्रवेश वीर ने, श्रीनग्र याहि भांत सौं।
सिध्रता बुला हमें, दई जो म्हौर हाथ सौं॥
अनेक भांतकी कृपा, हमें जो भूप की भई।
धाम ग्राम बाग ही, जागीर थाम सब दई॥

× × ×

राग रंग नृत्य फाग, सहमें मचाइयो।
अबीर औ गुलाल बीर, बहुत ही उड़ाइयो॥
मृदंग खंजरी झंजाल, और बीन बाजती।
सरंग हि सितारतार, बांसुरी हि गाजती॥
नचें नरी परीहि ज्यों, बरांगनाहि रंग में॥
अबीर आस-पास बीर ही सबैं तरंग में॥
महराज गीरवाण जुद्ध, को प्रताप गावते।
बीरभद्र ध्यान धर प्रेम सौं लड़ावते॥
देत रोज मौज दर्ब सबे ही गुनीन कौं।
प्रसन्न होई के बुलाय देत विप्र दीन कौं॥

× × ×

अमरसिंह काजी कह्यो, जो दूहं सिरमौर।
प्रथम मोरनी तोड़नी, बीर भद्र रणजोर॥

बली बीर रणजोर सज सेन आये। कुंवर बीरभद्रैं हि सँग में पठाये॥
घटा घूमि के झूमि के ज्यों भराई। मिली दामनी सामनी सेन आई॥
................................।
लड़ैं गोरखे बीर बांके तिरंगी। लगी बाजने गाजने तोप जंगी॥
धरी सामने तोप छूटैं कराल। दुहुं ठौर सेती मनौ ज्वाल-माल॥
...............।

धस्यौ फौंज कौं चीर कै बीरभद्रै । गये खाषिया भाजिकैं ढांट छुद्रै ॥
खड़े खेतमें खैंच तलवार षुंडा । दये काटि ही कूटि अरि-रुंडमुंडा ॥
कहूं खूंखरी षुंड तलवार गाजैं । मनो भूमि भूकंप आकास गाजैं ॥
करें मोर ज्यों सोर चहुं ओर सेती । लई मोरनी मारिकै जोर सेती ॥
अटाकी छटा पै खड़ी नार देखैं । कहूं भाजने कौं नहीं राह देखैं ॥
भजैं जा दिसा बांह ऐचें तहाही । कहूं भाजने कौं मिली वाट नहीं ॥

× × ×

जितैं वीर रणजोर काजी हि जोहैं । जो देखे छबी वाहि को चित्त मौहैं ।
भई आन कै नार सब पास ठाड़ी । मिट्यो त्रास तिनको महानंद बाड़ी ॥
लगी टकटकी धकधकी मूर्च्छाई । मनों गोपिनैं भेंट पायो कन्हाई ॥

× × ×

मवैं वीर मैं धीर बलि बीरभद्रैं । किधौं दक्षप्राजापती हेत रुद्रैं ॥
लड़्यो एकलो जंगमहि दंग कीन्यों । महा मोरनी दुर्ग गढ़ तोड़ दीन्यौं ॥
इहै भांत सब ही भये तहं प्रहारी । पड्यो सह्ल सिरमौर आतंक भारी ॥
मबैं वीर महि वीरभद्रैं महाई । धँस्यो आप ही मोरनी जा छुटाई ॥
भजो कर्म परकास भी कर्मनासा । रही रत्नपरकास[1] को बाहि आसा ॥
लड़ैं आपनी भूमि पै भूपती जो । मरै तो तरै होय ताकी गती तो ॥
इहै साह प्रद्युम्न गढराज कीनी । दये आपने प्राण नहिं लाज दीनी ॥
भयो भ्रष्ट सिरमौरिया राज बाको । बचे प्राण उपहास भ्यो लोक ताको ॥

× × ×

मिट्यो त्रास तिनको भयो जी हुलासा चल्यो पंथ मन्मथ्य सरवत्र खासा ॥
सबै मुल्क बाजार गुल्जार कीन्यो । महादान सन्मान सौं विप्र दीन्यो ॥
महादुंदुभी भेर झंकार बाजी । बजै मारफा तास बंदूक गाजी ॥
सबैं सह्ल सिरमौर नाहण बसाई । फिरी साह गिर्वाण जूकी दुहाई ॥

× × ×

रची तहँ सभामंडली सुद्ध सारी । महातंत्र ही जंत्र मंत्राधिकारी ॥
लहैं नैन ही ऐंन कहैं मधुर बानी । करै दूधको दूध पानी कौ पानी ॥
विचारी अचारी रची नीत सारी । रहैं सिंह ही मृग सभा एक सारी ॥
रहैं बैठ बारादरी[2] न्याय माहीं । रहै चारों ही वर्ण नीके तहां हीं ॥

× × ×

---

[1]सिरमौरका राजा [2]सरदार, अफ़सर

किला कांगड़ा घेरि कै, कीन्यो सब मजबूत।
अकुलाये तब हीं तहां, सब रांडीके पूत॥
रस्त बंद सब करी तहां हीं। खलबल पड़ी किलेके मांहीं॥
खाली भये भँडार कुठारा। बाहर सों अन्न न आवे भारा॥
त्राहि त्राहि गढ भीतर भई। नर नारी सब मूर्च्छित रहीं॥
घास फूस सब खानहि लागे। एक एक कर जात हैं भागे॥
"जो कोई दिन जीया चाहो। काजी सैं कछ सूत्र मिलाओ॥

× × ×

प्रान काहु विध सौं रख लीजें।
प्रान रहे जो घट के मठ हीं। फेर करैं हम हूं नटखट हीं॥
सौ परतीत शत्रु कौं दीजै। अपनो काम काढि सब लीजै"॥
कह्यो वचन मृदु मधुर महाई। हौं राजा ने दियो पठाई॥
कायल हो नृप बिनती कीनी। "इह अरजी करि तुमसौं दीनी॥
किला कांगड़ा हम हूं छाड़्यो। अब हम कौं तुम बाहर काढ़्यो॥
अपना करि कै हम कौं राखो। बचन यहै नौरंगा[1] भाखो"॥
"किला कांगड़ा छाड़ि कै, आओ हमरे पास।
रहो चाकरी मांहि तुम, पूर्न होय सब आस॥
किला गोरखा जो इह पावैं। धुर काशी कस्मीर दबावैं॥
पुनि लहौर में लगे न बारा। लेहि पिसौर हिंद इह सारा॥
तातें तुम जो किला बचाओ। रणजितसिंह को सिघ्र बुलाओ॥
किला सौंपि पालायन कीजै। अपनो बोझ ताहि सिर दीजै॥
किला कांगड़ा सिंह दबावैं। तो कोई दिन में हम पावैं"॥
इह मसलत सबके मन भाई। पाती सिंह पै सिघ्र पठाई॥
पाती मंहि हाथी लिखि दीन्यो। आसपास हीं कीचर कीन्यो॥
"कीचहि बीच फंसे जब हाथी। काढ़े गधा न काढै साथी॥
सिंह सिंह को काज सुधारैं। सूर सूर सौंहीं ललकारैं॥
साह साहको काज चलावैं। राजा राजा मदत को आवैं॥
हमहूं बहोत आज लौं थामी। पूरब वेरी पश्चिम-जामी॥

---

[1]संसारचंदका मुख्यमंत्री

तातै याको करो विचारा। पाती बांचि लगै नहिं वारा ॥
किला कांगड़ा तुम को दीन्यो। नातर इहै गोरखा लीन्यो" ॥

× × ×

तुपक तीर तलवार सिरोही। लीने चक्र चढे सब कोई ॥
तोफन की गिनती कछु नाई। अंधाधुंध सरवत्रहि छाई ॥
फ़ौजनको कछु नाहिं सुमारा। जित कित सिंह फिरे असवारा ॥

× × ×

तबैं गोरखा बात चिताई। फौजें जब सिर पै चढ़ि आई ॥
दल बादल चहुं दिस चढि आये। बरषा रितु ज्यों नभ घन छाये ॥
सिंह कहै "उठि घर कौं जाओ। कै तो लड़ने सनमुख आओ" ॥
रस्त बन्द चहुं गिरद सों कीनी। पौन सरीखी जान न दीनी ॥
जल बिन सब ही अत अकुलावै। अन्न मिलै नहिं घासहिं खावैं ॥
सबै गोरखा अत अकुलाये। काजी सहित मिलन तब आये ॥
रणजितसिंह को सीस नवायो। जीवनदान तब सब ही पायो ॥

× × ×

अमरसिंह तब सीस नवायो। कर सलाम सतलज को आयो ॥
सूखी ठौर में बैठ्यो जाई। कांतीपुर इह खबर पौंछाई ॥
"किला कांगड़ा सिंह ने लीन्यो। हम को सतलज वारहि दीन्यो ॥
हम सूखे अब ठौरहि आये। सतलज वार सब राज दवाये ॥
रणजितसिंह सिरमौरके मांहीं। बलभद्र गयो दूणके ताहीं ॥
श्रीनगर बहादुर भंडारी। दसरथ खत्री संग तिन हारी ॥
हमैं हुक्म अब जो कछू होई। करैं चाकरी हम हूं सोई ॥
रणजितसिंह संग फौज घनेरी। थकै आंख वा तर्फ जो हेरी ॥
लीनी जिन कसमीरहि सारी। खुरासान मुलतानहि भारी ॥"
इह अरजी नैपाल पठाई। भीमसैन जर्नैल बंचाई ॥
महाराज सुनि के जो रिसाये। बखतावर बसन्यात पठाये ॥
कह्यो "जावो श्रीनग्रके मांहीं। बैठ करो तुम काज तहां ही ॥"

५. गोरखा-अंग्रेज-युद्ध (१८१४-१५ ई०)

नेपाल और मकवानपुरको लेकर अंग्रेज गोरखोंसे लड़ चुके थे, किंतु उन्होंने

सदाके लिये हार नहीं मानी थी। वह तैयारी और अवसरकी प्रतीक्षामें थे। १८१४ में अंग्रेजोंकी शक्ति वही नहीं थी, जो १७६७ में सिंधुली गढ़ीमें कप्तान किनलकके हार खाकर भागते समय। बहानेके लिये कारण मिलने मुश्किल न थे। १८०१ से "बरेली (रुहेलखंड) के हमारे पांच इलाके नेपालने दखल किया है," कहकर कंपनीका कागजी झगड़ा चल रहा था, जिसके बारेमें गवर्नर-जेनरलने उनमेंसे दो को लौटानेकी मांग की, किंतु वह युद्धके समय तक वैसा ही रहा। इसी प्रकार हिंदूर जीतनेके बाद उसकी तराईके चार गांव गोरखोंने दखल कर लिए, जिन्हें कर्नल अक्टरलोनीके बहुत लिखा-पढ़ी करनेपर अमरसिंहने लौटाया। युद्धका सबसे बड़ा करण बतलाया जाता है—शिवराजपुर और बुटवलपर गोरखोंका जबर्दस्ती अधिकार। १८०५ में भीमसेनके हत्याकाण्डमें पल्पाका राजा पृथ्वीपाल सेन भी मारा गया, और पाल्पा राज्य नेपालमें मिला लिया गया। प्रधानमंत्री भीमसेन थापाका बाप अमरसिंह वहांका शासक नियुक्त हुआ, जिसने पल्पाके तराईवाले इलाके बुटवलपर भी पैर फैलाया। पालपा राजा लखनऊके नवाबके आधीन था, और बुटवल तराई—जिसमें बुद्धका जन्मस्थान लुंविनी (रुम्मिदेई) भी है—पर इसका ही शासन था। पाल्पा राजा अभी नेपालमें कैद था। उसी समय उसके उत्तराधिकारियोंने बुटवल तराई कंपनीके हाथमें दे दिया, और स्वयं पेंशन ले गोरखपुरमें जा बसे। बुटवलपर गोरखोंका अधिकार होना सुन गवर्नरजेनरल सर जार्ज बार्लोने उसे तुरंत छोड़ देनेके लिये नेपालको लिखा (१८०५) और यह भी कहा कि लखनऊ नवाबके राजसे मिला शिवराजपुरको हम नेपालको देनेको तैयार हैं, यदि बुटवल छोड़ दिया जाये। गोरखोंने इसे नहीं माना और शिवराजपुर और बुटवल दोनोंकी तराईमें वह आगे बढ़ते रहे। १८१२ में लार्ड मिन्टो ने बार्लोकी बातको फिर दुहराया, किंतु अमरसिंहने 'सारी तराईपर नेपालका अधिकार है,' कहकर बात माननेसे इन्कार कर दिया। उस समय चम्पारन भी सारन जिलेमें था, जहांका बेतिया-राजा कंपनीके अधीन एक जमींदार था। तराईमें रौतहट इलाकेमें ८,९ विवाद-ग्रस्त गाँव थे। नेपाली हाकिम लछनगिरि सिमरोनगढ़के दक्षिणके इन गांवोंमें मालगुजारी वसूल करने गया, जिसमें बेतियाके आदमियोंसे १९ जून १८११ को झगड़ा हो गया और लछमन गिरि मारा गया। मकवानपुरवाली लड़ाईमें कप्तान किनलकके हारनेपर कंपनीने मकवानपुर तराई, वारा, परसा, रौतहटको दो साल तक हर्जानामें अपने अधिकार में रखा था, किंतु पीछे उसे पृथिवी नारायणको लौटा दिया। अक्तूबर १८१३ में हेस्टिंग्ज भारतका गवर्नर-जेनरल बनकर आया। उसकी प्रेरणासे बुटवल, शिवराजपुर,

सारनके झगड़ोंको निबटानेका प्रयत्न किया जाने लगा। सारन (चम्पारन)के गांव नेपालियोंने लौटा दिये। आगे कोई बात तै न होती देख हेस्टिंग्जने बुटवल और शिवराजपुरको तुरंत लौटा देनेके लिए पत्र लिखा। अस्वीकृति आनेपर २५ दिनकी अवधि देकर विवादग्रस्त इलाकोंको खाली कर देनेको लिखा गया। वैसा न करनेपर कंपनीने अप्रेल १८१४ में सेना भेज तराई दखलकर बुटवलमें तीन और शिवराजपुरमें एक थाना स्थापित कर दिया। सेना लौट आई। फिर पाल्पा से नेपाली-सेनाने २९ मई १८१४ को आकर बुटवलके थानोंको ले लिया और वहाँके अफसरोंको मार डाला। शिवराजपुरको कंपनीके अफसर बिना लड़े ही छोड़कर चले गये। बुटवल और शिवराजपुरकी मालगुजारी उन दिनों एक लाख रुपयेसे कम नहीं थी। अब लड़ाईके सिवा कोई रास्ता नहीं रह गया था, जिसके लिए दोनों ओरसे तैयारी होने लगी।

अमरसिंह थापा और उसके सहयोगी बमशाह चौतरिया (कुमाऊं) और हस्तिदल (गढ़वाल) की सम्मति पूछी गई। तीनों लड़ाईके विरुद्ध थे, क्योंकि नये जीते राज्योंमें विद्रोह होनेका डर था। उन्हें पिछले चौबीस वर्षोंसे दखल किया गया था, जैसे—

१७९०	डोटीपर अधिकार
१७९४	कुमाऊंपर "
१८०४	गढ़वालपर "
१८०५	पाल्पापर "

प्रभावशाली राजनीतिज्ञ राजगुरु पंडित रंगनाथ, काजी दलमंजन पांडे, काजी रणध्वज थापा भी युद्धके पक्षमें न थे, किंतु भीमसेन थापाका कहना था—

"अंग्रेज पहाड़के भीतर नहीं घुस सकते। हुजूर महाराजके प्रतापसे हम ५२ लाख सिपाही उनके साथ लड़ाई करेंगे और उनको अपने देशके भीतर से निकाल फेंकेंगे। मानुषका बनाया भरतपुरका छोटा किला है, किंतु उसे भी अंग्रेज नहीं ले सके, और उसको जीतनेकी आशा उनको छोड़नी पड़ी। हमारे पहाड़को तो ईश्वरने स्वयं अपने हाथसे बनाया है, इसे कोई जीत नहीं सकता। इसलिए लड़ाई करनी चाहिये यही मेरी सम्मति है। पीछे हमारे अनुकूल होनेपर संधि भी करनी होगी।"

(१) आक्रमण—दोर्जेलिङ्से कांगडा तक पहाड़ और कुछ भाग तराईका भी नेपाल राज्यमें था। उधर दक्षिणसे अंग्रेज भी बढ़ते बढ़ते हिमालयकी जड़में पहुँच गये थे, और उनकी भूख तृप्त होनेवाली नहीं थी—विशेषकर हिमालयके

विलायत जैसे ठंडे स्थानों और वहांकी सुननेमें आती बहुमूल्य खनिज राशि (सोना-चांदी) भी उनके लोभको बढ़ा रही थी। ऐसी अवस्थामें अंग्रेजोंको बहाना भर चाहिए था। वह नेपालसे हिमालयके अधिकसे अधिक भागको छीन लेनेपर तुले हुए थे। अंग्रेजोंने युद्धका कारण बतलाया था[१]—"१८१४ में नेपाल युद्धके आरंभ होनेसे पूर्व कितने ही वर्षोंसे गोरखालियोंने हिमालयकी जड़में अवस्थित बृटिश भूभाग पर छोटे मोटे कितने ही हस्तक्षेप किये थे।....सबसे अधिक गंभीर हस्तक्षेप गोरखपुर जिलेके बुटवल पर्गनेमें हुए। १८०४ में बुटवलपर गोरखालियोंने यह कहकर कब्जा कर लिया, कि यह तो पाल्पा राजाका है, जिसका राज्य अब नेपालमें चला आया है। मामूली विरोध करनेके सिवाय हमारी तरफसे कुछ नहीं किया गया।....१८१२ में वहीं और भी हस्तक्षेप गोरखालियोंकी ओरसे हुए, जिसपर हमारी सरकारका ध्यान उधर गया।....लिखा-पढ़ी चली, किन्तु कोई परिणाम नहीं निकला। इस पर गवर्नर-जनरल लार्ड हेस्टिंगसने अप्रेल १८१४ में विवादास्पद भूभागपर अधिकार करनेका हुकम दिया, और वह काम निर्विरोध पूरा हो गया।"

और दूसरे कारणोंको अंग्रेजोंके [२] नवंबर १८१४के युद्ध-घोषणापत्रमें इस तरह बतलाया गया है[३]—"

"...जब कि बृटिश सरकारका आचरण नेपालके साथ सदा न्याय और सहिष्णुताके सिद्धान्तके अनुसार रहा, वहाँ सारी विश्वस्त सीमा[४]पर बृटिश सरहदके भीतर एक भी ऐसा जिला नहीं है, जिसमें माननीय कंपनीके राज्यके भीतरकी निश्चित किसी भूमिको गोरखालियोंने हड़पा और कब्जा न कर लिया हो। नेपालियोंका ऐसा अनुचित दखल पूर्णिया, तिरहुत, सारन,[५] गोरखपुर और बरेलीके जिलों एवं जमुना तथा सतलजके बीचके संरक्षित भूभागमें हुआ है। वहाँकी हर एक घटना बृटिश सरकारकी नरमी तथा सहिष्णुता एवं नेपालियोंकी उद्दंडता तथा आक्रमण-नीतिका प्रमाण है।"[६]

हेस्टिंग्सकी आज्ञासे १८१४के अप्रेलमें अंग्रेजी सेनाने जब बुटवलपर अधिकार

---

[१]Atkinson Vol. II pp. 629-30,

[२] वहीं pp. 630-31. दोर्जेलिंगसे शिमला तक। [३]. औबरके अनुसार

[४]१७८७ से १८१२ के बीच गोरखोंने ऐसे दो सौ गांव दखल कर लिये।

[५] उस समय चम्पारण जिला सारनके ही भीतर था।

[६]At. Vol. II. p. 625.

कर लिया। उस वक्त नेपाली चुप रहे, किन्तु २९ मई १८१४को उन्होंने अंग्रेजी अधिकारियोंको मार भगाया।

इसपर अंग्रेजोंने १ नवंबरको युद्ध-घोषणा कर दी।

नेपाली सेनाके बारेमें अंग्रेजोंकी क्या राय थी, इसका निदर्शन नेपाल-युद्धके एक अंग्रेज कप्तान ह्यिरसीका यह पत्र है[1]—"गोरखाली कमान्डर अज्ञ, कुटिल, धोखेबाज, अविश्वसनीय और अत्यन्त हठधर्मी होते हैं। वह विजय और युद्धमें सफलताके बाद खूनके प्यासे तथा क्रूर एवं पराजयके बाद नीच तथा घृणास्पद बन जाते हैं। उनकी किसी संधि या शर्तपर विश्वास नहीं किया जा सकता। अपने सैनिकोंको लाल वर्दी पहिना पथरकलासे हथियार-बंद कर वह हमारे निचले अफसरोंके नामोंकी नकल करते अपनेको हमारी सरकारका अंश बतलाते चीन-सरकारको आँख दिखाते हैं। हमारी सरकारके सामने वह चीनी रीतिनीतिकी नकल करते हमारे हृदयमें यह भाव बैठाना चाहते हैं, कि मानो वह चीनके अंग हैं। उनके सैनिकोंके हथियार निर्बल हैं, शिंदे तथा होलकरके सैनिकोंसे उनकी तुलना नहीं हो सकती।"

अंग्रेजी सेनाने चार स्थानोंसे नेपाली राज्यके ऊपर आक्रमण किया। सबसे अधिक सेना (पहले ८००० फिर १३०००) मेजर जेनरल मार्लेकी कमान्डमें विहारसे राजधानी काठमांडवकी ओर रवाना हुई। गोरखपुरसे आगे बढ़नेवाली ४००० सेनाका संचालक मेजर-जनरल वूड था। मेजर-जेनरल गिलेस्पीको ३५०० सेनाले देहरादूनपर अधिकार करनेका काम सौंपा गया था। पश्चिमी छोरपर सतलज-जमुनाके बीच मेजर-जेनरल अक्टरलोनीने चढ़ाई की। जेनरल गिलेस्पी-की सेना पश्चिमी गोरखा-सेनाके बीचमें घुसकर गोरखा-राज्यके दो टुकड़े कर देना चाहती थी। युद्धमें गोरखोंने दिखला दिया कि कप्तान ह्यिरसीकी राय उनके बारेमें गलत थी। यहाँके अंग्रेज सेनानायकके कौशलके बारेमें एक अंग्रेज लेखक-को स्वीकार करना पड़ा।[1]—"जेनरल गिलेस्पीकी सैनिक कार्रवाई अत्यन्त दुर्भाग्यपूर्ण साबित हुयी, किन्तु वह अपमानजनक नहीं थी, क्योंकि जेनरलने कमसे कम अपनेको निर्भीक तथा उत्साही सैनिक साबित किया।"

---

[1]At Vol. II p. 635" The operations of General Gillespie were most unfortunate but they were not disgraceful, for he showed himself to be at heart a brave and zealous soldier."

१९ अक्तूबर १८१४को गिलेस्पीकी सेना सहारनपुरसे रवाना हुई। तिमली और मोहनके घाटोंसे सिवालक पार हो दोनों सेनायें २४ अक्तूबरको देहरादूनमें आकर मिल गई। यहाँ आनेमें उन्हें कोई कठिनाई नहीं हुयी, किन्तु, देहरादूनसे साढ़े तीन मील उत्तरपूर्वमें अवस्थित खलंगा[1] (नालापानी)के मामूलीसे दुर्गमें स्थित तीन-चार सौ नेपाली सैनिकोंने वीर बलभद्र थापाके नेतृत्वमें अंग्रेजोंको महीने भर नाकों चने चबवाते दिखला दिया, कि हिमाचल वीरविहीन नहीं है। २५ अक्तूबरको कर्नल मावीने कुछ छ-पौंडी तथा दो हवाइजर तोपोंसे कलंगा दुर्गको सर करना चाहा, किन्तु कुछ ही गोलोंके चलानेपर प्रयत्न व्यर्थ मालूम हुआ, और सेना देहरादून लौट आयी। २६ अक्तूबरको जेनरल गिलेस्पीने सेना-संचालन अपने हाथमें लिया, किन्तु वह बलभद्रके बहादुरोंका कुछ न बिगाड़ सका। ३१ अक्तूबरको बड़ी जबरदस्त तैयारीके साथ गिलेस्पीने आक्रमण किया। "वहाँ जब कि वह एक हाथमें टोपको हिलाते दूसरेमें तलवार ले अपने आदमियोंको प्रोत्साहन दे रहा था, इसी समय उसकी छातीमें एक गोला लगा, और वह वहीं मरकर गिर पड़ा, उसके साथ ही उसका प्रतिहार ओहारा मारा तथा कितने ही अफसर घायल हुए।"[2]

(२) **गोरखा-वीरता**—अंग्रेजी सेनाने दिल्लीसे सहायता आ जाने तकके लिए आक्रमणको रोक दिया। प्रायः एक मास बाद २४ नवंबरसे दुबारा आक्रमण शुरू हुआ, किन्तु उन्हें तब तक सफलताकी आशा नहीं हुई, जब तक कि किलेके बाहरसे मिलनेवाले पानीके झरनेसे दुर्गरक्षकोंको वंचित नहीं कर दिया गया। प्यासकी मार गोलोंसे भी बुरी थी। बलभद्र ३० नवंबरकी रातको अपने ७० साथियोंके साथ अंग्रेजोंकी सैन्यपंक्तिको चीरते निकल गया। आगे बलभद्र और उसके साथियोंने जौनागढ़में जाकर अंग्रेजोंको नाकों दम किया, फिर वह जेठकमें लड़ा। उसके भी हाथसे निकल जानेपर ये स्वतंत्रताप्रेमी बहादुर रणजीतसिंहकी सेनामें सम्मिलित हो गये। अन्तमें अफगानोंके साथ लड़ते बलभद्र और उसके साथी वीरगतिको प्राप्त हुए। हिमाचलके इन वीर-पुत्रोंका सम्मान उनके शत्रुओंने भी किया। कलंगामें आज भी दो स्मारक खड़े हैं, जिनमेंसे

---

[1]खलंगा नेपालीभाषामें सैनिक केम्पको कहते हैं, जिसको अंग्रेजोंने कलंगा बना दिया।

[2]वहीं पृष्ठ ६३७—

एक जेनरल गिलेस्पीका है, और दूसरा वीर बलभद्र और उसके साथियोंका, जिसपर लिखा है[1]—

"हमारे वीर विरोधी दुर्गपाल बलभद्र और उसके वीर गोरखोंके सम्मानमें यह उत्कीर्ण है, जो कि पीछे रणजीतसिंहकी नौकरीमें रहते अफगान तोपखानेके सामने एक-एक करके मर गये।"

इसी स्मारक स्तम्भकी दूसरी ओर लिखा है—

"इस कब्रके ऊपरी ओर पर्वतके सर्वोच्च स्थानपर खलंगा (कलंगा) दुर्ग खड़ा था, जिसे ३१ अक्तूबर तथा २७ नवंबरके दो आक्रमणोंके बाद बृटिश सेनाने १८१४में कब्जा करके पूर्णतया भूमिसात् कर दिया।"

प्रत्यक्षदर्शी अंग्रेज ज० ब० फ्रेजरने कलंगा दुर्गका उस दिनका रोमांचकारी दृश्य निम्न प्रकार वर्णित किया है—[2]

"उस दिन (३० नवंबर १८१४) सबेरे मेजर केलीने किलेमें घुसकर उसपर अधिकार कर लिया।...दुर्गका सारा भूभाग कसाईखाना बना हुआ था, जहाँ हत और आहत, एवं फटते गोलों द्वारा छिन्न-भिन्न अंग बिखरे पड़े थे। जो अब भी जीवित थे, वे बड़े हृदयद्रावक स्वरमें पानी माँग रहे थे। उनके मुँहमें कई दिनोंसे एक बूँद भी पानी नहीं गया था। वहाँ भयंकर दुर्गन्ध थी। पहिले मारे गयोंमें कितनोंके शरीर अच्छी तरह दफनाये नहीं गये थे।...हमारे अफसरोंने ध्वंसावशेषोंके भीतर अंशतः आच्छादित कितने ही मुर्दोंके अवशेष तथा कपड़े पाये।...गोले-गोलियोंसे मारी गई बहुतसी स्त्रियोंके शरीर मिले; भुरता हो गये, तो भी जीवित लड़के भी पाये गये। एक स्त्रीका एक पैर उड़ गया था, उसे अस्पताल भेजा गया, जहाँ वह बच गई। एक छोटा बच्चा मिला, जिसकी दोनों जाँघोंसे गोली पार हो गयी थी, वह पूर्णतया स्वस्थ हो गया। एक तीन-चार वर्षका सुंदर लड़का अक्षत मिला, जिसका बाप सूबेदार मारा गया था, और उसे दुर्गमें ही गाड़ दिया गया था।...९०से अधिक मुर्दोंको हमारे देशी सैनिकोंने जलाया।...जिस दृढसंकल्पताके साथ एक छोटीसी टुकड़ीने इस छोटीसी चोटीको अपेक्षाकृत इतनी बड़ी सेनाके सामने एक महीनेसे अधिक हाथसे जाने

---

[1] "This is inscribed as a tribute of respect for our gallant adversary Bulbuder, commander of the fort and his brave gurkhas, who were afterwards while in the service of Ranjit Singh, shot down in their ranks to the last man by Afghan artillery." [2] At. Vol II pp. 638, 639.

नहीं दिया, इसकी प्रशंसा कोई आदमी करे बिना नहीं रहेगा—विशेषकर जब कि पिछले दिनोंके भीषण दृश्योंको सामने रखके देखेगा। उनके निहत साथियों-का हृदयवेधक दृश्य, उनकी स्त्रियों और बच्चोंकी यातना, सहायताकी सब ओरसे निराशा, जिसके कारण इस प्रकार दृढ़तासे लड़नेका कारण इसके बिना और कोई नहीं हो सकता था, कि वह अपने कर्तव्यके प्रति अत्यन्त अनुरक्त थे। मुहा-सिरेके समय कलंगाके सैनिकोंने अपने उच्च चरित्रको प्रकट किया। दूसरी जगह गोरखोंका चाहे कोई रूप देखा गया हो, किन्तु यहाँ घायलों तथा बन्दियोंके साथ क्रूरता नहीं की गयी, जहरीले वाण नहीं इस्तेमाल किये गये, कूयें या पानीमें विष नहीं डाला गया, बदलेकी निकृष्ट भावना उन्हें प्रभावित करती नहीं देखी गई। उन्होंने मनुष्यकी भाँति हमारे साथ न्यायोचित ढंगसे लड़ाई की, और लड़नेके बीचवाले विश्रामके वक्त ऐसी उदार नम्रता दिखलाई, जो कि अधिक प्रबुद्ध जातिके अनुरूप हो सकती है। हत या आहत शरीरको अपमानित करनेकी बात ही क्या, उन्होंने तो तब तक वहीं चुपचाप पड़ा रहने दिया, जब तक कि उसे वहाँसे उठा नहीं लाया गया। उन्होंने किसी लाशकी चीजें छीनकर, जैसा कि आमतौरसे होता है, उसे नंगा नहीं किया।...तोपें चल रही थीं, इसी समय एक आदमी दुर्गकी टूटी जगहसे हाथ हिलाते आगे बढ़ता दिखाई पड़ा। तोप थोड़ी देरके लिए रोक दी गयीं, और वह आदमी हमारे पास आया। वह एक गोरखा सैनिक था, जिसका निचला जबड़ा गोलेसे चूर हो गया था, और वह साफतौरसे अपने शत्रुसे (चिकित्सा-संबंधी) सहायता माँगने आया था। उसे तुरंत सहायता दी गई और जब उसे अस्पतालसे छोड़ दिया गया, तो फिर उसने अपनी सेनामें जाकर हमसे लड़नेकी इच्छा प्रकट की।"

जिस समय फ्रेजरने यह पंक्तियाँ लिख रहा था, तब तक गोरखा सैनिक अंग्रेजी साम्राज्यके महत्त्वपूर्ण सेनांग नहीं बन पाये थे। इस युद्धने अंग्रेजोंको समझनेका मौका दिया, और उन्होंने हमारे ही रक्तमांस इन हिमाचलपुत्रोंको हमारी हथकड़ियोंको मजबूत करनेका साधन बनाया।

(३) **वीर बलभद्र**—बलभद्रके परदादा अहिराम कुँवर कस्कीका रहनेवाला एक संभ्रांत व्यक्ति था। उसकी रूपवती कन्या ताराको कस्कीके राजाने बिना विधि-पूर्वक ब्याहके रखना चाहा, क्योंकि खसोंको अभी राजपूत नीची निगाहसे देखते थे। अहिरामने इसे पसंद नहीं किया, और पृथिवीनारायणके पिता नरभू-पालके समय वह गोरखामें चला आया। अहिरामके दो पुत्रोंमें जेठे जयकृष्णके पुत्र चंद्रवीर कुँवरका पुत्र बलभद्र था और कनिष्ठ रामकृष्णका प्रपौत्र जंगबहादुर

(१८४६-७७), जिसने १४ सितंबर १८४६को घोर हत्याकाण्डके बाद पृथिवीनारायणकी संतानको नाममात्रका महाराजाधिराज रख शासन अपने तथा अपने वंशजोंके हाथमें हाल तक के लिये ले लिया। जयकृष्ण एक प्रसिद्ध जेनरल था। उसका पुत्र चंद्रवीर कुँवर पश्चिम-विजयका एक सेनापति तथा गढ़वालका शासक रहा। अंग्रेजोंके आक्रमणके समय बलभद्र कुँवर देहरादूनसे ढाई कोस आगे मसूरीके रास्तेमें नालापानीकी पहाड़ी टेकरीपर छावनी डालकर बैठा था। छावनीको गोरखा भाषामें "खलंगा" कहा जाता है, जिसे अंग्रेज लेखकोंने स्थानका नाम दे दिया। बलभद्रका बड़ा भाई वीरभद्र नाहन (सिरमौर)में अमरसिहके पुत्र काजी रनजोरसिंहका सहायक सेनापति था। नेपाल-पराजयके बाद बलभद्र रणजीतसिंहकी सेनामें अफसर हुआ। १८८३ ई०में सिक्खोंकी काबुलसे लड़ाई हुई। पेशावरका शासक यार मुहम्मद खाँ भागकर युसुफजई इलाकेमें घुस गया। १४ मार्चको रणजीतसिंहकी सेनाने पठानोंपर आक्रमण किया, किन्तु उसे असफल होकर लौटना पड़ा। अंतमें नेपाली सेना भेजी गई, और लड़ाई करते करते बलभद्र और उसके साथी वीरगतिको प्राप्त हुए। बलभद्रके पुत्र शरणभद्रको रणजीतसिंहने वृत्ति देकर रखना चाहा, किंतु उसे स्वीकार न कर वह नेपाल लौट गया। १८४६में जब बलभद्रके कुंवरवंशने राणा उपाधि ले नेपालका शासन संभाला, तो जंगबहादुरने शरणभद्रकी विधवा वदनकुमारीको चापा गाँव और फर्पिङ्के कुछ खेत जागीरमें दिये, जिसके अभिलेखमें "श्रीमद्राजकुमार कुमारात्मज बलभद्र कुँवर राणाजी...श्रीमद्राजकुमार कुमारात्म्ज शरणभद्र कुँवर राणाजी"[1] लिखा है।

अंग्रेजोंने जहाँ सैनिक बलसे नेपालको परास्त करना चाहा, वहाँ नेपाली सेनापतियोंको रिश्वत देकर फोड़नेकी भी कोशिश की। कुमाऊँके शासक बमशाहसे उन्हें आशा थी, इसलिए पहिले कुमाऊँपर आक्रमण नहीं किया। जैसा कि पहिले कहा, मेजरजेनरल मोलेने ८००० सेनाके साथ विहारसे सीधे काठमांडवकी ओर प्रस्थान किया, और मेजर-जेनरल वूड गोरखपुरसे ४००० सेना ले बुटवलकी ओर वढ़ा। जेनरल गिलेस्पी ३५०० सेनाके साथ देहरादूनपर चढ़ा। पश्चिममें अमरसिंह थापाके मुकाबिलेमें जेनरल-अकटरलोनी ३१ अक्तूबर १८१४को लुधियानासे ६००० सेनाके साथ प्रस्थान कर पलसियामें पहुँचा। बिहार और गोरखपुरसे प्रस्थान करनेवाली सेनाओंको सफलता नहीं मिली। कुमाऊँके शासक बमशाह-

[1] **"वीर वलभद्र" (सूर्य विक्रम ज्ञवाली, संवत् २००४) पृष्ठ १५**

को फोड़नेके लिये अंग्रेज उसे डोटीका राजा माननेके लिए तैयार थे, इसीलिए पहिले कुमाऊँपर सेना भेजनेकी अवश्यकता नहीं समझी गई। मुख्य संग्राम अक्टरलोनी और गिलेस्पीको लड़ना पड़ा, जहाँ अमरसिंह कई दुर्गोंमें तैयारी करके बैठा हुआ था। नालागढ़के पास अंग्रेजी सेना २ नवंबरको पहुँची। ४ तारीखको गोलाबारी आरंभ कर २४ घंटेमें किलेको तोड़ दिया गया, फिर किलेका जीतना आसान था। इसके बाद एकके बाद एक नेपाली दुर्ग शक्तिशाली तोपोंके सामने गिरने लगे। अमरसिंहने अंतमें मलांवके प्राकृतिक पहाड़ी दुर्गमें रुकनेका निश्चय किया। मलाँवके किलेके दाहिने सूरगढ़का किला था, जिसका सेनापति भक्ति थापा था। शत्रुको भयानक तौरसे नजदीक आया देख १६ अप्रेलको भक्ति थापाने २००० सैनिकोंके साथ देवथल पहाड़पर पहुँची अंग्रेजी सेनापर आक्रमण किया। अंग्रेजी सेनाने भी जवाब दिया। आधुनिक तोपोंके सामने गोरखावीरता कहाँ तक सफल होती? भक्ति थापा अपने ७०० सैनिकोंके साथ धराशायी हुआ। ७० वर्षका बूढ़ा सेनापति अपनी वीरता और सूझके लिए प्रसिद्ध था। अक्टर लोनीने अपने वीर प्रतिद्वंद्वीको बड़े सत्कार-पूर्वक नेपाली सैनिकोंके हाथमें सपुर्द किया। दूसरे दिन सेनापतिके शवके साथ उसकी दो पत्नियाँ सती हुई। भक्ति पहिले लमजुङ्के राजा केहरिनारायण शाहका सेनापति था, पीछे गोरखा-सेनामें सम्मिलित हो पश्चिम-विजयमें अमरसिंहका दाहिना हाथ, तथा कितने ही समय तक कुमाऊँका शासक भी रहा। अंग्रेजोंके लिए भक्तिका मरना कितना महत्त्व रखता था, यह एक अंग्रेज लेखकके निम्न वाक्योंसे मालूम होगा—

"इस युद्धमें शत्रुने बार-बार सफलता प्राप्त की, इसके साथ भारतसे बृटिश शासनको हटा देनेकी इच्छासे राजाओंमें हुए पारस्परिक मेल और विद्रोहकी बात देखते हुए पलासीके युद्धके बाद अंग्रेजी शासनकी दृष्टिसे इस युद्ध जैसा महत्त्वपुर्ण कोई दूसरा युद्ध नहीं हुआ।"

इस विजयके उपलक्षमें अक्टर लोनीको बैरोनेटकी उपाधि मिली।

मईके प्रथम सप्ताहमें अंग्रेजी तोपें मलाँव दुर्गपर प्रहार करनेके लिए तैयार थीं। ८ तारीखको दो दिनका अवसर देते अकटरलोनीने अल्टीमेटम दिया। १० तारीखसे गोलाबारी शुरू हुई। १५ मईको मलाँवने आत्मसमर्पण किया। इससे १८ दिन पहिले २७ अप्रेल १८१५को कुमाऊँका शासक बमशाह आत्मसमर्पण कर चुका था। अमरसिंहकी आज्ञासे अर्की, सबाथू, जैठक, जगतगढ, रवाईं आदि यमुना-सतलजके बीचके सारे किलोंको अंग्रेजोंके हाथमें दे दिया

गया। गढ़वालके किलोंको भी अंग्रेजोंके हाथमें दे देनेकेलिये उसने काजी बख्ता-वर सिंहको लिख दिया।

यद्यपि युद्धका फैसला अमरसिंहकी हार और मलाँव-दुर्गके पतनके साथ हुआ, किंतु जहाँ तक गढ़वालमें युद्धका संबंध है, वहाँ जेनरल गिलेस्पीकी सेनाका देहरादूनपर आक्रमण विशेष महत्त्व रखता है।

(४) चीनसे सहायता याचना--१८१५में अब भी चीनकी शक्तिका उतना ह्रास नहीं हुआ था। अंग्रेजोंके प्रहारसे संत्रस्त नेपाल (राजा) ने उस समय चीन-सम्राट्के पास निम्न आवेदनपत्र भेजा था--

"मैं चीन-सम्राट्के आधीन हूँ। मेरे राज्यपर आक्रमण करनेका कोई साहस नहीं कर सकता। जब किसीने मेरे राज्यमें घुसनेकी कोशिश की, तो आपकी दया और संरक्षणसे मैं उसे दुर्गत करके भगानेमें सफल हुआ। लेकिन अबके एक शक्तिशाली भयंकर शत्रुने मुझपर आक्रमण किया है। मैं आपके अधीन हूँ, और आपकी रक्षा और सहायताका भरोसा रखता हूँ। कंकासे सतलज तक सौ कोसमें हमारे बीच युद्ध हो रहा है। भोट (तिब्बत) ले लेनेके मंसूबेसे वह नेपालको लेना चाहता है, इसीलिए झगड़ा खड़ा करके उसने युद्ध घोषित कर दिया। पाँव या सात बड़े बड़े युद्ध हो चुके हैं, किन्तु सौभाग्यतया महामान्य सम्राट्की महिमासे २०००० शत्रुओंको नष्ट करनेमें सफल हुआ हूँ, तो भी शत्रुके पास सम्पत्ति और साधन बड़े हैं। उसने एक कदम भी पीछे हटे बिना सारे नुकसान सह लिये हैं। उसे बहुतसी कुमक लगातार पहुँच रही है, तथा उसने सभी ओरसे मेरे देशपर आक्रमण कर रखा है। यद्यपि मैं पहाड़ और मैदानसे एक लाख सैनिक प्राप्त कर सकता हूँ, किन्तु वेतन दिये बिना उन्हें रख नहीं सकता। वेतन देनेकी पूरी इच्छा रखता हूँ, किन्तु वैसा करनेके लिए मेरे पास साधन नहीं है। बिना सिपाहियोंके मैं शत्रुओंको भगा नहीं सकता। गोरखालियोंको अपना करद समझिये, सोचिये कि अंग्रेज नेपाल और भोटको जीतना चाहते हैं। इन कारणोंसे इतने रुपयोंसे मदद कीजिये, कि हम सेना भरती कर आक्रमणकारियोंको भगा सकें, और यदि आप रुपयेकी सहायता नहीं देना चाहतें, और हमारी सहायता-के लिए सेना भेजना पसंद करते हैं, तो यह भी अच्छा है। दरमाका जलवायु अच्छा है। आप दरमाके रास्ते आसानीसे दो-तीन लाख सेना बंगाल भेजकर कलकत्ता तक अंग्रेजोंके भीतर भय और भगदड़ पैदा कर सकते हैं। शत्रुने मैदानके सभी राजाओंको अपने अधीन कर लिया है, और देहलीके बादशाहके तख्तको भी हड़प लिया है। अतएव ऐसी आशा है, कि सभी मिलकर गोरोंको भारतसे

निकाल बाहर करनेके लिए एक हो जायेंगे। इस बातसे आपका नाम सारे जंबू-द्वीपमें प्रसिद्ध हो जायगा, और आपकी जहाँ भी आज्ञा होगी, यहाँके निवासी जानेके लिए तैयार मिलेंगे। यदि आप समझते हैं, कि नेपालपर विजय और गोरखालियोंका चीन-सम्राट्की छत्रछायासे जबर्दस्ती अलग किया जाना परम-भट्टारकके स्वार्थोंको कोई खास हानि नहीं पहुँचावेगा, तो मैं आपको यह सोचनेके लिए प्रार्थना करता हूँ : बिना आपकी सहायताके मैं अंग्रेजोंको भगा नहीं सकता। यह वही लोग हैं, जो हमारे भारतको जीत चुके हैं, और देहलीके तख्तको हड़प चुके हैं, और यह कि अपनी सेना और साधनोंसे उनके विरुद्ध में कोई सफलता प्राप्त नहीं कर सकता, और आगे दुनिया कहेगी, कि चीन-सम्राट्ने अपने अधीन तथा करद (राजा) को उसके भाग्यपर छोड़ दिया। मैं संसारके दूसरे सारे सत्ता-धारियोंके ऊपर चीन-सम्राट्को स्वीकार करता हूँ। अंग्रेज नेपाल पर अधिकार कर बदरीनाथ, मानसरोवर तथा दिगरचा (शिगर्चे) के रास्ते ल्हासा जीतनेके लिए आगे बढ़ेंगे। इसलिए प्रार्थना करता हूँ, कि आप अंग्रेजोंको लिखकर कहें, कि वह आपके अधीन तथा करद गोरखा-राज्यकी भूमिसे अपनी सेनाओंको हटा लें, अन्यथा हम सहायताके लिए सेना भेजेंगे। मैं आपसे प्रार्थना करता हूँ, कि धन या सेनाके रूपमें सहायता भेजनेमें देर न करें, जिसमें कि मैं शत्रुको हटाकर पहाड़ोंपर अधिकार रख सकूँ; नहीं तो कुछ ही वर्षोंमें वह ल्हासाका भी स्वामी बन जायेगा।"

लेकिन चीनमें तो १८१३से ही भयंकर गृहकलह आरंभ हो गयी थी, देवपुत्र परमभट्टारक मदद कहाँसे करते ?

(५) संधि—

रामशाहके समयसें राजगुरु चले आते परिवारके गजराज मिश्र चंद्रशेखर उपाध्यायके साथ संधिवार्त्ताके लिए भेजे गये। अंग्रेजोंने निम्न इलाकोंको लौटानेकी शर्त्त रखी—

१. लड़ाईके पूर्व झगड़ेका इलाका,
२. काली-रापतीके बीचकी तराई,
३. बुटवल छोड़ रापती और गंडकके बीचकी तराई,
४. गंडक-कोशीके बीचकी तराई,
५. मेची-तिस्ताके बीचकी तराई,
६. मेची तिस्ताके बीचका पहाड़ी इलाका,
७. कालीके पश्चिमका सारा गोरखा-राज्य।

नेपालियोंने शर्त नहीं मानी, विशेषकर कालीसे पूर्वकी तराईको वह देना

नहीं चाहते थे। इसपर फिर लड़ाई शुरू हो गई। अक्टरलोनी १० फर्वरी १८१६को काठमांडवके रास्तेपर भिछाखोरी-अमलेखगंज पहुँच गया। जब महीने-के अंत तक मकवानपुरमें भी हार खानी पड़ी, तो नेपालने संधिकी बहुतसी शर्तें स्वीकार कर लीं, और सुगोलीके संधिपत्रपर हस्ताक्षर कर दिया।

§७. अंग्रेजी शासन

१. अंग्रेज शासक—

३० नवंबर १८१५को खलंगाके पतनके साथ गढ़वालका स्वामित्व अंग्रेजोंके हाथमें चला गया। गढ़वालके राजा सुदर्शनशाहने पहिले ही मेजर हियर्सीको देहरादून और (चंडी, बिजनौर जिलेमें) को कंपनीके हवाले करनेको कह दिया था, किन्तु जीतनेके बाद अंग्रेजोंने गढ़वालके भी दो टुकड़े करके सबसे आबाद पूर्वी भागको जिसमें राजधानी श्रीनगर थी अपने हाथमें रखा, और वि० फ्रेजरने जुलाई १८१५में घोषणा की, कि अलकनंदा और मंदाकिनीके पूर्वके निवासियों-को अब कंपनीकी प्रजा समझना चाहिए। गार्डनर कुमाऊँ-गढ़वालका प्रथम कमिश्नर थोड़े समयके लिए हुआ और उस समय भी ट्रेल उसका सहायक था। तबसे १८३५ तक इस भूभागका भाग्यविधाता ट्रेल रहा। कंपनी शायद ५ लाख रुपया लेकर सारे गढ़वालको देनेको तैयार थी, किन्तु उस समय उतना रुपया देना सुदर्शनकी शक्तिके बाहर था। ४ मार्च १८२०की संधिके अनुसार सुदर्शन-शाहका टेहरी जिलेपर अधिकार मान लिया गया। पुरानी राजधानी छोड़ सुदर्शनशाहने टेहरी (२२७८ फुट) को अपनी राजधानी बनाई, जो कि उस समय एक गाँव था। १८४०में अंग्रेजोंने श्रीनगरको अधिक उष्ण समझ गढ़वालका शासन-केन्द्र पौड़ीमें बदल दिया।

२. अंग्रेजी शासनपर मोलाराम—

चित्रकार मोलारामने अंग्रेजी शासनके परिणामका चित्र खींचते हुए लिखा है—

धँसा जबसौं हिन्दोस्ताँमें फिरंगी सैर करता है।
ज़मीं, जागीर, रोजीना[२] सभीका फैर[३] करता है॥

---

[१]पृथिवी नरायणके बाद निम्न नेपाल राजा हुये—१०. सिंह प्रताप, (१७७४-७७) ११. रणबहादुर (१७७७-९९), १२. गीर्वाण युद्ध, (१७९९-१८१६) १३. राजेन्द्र विक्रम (१८४७-८१), त्रैलोक्यवीर, १५. पृथिवी, (१८८१-१९११) १६. त्रिभुवन वीर (१९११—) [२]पेंशन [३]खतम

भई जागीर तागीरें[१] मिलक[२] बरबाद सबही की।
मलिकको[३] कैदमें दीया मुलकपै कैह्ल[४] करता है॥
किसीका आशना नाहीं भरा रहता है गर्रेमें[५]।
कलम ले दस्त जुज खूँबाद (वह) ना मेह्ल करता है॥
छुड़ा सब फारसी-हिन्दी अंग्रेजी जबाँ पढ़ता।
करै यह चाकरी जिसका उसीको जेर[६] करता है॥...
कमीना पास रखता है खिरद-मन्दाँ[७]का दुश्मन है।
मायल[८] है नाजनीं[९]-ऊपर चुँ चश्मे सैर करता है॥...
सिरकी उतार कन्धे कन्धेकी ज़मीं पै।
लेता है मुल्क खोसकै रिन्देकी थमी पै॥
देता है फिर सलीना नहिं और कुछ रकम।
रखता है मुल्क कब्जेमैं कम्पनी हुकम॥...
इन्साफ नहीं साफ फिरंगीके ऐन[१०]मैं।
फिरते हैं सभी साहेब रंडीके रैनमैं॥
चहती है जिसे रंडी करती है उसे प्यार।
मालिकको मिले धक्के होते हैं खुशी यार॥
इन्साफकी अदालत आलम सौं उठ गई।
बैठी है, पुलिस आनकै सब रीत छुट गई॥...
हिन्दू या मुसलमान सब तगीर[१] हो गये।
अंग्रेज बर-जमीं ले अमीर हो गये॥
अमीर थे जो कोई सो हो गये फकीर।
बिरता, जगीर उन सबका हो गया तगीर[१]॥
मिलता नहीं रोजीना सुनता न कोई दाद[११]।
गरीब इल्मदार करै किसपै जा फरियाद॥
मुसकिल पड़ी सभीकौ कुछ जात ना कही।
गुलामको सलाम मोलाराम हो रही॥...[१२]
लेते नहीं सलाम न सुनते हैं किसूकी।

[१]खतम, [२]संपत्ति, [३]स्वामी, [४]जुल्म, [५]अभिमान, [६]नीचा दिखाता, [७]विद्वानों [८]मोहित, [९]सुंदरी, [१०]आईन, कानून, [११]न्याय।

[१२]"विराट हृदय" (शंभुप्रसाद बहुगुणा) १९५० पृष्ठ ३८ ४२

बामनकौ न परनाम राम-राम किसूकी ॥
अर्जी करै जो कोय वो पहिलों हीं घुरकते ।
मजलसके बीच कायद आपसमें चुरगते ॥
रहते हैं घुसे साहेब खानेके बीचमें ।
होते हैं खफा अंदर आनेके बीचमें ॥
ताकत नहीं किसूकी बिन बुलाये कोई जा ।
रहते हैं पड़े ऐशमें करते हैं नित मजा ॥
शराब रंगारंग जो हरदम हीं पीवते ।
खाते हैं गोश्त सबका डरते न जीवते ॥
हल्लाल और हराम कछू जानते नहीं ।
खाते हैं ढोर वो सूवर कछू मानते नहीं ॥
हिन्दू न मुसल्मान है हैवान फिरंगी ।
करते हैं मचामच्च हो आलममें तरंगी ॥...
मतलबका सभी अपने आईन बनाया ।
हिन्दू व मुसल्मानका सव राह उड़ाया ॥...
अव्वल बने सिपाही गरीबी हीं चालकी ।
लेते हैं मुल्क खोस फिर करते हैं मालकी ॥...
साहब इसम बसियार था दिल तंग क्यों किया ।
बिरता, जगीर, गुंठ सभीका क्यों हरलिया ॥
छोटा था राज गढका देता सो बी रहा ।
मोटा था गोरख्याली उन ढेर जस लिया ॥
खोटा था अमरसिंह जड—मूलसों गया ।
अपने, हीं दस्तसेती जहर घोल कै पिया ॥...
आम है यो बात मोलारामकी जहाँ ।
माने तो वाह-वाह है यह ऐन कहि दिया ॥

अंग्रेजोंके आते ही श्रीनगरकी जो दुर्दशा है, उसपर मोलाराम लिखता है—

श्रीनग्र वहै अब नाहि रह्यो, अति विग्र भयौ कबलौं लहिना ।
गढवालमें हाल रह्यो न कछ्, दुख सुक्ख परै कबलौं सहिना ॥
निरमानुषता पुर होय रही, इन नीचनके सँग क्या कहिना ।
रहिना क्यों कीमत नाहि जहाँ, गुनिकौ न उचित्त तहाँ रहिना ॥१॥
गुणग्राहक ते नरनाह कितै, गुण-चाह जितै तहहीं रहिना ।

निज देस हिं ते परदेस भलो, अपनो जहं जाय भिड़ै दहिना ॥
लहना जंह चार अचार भलो, उनके दरबारहिं कौ गहिना ।
रेहना क्यों कीमत नाहीं जहां, गुनिको न उचित्त तहां रहिना ॥२॥
कविकी कविता न सुनै ये बिथा, अपनी प्रभुता मैं करै कहिना ।
कबहूँ कवि होय कै छंद पढ़ै, कबहूँ सुरताल करै गहिना ॥
जस-कीरत जानत नाहिं कछू, उनके सॅगमैं जो कहा लहिना ।
रहिना क्यों कीमत नाहिं जहाँ, गुनिको न उचित्त तहाँ रहिना ॥३॥

३. **पर्गने और पट्टियां—**

गढ़वाल अब टेहरी और गढ़वाल दो जिलोंमें विभक्त है ।

(१) **गढ़वाल** जिलेमें निम्न तीन तहसीलें और बारह पर्गने हैं ।

तहसील	पर्गने
१. चमोली	५—चांदपुर(८),दशौली(३),नागपुर(९), पैनखंडा(२),बधाण(६)
२. पौड़ी	२—देवलगढ (७), बारहस्यूं (१४)
३. लैंसडौन	५—चौंदकोट (७), भावर (४), सलाण-गंगा(९), सलाण-तल्ला, (१०) सलाण-मल्ला

गढवाल जिलेके बारह पर्गनोंमें निम्न ८९ पट्टियां हैं

पट्टी	पर्गना
१. अजमेर	गंगा-सलाण
२. असवालस्यूँ	बारहस्यूं
३. इड़वालस्यूं	"
४. इडियाकोट (तल्ला, मल्ला)	मल्ला-सलाण
५. उदयपुर तल्ला	गंगा-सलाण
६. " पल्ला	"
७. " वल्ला	"
८. उरगम्	नागपुर
९. कटूलस्यूं	देवलगढ़
१०. कडाकोट	बधाण
११. कंडवाल स्यूं	बारहस्यूँ
१२. कंडाल स्यूँ	देवलगढ़

१३. कपिरी	बधाण
१४. कफोलस्यूं	बारहस्यूं
१५. करंदू पल्ला	गंगा-सलाण
१६. " वल्ला	"
१७. कालीफाट तल्ली	नागपुर
१८. " मल्ली	"
१९. किमाडी (किमगाडी) गढ	चौंदकोट
२०. कोलागढ़	मल्ला-सलाण
२१. कौडिया पल्ला	तल्ला-सलाण
२२. कौड़िया वल्ला	तल्ला सलाण
२३. खनसर	बधाण
२४. खाटली (खाल्टी)	मल्ला-सलाण
२५. खातस्यूं	बारहस्यूं
२६. गगवाड़स्यूं	"
२७. गुजड़ू	मल्ला-सलाण
२८. गुराड़स्यूं	चौंदकोट
२९. घुड़दुड़स्यूं	देवलगढ़
३०. चलणस्यूं	"
३१. चोपड़ाकोट	"
३२. चौथान	"
३३. जैंतोलस्यूं	चौंकोट
३४. ढाईज्यूली	चांदपुर
३५. ढांगू तल्ला	गंगासलाण
३६. " मल्ला	"
३७. ढौंड़्यालस्यूं	मल्ला-सलाण
३८. तलाईं	"
३९. तैली	चांदपुर
४०. दशोली तल्ली	दशोली
४१. " मल्ली	"
४२. धनपुर	देवलगढ़
४३. नन्दाक	बधाण

४४. नागपुर तल्ला	नागपुर
४५. " बिचल्ला	"
४६. " मल्ला	"
४७. नाँदलस्यूँ	बारहस्यूँ
४८. पटवालस्यूँ	"
४९. पारकंडी	नागपुर
५०. पिंगली पाखा	चौंदकोट
५१. पिंडरवार (पिंडरयार)	बधाण
५२. पैडुलस्यूँ	बारहस्यूँ
५३. पैनों	तल्ला-सलाण
५४. पैनखंडा तल्ला	पैनखंडा
५५. " मल्ला	"
५६. बंगारस्यूँ	मल्ला-सलाण
५७. वणस्यूँ	देवलगढ़
५८. बणेलस्यूँ	बारहस्यूँ
५९. बंड	दशोली
६०. बदलपुर तल्ला	तल्ला-सलाण
६१. " पल्ला	"
६२. " मल्ला	"
६३. बनगढस्यूँ	बारहस्यूँ
६४. बामसू	नागपुर
६५. बिजलोट तल्ला	मल्ला-सलाण
६६. " वल्ला	"
६७. बिडोलस्यूँ	देवलगढ़
६८. बूंगी	तल्ला-सलाण
६९. मनियारस्यूँ (पश्चिमी, पूर्वी)	बारहस्यूँ
७०. मवालस्यूँ	चौंदकोट
७१. मेलधारस्यूँ	मल्ला-सलाण
७२. मैखंडा	नागपुर
७३. मोटा ढाँक	भाबर
७४. मौंदाड़स्यूँ	चौंदकोट

७५. रानीगढ़	चांदपुर
७६. रावतस्यूं	बारहस्यूँ
७७. रिंगवाड़	चौंदकोट
७८. लंगूर	गंगासलाण
७९. लोहबा	चांदपुर
८०. सनेह	भाबर
८१. सावली	मल्ला-सलाण
८२. सितोनस्यूँ	बारहस्यूँ
८३. सिरगुर	चांदपुर
८४. सिली	"
८५. सीला-तल्ला	तल्ला-सलाण
८६. " -मल्ला	"
८७. सुकरौ	भाबर
८८. सैंधार	मल्ला-सलाण
८९. हलदूखाता	भाबर

(२) टेहरी जिलेमें निम्न पर्गने और पट्टियाँ हैं—

पर्गना	पट्टी
१. उत्तरकाशी (बाड़ाहाट)	गमीरी
	टकनौर
	धनारी
	नाल्डकठूर
	बाड़ागढ़ी
	बाड़ाहाट
२. उदयपुर	अठूर
	उदकोट
	गुंसाई पट्टी
	जुम्मापट्टी
	बिष्टपट्टी
	मन्यार
	सारज्यूला
३. कीर्तिनगर	कड़ाकोट+ढुढसिर

	चौरास+फुटगढ
	डाँगर
	बड्यारगढ+बिलेड़ी
	बारहज्यूला+अकरी
	मलेथा
	लोस्तु
४. चंद्रबदनी	बनगढ़ पल्ला
	" बिचल्ला
	" वल्ला
५. चिल्ला	आरगढ़
	केमर
	कोटीफेंगुल
	गोनगढ़
	थातीं-कठूर
	बासर
६. जौनपुर	इन्डवालस्यूं
	खाटल
	गोडर
	छज्यूला
	दसगी+हातड़
	दसज्यूला
	पालीगाढ
	लालूर
	सिलवाड़+कोढी
७. नरेन्द्रनगर	कुंजणी+भगद्वार
	क्वैली
	दोगी
	धार अकरिया
	पालकोट
	बमूंड़

	भरपुर
	मखलोगी
	सकलाना
८. प्रतापनगर	ओमा
	गाजणाकठूर
	धरामंडल
	भदुरा
	रमोली तल्ली
	रमोली मल्ली
	रैका
९. भरदार	बड़मा+फुटगढ़
	बांगर
	भरदार
	लस्था
	सिलगढ़
१०. भिलङ्	नैलचामी
	भिलङ्
	सांकरी
	हिदाऊ+ग्यारह गांव
११. रवाँई	अढ़ोर+बड़ासू
	गड़गाढ+ओरे
	गींटि
	ठकराल
	पंचगाई
	फतेपर्वत
	बंगान
	बजरी
	बड़कोट+पौंड़ी
	बड़्याल
	बनाल
	भंडारस्यूं

मुंगरसंती
रामासिराई तल्ली
" मल्ली
सिंगलूर

४. गढ़वाल-शासन

१८१५ से १८२९ तक कमिश्नर ट्रेल कुमाऊं, गढ़वालका सर्वेसर्वा था। १८१९ में पटवारी-प्रथा कायम हुई। १८३९ में गढवाल कुमाऊंसे स्वतंत्र जिला बना, जिसका अधिकारी पहिले असिस्टेंट कमिश्नर कहा जाता था, पीछे डिपुटी-कमिश्नर कहा जाने लगा। वह, जिला अफसर, जिला दंडनायक (मेजिस्ट्रेट), जिला कलेक्टर (कर-संग्राहक) और जिला-न्यायाधीश भी था। ८४ पटवारी हुये, जो प्रायः एक-एक पट्टीके होते, जिनके ऊपर छ कानूनगो रहते हैं। पहाड़के पटवारी मैदानी पटवारियोंसे अधिक अधिकार रखते हैं—वह अपने इलाकेके पुलिस-सवइन्सपेक्टर भी हैं। हरएक गांवमें एक प्रधान होता, जो मालगुजारी जमा करनेमें नीचेके लंबरदार या मुखियाका काम करता था। प्रधानके ऊपर थोकदार थे, जिनका अधिकार पीछे कम करके उन्हें शोभाके लिये रख छोड़ा गया।

अपराधोंकी कमी तथा उत्तरी सीमापर किसी शक्तिशाली राज्यशक्तिके न होनेसे गढ़वालमें पुलिसकी अधिक अवश्यकता नहीं थी, और जैसा कि ऊपर कहा गया, यहांके पटवारीको ही सबइन्सपेक्टरके अधिकार प्राप्त हैं। १९३१ में ५ थाने और सात चौकियां थीं।

थाने—ऊखीमठ, कोटद्वारा, जोशीमठ लैंसडौन, श्रीनगर, कर्णप्रयाग और अब माणा तथा बम्पा (नीती) में भी।

चौकियां—कणप्रयाग, चमोली, दुगड्डा, देवप्रयाग, पौड़ी, बदरीनाथ, मेहलचौरी

(१) गढ़वाल-जिलाबोर्ड—

देहातकी शिक्षा, स्वास्थ्य और यातायातका प्रबंध जिलाबोर्डके हाथमें है। १९३१ के पहिलेके कुछ वर्षोंका इसका आय-व्यय निम्न प्रकार था—

	आय	व्यय
१९२५-२६	४,९४,७०१ रुपया	५,२४,३६३
१९२८-२९	३,४६,१५५	३,३०,८४१
१९३०-३१	३,०१,९४५	२,९८,६२८

कुछ विषयोंका आय-व्यय—

	शिक्षा		स्वास्थ्य		लोक-कार्य
	आय	व्यय	आय	व्यय	व्यय
१९२५-२६	१,५५,८३९	१,८६,३९७	३०,९५१	२५,९८४	२,६८,६९३
१९२८-२९	२,१७,७९७	२,२९,७२०	३०,६८४	२१,६१७	४४,३९३
१९३०-३१	१,६७,०५४	१,८६,४३८	२५,४३८	२५,०३९	५७,४०२

(२) **मालगुजारी**—जिलेका भूकर १८२१में ५४,३८९ रुपया था, वह १९३०में २,५५,१६१ हो गया, जिसका विभाजन निम्न प्रकार है—

खालसा (सरकारी)	२,३०,४४२
गूंठ (देवोत्तर)	१६,३८२
सदाब्रत	७,६१६
माफी	७२१

पर्गनोंकी आबादीके अनुसार मालगुजारी+सेस निम्न प्रकार थी—

१. चांदपुर	२२,४२६
२. चौदंकोट	१६,७८७
३. दसौली	३६६
४. देवलगढ़	२०,५८१
५. नागपुर	२३,०२३
६. पैनखंडा	२,५३४
७. बधाण	१५,५१०
८. बारहस्यूं	४५,८३२
९. भाबर	२२८
१०. सलाण गंगा	३३,५८४
११. सलाण तल्ला	२६,८३४
१२. सलाण मल्ला	३०,८६४

५. टेहरी-शासन

(१) **सुदर्शनशाह (१८१५-५९)**—गोरखा राज्यके बाद गढ़वालका एक भाग सुदर्शनशाहको मिला, यह कह आये हैं। सुदर्शनशाहने भिलंगना और भागीरथीके संगमपर टिहरी (अक्षांश ३०°.२२″.५४′×७८°.३१′.१८″)को

अपनी राजधानी बनाया। धीरे-धीरे उसने एक नगरका रूप लिया। १८५७के विद्रोहमें भारतके और राजाओंकी भाँति सुदर्शनशाहने भी अपनी अंग्रेज-भक्ति दिखलाई थी। टेहरीके एक भूतपूर्व-दीवानके अनुसार[१] "राजाने दो सौ सिपाही हथियारबंद राजपुरकी पहाड़ीपर मसूरीकी रक्षाके लिए रखे, जो शहरके शान्त होने तक वहीं पहरा देते रहे। टिहरीमें और अन्य स्थानोंमें यह प्रबन्ध कर दिया, कि अंग्रेज जिस समय जहाँ जावे, उसका तत्काल उचित आतिथ्य किया जाये, जिस प्रकारकी सहायताकी उसे अवश्यकता हो, तुरन्त दी जाये। टिहरीमें स्वयं महाराज उन अंग्रेजोंको आश्वासन और सहायता देते थे, जो प्रायः शिमला मसूरीसे पौड़ी, नैनीताल...जाया करते थे।...नजीबाबादके नवाबने एक पत्र...महाराज सुदर्शनशाहके पास इस अभिप्रायसे भेजा, कि वह उसका साथ दें, ...ताकि उनका पूरा राज्य उनके हाथ आ जाये।...महाराज सुदर्शन-शाह...ने लिखा।...तुम अंग्रेजोंकी शरण लेकर क्षमा माँगो।...(टेहरीकी) सहायताके बदले बृटिश-सरकार...बिजनौरका कुछ इलाका देना चाहती थी, परन्तु महाराज...देहरादून और बृटिश गढ़वाल चाहते थे। मामला चल ही रहा था, कि सन् १८५९के ७ जूनको उनका स्वर्गवास हो गया।"

(२) **भवानीशाह** (१८५९-७१)—उत्तराधिकारके लिए भवानीशाह और शेरशाहमें कुछ झगड़ा हुआ, किन्तु कुमाऊँके कमिश्नर रामजेका वरद-हस्त भवानीशाहपर पड़ा और वही गद्दीपर बैठाये गये। शेरशाह पकड़कर देहरादूनमें नजरबंद कर दिये गये। १२ वर्ष शासन करनेके बाद ४५ वर्षकी आयुमें भवानी-शाह मरे।

(३) **प्रतापशाह** (१८७१-८६)—तत्स्थाने तत्पुत्र २१ वर्षकी आयुमें गद्दीपर बैठे और १५ वर्ष बाद ३५ वर्षकी अवस्थामें मर गये। इन्होंने प्रताप-नगर बसाकर अपने उत्तराधिकारियोंमें अपने नामसे नगर बसानेकी चाट लगा दी, जिससे टिहरी नगरको क्षति हुई।

(४) **कीर्त्तिशाह** (**१८८६ अप्रेल १९१३**) तत्पुत्र १२ वर्षकी आयुमें गद्दीपर बैठे। इन्होंने कीर्त्तिनगर अपने नामसे बसाया। यह ४० वर्षकी आयुमें मर गये।

(५) **नरेन्द्रशाह** (**१९१३-५० ई०**)—तत्स्थाने तत्पुत्र नरेन्द्रशाह गद्दीपर बैठे। प्रथम विश्वयुद्धके बाद भारतमें जो नवजागृति हुई, उससे टिहरी भी

---

[१] **"गढ़वालका इतिहास" (हरिकृष्ण रतूड़ी) पृष्ठ ४६५-६६**

अछूता नहीं रह पाया। श्रीदेव सुमन और उनके साथियोंने यहाँ भी स्वतंत्रताकी ज्योति जगानी चाही। "सुमन"को वलि चढ़ना पड़ा। अंतमें भारत स्वतंत्र हुआ, जिससे पहिले ही नरेन्द्रशाहने सिंहासन छोड़ दिया था। फिर टिहरी उत्तर-प्रदेशका एक जिला बन गया । १९५०में पहाड़से मोटर गिर जानेसे नरेन्द्र-शाहकी मृत्यु हो गई। अब तत्पुत्र मानवेन्द्रशाह टेहरीके राजा के तौर पर सरकारसे पेंशन पाते हैं।

९८. गणराज्य

१५ अगस्त १९४७को अंग्रेज भारत छोड़कर चले गये। किन्तु उन्होंने खुशीसे भारत नहीं छोड़ा। राष्ट्रीय और अन्तर्राष्ट्रीय परिस्थितियोंने उन्हें मजबूर किया, कि भारतसे अपने शासनको हटा लें; तो भी उन्होंने इस बातकी पूरी कोशिश की, कि भारत सब तरहसे कमजोर और इंग्लैंडका अनुचर बनके रहे। उन्होंने पाकिस्तान और हिंदुस्तानके दो राज्योंमें ही भारतको बाँट नहीं दिया, बल्कि इसका भी पूरा प्रबंध कर दिया, कि भारत कमसे कम सात-आठ और स्वतंत्र राज्योंमें विभक्त हो जाय। इसीलिए उन्होंने देशी रियासतोंको चलते वक्त भारतमें न मिलाकर स्वतंत्र छोड़ दिया, साथ ही उनके एजंटोंने रियासतोंको इस बातके लिए उकसाया, कि वह अपनेको स्वतंत्र घोषित कर दें। दश-दश पाँच-पाँच गाँवोंकी रियासतोंके लिए यह सम्भव नहीं था, कि वह अपनी स्वतंत्र सत्ताको कायम रख सकें। तो भी शिमलाके पास दो-तीन गाँवोंकी रियासत ठियोगके राणाने अपनेको एक दिनके लिए बिल्कुल स्वतंत्र घोषित कर दिया था। ट्रावनकोर, इन्दौर, बड़ोदा, आदिने कितने ही महीनों तक पैंतरेबाजी जारी रखी। टेहरीके राजाकी तानाशाही कितने ही सालोंसे चली आती थी। उसके विरोधमें सुमनको अपने तरुण प्राणोंकी आहुति देनी पड़ी, और कितने ही देशभक्तोंको बहुत संघर्ष करते प्राणोंकी वलि चढ़ानी पड़ी। अंग्रेज शायद यह भूल रहे थे, कि जनताके सहयोग और समर्थनके विना रियासतोंकी सत्ताको बनाये नहीं रखा जा सकता। जनताने राजाओंके विरुद्ध कभी कभी विद्रोह भी किये, किन्तु अंग्रेजी बन्दूकोंके सामने उन्हें झुकना पड़ा। अंग्रेजोंके हाथके खिलौने ये राजे उन्हींके सहारे अब तक जीते आये थे। अब उनके वरदहस्तके उठ जानेपर रियासती तानाशाही और चल नहीं सकती थी। कांग्रेसके कुछ नेताओंने रियासतोंके विलीनीकरण या एकीकरणका बहुतसा श्रेय राजाओंको देना चाहा, और रियासती प्रजाके समर्थन

और सहायताको भुला देनेकी कोशिश की, लेकिन, हमें अच्छी तरह मालूम है, कि यदि किसी राजाको प्रजाकी जरा भी शह मिलती, तो वह अपनेको स्वतंत्र घोषित किये बिना अथवा कमसे कम संघर्ष किये बिना नहीं रहता। राजाओंने देखा, कि प्रजाके विरोधके कारण उनका कोई संघर्ष सफल नहीं हो सकता, उलटे मोटी-मोटी पेंशन मिलनेकी जो आशा है, वह भी हाथसे चली जायेगी। यही कारण था, जो कि टेहरीके राजा और उनके भाई-बन्धोंने भवितव्यताके सामने शिर झुकाना अच्छा समझा। कांग्रेसी नेताओंने जितना भी हो सका उनकी आर्थिक, सामाजिक ही नहीं राजनीतिक स्थितिको भी बरकरार रखनेकी कोशिश की, जिसका फल मिला टेहरीमें निर्वाचनमें कांग्रेसियोंकी पूर्ण पराजय।

१५ अगस्त १९४७को अंग्रेजी शासनकी काली छाया भारतसे हटी, और २६ जनवरी १९५०से भारतको गणराज्य भी घोषित कर दिया गया, तो भी भारत अभी तक राजनीतिक और आर्थिक तौरसे बृटिश साम्राज्यका अभिन्न अंग है। हमारे नेताओंने इसे सुनहला संबंध कहकर भूरि भूरि प्रशंसा की, किन्तु उससे कोई धोखेमें नहीं पड़ सकता। अपने उत्तरी पड़ोसीको लाल बनते देखकर हमारे कुछ नेताओंकी नींद उतनी ही हराम हो गई है, जितना कि एंग्लो-अमेरिकन साम्राज्यवादियोंकी। पिछले चार सालोंमें गढ़वाली लोगोंकी जिस तरह उपेक्षा की गई है, उसे देखते उनके भाव यदि अधिक कड़वे हो जायें, तो आश्चर्य नहीं। उन्हें स्वदेशी राज्यसे बड़ी आशा थी, किन्तु हर जगह निराश होना पड़ा। यातायातका सुधार और सिंचाईकी नहरें यहाँकी प्रथम अवश्यकतायें हैं। सरकारके मंत्री, तो जान पड़ता है मिट्टीकी मूरत हैं, और पुराना नौकर-शाहीयंत्र प्रजाकी गाढ़ी कमाईमें आग लगानेमें पहले ही जैसा चला जा रहा है। अपनी थैली और भविष्यको देखे बिना बड़ी बड़ी योजनायें हाथमें ले ली जाती हैं, फिर दस-बीस लाख रुपया बर्बाद करके उन्हें छोड़ दिया जाता है। चमोलीसे जोशीमठ तक २७ मील मोटरकी सड़क बनानेकी योजना स्वीकृत की गई। यदि प्रतिवर्ष पाँच-पाँच छ-छ मीलकी सड़क बनानेका प्रोग्राम रहता, तो आजकी अवस्था न होती। औंधी खोपड़ीवालोंने एक साथ ही २५ मीलकी सड़क बनानेमें हाथ लगा दिया। नदियोंके बड़े पुलोंको छोड़कर छोटे पुल और पुलियाँ भी तैयार की जाने लगीं। चमोलीके पासमें अलकनंदासे मिलनेवाली बिड़ही-गंगाके पुलके लिए लोहा भी तैयार कर लिया गया। एकाएक तार आया, कि बजटमें पैसेके अभावके कारण काम रोक दो। साल भरसे ऊपर सड़कका काम बंद रहा। १२-१४ लाख रुपया लगाकर जो सड़क तैयार की गई, उसे वर्षा बहा ले जानेके

लिए तैयार थी। जनताकी कमाईके लाखों रुपयोंकी होली जलानेका अपराधी कौन है? यदि पाँच-पाँच छ-छ मीलकी सड़क साल-साल बनती, तो एक भी पैसा बर्बाद न होता। उत्तर-प्रदेशमें बहुतसे जिलों और स्थानोंमें आज सरकारी बसें (रोडवेज) चल रही हैं। उनमें यात्रियोंको अधिक आराम रहता है, इसे कहनेकी अवश्यकता नहीं। कोटद्वारासे श्रीनगर होते चमोली तक मोटरकी सड़क है। बदरी-केदारका यात्रा-मार्ग होनेके कारण यहाँ यात्रियोंकी बड़ी भीड़ रहती है। लोगों और सार्वजनिक संस्थाओंने बहुत कोशिश की, प्रस्ताव पास किये, कि इस सड़कपर रोडवेजकी बसें चलाई जायें, लेकिन लखनऊके देवता प्राइवेट-बस मालिकोंसे इतने प्रभावित हैं, कि कोई सुनवाई नहीं होती। ऋषिकेशसे कीर्तिनगरकी बसोंमें तो पूरी अंधेरगरदी चल रही है।

शिक्षा, स्वास्थ्यरक्षा आदि जिस चीजपर दृष्टि डालें, सभी जगह आँख पोंछने-का प्रयत्न किया जा रहा है। कहीं कहीं सिंचाईकी नहरोंका आरंभ ऐसा ही प्रयत्न है। हिंदीमें कचहरियों और सरकारी कार्यालयोंका काम होनेसे जनताको बहुत सुविधा थी, लेकिन हमारा राज्य आज भी जनताके लिए नहीं बल्कि नौकरशाहोंके सुविधेके लिए हो रहा है। टेहरी राज्य जब विलीन नहीं हुआ था, तो वहाँ रियासती सरकारका सारा कारबार हिंदीमें होता था, अब जब टेहरी एक जिला हो गया, तो वहाँके काले साहबबहादुरोंके सुविधेके लिए अंग्रेजीको अपना लिया गया। इसे पतन कहेंगे या उत्थान। लेकिन, जब दिल्लीके देवता अंधे अंग्रेजी-भक्त हैं, तो यह छोड़ और आशा ही क्या हो सकती है?

यह तो प्रत्यक्ष है कि गढ़वालके लोगोंकी आर्थिक स्थिति दिन-पर-दिन शोचनीय होती जा रही है। नये शासनका यदि कोई फल मिला है, तो यही कि रिश्वतखोरी और चोरबाजारीका चारों ओर उन्मुक्त शासन है, जिसके नीचे जनता पिसी जा रही है, उसे आशाकी किरण कहींसे दिखलाई नहीं पड़ती। वह कान उठाकर बड़े ध्यानसे सुनती है, जब उसे बतलाया जाता है, कि सामने दिखते हिमशिखर-श्रेणियोंके ऊपर तक लाल भवानी आ चुकी है, जिसने अपने शासनाधीन देशसे बेकारी और भुखमरी, चोरबाजारी और रिश्वतखोरीको देशनिकाला दे दिया है।

———

अध्याय ३

भोटान्त

§१. प्रदेश

हिमालयके और भागोंकी तरह तिब्बतकी सीमाके पास यहाँ भी मंगोल मुखमुद्रावाले भोटांतिक लोगोंका प्रदेश है। गढ़वालमें नीती, माणा और नेलङ्-की बस्तियाँ इन्हीं लोगोंकी हैं। इनमें नीती-उपत्यकामें मलारी, गमशाली, बमपा, नीती आदि कई गाँव काफी जन-संकुल हैं। माणा गाँव भी भोटांतिक लोगोंका है। माणा और नीती घाटोंकी बस्तियोंको मल्ला-पैनखंडा कहा जाता है। भागीरथीकी बड़ी बहिन जाह्नवींके ऊपरी भागमें नेलङ् अवस्थित है। माणामें अकेला गाँव तथा कुछ छिटफुट घर बसे हुए हैं। १९३१में मल्ला-पैनखंडाकी जनसंख्या ३८९३ थी आज वह ५०००से अधिक होगी। माणामें ३००के करीब घर हैं। नेलङ् भी सौसे अधिक घरोंका गाँव है। इन तीनों भोटांतिक भूभागोंके गाँव ११००० फुटसे ऊपर तक बसते चले गये हैं, जिसके कारण लोग पाँच महीनेंसे अधिक अपने गाँवोंमें नहीं रह सकते। अक्तूबरमें ही उन्हें अपना गाँव छोड़नेके लिए मजबूर होना पड़ता है। माणा और नीतीके लोग अपने गाय-बैलों, भेड़-बकरियोंको लिये नीचे चमोली, नन्दप्रयाग तक जहाँ-तहाँ अपने अड्डे ही नहीं जमाते, बल्कि उनमेंसे कितने ही कोटद्वारा और रामनगर तक पहुँचते हैं। नेलङ्वाले बागौरी, हरसिल और डुंडा (उत्तरकाशी)में आकर जाड़ेका दिन काटते हैं, और उनमेंसे कितने ही अपने पशुओंको लेकर ऋषिकेश और देहरादूनके आसपास भी डेरा डालते हैं। इस प्रवाससे जहाँ वह और उनके पशु ऊपरके कठोर जाड़ेसे बच जाते हैं, उन्हें हरे पत्ते और चारा भी सुलभ हो जाते हैं, वहाँ वह अपनी भेड़-बकरियोंपर माल ढोते कुछ मजूरी भी कर लिया करते थे। आज नीचेके स्थानोंमें मोटरें और लारियाँ चलने लगी हैं। धरासू, कीर्तिनगर, चमोली तक लारियाँ पहुँच गई हैं, इसलिए भोटांतिक लोगोंके लिए बकरी लादकर मजूरी करनेका अवसर नहीं रहा। प्राग्-ऐतिहासिक कालसे चले आते हिमालयके अज-पथ अब मोटरपथ बन गये हैं। उस दिन पांडुकेश्वरके

पास कुछ माणाके लोग मिले। वह बहुत आग्रहपूर्वक कह रहे थे, कि अब जाड़ोंमें हमारा नीचे जाना केवल पशुओं और प्राणियोंको कष्टभर देनेके लिए रह गया है। वहाँ हम कोई जीविका नहीं कर सकते। जंगल-विभाग यदि हमें पांडुकेश्वरके पास केवल बसने भरकी जगह दे दे, तो हम यहीं जाड़ोंमें रह जाया करें। पांडुकेश्वर और उसके चार-पाँच मील ऊपर तकके गाँवके लोग जाड़ोंमें भी अपने घरोंको नहीं छोड़ते। माणावालोंकी माँग बिल्कुल उचित है। घर बनाकर रहनेके लिए १०-२० एकड़ जमीन छोड़ देनेसे जंगल-विभागकी कोई क्षति नहीं हो सकती। जिस जगहको वह दिखला रहे थे, वहाँ कोई देवदार जैसा उपयोगी वृक्ष भी नहीं था।

§२. लोग

भोटांतिक लोगोंकी मुखमुद्रा यद्यपि मंगोलायित है, किन्तु अब उनमें बौद्ध केवल नेलङ्में रह गये हैं। तीनों जगहोंके लोग तिब्बतके साथ व्यापार करते हैं, और तिब्बत जानेपर तिब्बती लोगोंके साथ खानपान भी रखते हैं। माणा-नीतीवालोंकी बातोंसे तो मालूम होता है, कि उनके पूर्वज कभी बौद्ध धर्मसे संबंध नहीं रखते थे। लेकिन, आज भी वह विश्वास रखते हैं, कि लामा लोगोंका मंत्रतंत्र और पूजापाठ भूत और बीमारी भगानेके लिए जितना अमोघ सिद्ध होता है, उतना ब्राह्मणोंका नहीं। इसीलिए जब कोई लामा उनके गाँवोंमें आ जाता है, तो उसकी सेवाओंसे लाभ उठाये विना नहीं रहते। नीतीमें तोल्छा और मार्छा दोनों जातियाँ मिलती हैं, किन्तु माणामें केवल मार्छा हैं। तोल्छा अपनेको अधिक ऊँचा समझते हैं, उनकी भाषा पहाड़ी है। मार्छा लोग द्विभाषीय हैं, पहाड़ीके अतिरिक्त वह अपनी भाषा भी बोलते हैं, जिसमें यद्यपि पहाड़ी हिंदी शब्द काफी है, किन्तु तिब्बती और एक तीसरी भाषाके शब्द इस बातका संकेत करते हैं, कि तिब्बतियों और किरातोंका भी उनसे संबंध रहा है। उनके गिनतीके शब्दोंको लीजिए—

तिग	भोटिया (चिक)	१
निस्	" (निस्)	२
सुम्	" (सुम्)	३
पी	" (ज़्री)	४
ङे	" (ङ)	५
छै	हिंदी	६
सात	"	७

आठ	"	८
नौ	"	९
दस	"	१०
बीस	"	११
ग्या	भोट (ग्य)	१००

पंचभूतोंके नामोंमें भी इसी तरह किरात, तिब्बती और हिंदी शब्द पाये जाते हैं, जैसे :

ती	किरात	पानी
मे	भोट	आग
बथोङ्	हिंदी (वात)	हवा
माटी	हिंदी	मिट्टी

मार्छा भाषाके कुछ और शब्दोंको देखिए :

अमा	भोट	माता
आपा	भोट (यब्)	बाप
रिङ्जे	किरात	बहेन
बेयद		भाई
उमसरी		स्त्री
खेवा	(भोट, खेवका)	पति
चमा		बेटी
द्यावता	हिंदी	देवता
गडन्		नदी
जद		गेहूँ
गा		चावल
भस		फापड़
मास्या		भाभी
नम्स्या	भोट	बहू
लग	"	हाथ
नार		पैर
मिग	भोट	आँख
रच		कान
ओमिल्ल		मुँह

ख		बाल
स्या	भोट (शा)	मांस
नङ्	हिंदी	नख
नङ्गी		अंगूली
नम	किरात	गाँव
वियम्	भोट (खिम्, खम्)	घर
मरग		कपाट
विडी		दिवार
ह्लास		घोड़ा
खुई	किरात	कुत्ता
भलङ्	भोट (बलङ्)	बैल
न्हमा		बकरी
भासी		भेंड़
वर		लाओ
ग्या		यहाँ
दिवङ्		चलना
ववङ्		लाना
जपङ्	भोट (ज़. वा)	खाना
तुङ्वङ्	" (थुङ्-वा)	पीना
कन		देखो
यन (यमवङ्)	भोट (ञन्-पा)	सुनो
तद		मारो
सद्दे	भोट (सद्)	मारो
दू		यहाँ
दी	भोट	यह
दे	भोट	वह
दो		वहाँ
गन,		तु, तुम
ग्ये, इन्		मैं, हम

मार्छा-भाषाके कितने ही शब्द कनोरी और राजी भाषामें मिलते हैं जिससे पता लगता है, कि उनका मूल आधार, किरात-किन्नर-नाग जाति है। तिब्बतके

सीमान्तपर रहने तथा हजार वर्षसे अधिकसे राजनीतिक और धार्मिक तौरसे अपने उत्तरके पड़ोसियोंके साथ घनिष्टताके कारण यदि गिनती, पंचभूतों तथा रक्त-संबंधियोंके वाचक शब्दों तकमें तिब्बती भाषा घुस आये, तो कोई आश्चर्य नहीं। वस्तुतः अभी हाल तक तिब्बती शासक माणा आदिको अपनी प्रजा मानते आये हैं। नेलङ्वालोंपर तो उनका दावा अब भी बहुत कड़ा है और वह नेलङ्से १७–१८ मील नीचे तकके जंगल और भूभागको अपने राज्यके भीतर मानते हैं।

ब्राह्मणधर्मकी छाप तीनों जगहोंके भोटांतिक लोगोंपर पड़ी है। सभी अपनेको क्षत्री कहते हैं और कितनों हीने जनेऊ पहिन लिया है। इस बातमें माणा और नीतीवालोंकी अवस्था बिल्कुल जोहारियों जैसी है। नेलङ्वाले अब भी बौद्धधर्मसे संबंध रखते हैं और उसे छिपानेकी कोशिश नहीं करते। मार्छा लोगोंका जोहारी तथा दूसरे भूटांतिकोंसे शादी-ब्याह होता है। उनमें बादरजी, बुड़वाल नेतवाल, कन्नारी, मोल्पा, डल्ड्या, जित्वान, धाखोली आदि कितनी ही उपजातियाँ या गोत्र हैं। वह ब्याह-शादी अपने गोत्रमें नहीं करते। लड़कियाँ आम तौरसे चौदह-पन्द्रह सालकी उम्रमें शादी योग्य मानी जाती हैं। माता-पिता कन्या-शुल्क लेते हैं और इसके लिए कभी कभी लड़केवालेको हजार रुपया तक देना पड़ता है। कुछ लोग दूसरे राजपूतोंकी तरह तिलक-दहेज देकर कन्यादान भी करते हैं। गरब्याङ् या व्यांसमें अब भी चली आती कितनी ही प्राचीन किरात-प्रथाओंको ये लोग छोड़ चुके हैं।

भोटांतिक लोगोंकी बस्तियां ९००० फुटसे नीचे कहीं नहीं है, इसलिए उनके यहां नंगा जौ, फापड़ और सर्द जगहोंका गेहूं ही अच्छी तरह हो सकता है। इनकी भूमि आलूके लिए बहुत अनुकूल है। वहाँ वह पैदावार और आकार दोनोंमें बड़ा होता है।

§३. स्त्रियां

भोटांतिक स्त्रियोंका समाजमें स्थान अपनी पहाड़ी बहिनोंसे कहीं अधिक ऊँचा है। वह घरके काममें बहुत कुछ स्वायत्त-शासन रखती हैं। इसका कारण यह भी है, कि जब उनके पुरुष व्यापारके लिए महीनों तिब्बतमें अटक जाते हैं, तो घरके प्रबंध तथा खेतीबारीके हरेक काममें उन्हें स्वयं निर्णय करना पड़ता है। अतिशीत स्थानके निवासी होनेके कारण यहांके स्त्री-पुरुषोंकी पोशाक ऊनी कपड़ोंकी होती है, जिन्हें वह स्वयं बनाते हैं। इनके रंगदार धारीवाले कपड़े बड़े सुंदर और मुलायम होते हैं, जिनका उपयोग स्त्रियां अपने लिये पोशाक बनानेमें करती हैं।

मार्छानियां अपने सिरपर एक घोघीकी तरहका लंबा कपड़ा रखती हैं, जो ललाट छोड़कर सिरको ढाँके एड़ी तक पहुंचता है। इसके ललाटके ऊपरवाले भागको कमख्वाबकी तरह रंगबिरंगे फूलपत्तियोंसे अलंकृत किया जाता है। यह सूती कपड़ा केवल शोभार्थ ही पहना जाता है, इससे न जाड़ेसे बचाव हो सकता है न वर्षासे, और न कोई चीज ही इसमें रखी जा सकती है। शायद मध्य-एसियाके किर्गिज, कजाक आदि जातियोंमें भी ऐसी अलंकारिक पोशाक का रवाज है। हो सकता है यह कत्यूरी-कालका अवशेष हो। कत्यूरी रानियां और राजकुमारियां शोभाके लिए ऐसे ही अवगुंठनको इस्तेमाल करती हों, जो आज भी इनमें चला आ रहा है। माणाके मार्छा ही नहीं, बल्कि नीतीके तोल्छा भी ऐसी घोघी इस्तेमाल करते हैं। माणाके नीचे दुर्याल लोगोंके गांव हैं। इनपर मंगोलमुखमुद्राका प्रभाव नहीं-सा देखा जाता, लेकिन इनकी स्त्रियां भी ऐसी घोघी इस्तेमाल करती रही हैं। दुर्यालोंके नीचे जोशी मठके इलाकेमें जोशियाल रहते हैं। दुर्याल और जोशियाल खस-जातियाँ हैं, यद्यपि अब वह अपनेको राजपूत कहते हैं।

§४. तिब्बती व्यापार

गढ़वालके भोटांतिक लोगोंकी जीविकाका बहुत बड़ा सहारा तिब्बतके साथका व्यापार है। कुमाऊँके परिचयमें हमने बतलाया है, कि किस तरह भोटांतिक लोग अपनी व्यापार-यात्रायें करते हैं और किस तरह वह मानसरोवर प्रदेशसे लेकर दिल्ली, कलकत्ता, बम्बईतक अपना व्यापारिक संबंध कायम किये हुए हैं। पहले किसी समय तिब्बत या जौनसारकी भांति भोटांतमें भी सभी भाइयोंका एक विवाह होता रहा होगा, किंतु इस प्रथाको हटे बहुत समय हो गया। बहुपति-विवाहका एक बहुत बड़ा लाभ है जनसंख्याको बढ़ने न देना। भोटांतिक लोगोंमें जनवृद्धि बहुत हुई है, किंतु उसके कारण उसी मात्रामें दरिद्रता न बढ़नेका एक प्रधान कारण था, तिब्बतके व्यापारमें वृद्धि। किसी समय माणावालोंका इस व्यापारमें बहुत भाग रहा, किंतु आजकल नेलङ्वाले भी उनसे आगे बढ़े हैं। नीतीमें तो लखपती सेठ भी हैं। १९५१ई०में सारे भोटांतकी तरह गढ़वालके भोटांतिक व्यापारियोंमें भी बड़ी घबड़ाहट पैदा हुई थी, जब कि उन्होंने सुना, कि तिब्बतमें कम्युनिस्ट आ रहे हैं। वस्तुतः उनके व्यापारको खतरा दूसरी जगहसे पैदा हो गया था। राजधानी ल्हासासे दूर होनेके कारण पश्चिमी तिब्बत शांति और सुरक्षासे वंचित प्रदेश है, जिसके कारण हमारे व्यापारियोंको हमेशा वहां डाकुओंसे खतरा बना रहता है और उन्हें अपनी रक्षाका इन्तिजाम करके कारवांके रूपमें जाना पड़ता

है। साधारण स्थितिमें भी पश्चिमी तिब्बतके अधिकारी ज़ोङ्पोन, गर्पोन डाकुओं-की रोक-थाम नहीं कर सकते। उस साल जब उन्होंने चीनी कम्युनिस्ट सेनाके तिब्बतपर अभियानकी बात सुनी, तो उनकी नींद हराम हो गई। कितने ही तिब्बती अफ़सरोंने तो अपने परिवारोंको सुरक्षित समझकर भारत भेज दिया और स्वयं भी एक पैर रिकाब पर रखे खड़े थे। ऐसी अवस्थामें यदि पश्चिमी तिब्बतमें डाकुओंका बल अधिक बढ़ता तो कोई आश्चर्यकी बात नहीं, इसी लिये और भी अधिक तैयारीके साथ जानेकी अवश्यकता थी।

§५. तिब्बत-चीन समझौता और भोटान्त

तिब्बत और चीनके बीच शांतिपूर्ण समझौता होनेका महत्त्व और प्रभाव जितना तिब्बत और चीनके लिए है, उससे कम भारतके लिए नहीं है। हमारी उत्तरी सीमापर आसामसे लेकर लदाख तक तिब्बत अवस्थित है, और हमारी सीमाके भीतर भी लाखसे अधिक ऐसे भारतीय नागरिक हैं, जो भाषा, जाति, संस्कृति या धर्मसे तिब्बतके साथ घनिष्ठ संबंध रखते हैं, साथ ही उनकी जीविका-का बहुत कुछ अवलंब तिब्बतके साथ होता व्यापार है--वैसे तो तिब्बत भी सांस्कृतिक तौरसे भारतका एक अविभाज्य अंग है। सैकड़ों वर्षोंसे तिब्बत विश्वके प्रगति प्रवाहमे अलग-थलग रहकर नदीकी छाड़नकी तरह अवरुद्ध-गति हो गया था, जिसके कारण जहाँ वह ज्ञानविज्ञानमें पिछली कई शताब्दियोंमें आगे नहीं बढ़ सका, वहां उसके दक्षिणमें अवस्थित भारतके सर्वेसर्वा ब्रिटिश साम्राज्यवादी उसकी ओर लालचभरी नज़र से देखते रहे। यही नहीं, बल्कि १८८७ और १९०४ ई० में दो वार अंग्रेजोंने तिब्बतपर आक्रमणकर उसे अपने साम्राज्यका अंग बनानेकी कोशिश भी की, जिसमें उन्हें असफलता इसीलिए हुई, कि रूस मार्गमें बाधक था; तो भी ल्हासा (राजधानी) से चार दिनके रास्ते (ग्यान्ची) तकका दक्षिणी वाणिज्य-मार्ग अंग्रेजोंने अपने अधीन कर रखा। पिछले कुछ सालोंमें, जब चीन और तिब्बतकी तनातनी रही, अंग्रेजोंने हर तरहसे तिब्बतको अपनी मुट्ठीमें करनेकी कोशिश की। जब वह हिन्दुस्तान छोड़कर चले गये, तो उन्होंने अपना काम भारतसे निकलवाना चाहा। वह भारतको प्रलोभन देते रहे, कि ब्रिटिश शासनने जो बहुतसे विशेषाधिकार तिब्बतमें प्राप्त किये हैं, वह भारतके उचित अधिकार हैं। दुर्भाग्यसे हमारे शासकोंकी अदूर-दर्शितासे उन्हें लाभ उठानेका मौका मिला। हमने अंग्रेज साम्राज्यवादी एक पुराने राजनीतिक अफसरको ही अपना प्रतिनिधि बनाकर तिब्बतमें बहुत समय तक

रखा। उसने तथा दूसरे अंग्रेज और अमेरिकन एजन्टोंने चीनके विरुद्ध तिब्बतको भड़कानेमें कोई कोर-कसर उठा नहीं रखी। यद्यपि कहनेको तो हम भारतकी परराष्ट्र नीतिको स्वतंत्र बतलाते हैं, किन्तु अब भी हमारे गुरु वही साम्राज्यवादी अंग्रेज हैं। सरकारी विशेषज्ञोंके लिए ही नहीं, बल्कि "हिन्दुस्तान टाइम्स" जैसे पत्रोंकी पंक्तियोंसे भी इसकी सत्यता सिद्ध होती है। २९ मई १९५१ के "हिन्दुस्तान टाइम्स"(डाक-संस्करण)को उठाकर देखिए, प्रेस-ट्रस्ट-आफ इण्डियाके समाचारमें यही भाव काम करता दिखाई पड़ता है। वहां छपे समाचारोंको देखनेसे मालूम हो जाता है, कि कोई भारतीय नहीं, बल्कि अंग्रेज साम्राज्यवादी इन पंक्तियोंको लिखते तिब्बतमें चरम-स्वायत्तशासन स्थापित न होनेके लिए आँसू वहा रहा है। चरम स्वायत्तशासनका अर्थ था—तिब्बतमें मध्य-युगीन सामन्तवाद कायम रहे, और वहाँकी साधारण जनता अब भी सामन्तोंकी अर्धदासताके नीचे कराहती रहे। क्या साम्यवादी चीन इसे स्वीकार कर अपनेको कलंकित करनेको तैयार हो सकता था ?

तिव्वतके शासकोंने समझौतेपर हस्ताक्षर आसानीसे नहीं किया। भारतीय प्रतिनिधि अंग्रेज तथा दूसरे पश्चिमी साम्राज्यवादियोंके बहकावेमें आकर पिछले दो-तीन वर्षोंसे उन्होंने भरसक कोशिश की, कि चीनी गणराज्यके साथ समझौता न हो, और उनका निरंकुश शासन-शोषण वैसा ही वना रहे। व्यापार-मिशनके वहाने उनके आदमियोंने अमेरिका और इंगलैड तक की खाक छानी। उन्हें भरोसा था, कि जिस तरह दुनियाके हर कोनेमें जनताके आर्थिक और राज-नीतिक स्वतंत्रता-संघर्षके विरुद्ध अमेरिका जनधनसे सहायता करनेको तैयार रहता है, वैसे ही वह तिब्बतमें भी करेगा। लेकिन समुद्रतटसे दूर १७–१८ हजार फुटके डांड़ोंको पारकर तिब्बतमें हस्तक्षेप करना अमेरिकाके लिए आसान काम नहीं था, विशेष कर जब कि अमेरिकाके मब कुछ करने पर भी चीनसे चाङ्काइ-शेककी पतंग कट गई। भारत अपनी भूमिको अमेरिकाके रणप्रयाणके लिये देनेको तैयार नहीं था। ऐंग्लो-अमेरिकन साम्राज्यवादने इसकी भी भरपूर कोशिश की, कि भारत तिब्बतकी पीठ ठोके। भारतको प्रलोभन देते हुए कहा गया, कि अंग्रेजोंने पिछले डेढ़ सौ सालोंके प्रयत्नसे जो विशेषाधिकार तिब्वतमें पाये हैं, उनका उत्तराधिकारी अब भारत है। इस विशेषाधिकारमें एक है—कलिम्पोङ्से ल्हासा जानेवाले मार्गमें भारत-सीमासे ग्यान्ची तकके मार्गका भारत-सरकारके हाथमें होना। १९०४ में अंग्रेजी सेनाने ल्हासा तकको अपने अधिकारमें कर लिया; लेकिन अंतमें रूसके साथ समझौता करनेके बाद उसे वहांसे हटना पड़ा,

तो भी हमारे सीमान्तसे ग्यान्ची तककी सड़क, किनारेके पड़ावों, डाकबंगलों तथा तार-लाइन और डाकखानोंपर अंग्रेजोंने अपना अधिकार रखा, जो कि उनके जानेके बाद अब भारतके अधिकारमें हैं। यही नहीं, ग्यान्चीमें उन्होंने काफी भूमि लेकर वहाँ एक छोटा-मोटा किला खड़ा कर लिया, जिसमें सौ के करीब हमारे सैनिक रहते आये हैं। किसी भी स्वतंत्र देशके भीतर ऐसा अधिकार नहीं प्राप्त किया जा सकता, यह कहनेकी अवश्यकता नहीं है। किन्तु आगे बढ़नेकी नीतिसे अंधे अंग्रेज ऐसा करनेके लिए वाध्य थे। अंग्रेजोंकी नीतिके अन्धानुसरण करनेवाले भारतीय सरकारके कर्णधार आज उन सब अधिकारोंको अपने हाथमें रखे हुए हैं। किन्तु यह निश्चित है, कि नवीन चीनके अभिन्न अंग तिब्बतमें ये अधिकार अब कायम नहीं रखे जा सकते।

तिब्बत और चीनके बीचमें जो समझौता हुआ है, उसमें तीन चीजें मुख्य हैं—(१) तिब्बत और चीनके बीच एक मैत्रीपूर्ण संधि, (२) तिब्बतका चीनी अधिकारियोंके साथ सहयोग और (३) दलाई लामा और पण्-छेन् लामाका मिलकर काम करना। यह आशा मुश्किलसे की जा सकती थी, कि तिब्बतके शासक जिस निरंकुशताके साथ प्रजाका शोषण और उत्पीड़न करते चले आये थे, और जिस तरह वहांके उपजके साधन—भूमि और पशु—का स्वामित्व प्रायः सारा अपने हाथोंमें रखे हुये थे, वैसी अवस्थामें वह चीनके साथ समझौता करनेके लिए नहीं तैयार होयेंगे। लेकिन उनके अपने परिवारके व्यक्ति जब अमेरिका और इंगलैंड तककी खाक छान आये, और देखा कि चीनसे लड़नेके लिए कोई विदेशी शक्ति अपनी सेना और सामग्री तिब्बतमें भेजनेके लिए तैयार नहीं है, भारत भी इसके लिए ऐंग्लो-अमेरिकन साम्राज्यवादियोंके इशारे पर नाचनेके लिए तैयार नहीं है, तो उन्हें साफ दिखाई पड़ा, कि तिब्बतका चीनसे खटपट करनेका परिणाम यही होगा, कि हमें भी दूसरे क्रान्तिविरोधी शरणार्थियोंकी तरह दर-दर मारा-मारा फिरना पड़ेगा। मेरे चिरपरिचित तिब्बतके एक प्रभावशाली मंत्रीके अनुजने—जो कि स्वयं जेनरल हैं—सारी दुनिया देखनेके बाद विचार प्रकट किया था: "हमें समझौता कर लेना चाहिए। भवितव्यताके सामने शिर नवाना ही बुद्धिमत्ता है। देश छोड़कर भागे क्रान्ति-विरोधी रूसियों तथा दूसरोंकी दयनीय दशा देखकर वैसी गलती नहीं करनी चाहिए। अब तक जो कुछ शोषण और उत्पीड़न करके आनंद मौज कर लिया, सो कर लिया; अब अपनी विद्या-बुद्धिसे हमें अपनी जातिकी सेवा करनेके लिए तैयार होना चाहिए, यदि चीनी कम्यूनिस्त हमें इसका अवसर देवें। यदि ऐसा अवसर न भी मिले, तो भी मैं कहूंगा, कि बाहर दर-दर मारे-मारे फिरनेसे

देशमें मर जाना अच्छा होगा।" तिब्बती जेनरलकी यह बात तिब्बतके सामन्तशाही शासकोंके एक प्रभावशाली भागके भावोंको प्रगट करती थी।

तिब्बतमें बहुत प्राचीनकालसे चीनके समर्थक होते आये हैं। पिछली शताब्दीमें चीन-समर्थक, रूस-समर्थक और अंग्रेज-समर्थक तीन दलोंका प्रादुर्भाव हुआ। बल्कि यह कहना चाहिए कि जब दक्षिणसे अंग्रेजोंका दवाव पड़ता, तो तिब्बतमें उसकी प्रतिक्रिया रूसके साथ सहानुभूतिके रूपमें होती। पिछले (१३ वें) दलाई लामा रूसके साथ घनिष्ट संबंध स्थापित करनेके लिए तैयार हो गये थे, जिसके ही कारण १९०४ ई० में अंग्रेजोंने अपनी सेना तिब्बतमें भेजी। पीछे जब चीनी अधिकारियोंने ल्हासा सरकारकी बागडोर पूरी तौरसे अपने हाथमें लेनी चाही, तो दलाई लामा भागकर दोर्जेलिङ् चले आये, और चीनमें प्रथम गणराज्य कायम होने (१९११) के बाद ही तिब्बत लौट सके। तबसे मरनेके समय तक वह सदा बहुत कुछ अंग्रेजोंके पक्षपाती रहे। तो भी चीन-समर्थकों एवं रूस-समर्थकोंका बिलकुल अभाव नहीं होने पाया। १७ वीं सदीके मध्यमें, जब कि भारतपर शाहजहांका शासन था, मंगोलोंने खंड-खंडमें विभक्त तिब्बतको जीतकर उसे पांचवें दलाई लामाके हाथमें दे दिया। तबसे दलाई लामोंका शासन शुरू होता है। पांचवें दलाई लामाके विद्या और दीक्षा-गुरु टशी-ल्हुन्पो मठके एक महापंडित (पण्-छेन्) थे। शासनसूत्र प्राप्त करनेके बाद पण्-छेन् और उनके उत्तराधिकरियोंका मान बढ़ गया, जिसे विदेशी लोगोंकी भाषामें कहा जाने लगा कि शासनके राजा दलाई लामा हैं, और धर्मके राजा पण्-छेन् (टशी) लामा। १३वें दलाई लामा और उनके समकालीन छठें पण्-छेन् लामामें मनमुटाव हो गया। अन्तमें पण-छेन् लामाको टशी-ल्हुन्पोसे बड़ी मुश्किलसे प्राण बचाकर चीनमें शरण लेनी पड़ी। यह घटना १९२३ की है। तबसे पहिले तीनों दलोंके अतिरिक्त एक चौथा दल पण्-छेन् लामाका भी तैयार हो गया। यह दल ऐसे राजनीतिक दल नहीं थे, जिनमें एक आदमीको किसी एक दलसे बंध जानेकी अवश्यकता हो।

दलाई लामाके जीवित रहते समय इसकी बहुत कोशिश की गई, कि पण्-छेन् लामा देशमें लौट आवें। शायद मरनेके समय (दिसंबर १९३३) से पहिले दलाई लामाकी इच्छा हो भी गई थी, किन्तु वह कार्यरूपमें परिणत न हो सकी। दलाई लामाके मरनेके बाद भी पण्-छेन् लामा कुछ वर्षों तक जीते रहे। उन्होंने बल्कि १३वें दलाई लामाके नये अवतारवाले लड़केको भी चुन लिया था। अभी किसी बातका निर्णय नहीं हो सका था, कि पण्-छेन् लामा चीनहीमें मर गये, और उनके अवतारके तौरपर चीनने एक लड़केको, स्वीकार कर लिया गया, जो अब पण्-छेन्

लामा है, और नये समझौतेके अनुसार वह २९ वर्षों बाद टशी-ल्हुन्पोके सिंहासनपर आकर बैठा। यह विचित्र बात है, कि वर्तमान दलाई लामा और टशी (पण्-छेन्) लामा दोनों ही मुख्य-तिब्बती नहीं, बल्कि चीनके भीतर रहनेवाली अम्दो (तंगुत) जातिके हैं। यद्यपि भाषा, धर्म आदिकी दृष्टिसे अम्दो और तिब्बती सगे भाई हैं, किन्तु सातवीं सदीमें तिब्बतके बौद्धधर्मी होनेसे बहुत पहिलेसे अम्दो लोग बौद्ध और सुसंस्कृत हो चुके थे, वह कुछ समय तक चीनके शासक रहे। आजकल तो तिब्बतमें यह सर्वमान्य सा विश्वास है, कि विद्यामें अम्दो विद्वानोंका समकक्ष कोई नहीं हो सकता। तेरहवें दलाई लामा और पिछले पण्छेन् लामाने अम्दोसे बड़े बड़े विद्वानोंको लाकर अपने यहां सम्मानसे रखा था। दलाई लामाके सम्मानित विद्वान् गेशे शे-रब् अद्भुत विद्वान हैं। वह पीछे नानकिङ् चले गये, किन्तु कम्यूनिस्त सेनाके आनेके बाद उनके साथ काम करने लगे। जब अंग्रेजोंने अपने प्रोपेगण्डाके लिये ल्हासामें रेडियो स्टेशन खोला, तो गेशे-शे-रब् अम्दोके एक रेडियो स्टेशनसे सिंहगर्जन करने लगे। तिब्बतमें रेडियो बहुत कम लोगोंके पास हैं, तो भी भाड़ेके टट्टुओंके मुकाबलेमें अपने देशके सर्वश्रेष्ठ विद्वान्की वाणीका कितना उनपर प्रभाव पड़ेगा, इसे कहनेकी अवश्यकता नहीं। ल्हासामें उनके शिष्य बहुतसे मौजूद हैं। गेशे शे-रब् की देखरेखमें बने एक सौ तीन पोथियोंके महान् संग्रह कन्-जुरका ब्लाक अभी भी वहाँ मौजूद है। १९३४ में जब मैं दूसरी बार तिब्बत गया था, तो उनसे बराबर शास्त्रचर्चा होती रहती थी। वह बड़े मिलनसार और जिज्ञासु पुरुष हैं। उनके शिष्य गेशे गेन्-दुन-छोम्-फेल् (पंडित संघधर्मवर्धन) एक सुन्दर कवि, अच्छे चित्रकार तथा प्रौढ़ दार्शनिक थे। वह १९३४ में मेरे साथ पहिले पहिले भारत आये, और तबसे १२ वर्ष तक अधिकांश भारत ही में रहे। यहाँ आनेपर उन्होंने अंग्रेजीका ज्ञान भी प्राप्त कर लिया, और आधुनिक अनुसन्धानके ढंगको सीखते हुए साम्यवादके प्रभावमें भी आ गये। जब वह स्वदेश (अम्दो) लौटनेके ख्यालसे ल्हासा गये, तो उदारविचारोंके लिए उन्हें पकड़कर जेलमें डाल दिया गया, और कष्ट भी दिया गया। उस वक्त मैंने तिब्बतके प्रभावशाली व्यक्तियोंसे कहा था, कि ऐसे विद्वान्के साथ ऐसा बर्ताव आपके अपने हितोंके लिये भी अच्छा नहीं है। खैर, गेशे धर्मवर्धन जेलसे बाहर निकाल दिये गये, और उन्हें ल्हासामें नजरबन्द रखके तिब्बती इतिहासके लिखनेमें लगा दिया गया। अफसोस, वह विद्वान् कम्युनिस्त ल्हासामें कुछ महीने ही रहकर चल बसा। यह कहनेका अभिप्राय यही है, कि तिब्बत नवीन विचारके मनीषियोंसे सर्वथा शून्य नहीं है। नये समझौतेके हो जानेपर सेनापति चू-ते के कथनानुसार तिब्बतकी शांतिपूर्ण स्वतंत्रता

एक वास्तविक वस्तु-सत्य है, और इस स्वतंत्रताके बाद तिब्बतको हरएक क्षेत्रमें आगे बढ़नेका मौका मिलेगा।

× × ×

चीन तिब्बतके समझौतेसे एक और भारी भय हमारे देशके सिरसे उतर गया। कह चुके कि आसामसे लदाखतक हमारी सीमाके भीतर हमारे नागरिक तिब्बती-भाषाभाषी या द्विभाषी एक लाखके करीब नरनारी रहते हैं। इनमें कुमाऊँ, गढ़वाल, टेहरी, और कनोर (हिमाचल प्रदेश) के बन्धुओंपर तो भारी संकट आ गया था। ये लोग तिब्बतके साथ सदासे व्यापार करते चले आ रहे थे। इनकी जीविका और समृद्धिका आधार वही व्यापार था। हमारी सरकारके आग्रहपर जब चीनने तिब्बतमें सेना भेजनेका ख्याल छोड़ दिया, तो पश्चिमी तिब्बतके हमारे व्यापारकी अवस्था अनिश्चित हो गई। ल्हासा सरकारके जो अधिकारी इस भागमें रहते थे, वह अपनी स्थितिको बिल्कुल डावांडोल समझते थे, इसलिए उनमेंसे कितनोंने तो अपने परिवारको भारत भेज रखा था। पश्चिमी तिब्बतमें वैसे भी हमारे व्यापारियोंको सदा डाकुओंका भय बना रहता था, जिसमें अब और भी वृद्धि हो गई, जब स्थानीय अधिकारियोंकी यह मनोदशा देखी जाने लगी। जूनका महीना हमारे व्यापारियोंके तिब्बतप्रयाणका है। मैं मई (१९५१) के अंतमें माणा (बदरीनाथसे दो मील आगे) गया था, और नीतीके भी बहुतसे व्यापारियोंसे मिला। करोड़ों रुपये ऊन और दूसरी चीजोंके अग्रिमके रूपमें फँसे होनेसे हमारे व्यापारी अपनी व्यापार-यात्राको स्थगित नहीं कर सकते थे। किन्तु, साथ ही अनिश्चित अवस्थासे वह बड़े व्याकुल थे। वह जानते थे, कि अबके डाकुओंका उपद्रव बहुत अधिक होगा, जिससे वह केवल अपने बलपर ही रक्षा पा सकते हैं। भारत-सरकारसे जब उन्होंने बन्दूकोंके लाइसन्स माँगे, तो वही पुरानी नौकरशाही मनोवृत्तिका परिचय दिया गया। माणाके तीन सौ परिवारोंके लिए तीन बन्दूकें मिलीं, जिसे भी उन्हें पहाड़में नहीं बरेलीसे जाकर लाना पड़ा। छ महीनेके लिए एक बन्दूकके वास्ते ५० कारतूस दिये गये। बन्दूकें भी सात-सात सेरकी इतालियन थीं, जिनके कारतूस आसानीसे नहीं मिल सकते। यह कहनेकी अवश्यकता नहीं, कि जिस देशमें माल बकरियोंपर ढोया जाता है, वहाँके लिए यह सात सेरकी बन्दूकें उपयुक्त नहीं हो सकतीं। माणावाले कह रहे थे, कि कमसे कम हमें १५ बन्दूकें मिलनी चाहिएं, तब हम अपनी रक्षा करनेमें समर्थ हो सकेंगे। मैंने इसके बारेमें दिल्ली लिखनेका ख्याल किया था लेकिन इसमें सन्देह था, कि जूनमें यात्रा शुरू करनेसे पहिले उनके पास बन्दूकें

पहुँच सकेंगी। अंग्रेजोंने हथियारोंका कानून इसलिए बनाया था, कि परतंत्र भारतको पूरी तौरसे निहत्था रखा जाये। न मालूम, आजकलकी हमारी सरकार किसलिए हथियारोंके कानूनको पहिले ही की तरह कायम रखे हुए हैं? कांग्रेस--नरमदलियोंकी कांग्रेस भी--प्रस्ताव पास करती आई थी, कि हथियारोंका कानून उठा दिया जाये, और भारतके हरएक व्यक्तिको स्वतंत्र नागरिकके तौरपर हथियार बाँधनेका अधिकार हो। लेकिन, अधिकार मिलते ही हमारे शासक उस प्रस्तावको घोलकर पी गये। जान पड़ता है, वह भी अपनी जनताको अंग्रेजोंकी भाँति ही शंकाकी दृष्टिसे देखते हैं। अस्तु। यहाँ तो अपने व्यापारियोंकी रक्षाके लिए उनके बीचमें बन्दूकोंको मुफ्त बाँटना चाहिए था, किन्तु वही नौकरशाही चालें और बाधाएँ रास्तेमें डाली गईं। तिब्बतमें चीनके प्रभावके आनेसे माणा और बम्पा (नीती)में नये थाने कायम किये गये हैं, उनके द्वारा अपेक्षित बन्दूकें आसानीसे और जल्दी भेजी जा सकती थीं। हालके समझौतेका प्रभाव यदि पश्चिमी तिब्बतमें जल्दी नहीं पहुँचा होता, तो अभी भी हमारे व्यापारियोंको डाकुओंका भय रहता। ऐसी अनिश्चित अवस्था पैदा करनेकी काफी जिम्मेवारी हमारी सरकारपर भी थी, क्योंकि उसीने चीनको सेना न भेजनेके लिए आग्रह किया था। डाकुओंसे हमारे व्यापारियोंको अपनी रक्षा करनेके लिए उसे बन्दूकें भेजनेमें बहानेबाजी नहीं करनी चाहिए थी और नीतीवालोंको सौ तथा माणावालोंको पंद्रह इसी तरह जोहार, व्यांस, गरब्याङ्, नेलङ् और कनौर आदिके व्यापारियोंको भी पूलिस-थानोंके द्वारा काफी बन्दूकें पर्याप्त कारतूसोंके साथ भेज देनी चाहिये थीं। यह स्मरण रहे, कि यह व्यापारी उनका दाम देना चाहते थे। अगर हमें अपने सीमान्तके नागरिकोंका सर्वनाश करना अभिप्रेत नहीं है, तो नवीन तिब्बतके साथ हमारा घनिष्ठ मैत्री संबंध स्थापित होना चाहिए। तिब्बत-चीन समझौतेके हो जानेसे अब हमारे व्यापारी संतोषकी साँस ले रहें हैं। और उनकी सर्वनाशकी आशंका दूर हो रही है। भारतका नवीन तिब्बत और नवीन चीनसे सुन्दर संबंध कायम हो, हमको यही कामना करनी चाहिए।

अध्याय ४

निवासी

§१. लोग

(१) **गाँव**—गढ़वालके गाँव पानीकी सुविधाके अनुसार तथा यह ख्याल करके भी ऐसे स्थानोंपर बसे हैं, जहाँ गाँवके ऊपर और नीचे उसके खेत हों। घर प्रायः एक पतली गलीके दोनों ओर बने होते हैं। ऐसा बहुत कम होता है, कि गलीके ऊपर या नीचे दूसरी भी समानांतर गलियाँ हों। बीठ और डोम दोनों वर्गोंके टोले अलग-अलग होते हैं। बीठमें सभी बड़ी जातिवाले हैं। यह शब्द शिमलासे नेपालतक इसी अर्थमें इस्तेमाल होता है। डोम अछूत हैं, जिन्होंने आत्मचेतना आनेके साथ अपनेको शिल्पकार कहना शुरू किया है। प्रत्येक घरके सामने पत्थर-पटा आँगन होता है। पहिले दो-तल्ले मकानोंके निचले तल्लेमें पशु रखे जाते थे, किन्तु किसी कमिश्नरने मना कर दिया, जिसके बादसे ढोरोंके मकान अलग बनने लगे। आम तौरसे दोनों तल्लोंपर दो दो कोठरियाँ होती हैं। अच्छे घरोंमें ऊपरी तलकी कोठरियोंके आगे डंडियाला (बरांडा) होता है। आँगनमें प्रायः नारंगी, आड़ू और केले लगे रहते हैं। दूरसे देखनेपर गढ़वालके ग्राम गंधर्वनगरसे सुंदर दीख पड़ते हैं।

गढ़वाल जिले और टिहरीमें २४५६ गाँव हैं।

(२) **जनसंख्या**—गढ़वाल और टिहरी जिलोंकी जनसंख्या निम्न प्रकार बढ़ी :

	गढ़वाल	टिहरी
१८२१	१२५०००	..
१८४१	१३१९१६	..
१८५३	२,३५,७८८	..
१८७२	३,१०,२८२	..
१८८१	३,४५,६२९	१,९९,८३६
१९०१	४,२९,९००	२,६८,८८५
१९३१	५,३३,८८५	

अर्थात् पिछले ११० वर्षोंमें गढ़वालकी जनसंख्या चौगुनी हो गई, टिहरी भी उससे पीछे नहीं रहा। १९५०में इसकी जनसंख्या ४ लाख आँकी गई है।

तहसीलोंके अनुसार १९३१में गढ़वाल जिलेकी जनसंख्या निम्न प्रकार थी :—

तहसील	कुल	मुस्लिम	ईसाई आदि
चमोली	१,७७,३०५	७८९	४१
पौड़ी	१,३३,१६५	३७२	८३८
लैन्सडौन	२,२३,४१५	३४११	१११९

(३) **घनता**—५६२९ वर्गमीलमें १९३१में ५३३००० आदमी बसते थे, अर्थात् प्रति-वर्गमील ९५से ऊपर। टिहरीके ४२०० वर्गमीलमें आजकल ४ लाख आदमी बसते हैं, अर्थात् इस जिलेमें भी आबादी प्रति वर्ग-मील ९५से अधिक है।

§२. भाषा

सारे गढ़वालमें गढ़वाली भाषा बोली जाती है, जो केन्द्रीय पहाड़ीकी एक शाखा तथा प्राचीन खस-भाषासे उद्भूत है। वैसे तो पट्टी-पट्टीमें भाषामें कुछ भेद हो जाते हैं, किन्तु जौनपुर (टेहरी) पर्गनेकी भाषा जौनसारकी भाषासे ज्यादा मिलती है—गढ़वाली भाषाके नमूने ग्यारहवें अध्यायमें दिये गये हैं। बिजनौर और गढवालकी सीमाके पासवाले एक मिश्रित भाषा बोलते हैं, जिसे कण्माली कहते हैं। वैसे सारे गढ़वालमें शिक्षाका माध्यम हिंदी होनेसे सभी जगह हिंदी बोली, समझी जाती है।

§३. जातियां

१. बीठ—

सारे पहाड़में पहिलेसे ही बीठ (विस्ट) और डोम दो जातिभेद हैं। बीठमें ब्राह्मण और राजपूत सम्मिलित हैं। बीठ भी खस और अखस दो भागोंमें विभक्त थे। अखस ब्राह्मण और राजपूत अपनेको कुलीन समझकर दूसरोंको अपनेसे हीन समझते हैं। पीछे लोगोंने अपनेको खस कहना ही छोड़ दिया।

१९०१की जनसंख्यामें ब्राह्मण, राजपूत और शिल्पकारकी संख्या दोनों जिलोंमें निम्न प्रकार थी :

	गढवाल	टिहरी	कुल
ब्राह्मण	१,००,०००	५५०००	१,५५,०००

राजपूत	२,४५,०००	१,६१०००	४,०६,०००
शिल्पकार (डोम)	६७,०००	४८०००	१,१५,०००

(१) **ब्राह्मण** : ब्राह्मणोंमें भी खस और देशी दो तरहके ब्राह्मण हैं। यद्यपि आजकल कोई अपनेको खस कहनेको तैयार नहीं है। कोटयाल, खंडचूरी, गैरोला, डोभाल, बहुगुना राजाओंके समय उच्च पदों पर नियुक्त थे।

गढ़वालके ब्राह्मण चार श्रेणियोंमें विभक्त हैं: १. सरोला, २. गंगाड़ी, ३. दुमागी और ४. देवप्रयागी। इनकी सूची निम्नप्रकार है—

नाम	वर्ग	पूर्वजाति	प्रथम गांव	विशेष
अणथ्वाल	गंगाड़ी	सारस्वत	अणेथ	रामदेव-वंशज
अर्जुन्या	देवप्रयागी			
अलखणिया	"			
उन्याल	गंगाड़ी	मैथिल	वोणिगांव	जयानंद, विजयानंद
कंडवाल	सरोला			पीछेके सरोला
कर्नाटक	देवप्रयागी			
कलसी	गंगाड़ी	भट		गुजरातसे
कवि	"	कनौजिया		१६७९ ई० में आये
काला	"	गौड़		काली-कुमाऊंसे आये
किमोटी	"	"	किमोटा	१२६० में रामभजन आये
कुकरेती	"	द्रविड	कुकुरकाटा	गुरुपति १३५२ में आये
कुडियाल	गंगाड़ी	गौड़	कुड़ी	१५४३ में आये
कैथोला	"	भट	कैथोली	रामबितल गुजराती १६१३ में आये
कैलखोरा	सरोला			पीछेसे सरोला
कोटताला	गंगाड़ी	गौड़	कोटीगांव	१६८६ में आये
कोटियाल	देवप्रयागी			
कोट्वाल	गंगाड़ी		कोटगांव	
कोठारी	"	शुक्ल	कोठार	१७३४ में बंगालसे आये
कौटयाल	सरोला	गौड़	कोटीगांव	
कौस्वाल	गंगाड़ी	"		काली-कुमाऊंसे आये
खंडूड़ी	सरोला	"	खंडूड़ा	सारंगधर मतहसवर वीरभूमि से आये

गुजराती	देवप्रयागी			नौटियाल
गैरोला	सरोला	आदि-गौड़	गैरोली	जयानंद, विजयानंद
गैदूड़ा	गंगाड़ी	भट		१६६१ में गोदू दक्षिणसे
घणसाला	"	गौड़	घणसाली	१५४३ मग्नदेव आये
घसमाणा	"	"	घसमाण	१६६६ में हरदेव, वीरदेव उज्जैनसे
घिल्डियाल	"	आदि-गौड़	घिल्डी	१०४३ में लुत्यमदेव गंगदेव आये
चंदोला	"	सारस्वत	चंदोसी	लूथराज पंजाबी १५७६ में आये
चमोल	सरोला	द्रविड़	चमोला	धरणीधर
चांदपुरी	"			नौटियाल
चौक्याल	"			पीछेसे मिले
जसोला	"			"
जुगडाण	गंगाड़ी	पांडे	जुगडी	१६४३ में कुमाऊंसे
जुयाल	"	महाराष्ट्र	जूया	१६४३ में वसुदेव, विजयानंद
जैस्वाल	सरोला			पीछेसे मिले
जोशी	गंगाड़ी	द्रविड़		१६४३ में कुमाऊंसे आये
ज्योशी	देवप्रयागी			
डंगवाल	गंगाड़ी	द्रविड़	डांग	धरणीधर संतोली कर्नाटकसे
डबराल	"	महाराष्ट्र	डाबर	१३७६ रघुनाथ, विश्वनाथ
डिमरी	सरोला	द्रविड़	डिम्मर	राजेन्द्र, बलभद्र कर्नाटकसे
डोभाल	गंगाड़ी	कनौजिया	डोभी	कर्णजित
डचोंडी	सरोला		डचोंड	
ढंगाण	"			नौटियाल
ढौंडियाल	गंगाड़ी	गौड़	ढौंड	१६५६ में राजस्थानसे रूपचंद
तिवाड़ी	देवप्रयागी			
तेवाड़ी	गंगाड़ी	त्रिपाठी		कुमाऊंसे
तेलगू	देवप्रयागी			
थपल्याल	सरोला	आदि-गौड़		थापलीचांदपुर जयचंद, मयचंद

देवराणी	गंगाड़ी	भट		१५४३ में आये
द्रविड़	देवप्रयागी			
धम्मवाण	सरोला			पीछे मिले
धयाण	देवप्रयागी			
नऊनी	सरोला	सत्ती	नऊन	गुजरातसे
नैथाणी	गंगाड़ी	कनौजिया	नैथाणा	१०४३ में कर्णदेव, इंद्रपाल आये
नैन्याल	सरोला			पीछेसे मिले
नौटियाल	"	गौड़	नौटी (चांदपुर)	देवीदास, नीलकंठ कनकपालके गुरु
नौड़ियाल[1]	गंगाड़ी	"	नौड़ी	१५४३ शशिधर आये
पल्याल[1]	देवप्रयागी			
"	सरोला			नौटियालकी शाखा
पान्थरी	गंगाड़ी	सारस्वत	पान्थर	१५४३ में अंथ पंथराम जलंधरसे
पुज्यारी	सरोला	भट		१६६५ में दक्षिणसे
पुरोहित	गंगाड़ी	खजीरी		१७५६ में जम्मूसे आये
"	देवप्रयागी			
पूर्विया[2]	गंगाड़ी	कनौजिया		१६७९ में कुमाऊंसे आये
पैन्यूली	"	गौड़	पन्याला (रसोली)	११५० में ब्रह्मनाथ दक्षिणसे
पोखरियाल	"	बिल्वल	पोखरी	गुरुसेन १६२१ में बिलहितसे
फरासी	"	द्रविड़	फरासू	१७३४ में दक्षिणसे
बंगवाल	"	गौड़	बांगा	१६६८ में मध्यदेशसे

[1] ये राजगुरु छ जातोंमें विभक्त हुए—डंगाण, पल्याल, मंजखोला, गजल्डी, चांदपुरी और बौसोली।

[2] पांडे, पन्त, मिश्र, तिवाड़ी, जोशी, जोगड़ी पूर्विया कहे जाते हैं—टेहरीमें इनके मुहल्लेको पूर्व्याण कहते हैं।—(रतूड़ी, पृष्ठ १६२)

बड्थ्वाल	"	"	बड़ेथ	१४४३ में सूर्यकमल, मुरारी गुजरातसे
बडोनी	"	गौड़	बड़ोन	१४४३ में बंगालसे
बडोला	"	"	बड़ोली	१७४१ में उज्वल उज्जैनसे
बदाणी	"	कनौजिया	बधाण पर्गना	१६६५ में कन्नौजसे आये
बलोडी	गंगाड़ी	द्रविड़	बलोद	१३४३ में दक्षिणसे
बलोड़ी	"	सारस्वत	बलोण	१७१९ मेंजीवरामजलंधरसे
बहुगुणा	"	बनारस	बुघाणी	
बावलिया	देवप्रयागी			
बिजल्वाण	सरोला	गौड़		बिज्ज मूलपुरुष
बिजोला	गंगाड़ी	द्रविड़		
बुधाणा	"	आदिगौड़	बुधाणी	कृष्णानंद गौड़ बंगालसे
बैरागी	"	गौड़		गृहस्थी बैरागी
बौखंडी	"	महाराष्ट्र		१६४३ में भुकुंडकवि विलाहेतसे
बौराई	"	गौड़	बौधर (बौर)	१४४३ में
बौसोली		सरोला		नौटियालोंमें
व्यासुड़ी	गंगाड़ी	भट		व्यास १५४३ में दक्षिणसे
भट	"	"		दक्षिणसे
"	देवप्रयागी			
भट्ट	सरोला			पीछेसे सरोले
भदेला	गंगाड़ी	द्रविड़		
भद्वाल	सरोला			पीछेसे
मंजखोला	"			नौटियालोंमेंसे
मडवाल	गंगाड़ी	गौड़	महड	१६४३ में राजदास द्वाराहाटसे
ममगाई	"		"	उज्जैनसे
मराडूड़ी	सरोला		मडूंड	खंडूडी-शाखा
मलासी	गंगाड़ी	गौड़	मलासू	
महाराष्ट्र	देवप्रयागी			
मालकोटी	गंगाड़ी	गौड़	मालकोट	१६४३ में बालकदास

मालगुड़ी	सरोला			पीछेसे
मालिया	देवप्रयागी			
मालीवाल	सरोला			पीछेसे
मिस्सर	गंगाड़ी	मिश्र		कुमाऊंसे
मुलद्युली	"			
मुसड़ा(मुसुड़ा)	"	गौड़	मुसड़	भागदेव बंगालसे
मैकोटी	"	कनौजिया	मैकोट	१५६५ में कन्नौजसे
मैट्वाणी	सरोला	आदिगौड़	मैट्वाणा (चांदपुर)	रूपचंद त्र्यंबकसे
मैरावजोशी	"	कनौजिया		१७५५ में कुमाऊंसे
रतूड़ी	"	आदिगौड़	रतूड़ा	सत्यानंद राजवल
रनडोला	गंगाड़ी	तैलंग		
रैवानी	देवप्रयागी			
लखेड़ा	सरोला	आदि-गौड़	लखेड़ी	१०६० में नारद, भानुवीर वीरभूमसे
सकल्याणी	गंगाड़ी	कनौजिया	सकलाना	१६४३ में नागदेव डौंडियाखेड़ा (अवधसे)
सत्ति	सरोला	सत्ति		गुजरातसे
सिरिगुरु	"			वीरसेन भडासन आये
सिलौड़ा	सरोला			पीछे
सिल्वाल	गंगाड़ी	द्रविड़	सिल्ला	वनारससे
सुन्दरियाल	"	कर्नाटक	सुन्दरोली	१६०४ में आये
सुयाल	"	भट	सुई	दजल, वाजनारायण
सेमल्टी	सरोला	आदि-गौड़	सेमल्टा	गणपति वीरभूम (बंगालसे)
सेमवाल	"	"	सेमगांव	प्रभाकर निरंजन वीरभूमसे
सैल्वाल	गंगाड़ी		सैल	
सोन्याल(सुन्याल)	"		सोनी	
हटवाल[1]	सरोला	गौड़	हाटगांव	सुदर्शन विश्वेश्वर १००२

---

[1] हाट राजधानीको कहते थे जैसे द्वाराहाट। हाटों (नगारियों) के रहनेवाले हटवाल अल्मोड़ामें भी कहे जाते हैं, देखो कुमाऊं।

में हाट गांवमें बसे

होडरिया देवप्रयागी

सरोला—सरोले पहिले ग्यारह थानों (मूलस्थानों) के नामसे ग्यारह माने जाते थे। ये थान निम्न थे—

१. कोटी	५. थापली	९. लखेड़ी (लखेसी)
२. खंडूडा	६. नौटी	१०. सिरगुरौ
३. चमौला	७. मैटवाण	११. सेमा
४. डिम्मर	८. रतूड़ा	

फिर २१ और अंतमें उनकी संख्या ३३ हो गई।

गंगाड़ियोंके मुख्य कुल हैं:—घिल्डियाल, डंगवाल, और मलासी। गंगा उपत्यकाके निवासी होनेसे इनका यह नाम पड़ा। केदारनाथ और तुंगनाथके पंडे-पुजारी प्राचीन ब्राह्मण हैं, जिन्हें नवागंतुक लोक खस-ब्राह्मण कहते हैं। दुमागी नागपुर पर्गनेंमें मिलते हैं, यह सरोले, गंगाड़ी और शायद प्राचीन ब्राह्मणोंसे भी व्याह संबंध करते थे, इस लिये दोमार्गी कहे गये।

(२) **राजपूत**—गढ़वालमें खस, राजपूतका भेद बिल्कुल उठसा गया है, यद्यपि राजपूतोंमें ८०%से अधिक वही हैं। इनमें मुख्य राजपूत हैं—

१. कटोच	७. जाट	१३. पुंडीर
२. कत्यूर	८. तंवर	१४. वेदी
३. कुरुवंशी	९. नागवंशी	१५. मियां
४. खत्री	१०. पंडीर	१६. यदुवंशी
५. गूजर	११. पंवार	१७. हूण
६. चौहान, चूहान	१२. परिहार (प्रतिहार)	

जाट, गूजर, हूण नाम बतलातें हैं, कि शक-जातियाँ पहाड़में सम्मानित स्थान रखती हैं। खस और शक एक ही जातिकी दो शाखाएँ थीं, यह पहिले कह चुके हैं। यहाँके राजपूतोंके कितने ही मुख्य कुल निम्न प्रकार हैं:

नाम	वंश	निर्गम	प्रथम गाँव	विशेष
अस्वाल	नाग[1]	रणथंभौर		सवार होनेसे नाम
इडवाल (बिस्ट)	परिहार		ईड	

[1]चौहान भी

उनाल	.	.	ऊन	.
कटैत	कटोच	कांगड़ा	.	.
कडवाल (रावत)	.	.	.	.
कंडियाल	.	.	कांडी	.
कंडी गुसाईं[1]	.	मथुरा-समीप	कंडारीगढ़	ठकुरी
कनेत	.	.	.	.
कफोला (बिस्ट)	यदुवंशी	कंपिला	.	.
कफोला (रावत)	.	.	.	.
कमीण	.	.	.	असैनिक अफसर
कयाडा (रावत)	पँवार	.	.	१३९६ में आये
कलूडा	.	.	.	कलू-संतान
काला (भंडारी)	.	काली कुमाऊँ	.	.
कुरमणी	.	.	.	कुर्म-संतान
कुँवर	परमार	धार	.	पँवार-शाखा
कैत्युरा[2]	कैत्यूर	कुमाऊँ	.	.
कोल्या (नेगी)	.	"	कोल्ली	.
कोल्ला (रावत)	.	.	.	.
खड़काड़ी (नेगी)	.	मायापुर	.	.
खड़खोला (नेगी)	कैत्यूरा	कुमाऊँ	खड़खोली	१११२ में
खत्री (नेगी)	.	.	.	.
खाती (गुसाईं)	.	.	.	.
खूंटी (नेगी)	मियाँ	नगरकोट	खूँटी	१०५६ में कांगड़ासे
गगवाड़ी (नेगी)	.	मथुरासमीप	गगवाड़ी	१४१९
गुराडी (रावत)	.	.	.	.
गुसाईं	.	.	.	.
गूजर	.	लंढ़ौरा	.	महरा या महर
गोखी (रावत)	पँवार	गुजरात	गुराड	१७६० में
गोविण (रावत)	"	.	गोवनीगढ	.

---

[1]गुसाईं या गोसाईं राजकुमारका पर्याय है। [2]इनके भेद हैं—खडखोला, बुलसाडा, मुलाणी, रजवार और रिंगवाड़ा-रावत।

नाम	वंश	निर्गम	प्रथम गाँव	विशेष
घंडियाली (रावत)	.	.	.	.
धुरदुडा (गुसाई)	.	.	.	.
चंद	.	कुमाऊँ	.	१५६५ में कुमाऊँ चंद्रवंशके
चमोला (बिस्ट)	पंवार	उज्जैन	चमोली	१३८६ में आये
चूहान (देखो चौहान)	.	.	.	.
चित्तोला (नेगी)	.	चितोलगढ	.	.
चांपड़िया (नेगी)	.	हस्तिनापुर	चोपड़ा	१३८५ में
चौहान	चौहान	मैनपुरी	.	ठकुरी-संतान
जम्बवाल (नेगी)	मियाँ	जम्मू	.	.
जयाडा (रावत)	.	दिल्लीसमीप	जयाड़गढ	.
जरदारी (नेगी)	.	.	.	.
जवाड़ी (रावत)	.	.	जवाड़ी	.
जस्कोटी	.	सहारनपुर	जस्कोट	.
जेठा (रावत)	.	.	.	.
जोश्याल	वदरीनाथी	.	जोशीमठ	.
झिक्वासा (रावत)	.	.	.	.
ठाकुर[1]	.	.	.	सैनिक अफसर
डंगवाल	.	.	डांग	.
तडयाल (ठाकुर)	.	.	तडी	.
तिल्ला (बिस्ट)	.	चित्तौड़	.	.
तुलमा (रावत)	.	.	.	.
तेल (भंडारी)	.	.	.	.
तोरड़ा (रावत)	.	कुमाऊँ	.	.
थपल्याल	.	.	थापली	.
दिकोला (रावत)	मरहटा	महाराष्ट्र	दिकोली	.
दुरयाल	वदरीनाथी	.	पांडुकेश्वर	.
दोरयाल	.	द्वाराहाट	.	.

[1]इनके भेद हैं—सजवाण, मखलोगा, तड़ियाल और पयाल।

नाम	वंश	निर्गम	प्रथम गाँव	विशेष
धमादा	.	.	.	गढपति-संतान
धम्मादा (बिस्ट)	चह्वान	दिल्ली	.	.
नकोटी	नगरकोटी	कांगड़ा	नकोट	.
नायक	.	.	.	.
नीलकंठी (नेगी)	.	.	.	.
नेकी (नेगी)	.	.	.	.
नेगी	.	.	.	असैनिक अफसर
पजाई	.	कुमाऊँ	.	.
पटवाल (गुसाईं)	.	प्रयाग	पाटा	११५५ में आये
पटूडा (नेगी)	.	.	पटूडी	.
पडियार (नेगी)	पड़िहार	दिल्ली	.	१८०३ में
पडियार (बिस्ट)	"	धार	.	१२४३ में
पंडीर (नेगी)	पंडीर	सहारनपुर	.	१६६५ में
पंडीर (भंडारी)	"	मायापुर	.	१६४३ में
पयाल (ठाकुर)	कुरु	हस्तिनापुर	पयाल	.
परसारा (रावत)	चूहान	ज्वालापुर	परसारी	१०४५ में
पँवार	परमार	धार	.	गढवाल-राजवंश
पुंडीर	.	.	.	मखलोगा ठाकुर
फरसूडा (रावत)	.	.	.	.
फरस्वाण (रावत)	.	मथुरा	फरासू	.
बगड़वाल (बिस्ट)	.	सिरमोर	बगोड़ी	१४६२ में
बगलाण (नेगी)	.	बागल	.	१६४६ में
बंगारी (रावत)	.	बांगर	.	१६०५ में
बछवाण (बिस्ट)	.	.	.	.
बरवाणी (रावत)	तँवर	मासीगढ	.	१४२२ में (नैर्भणी भी)
बत्र्वाल	पँवार	उज्जैन	बडेत	.
बागडी	गूजर	मायापुर	.	१३६० में
बिस्ट	.	.	.	असैनिक अफसर
बुटोला (रावत)	तँवर	दिल्ली	.	.

बुलसाड़ा (नेगी)	कैत्यूर	कुमाऊँ	.	.
बेदी	खत्री	नेपाल	.	१३४३ में
बेंद्वाल (बिस्ट)	.	.	.	.
बैडोगा	.	.	बैड़ोगी	.
बोहरा	.	.	.	.
भँडारी	.	.	.	असैनिक अफसर
भलडा	.	.	.	.
भाणा	.	पटना	.	.
भोटिया (नेगी)	हूण	हूणदेश	.	.
मखलोगा (ठाकुर)	पुंडीर	मायापुर	मखलोगी	१३४६ में
मंद्रवाल	कैत्यूरा	कुमाऊँ	.	१६५४
मन्यारी (रावत)	.	.	मन्यारपट्टी	.
मयाल	.	कुमाऊँ	.	.
ममोल्या (रावत)	.	द्वाराहाट	.	.
महरा (नेगी)	गूजर	लंढौरा	.	.
माण (नेगी)	.	पटना	.	.
मियाँ[1]	.	मुकेत	.	.
मुखमाल	.	.	मुखवा (मुखेम)	.
मुलाणी (बिस्ट)	कैत्यूरा	कुमाऊँ	मुलाणी	१३८६ में
मेहता	जैनी	पानीपत	.	१५३३ में
मोंडा (नेगी)	.	.	.	.
मौदारा (रावत)	पँवार	.	मौंदाड़ी	.
मौराडा (रावत)	.	.	.	.
रजवार	कैत्यूरा	कुमाऊँ	.	.
रणौत	रणावत	राजस्थान	.	सिसोदिया
रमोला	चहान	मैनपुरी	रमोली	ठकुरी-संतान
रांगड़	रांगड़	सहारनपुर	.	.
राणा	नागवंशी	हूणदेश	.	.
राणा	सूर्यवंशी	चित्तौड़	.	१३४८ में

[1]गढ़वाल राजवंशके संबंधसे सुकेत या जम्मूसे आये

राणा	सौन्दनेगी	कैलाखुरी	सौंदाड़ी	.
रावत	.	.	.	.
रिखोला (नेगी)	.	.	.	.
रिंगवाड़ा (रावत)	कैत्यूरा	कुमाऊँ	रिंगवाड़ा	१३५४ में
रौछेला	तँवर	दिल्ली	.	.
रौतेला	परमार	धार	.	पँवार-उपशाखा
रौथाण (गुसाईं)	.	रणथंभौर	.	८८८ में
लोहवान (नेगी)	चह्वान	दिल्ली	लोहबा	९७८ में
संगेला (नेगी)	जाट	सहारनपुर	.	१७१२ में
संगेला (बिस्ट)	.	गुजरात	.	१३४३ में
सजवाण (ठाकुर)	मरहटा	महाराष्ट्र	.	प्राचीन ठकुरी-संतान
सरवाल (नेगी)	.	पंजाब	.	१५४३
सिपाही (नेगी)	मियाँ	कांगड़ा	. .	.
सिंह (नेगी)	बेदी	पंजाब	.	१६४३ में
सुनार	.	.	.	.
सोन (भंडारी)	.	.	.	.
सौत्याल (नेगी)	.	डोटी[1]	सौती	.
सौन्द (नेगी)	राणा	कौलाखुरी	सौदाड़ी	. .
हाथी (नेगी)	.	.	.	.

नेगी, बिस्ट और रावत प्राचीन खसोंकी मुख्य जातियाँ थीं। इनमें भी गोरला-रावत, बागली-नेगी, कफोला-बिस्ट उच्च समझे जाते थे। सजवान, असवाल, घुरदुडा बड़े राजपूतोंमें गिने जाते हैं—घुरदुडा टिहरी राजवंशके हैं।

२. शिल्पकार—

कुमाऊँकी भाँति यहाँ भी शिल्पकार-जातियोंको डोम कहते हैं, जिनमें मैदानसे आये शिल्पकार सम्मिलित नहीं हैं। शिल्पकार जातियाँ निम्न हैं—

नाम	शिल्प
अगारी	लोहार

[1]पश्चिमी नेपाल

अटपहरिया	नगाड़ची
ओड (बादी)	बढ़ई, राज
औजी (बाजगी)	बादक, दरजी
कलाल	शौंडिक
कुम्हार	कुम्हार
कोलाई	तेली
कोली	पटकार
कोल्टा	हाली
चमार	चमड़ा
चुनरिया	काठका बर्तन बनानेवाले
छीपी	रंगरेज
जोगी	
झीवर	कहार
झुमरिया (ढाकी)	नर्तक
ढ़ाकी (झुमरिया)	"
ढलोटी	कसेरा
नमोटा (टमटा)	ठठेरा
दरजी	
धुनार	मछुवा
धोणी	न्यारिया
धोबी	
नाई	
नाथ	
पहरी	गोरइत, चौकीदार
बखरिया	साईस
बाजगी (औजी)	बादक
बाड़ी	मोची
बेड़ा (बादी)	नर्तक, गायक
बादी	नर्तक, गायक
भाट	
भूल	तेली

मोर्ची (बाड़ी)	
रुडिया	बसोर
लोहार	
वोड़	बढ़ई
सुनार	
हलिया	हलवाहा
हुडकिया	वादक, गायक

§४. धर्म

गढवालमें हिन्दू-धर्मकी प्रधानता है, वैसे बौद्ध, मुसल्मान, ईसाई आदि धर्मके अनुयायी भी थोड़े बहुत मिलते हैं।

१. बौद्ध—

किसी समय हिमवत्-खंडमें बौद्ध धर्मकी प्रधानता थी। उस समयके अ-बिम्ट अधिकतर बौद्ध धर्मके अनुयायी रहे होंगे। तिब्बती शासन-कालमें प्रधानता बौद्धोंकी थी। उसके बादसे ब्राह्मण धर्मका पल्ला भारी हुआ। कत्यूरियोंके अभिलेखोंसे पता लगता है, कि ९वीं-१०वीं शताब्दीमें ही ब्राह्मणधर्मकी प्रधानता हो चली थी। कत्यूरी राजा भूदेव (ललितशूर-पुत्र) बौद्ध-द्वेषी[1] होनेका अभिमान करता है। आठवीं शताब्दीके अन्तमें शंकराचार्यके कारण बौद्ध-धर्म यहाँसे लुप्त हुआ, यह भ्रम मात्र है। कत्यूरी राजाओंके किसी लेखसे शंकर या शंकरमतकी गढ़वालमें उपस्थितिका पता नहीं लगता। उनके समयके मुखलिंग, हरगौरी आदि-की प्रचुरता बतलाती है, कि गुर्जर-प्रतिहार समकालीन इस राजवंशके समय हिमालयका यह प्रदेश भी लकुलीश शैवोंका गढ़ था। कुमाऊँके जोहारी भोटांतिक लोगोंकी भाँति मंगोल-मुखमुद्रा रखते भी नीती और माणाके भोटांतिक तोल्छा और मारछा अब बौद्ध धर्मी नहीं रहे। तोल्छा अपनी भोटवंशीय भाषाको छोड़ चुके हैं। यद्यपि तिब्बतके साथ व्यापारिक संबंध रखनेके कारण तिब्बती भाषा भी उनमें कुछ प्रचलित है, तथा कुछ बौद्ध-धर्मका हलकासा संस्कार भी उनपर दिखाई पड़ता है। वर्तमान शताब्दीमें वह अपनेको राजपूत कहते जनेऊ पहिनने लगे और अपनेसे दक्खिनके राजपूतोंसे ब्याहशादी भी करने लगे। हाँ, नेलङ्के भोटांतिक (जाड़) राजपूत कहलाते भी अभी बौद्ध-

[1]बागेश्वर-शिलालेख, पृष्ठ ८२

धर्मके अनुयायी हैं। वैसे आसामसे लदाखतक सारे हिमाचलकी मंगोल-मुखमुद्रा-वाली जातियोंमें बौद्ध धर्म जातीय धर्मसा पाया जाता है। हालमें, जबसे तिब्बतके साथ कम्यूनिस्त चीनका घनिष्ट संबंध स्थापित होने लगा, और हमारी सरकारको इधरसे कम्यूनिज्मकी महामारी आनेका भय होने लगा, और उसने सीमान्तपर नई पुलिस-चौकियाँ ही नहीं बढ़ाई, बल्कि हर एक तिब्बतीसे दीखनेवाले नरनारीको उसकी पुलीस जबर्दस्ती तिब्बती नागरिक होनेका परिचय-पत्र देने लगी। मसूरी (लंढ़ौर)के किशनसिंहका जन्म कनम गाँव (जिला महासू, हिमाचल)में हुआ था। मसूरीमें वह १५-१६ सालसे रह रहे हैं। मार्च १९५१में अपने सौदे-औदेके क्रय-विक्रयके संबंधमें वह दिल्ली गये। दिल्लीकी पुलीस पीछे पड़ी और उन्हें फोटोके साथ भोटिया-प्रजा होनेका परिचय-पत्र देकर छोड़ा। कह रहे थे—यही बात एक लदाखीके साथ भी हुई। क्या हम मंगोल-मुखमुद्रा-भिन्न होनेको भारतीय नागरिक होनेका लक्षण मानते हैं? ऐसा होनेपर प्रायः हर जगह हिमशिखर-श्रेणियाँ भारतकी उत्तरी सीमा नहीं रह जायेंगी और हिमा-चलके प्राकृतिक सीमाके इस पार काफी दूरतक चीनी गणराज्यकी सीमा चली आयेगी।

माणा और नीतीके भोटांतिक तोलछा और मारछा दो जातियोंमें विभक्त हैं। तोलछा अपनेको ऊँचा समझते हैं। दोनोंकी मुखमुद्रा पूर्णतया मंगोलीय है। माणाके लोग अपने मुर्दोंको गंगा-तटपर नहीं बल्कि सतोपंथ सरोवरपर ले जाकर जलाते हैं।

२. हिन्दू (ब्राह्मण) धर्म—

(१) संप्रदाय—कुमाऊँ और गढ़वालमें हिंदू-धर्मके एकसे ही रूप मिलते हैं। दोनों ही प्रदेशोंमें शैव-शाक्त संप्रदायकी प्रधानता है। नन्दा भगवती (पार्वती)का पितृगृह होनेसे ऐसा होना ही चाहिये। भिन्न-भिन्न संप्रदायोंके साधुओंसे हिंदू-संप्रदायोंकी स्थितिका पता लग सकता है।

(क) जोगी (नाथ)—गोरखानाथका चौरासी सिद्धोंमें होना बौद्ध धर्मके साथ उनके संबंधको बतलाता है। चाहे मूलतः गोरखपंथ सिद्धोंकी शाखा या अतिसमीपी संप्रदाय रहा हो, किंतु अब वह ब्राह्मण-धर्मकी शाखा है। शिव और शंकरका वेदान्त उनके लिए मान्य हैं। कनफटे और विना कनफटे दोनों प्रकारके नाथ मिलते हैं। इनमें कुछ ही नाथपंथी अब साधु हैं, बाकी खेती-किसानी करनेवाले गृहस्थ हैं। गढ़वालसे नेपाल तक नाथपंथी जोगी मिलते हैं, बल्कि

नेपालमें गोरखनाथके नामपर गोरखा-नगर बसा, जिसने प्रथम राजधानी होनेके कारण नेपालके राजवंशको ही गोरखावंश नाम दे दिया।

(ख) वैष्णव-वैरागी—यहाँ बहुत थोड़ी संख्यामें गृहस्थ और विरक्त वैष्णव वैरागी मिलते हैं, जिनमें अधिकतर रामानंदी हैं। गृहस्थ वैष्णव विरक्त साधुओंके ही वंशज हैं, किंतु यहाँ व्याह-शादी करके प्रायः साधारण ब्राह्मणोंमें मिल गये हैं। यह अच्छे संपन्न हैं और यात्राके समय नंदप्रयागसे बदरीनाथ तक उनकी ओरसे वैष्णव-साधुओंके लिए सदाव्रत चलती है।

(ग) संन्यासी—शंकराचार्यके अनुयायी दशनामी संन्यासियोंका किसी समय यहाँ अच्छा प्रभाव था। पर्वतके स्वच्छन्द वातावरणमें विरक्त रहना बहुत मुश्किल है, इसीलिए वह गृहस्थ बनते गये। शंकराचार्यके चार प्रधान पीठोंमेंसे एक प्रमुख पीठ जोशीमठ भी सैकड़ों वर्षों तक उजाड़ रहा, और हाल हीमें उसका उद्धार किया गया। गढ़वाली स्त्रियाँ भी काफी संन्यासिनी मिलती हैं, जिनके अपने अलग मठ होते हैं।

संन्यासी परंपरामें ही ब्रह्मचारी भी हैं, किंतु ये शिखासूत्रधारी होते हैं।

(२) देवता—

बदरीनाथ (विष्णु), केदारनाथ (शिव), गंगा (गंगोत्री), जमुना (जमनोत्री) और नन्दादेवी (पार्वती) गढ़वालके प्रधान देवता-तीर्थ सारे भारतमें मान्य हैं। इनके अतिरिक्त कितने ही स्थानीय देवता हैं, जैसे—

(क) काली, दुर्गा—कुमाऊँकी भाँति गढ़वालमें भी शक्ति-साधनका बहुत जोर है, काली, अंशी, कंसमर्दनी आदिके नामसे कालीकी बलि-पूजा होती है। कालीमठमें गढ़वालकी बड़ी जागता देवी है। महामारीके समय इन देवियोंकी पूजा होती है।

(ख) ग्राम-देवता—गोरिल, नरसिंह आदि छोटे देवताओंपर बहुत विश्वास किया जाता है। जौनपुर, रवाईं जैसे कुछ इलाकोंके अतिरिक्त विमानारोही देवताओंका यहाँ प्रचार नहीं है। यहाँके देवता आदमियों (गंनुआ या पुछार)के शिरपर आकर बोलते हैं।

(ग) पांडव देवता—पांडवोंकी महिमा वैसे तो सारा भारत जानता है, किंतु पांडवोंने पूज्य देवताओंका रूप गढ़वाल हीमें लिया है। "गढ़वालकी जनताका पांडवोंपर भी बड़ा प्रेम है। ऐसा कोई ग्राम नहीं होगा, जिसमें प्रतिवर्ष एक बार पांडव नहीं नचाये जाते। उन लोगोंका विश्वास है, कि पाण्डवोंके

नचानेसे ग्राममें सुभिक्ष रहता है, किसी संक्रामक रोगके आक्रमणका भय नहीं रहता।"[1]

(घ) नाग—नाग देवता भी बहुत स्थानोंमें पूजे जाते हैं, नागपुर पर्गना विशेषकर इनके लिए प्रसिद्ध है।

(३) लिंगवास—

मृतक श्राद्धकी यह विशेष विधि गढ़वालकी अपनी चीज है। "मनुष्यकी मृत्युके ठीक एक महीनेपर उसी तिथिको यह कृत्य होता है।...श्राद्ध-कर्त्ता एक पत्थर(लिंग) ले जाकर उस स्थानपर रख देता है, जहाँ प्रत्येक जातिका एक छोटासा घर बना रहता है, जिसको पितृकुडा कहते हैं। उस लिंगका पूजन करके पितृकुडाके अन्दर रख...उसका दरवाजा बन्द कर देता है। जातिके लोग वहाँ एकत्रित होतें हैं। बकरा मारा जाता है और ब्राह्मणों और जातिके लोगोंको भोजन कराया जाता है। यह देश केदारनाथकी भूमि कहा जाता है, इसलिए मृतकको शिव-लिंगके रूपमें बना दिया जाता है।"[2]

(४) गुंठ—

गढ़वालके राजाओंके समयसे और कुछ उससे पहिलेसे भी देवोत्तरसंपत्तिवाले गाँव चले आतें हैं। ऐसी संपत्तिको गुंठ कहतें हैं। गोरखों और उनके बाद अंग्रेजोंने भी गुंठोंको वैसे ही रहने दिया, हाँ, अंग्रेजी शासनने "गुंठका अर्थ गाँवकी मालगुजारी भर पानेका हक" माना और उसे जमींदारी या जागीरदारी नहीं बनने दिया। गढ़वाल जिलेमें १०६५१ रुपये वार्षिक आमदनीवाले गुंठ-ग्राम हैं।

(५) सदाबर्त—

ऐसी धर्मोत्तर-संपत्ति है, जिसकी आमदनीसे बदरीनाथ, केदारनाथके यात्रियोंको सदाबर्त (भोजन) दी जाती है। श्रीनगरके राजाओंने इसके लिए खोलिया जमींदारी प्रदान की थी। नेपालके राजाने १८१३ ई०में दसोली, परकंदै, वामसू और मैखंडाकी पट्टियोंमें इसके लिए भूमि प्रदान की। अंग्रेजी शासनमें सदाबर्तकी आमदनीका व्यय भोजन-दान तक सीमित नहीं रखा गया, बल्कि इसीसे यात्रियोंके उपयोगके रास्तों, पुलों और धर्मशालाओंका निर्माण या मरम्मत की गई। पीछे सदावर्तकी आमदनी चिकित्सालयोंकी स्थापना और संचालनमें लगा दी गई।

---

[1] "गढ़वालका इतिहास", पृष्ठ २१०

[2] "गढ़वालका इतिहास", पृष्ठ २११

३. सिक्ख—

गढ़वालमें सिक्खोंकी संख्या नाम मात्र है, और जो हैं वह भी केश नहीं रखते, हाँ, तमाखू नहीं पीते। यह अपनेको नेगी कहते हैं। बदरीनाथके पास एक सुंदर सरोवर (हेमकुंड या लोकपाल)पर गुरु गोविंदसिंहके पूर्व-जन्मकी तपस्या-भूमिका पता लगा है, जिससे वहाँ एक सिक्ख महतीर्थके विकासकी संभावना हो गई है; किंतु तीर्थ-स्थानमें मल-मूत्र-त्यागकी मनाही कर दी गई है, जिसमे स्थायी तीर्थपुरी बसनेकी उम्मेद नहीं है। गढ़वाली सिक्ख निम्न स्थानोंपर पाये जाते हैं :

स्थान	पट्टी	स्थान	पट्टी
श्रीनगर	.	गुम	लंगूर
पिपली	मवालस्यून	बिंजोली	गूरारस्यून
जैगाँव	अजमीर	होलयूनी	गूरारस्यून

टेहरी जिलेमें टेहरी तथा एकाध और स्थानोंपर थोड़ेसे सिक्ख रहते हैं।

४. जैन—

जैन कोटद्वार, लेन्सडौन, श्रीनगर, पौड़ी जैसे व्यापारिक स्थानोंमें मिलते हैं, और बाहरसे आये हुए हैं।

५. आर्य—

पिछले तीस सालोंमें आर्य समाजका प्रचार शिल्पकारोंमें अच्छा हुआ है, जिससे वह बहुतसे स्थानोंमें मिलते हैं।

६. मुसल्मान

मुसल्मान गढ़वालमें व्यापारिक स्थानोंमें ही मिलते हैं, और प्रायः सभी नीचेसे आये हुए हैं। धनाई (तैली चाँदपुर) और भैरगाँव (अजमीर)में कुछ गढ़वाली मुसल्मान हैं, जो मनिहारी (चूड़िहारी)का काम करते हैं। टेहरीके पास भी एकाध गाँवोंमें मुसल्मान रहते हैं, जो गर्मियोंमें मसूरी जा बैरा-खानसामाका काम करते हैं। गढ़वालके राजाओंने दिल्लीके संबंधके समय कितने ही मुसल्मान परिवार लाकर बसाये, जिनका काम आगत मुसल्मान अतिथियोंका भोजन तैयार करना तथा बहेलिया-पेशा था।

७. ईसाई—

पहिला ईसाई मिशन १८६५ ई०में पौड़ीमें कमिश्नर हेनरी रामजेकी संरक्षकतामें स्थापित हुआ। धीरे-धीरे श्रीनगर, देखवाली, कैत्यूर, भवाई, कोटद्वारा, दोगड्डा, लेन्सडौन, थानसंगला, कोटी, लोहबा, बेनीताल, रमनी तथा टेहरीके

भी कितने ही स्थानोंमें प्रचारकेंद्र कायम होते गये। अधिकतर मिशनरी अमेरिकन मेथोडिस्ट एपिस्कोपल चर्चके हैं। आरंभमें शिक्षाप्रचारका काम ईसाई प्रचारकोंने काफी किया।

§५. आकृति, वेशभूषा और भाषा

१. आकृति

निचले गढ़वालके लोग प्रायः लंबे और छरहरे होते हैं। उनका रंग गोरा लिये हुए तथा रग-पट्ठे पतले होते हैं। ऊपरी गढ़वालके लोग गेहुँआ रंगके कदमें छोटे किंतु बड़े हट्टे-कट्टे होते हैं। एक समय था, जब इनका सीधासादापन और ईमानदारी हरेक यात्रीको विदित थी। घरोंमें वह ताला नहीं लगाते थे। घर इतना प्रिय था, कि वह बाहर जाना नहीं चाहते थे। युद्धमें गढ़वाली अपनी वीरता और निर्भीकताके लिए सदा प्रसिद्ध थे। यह उन्हें अपने खस-पूर्वजोंके रक्तसे मिली थी, जिनके स्ववंशी पुराने शक, पार्थिव और आजके रूसी भी इस गुणमें कभी कम नहीं उतरे। हाँ, बीमारी, विशेषकर महामारियोंमें वह बहुत कायर साबित होते हैं। गढ़वालके टिहरी जिलेके लोगोंकी भी बात वही है, हाँ, रवाई और जौनपुर पर्गनोंके लोग पिछड़े होनेसे बहुत सीधे-सादे हैं।

तिब्बती सीमान्त (नीती, माणा, नेलङ्)के गढ़वाली जिन्हें भोटिया (भोटांतिक) और जाड़ (नेलङ्पा) कहा जाता है, नाटे और शरीरसे मजबूत होते हैं। उनकी आँखों और चेहरोंपर—स्त्रियोंमें विशेषतः—मंगोलमुद्रा स्पष्ट दिखाई पड़ती है।

२. स्वभाव—

मनुष्यके स्वभावपर प्राकृतिक और आर्थिक परिस्थितिका भारी प्रभाव पड़ता है। पिछले सौ—खासतौरसे गत पचास—वर्षोंमें जनसंख्या बहुत बढ़ गई है, जिसके साथ जंगलोंको काटकर इतने खेत बन गये, कि अब अत्यावश्यक जंगलोंके नाशसे ही और खेत बन सकते हैं। खनिज-फल-ऊन-बिजलीकी उपजके बढ़ानेकी भारी क्षमता होनेपर भी उसके लिये पहिले कुछ भी नहीं किया गया, और न आज ही कुछ करने-धरनेका रंगढंग मालूम होता है। लोगोंमें गरीबी बेहद बढ़ गई है, जिसका प्रभाव उनपर पड़ना जरूरी है। वैसे कुमाऊँकी तरह गढ़वालमें भी पुरुषोंसे स्त्रियाँ अधिक परिश्रमी होती हैं, घरके भीतरका ही नहीं खेतीका भी काम उन्हींके ऊपर है। गढ़वालियोंकी प्रसिद्ध ईमानदारी अब भी सर्वथा लुप्त नहीं हुई है।

३. **वेष-भूषा—**

सभी देशोंकी भाँति गढ़वालके लोगोंकी भी पोशाक ऋतु और ऊँचाईके अनुसार घटते-बढ़ते तापमानके अनुकूल है। दक्षिणी भाग गरम है। वहाँके लोग सूती कपड़े पहनते हैं, जो अपने मैदानी पड़ोसियोंसे बहुत भेद नहीं रखते। गढ़वाली टोपी गांधी-टोपीसे इतना भेद रखती है, कि वह किसी रंग और किसी कपड़ेकी हो सकती है, हाँ, उसके उठे किनारोंपर सीवनकी तिरछी रेखायें पड़ी रहनी चाहिएं; साथमें पायजामा यही गढ़वाली पुरुषोंकी साधारण पोशाक है। पहिले मिरजई पहिनी जाती थी, जिसका स्थान अब कोटने लिया है। जाड़ोंमें ऊनी या रुई-भरा कपड़ा इस्तेमाल करते हैं। मध्य तापमानवाले भूभागमें ही अधिक आबादी है। आज यहाँपर भी पुरानी पोशाकका स्थान कोट-पायजामा लेता जा रहा है। पहिले यहाँके लोग कुठा-गाती पहिनते थे—ऊनी या भंगेलाकी चादरको गातीकी तरह लपेटते थे, जिसके नीचे एक मिर्जई भी प्रायः पहिनी जाती थी। भोटांतिक लोग पट्टूका पायजामा और सूती मिर्जई पहिनते थे। मिर्जईके ऊपर ऊनी चपकन रहता, जिसपर बकरीके बालोंकी रस्सी 'थपका' कमरबंदकी तरह बाँधी जाती।

दक्षिणी भागमें स्त्रियाँ सूती साड़ी या छींटकी अँगिया पहिनती हैं। बीच-वाले भागमें ऊनी चादर "लावा"को विशेष तौरसे लपेटकर दाहिने कंधेपर गातीकी तरह चाँदी-कांसेके काँटेसे बाँध लेती हैं। कमरमें सूती कपड़ेका कमरबंद और सिर ढाँकनेके लिए एक चादर (झुल्का) रहता है। भोटांतिक स्त्रियाँ लावाके ऊपर छींटका लहँगा पहिनती हैं। ऊनी या दूसरे कपड़ेकी अँगिया और कंचवा (कंचुकी) भी उनके परिधानोंमें है। ऊपरसे सूती घोघी शोभावर्धक परिधान माना जाता है।

ठंडे भागोंमें वर्षा और जाड़ेसे रक्षाके लिए भेड़के बालोंका बना एक टाट जैसा कोट पहिना जाता है, जिसे दौखी कहते हैं।

४. **स्त्रियाँ—**

गढ़वालकी स्त्रियोंकी आकृति आदिके बारेमें डाक्टर पातीरामने लिखा है:[1] "उच्च वर्गकी स्त्रियाँ आर्य आकृति, गोरा रंग और मझोले कदकी होती हैं। उनके केश साधारणतया लंबे और काले होते हैं। उनमेंसे अधिकांश देखनेमें

---

[1]Garhwal Ancient and Modern (Rai Pati Ram Bahadur, Army Press Simla 1917), pp 130-31

सुंदरी, स्वस्थ तथा हृष्ट-पुष्ट होती हैं। मध्यम-वर्ग अर्थात् किसानोंकी स्त्रियाँ रंग-ढंगमें भेद रखती हैं। खुलेमें काम करनेके कारण जल्दी ही उनका सौंदर्य नष्ट हो जाता है। निम्न-वर्ग अर्थात् डोम-जातिकी स्त्रियाँ पहिले दोनोंसे हर बातमें भेद रखती हैं। उनका कद प्रायः नाटा, गठन मजबूत, केश प्रायः ऊन जैसे तथा काले होते हैं।...भोटिया (भोटांतिक) स्त्रियाँ मझोले कद तथा मजबूत शरीरकी होती हैं। उनकी मुखाकृति मंगोलीय है। वह बहुत परिश्रमी होती हैं।...

५. आभूषण—

नाकके आभूषण नथ और बुलाक यहाँ सर्वत्र पहिने जाते हैं। कानोंमें सोने या चाँदीके मुरखाले होते हैं। चूड़ी, कड़े, हाथके तथा ३०-४० तोले तकके चाँदीके पाजेब पैरके जेवर हैं। हाथकी अँगुलियोंमें मुँदरी तथा पैरोंकीमें पोल्या होती हैं। गलेकी हँसेली ४०-५० तोला चाँदीकी होती है। इनके अतिरिक्त रुपयेकी माला भी गलेका आभूषण है।

६. खानपान—

इसके बारेमें पंडित हरिकृष्ण रतूड़ीने लिखा है—[१]

"गढ़वालमें...दाल, भात, खीर इत्यादि सिक्तान्नके खानेमें विशेष भेद पाया जाता है। रोटी, पूरी, प्रसादका खाना केवल अछूत जातिको छोड़कर अन्य चारों वर्णोंमें...समान भावसे प्रचलित है। सिक्तान्न...सरोला ब्राह्मणोंके हाथसे पका हुआ चौकेके अंदर सब लोग खा लेते हैं। कुछ ब्राह्मणों और क्षत्रियोंकी ऐसी भी जातियाँ हैं, जो सरोला-ब्राह्मणोंके हाथसे भी दाल-भात नहीं खाते। गंगाड़ी ब्राह्मणोंके बीच दाल-भात नातेदारोंमें चलता है।... खसिया लोगोंमें दाल-भात केवल नातेदारोंके साथ चलता है। अछूत जातियाँ अन्य सब जातियोंका पकाया खा लेती हैं, उनमें चौकेका रावज नहीं। वे ...आपसमें एक दूसरेका हुक्का नहीं पीतीं, भात रोटी नहीं खातीं, जब तक कि नातेदारी न हो।...अछूत जातियोंका छुआ हुआ जल या कोई तरल पदार्थ तेल, घृत, शहदके अतिरिक्त, और पका हुआ अन्न...कोई...नहीं खाता।... गढ़वालमें जातिके दो संकेत माने जाते हैं, एक डोम अछूत जाति दूसरा बिठ जिसकी छूत नहीं मानी जाती।...

---

[१]"गढ़वालका इतिहास" (पं० हरिकृष्ण रतूड़ी, देहरादून १९२९ ई०), पृष्ठ २०५–२०८

बीठोंका बर्ताव अन्य अ-बीठोंसे बहुत बुरा है। पहाड़में आर्यसमाजने अछूतोंमें आत्मसम्मान लानेकी कोशिश की। इसे बीठ किस दृष्टिसे देखते हैं, उसके लिए निम्न गीत देखिये—

[1]"मीन[2] खौणी[3] मीन, मीनखौणी मीन। डोमो जंदेउ[4] पैर लिने, उगटात[5] का दिन।

किनगोडीकी कांडी,[6] किनगोडीकी कांडी। डोम जंदेउ पैर लिने निर्माणी[7] डाँडी[8]।

वाह रे डोम, वाह रे डोम!

बांटी जाला[9] मेवा, बांटी जाला मेवा। डोम करला[10] संध्या, बिठ[11] करला सेवा। वाह रे डोम, वाह रे डोम।

पैटी जाली बरात[12] पैटी जाली बरात। डोम संध्या करन खोजत बरात।[13]

मारी जाली[14] बरछी, मारी जाली बरछी। आचमनी भी कनी छ[15], भट्ट खोजा करछी।

वाह रे डोम, वाह रे डोम।"

घोटी जाली रैठी,[16] घोटी जाली रैठी। डोम संध्या करन कू कूडा[17] मांग।

वाह रे डोम, वाह रे डोम।

काटी जाली तूण,[18] काटी जाली तूण। नि बोलन[19] बिट्ट तुम ने ल्या रे डोम लोण!

कांगलीका[20] घाँघाँ, काँगलीका घाँघाँ। डोम करला हवन, बिट्ट करला सेवा॥

वाह रे डोम, वाह रे डोम।"

७. रीति-रवाज—

बिठ और डोमका भेद अभी भी इधर भयंकर है। जिस तरह खस अपनेको खस नहीं राजपूत कहते हैं, वैसे ही डोम अब अपनेको शिल्पकार कहते हैं। बीठका अर्थ है, जिसके हाथमें धन और शक्तिके सारे स्रोत केंद्रित हों। पहिले

---

[1]"विराट हृदय" (श्री शंभुप्रसाद बहुगुणा), पृष्ठ २२३-२४

[2]पौधोंके पासकी मिट्टी [3] खोदो गई [4] जनेऊ [5] नष्ट होने [6]किनगोडीका काँटा [7] जल-शून्य, शुष्क [8] पहाड़ [9] बाँटेंगे [10] करैगा [11] बिस्ट, ब्राह्मण-क्षत्रिय [12] चलनेको तैयार बरात [13] बारात [14] मारी जावेगी [15] कैसी है [16] रायता [17] कूड़ेके ऊपर [18] काटा जायेगा तून वृक्ष [19] नहीं बोलना [20] कंघो

गाँवके बीठोंमें थोकदार, पधान और हिस्सेदार (या खैकार) एकके नीचे एक ग्राम अधिकारी होते थे, किंतु धीरे-धीरे उनकी शक्ति पटवारी आदि सरकारके वेतनभोगी नौकरोंके हाथमें चली गई। भिन्न-भिन्न रीति-रवाज सभी जातियों या वर्गोंमें एकसे नहीं है।

(१) स्त्रियोंका स्थान—उच्चवर्गकी स्त्रियोंमें वही रीतिरवाज देखनेमें आता है, जो कि मैदानी इलाकेके उस वर्गमें। किसान स्त्रियोंके बारेमें कहा जा सकता है, कि यहाँकी सारी खेती उन्हींके श्रमपर खड़ी है। इसीलिए जो समर्थ हैं, वह एकसे अधिक स्त्रियाँ रखना चाहते हैं। मैदानमें जैसे लड़केका मोल तिलकके रूपमें होता है, वैसे ही यहाँ इस वर्गके लोगोंमें लड़कीका मोल है। टेहरीमें तो अभी हाल तक इस मोलमेंसे कुछ सरकारको भी मिलता था। चिरकालसे चले आये खस-रवाजके अनुसार विधवा अपनी जातिके किसी पुरुषको घर-जमाईकी तरह टेकुआ बैठा सकती है। पुत्रोंमें हिस्सा बाँटनेके समय पुत्रोंकी संख्यापर नहीं बल्कि सौतोंकी संख्याके अनुसार बाँट (सौतिया-बाँट) होता है, जिससे स्त्रियोंका कुछ महत्त्व तो अवश्य मालूम होता है।

(२) विवाह—"खस-राजपूतों और खस-ब्राह्मणोंमें विवाह संस्था केवल आसुरी रीतिपर है। उनके बीच सैकड़ों रुपये कन्याशुल्क देकर विवाह होते हैं। संकल्प, पाणिग्रहण, सप्तपदी आदि कोई रीति काममें नहीं लाई जाती।... यही रीति डोम-जातिमें भी है।...उनके बीच भाईकी विधवाको घरमें रखने और उससे सन्तति पैदा करनेका भी रवाज प्रकट रूपसे है। ब्राह्मण-क्षत्रियोंमें स्त्रीके पुनर्विवाहका रवाज नहीं है...। कन्या-शुल्क लेनेसे कन्याकी हैसियत दासीकी होती है। परन्तु असवर्ण विवाहका रवाज प्रायः इनमें भी है।... ब्राह्मण केवल कन्या-शुल्क देकर किसी खसिया या खस-ब्राह्मणकी बेटी, ऐसे ही राजपूत किसी खसिया या खस-राजपूतकी बेटी घरमें डाल लेते हैं और उसके साथ भोजन-संबंध भी नहीं रखते"—[१]

पिछली शताब्दीके आरंभ तक राक्षस-विवाह भी खसिया और डोम लोगोंमें प्रचलित था। सयानी लड़कीको जबर्दस्ती ले जाकर व्याह कर लिया जाता, और लड़कीके बापको कन्या-शुल्क देकर छुट्टी मिल जाती थी। अंग्रेजी-शासनकी कड़ाईके कारण इस प्रथापर रोक लग गई। १९४८के अगस्तमें लेखकने कनौरमें एक जगह इसी तरह कन्या-अपहरणकी एक घटना देखी।

---

[१] **"गढ़वालका इतिहास"**, पृष्ठ २०३-२०४

वहाँवाले ख्याल करने लगे, कि अंग्रेजोंके शासनके हट जानेपर उनका पुराना अधिकार फिर लौट आया है।

जौनपुर (टेहरी) पट्टीके लोग वस्तुतः गढ़वालकी और जातियोंकी अपेक्षा जौनसारियोंसे अधिक संबंध रखते हैं। दोनोंके रीति-रवाजों और वेषभूषामें बहुत समानता है। बहु-पतिविवाहका वहाँ अब भी रवाज है, जिसके अनुसार सभी भाइयोंकी एक पत्नी होती है।

८. भाषा—

गढ़वाली भाषाकी मुख्यतः तीन बोलियाँ हैं, जिनका नमूना श्री टीकाराम-जी शर्मा "कुंज"[1]के अनुसार निम्नप्रकार है—

(हिन्दी—एक समयमें दो विख्यात शूरवीर थे। एक पूर्व दिशाके कोनेमें, दूसरा पश्चिम दिशाके कोनेमें रहता था। एकका नाम सुनकर, दूसरा जलभुन जाता था। एकके घरसे दूसरेके घर जानेमें बारह वर्षका मार्ग चलना पड़ता था।)

(१) टिहरी-श्रीनगरी बोली—

एक वगतमा दुइ नामी जोधा छा। एक पूरबका कोणामा, अर दोसरू पच्छिमका कोणामा रन्दो छौ। एकको नाउँ सुणकि, दोसरा धर जनि आग लग जान्दी छई। एकका डेरासे दोसराका डेरा जाणामा बारह बरसको बाटो हिटणो पड़दो छौ।

(२) रवाईं-जौनपुरी बोली

यक्क समय मु दू बेग्या बांक्का बीर हाँ। यक्क पूरब छोड्डु हैक्कु पच्छिम छोड्डु रौं। यक्का कु नौं सुणी, हैक्कु जली फुक्की जाउं। यक्काका दार सि हैक्काका दार जाण मु यक्क जुग कु वाट्ट हिटण पड़ो।

(३) चौंदकोट-सलाणी बोली

एक बैनमा दुइ भारी नामी भैड़ छया। एक पूरबमा, हैक पच्छिममा राहन्दो छयो। एकको नाउँ सुणी, हैक फुकेइ जान्द छयो। एकका घार ना हैक्का घार जाणमा बारा साल को बाट हिटण पड़दु छयो।

---

[1]**गढ़वालकी सारी बोलियाँ लगभग इन्हीं बोलियोंके अन्तर्गत आ जाती हैं। केवल कहीं कहीं कुछ शब्दोंका साधारण हेर-फेर और उच्चारणमें अन्तर पाया जाता है। सीमावर्ती प्रदेशोंकी बोलियाँ मिश्रित पाई जाती हैं। गढ़वालकी मुख्य बोली "गढ़वाली" है, जो श्रीनगर-टिहरीके आसपास बोली जाती है। इसी बोलीमें गढ़वाली भाषाका साहित्य भी मिलता है।—टीकाराम शर्मा "कुंज"**

अध्याय ५

आजीविका

गढ़वालमें उद्योगीकरणकी सारी संभावनायें हैं, किंतु अभी भारतके और भागोंकी तरह वह केवल कृषि-प्रधान देश है।

§ १. कृषि

१. कृषिका ढंग—

टेहरी जिलेके ४२ सौ वर्गमीलमें २५० वर्गमील कृषिकी भूमि है। गढ़वाल जिलेमें इससे और भी अधिक भूमि खेतोंके रूपमें परिणत कर दी गई है। बहुतसी जगहोंपर तो जंगलोंको काटकर सारे पहाड़को खेतोंकी सीढियोंसे ढाँक दिया गया है, जिसके कारण एक ओर पहाड़ सूखे हो गये और दूसरी ओर वहाँ भूमि-पात ज्यादा होता है। जंगलोंके अभावके कारण खेतोंकी उर्वरता भी बहुत कम रह गयी है। मल्ला-पैनखंडा गढ़वाल जिलेमें और नेलङ् टेहरीमें ऐसे इलाके हैं, जहाँपर बहुत कम जमीनमें खेती होती है। मल्ला-पैनखंडा माणा और नीतीके डाँडेवाले भोटांतिक गाँवोंका इलाका है। इधर मध्य-हिमालयमें दो हिमाल-पंक्तियाँ हैं, जिनमें असली पंक्ति पहले आती है। इसके उत्तरमें तिब्बतके साथ हमारी सीमा बनानेवाली दूसरी पंक्ति है। कुमाऊँसे गढ़वालतकके भोटांतिक इलाके मुख्य हिमाल-श्रेणीसे उत्तरमें हैं, जिसके कारण बादल वहाँ हिमालमें नदियों द्वारा काटे छिद्रोंसे मुश्किलसे पहुँच पाते हैं। ऐसे छिद्रोंमेंसे एकका "क्रौंच-छिद्र" नाम बतलाता है, कि भूमिकी इस स्थितिका कुछ-कुछ परिचय प्राचीनोंको भी था। बादलोंके मार्गमें यह कठिनाई माणा, नीती, नेलङ्के इलाकोंको वर्षासे बहुत कुछ वंचित कर देती है। ऊपरसे १००००से अधिक फुट ऊँचाईवाली यह भूमि नवंबरसे मईतक बर्फसे ढँकी रहती है, जिसके कारण यहाँ केवल एक ही फसल पैदा की जा सकती है। तिब्बतके साथ व्यापार यहाँके लोगोंकी मुख्य जीविका है, यह कह आये हैं। माणावालोंको एक लाभ यह भी है, कि वह बदरी-नाथके यात्रियोंसे लाभ उठा सकते हैं। यद्यपि दूकानें उन्होंने अभी बहुत कम खोली हैं, किंतु उनका आलू और दूसरी चीजें अच्छे दामोंमें बिक जाती हैं।

गढ़वालके इस इलाकेमें रिणी (६५०० फुट)से नीती (११५०० फुट)तक २३ गाँव हैं, जिनके पास सारे खेत केवल १००० एकड़ हैं। खेत कहीं-कहीं सीढ़ीकी तरह बनाये हुए हैं और कहीं-कहीं काटकर जंगलोंके बीचमें ही खेती की जाती है। वर्षाकी कमीके कारण सीढ़ी और वेसीढ़ी दोनों तरहके खेतोंकी ऊपज एक जैसी होती है। माणा-घाटीमें आलूके अतिरिक्त छुवा और फापड़ भी बोया जाता है। नीती-घाटीमें इनके अतिरिक्त गेहूँ, जौ और सरसों भी सिंचाई-वाले खेतोंमें पैदा होती है। मल्ला-पैनखंडाके बारेमें प्रथम कमिश्नर ट्रेलने आजसे सौ वर्ष पहले लिखा था: मूलतः यह भूमि तिब्बती बाशिन्दोंकी थी, "शकल-सूरत, भाषा, धर्म, रीति-रवाज सभी बतलाते हैं, कि यहाँके वर्तमान निवासियोंका मूल-स्थान पड़ोसका तातारी प्रदेश (तिब्बत) है।..."मल्ला-पैनखंडाको कोई चार शताब्दी पहले गढ़वालियोंने जीता। किंतु "दक्षिणी हिमालयके राजाकी प्रजा होनेके बाद भोटिया (भोटांतिक) लोगोंने अपने पैतृक राज्यकी अनुगामिता-को बिल्कुल छोड़ नहीं दिया, बल्कि आज भी वह दोनोंकी प्रभुताको स्वीकार करते हैं। यह बड़ी विचित्रसी अधीनता है, लेकिन तिब्बत और हिंदुस्तानके बीच व्यापारिक संबंधके बिचवई बने रहनेके अपने स्थायी स्वार्थके लिये वह ऐसा ही चलता रहेगा, ऐसा मालूम होता है।"

२. भूमिके भेद—

गढ़वालमें समतल भूमि भाबर छोड़कर और कहीं नहीं है। एक तरह कहा जा सकता है कि यहाँकी सारी भूमि पहाड़ोंसे ढँकी है, इसलिए खेतोंको पर्वतगात्रपर सीढियोंकी तरह बनाया जाता है। चट्टानोंके ऊपर मिट्टीकी तह बहुत पतली होती है, जिसके कारण खेतोंको अधिक मिट्टीसे ढाँकना आवश्यक होता है। कहीं-कहीं तो मिट्टी दूरसे लाकर डाली जाती है, किंतु इस तरह बहुत खेत नहीं बनाये जा सकते। खेत बनानेका कायदा है: थोड़ा नीचेके तरफ पत्थरोंकी दीवारसी खड़ी कर देना, फिर चार-पाँच हाथ ऊपरसे मिट्टीको काटकर दीवारको जड़से ऊपर तक लगाकर उसे जमा कर देना। खेतोंकी दीवार सारी एक ही साल नहीं बना दी जाती, वल्कि थोड़ा-थोड़ा करके कई सालोंमें खेत पूरा होता है। कहा जा सकता है, कि यहाँके खेत पीढ़ियोंके परिश्रमके फल हैं। एकके ऊपर एक इस तरहके बने खेत दूरसे देखनेपर ठीक सीढियों जैसे मालूम होते हैं। खेतोंकी इन दीवारोंको एक बार बनाकर निश्चिन्त नहीं रहा जा सकता। वर्षामें दीवारें टूटती-फूटती रहती हैं, जिनकी बराबर मरम्मत करनी पड़ती है। सिंचाईवाले खेतोंको सीढ़ीदार बनाया जाता है। वहाँ उपज भी अधिक

होती है, इसलिए इतना परिश्रम बेकार नहीं होता। बिना सीढ़ीकी खेतीकी भूमिको कटील कहते हैं। यह रामभरोसे खेती है। आमतौरसे गाँव ऐसी जगह बसता है, जिसके ऊपर और नीचे खेती लायक भूमि हो।

खेतीकी ऊपजके लिए तीन चीजोंकी अवश्यकता होती है: (१) खेतकी स्थिति अर्थात् समुद्रतलसे उसकी ऊँचाई, (२) भूमिकी बनावट अर्थात् पत्थर और मिट्टीकी मात्रा, (३) सिचाईका मुभीता। आमतौरसे ६५०० फुटतक खेती की जा सकती है। छोवा, बत्थू ८००० फुटतक पैदा हो सकते हैं और गेहूं ९००० फुटतक। अगर खेत पहाड़के छायादार पार्श्वपर है और उसके पास जंगल है, तो वहाँ नमी काफी बनी रहती है और मिट्टीकी तह भी अधिक मोटी और उर्वर होती है। ऐसी भूमि पहाड़ोंके दक्षिणी पार्श्वपर मिलती हैं। कमिश्नर बैटनने लगान ठीक करते वक्त यहाँकी कृषि-भूमिके छ विभाग किये थे। जिनमें सिंचाईके भूमिका प्रथम, द्वितीय, तृतीय श्रेणी और बेसिंचाईकी भूमिकी भी वैसी ही तीन श्रेणियाँ मानी थीं। इनके अतिरिक्त ईजरान या कटीलकी सातवीं श्रेणी भी थी, जिसमें हर तीसरे या चौथे साल ही खेती की जाती है।

अच्छी खेती और उपजके लिए पहाड़में सिंचाईकी आवश्यकता मैदानसे भी अधिक है, क्योंकि यहाँका पानी धर्तीके ऊपर और नीचे दोनों ही जगह जल्दी बह जाता है। जंगलोंका यह भी एक उपयोग है, कि वह पानीके एक भागको अपने नीचेकी धर्तीमें रोक रखते हैं, और सूर्यकी किरणोंको भी काफी समय तक पानीको नहीं सोखने देते। सिंचाईके लिए जल यहाँ बहुत जगहोंपर प्राप्य है, क्योंकि सभी उपत्यकाओंमें अलकनंदा, भागीरथी जैसी बड़ी नदियाँ तथा उनकी कितनी ही शाखायें बहती हैं। इनमेंसे बहुतेरी तो सनातन-हिमानियोंसे निकलती हैं, जिसके कारण वह सदानीरा होती हैं। पुराने जमानेसे लोग छोटी-छोटी नहरें—जिन्हें यहाँकी भाषामें गुल कहा जाता है—बनाकर खेतोंकी सिंचाई करते आ रहे हैं। आरंभिक समयमें तो पहाड़के ऐसे स्थानोंमें खेत ही नहीं बनाये गये थे, जहाँ नहरको बहुत मुश्किलसे तथा बहुत दूरसे लाना पड़े। आजकल तो आबादीके बढ़नेके अनुसार खेतोंको, जहाँ कहीं भी भूमि मिली, वहाँ तैयार कर दिया गया, जहाँ गुल (कूल, कुल्या) निकालना आसान काम नहीं है। पिछली एक शताब्दीमें भारतके और जगहोंकी तरह, यहाँ भी सामूहिक जीवनका ह्रास हुआ, और लोग मिलकर सबके लाभके लिए काम करनेकी जगह अपना काम अलग-अलग करना ही पसंद करते हैं। पहले जमानेमें राज्यकी ओरसे और पंचायतोंके कारण भी मिलकर गुल या मार्ग बनानेके लिए लोग मजबूर

किये जाते थे, किंतु इधर वह मजबूरी उतनी नहीं रही। वस्तुतः मजबूर करनेपर भी वह अपने बूते आजकी सिंचाईकी समस्या हल नहीं कर सकते। दूरसे नहरोंको लानेके लिए इंजीनियरकी सहायता आवश्यक है, तथा रास्तेमें पड़नेवाले बरसाती नालों आदिके ऊपरसे नहरको पार करानेके लिए पुलों और मोटे पाइपोंकी जरूरत पड़ती है। जगह-जगह नहरोंको स्थायित्व देने तथा पानीके सोखे जानेसे बचानेके लिए सीमेंटकी भी काफी अवश्यकता पड़ेगी। नजदीकसे छोटी-छोटी नहरोंको निकालने और चालू रखनेका काम तो अपने थोड़ेसे साधनोंसे गाँववाले करते ही आये हैं, अब तो दूरसे निकलनेवाली बड़ी-बड़ी नहरें बनानेके लिए रह गई हैं। अंग्रेजी सरकारने इस ओर बहुत कम ध्यान दिया। पिछले चार वर्षके भारतीय शासनमें भी जो काम इस दिशामें हुआ है, उसे केवल आँख पोंछना ही कहा जा सकता है। पहाड़की आबादी भी प्रतिवर्ष हजारपर पन्द्रहके हिसाबसे बढ़ रही है अर्थात् सारे गढ़वालमें प्रतिवर्ष पन्द्रह हजार नये मुँह खानेके लिए तैयार हो जाते हैं, जिनके लिए प्रायः एक लाख मन अनाजकी अवश्यकता बढ़ जाती है। यह काम आँख पोंछनेसे नहीं हो सकता।

३. **खाद—**

भूमिकी स्वाभाविक उर्वरता सैकड़ों वर्षोंकी खेतीसे बहुत कुछ खतम हो चुकी है। लोग उर्वरता बढ़ानेके लिए पशुओंके गोबर और गौशालाओंमें बिछाई पत्तियोंको ही इस्तेमाल करते हैं। कटील भूमिमें झाड़ियोंको काट और जलाकर राख बिखेरना भर काफी समझा जाता है। आमतौरसे खाद बोवाईसे तुरंत पहिले खेतमें डाली जाती है। गर्मीके दिनोंमें कहीं-कहीं खेतोंमें ही पशुओंको बाँधा जाता है, जिसमें उनका गोबर और पेशाब खेतमें पड़े।

४. **फसलें—**

खरीफ और रब्बी दो प्रकारकी फसलें आमतौरसे होती हैं, किंतु जैसा कि पहिले बतलाया, बहुत ऊँचाईके स्थानोंमें केवल एक फसल होती है। खरीफकी फसल बोनेसे पहिले एक बार खेतको जोत लिया जाता है, फिर झंगोरा, मँडुवा, (कोदा) कांगुन, मक्का जैसे बर्साती अनाजोंको बो दिया जाता है। गेहूँ और धानके खेतोंको ज्यादा जोतनेकी अवश्यकता पड़ती है। वहाँके पत्थरोंको चुनना तथा ढेलोंको तोड़ना भी आवश्यक होता है। फसलके काफी बड़ी हो जानेपर निराईकी अवश्यकता पड़ती है। पहाड़में हल जोतना छोड़कर बाकी खेतीका सारा काम स्त्रियाँ सँभालती हैं। जहाँ दो फसलें होती हैं, वहाँ खरीफकी कटाई सितंबरमें होती है और रबीकी अप्रेलमें। खरीफकी फसलमें मँडुवा (रागी) झंगोरा, सँवा,

कँगुनी, छुवा, तिल, मक्का, चीना, उड़द, गहत, भट्ट (भटमास), मिर्च, हल्दी, अदरक और कहीं-कहीं गन्ना भी है। कँगुनी, मक्का, मँडुवा और चीना पहिले तैयार हो जाते हैं। अरहर (तूर) बहुत कम ही जगह बोई जाती है।

रवीके फसलके मुख्य धान्य हैं : जौ, गेहूँ और सरसों। ऊँचे उन्नतांशोंमें यह फसल देरसे तैयार होती है, जैसे कि ६००० फुटकी ऊँचाईपर रबी मईके पहिले नहीं पकती, इसी तरह ७०००पर जून और ८०००पर जुलाई कटाईका समय है। जोशीमठसे ऊपर अमलीमें—जो ९००० फुट ऊँचाईपर है—तो रबीकी फसल अगस्तमें कटती है। इससे अधिक ऊँचाईपर खेत जूनमें बोया जाता है, जब कि बर्फ पिघलती है और सितंबरके महीनेमें काटी जाती है।

चार-पाँच हजार फुटकी ऊँचाईतक उपत्यकाओंके निचले भाग और सुभीता होनेपर ऊपर भी चावलकी खेती होती है। कोशिश करनेपर यहाँ अच्छा चावल पैदा हो सकता है—अपने श्रेष्ठ बासमती चावलके लिए प्रसिद्ध देहरादूनका जिला गढ़वालका ही एक भाग माना जाना चाहिये। धान अप्रेलमें बोया-रोपा जाता है और सितंबरमें काटा जाता है। फिर अक्तूबरमें उसी खेतमें गेहूँ बोकर अप्रेलमें काट लिया जाता है। तब अप्रेलमें मँडुवा बोकर अक्तूबरमें काटा जाता है। इसके बाद खेतको अगले अप्रेल तकके लिए खाली छोड़ दिया जाता है। मँडुवा और चावल कभी-कभी आधे-आधे खेतमें बोये जाते हैं। चावलवाले भागको सठयारा (साठी चावल)कहते हैं और मँडुवावाले भागको कोदारा—पहाड़में मँडुवा (रागी) को कोदा कहते हैं, जो नीचेका कोदो नहीं है। जाड़ोंमें कोदारा खेत खाली छोड़ दिया जाता है, लेकिन सठियारेमें गेहूँ बोया जाता है, जिसके कारण उसका नाम ग्यूँवारा हो जाता है। वही खेत पीछे मँडुवा बोनेपर कोदारा बन जाता है। पिछले सालका कोदारा इस सालका सठियारा हो जाता है। गाँववाले एक समयमें अपने एक ओरके सारे खेतोंको परती छोड़ देते हैं। इसके कारण ढोरोंके बेरोकटोक चरनेमें सुविधा होती है। जाड़ोंमें इस तरह गाँवके आधे खेत खाली पड़े रहते हैं। ऊँचाईके अनुसार एक ही अन्नकी फसल पहाड़में आगे-पीछे तैयार होती है। चावलकी फसलकी कटाई सबसे पहिले पहाड़के ऊपरी भागोंमें होती है, फिर वह नीचेकी ओर जाती है; इससे उलटे रब्बीकी फसल पहिले निचले भागसे शुरू होकर ऊपरकी ओर तैयार होती है। अधिक ऊँचे स्थानोंमें एक ही फसल होती है और उसमें भी फाफड़, ओगल, छोटी मटर, नंगा-जौ और गेहूँ ही पकता है। भोटांतिक गाँवोंमें, जहाँ मई और जूनतक बर्फ पिघलती है, दो फसल काटना संभव नहीं है।

भाबरमें आबोहवा और भूमि देश जैसी है, इसलिए वहाँ फसलोंका चक्कर नीचे जैसा होता है—चावलके बाद गेहूँ भी बोया जाता है, लेकिन अगली वर्षामें उसमें चावल न बोकर मक्काकी फसल उगाई जाती है, जिसके पकनेमें ६० दिन लगते हैं। फिर उसी खेतमें सरसो बो दी जाती है, जो दिसंवरमें तैयार होती है; तब जनेरा बोकर अप्रेलमें काट लिया जाता है। इस प्रकार, दो वर्षमें वहाँ पाँच फसलें होती हैं। भाबरके कितने ही पूर्वी गाँवोंमें चावलकी जगह तंबाकू और कपासकी खेती ज्यादा होती है। ढोरोंके गोष्ठ जहाँ पहले रहते हैं, वहाँकी भूमि अधिक उर्वर हो जाती है। ऐसी भूमिमें तीन वर्षतक बारी-बारीसे तंबाकू और मक्काकी खेती की जाती है। जब खेतकी उर्वरता कम हो जाती है, तो गेहूँ और कपास बोये जाते हैं। यदि सिंचाईका सुभीता हुआ, तो कपासकी फसलके बाद गेहूँ बोया जाता है।

५. तर्कारियाँ—

गढ़वाल अपने अदरक, मिर्च और हल्दीके लिए बहुत मशहूर है। यह चीजें जिलेके दक्षिणी भागमें पैदा की जाती हैं, जहाँसे मैदानी बाजार नजदीक हैं। आलूकी खेती उतनी अधिक नहीं होती। हाँ, नीती और माणाके गाँवोंमें अच्छी किस्मका आलू होता है। प्याज, लहसुन, पालक, बैंगन, भिंडी, तुरई, चिचिड़ा, कद्दू, लौकी, मूली, सलगम आदि तर्कारियाँ अच्छी तरह हो सकती हैं, किंतु जीवनतलके अत्यन्त निम्न होने और उनकी माँग कम होनेसे उधर अधिक ध्यान नहीं दिया जाता।

§२. शिल्प-उद्योग

जैसा कि पहले कहा, गढ़वालमें शिल्प और उद्योगका अभाव सा है, और जो कुछ शिल्प-व्यवसाय पहले था भी, पिछले सौ सालोंमें वह बिल्कुल नहीं सा रह गया। किसी समय गढ़वालके बढ़इयोंका कलापूर्ण कारुकार्य बहुत प्रख्यात था। उसी तरह श्रीनगरके पाषाण-शिल्पी भी बड़े दक्ष मूर्तिकार थे। आज मूर्तिकारोंका नाम शेष रह गया है और गुणग्राहकताके अभावके कारण बढ़इयोंका शिल्प भी खतम सा हो चुका है। मोलारामकी चित्रकलाने गढ़वालके नामको कला-जगतमें अमर कर दिया है, किंतु उनके पोतेको जब मालूम हुआ, कि चित्र बनाकर जीविका नहीं चला सकते, तो उसने पहले सुनारीका और फिर दूकानदारीका काम शुरू किया। आज उनके परपोते बालकराम श्रीनगरके एक दूाकनदार भर रह गये हैं।

१. भंगेला--

उत्तरी उत्तर-प्रदेशमें गंगासे लेकर उत्तरी बिहारतक भाँग एक जंगली पौधा है। वह इतना अधिक पैदा होती है, कि बहुत जगह उससे खेतोंकी रक्षा करना कठिन हो जाता है। पहाड़में भी जंगली भाँग होती है, किंतु जिसकी छाल या सनसे भंगेला तैयार किया जाता है, वह खेतोंमें बोया जाता है। पहाड़में ४५०० फुटकी ऊँचाईतक ऐसे गाँवोंमें भांगकी खेती होती है, जहाँ पाविल और शिल्पकार (डोम) लोग रहते हैं। यही लोग भंगेला बनाते हैं। भांगके पौधे दो प्रकारके होते हैं एकको फुलंगा या नर पौधा कहते हैं। इसकी छालके तंतु बहुत बारीक होते हैं, जिनसे भंगेला कपड़ा बनाया जाता है। मादा पौधेको कलंगा कहते हैं। इसकी छालके तंतु मोटे होते हैं, जिससे बोरे या थैलेवाला भंगेला बनाया जा सकता है। फुलंगासे बना हुआ कपड़ा हालतक गढ़वालके गरीब लोग पहनते रहे हैं। कोरियाके गरीब लोगोंकी भी यही बात थी—बुद्धके समय भारतमें भांगका कपड़ा बहुत बनता था। कलंगाकी पत्तियोंसे रस निकालकर चरस बनाया जाता था। पीछे चरस चीनी तुर्किस्तानसे मंगाया जाने लगा और आबकारी-कानून द्वारा यहाँ चरस बनाना रोक दिया गया। भांगके पौधे सितंबर, अक्तूबर और नवंबरमें काटने लायक हो जाते हैं। फिर सुखाकर पाट या सनके पौधोंकी तरह मुट्ठे बाँधकर पानीमें डुबाके रख दिये जाते हैं। दस-बारह दिनमें छालका ऊपरी भाग सड़ जाता है। पानीसे निकाल मुँगरीसे पीट-पीट कर सनको अलग किया जाता है। फिर उसे और पीट कर सनमें लिपटी गंदगीको निकाल दिया जाता है। फिर तकलेपर उसका सूत कातकर कपड़ा बुना जाता है। फुलंगा और कलंगा दोनोंके ही बने कपड़े भंगेला कहे जाते हैं, जो काफी मजबूत होते हैं, किंतु आदमीके पहनने लायक कपड़ा फुलंगाके सनसे ही बनता है। अनुमान किया जाता है, कि गढ़वाल जिलेमें ६०० एकड़ खेतमें भांगकी खेती होती है, जिससे २४०० मन डंठल या १५३ मन भांगका सन निकलता है। एक आदमी एक दिनमें चार छटांक सूत कात सकता है। कताई और बुनाई साथ-साथ की जाती है। भंगेलेका कपड़ा अर्जमें १४-१५ इंच और लंबाईमें ढाई गजका होता है। तीन टुकड़ोंके जोड़नेपर एक वयस्क स्त्री या पुरुषके लिए पूरा कपड़ा बन जाता है। पचीस-तीस वर्ष पहले एक टुकड़ेका दाम डेढ़से ढाई रुपयेतक था। चाँदपुरके लोग इस कपड़ेका ज्यादा व्यवहार करते थे। पहले उसमेंसे कुछ कोटद्वारा और रामनगरके बाजारोंमें भेजा जाता था। भंगेलेका काम बहुत जगह पाविलोंने छोड़ दिया है। पाविला खस जातिके हैं, जिन्होंने खस नाम छोड़कर

अपनेको राजपूत कहना शुरू कर दिया है। भंगेला बनानेके कारण पाविलोंको नीची निगाहसे देखा जाता था, फिर वह कैसे इस व्यवसायको आगे जारी रख सकते थे ?

२. चाय-बगान—

चीनमें चाय आठवीं नवीं शताब्दीसे ही पी जाने लगी थी। वहांसे उसका प्रचार कोरिया और जापानमें हुआ। अठारहवीं सदीमें पूर्वी और पश्चिमी लोग भी इससे परिचित होने लगे। आगे तो चायने उन्हें मुग्ध कर लिया। सभी देशोंमें चाय एक तरहसे नहीं पी जाती। चीन, जापान, कोरिया, मंगोलिया-में केवल पत्तीका गरम रस पिया जाता है। तिब्बतवाले उसमें नमक, सोडा और मक्खन मिला और मथ कर बड़े पुष्टिकारक रूपमें पीते हैं। रूसी लोग चीनी मिलाना तो आवश्यक समझते हैं, किंतु दूधका उपयोग नहीं करते, हाँ, यदि नींबू-का रुपये जैसा एक गोल टुकड़ा मिल जाय, तो बड़े शौकसे उसे खटमिट्ठा करके पीते हैं। बाकी यूरोप और उसके द्वारा प्रभावित देशोंमें दूध और चीनीको चाय-का अभिन्न अंग माना जाता है। आजकल भारत चाय पैदा करनेका सबसे बड़ा देश है, लेकिन १८३५ से पहले यहां एक भी चायका बाग नहीं था। अंग्रेजोंने अनुकूल स्थानोंपर पहलेपहल चाय-बगान लगाये, उन्हें बहुत बढ़ाया, और भारतके स्वतंत्र होनेके बाद आज भी प्रायः सभी चाय-बगान अंग्रेजोंके हाथमें है।

डाक्टर रायलने १८२७ ई०में तत्कालीन गवर्नर-जेनरल लार्ड एम्हर्स्टको सुझाया, कि कुमाऊँके पहाड़ोंमें चाय अच्छी तरह पैदा की जा सकती है। डाक्टरने १८३४में प्रकाशित अपनी पुस्तक "हिमालीय वनस्पति-शास्त्रके उदाहरण"में इसके कारण दिये हैं। जोजफ बेंक्स, डाक्टर गोवन, डाक्टर वालिच और डाक्टर फाकोनरने भी चाय-बगानकी ओर सरकारका ध्यान आकृष्ट किया था। लार्ड विलियम बेंटिकने १८३४में इसकी जाँचके लिए एक समिति बनाई, जिसके अध्यक्ष डाक्टर वालिच थे। १८३५में चीनसे चायके बीज मँगवाकर कलकत्तामें पौध लगाई गई, जिसे रोपनेके लिए आसाम, कुमाऊँ और गढ़वाल भेजा गया। कुमाऊँ और गढ़वालमें सरकारने चायकी पौधवारी स्थापित की, जिसके निरीक्षक सहारनपुरके वनस्पति-उद्यानके अफसर डाक्टर फाकोनर बनाये गये। उन्होंने १८४१में चायकी खेतीके भविष्यके बारेमें बहुत अच्छी रिपोर्ट दी। लेकिन फाकोनरने केवल पौधेकी वृद्धि और हरी भरी पत्तियोंको ही पैदा कर पाया था। पत्तियोंको पीनेकी पत्तीके रूपमें परिणत करना उनके बसकी बात नहीं थी। उनके लिखनेपर चीनसे चाय बनानेवाले दक्ष कारीगर बुलाये गये, जो अप्रेल

१८४२में भारत पहुँचे। लेकिन, स्वास्थ्य खराब हो जानेके कारण उसी साल दिसंबरमें फाकोनर भारत छोड़नेके लिए मजबूर हुए। जून १८४७में वह पत्तियोंका नमूना लिये इंगलैंड पहुँचे। पहले पत्तियोंके नमूनेको बहुत पसंद किया गया। ईस्ट इंडिया कंपनीका ध्यान इस ओर आकृष्ट हो चुका था।

फाकोनरके उत्तराधिकारी डाक्टर जेम्सनने चायके बागको और बढ़ाया, लेकिन इसी समय यह मालूम हुआ, कि १८३५में जिस बीजको मँगाया गया था, उसे चीनमें बहुत अच्छा नहीं समझा जाता। इसपर सरकारने १८४८में मिस्टर फार्चूनको चीन भेजा। उनका अभियान सफल रहा और मध्य-चीनके बागोंसे बीज लाकर काली और हरी पत्तियोंवाले २०००० सर्वोत्तम पौधे हिमालयमें लगाये गये। इसी समय चीनके छ प्रथम श्रेणीके दक्ष कारीगर, दो मुखिया और बहुत प्रकारके हथियार हूइचाव जिलेसे मँगाये गये, जो अपनी चायके लिए मशहूर हैं। १८५१ ई०में यहाँकी चायका भविष्य बहुत उज्ज्वल माना जाता था, लेकिन आगे वह आशा सफल नहीं हुई। लोहवामें असफलताका मुँह देखना पड़ा। फिर सरकारने पौड़ीके पास गदोलीमें तीन चीनी और दस भारतीय चाय-बनानेवालोंके साथ एक कारखाना खोला। यह आशा की जाती थी, कि इधरके जमींदार लोग स्वयं चाय-बगानोंको लगायें और बढ़ायेंगे और पत्तियाँ पासके कारखानेमें ले जाकर तैयार कर ली जायँगी। लेकिन गढ़वाली जमींदार खतरा समझकर रुपयेको इस व्यवसायमें लगाना नहीं चाहते थे। वैसे गढ़वालमें इतनी अधिक जमीन भी नहीं थी, जिसे कि केवल चायके लिए दिया जा सकता। तिब्बतमें चीनकी चाय सीधे पहुँच जाती थी। कुमाऊँ-गढ़वालकी चाय मध्य-एसियाके बाजारोंको नहीं दखल कर पायी, इसलिए चाय-उद्योगके लिए कोई भविष्य नहीं रह गया। १८९७में गढ़वाल-जिलेमें ७९००० पौंड चाय पैदा हुई, जो १९०७में ५२००० पौंड रह गयी। उस समय ग्वाल्दममें चायका सबसे बड़ा बाग था और छोटे-छोटे बाग मूसेटी, बेनीताल और सिलकोटमें भी थे। १९२४ ई०में प्रकाशित सरकारी औद्योगिक सर्वे रिपोर्टके कथनानुसार १९२२में पाँच चाय-बगीचे मौजूद थे। १९२१में उनका क्षेत्रफल ५६५ एकड़ था और उसी साल २७५ एकड़ बाग उजड़ गया। १९२२में केवल ३३० एकड़में चायके बाग थे, जिनके साथ १५८६ एकड़ और भी जमीन बागवालोंके पास थी। उस साल ३१० एकड़से पत्तियाँ चिनी गईं और ३९२० पौंड काली तथा ९००० पौंड हरी चाय तैयार की गई थी।

गढ़वालमें उस साल निम्न पाँच चाय-बगान थे :

(१) बेनीताल चाय-बगान,

(२) सिलकोट चायबगान, डाकघर लोहबा, तारघर कर्णप्रयाग

(३) गदोली चायबगान, पौड़ी

(४) ग्वाल्दम चायबगान (१९१९में सरकारने खरीद लिया)

(५) तलवरी चायबगान

३. टोकरी आदि बनाना—

ऊपरी उन्नतांशोंमें एक तरहका नरकट जैसा छोटा बाँस होता है, जिसे यहाँ रिंगाल कहते हैं। लोहबा, चाँदपुर और वधारण जैसे कितने ही इलाकोंमें रिंगालकी टोकरियाँ और चटाइयाँ बनाई जाती हैं। यात्रा-मार्गोंपर जाते समय यात्री डलियाँ अपने साथ ले जाते हैं, नहीं तो इनका उपयोग स्थानीय लोग ही ज्यादा करते हैं। पानीसे चलते हुए खरादोंपर लकड़ीके बर्तन भी कहीं-कहीं बनाये जाते हैं, किंतु उसमें यह ध्यान नहीं दिया जाता, कि कैसे लोग काठके बर्तनोंको पसंद करेंगे। बहुत जगह तो बर्तन बनानेवाले तीर्थ-यात्रियोंको केवल ठगते भर हैं। आसानीसे खरादे जानेके ख्यालसे कच्ची ओदी लकड़ीका देखनेमें सुंदर बर्तन बना दिया जाता है, जो दो ही दिन बाद सूख कर फट जाता है। इसके कारण बहुत कम लोग बर्तनोंको खरीदते हैं। यदि पक्की सूखी लकड़ी भिगो कर खरादी जाय, तो बर्तन मजबूत रहेंगे और हर सालके आधे लाख यात्रियोंमें अधिकांश उन्हें खरीदेंगे।

धयज्यूली पट्टीमें दरपति और सलोङ् गाँव किसी समय हाथके कागज बनानेके लिए मशहूर थे। वह वहाँ पाई जाती सत्पूराकी झाड़ियोंसे बनाया जाता था। पेड़की छालको निकालकर पहले उबाला जाता, फिर उसे मथकर लेईकी तरह बना दिया जाता। इस लेईको दो कपड़ोंके भीतर फैला और दबाकर कागज तैयार किया जाता, जिसे सुखा लेनेपर वह कागजका ताव हो जाता। मोटा बनानेके लिए दो-तीन पतले कागजोंको साटकर घोट दिया जाता है। गढ़वाली कागज यद्यपि बहुत मजबूत होता था, किंतु तिगुने-चौगुने दामपर मजबूत कागज लेनेके लिए कितने लोग तैयार थे? धीरे-धीरे नीचेकी फेक्टरियोंके बने कागजने आकर यहाँके कागजके रोजगारको खतम कर दिया।

४. ऊन कताई-बुनाई—

ऊन गढ़वलामें भी काफी पैदा होती है। १९२२में गढ़वाल जिलेमें ४४५५ मन, टेहरीमें १५०० मन ऊन पैदा हुई थी और ३२२३ मन तिब्बतसे आई थी। गढ़वाल जिलेमें २३७६२१ और टेहरीमें ३५९७७४ बकरियाँ थीं। गढ़वाली

ऊन उननी अच्छा नहीं होती, इसलिए उससे अच्छी प्रकारके मुलायम कपड़े नहीं बन सकते। यदि अच्छे भेड़ोंको लाकर संकरीकरण किया जाय, तो भेड़ोंकी नसल सुधार कर ऊनको अच्छा बनाया जा सकता है। जो ऊन यहाँ पैदा होती है, उसमेंसे भी २२७० मनको ही काता-बुना जाता है, बाकी कानपुर, अमृतसर, नजीबाबाद तथा दूसरी जगहोंमें भेज दी जाती है। ३० वर्ष पहले १३४५ आदमी कताईमें लगे हुए थे। एक दिनमें एक आदमी दो-तीन छटाँक बारीक या पाँच-छ छटाँक मोटा सूत कात सकता है। उस समय हर साल २२७० मन कते सूतका कपड़ा बनता था। गढ़वालके सभी स्थानोंमें बारो महीने ऊनी कपड़े-की अवश्यकता नहीं होती। ठंडी जगहोंमें ऊन कातने-बुननेका आम रवाज है। ऊनके व्यवसायको तब तक आगे बढ़ाया नहीं जा सकता, जब तक कि पन-बिजली और उसके द्वारा चालित चर्खों-करघोंका अधिक उपयोग नहीं होता।

५. धातु-शिल्प—

गढ़वाल अपने धातुओंकी खानोंके लिए बहुत प्राचीन कालसे प्रसिद्ध रहा है, किंतु अंग्रेजोंके शासनकालमें खनिज उद्योग नष्ट हो गया, यह कह आये हैं। धातु-शिल्पमें लोहार और तमोटा लोगोंका काम अब भी जैसे-तैसे चला जाता है, यद्यपि उसके लिए लोहा और ताँबा नीचेसे मँगाया जाता है। लोहा तो खैर हमारे देशमें तैयार होता है, किंतु ताँबेके लिए हम अब भी अधिकतर परमुखापेक्षी हैं। अंदाज लगाया गया है, कि हर साल दिल्ली और बंबईसे प्रायः २५०० मन ताँबेकी चादरें मँगाई जाती हैं, जिनका दाम तीन-चार लाख होता है। यह सौभाग्यकी बात है कि गढ़वालमें अभी धातुके बर्तनोंका ही रवाज है और चीनीके बर्तन कम इस्तेमाल किये जाते हैं। चायके लिए भी धातुकी गिलासें ही इस्तेमाल होती हैं। ताँबेका बर्तन बनानेवाले तमोता लोग अधिकतर गाँवोंमें रहते हैं और अपने पुराने हथियारोंसे पुराने ही ढंगसे बर्तनोंको बनाते हैं। श्रीनगर और टेहरीमें उनकी संख्या अधिक है। पुराने ढंगसे बर्तन बनानेमें एक खतरा यह है, कि यहाँके बर्तनोंके ढंगपर यंत्रोंके सहायतासे बने पात्र अधिक सस्ते पड़ सकते हैं, जिसकी प्रतियोगिता करना पहाड़के तमोतोंके लिए बहुत मुश्किल होगा। कुमाऊँ और गढ़वाल तथा और कुछ पहाड़ी प्रदेशोंमें भी एक ही ढंगके गगरा, पतीली, परात, लोटा, कटोरा आदि बनते हैं। अपने कामके अतिरिक्त यहाँके बने बर्तन नेपाल और तिब्बत तक जाते हैं। तमोता लोग बहुत धनी नहीं हैं और उन्हें दूसरे व्यापारियों द्वारा ताँबेकी चादरें खरीदनी पड़ती हैं। यदि वह अपनी सहयोग समितियाँ संगठित कर लें, जिसे श्रीनगरके आस-पासवाले आसानीसे कर सकते

हैं, तो वह सीधे माल खरीद सकते हैं और अपने मालको भी सीधे बेंच सकते हैं, सुविधा और सफाईके लिए कुछ यंत्रोंको भी ले सकते हैं।

कृषिके औजारोंके अतिरिक्त दाव और खुकड़ी भी यहाँ बनाई जाती है। कितनी ही जगहोंमें नेपाली रहते हैं और नेपाल भी खुकुरी यहाँसे कुछ मात्रामें जाती है। लोहेके लिए रेलके डब्बोंके स्प्रिंगके टुकड़े तथा पुरानी रेतियाँ अच्छी मानी जाती हैं। इसके लिए ११-१२ मन फौलादका वार्षिक खर्च है। एक आदमी वर्ष भरमें ३६ खुकुरी या ७२ दाव बना सकता है।

६. चमड़ा—

प्रतिवर्ष इस जिलेमें १६००० चमड़े और ६०००० छाले मिल सकते हैं, जिनमें अधिकांश मुर्दे जानवरोंके होते हैं। इनका अधिक भाग जिलेके भीतर ही खर्च हो जाता है। शिक्षा और नये प्रभावके कारण लोग अच्छे चमड़ेके जूतोंको अधिक पसंद करने लगे हैं, जिसके लिए कानपुर और दूसरी जगहोंके सिझाये चमड़ेपर भी काफी खर्च होता है। श्रीनगरमें सरकारने चमड़ेका काम सिखलानेके लिए एक स्कूल खोला है, जिसमें सीखनेवालोंको कुछ छात्रवृत्ति भी दी जाती है। लेकिन स्कूल छात्रोंको आकृष्ट करनेमें सफल नहीं हो रहा है। इसमें तब तक सफलता नहीं होगी, जब तक कि अच्छे किसिमके चमड़ेके सिझानेका प्रचार नहीं हो जाता। यह बड़ी अच्छी बात है कि गढ़वालमें सिझाईका ढंग अधिक अच्छा है। यहाँ चमड़ेको थैलेकी तरह बनाकर उसमें मसाला भरके सिझाई नहीं की जाती, बल्कि गढ़ा खोदकर चमड़ेको मसालेमें डुबा दिया जाता है, जिससे मसाला चमड़ेमें चारों ओरसे प्रवेश करता है। लेकिन मसाले उतने अच्छे नहीं हैं। केवल पत्तियों और छालोंके सहारे सिझानेसे अच्छे किसमका चमड़ा तैयार नहीं होता। चूना और काफलका छिलका ही सिझानेके मसाले हैं, चमड़ेको पीला करनेके लिए लोदकी पत्तियाँ डाल दी जाती हैं। यदि गढ़वालके ३०-३२ हजार चमड़ोंको कुटीर-शिल्पके रूपमें ही अच्छे मसालोंसे सिझाया जाय, तो यहाँ भी अच्छे किसमका चमड़ा तैयार हो सकता है। बाहरसे मँगाये चमड़ेसे १० रुपयेका जूता बनानेमें ७ रुपया चमड़ेपर लग जाता है, इसलिए मोचीके लिए मजूरी बहुत कम रह जाती है। यदि कुछ रसायनिक मसाले बाहरसे मँगा लिये जायँ और कुछ स्थानीय मसालोंको रसायनिक ढंगसे तैयार कर अधिक तेज और प्रभावशाली बना दिया जाय, तो बाहरसे चमड़ेके मँगानेकी अवश्यकता नहीं होगी। श्रीनगरके स्कूलमें अधिकतर चप्पल, बूट आदि बनानेका काम सिखलाया जाता है, जिसको मोची तरुण अपने आसपासके दक्ष कारीगरोंसे भी

सीख सकते हैं। जब बाहरसे मँगाये चमड़ेकी बनी चीजोंमें उनके लिए मजूरी कम रह जाती है, तो उन्हें सीखनेका आकर्षण कैसे हो सकता है? पैनखंडा (केदारनाथके रास्ते)के जूतेके कारीगरोंने बड़ी इच्छा प्रकट की, कि यदि बढ़िया चमड़ेकी सिझाई सिखाई जाय, तो हम अपने यहाँसे लड़कोंको भेज सकते हैं। कानपुर और आगरेकी बड़ी बड़ी चमड़ा-फेक्टरियोंमें जिस तरह आधुनिक साधनोंके साथ नये ढंगसे सिझाई की जा सकती है, उसे गढ़वालके गाँवोंमें नहीं बर्ता जा सकता। कुटीर-शिल्पके तौरपर नये ढंगसे चमड़ा कैसे सिझाया जा सकता है, इसका सफल प्रयोग कलकत्ता आदिके चीनी मोची कर रहे हैं। हालमें कलकत्तेके दो सौ चीनी मोचियोंने सिझानेकी अपनी सहयोग समिति संगठित की है। यदि श्रीनगर और टेहरीमें क्रोम और वानस्पतिक मसालोंसे चमड़ा सिझानेका काम सिखलाया जाय, तो यहाँके मोचियोंको बहुत लाभ होगा और बाहरसे सीझे चमड़ेके मँगाने तथा प्रतिवर्ष ६००० चमड़े और ४०००० छालेको कच्चा ही कानपुर, आगरा, बरेली और दिल्ली न भेजना पड़ेगा।

जूते बनानेके केंद्र श्रीनगर और टेहरी हैं। वैसे गाँवोंमें भी जगह-जगह मोची मिलते हैं। लैन्सडौन और दोगड्डामें कितने ही नेपाली और पंजाबी मोची भी काम करते हैं। श्रीनगरके मोची साबरके चमड़ेके जूते भी बनाते हैं। पहाड़में पीला रंग पसंद किया जाता है। यहाँ सिझाई, सफाई और काटनेका काम पुरुष करते हैं, किंतु सिलाईके काममें स्त्रियोंका भी काफी हाथ होता है।

७. पनचक्की—

१९२२में गढ़वाल जिलेमें २९५६ पनचक्कियाँ थीं। इनके खड़ा करनेमें २९५६०० रुपयेकी पूंजी लगी थी। पनचक्कीकी देखभालमें २९५६ स्त्री-पुरुष और बच्चे काम कर रहे थे और प्रतिवर्ष १० लाख मन आटा पीसा जाता था। पहाड़में प्राचीन कालसे ही जलशक्तिसे पीसनेका काम लिया जा रहा है। कहीं कहीं उससे काठके बर्तन बनानेके खराद भी चलते हैं। सरकार हर पनचक्की-पर कुछ वार्षिक कर लेती है, जिसके बदलेमें पनंचक्कीवालोंका पानीपर अधिकार मान लिया गया है। इसके कारण सिंचाईके लिए पानी लेनेमें कभी-कभी झगड़ा उठ खड़ा होता है। वैसे पानीसे बिजली बनाकर उससे चक्की, ओखल, कोलू, खराद, चर्खा, कर्घा आदि बहुतसे यंत्रोंको चलाया जा सकता है, लेकिन तब सभी यंत्रोंको नीचेसे मँगाना होगा। पनचक्कीके खड़ा करनेमें थोड़ेसे लोहेको छोड़कर सभी कच्चा माल और कारीगर घरमें मौजूद हैं।

८. बिजली—

कुमाऊं गढ़वालमें बिजली इतने परिमाणमें मौजूद है, कि उससे आधे उत्तर-प्रदेशका विद्युतीकरण हो सकता है, लेकिन अभी तो इसकी तरफ ध्यान भी नहीं गया है। अंग्रेज शासक जब कभी पनबिजलीका ख्याल करते थे, तो उनके सामने करोड़ोंकी योजना आन उपस्थित होती थी। वही बात आज हमारे शासकों और इंजीनियरोंकी है। हमारे लोग कभी ख्याल भी नहीं कर सकते, कि सस्ती बिजली मिल जानेपर जापानकी तरह हमारे यहाँ भी बाईसिकलें-कुटीर उद्योगके तौरपर बन सकती हैं। जब कभी हिमाचलकी अपार विद्युत्-निधिका ख्याल दिमागमें आता है, तो हम यह सोच ही नहीं सकते, कि हर बड़े गाँवमें पास बहती नदीसे थोड़ा ऊपर निकाली हुई नहरके द्वारा सस्ते साधनोंसे बिजली तैयार की जा सकती है। इसके लिए छोटी-छोटी टरबाईनोंकी अवश्यकता होगी, जिन्हें हमारे देशके कारखाने आसानीसे बना सकते हैं। महासू जिले (हिमाचल प्रदेश) में रामपुरके पास नोगढ़ीमें एक उद्योगी अल्पशिक्षित पुरुष (ला० खुशीराम)ने बहुत थोड़ीसी मशीनोंके सहारे पानीसे बिजली उत्पादित कर ली है। उसने तो लोहेकी टरबाईन भी न ले गाँवके लोहार-बढ़ई द्वारा बनाये चक्केका ही इस्तेमाल किया है। अभी इस साल बदरीनाथमें बिजली लगाई गई है, लेकिन वह अलक-नंदाके पानीकी बिजली नहीं बल्कि बाहरसे मँगाये डीजल इंजन और उसमें जलने-वाले तेल द्वारा तैयार की जाती है, जो कि दोनों ही विदेशी-विनिमय द्वारा ही खरीदे जा सकते हैं। क्या इसकी जगह छोटासा पनबिजली-स्टेशन नहीं बन सकता था? लेकिन तब हमारे इंजीनियरोंको थोड़ा दिमागी श्रम करना पड़ता, पैसा लगानेवालोंको थोड़ा जोखिमके लिए तैयार होना पड़ता, और कुछको अपने मोटे कमीशनोंसे वंचित होना पड़ता। कहा जाता है, आगे हम बदरीनाथके लिए पनबिजली तैयार करेंगे। तो फिर इस समय डीजल इंजनपर इतना रुपया लगानेकी क्या जरूरत थी? गढ़वाल या हिमाचलकी गरीबीको उद्योगीकरण बिना दूर नहीं किया जा सकता। उद्योगीकरणका श्रीगणेश तब तक नहीं हो सकता, जब तक कि सस्ती पनबिजली नहीं तैयार की जाती। सिंचाईकी नहरोंके बारेमें हम कह चुके हैं, कि अभी उनका निर्माण आँख पोंछने भरके लिए हो रहा है, और उसमें भी यह ध्यान नहीं दिया जा रहा है, कि सिंचाईके साथ पन-बिजली-उत्पादनको भी जोड़ा जा सकता है। यदि हम यहाँ पनबिजलीको हर जगहसे पैदा कर सकें, तो गढ़वालका हरेक बड़ा गाँव छोटा-मोटा उद्योग-केन्द्र बन सकता है।

९. भविष्य—

पनबिजलीके अतिरिक्त ऊनकी कताई-बुनाई, भंगेलेकी कताई-बुनाई, दियासलाई-निर्माण, जड़ी-बूटियोंसे दवाइयोंका तैयार करना, खनिज-उद्योग, रेशमके कीड़े पालना, मधुमक्खी पालना, लाखकी खेती, दुग्धशाला, मुर्गी पालना, फलोद्यान, केसर तथा दूसरी सुगंधित बूटियोंकी खेती, मसाला पैदा करना, स्लेट और पेंसिल बनाना, नीलकमल-कस्तूरीघास-पोदीना-कालाजीरा-अज्मोदा-जवाईन-गुलाब आदिसे तरह तरहके सुगंधित तेल तैयार करना—यह तथा इस तरहके बहुतसे उद्योग-धंधे गढ़वालमें बढ़ सकते हैं।

§३. व्यापार

१. बाहरी व्यापार—

बाहरी व्यापार अधिकतर तिब्बतसे होता है, जो कि नीती, माणा और नलङ्के भोटांतिक लोगोंके हाथमें है और जिसके बारेमें हम पहले कह आये हैं। इसके अतिरिक्त भाबरके कोटद्वारा और रामनगरकी मंडियों द्वारा नीचेके जिलोंसे व्यापार किया जाता है। कर्णप्रयाग, चमोली, श्रीनगर, टेहरी भी कुछ व्यापारिक महत्त्व रखते हैं। यहांका व्यापार अधिकतर मैदानी बनियोंके हाथमें है। गढ़वाली व्यापारकी ओर बहुत कम ध्यान देते हैं। मालकी खरीद-बेंच ही नहीं बल्कि माल ढोनेमें भी गढ़वाली केवल पीठपर बोझा लादकर ले जा सकते हैं, जिसमें भी वह जुमला और डोटीसे आये नेपाली भारवाहकोंका मुकाबला नहीं कर सकते। बड़ी-बड़ी बाजारोंतक लारियोंके हो जानेसे अब खच्चरों और घोड़ोंका उतना रवाज नहीं रह गया, तो भी नगीना और नजीबाबादके घोड़े-खच्चरवाले बदरीनाथ-केदारनाथतक धावा मारते हैं। टेहरी जिलेसे जंगलकी चीजें, घी, चावल और आलू बाहर जाते हैं। पहले कुछ सोहागा भी तिब्बतसे इसी रास्ते नीचे जाता था। गढ़वाल जिलेसे खानेकी चीजें बाहर नहीं जाती, बल्कि उन्हें यदि बाहरसे न मँगाया जाय, तो बदरी-केदारकी यात्राको रोक देना होगा।

२. भीतरी व्यापार—

तिल, मिर्च, घी, मधु, चावल, गेहूँ जैसी चीजें यहाँकी दूकानोंमें बिकती हैं। भागीरथी, मंदाकिनी और अलकनंदा—यहाँकी तीनों प्रधान नदियोंके किनारेसे गंगोत्री, केदार, बदरीके रास्ते जाते हैं, जिनमें किसी-किसी साल ६०००० तक यात्री होते हैं। इसका भला या बुरा एक परिणाम यह हुआ है, कि पासके

गाँववालोंने भी छोटी-छोटी दूकानें बनाकर हाथमें तराजू ले लिया है। आज तो यहाँका आर्थिक जीवन इस यात्रापर इतना निर्भर हो गया है, कि यदि किसी साल यात्रा रुक जाय, तो सब जगह हाहाकार मच जाये। गाँवोंमें व्यापार अधिकतर चीजोंकी अदला-बदली द्वारा होता है—कहीं मिर्चसे गुड़ बदला जाता है और कहीं तिलसे मँडुवा।

३. नाप-तोल—

अब सभी जगह सेर और छटाँकका प्रचार हो गया है, किंतु पहलेके प्रचलित नाप थे:

एक नाली	= दो सेर गेहूँ, पौने दो सेर चावल
पाँच मुट्ठी	= एक माना (माणा)
चार माना	= एक नाली या पाथा
सोलह नाली	= एक दोन या पिराई (=३२ सेर)
बीस दोन	= एक खार (खारी)
नापके मान निम्न प्रकार हैं :	=
एक नाली	= २४० वर्गगज
२० नाली	= १ बीसी या एकड़

एक नाली बीज जितने खेतमें बोया जाता है, उसे एक नाली खेत कहते हैं। माना, पाथा, द्रोण और खारी ये हमारे देशके बहुत पुराने माप हैं।

४. मेले—

कुमाऊँके बड़े-बड़े मेलों—बागेश्वर, जोलजीबी और थाला—की तरहके मेले गढ़वालमें नहीं हैं। गौचरमें बड़ा मेला लगानेकी कोशिश की गई, लेकिन उसमें सफलता नहीं हुई। यह मेला तिब्बतके व्यापारियोंके फायदेके लिए लगाया बतलाया जाता है; लेकिन भोटांतिक लोगोंका कहना है, कि हम तो अपना तिब्बती माल लेकर वहाँ पहुँचते हैं, किंतु हमें जिस मालकी अवश्यकता है, उसे लेकर व्यापारी वहाँ नहीं आते, इसीलिए हममेंसे भी कितने ही उदासीन होते जा रहे हैं। गढ़वाल जिलेके मेले निम्न प्रकार हैं :

पर्गना	स्थान	नाम	जनसंख्या
चाँदपुर	कर्णप्रयाग	मकरसंक्रान्ति	४०००
चौदकोट	एगासर औपोला	नन्दाष्टमी, जन्माष्टमी	१०००

पर्गना	स्थान	नाम	जनसंख्या
	झलकरन	मकरसंक्रान्ति	
	दंगल	नन्दाष्टमी, जन्माष्टमी	१०००
	सल्टमहादेव	माघ संक्रांति, वृष सं०	
दसोली	नन्दप्रयाग	मकरसंक्रांति	
	वैरासकुंड	शिवरात्रि	५०००
नागपुर	अगस्तमुनि	विषुवत् सं०	२०००
	कोटेश्वर	विषुवत् सं०	५००
	जोगीनाथ, गोपेश्वर	मई, शिवरात्रि	५००
	नागनाथ	जमुनाष्टमी	२०००
	पांडुकेश्वर	मई	
	रुद्रप्रयाग	मकर-संक्रांति	५००
वधाण	असेरा	असेर (४ वैशाख)	१०००
	काल बजवार	मल्याल (५ वैशाख)	२०००
	कुलसरी	कुलसरी (१ वैशाख)	१०००
	देवल नंदकेशरी	शिवरात्रि	१०००
	पन्ती	पन्ती (१ वैशाख)	१०००
बारास्यूं	कंडा	कंडा (कार्तिक भैयादूज)	६०००
	कोकंडै	शिवरात्रि	
	खैरालिंग	मूँडन (जून)	१००००
	देवप्रयाग	पंच (माघ)	४०००
	धूतातोली	बिनसर (नवंबर)	४०००
	विल्वकेदार	बिखवती (अप्रेल)	
	श्रीनगर (कमलेश्वर)	वैकुंठ चतुर्दशी	४०००
	श्रीनगर (कमलेश्वर)	विषुवत् सं०	४०००
	संगरा	अष्टवलि (जेठ)	४०००
	खुदस्योनखेत	खुद (२ वैशाख)	६००
सलाणा गंगा–,	कटघर	गैंडी (१ माघ)	२०००
	जनकेश्वर	शिवरात्रि	२०००
	थलनदी	गैंडी (१ माघ)	३०००
	दादामंडी	"	३०००

सलाणा तल्ला-,	उमत्तादेवी	कर्क सं० (१६ जूलाई)	५०००
	नैनीडंडा	सिंह	२०००
	नौसिन देवी	सिंह	२०००
	बंजादेवी	सिंह	२०००
	भौन	विषुवत् सं० (१३ अप्रेल)	२०००
सलाणा मल्ला-,	झल	"	१०००
	देवरारि देवी	नन्दाष्टमी, जन्माष्टमी	१०००
	वीरों साल	विषुवत् सं०	३०००
	सल्ट महादेव	मकर सं०	५०००

§४. पशुपालन

१९१२की पशुगणनाके अनुसार गढ़वालमें निम्न संख्यामें पशु थे :

पशु	गढ़वाल	टेहरी
बैल	१७१७९४	५८०६५
गाय	२७२८०१	८१३८५
भैंसें	५६७५९	२४३१८
भैंसें (नर)	३५५२	१३५८
घोड़े	२६१३	५७०
खच्चर	६८	
गदहे	७७	
जिबू	१९९	
याक (चँवर)	२	
भेड़	२३७६२१ }	८६७०३
बकरियाँ	३५९७७४ }	

यद्यपि गढ़वालमें गाय-भैंसों और भेड़-बकरियोंके संख्याकी कमी नहीं हैं, किंतु उनकी नसलके सुधारनेकी ओर ध्यान नहीं दिया गया, विशेषकर गायें तो उतना भी दूध नहीं देतीं, जितना कि नीचेकी अच्छी जातिकी बकरियाँ देती हैं। पीपलकोटीमें भेड़ोंकी नसल सुधारनेके लिए अच्छी जातके भेंड़े रखे गये हैं, इसी तरह गायोंके लिए भी कुछ कोशिश की गई है; लेकिन अभी यह सब दिखावे मात्र हैं। लोगोंमें नई चीजकी ओर स्वभावतः उतनी रुचि नहीं होती, फिर यहाँ तो दुर्लंघ्य पहाड़ों और नदियोंके पारसे अपनी गायों, भैंसों, भेड़-बकरियोंको

साँड़के पास लानेका भारी तरद्दुद उठाना ठहरा। किसान लाभकी नई चीजको सीखना नहीं चाहते, यह शिकायत गलत है। यहाँकी चट्टियोंमें किसान ही दुकानदार बनकर बैठे हैं। १९५० ई० में सरकारकी ओरसे डी० डी० टी० छिड़कनेका प्रबंध किया गया था, जिससे हर समय गुच्छे बनकर भिनभिनानेवाली मक्खियोंका नामोनिशान मिट गया। १९५१ में मैं यात्रामें कुछ पहले गया था और अभी तक डी० डी० टी० छिड़कनेवाले नहीं आये थे। चट्टीवाले उत्सुकता-पूर्वक उनकी प्रतीक्षा कर रहे थे। इससे स्पष्ट है, कि किसान-पुत्र हर नई चीजका विरोधी नहीं होता। आजकल पशुओंकी नसल सुधारनेके लिए बहुत सुभीतेसे काम किया जा सकता है। टेहरी और गढ़वाल जिलोंके पाँच-सात स्थानोंमें अच्छी नसलके साँड-बैल, भैंसे, घोड़े, भेड़े और बकरे रख दिये जायँ और फिर पशुओंको वहाँ लानेकी जगह उनके वीर्यको ले जा कृत्रिम रूपसे गर्भाधान कराया जा सकता है। बल्कि इसके लिए यह भी जरूरी नहीं है, कि गढ़वालमें जगह-जगह साँड पाले जायँ। गौचर, अगस्तमुनि तथा और भी एक दो ऐसे मैदान गढ़वालमें मौजूद हैं, जहाँ बरेलीके अनुसंधान-प्रतिष्ठानसे अच्छी जातकी नसलके साँडोंका वीर्य ट्यूबोंमें रखकर हवाई जहाजसे घंटे भरमें पहुँचाया जा सकता है। वहाँसे सिखलाये हुए लोग गाँव-गाँवमें घूमकर कृत्रिम वीर्य-निक्षेपका काम कर सकते हैं। बुकयालों (पयारों) में तो चार महीने हजारों-लाखों पशु एक जगह आसानीसे मिल सकते हैं, जहाँ कृत्रिम-वीर्य-निक्षेपका काम बड़ी आसानीसे किया जा सकता है।

१. पशु—

१. ढोर—पहाड़में घर आमतौरसे दोतल्ले होते हैं, जिसमें नीचेका भाग पशुओंके लिए होता है। इसे गोठ कहते हैं। गोठमें पशुओंके नीचे बंज या दूसरे वृक्षोंकी पत्तियाँ बिछा दी जाती हैं। गोबर समय-समयपर हटा लिया जाता है, लेकिन पेशाबको पत्ता सोखता रहता है। सालमें एक दो बार इस पत्तेको निकालकर खेतोंमें डाल दिया जाता है। पशुओंके खिलानेके लिए घासें, भ्यूँल, बंज आदिकी पत्तियाँ और भुस और पुवाल भी दिया जाता है। गाँवकी गोचर-भूमि या पासके जंगलों तथा कटे हुएँ खेतोंमें ढोरोंको चरनेके लिए छोड़ दिया जाता है। आमतौरसे भुस जमा करनेका रवाज नहीं है, लेकिन उत्तरके बर्फ पड़नेवाले स्थानोंमें जाड़ेमें चारेकी तंगी हो जाती है, इसके लिए उसे जमा करना पड़ता है। जहां पहाड़ सीधा खड़ा होता है, वहाँ खतरेके कारण पशु चरने नहीं जाते। ऐसी जगहकी घास काटकर पशुओंको खिलाई जाती है। बचे हुए पुवाल या डंठलको घरके पासके किसी वृक्षके ऊपर टाँग दिया जाता है। जाड़ोंमें गाँववाले

ऊँचे पहाड़ों और बंज आदिके बड़े जंगलोंमें दूर-दूर तक अपने पशुओंको चरानेके लिए जाते हैं। दूदातोली अपनी गोचर-भूमिके लिए मशहूर है। उत्तरके ऊँचे पहाड़ोंमें जंगली वृक्षोंकी सीमासे ऊपर तथा सनातन हिमवाले स्थानोंसे नीचे घासकी ढलाने हैं, जिन्हें बुकयाल (बुग्याल, पयार) कहते हैं। वर्फ पिघलते ही पशुपाल अपने पशुओंको लेकर वहाँ पहुँच जाते हैं और कितने तो तब तक वहाँ रहते हैं, जब तक कि बर्फ पड़नेका डर नहीं हो जाता। बैडनी (वानके पास) और बदरीनाथके पयार बहुत प्रसिद्ध हैं। दसज्युली और मल्ली-दसोलीके ढोर वर्षा आरंभ होते ही १०००० फुटकी ऊँचाई तकके पहाड़ोंपर चढ़ जाते हैं।

२. **याक (चँवर)**—गढ़वालमें चँवरका रखना बहुत मुश्किल है। नीती, माणा और नेलङ्को छोड़कर बाकी बस्तियाँ पाँच-छ हजार फुटसे अधिक ऊँचाई-पर नहीं हैं। सात-आठ हजार फुटकी ऊँचाई भी याकके लिए बहुत गरम जगह है, जहाँ वह जिंदा नहीं रह सकता। याक गोजातिका ही संबंधी है, इसलिए नर याकसे गायका संकरीकरण कराया जा सकता है। तिब्बतकी देखा-देखी भोटांतिक लोग भी गाय और याकसे पैदा हुए जीबूके गुणको जानते हैं। जीबू गायके बराबर गर्मी बरदाश्त कर सकता है। वह कद और बलमें याकके नजदीक है, जिससे हल जोतने और बोझा ढोनेके लिए बहुत अच्छा रहता है। भोटांतिक लोग संकरीकरणके लिए तिब्बतसे याकके बच्चे लाते हैं, किंतु वह बहुत दिनों तक जीते नहीं; इसीलिए इनसे पूरा लाभ नहीं उठाया जा सकता है। कृत्रिम वीर्य-निक्षेपसे यह कठिनाई दूर हो सकती है, किंतु अभी तो वह दूरकी बात है। कम्युनिस्ट तिब्बतमें उसका प्रचार बहुत बड़े पैमानेपर होगा, शायद उसका प्रभाव गढ़वालपर भी पड़े।

३. **टांगन**—गढ़वाल कभी अपने टांगनोंके लिए बहुत प्रसिद्ध था। रुद्र-प्रयागसे ऊपरकी अलकनंदा-उपत्यका किसी समय तंगनके नामसे मशहूर थी। आज भी बदरीनाथसे रास्तेपर पीपलकोटीसे ऊपर तंगणी चट्टी मौजूद है, जो उस पुराने नामका स्मरण दिलाती है। तंगण देशके घोड़ोंको ही देशके नामपर तंगन और पीछे टांगन कहा जाने लगा। लेकिन आजकल गढ़वालमें अच्छी जातके टांगन नहीं पैदा होते, उन्हें तो तिब्बतसे लाया जाता है। क्या गढ़वाल फिर अपने टांगनोंके लिए प्रसिद्धि नहीं प्राप्त कर सकता?

२. **भेड़-बकरियाँ**—

गढ़वालमें दो प्रकारकी बकरियाँ पाई जाती हैं। निचले और मध्य-गढ़वाल-की बकरियाँ मैदानी बकरियोंकी जातिकी ही होती हैं और उन्हें मांसके लिए

पाला जाता है। भोटांतिक लोगोंको माल ढोनके लिए बकरियोंकी अवश्यकता होती हैं। यह बकरियाँ कांगड़ा और कनौरकी ओरसे खरीदकर लायी जाती हैं, तथा कुछ यहाँ भी पैदा की जाती हैं। इनके बाल लंबे होते हैं और यह शरीरसे भी काफी मजबूत होती हैं। भेड़ें भी इसी तरह दो जातिकी होती हैं। भेड़ें दस सेर ढो सकती हैं और बकरियाँ १२ सेर तक। पहाड़ी भेड़ोंका ऊन वैसा लंबा नरम नहीं होता, जैसा कि आस्ट्रेलियन भेड़ोंका। तिब्बत बहुत सर्द देश है। यद्यपि वहाँके भेड़ोंका ऊन लंबा और नरम होता है, किंतु अधिक सर्दी के कारण उतना लचकदार और घुँघराला नहीं होता। (१) खूँडिया या तिब्बती भेड़ें भोटांतिक लोग अधिकतर बोझा ढोनेके लिए पालते हैं। (२) जुमली या घरन जातकी भेड़ें निचले पहाड़ोंमें पाली जाती हैं। इनका ऊन मोटा होता है और प्रति भेड़ तीन पाव तक निकल आता है। (३) बरुआल भेड़ें कुछ संख्यामें गढ़वालमें मिलती हैं, इनका ऊन उतना बुरा नहीं होता और प्रति भेड़ सालमें १२-१४ छटाँक मिल जाता है। शायद विदेशी शुद्ध जातिकी भेड़ोंका पालना यहाँकी भूमि और आबोहवामें कठिन हो, किंतु संकरीकरणसे अच्छी नसल पैदा की जा सकती है। मेरिनो भेड़के बच्चोंको पालनेकी कोशिश की गई, किंतु इसके लिए देहरादून जैसा स्थान चुना गया, जहाँ गर्मीका ताप और वर्षाकी सीड़ बर्दाश्त करना उनके लिए मुश्किल था।

३. मत्स्य-पालन—

गढ़वालकी नदियोंमें कितनी ही जातकी मछलियाँ मिलती हैं। यहाँकी सभी जातियाँ मांस-मछली खानेमें परहेज नहीं करतीं। मासिर, कलबान, खरकटा और चेलवा आम तौरसे पाई जानेवाली मछलियाँ हैं। सभी नदियाँ सरकारी संपत्ति हैं, इसलिए सरकारकी अनुमतिसे ही मछलियाँ मारी जा सकती हैं। मछलियाँ जालसे मारी जाती हैं, बंशी भी लगाई जाती है। थूहरका विष देकर भी मछली मारते हैं और कभी-कभी बारूदका भी इस्तेमाल किया जाता है, लेकिन इन दोनों तरीकोंको निषिद्ध कर दिया गया है। गढ़वाल जिलेमें जंगल-विभाग और टेहरीमें रियासतने मछली पालनेकी ओर ध्यान दिया था। बिरही गंगामें १८९३में पहाड़ गिर जानेसे गोहनाकी बड़ी झील तैयार हो गई। इस झीलमें अच्छी जातके रोहूके बच्चे २००००से ऊपर लाकर डाले गये। आजकल वहाँ बड़े-बड़े रोहू बहुत भारी परिमाणमें तैयार हैं, किंतु जानेका रास्ता खराब है, इससे वहाँकी हजारों मन मछलियोंका कोई उपयोग नहीं है। पहले अंग्रेज मछली-शिकारी कुछ वहाँ पहुँच भी जाया करते थे, लेकिन आजकल तो वह भी नहीं होता। चमोली

मोटर पहुँच गई है और वहाँसे कुछ ही मील आगे बिरही गंगामें भी पुल बननेवाला है, किंतु मछलियोंके लानेके लिए गोहना तालतक कब मोटर सड़क बनेगी, अथवा जलीय विमान कब उसके ऊपर उतरेगा, यह नहीं कहा जा सकता। मत्स्य-पालनके बढ़ानेका गढ़वालमें काफी क्षेत्र है, इसमें तो संदेह नहीं।

४. मधुमक्खी-पालन—

आधुनिक ढंगसे मधुमक्खी पालनेका रवाज गढ़वालमें नहीं है, किंतु पुराने समयसे मधुमक्खियोंको निश्चित स्थानपर रहनेके लिए जंगलके पासवाले ग्रामीणों-की कोशिश होती रही है। सूखे वृक्षोंमें इसके लिए बड़े छेद बना दिये जाते हैं, या हरे वृक्षोंमें लकड़ीका डब्बा जड़ दिया जाता है। कहीं-कहीं दीवारोंमें भी मधुमक्खियोंके लिए स्थान बनाया जाता है। यहीं मक्खियाँ मधु-संचय करती हैं, जिसे समय-समयपर निकाल लिया जाता है। घरोंमें रहनेवाली मौना जात-की मधुमक्खियोंका सफेद मधु बहुत अच्छा समझा जाता है, जो जाड़ा आरंभसे पहले मिलता है। आधुनिक ढंगसे मधुमक्खी पालनेकी यहाँ बहुत गुंजाइश है, किंतु उसके लिए बहुत प्रोत्साहन और संगठनकी अवश्यकता है।

अध्याय ६.

यातायात और संचार

गढ़वाल पहाड़ी इलाका है। यहाँ सड़कोंका बनाना कठिन भी है, साथ ही उनकी बहुत अवश्यकता भी है।

§१. रेल

भारतके दूसरे भागोंसे गढ़वाल पहुँचनेके लिए रेलें वहुत उपयोगी हैं, किंतु गढ़वाल और टेहरी दोनों जिलोंमें केवल १५ मील रेलवे लाइन नजीबाबाद और कोटद्वाराके बीचमें है, जिसपर इन दोनोंके अतिरिक्त सनेहरोड एक ही और स्टेशन है। गढ़वाल पहुँचनेवाले वैसे रामनगर, नैनीताल, कोटद्वारा, ऋषिकेश और देहरादून स्टेशनोंको इस्तेमाल करते हैं।

§२. सड़कें

यहाँ प्रादेशिक और स्थानीय दो प्रकारकी सड़कें हैं। जंगल-विभागने अपनी खास सड़कें नहीं बनवाई हैं। हाँ, उसने तथा गाँववालोंने भी कितनी ही पगडंडियाँ बनवाई हैं।

१. प्रादेशिक सड़कें—

	सड़क	लंबाई	विशेष
१.	कोटद्वारा-लैन्सडौन	२५.१ मील	मोटर सड़क
२.	कोटद्वारा-कोरिया	१	गाड़ी सड़क
३.	कोटद्वारा-कोहलिया	३	"
४.	हरद्वार-बदरीनाथ	१६५ "	किर्तीनगरतक, फिर श्रीनगरसे चमोलीतक मोटर सड़क
५.	रुद्रप्रयाग-केदारनाथ	४८ "	पैदल सड़क
६.	चमोली-गुप्तकाशी	२९ मील	"
७.	दोगड्डा-श्रीनगर	४८ "	पैदल सड़क
८.	कर्णप्रयाग-खैरना	३० "	"
९.	तुंगनाथ-मूलखाना	४ "	"
१०.	जोशीमठ-नीती	४३ "	"

२. स्थानीय सड़कें—

	सड़क	लंबाई	विशेष
१.	अदवानी-व्यासघाट	९ "	"
२.	अन्यारधार-लैन्सडौन	५ "	"
३.	उखलेट-फतेहपुर	१३ "	"
४.	उखलेट-दोमेला	२९ "	"
५.	कैनूर-मरछूला	४० "	"
७.	ग्वालदम्-रमनी	३८ "	"
७.	चमोली-पोखरी	१३ "	"
८.	चाँदपुर-ऊखलकोट	५६ "	"
९.	छतुवापीपल-ऊखीमठ	२९ "	"
१०.	छतुवापीपल-मंदाखाल	३५ "	"
११.	तपोवन-घाट	३४ "	"
१२.	थराली-सीमली	२३ "	"
१३.	दीपाखाल-मंडल	१५ "	"
१४.	देवालीखाल-किमोली	६ "	"
१५.	दोवरी-किरासाल	५ "	"
१६.	नंदप्रयाग-ग्वालदम्	२९ "	"
१७.	पौड़ी-देवप्रयाग	१५ "	"
१८.	पौड़ी-समाई	४९ "	"
१९.	पौड़ी-सराईंखेत	४५ "	"
२०.	बंजवगड़-लोहबा	२१ "	"
२१.	बिदासानी-द्वारीखाल	२६ "	"
२२.	गुंगीधार-लोहबा	१३ "	"
२३.	गुबाखेल-टेका	३ "	"
२४.	बैजराव-गुंगीधार	१६ "	"
२५.	ब्यासघाट-चौकीघाट	३९ "	"
२६.	ब्यासघाट-दंगल	१५ "	"
२७.	मंदाखाल-मासोन	७ "	"
२८.	रैंतपुर-धौतियाल	१९ "	"
२९.	श्रीनगर-मुसागली	१२ "	"

३०. सासोनखाल-जड़ीपानी	९	"	"
३१. सेरिया-मंडल	२२	"	"

३. अन्य सड़कें—

इनके अतिरिक्त निम्न स्थानीय सड़कें भी हैं :

अदवानी-व्यासघाट	९	"	"
ऊखलेट-दोमैला	२९	"	"
चमोली पोखरी	१३	"	"
चौकीघाट-दंगल	३९	"	"
छनवापीपल-मंदाखाल	३५	"	"
झोराली-सिमली	२३	"	"
पौड़ी-सरईखेत	४५	"	"
बूढ़ासीनी-द्वारीखाल	२६	"	"
मरौंखाल-जोड़ीपानी	९	"	"
सेरिया-मंडल	२२	"	"

टेहरी-जिलेमें २६३ मील लंबी सभी प्रकारकी सड़कें हैं, जिनमें मोटर सड़कें निम्न हैं—

ऋषिकेश-कीर्तिनगर	६३ मील	३ मील पैदल चलकर गंगापार श्रीनगरमें फिर मोटर-सड़क मिलती है
ऋषीकेश-धरासू	७७ "	

इनके अतिरिक्त निम्न पैदल सड़कें हैं—

धरासू-जमनोत्री	५१	"
जमनोत्री-उत्तरकाशी	४२	"
धरासू-गंगोत्री	७४	"
मल्लाचट्टी-तिरजुगीनारायण	६८	"
टेहरी-मसूरी	४१	"
देवप्रयाग-टेहरी	३२	"

४. कुछ सड़कोंका विवरण—

कोटद्वारा ऐसा रेलवे स्टेशन है, जहाँसे सीधे १५७ मीलपर पीपलकोटी (अदूर भविष्यमें जोशीमठ तक) मोटर बसमें जाया जा सकता है। इसके रास्तेमें पौड़ी, श्रीनगर, रुद्रप्रयाग, कर्णप्रयाग मिलते हैं। चमोलीसे २८ मील आगे जोशीमठ तक

मोटरकी सड़क तैयार हो जानेपर यह सबसे लंबी और महत्त्वपूर्ण मोटर-सड़क होगी। कोटद्वारामें नजीबाबादसे बढ़ाकर १८९७में बड़ी लाइनकी रेल लाई गई। लैन्सडौन फौजी छावनी थी, जिसके लिए इस रेलवे लाइनको बनाना आवश्यक समझा गया और आगे फर्वरी १९०९में लैन्सडौन तक गाड़ीकी सड़क भी बन गई थी। अब तो वहाँ तक मोटर-सड़क बन गई है। कोटद्वारासे आगे दोगड्डा अच्छा बाजार रहा है, किंतु अब मोटरके सीधे कोटद्वारा पहुँच जानेसे उसका महत्त्व कुछ कम हो गया है। दोगड्डासे पैदल चलनेपर खोह नदीके तटपर दादामंडी पड़ती है। यहाँसे चढ़ाई कर लंगूर-डांडेको पारकर द्वारीखाल होते वनघाट पहुँचा जा सकता है, जो कि नयार नदीके किनारे एक अच्छा बाजार है। लंगूरपर्वत-श्रेणी पूरबसे पच्छिमको फैली हुई अपनी औसत ५००० फुटकी ऊँचाईके कारण दक्खिनमें गढ़वालके दुर्गका काम करती थी। वनघाटसे नयारके किनारे पश्चिमकी ओर एक सड़क व्यासघाट जाती है, जो कि नयार और गंगाके संगमपर अवस्थित है। वनघाटसे मुख्य सड़क अदवानी होके पौड़ी जाती है। पौड़ीसे श्रीनगर जा गंगाके किनारे-किनारे तीर्थयात्रियोंकी सड़कसे मोटर द्वारा रुद्रप्रयाग और आगे भी पहुँचा जा सकता है। रुद्रप्रयागमें अलकनंदा और मंदाकिनीका संगम है। यहाँसे अलकनंदा पार हो पैदल गुप्तकाशी होते केदारनाथ पहुँचा जा सकता है। यदि पौड़ीसे ठंडी-ठंडी जगहसे जानेकी इच्छा हो, तो पहाड़के ऊपरी भागसे खिरसू, भैस्वारा और जौनपुरकी ताँबा-खानोंसे होते छतवापीपलपर मोटर वाली सड़कको पकड़ा जा सकता है। छतवापीपलसे कर्णप्रयाग छ-सात मील आगे रह जाता है। कर्णप्रयागसे चमोली होते जोशीमठ तक यात्राकी सड़क है। जोशीमठसे फिर वह बदरीनाथ होते तिब्बतकी सीमा माणाजोतपर पहुँचा जा सकता है। जोशीमठसे दूसरी सड़क तपोवन और मलारी होते नीती डांडेपर तिब्बतकी सीमापर पहुँचा देती है। केदारनाथ और बदरीनाथकी सड़कोंके बीचमें छतवा-पीपलके पुलसे अलकनंदा पार करके एक और सड़क खुनीगाड़के किनारे-किनारे नागनाथ और फिर पोखरी तथा मोहनखाल होते भीरीमें केदारनाथवाली यात्रा-सड़कमें मिल जाती है। इस सड़कको पौड़ी-खिरसू-धनपुर-छतवापीपल-पोखरी-भीरी सड़क कह सकते हैं। तुंगनाथके पास यह केदारनाथ-ऊखीमठ-चमोलीवाली सड़कसे मिलती है।

कोटद्वारा-दोगड्डा होते दोगड्डासे दो मील आगे फतहपुरमें एक और महत्त्वपूर्ण व्यापार-मार्ग लंगूर श्रेणी पारकर उखलेटमें नयारके किनारे पहुंचता है। यहांसे इसकी दो शाखायें दोनों नयारोंके किनारे-किनारे जाती हैं। पश्चिमी नयार-वाली सड़क मासोन पहुँचती है, जहाँसे १२ मील उत्तरपश्चिम पौड़ी है। मासोन-

के आगे पीपलघाट एक अच्छा चौरस्ता है, जहाँ पौड़ी-अल्मोड़ावाली सड़क आ मिलती है, जिसे पारकर नदीके किनारे-किनारे ऊपर चढ़ते हुए दूदाटोलीका पनढर आ मिलता है। डांडेसे थोड़ीसी उतराईके बाद पँवारोंका पुराना दुर्ग चाँदपुर गढ़ मिल जाता है। यहाँसे १० मील आगे पिंडार नदीके किनारे यात्रावाली सड़कपर सिमली है। पूर्वी नयारके किनारे जानेवाली सड़क चंदोली पहुँचती है, किंतु यह सड़क नहीं पगडंडी है।

रामनगर भी नैनीताल जिलेमें एक महत्त्वपूर्ण रेलवे-स्टेशन है। मुरादाबादसे बड़ी लाइनकी शाखा यहाँ १९०७ ई०में पहुंची थी। यह एक अच्छा व्यापारिक केन्द्र है। यहाँसे मोहन होते मरछूला पहुँचा जा सकता है, जहाँ रामगंगापर एक अच्छा पुल है। गढ़वाल जिलेकी सीमा यहाँसे दो मील रह जाती है। मरछूलासे एक सड़क देवगढ़, सल्टमहादेव, कूच्यार, बीरोंखाल और बैजराव पहुँचती है। मरछूला और सल्टमहादेवके बीचकी सड़क बर्सातमें चलने लायक नहीं होती। बैजरावसे दो सड़कें हो जाती हैं, जिनमेंसे एक कैनूरकी ओर जाती है और दूसरी गुंगीधारकी ओर। गुंगीधारसे पौड़ी-अल्मोड़ा सड़क द्वारा दूदातोली होते लोहबा पहुँचा जा सकता है। गणाई और भिखियासैन होते द्वाराहाटके रास्ते रानीखेत पहुँचनेकी भी सड़क यहाँसे जाती है। लोहबासे अल्मोड़ा-बैजनाथकी ओरसे आती सड़क उत्तरकी ओर नारायणबगड, रमनी होते तपोवन पहुँचती है, जहाँसे ऊपरकी ओर जानेपर तिब्बतकी सीमापर नीती डांडा मिलता है और नीचेकी ओर ७ मील जानेपर जोशीमठ।

श्रीनगरसे व्यासघाट होते अलकनंदाके बायें किनारेसे नीचेकी ओर लछमनभूला पहुँचा जा सकता है, जहाँसे भूलावाला पुल पारकर थोड़े ही दूरपर ऋषीकेश आ जाता है।

बधाण पर्गना गढ़वाल और कुमाऊँकी सीमापर है और दोनों राज्योंके झगड़ेका एक मुख्य कारण बना रहा है। ग्वालदम् बधाण पर्गनेका दरवाजा है। इसमें दो सड़कें जाती हैं, उनमेंसे एक ग्वालदम्से वान होती रमनीमें लोहबा-नारायणबगड-रमनी-तपोवन-नीती सड़कसे मिल जाती है। इस पर्गनेकी दूसरी सड़क पिंडारके साथ-साथ थराली तक उतरती है, फिर वहाँसे डुंगरी होते घाटतक चढ़ती नंदकिनी नदीकी उपत्यकामें उतर उसके साथ-साथ अलकनंदाके संगमपर नंदप्रयाग पहुँचती है।

गढ़वाल जिलेका सदर स्थान पौड़ी है, यहाँसे अल्मोड़ाके लिए दो सड़कें जाती हैं। पहली खिरसू पर्वत-श्रेणीके ऊपर मंदाखाल जा मुसागलीके पास

पश्चिमी उपत्यकामें उतर पंजक-उपत्यकाके किनारे पीपलघाट होते सकन्याना और फिर पनढरको पारकर पश्चिमी नयारके किनारे कैन्यूर पहुँच गुंगीधारके ऊपर जा गढ़वालकी सीमा छोड़ देती है; जहाँसे केलानी, गणाई, द्वाराहाट और भैंसखेत होते आगे पहुँचा जा सकता है। दूसरी तरफ पौड़ीसे ज्वालपा और पोखरा होते बैजराव पहुँचती है, जहाँसे वह अल्मोड़ा जिलेमें दाखिल हो ताँबाधौत और मासी होते द्वाराहाट पहुँच जाती है।

पौड़ीसे बाहर होते अलकनंदा पार देवप्रयाग पहुँचा जा सकता है, जहाँसे एक सड़क टेहरीको गई है।

अंग्रेजोंके हाथोंमें आनेपर उनका ध्यान कुमाऊँ-गढ़वालकी सड़कोंकी ओर पहले उतना नहीं था, लेकिन हिमालयका आकर्षण कितने ही अंग्रेज यात्रियोंको यहाँ खींच लाता था। यहाँकी सड़कोंकी हालत देखकर १८५२ ई०में कलकत्ता-रिव्यूने लिखा था : "हमारा शायद सबसे बड़ा दोष यह रहा है, कि हमने देशके भिन्न-भिन्न भागोंके भीतर यातायातकी सुविधाके लिए बहुत कम काम किया है। यातायातके साधनोंकी कमी किसी देशके सुधारके लिए बहुत खतरेकी चीज है, और गढ़वाल जैसे देशके लिए तो और भी ज्यादा, जो कि विशाल पहाड़ोंसे ढँका है और जिन्हें दुर्गम पहाड़ी धारायें काटती हुई चलती हैं।"

५. पुल—

गढ़वालकी नदियोंको नावसे पार करना आसान नहीं था, इसलिए बहुत पहिलेसे ही यहाँ नदियोंको पार करनेके लिए भिन्न-भिन्न तरहके साधन विकसित किये गये। सबसे सस्ता किंतु देखनेमें भयानक तरीका था (१) छीकासे नदी पार करना : एक रस्सा दोनों तरफकी दो चट्टानों या वृक्षोंसे बाँधकर नदीकी धारके ऊपर फैला दिया जाता था, जिसपर एक छीका रख दिया जाता था। आदमी उसमें पैर डालकर लकड़ीके छल्लेके सहारे खिसकते हुए एक किनारेसे दूसरे किनारे पहुँच सकता था। अंग्रेजी शासनकालमें भी हिमालयके कुछ भागोंमें तिनकेंकी रस्सेकी जगह लोहेका रस्सा पार उतरनेके लिए बाँधा गया था। (२) छीकासे कुछ सुधरा हुआ झूलापुल था, जो पहले प्रायः तिनकेके रस्सोंका ही बनता था। एककी जगह दो रस्से आर पार बाँध दिये जाते थे, जिनसे रस्सियोंके सहारे लकड़ीके पटरे लटकाये जाते थे। पटरोंको नीचे एक दूसरेसे बाँध दिया जाता था। आज भी कहीं-कहीं ऐसे रस्सीके झूले देखे जाते हैं। लेकिन, अधिकतर झूले अब लोहेके हैं, जो हिलकर यात्रिओंको उतना भयभीत नहीं करते। (३) साँगा एक तीसरे प्रकारका पुल है, जो हिमालय और तिब्बतमें भी

उपयोगमें आता है। इसमें दोनों किनारोंसे दो-दो धरनोंके एक-एक छोर किनारेमें दबाकर दूसरे छोरोंको धारके बीचकी ओर निकाल दिया जाता है। पहली धरनोंके ऊपर कुछ अधिक लंबी धरनें रखी जाती हैं, जो धारकी ओर और आगे निकलती हैं। उनके ऊपर और और धरनोंको आगे निकालते हुए दोनोंके बीचके फासलेको कमसे कम कर दिया जाता है। फिर दोनों ओरकी धरनोंको जोड़नेके लिए और धरनें रखकर पटरोंसे पाटकर पुल बना दिया जाता है। (४) चौथी प्रकारका पुल साधारण पुल है, जो लकड़ी और लोहे दोनोंका होता है।

§३. डाक-बंगले

गढ़वालके मुख्य-मुख्य डाकबँगले निम्न हैं—

नाम	उन्नतांश (फुट)
अदवानी	६२००
आदबदरी (अल्मोड़ा)	”
ऊखीमठ	४३००
केदारनाथ	११७५३
कैन्यूर	
गणाई	
गरुड	
गुलाबकोटी	५३००
गौरीकुंड	६५००
ग्वालदम्	६०००
घाट	
चमोली	३५००
चोपता	
जोशीमठ	६१५०
टेहरी	१७५०
थराली	१५५०
देवप्रयाग	१५५०
दोगलभीटी	७७००
द्वाराहाट (अल्मोड़ा)	
नंदप्रयाग	३०००

पांडुकेश्वर	६४५०
पीपलकोटी	४३५०
फाटा	५२५०
बटवलचरी	३०००
बदरीनाथ	१०३५०
मंडल	
ऋषिकेश	१११६
रमनी	५०००
रुद्रप्रयाग	२०००
लेन्सडौन	"
लोहबा	
श्रीनगर	१७०६
सकन्याना	
सौरगढ़गाड	२३००

गढ़वालके डाकबँगले (लोककार्य-विभाग=पी० डब्ल्यू० डी०)—जिलाबोर्डके डाकबँगले हैं। कोटद्वारा और लैन्सडौनके डाकबँगलोंमें खानसामे भी रखे गये हैं, जो यात्रियोंके खाने-पीनेका इन्तिजाम कर देते हैं। कोटद्वारासे पौड़ीके रास्तेपर दादामंडी, वनघाट, अदवानी और पौड़ीमें डाकबँगले हैं। द्वारीखाल और कालेथमें जंगल-विभागके डाकबँगले हैं। पौड़ी-अल्मोड़ाकी सड़कपर मुसागली, सकन्याना, कैंन्यूर और गुंगीधारमें डाक-बँगले हैं। यात्रा-सड़कपर ऋषिकेशसे आगे लछमनझूला, बिजनी, कोठाभेल, व्यासघाट, बाह, रानीबाग, श्रीनगर, चंटीखाल, रुद्रप्रयाग, नरगासू, कर्णप्रयाग, सूनला, चमोली, पीपलकोटी, गुलाबकोटी, जोशीमठ, आदबदरी, लोहबा, बदरीनाथ और शेषधारामें लोककार्य-विभागके डाकबँगले हैं। पौड़ी-धनपुर-नागनाथ सड़कपर जंगल-विभागने खिरसू, चारी, भैंसवारा, धानपुर, सिरकोट, और नागनाथमें बँगले बनवाये हैं। भैंसवारा-आदबदरीके बीच तिलकनी, और आदबदरी तथा लोहबाके बीच दिमदिमामें भी जिला-जंगल-विभागके बँगले हैं। गंगा-जंगल-विभागने कोटद्वारा, कुमाऊँ, चिला, लालढंग, हल्दूखाता, सनेह, कीलूचौर, चौकान, हाथीकुंड, मोरघाटी, पखराव, हल्दूपड़ाव, सलखेद और मिठवालामें तथा गढ़वाल-विभागने रथवाधाव, कंडा, लोहाचौर, धिकला, बुकसर, कालागढ़, झिरना, पटेरपानी, मुंडीपानी, गरुड और गंजीपानीमें अपने डाकबँगले बनवाये हैं। गंजपानीका डाकबँगला गोहनातालके किनारे है।

§४. डाक और तारघर

तारकी लाइन कोटद्वारासे श्रीनगर होते तथा ऋषीकेशसे श्रीनगर होते जोशीमठ बदरीनाथ तक चली गई है। दूसरी लाइन ऋषीकेशसे नरेंद्रनगर होती टेहरीतक पहुची है। यहांके तारघरों[१] और डाक्खानोंकी सूची निम्न-प्रकार है--

अगस्तमुनी
अदवानी
अमेथा
आदबदरी
इरा
उत्तरकाशी
ऊखीमठ
एकेश्वर
कर्णप्रयाग
कसना
कीर्तिनगर
कुनईखाल
कुंजरीवाल
केदारनाथ
कैमूर
केमेरा
कोट
कोटद्वारा ×
कोरचूना
खंका
खडा
खेडा
गुप्तकाशी

---

[१]जिनके पास × चिन्ह है, वहाँ तारघर भी है।

गुमखा
गोइल
गोपेश्वर
गौचर
घाट
चमनौ
चमवा
चमोली
चंद्रापुरी
चिघाट
चुपानी
चोपता
चौपरा
चोपरियों
जखनी
जखेत
जगरीखोल
जोशीमठ ×
जोहरीखाल
डागचौरी
डुंगर
डुंगरी
डुंगरीपन्त
तिमली
तोली
थराली
थानगढ़
दलेरी
दादामंडी
दुधारखाल
देलचौरी

देवप्रयाग ×
देवलकोट
देवलगढ़
दोगड्डा
द्वारीखाल
धरासू
नन्दप्रयाग ×
नरायनबगड
तंगनमहल
नैथाना
नैनीवरदा
नौली
पांडुकेश्वर
पिपलकोटी ×
पिपली
पैठानी
पैदुल
पोखरा
पोखरी
पौखाल
पौड़ी ×
फाटा
बडियारगाड
बडियालगाँव
बदरीनाथ ×
बनघाट
बम्पा
बलियारगाड
बंगेली
बीरोंखाल
बुंगीधार

बूबाखाल
बेरवाई
बैजराव
बैरागना
बौली
भटोली
भल्डियाना
भिरी
भ्यून
मंडल
रदमवा
राणाकोट
रिखीखाल
रिंगवारी
रुद्रप्रयाग ×
लंगासू
लैन्सडौन ×
लोहबा
विद्यापीठ (उत्तराखंड)
शांतिसदन
शिवानंदी
श्रीनगर ×
संगलाकोटी
साईंधार
सिदोली
सिमली
सियासैण
सुमरी
सूला
हेलङ्

अध्याय ७

(स्वास्थ्य और शिक्षा)

§१. स्वास्थ्य

१. बीमारियाँ—

(१) मलेरिया—गढ़वालमें भाबरका इलाका बहुत थोड़ा है। भाबरकी तराई मलेरियाके लिए मशहूर है। वैसे मलेरिया पहाड़में भी फैलता है, और ६००० फुटसे ऊपर जानेसे ही मलेरिया-मुक्त स्थान मिलता है, किंतु इसका यह अर्थ नहीं, कि मच्छर भी वहाँ नहीं पहुँचते। मलेरियाके अतिरिक्त और रोग भी हैं, लेकिन यहाँ ६० सैकड़ा मौत मलेरियासे होती है। भाबरके अतिरिक्त, गंगा, नयार और मंडल नदियोंकी निचली उपत्यकायें भी मलेरियाके लिए मशहूर हैं।

(२) पेटकी बीमारी—पेटकी बीमारीसे ३५ सैकड़ा मृत्यु होती है।

(३) चेचक—चेचककी बीमारी गढ़वालमें बहुत कम होती है। गढ़वालियोंको टीकाके रवाजसे पहले हीसे एक तरहके टीकेकी आदत थी, इसलिए उन्होंने आसानीसे टीका लेना शुरू कर दिया।

(४) हैजा—चेचककी कमी गढ़वालमें हैजा पूरी करती है, जिसमें मैदानसे आनेवाले तीर्थयात्री भी सहायक बनते हैं। १८९२में ५९४३, १९०३में ४०१७, १९०६में ३४२९, १९०८में १७७५, १९२१में ५५१२ आदमी हैजासे मरे थे। अब तो सरकारकी ओरसे हैजेकी रोकथामके लिए बहुत ध्यान दिया जाता है। यात्राके समय स्थान-स्थानपर मुफ्त इन्जेकशन देनेका इन्तजाम रहता है और टीका लिये बिना यात्री आगे बढ़ने नहीं पाते।

(५) महामारी—वर्तमान शताब्दीके आरंभमें महामारी (प्लेग)का रोग पहाड़में पहुँचा। कहते हैं १८२३ ई०में केदारनाथमें महामारी आई थी। १८५५में भी चोपराकोट और चौधाममें महामारी फूट निकली। केदारनाथमें १८३४ और १८३५में भी यह बीमारी हुई और लोहबामें १८४६ और १८४७में। १८५४में यह पहाड़ी महामारी नीचे मैदानमें काशीपुर, इलाहाबाद और रामपुर

तक जा पहुँची। वस्तुतः यह पहाड़की ही महामारी है और १८२३के बाद जब तब एक-दो गाँवपर इसका आक्रमण हो जाता रहा। हर तीसरे-चौथे वर्ष आकर यह गाँवके आधे लोगोंको खतम कर देती थी। चूहोंके मरते ही गाँववाले अपने आप घर छोड़कर बाहर चले जाते। महामारीमें मरे आदमियोंको जलाया नहीं जाता, बल्कि गाड़ दिया जाता और चार महीने बाद फिर निकालकर जलाया जाता। यह रोगके कीटाणुओंको सुरक्षित रखनेका बहुत अच्छा तरीका है, इसमें सन्देह नहीं।

(६) संजर—संजर भी एक तरहका पहाड़ी प्लेग है, जिसमें बुखार होता है किंतु गिल्टी नहीं उभड़ती। यह महामारीके बराबर खतरनाक नहीं है, बीमारों-मेंसे केवल २० सैकड़ा मरते हैं। यह बीमारी अकाल, भुखमरी तथा गंदगीके कारण पैदा होती है।

(७) कुष्ट रोग—कुष्ट रोग गढ़वालमें काफी पाया जाता है। पुराने समयमें छूतकी इस भयंकर बीमारीको रोकनेके लिए कुष्टीको जिंदा जला दिया जाता था। ऋषिकेशमें पहुँचते ही भिखमंगे स्त्री-पुरुष कोढ़ियोंको बड़ी संख्यामें देखकर आदमीको मालूम हो जाता है, कि यह रोग गढ़वालमें कितना फैला हुआ है। १९०१में श्रीनगरमें एक कुष्टाश्रम खोला गया, लेकिन कुष्टके प्रसारमें रोक-थाम बहुत कम हो पाई। कुष्ट-रोग वस्तुतः हिमालयके और रोगोंकी तरह यहाँ भी एक बड़ी समस्या है, जिसे रतिज रोगोंने बढ़ा दिया है।

२. जन्म और मृत्यु—

(१) आंकड़े—गढ़वाल जिलेके जन्म और मृत्युके आंकड़े निम्न प्रकार हैं—

सन्	जन्म		मृत्यु		
	संख्या	प्रतिहजार	संख्या	प्रतिहजार	कमी बेसी
१९२१	१६२९८	३४.४२	२४०१९	५०.०७	१५.५५
१९२५	१९१७०	३९.५१	१४०२०	२९.१०	१०.४१
१९२८	२२२८८	४५.९२	२३५६३	२७.९३	१७.९९
१९३१	२२२५८	४५.८७	१४८९७	३०.७०	१५.१७

(२) मृत्युके कारण—

सन्	प्लेग	हैजा	चेचक	ज्वर	पेट	बाकी
१९२१	.	५५१२	१	१४७८६	२८४५	८४५
१९२५	.	३८	३३	१०९६७	२१७२	९१०
१९२७	.	१६४१	३९	१०००२	२०३१	८००

१९२८	७	६५	४३	१११६२	१७२२	५६४
१९३१		४३०	११	१११२५	२२३६२	९६९

३. अस्पताल—

टेहरी जिलेमें राजकी ओरसे अस्पताल नरेन्द्रनगर, टेहरी, देवप्रयाग, राजगढ़ी और उत्तरकाशीमें हैं। गढ़वाल जिलेमें कुछ अस्पताल जिला-बोर्डके हैं और कुछ पहले जमानेसे चली आती सदावर्तोंके पैसेसे खोले गये हैं। मूलतः सदाबर्त तीर्थयात्रियोंके भोजन देनेके लिए लगाई गई थी, अंग्रेजी सरकारने उसे चिकित्साके काममें लगा दिया। सदाबर्तोंके अस्पताल कंडी, श्रीनगर, ऊखीमंडी, बदरीनाथ, चमोली, जोशीमठ, और कर्णप्रयागमें हैं। पौठी, जनघाट, कोटद्वरा और वीरोंखालमें जिलाबोर्डके औषधालय हैं। चिकित्सालयोंकी देखभालका काम पौड़ी और टेहरीके सिविल-सर्जनोंके हाथमें हैं।

§२. शिक्षा

गढ़वालमें शिक्षाका प्रचार कुमाऊँ जितना नहीं है। गढ़वालियोंको इसकी शिकायत है, कि जनप्रिय मंत्रियोंके आनेपर भी उनकी शिक्षाकी ओर जितना ध्यान देना चाहिए था, उतना नहीं दिया गया। अंग्रेजी शासन कायम होनेसे पहले यहाँ कुछ पाठशालायें होती थीं, जिनमें उच्च वर्गके विशेषकर ब्राह्मणोंके लड़के संस्कृत या गढ़वालीमें लिखना-पढ़ना सीखते थे। अंग्रेजोंके शासनकालमें मिशनरियोंका ध्यान शिक्षाकी ओर पहले गया और उन्होंने ईसाई धर्मके प्रचारके साथ-साथ नये ढंगके स्कूल खोलने शुरू किये। बीसवीं सदीके आरंभमें गढ़वाल जिलेमें सिर्फ एक हाई स्कूल चोपड़ामें था, जिसे अमेरिकन मिशनने खोल रखा था। श्रीनगरका हाई स्कूल १९०९में बना, उससे पहले वह एक अंग्रेजी-हिन्दी स्कूल था। उस समय मटियाली, कंसखेत, पोखरा, श्रीनगर, खिरसू और नागनाथमें मिडल-हिन्दी-स्कूल थे। पिछले २० वर्षोंमें स्कूलोंकी संख्या बढ़ी है। इस वक्त उत्तराखंड विद्यापीठ (गुप्तकाशीके पास), पौड़ी, श्रीनगर, गोपेश्वर, रुद्रप्रयाग, टेहरी और उत्तरकाशीमें हाई स्कूल या उच्च हाई स्कूल है। स्कूलों और छात्रोंकी संख्या १९३१ तक कैसे बढ़ी, इसके लिए निम्न तालिका देखें—

सन्	हाईस्कूल	छात्र	क्षात्रायें	प्राइमरी स्कूल	छात्र	छात्रायें
१९२१-२२	८	४१३		२६१	११३४५	७५
१९२८-२९	१२	९४१		३७५	१४९०४	२२२
१९३०-३१	१२	७७६		३९६	१५६३१	१८८

अध्याय ८

प्रसिद्ध ग्राम-नगर

गढ़वालके कितने ही ग्राम नगरोंके बारेमें अकारादि क्रमसे यहाँ कुछ विवरण दिया जाता है :

अदवानी (६२०० फुट)—कोटद्वारासे पौड़ीके रास्तेमें आधी दूरपर देवदारके जंगलमें डाकबँगला और डेरा लगानेकी जगह है। अदवानीके ऊपर रानीगढ़का ध्वंसावशेष है। वहाँसे मसूरी और नीचे दूरतक देश दिखाई पड़ता है।

आदबदरी (३०°.१'.२"×७९°.१६.'२")—कर्णप्रयागसे १३ और लोहबासे १० मीलपर है। यहाँ भी द्वाराहाटकी भांति १६ परित्यक्त छोटे-बड़े मंदिर हैं, जिन्हें कत्यूरी राजाओंने बनवाया था। सभी मंदिर एक ही जगह ४२'×८५"के घेरेमें हैं। यहाँ डाकघर है।

उत्तरकाशी—देखो बाड़ाहाट।

उल्कागढ़—देवलगढ़ पर्गना (तहसील पौड़ी)में एक पुराने गढ़का ध्वंस है।

ऊखीमठ—मल्ला कालीफाट (पर्गना नागपुर)में यह गाँव मंदाकिनीके बायें कुछ ऊपर गुप्तकाशीके सामने है। केदारनाथका रावल जाड़ोंमें यहीं रहता है। शिवालयमें शिव, पार्वती, मान्धाता, अनिरुद्ध और उषाकी धातु-मूर्तियाँ हैं। नवदुर्गाकी पाषाण-मूर्तियाँ पुरानी हैं। देवरीताल यहाँसे जा सकते हैं। यहां डाकघर, अस्पताल तथा पुलिस-चौकी है।

ऋषिकेश—हरद्वारसे १४ मील उत्तर-पूर्व गंगाके दाहिने किनारेपर है। ऋषिकेश-रोड रेल-स्टेशन भी है और यहाँसे हरिद्वार, देहरादून कीर्तिनगर और धरासूकी बसें मिलती हैं। यह एक अच्छा खासा कस्बा है, जिसमें बहुत बड़ी संख्या साधु-साधुनियोंकी है। पुराणोंमें इसे कुब्जकाम्रक कहते हैं।

कंडारगढ़—नागपुर पर्गनेमें चंदापुरी चट्टीके पास पुराना गढ़ है।

कर्णप्रयाग (२३०० फुट)—पिंडार और अलकनंदाके संगमपर अलकनंदाके बायें किनारे अवस्थित है। चट्टी और बाजार पिंडारके बायें किनारे है। पिंडारपर २२१ फुट लंबा झूला-पुल है। यहाँका पुराना बाजार १८९४की गोहनाबाढमें

वह गया। नन्दप्रयाग यहाँसे ११ मीलपर है। पासमें सिमलीमें एक पुराना मंदिर है।

कालीमठ—मल्ला कालीफाट (पर्गना नागपुर) में भेत (नारायणकोटि) चट्टीसे २॥ मीलपर काली नदीके बायें किनारे कई प्राचीन मंदिर हैं। पहिले पड़ोसी गाँवोंके लोग अपनी ज्येष्ठ कन्याओंको मंदिरपर चढ़ा देते थे, जो देवचेली या देव-राणी कही जाती थी। यहाँ हर-गौरीकी अत्यन्त सुंदर मूर्त्ति है। कत्यूरी शिलालेख तथा कितनी ही प्राचीन मूर्त्तियाँ भी हैं।

कांसवत—पर्गना बारहस्यूँमें बड़ा गाँव है। यहाँ सरकारी मिडल-स्कूल है।

केदारनाथ (११७५३ फुट, ३०° ४४'. १५" × ७९°.६'. ३३")—मल्ला कालीफाट (पर्गना-नागपुर) महापन्थ-शिखरके नीचे हिमाल-श्रेणीसे बाहर निकली पहाड़ीपर मंदाकिनी उपत्यकाके सिरेकी समतल भूमिमें अवस्थित धाम है। मंदिर सुन्दर है। मंदिरके सामने पंडोंके घर यात्रियोंके रहनेके लिए बने हैं। ट्रेलके कथनानुसार यह मंदिर नया तथा पुरानेके जीर्ण हो जानेपर बनाया गया था; किंतु वस्तुतः उस समय बारहवीं-तेरहवीं सदीके प्राचीन मंदिरका पुनः संस्कार हुआ होगा। पांडव पहिचान न लें, इसलिए महिषरूप शंकर यहाँ अन्तर्धान हो गये, और उनकी पीठ भर यहाँ रह गई। उनके बाहु, मुख, नाभि और जटा क्रमशः तुंगनाथ, रुद्रनाथ, मध्यमेश्वर और कल्पेश्वरमें पूजे जाते हैं। केदारनाथ, गुप्तकाशी, ऊखीमठ और मध्यमेश्वरके महंत केदारनाथके रावल जंगम (वीरशैव) साधु हैं। तुंगनाथ, त्रियुगी और कालीमठके पुजारी पहाड़ी हैं, जो रावलके आधीन हैं। चमोली और श्रीनगर दोनों ओरसे केदारनाथ आनेवाले रास्ते नाला गाँव (गुप्तकाशीसे १ मील नीचे) मिलते हैं। केदारनाथ मंदिरसे ४ मीलपर भैरव-झाँप (भृगुपतन) चट्टान है, जहाँसे भक्त लोग कूदकर प्राण दे स्वर्ग जाते थे। जानेसे पहिले वह अपना नाम एक मंदिरकी दीवारपर लिख डालते थे। अंग्रेजोंने इस प्रथाको बन्द कर दिया।

केदारनाथ मंदिरमें ६० गाँव गढ़वाल जिलेके (आय १०९० रुपया) और ४५ गाँव कुमाऊँके (आय ८०८ रुपया) गुंठ लगे हुये हैं। टेहरीके कुछ गाँवोंसे भी २५० रुपया वार्षिक आय होती है।

रावल पहिले तमिल नाड पीछे कर्नाटकके होते हैं। उनके चुनावमें पूर्व रावलकी इच्छा, मंदिरके अधिकारियों तथा गुंठके गाँवोंके प्रधानोंका हाथ होता है। अब तो प्रबंधका सारा अधिकार बदरीनाथ-मंदिर-समितिके हाथमें है, जिसका सहायक मंत्री केदारनाथ या ऊखीमठमें रहता है।

रावलोंकी बनावटी वंशावली बड़ी लंबी-चौड़ी है। उसका आरंभ पांडवोंके समकालीन भुकंडसे विश्वलिंग रावल तक ३१९ पीढ़ियाँ गिनाई गई हैं। एक शताब्दीमें ७ पीढ़ियाँ लेनेपर दसवीं सदीके आरंभमें २५२वें रावल उदारलिंगके बाद निम्न रावल हुए हैं—

२५२. उदार लिंग
२५३. कारण "
२५४. पद्मनाभ "
२५५. अघोर "
२५६. जयनाथ "
२५७. वीतराग "
२५८. चंद्र "
२५९. विचित्र "
२६०. सुंदर "
२६१. अष्टमूर्ति "
२६२. यज्ञ "
२६३. सत्यरूप "
२६४. स्वरूप "
२६५. कल्याण "
२६६. पुराण "
२६७. स्वभाव "
२६८. विशेष "
२६९. वैध "
२७०. प्राणेश्वर "
२७१. धनद "
२७२. प्रकाश "
२७३. ब्रह्मण्य "
२७४. निर्मल "
२७५. श्वेत "
२७६. नारायण "
२७७. गौर "
२७८. प्रकाश "

२७९. विदेह लिंग
२८०. प्रमाण "
२८१. स्वस्तिक "
२८२. सदानंद "
२८३. दुर्गम "
२८४. चिरन्तन "
२८५. वसन्तर "
२८६. रहस्य "
२८७. ज्ञानदीप "
२८८. विशोक "
२८९. जनार्दन "
२९०. कृतज्ञ "
२९१. धर्मराज "
२९२. जटाधर "
२९३. ख्यात "
२९४. दुर्लभ "
२९५. त्रिशूल "
२९६. कल्पराज "
२९७. अभिराम "
२९८. वरुण "
२९९. अजर "
३००. देवदेव "
३०१. कपिल "
३०२. भालचन्द्र "
३०३. मुरारी "
३०४. अमल "
३०५. काम "
३०६. त्रिकाम "
३०७. चान्द "
३०८. वीरभद्र "
३०९. शिव " (१)

३१०. शिव लिंग (२)
३११. सितंबर "
३१२. महा "
३१३. नीलकंठ "
३१४. वसु "
३१५. सितंबर " (२)
३१६. वैद्य "
३१७. केदार "
३१८. गणेश "
३१९. विश्व "
३२०. नीलकंठ "
३२१. जय "
३२२. विश्वनाथ "

रावलकी उपाधि गढ़वालके राजाने १७७६ ई०के आसपास बदरीनाथ और केदारनाथके महंतोंको दी, लेकिन उससे पहिले रावलकी उपाधि नहीं थी, यह मानना मुश्किल है। बैजनाथके अभिलेखोंसे पता लगता है, कि उससे बहुत पहिलेसे पहाड़में महंतोंके लिए रावल या राउलकी उपाधि प्रयुक्त होती थी।

केदारनाथके रावलकी महन्ताई पाँच केदारों और ग्यारह दूसरे मंदिरोंपर है। पाँच केदार हैं—

(१) केदारनाथ
(२) कल्पेश्वर
(३) तुंगनाथ
(४) मध्यमेश्वर
(५) रुद्रनाथ

दूसरे मंदिर हैं—

(१) अगस्तमुनि
(२) उषीमठ
(३) कालीमठ
(४) गुप्तकाशी
(५) गोपेश्वर
(६) गौरीदेवी
(७) तुंगनाथ
(८) त्रिजुगी
(९) मध्यमेश्वर
(१०) लक्ष्मीनारायण
(११) रुद्रनाथ

केदारनाथके पंडे प्राचीन खस ब्राह्मण हैं। टेहरीकी कुंजणी पट्टीकी कुंजापुरी देवीके पुजारी भी खस हैं। वह निम्न गाँवोंमें रहते हैं—

१. लमगौडी (बामसू)—जुगणाण (वाजपेयी, अवस्थी)
२. देउली—रुहाड़ी (तिवारी)
३. डुंगरी—कोरियाल (शुक्ल)
४. भणीगाँव—बगवाडी (उपमन्यु वाजपेयी)
५. लोहारा— " " "
६. लुम्रानी— " " "
७. फौली—कोटवाल (शुक्ल)
८. पसालत—छेमवाल (शांडिल्य)
९. नाग—रुहाड़ी (वाशिष्ट तिवारी)
१०. शुवदनी—कोटवाल
११. शाड्—कोटवाल
१२. रुद्रपुर—शूदडा (शुक्ल)
१३. नाला—शूदडा (शुक्ल)
१४. खाट—जुगणाण
१५. नोहरा—तिनदोरी (त्रिवेदी)
१६. कुंडाल्या—तिनदोरी (त्रिवेदी)
१७. पठाली—रुहाड़ी (काश्यप, तिवारी, त्रिवेदी, तिरोरी)
१८. केमाणा—तिनदोरी (तिवारी, त्रिवेदी)
१९. भटवाड़ी—(काश्यप, तिवारी)
२०. चुन्नी—(काश्यप, तिवारी)

कैन्यूर—चोपराकोट पट्टी (पर्गना चाँदपुर)में पौड़ी-अल्मोड़ाके रास्तेमें पूर्वी नयारके दाहिने तटपर, सकन्यानासे ८ मीलपर है। यहाँ डाकबँगला और पड़ाव है। पहिले यहाँ तहसील भी थी।

कोटद्वारा—पौड़ीसे ४८ और लैन्सडौनसे १७ मीलपर पहाड़की जड़में यह नगर है। १८७०से पहिले यहाँ २५-३० घर थे। दक्षिणी गढ़वालका यही बड़ा बाजार है। नजीबाबादसे रेल आ जानेसे कोटद्वाराकी वहुत अभिवृद्धि हुई। माणा-नीतीके भोटांतिक व्यापारी जाड़ोंमें यहाँ पहुँचते हैं। भाबरका प्रशासन-केंद्र कोटद्वारा है। मोटर द्वारा चमोली-पौड़ी और लेन्सडौनसे संबंध हो जानेके कारण कोटद्वाराकी कुछ क्षति हुई।

खरसाली—जमुनोत्रीसे ६ मील नीचे हनुमानगंगा और जमुनाके संगमके पास जमुनोत्रीके पंडोंका गाँव है। यह गाँव टेहरी जिलेके रवाईं पर्गनेकी गीठ पट्टीमें है।

गंगनाणी—भटवारीसे चार मील गंगोत्रीके रास्तेमें गंगाके दाहिने किनारे है। काठके पुलसे पार हुरी गाँवमें तप्तकुंड है, जिसका तापमान १३२° है।

गंगोत्री (१०३१९ फुट, २१°.×७५°. ५७′)—टेहरीके टकनौर पर्गनेमें गोमुखसे १८ मील नीचे है। अमरसिंह थापाका बनाया मंदिर चट्टान गिरनेसे टूट गया। नया मंदिर जरपुरके राजाने बनवाया। यहाँके पंडे (संमवाल) मुखवामें[१] रहते हैं, जिन्हें भी अमरसिंहने ले जाकर वहाँ बसाया। पहिले धरालीके

---

[१] गंगोत्रीसे १२ मील नीचे गंगाके दाहिने किनारेपर है।

बुढेरे लोग (खस) गंगोत्रीके पुजारी थे। १८१५में फ्रेजर गंगोत्री गया था। उसने लिखा है : "(यहाँका) दृश्य उस अद्भुत पवित्रताके अनुरूप ही है, जो उसके लिए मानी जाती है।" गंगासे ६मील नीचे जांगला है, उससे आगे जाड़ (जाह्नवी) गंगा आ मिलती है। वस्तुतः गंगोत्रीकी धारसे जाड़-गंगाका पानी कहीं अधिक और धारा भी लंबी है। भैरवघाटीमें जाड़गंगापर पहिले झूलेका पुल था, जो बहुत ऊँचाई (३५० फुट)पर बना होनेके कारण यात्रियोंके हृदयमें भयका संचार करता था। भैरवघाटीमें भैरवका मंदिर है। यहाँ गंगा और जाड़गंगाके संगम पर एक शीतल जलका सोता है, जिसका स्वाद सोडावाटर जैसा है। गंगा दसहरा (ज्येष्ठ सुदी)को पुनीत माना जाता है, क्योंकि उसी दिन शिवजीने भागीरथीको गंगा प्रदान की थी।

गमसाली (१०३१७ फुट)—पर्गना पैनखंडामें जोशीमठसे नीती जोतके रस्तेमें जोतसे १५ मील नीचे यह गाँव पश्चिमी धौलीके दाहिने किनारे बसा है। नीती भोटांतका तीसरा सबसे बड़ा गाँव है। गाँवके पास चौरससी भूमिमें नंगे-जौ, फाफड़ और कुटूके खेत हैं। गाँवके पीछे ही पहाड़ एकदम सीधा खड़ा है, वैसा ही छोटी धारके पारका पहाड़ भी है। यहांसे उत्तर-पूर्वकी उपत्यका विशाल चट्टानोंसे भरी दीख पड़ती है और दक्षिणकी ओर कितने ही हरे जंगलवाले गाँव हैं। मईमें शामके वक्त हिमानियाँ लगातार गिरती रहती हैं। गमसाली और बम्पाके बीच गमसालीसे पूर्व एक मीलपर एक स्थान है, जहाँसे खड़े होकर दक्षिणपूर्वमें तीन मील-पर एक बर्फानी पर्वतवाहीकी ओर देखनेपर वहाँ एक मानवमूर्ति दिखाई पड़ती है, जिसका शिर और कंधा स्पष्ट मालूम होता है। गाँववाले कहते हैं, कि यह मूर्ति रखी हुई है, किंतु यह संभव नहीं है। पाषाणने ही वैसा रूप ले लिया है। गमसालीके सुंदर और वीभत्स दृश्योंके बारेमें कहावत है—

गमसाली डीठ	बम्पा पीठ
छप छया डाली	ममछा वोट
तीन सरग	तीन नरक

गुप्तकाशी—पट्टी मल्ला-कालीफाट (पर्गना नागपुर)में मंदाकिनीके दाहिने किनारेसे ८०० फुटकी ऊँचाईपर श्रीनगरसे केदारनाथके रास्तेपर यह पुराना गाँव अवस्थित है। यहाँ कुछ पुरानी मूर्तियाँ हैं।

गोपेश्वर—चमोलीसे तीन मीलपर केदारनाथके रास्तेमें यह ऐतिहासिक स्थान बालासुती नदीके बायें अवस्थित है। गोपेश्वरके सुंदर शिवमंदिरके सामने अशोकचल्ल (अनेकमल्ल)का अभिलेख एक विशाल त्रिशूलपर खुदा है। जड़में

ताम्रनिहित अक्षरोंमें एक और पुराना लेख है। त्रिशूल-संस्थापककी मूर्ति जागेश्वर (अल्मोड़ा)में है। गोपेश्वरके पुजारी ब्राह्मण हैं, और निरीक्षक ऊखी-मठके रावल। यहाँ कितनी ही बूटधारी सूर्य-मूर्त्तियाँ और लकुलीशोंके लिंग आदि हैं।

गोहना (गोणा)—मल्ला-दसोलीमें यह गाँव बिरही गंगाके किनारे है। १८९३के सितंबरमें एक भयंकर भूपात हुआ, जिससे धाराके ऊपर २००० फुट चौड़ा और ९०० फुट ऊँचा बाँध बन गया, और पानी बिल्कुल रुक गया। पहिले पटवारीकी रिपोर्टको मामूली भूपात समझा गया। इंजीनियर पुलफोर्डने हिसाब लगाकर बाँधके टूटने तथा बाढ़ आनेके बारेमें पहिले ही सूचना दी, जो ठीक उतरी (लोगोंका विश्वास है, कि डाइनामाइटसे तोड़कर भविष्यद्वाणी सच्ची कराई गई)। पहिलेसे ही गोहना, चमोली, नन्दप्रयाग, कर्णप्रयाग, रुद्रप्रयाग, श्रीनगर, बाह, व्यासघाट, ऋषिकेश और हरद्वारमें सावधानी कर दी गई थी। १८९४के अगस्तके मध्यमें बाँध टूटनेका समय बतलाया गया था। २४ अगस्तको सूचना दी गई, कि ४८ घंटेके भीतर बाढ़ आयेगी। २५ अगस्तके सवेरे पानी जरा-जरा ऊपरसे चूने लगा, धार बढ़ती गई और आधी रातको भारी आवाजके साथ बाँधका ऊपरी भाग गिर पड़ा। पानी जोरसे बह चला। २६ अगस्तके सवेरे तक १० अरब घनफुट पानी निकल गया और गोहनाताल ३९० फुट नीचे उतर गया। प्राणहानिमें एक परिवार मरा, जिसने हटाये जानेपर भी जाकर खतरेकी जगहमें डेरा डाल दिया था, सो भी बाढ़से नहीं, बल्कि एक रक्षात्मक रोक-थामके गिरनेसे। संपत्तिकी अपार हानि हुई। श्रीनगरका पुराना नगर अपने पुरातात्त्विक चिन्होंके साथ बह गया।

गौरीकुंड—मल्ला-कालीफाट (पर्गना नागपुर)में मंदाकिनीके दाहिने तटपर केदारनाथ मंदिरसे आठ मील नीचे है। यहाँ एक तप्तकुंड है, जिसमें पार्वतीजीने प्रथम रजःस्नान किया था। तप्तकुंडके पास पीले रंगका शीतलकुंड भी है, जिसे अमृतकुंड कहते हैं। यहाँ कुछ प्राचीन मूर्तियाँ हैं।

ग्वालदम—पट्टी पल्लाबधागमें अल्मोड़ा-सीमाके पास यह गाँव अवस्थित है। नन्दप्रयागसे अल्मोड़ाका रास्ता यहाँ होकर जाता है।

चमोली—पट्टी तल्ली-दसोलीमें अलकनंदाके बायें तटपर है। १८८९से यह तहसीलका सदर है। पुराना बाजार दाहिने तटपर था, जिसे गोहनाकी बाढ़ १८९४ में बहा ले गई। नया बाजार बायें किनारे है। चमोलीको लालसांगा भी कहते हैं, क्योंकि पुराने पुल (सांगा)की लकड़ी लाल रंगसे रंगी थी। कोटद्वारासे चमोली तक मोटर आती है। यहाँ डाक-तार-घर, अस्पताल और स्कूल हैं।

चाँदपुरकोट (६९०० फुट)—कर्णप्रयागसे १० मील आगे और आदबदरीसे २ मील पीछे मल्ला-चाँदपुर (पर्गना चाँदपुर) पँवार-वंशस्थापक कनकपालका गढ़ था। गढ़ नीचे बहती नदीसे ५०० फुटकी ऊँचाईपर है। गढ़की दीवारें और घर भी कुछ कुछ खड़े हैं। यह १॥ एकड़में गढ़े हुए बड़े-बड़े चौकोर पत्थरोंका बना है। यह सोचना भी मुश्किल है, कि ऐसे दुर्गम रास्तेसे यह विशाल चट्टानें कैसे ऊपर गई। कर्णप्रयागसे लोहबाका रास्ता गढ़की दीवारके पाससे जाता है।

चोपता (३०°. २९′×७९°.१४′.३०″)—ऊखीमठसे ११ मील और चमोलीसे १८ मीलपर पट्टी मल्ली-कालीफाट (पर्गना नागपुर) में यह रमणीय चट्टी है। यहाँ डाकबंगला है। तुंगनाथ यहाँसे तीन मीलपर हैं।

जमुनोत्री (१०८०० फुट, ३१°.१′×७८°.२८′)—टेहरीके रवाईं पर्गनेमें बंदरपूँछ (२०७३१ फुट) की पश्चिमी उतराईमें, तथा जमुनाकी उद्गम-हिमानीसे चार मील नीचे है। यहाँ एक छोटासा जमुनादेवीका मंदिर है, जिसके पास कई तप्तकुंड हैं, जिनमें एकका जल १९४°.७ गर्म है। इसमें चावल आलू पक जाता है।

जोशीमठ (६१०७ फुट, ३०°.३३′.४६″×७९°.३६′.२४″)—पैनखंडा पर्गनामें विष्णुगंगा और धौलीगंगाके संगमसे १५०० फुट ऊपर तथा डेढ़ मील दूर अलकनंदाके बायें किनारे है। चारों ओरसे पहाड़ोंने इसे घेर रखा है, विशेषकर उत्तरमें एक ऊँचा पर्वत हिमालकी हवाको रोकनेका काम करता है। विष्णुप्रयागसे जोशीमठ जानेका पुराना रास्ता सीधी कटी सीढ़ियोंका है, जिसपर पत्थरकी पटियाँ बिछी हुई हैं। मकान सुंदर कटे पत्थरोंके हैं। रावलका निवास और भी अच्छा है। बदरीनाथके रावल, मंदिर समितिके मंत्री और पुजारी नवंबरसे आधी मई तक यहीं रहते हैं। नरसिंहका मंदिर घरकी तरह मालूम होता है, इसकी ढालुआँ छत ताँबेकी है। सामनेके हातेमें पत्थरका कुंड है, जिससे पीतलके नन्दीसे पानी गिरता रहता है। हातेकी एक ओर पुराने मंदिर हैं। केन्द्रमें ३० वर्गफुटमें विष्णुका मंदिर है। कितने ही मंदिरोंपर भूकंपका बुरा प्रभाव दिखाई पड़ता है। विष्णु-गणेश-सूर्य-नवदुर्गाके छोटे मंदिरोंको कम क्षति हुई है। विष्णुकी मूर्ति ७ फुट ऊँची काले पत्थरकी तथा किसी चतुर शिल्पीके हाथकी कृति है। एक पीतलकी पंखदार तथा जनेव धारण किये मूर्ति है, जिसे ग्रीको-बाख्तर कलाकी चीज बतलाते हैं। गणेशकी मूर्ति २ फुट ऊँची सुरक्षित तथा पालिश की हुई है। नीती और माणाके चौरस्तेपर होनेसे जोशीमठ पहिले

बहुत समृद्ध था, लेकिन अब भोटांतिक लोग अपना माल सीधे नंदप्रयाग ले जाते हैं।

नरसिंह मंदिरके बारेमें एक कथा प्रसिद्ध है "इस प्रदेशके पुराने राजा वासुदेवका एक वंशज एक दिन जंगलमें शिकार खेलने गया था। उसकी अनुपस्थितिमें नरसिंहावतार विष्णुने ब्राह्मणका रूप लेकर महलमें रानीसे भोजन माँगा। रानीने खूब भोजन कराया। ब्राह्मण खानेके बाद राजाके पलंगपर लेट गया। इसी समय राजा शिकारसे लौट आया। अपनी पलंगपर एक अपरिचित व्यक्तिको सोया देखकर गुस्सेमें आ उसने तलवार खींचकर ब्राह्मणकी बाँह पर मारा। लेकिन बाँहसे खूनके स्थानपर दूध बह निकला। राजा भयसे काँपने लगा। रानीने कहा—इसमें संदेह नहीं, यह कोई देवता है। राजाने उससे अपने अपराधके लिए दंड देनेकी प्रार्थना की। देवताने कहा—'मैं नरसिंह हूँ। मैं तुझसे प्रसन्न होकर तेरे दरबारमें आया। अब तूने जो यह अपराध किया, उसका फल भोगना ही पड़ेगा। तू इस सुंदर ज्योतिर्धामको छोड़कर अब कत्यूर (बैजनाथ)में जा बस। यह घाव तू मंदिरमें अवस्थित नरसिंहकी छोटी मूर्तिमें भी देखेगा। जब वह मूर्ति गिरकर खंड-खंड हो जायेगी और हाथ न रह जायेगा, तब तेरा वंश उच्छिन्न हो जायेगा।"

नरसिंहजीका एक हाथ पतला है। कहा जाता है, जब बाँह टूटकर गिर जायेगी, तब धौली-उपत्यकामें तपोवनमें एक नये बदरीनाथ प्रकट होंगे।[1] नरसिंह मंदिरको प्रतिदिन १॥ द्रोण (=४८ सेर) चावल भोग लगता है।

कत्यूरियोंका राज्य सतलजसे काली और हिमालयसे उत्तर पंचाल (रुहेलखंड) तक था। नरसिंहदेव जोशीमठ छोड़ गोमतीकी उपत्यकामें कत्यूर (बैजनाथ) चला गया।

यहाँ डाक-तार-घर, अस्पताल, डाक-बँगला, बाजार है।

जोशीमें शंकराचार्यके शिष्य तोटकाचार्यकी गद्दी थी, जो १७७६ ई० तक कायम रही। हालमें उसका पुनरुद्धार किया गया है।

टंगणी—पीपलकोटीसे ८ मील ऊपर बदरीनाथकी सड़कपर एक चट्टी है। खस जातिके तंगण नामकी इसपर छाप है। टंगणी गाँवमें बदरीनाथके फुलारी (माली) रहते हैं।

---

[1] **"यावद् बिष्णोः कला तिष्ठेद् ज्योतिःसंज्ञे निजालये।
गम्यं स्याद् बदरीक्षेत्रं अगम्यं च ततः परम्॥"**

टेहरी—(१७५० फुट, ३०°.२३′×७८°,३२′)—भागीरथी और भिलङ्-नाके संगमपर बसा है। १८०८में अभी यह एक गाँव[1] था। १८१५में अंग्रेजोंकी कृपासे गढ़वाल राजके बचे-खुचे टुकड़े (टेहरी)को पाकर राजा सुदर्शनशाहने यहाँ अपनी राजधानी बनाई। १८१९ में राजाका महल एकमात्र बड़ा घर था। गर्मियोंमें गर्मी अधिक होनेसे राजा प्रतापशाहने प्रतापनगर बसाया, इसके बाद कीर्तिनगर, और नरेन्द्रनगर भी दूसरे राजाओंने बसाये, जिससे टेहरीकी श्रीवृद्धि रुक गई। टेहरी रियासतके विलयन हो जानेके बाद अभी तै नहीं हुआ, कि जिलेका केन्द्र टेहरी रहेगा, या नरेन्द्रनगर। यदि खर्चको बचानेके लिए शिमलाका ख्याल छोड़ दिल्लीको ही सदाकी राजधानी स्वीकार करना पड़ा, तो जिलेका मुख्य स्थान टेहरीको ही होना चाहिये।

ऋषिकेशसे टेहरी और आगे धरासू तक मोटर-सड़क है।

तपोवन—(ढाकतपोवन)—जोशीमठसे ७ मील नीती घाटीके रास्तेपर धौली नदीके बायें यह गाँव है। सुरैंथोता अगला पड़ाव यहाँसे ८ मील है। लोहबा जानेवाला रास्ता यहीं आ मिलता है। गाँवके पास कितने ही तप्तकुंड और पुराने शून्य मंदिर हैं, जिन्हें रुहेलोंने ध्वस्त किया। पाँच मील और ऊपरकी ओर नदी किनारे सुवै गाँव है, जहाँ भविष्य बदरीका मंदिर है। यह भी संभव है कि कत्यूरियोंका बदरिकाश्रम यहीं रहा, और वर्त्तमान बदरी तब कोई बौद्धधाम था।

तिरजुगीनारायण (पट्टी मल्ला-कालीफाट, पर्गना नागपुर)—गौरीकुंडसे चार मील गंगोत्रीसे पंवाली-डांडा पार होकर आनेवाले रास्तेपर यह गाँव है। सत्ययुगमें हिमालय-पुत्री गौरीका ब्याह यहीं शिवजीसे हुआ था, "तबसे विवाहके होमकी आग अबतक जल रही है।" यहाँ नहानेके चार कुंड हैं, जिनमें बहुतसे निर्विष सर्प रहते हैं।

देवप्रयाग (१५५० फुट, ३०°.१०′×७८°.३७′)—अलकनंदा और भागीरथीके संगमपर अवस्थित पंच प्रयोगोंमेंसे एक है। गाँव धारासे १०० फुट ऊपर है, जिसके पीछेका पहाड़ ८०० फुट सीधे खड़ा है। रघुनाथका विशाल मंदिर बिना चूनेकी जुड़ाईवाले विशाल पाषाणोंसे बना नगरके ऊपरी भागमें है। नहानेके लिए पत्थरोंमें वशिष्टकुंड और ब्रह्मकुंड खुदे हुए हैं। १८०३के भूकंपने मंदिरोंको बहुत क्षति पहुँचाई थी, किन्तु दौलतराव सिंधियाने उसकी मरम्मत

---

[1] किंतु वहाँ मिली प्राग्-मुस्लिम कालीन मूर्तियाँ बतलाती हैं, कि पहिलेसे भी इसका महत्त्व था।

करवा दी। रघुनाथकी मूर्ति ६ फुट ऊँची काले पत्थरकी है। मंदिरसे संगमतक (प्रायः डेढ़ फरलांग) पत्थरोंमें सीढ़ियाँ कटी हैं। बदरीनाथके पंडे देवप्रयागके हैं। रघुनाथके पुजारी महाराष्ट्र भट्ट ब्राह्मण हैं, जो देवप्रयागके पंडोंके घरजमाई बन जाते हैं। अधिकांश पंडे इन्हीं भट्टोंकी संतान हैं।

ऋषिकेशसे कीर्तिनगरकी मोटर-सड़क यहाँसे जाती है। अलकनंदापार होनेके लिए लोहेका पुल है, जिसके पार बाह चट्टी है, जहाँसे ऋषिकेशसे बदरीनाथके पैदल यात्री जाते हैं।

देवलगढ़—अजयपालने १५१२ ई०में चाँदपुरके किलेसे हटाकर यहाँ अपनी राजधानी बनाई, और यहीं सत्यनाथ भैरव तथा राजराजेश्वरी मंत्रकी स्थापना की। देवलगढ़में राजधानी थोड़े ही समयतक रही, फिर १५१७में हटाकर अलकनंदाके बायें तटपर श्रीनगरमें लाई गई।

दोगड्डा—कोटद्वारासे १० मील लैन्सडौनकी सड़क तथा उससे ९ मीलपर सीलापट्टी (पर्गना तल्ला-सलाण)में अवस्थित बड़ा बाजार है। यहाँसे कोटद्वारासे आनेवाली पौड़ी और लैन्सडौनकी मोटर-सड़कें अलग होती हैं—गाड या गड्ड छोटी नदीको कहते हैं, यहाँ सिलीगढ़ और खोह दो गड्ड मिलते हैं, इसीलिए दोगड्डा नाम पड़ा। १८९१ तक इसका कोई महत्त्व नहीं था, किन्तु पीछे इतनी तेजीसे बढ़ा कि कोटद्वारा इससे पीछे रह गया।

नगुण—गंगोत्रीके रास्तेमें टेहरीसे ग्यारह मीलपर यह चट्टी है। यहाँ नेपालके राना देवशमशेरकी बनवाई धर्मशाला है।

नंदप्रयाग—अलकनंदा और नंदकिनीके संगमपर पट्टी तल्ली-दसोलीमें अवस्थित है। पुराना बाजार १८९४में गोहनाकी बाढ़से बह गया। जोशीमठका महत्त्व कम करके भोटांतिक व्यापारी जाड़ोंमें नंदप्रयागको गुलजार करते रहे। यहाँसे एक पैदल सड़क ग्वालदम् होकर अल्मोड़ा जाती है, और दूसरी मोटर-सड़क कोटद्वाराकी ओर।

नरेन्द्रनगर—(४००० फुट)—ऋषिकेशसे १४ मील दूर मोटर-सड़कपर है। वर्तमान टेहरी महाराजाके पिता नरेन्द्रशाहने इसे अपने नामसे बसाया था। यह ठंडी जगह है।

नागनाथ—नागपुर पर्गनेमें यहाँ नागनाथका मंदिर और मिडल-स्कूल भी है।

नागपुर पर्गना—गढ़वालका यह बहुत महत्त्वपूर्ण पर्गना है, जो तिब्बतकी सीमापर हिमालका ठंडा प्रदेश है। यहाँ जहाँ खनिज पदार्थ प्रचुर परिमाणमें प्राप्त हैं, वहाँ हिमालयके कुछ अतिमनोरम दृश्य भी यहीं मिलते हैं। इसमें निम्न नौ पट्टियाँ हैं—

(१) नागपुर-मल्ला
(२) नागपुर-बिचल्ला
(३) नागपुर-तल्ला
(४) खदेड़
(५) दशजूला
(६) कालीफाट-मल्ला
(७) कालीफाट-तल्ला
(८) कालीपार
(९) बामसू-मैखंडा

वैटनने सौ वर्ष पहिले लिखा था कि नागपुरको वह लोग कभी नहीं भूल सकते, जो मंदाकिनीके किनारे-किनारे उसके उद्गम तक पहुँचे हैं, जो तुंगनाथके महान जंगलोंमें घूमे हैं अथवा जिन्होंने देवरीतालके किनारे दिन बिताया है। सारी ऊपरी पट्टियोंमें ऐसे दृश्य हैं, जो अपने सौंदर्य और भव्यतामें अद्वितीय हैं।

पर्गनेकी हाटजैसल, भकुंडा, मंगू और तालवरलीके लोह और तालबुंगाकी ताँबेकी खानोंमें बहुत पीछे तक काम होता रहा।

पतलीदून—रामगंगाके दोनों किनारोंपर पहाड़से बाहर होनेसे पहिले यह घासकी भूमि आती है, जो लंबाईमें १०-१२ मील और चौड़ाईमें एकसे दो मीलतक है।

पांडुकेश्वर (६३०० फुट, ३०°,३७′.५९″×७९°×३५.′३०″)—यह जोशी-मठसे आठ मील उत्तर है। बदरीनाथ यहाँसे उतना ही आगे है। पाँच बदरीमेंसे एक योगबदरीका मंदिर यहीं है। कहा जाता है, पांडव राज्य परिक्षितको सौंप अपने पिता पांडुकी इस भूमिमें तपस्या करने आ गये, इसी लिए इसका यह नाम पड़ा। जाड़ोंमें बदरीनाथकी धातुवाली उत्सव (उधव) मूर्ति यहाँ आती है। कत्यूरी राजाओंके चार ताम्रपत्र यहाँ रखे थे, जिनमेंसे एक लुप्त तथा ३ अब जोशीमठमें रखे हैं।

पीपलकोटी—(३०°.२५′.५०″×७९°.२८′.२०″)—पट्टी तल्ली-दसोली (पर्गना दसोली)में बदरीनाथके रास्तेपर बड़ी चट्टी है। हाटसे यह दो मील आगे और हेलङ्से ग्यारह मील पीछे है।

पुनाड—देखो रुद्रप्रयाग।

पैनखंडा—गढ़वालका यह सबसे बड़ा (१६८५ वर्गमीलका) पर्गना तिब्बतकी सीमापर है। यहाँ खेती ६५०० फुट (रिनी)से ११५०० फुट (नीती)तक होती है। माणामें केवल छुवा और फाफड़ होता है। नीतीके सिंचाईवाले खेतोंमें गेहूँ, जौ और सरसों भी होती है। आबादी बहुत कम और जंगल यहाँ ज्यादा हैं। वर्षा बहुत कम होती है। इसकी दो पट्टियोंमें पैनखंडा मल्लामें जोशीमठ, नीती है, और तल्लामें बदरीनाथ और माणा।

पैनखंडामें हिमाल-श्रेणियाँ और बुग्याल (घासवाली ढलान) ज्यादा हैं। मुख्य चोटियाँ हैं नालीकांठा, धौलागिरि। कुवारी-बुग्याल और सोली-बुग्याल भी यहीं हैं।

पैनखंडा-गढ़—पूनी गाँवके पास इस पुराने गढ़का ध्वंसावशेष है।

पोखरा—पट्टी-तलाई (पर्गना मल्ला-सलाण)में अल्मोड़ा-पौड़ी सड़कपर बड़ा गाँव है। देवदारके जंगलमें अच्छी पड़ावकी जगह है। गाँवमें मिडल-स्कूल तथा शिक्षक ट्रेनिंग स्कूल हैं।

पौड़ी (५३९० फुट)—गढ़वाल जिलेका केन्द्र-स्थान है नदालस्यूँ पट्टी (पर्गना बारहस्यूँ)में कोटद्वारासे ४८ और श्रीनगरसे ८ मीलपर कांडोलिया पहाड़के उत्तरी ढलानपर अवस्थित है। पहिले यह एक छोटासा गाँव था। १८८७ ई०में जिलेका केन्द्र बननेपर इसकी श्रीवृद्धि तेजीसे हुई। यहाँसे हिमालयका बहुत सुन्दर दृश्य दिखाई पड़ता है।

प्रतापनगर (७००० फुट)—टेहरीसे ९ मीलपर अवस्थित इस नगरको प्रतापशाहने १८७७में बसाया। यहाँसे हिमालयका बड़ा सुन्दर दृश्य दिखाई पड़ता है। पासमें बाँस, बुरांसके जंगल हैं।

बदरीनाथ (१०२८४ फुट, ३°.४४'.३६"×७९°.३२°.२०")—श्रीनगरसे १०५ मील और माणाजोतसे २५ मील पीछे मल्ला-पैनखंडामें यह तीर्थ अलकनंदाके दाहिने तटपर अवस्थित है। मंदिर तीन मील लंबी और एक मील चौड़ी उपत्यकामें नर (पूर्व) और नारायण (पश्चिम) दोनों ऊँचे पर्वतोंसे समान दूरीपर है। वर्तमान मंदिर नया है, जिसकी छत देवदारकी है।

(१) **मंदिरसे** थोड़ा नीचे तप्तकुंड (१६'×१४') है, जिसके ऊपर लकड़ीकी छत है। २६ मईको ११ बजे सवेरे तापमान १२० फार्नहाइट देखा गया। इससे गंधककी गंध उड़ा करती है।

गढ़वालमें पाँच बदरी हैं—विशालबदरी (बदरीनारायण), योगबदरी (पांडुकेश्वर), भविष्यबदरी (तपोवनके पास), बृद्धबदरी (अनीमठ), और ध्यानबदरी (सिलङ्के पास)।

बदरीनाथपुरी ढालुआँ भूमिपर बसी हुई है। मईसे अक्तूबरतकके लिए वह एक नगरीका रूप ले लेती है। जमीन इतनी चौरस है, कि थोड़ीसी कोशिशसे वहाँ विमान उतर सकता है। बस्तीके सबसे ऊँचे स्थलपर बदरीनाथका मंदिर कटे हुए पत्थरोंका बना है। मंदिर मुगल-शैलीकी नयी इमारत है। कहते हैं, श्रीबदरीनाथजीका वर्तमान मंदिर रामानुज सम्प्रदायी स्वामी वरदराज-

जीकी प्रेरणासे श्रीमान गढ़वाल नरेशने विक्रमीय पन्द्रहवीं शताब्दीमें निर्माण किया था।...श्री बदरीनाथजीके मंदिरपर जो सोनेकी कलश-छत्री है, वह ...अहल्या बाईजीका चढ़ाया हुआ बतलाते हैं।[1]

(२) **मूर्ति**—बदरीनाथ[2] की मूर्ति ३'.९" ऊँची काले पत्थरकी ध्यानावस्थित है। इसके शिरके आगेका पत्थर टूटकर निकल गया है, जिससे ललाट-आँख-नाक-मुँह-ठुड्डी गायब हैं। यह ध्यानावस्थित संभवतः भूमिस्पर्शवाली काले पत्थरकी बुद्ध मूर्ति है। इसकी एक बाहमेंसे भी कुछ पत्थर निकल गया है। शिरके पीछे कुंचित केश तो जैनमूर्त्तिमें भी होते हैं, किंतु वक्षपर एकांस चीवर इसके बुद्धमूर्त्ति होनेको निश्चित कर देता है। माणाके मार्छा लोग इसे भोटियाका देवता (बुद्ध) बतलाते हैं और गंगोत्रीके लोगोंका कहना है—यह बदरी तो नीचेके उन लोगोंके लिए है, जो असली बदरीतक नहीं पहुंच सकते—असली बदरीनाथ थोलिङ् गुम्बामें है। थोलिङ् गुम्बा तिब्बतमें ग्यारहवीं सदीके आरंभमें बना बौद्ध विहार है। बदरीनाथकी मूर्तिको रावल छोड़ दूसरा छू नहीं सकता, किंतु सवेरे आठ बजे अभिषेकसे पहिले नग्न मूर्तिका दर्शन आसान है, जो दूरबीनसे और स्पष्ट हो जाता है। श्री शालिग्राम वैष्णाव (भूतपूर्व मैनेजर बदरीनाथ) लिखते हैं[1]—

"इस मूर्तिके विषयमें कितनी ही प्रकारकी जनश्रुतियाँ हैं। कोई इसको नारदजीकी पूजी हुई तपस्वी भगवान् नारायणकी मूर्ति मानते हैं और कोई-कोई इसको बौद्धोंकी स्थापित बुद्ध[2] भगवानकी मूर्ति बतलाते हैं। कोई-कोई कहते हैं, कि यहाँपर पहिले बौद्ध मठ था, जिसको स्वामी शंकराचार्यने बौद्धोंको पराजित कर सभी मूर्तियोंको भगवान् नारायणके नामसे पुजवानेका विधान किया। जैन लोग इस मूर्तिको पारसनाथ अथवा ऋषभदेव भगवान्‌की मूर्ति मानते हैं। इन सब जनश्रुतियोंमें सत्य चाहे कोई भी हो, हिन्दुओंके लिए यह मूर्ति सब प्रकारसे ही मान्य है, क्योंकि नारायण, बौद्ध तथा ऋषभदेव ये तीन भगवान् विष्णुके ही अवतार पुराणोंमें वर्णन किये गये हैं।

---

[1] "श्रीउत्तराखंडरहस्य", पृष्ठ १३३ (गढ़वाली प्रेस, देहरादून १९२६)

[2] मोलारामने भी मूर्त्तिके बारेमें डेढ़सौ वर्ष पूर्व लिखा था—

केदारखंड उत्तर दिसैं, भयो बौद्ध हरि-रूप।
बैठ्यो ध्यान लगाइके, सुंदर श्याम अनूप॥

—"विराट हृदय" (पृ० ३३ में उद्धृत)

"यहाँ दो पर्वत अलकनंदाके दाहिनी और बाईं तरफ हैं, जिनको नारायण पर्वत और नरपर्वत कहते हैं। इन्हीं पर्वतोंके बीचकी भूमिको बदरीनाथ कहते हैं। यहाँ एक किस्मकी झरबेरी, जिसको यहाँके लोग भ्यूँरा कहते हैं, अधिक होती है, इसीसे इसका नाम बदरीनाथ या बेरीका जंगल पड़ा।—"भूगोल जिला गढ़वाल" पृष्ठ २४ (श्री शालीग्राम वैष्णव)

"तिब्बतके लामाकी ओरसे उसके प्रतिनिधि द्वारा प्रतिवर्ष चातुर्मासमें वतौर भेंटके चाय, चँवर इत्यादि कई वस्तुयें आती हैं, और मंदिरसे प्रसाद-स्वरूप मिठाई, भोग, वस्त्र, मुश्क लामाके लिये भेजे जाते हैं।"[1]

(३) **बदरीनाथकी माता**—"मातामूर्ति नामके स्थानमें तपस्वी भगवान् वदरीनाथजीकी माता श्री मूर्तिदेवीकी मूर्ति है। वामन द्वादशीके दिन बदरीनाथ-जी की उत्सव[2] (मूर्त्ति), जिसको उद्धव मूर्ति कहते हैं, चाँदीकी पालकीपर बड़े समारोहके साथ वहाँ पहुँचाई जाती है। तब वहाँपर माता और पुत्रका मिलाप कराकर पूजा होती है, नृत्य-गान होता है। सायंकाल वदरीनाथजीकी उत्सव-मूर्तिको मातासे बिदा कराकर वापस बदरीपुरीमें ले आते हैं।"

(४) **अन्य तीर्थ**—बदरीनाथके आसपास और कितनी ही छोटे मोटे तीर्थ हैं, जैसे ऋषिगंगा, कूर्मधारा, प्रह्लादधारा, नारदकुंड।

वदरीपुरीकी उत्तरी सीमापर ब्रह्मकपाल शिला है, जिसपर श्राद्ध किया जाता है। यह आश्चर्यकी बात नहीं है, यदि पंडा लोग यहाँके पिंडदानका महातम गयाके बराबर बतलाते हैं। सभी तीर्थोंके पंडे चाहते हैं, कि भारतके सभी तीर्थ-यात्री हमारे ही यहाँ आयें, जिसमें सारी दक्षिणा हमें ही प्राप्त हो जाये। वह यह नहीं समझते, कि इससे दूसरी जगहके पंडोंकी क्या गति होगी? चरणपादुका, शेषनेत्र, वेदधारा, भृगुधारा, उद्धवचौरी, व्यासगुफा, मुचकुन्दगुफा यहाँके छोटे तीर्थोंमें हैं।

(५) **वसुधारा**—बदरीसे ४ मील उत्तर है। यहाँ ४०० गजकी ऊँचाईसे जलधारा गिरती है, जिससे सीकरोंका बादलसा उड़ता दिखाई पड़ता है।

(६) **सतपथ**—बदरीसे १२ मील पश्चिम यह सुन्दर सरोवर है।

(७) **व्यासगुफा**—बदरीसे उत्तर २ मीलपर माणा गाँवके पास है। २ फर्लाङ् उत्तर और जानेपर मुचकुन्द-गुफा है।

---

[1] वहीं, पृष्ठ १४२, [2] वहीं टिप्पणीमें—"...उत्सवमूर्ति चाँदीकी बनी हुई, चतुर्भुज शंख, चक्र, गदा, पद्म युक्त विष्णु मूर्ति है, पर यहाँके लोग इस मूर्तिको उद्धवजीके नामसे पुकारते हैं।"

(८) **बदरीनाथके रावल**—रावल या राउल शब्द राजकुलका अपभ्रंश है, जिसका अर्थ राजवंश या राजवंशिक होगा। महंत या राजमान्य धर्मचार्यके लिए रावलकी उपाधि १४-१५वीं सदीमें भी कुमाऊँ (बैजनाथ, कटारमल)के अभिलेखोंमें देखी जाती है। बदरीनाथके प्रथम नंबूदिरी महंत (गोपाल)को "रावल"की उपाधि पहिलेपहिल गढ़वालके राजा प्रदीपशाह (१७२७-७२ ई०) ने दी। श्री शालिग्राम वैष्णव लिखते हैं—"जबसे स्वामी वरदाचार्य गढ़वाल नरेशकी सहायतासे वर्तमान मंदिर निर्माण कराकर श्री वदरीनाथजीकी पूजा नियमित रूपसे होनेका प्रबंध कराया था, तबसे यहाँपर यह नियम बाँधा गया, कि श्री वदरीनाथजीकी पूजामें योग्य विद्वान् और सांसारिक व्यवहारसे विरक्त त्रिदंडी स्वामी नियुक्त हों।...कुछ कालके उपरान्तमें त्रिदंडी स्वामी लोग स्वार्थवश होकर योग्यायोग्यका विचार छोड़कर अपनी जाति अथवा अपने संबंधी लोगोंको बुलाकर त्रिदंड धारण कराकर अपना उत्तराधिकारी बनाने लगे। अतएव इस प्रकार स्वजातीय उत्तराधिकारी प्रथा जड़ पकड़कर अब केवल नम्बूदिरी जातिका ब्राह्मण होना ही बदरीनाथजीके पुजारी होनेकी सनद हो गई है। योग्य-अयोग्य, पंडित-मूर्ख, सदाचारी-दुराचारी कैसा ही क्यों न हो, नम्बूदिरी जातिका ब्राह्मण और पुराने पुजारी (रावल) द्वारा नियुक्त किया हुआ होनेसे वह बदरीनाथजीकी पूजामें बैठ सकता है। हिन्दू जातिके सर्वश्रेष्ठ इस पवित्र धामके इस पवित्र मंदिरके पुजारीका पद आजकल ऐसी निकृष्ट अवस्थाको पहुँच गया कि हिन्दूमात्रको उससे लज्जित होना पड़ता है। जिस मंदिरके पुजारी निःस्पृह विरक्त साधु ब्रह्मचारी ही हुआ करते थे, उस पदपर इन्द्रिय-लोलुप हीनवर्ण स्त्रियोंसे संसर्ग रखनेवाले विषयी पुरुष पुजारी बनकर भगवान् श्री वदरीनाथजीकी मूर्तिको स्पर्श करते दृष्टिगोचर होते हैं।"

वैष्णवजी नाहक रावलको कोसते हैं। वह बदरीनाथ मंदिरके वर्षों मैनेजर रहे, इस लिए उनका उक्त कथन निजी अनुभवके आधारपर है, इसमें संदेह नहीं; किंतु क्या "निःस्पृह, विरक्त, साधु ब्रह्मचारी कहने मात्रसे ही, आदमी "विशवामित्र-पराशर-प्रभृति"से भी इन्द्रिय-संयममें बढ़ जाता है? यह बहुत भोलेपनकी बात है। आपके बहुतसे तथाकथित "निःस्पृह विरक्त साधु" दूसरी तरहसे सोलहो आने सच्चे-पक्के होते भी इन्द्रियके संबंधमें साधारण प्राणीसे ऊपर उठे नहीं मालूम होते।

रावलकी नियुक्तिमें पहिले गढ़वालके राजाको काफी अधिकार था। गढ़वालके दो टुकड़े होनेपर "टिहरी महाराजा इस मंदिरके नान-मात्रके ही अधिष्ठाता रह गये। उनका अधिकार केवल रावल और लेखवारोंको नियुक्त करने

तथा मंदिरके कपाट खोलनेका मुहूर्त ठहराने भरका ही रह गया। उनको इतना भी अधिकार नहीं रहा, कि वे मंदिरके किसी कर्मचारीको उसके अपराधके लिए कुछ दंड दे सकें। रावल और उसके कर्मचारी निर्भयतापूर्वक मंदिरकी संपत्तिको फिर भी हड़पते रहे। ...(आगे मंदिरकी दुर्व्यवस्थाके कारण जिलाधीशने मुकदमा कर दिया)...दावेके फैसलेके साथ सन् १८९९ ई०में अदालत कमिश्नरीसे एक स्कीम इस मंदिरके प्रबंधके सम्बन्धमें तैयार हुई। इस स्कीमसे टिहरी महाराजाका रहा-सहा अधिकार भी जाता रहा अर्थात् उनको अब रावल और लेखवारके नियुक्त करनेका भी अधिकार नहीं रहा। सारा अधिकार अब...रावलको ही प्राप्त हो गया। अब टिहरी महाराज केवल रावलके नियुक्त किये हुए नायव-रावलको मंजूर करनेके ही अधिकारी रह गये।...रावल... अब कुछ भी पर्वाह नहीं करता।...पहिले कभी कोई रावल वदरीनाथमें स्त्रीको अपने साथ नहीं रख सकता था, अबके रावल निःशंक होकर बदरीनाथमें पूजा करते हुए भी स्त्रीको साथ रखते हैं।...मंदिरके धनको मनमाना खर्च कर देना तो रावल महाशयका बायें हाथका खेल है। प्रतिवर्ष न्यूनाधिक एक लाख तक रुपया मंदिरके भेंट-चढ़ावा और मंदिरके गाँवोंकी रकमसे आ जाता है, पर सालके अन्तमें मंदिरका कोष प्रायः खाली ही नजर आता है।"[१]

असवर्ण स्त्रियोंको रावल रखते हैं, इसकी इधर बहुत आलोचना होती रही है, किंतु लोगोंको मालूम नहीं कि भगवत्पाद शंकराचार्यके कुलके होनेके कारण सारे भारतके सभी ब्राह्मणोंको शूद्र समान समझनेवाले मलाबारके नम्बूतिरियोंमें असवर्ण स्त्रीग्रहण सनातन धर्म माना जाता है। अभी १०-१५ वर्ष पहिले तक नम्बूतिरियोंमें केवल ज्येष्ठ पुत्र ही संपत्ति तथा नम्बूतिरी कन्या प्राप्त करनेका अधिकारी माना जाता था, बाकी पुत्र नायर-कन्याओंसे संबंध करके कन्याकुलके लिए सन्तान-उत्पत्ति करते थे। अपनी इन नायर नामधारी संतानोंके पालन-पोषणका प्रबंध इन्होंने नायरोंमें केवल कन्याको उत्तराधिकार देकर कर दिया था। डाक्टर टी० एम० नायरने आन्दोलन कर नायर-पुत्रोंको भी उत्तराधिकार पानेका कानून बनवाया और द्वितीय विश्व-युद्धसे थोड़ा पहिले नम्बूतिरी कनिष्ट पुत्रोंको भी सम्पत्तिमें उत्तराधिकार मिल गया, जिससे सवर्ण कन्याओंसे ब्याह करनेका भी उनका रास्ता खुल गया। अब रावल महाशय चाहें, तो नम्बूतिरी पत्नी सीधे मलाबारसे ला सकते हैं।

---

[१] वहीं, पृष्ठ १५०-५१

श्री वैष्णावजीके लिखनेसे मालूम होता है, कि बदरीनाथके महंत पहिले रामानुजी वैष्णाव हुआ करते थे, किंतु ऐसा होनेपर शंकरके नम्बूतिरियोंको अधिकार कैसे मिलता ? हरिकृष्ण रतूड़ीका कहना ठीक मालूम होता है[1]—"यह प्रथा प्राचीन प्रतीत होती है, कि ज्योतिर्मठ (जोशीमठ)का संन्यासी महन्त ही बदरीनाथका अधिकारी और पूजक भी रहा।"

बदरीनाथके महन्तोंकी नामावली १४९७ ई० (संवत् १५५४)से ही मिलती है। उनका काल यहाँ रतूड़ीजीकी सूची[2]के संवत्में ५७ घटाकर ईसवी सन्में देते हैं—

महन्त	गद्दी	महन्तीके वर्ष
१. बालकृष्ण स्वामी	१४४३	५७
२. हरिब्रह्म "	१५००	१
३. हरिस्मरण "	१५०१	८
४. वृन्दावन "	१५०९	२
५. अनन्तनारायण"	१५११	१
६. भवानन्द "	१५१२	१४
७. कृष्णानन्द "	१५२६	१०
८. हरिनारायण "	१५३६	८
९. ब्रह्मानन्द "	१५४४	२०
१०. देवानन्द "	१५६४	१५
११. रघुनाथ "	१५७९	२५
१२. पूर्णदेव "	१६०४	२६
१३. कृष्णदेव "	१६३०	९
१४. शिवानन्द "	१६३९	७
१५. बालकृष्ण "	१६४६	१४
१६. नारायण उपेन्द्र "	१६६०	३३
१७. हरिश्चन्द्र "	१६९३	१३
१८. सदानन्द "	१७०६	१०
१९. केशव "	१७१६	८

[1] "गढ़वालका इतिहास", पृष्ठ ५५

[2] वहीं, पृष्ठ ५५-५९

२०.	नारायणतीर्थ "	१७२४	४२
२१.	रामकृष्ण "	१७६६-७६	१०

"जब शंकर-सम्प्रदायका अंतिम महन्त रामकृष्ण स्वामी सन् १७७६ ई० (?)में मर गया, उस कालमें वहाँ अन्य कोई दंडी संन्यासी विद्यमान नहीं था और बद्रीनाथ अपूज्य नहीं रह सकते थे। भाग्यवशात् उस समय गढ़वाल-नरेश महाराज प्रदीपशाह पुरीमें यात्रार्थ विद्यमान थे। महाराजाने गोपाल नामक ब्रह्मचारीको, जो नम्बूरी जातिका ब्राह्मण था और मंदिरमें भगवान्के वास्ते भोग पकाता था, वहीं रावल पदवीसे विभूषित करके रामकृष्ण स्वामीके स्थानपर नियत कर दिया, और छत्र-चँवर-खिलत उसको प्रदान की। तबसे बद्रीनाथके पूजकोंकी पदवी महन्तसे रा(व)लमें बदल गई।"[1]

"रावल दक्षिण देश (मलाबार)का...चोली या मुकाणी जातिका ब्राह्मण होता है। [(शंकराचार्यके) दो नातेदार...एक चोली जातिका दूसरा मुकाणी जातिका ब्राह्मण, उनकी माताकी शव-दाह-क्रियामें साथ रहे, इसीसे शंकराचार्यने उन दो जातियोंको भी अपने निर्माणित क्षेत्रमें अपनी जातिके साथ स्वत्व प्रदान किया"]। तबसे इन्हीं तीन जातियोंमेंसे...रावल चुने जाते हैं।[2]

१७७६से अबतक निम्न रावल हुए हैं—

		गद्दी	
१.	गोपाल रावल	१७७६	९
२.	रामचंद्र रामब्रह्म रघुनाथ "	१७८५	१
३.	नीलदत्त "	१७८७	५
४.	सीताराम "	१७९१	११
५.	नारायण "	१८०२	१४
६.	डि० नारायण " (२)	१८१६	२५
७.	कृष्ण "	१८४१	४
८.	नारायण "(३)	१८४५	१४
९.	पुरुषोत्तम "	१८५९	४१
१०.	वासुदेव "	१९००	१
११.	रामन "	१९०१	४
१२.	वासुदेव (दुबारा)	१९०४	

---

[1] "गढ़वालका इतिहास", पृष्ठ ५६-५९ [2] वहीं, पृष्ठ ४९-५०

१३. गोविन्दन् १९४२
१४. कृष्णन् १९४६

(९) **पंडे**—"श्री बदरीनाथजीके पंडोंकी मुख्य दो जातियाँ हैं—डिमरी और देवप्रयागी। समस्त पर्वतीय देश अर्थात् गढ़वाल, कुमाऊँ, नेपाल, बिशैर राज्य-के पंडे डिमरी ब्राह्मण होते हैं। इनके अतिरिक्त सम्पूर्ण भारतवर्षके अन्य प्रान्तोंके पंडे देवप्रयागी ब्राह्मण हैं। अपने-अपने यजमानोंसे दान लेनेका स्थान डिमरी पंडोंका मंदिरकी परिक्रमा तथा देवप्रयागी पंडोंका तप्तकुंड है।"[१]

लक्ष्मीमंदिरके पुजारी भी डिमरी ब्राह्मण होते हैं। ये ही बदरीनाथकी रसोईमें पाचक भी हैं। कोठियाल ब्रह्मकपालके पंडे हैं। डिमरी, हटवाल और सत्ती गढ़वालके सरोला ब्राह्मणोंमेंसे हैं, और देवप्रयागी गंगाडी। मंदिर और रसोईमें जानेका अधिकार होनेसे सरोला-डिमरी अपनेको गंगाडी देवप्रयागियोंसे ऊपर समझते हैं। (रसोईं पकानेवालोंको रस्वाला कहा जाता है, उसीसे सरोला-की व्युत्पत्ति बतलाई जाती है)।

१०. **पदाधिकारी**—मंदिरके मुख्य पदाधिकारी तो आजकल सेक्रेटरी मंदिर-प्रबंध-समिति हैं, वैसे पहिलेसे चले आये पदाधिकारी निम्न हैं—

रावल	खजांची (सान-भंडारी)	चपरासी
नायब-रावल	मुख्तार	पटवारी
लखवार	बड्ये	खिदमतगार
ना० लेखवार	उदासी (रसोइये)]	बजंत्री
भण्डारी	चोबदार	

(१०) भोग—बदरीनाथमें प्रतिदिन तीन द्रोण[२] (=दो मन सोलह सेर) चावलका भोग लगता है। यात्रियों द्वारा चढ़ाये जानेवाले अटकेका भोग इससे अलग है। यात्राके समय कभी-कभी रसोईमें २५-३० मन तक चावल जाता है, जो यात्रियोंकी संख्यापर निर्भर करता है। खानेमें छुआछूत यहाँ भी करीब-करीब उसी तरह उठ गई है, जैसी जगन्नाथपुरीमें—जहाँ चाहो जिसके साथ बैठ-कर खा लो, हाँ, जगन्नाथकी भाँति जूठा खानेकी प्रथा यहाँ नहीं है।

बदरीनाथके प्रबंधमें निम्न मंदिर[३] हैं—

---

[१] **"श्रीउत्तराखंडरहस्य," पृष्ठ १४४**

[२] **एक द्रोण ३२ सेरका होता है।**

[३] **"(बदरीनाथ)की अगम्यता और गम्यता"।**

१. लक्ष्मी मठ	९. भविष्य बदरी
२. मातामूर्ति	१०. दाडिमी नरसिंह
३. पांडुकेश्वर	११. लक्ष्मी नारायण
४. जोशीमठ	१२. सीताराम मठ
५. नरसिंह (जोशी)	१३. बृद्ध बदरी
६. जोतीश्वर(")	१४. लक्ष्मी नारायण द्वि०
७. वासुदेव मठ(")	१५. " तृ०
८. रवेश्वर मठ	१६. " चतुर्थ

बधाण—गढ़वालका एक पर्गना है। बधाणगढ़ीमें पहिले एक राजा रहता था।

बम्पा—(३०°.४४'.×७९°.५२'.६")—जोशीमठसे नीतीके रास्तेपर एक बड़ा भोटांतिक गाँव है। देवदार-क्षेत्र यहाँ समाप्त हो जाता है, और आगे भुर्ज तथा चीलाके वृक्ष पाये जाते हैं।

बाड़ाहाट या उत्तरकाशी (३००० फुट)—"इसको देशी लोग उत्तरकाशी कहते हैं,"[१] लेकिन इस नामकरणका श्रेय गढ़वाली पंडोंको है, जो पहाड़में प्रयागों-काशीयोंकी ढेर लगा देना चाहते हैं। बाड़ाहाट टेहरीसे ४५ मीलपर गंगोत्रीके रास्तेमें भागीरथीके दाहिने किनारे कुछ समतलसी भूमिमें अवस्थित है। इसे सौम्य (उत्तरी)काशी बनानेका पूरा प्रयत्न किया गया है। "पूर्व दक्षिणमें गंगा-जीका प्रवाह उत्तरमें असी गंगा, पश्चिममें वरुणानदी।...इसके पूर्व तरफ केदारघाट, दक्षिण तरफ मणिकर्णिका परमपुनीत घाट है; मध्यमें विश्वेश्वरका मंदिर है। गोपेश्वर, कालभैरव, परशुराम, दत्तात्रेय, जड़भरत और भगवती दुर्गाके ये प्राचीन मंदिर हैं।"[२]

वाड़ाहाटको नकली काशी बनानेसे उसका ऐतिहासिक महत्त्व कम नहीं होता, क्योंकि यहाँका विशाल त्रिशूल सारे गढ़वाल-कुमाऊँमें सबसे पुरानी पुरातात्त्विक कृति तथा उसका अभिलेख प्रायः सबसे पुराना अभिलेख है।[३] लेख तीन पक्तियोंमें है। पहली पंक्तिके अक्षर कुछ छोटे तथा श्लोक शार्दूल-विक्रीड़ित" छन्दका है। दूसरीमें बड़े अक्षरोंमें उसी छन्दका एक श्लोक है।

---

[१]**"गढ़वालका इतिहास", पृष्ठ १२६**

[२]**वहीं**

[३]**इस अभिलेखके बारेमें देखें** F. A. S. B. Vol. V., PP. 347, 485; As. Res. XI., P. 477

तीसरीमें बहुत बड़े-बड़े अक्षरोंमें "स्रग्धरा" है । पूरा लेख शुद्ध संस्कृतमें साफ और सुंदर है ।

पाठ इस प्रकार है—

"ओं । आसीद्यः क्षितिपो गणेश्वर इति प्रख्यातकीर्त्तिर्न्नरैः,
चक्रे येन भवस्य वेश्म हिमवच्छृंगोच्छ्रतं दीप्तिमत्,
कृत्वाणुर्व्वनजाधिपस्वकृपणैः सामात्यभाग्यश्रियं,
स्मृत्वा शक्रसुहृत्त्वमुत्सुकमना यातः सुमेर्वालयं ॥ (१)
पुत्रस्तस्य महाभुजो विपुलदृक् पीनोन्नतोरस्थलः
रूपत्यागनयैरनंगधनदव्यासानतीत्योद्गतः,
नाम्ना श्रीगुह इत्युदारचरितः सद्धर्म्मधुर्यस्सतां
शक्तिं शत्रुमनोरथप्रमथनीं शम्भोश्चकाराग्रतः ॥(२)
प्रातः प्रातर्म्मयूखैरुरुभिरविरलं शार्वरं ध्मान्तमन्ध-
न्नालुंचंश्चारुताराानिकरपरिकरोदारशारोदरत्वं,
स्वं बिम्बं चित्रबिम्बाम्बरतलतिलकं यावदर्को विधत्ते,
तावत्कीर्तिःसुकीतश्चिरमरिमथनस्यास्तु राज्ञः स्थिरेयं ।ठ। (३)"

अनुवाद—"प्रज्ञानुरागी 'गणेश्वर' नामक राजा अत्यंत उन्नत श्रीविश्वनाथका मंदिर बनवाकर, मंत्रियों सहित अपनी राज्य-लक्ष्मीको अणु समझकर और उसे प्रियजनोंके वशमें देकर इन्द्रकी मित्रताकी यादमें उत्सुक हो, सुमेरू-मंदिर(स्वर्ग या कैलास)को, चला गया ॥१॥

"राजा गणेश्वरके बाद उसके पुत्र श्रीगुहके हाथमें राज्य आया, जो अत्यन्त बलशाली, विशाल-नेत्र और दृढ़ वक्षःस्थलवाला था। वह सौंदर्यमें मन्मथसे, दानमें कुबेर से, नीति या शास्त्रोंमें वेदव्याससे बढ़ चढ़ कर था। वह धार्मिकोंका अगुआ और बड़ा उदार था। उसने ही भगवान्के सामने इस शक्तिस्तम्भकी स्थापना की। उसे देखते ही शत्रु लोग डर जाते थे, क्योंकि वह प्रतापी और सुंदर गुणवाला था ॥२॥

जब तक भगवान् सूर्य अपनी तरुण किरणोंसे गाढ़ान्धकारको नष्ट करके नक्षत्रोंकी चित्रचर्याको मिटाकर गगनफलकमें अपने बिम्बरूपी तिलकको लगाते रहें, तब तक प्रतापी राजा गुहकी यह कीर्त्ति सुस्थिर रहे" ॥३॥

इसकी लिपि ईसाकी छठी-सातवीं सदीकी है, इसी लिपिमें गोपेश्वरके त्रिशूलके डंडेका लेख भी है। हाट पहाड़में बाजार नहीं बल्कि पुराने समयकी राजधानियोंको कहा जाता था, जैसे द्वारा हाट, तेलीहाट (बैजनाथ) । त्रिशूलके बारेमें

कहा जाता है, कि यह किसी भोटके राजाने बनवाया है, तथा यह भी कि यहाँ कभी किसी भोट राजाकी राजधानी थी। बाड़ाकी राजधानी[1] (बाड़ा-हाट)में बाड़ाका क्या अर्थ है, यह बतलाना मुश्किल है ; किंतु बाड़ाहाटका संबंध गूगे (मानसरोवर)के राजाओंसे अवश्य रहा है। ग्यारहवीं सदीके आरंभमें थोलिङ् गुम्बाके बानानेवाले येशे-ओद् (ज्ञान प्रभ)के पुत्र टेवभट्टारक नागराजने यहाँ एक बड़ासा बुद्ध-मंदिर बनवाया था, जिसकी अतिसुन्दर बुद्ध प्रतिमा आज भी दत्तात्रेयके नामसे यहाँ पुज रही है। मूर्तिके पादपीठपर तिब्बती भाषा और अक्षरोंमें लिखा है "ल्ह-ब्चन्-नगरजइ थुब्-पा (देवभट्टारक नागराजके मुनि)।

त्रिशूल[2] की ऊपरी मोटाई १'.१५" और नीचे ८' ९" तथा ऊँचाई २६ फुट है। यह नीचे पीतल और ऊपर लोहेका है। विश्वनाथका मंदिर, जिसके सामने यह त्रिशूल है, पीछेका है। उसका जीर्णोद्धार महाराजा सुदर्शनशाहने १८५७ ई० (संवत् १९१४)में कराया था।

बिनसर (पट्टी-चौथान)—घने देवदारोंके जंगलके बीच शिवका मंदिर है। "जंगलमें पुराने जमानेके लोहेके छोटे-छोटे छुरे वगैरह मिलते हैं, पर इसे कोई नहीं उठाता।"

बूढ़ा केदार—भटवारी (गंगोत्री मार्गपर)से ३० मीलपर यह स्थान अवस्थित है।

बृद्धबदरी—बदरीनाथ मार्गकी गुलाबकोटी चट्टीसे ४॥ और हेलङ् चट्टीसे १॥ मील आगे सड़कसे एक मील नीचे अनीमठका विष्णु-मंदिर ही बृद्धबदरी है।

भटवारी—टेहरीसे गंगोत्री-मार्गपर उत्तरकाशी (बाड़ाहाट)से १८ मीलपर यह चट्टी अवस्थित है। यहाँसे ऊपर कुछ हटकर पुरानी मूर्त्तियाँ हैं।

भैरवघाटी—(३१°.२'×७८°.५३')—जाट-गंगा (जाह्नवी) और भागीरथीके संगमपर यह स्थान काफी ऊँचाईपर अवस्थित है। नीचे पुल बन जानेसे सुगमता हो गई है, नहीं तो पहिले जाड़-गंगाकी धारासे ३५० फुट ऊपर २५० फुट लंबे पतले हिलते पुलसे पार होना खड्गकी धारपर चलने जैसा मालूम होता था।

मध्यमेश्वर—गुप्तकाशीसे १८ मील उत्तर-पूर्व चौखंबा-शिखर (२३०००

---

[1] "यह स्थान पूर्वकालमें किसी राजाकी राजधानी थी।" उत्तर०, पृ० २१९

[2] केदारखंडमें इसके बारेमें लिखा है—

> "निक्षिप्ता यत्र पूर्वं हि संगरे देवता सुरैः।
> अद्यापि दृश्यते तत्र शक्तिर्धातुमयी शुभाः॥" १४।८३

फुट)के नीचे यह मंदिर पंच केदारोंमें एक है। जाड़ेमें मंदिर बंद हो जाता है। उस समय महादेव-मूर्तिको ऊखीमठ लाते हैं। ऊखीमठके राजपूत अपनी पहिली कन्याको मध्यमेश्वरकी देवचेली बना देते थे, जिन्हें मध्यमेश्वरकी रानी कहा जाता था। मध्यमेश्वरका रास्ता कठिन होनेसे नीचेके यात्री वहाँ जाते ही नहीं, पहाड़ी लोग भी बहुत कम जाते हैं। कहावत है "केदार न कमायो मद्यूं न समायो।" केदारनाथके जंगम (लिंगायत) ही यहाँ भी पूजा-सेवा करते हैं।

रमनी—मल्ली-दसोली पट्टीमें ग्वालदम और तपोवनके मार्गपर अवस्थित एक बड़ा गाँव है। गाँवसे डेढ़ मीलपर जंगलातका सुन्दर बंगला है। गोहना झील यहाँसे पगडंडीसे छ मीलपर है। अमेरिकन मिशनकी यहाँ एक शाखा है।

रुद्रप्रयाग (पुनाड)—पाँचों प्रयोगोंमें एक, यह अलकनंदा और मंदाकिनीके संगमपर अवस्थित है। यहाँसे केदारनाथ और बदरीनाथके रास्ते अलग होते हैं। केदारनाथ यहाँसे ५६ मील है।

लैन्सडौन—तल्ला-सलाण पर्गनेकी मल्ला-सीला पट्टीमें कालो-डांडाके ऊपर ५०००-६००० फुटकी ऊँचाईपर १८८७में स्थापित यह सैनिक-छावनी कोटद्वारासे २८ मील तथा मोटर सड़कसे संबंधित है। अंग्रेजोंने यह छावनी गोरखा और गढ़वाली सेनाके लिए बनाई थी। जंगलातके डिप्टी-कंसर्वेटरका कार्यालय यहीं है, और तहसीलदार और डिपुटी-कलेक्टर भी यहाँ रहते हैं।

लोहबा (३°.३'×७९°.२०')—पश्चिमी रामगंगाके बायें तटपर गणाईसे १४ और आदिबदरीसे ११ मीलपर अवस्थित है। लोहबाका गढ़ कुमाऊँ और गढ़वालकी सीमापर किसी समय बड़ा सैनिक महत्त्व रखता था। यहाँ लोककार्य-विभागका एक डाकबंगला है। धुनारघाटकी चट्टी यहाँसे अधिक दूर नहीं है, जो कि बदरीनाथसे लौटनेके रास्तेपर है।

विष्णुप्रयाग—जोशीमठसे नीचे धौली और अलकनंदाके संगमपर अवस्थित यह पाँच प्रयागोंमें एक है। धौलीपर १४४ फुट लंबा झूलापुल है।

श्रीनगर (१७०६ फुट)—पट्टी कतलस्यूँ (पर्गना देवलढ़)में अलकनंदाके बायें किनारेपर गढ़वालकी यह पुरानी राजधानी अवस्थित है। पँवार-वंशके प्रथम उन्नायक राजा अजयपालने १५१७में इसे अपनी राजधानी बनाई। बदरीनाथ और केदारनाथके मार्ग यहाँसे जाते हैं। १८९४ ई०की गोहनावाढ़से नगरको बहुत क्षति पहुँची और पुराने मंदिरोंमें केवल कमलेश्वर बच पाया।

"श्रीनगर बहुत ही प्राचीन नगर है।...श्रीनगर शताब्दियों तक आबाद रहता है और शताब्दियोंतक उजाड़ वनके रूपमें रहता है।...केदारखंडमें यह

स्थान श्रीक्षेत्रके नामसे लिखा है। नगर...सन् १५००से १८०३ ई० तक पँवार-वंशीय राजाओंकी राजधानी रहा और १८०३ ई०से १८१५ ई० तक गोरखोंकी...।...श्रीनगरमें अलकनंदा नदीके मध्यमें एक विशाल पवित्र शिलापर श्रीजीका प्राकृतिक यंत्र है; उसीसे यह नगर कभी श्रीक्षेत्रके नामसे कभी श्रीनगरके नामसे उजाड़ और आबाद होता गया।...नगर १८९४ ई०में गौना-तालके टूट जानेसे...१५ दिनमें समूल नष्ट हो गया। अब उसीसे मिला हुआ ऊपरी तरफ पाँच फर्लांगपर नई बस्ती श्रीनगरके नामसे बसाई गई है। यह नवीन नगर चौपड़के बाजारकी तरह चौड़ी सड़कों और उनके दोनों ओर वृक्षोंकी कतारसे सुसज्जित किया गया है। इमारतें दोमंजिला पत्थरकी बनी हुई हैं। श्रीनगरमें ब्राह्मण, राजपूत, गुसाई, अग्रवाल, जैन, सुनार और थोड़ेसे मुसल्मान रहते हैं।...यहाँ सबसे अच्छी इमारत शफाखानेकी है, जो सदाव्रत-फण्डसे १५ हजार रुपयेकी लागतसे बनी है। पुलिस-स्टेशन, तारघर, डाकघर, हाई स्कूल, बोर्डिंग हाउस, डाक बँगला आदि अनेक सरकारी इमारतें हैं।...नगरकी उत्तर ओर आध मीलपर कमलेश्वरका विशाल भवन है।...यही मंदिर नगरसे कुछ ऊँची भूमिपर होनेसे नदीकी बाढ़से बँच रहा था। इस मंदिरका महंत गुसाईं संन्यासियोंमेंसे होता है। श्रीनगरसे गढ़वालका जिला-केंद्र पौड़ी ८ मीलपर है।"[१]

गढ़वाल राजाओंकी राजधानी होते समय श्रीनगर कला-कौशलपूर्ण समृद्ध नगर था। अंग्रेजी शासन स्थापित होते ही गढ़वालका राजवंश टिहरीको आबाद करने चला गया और अंग्रेजोंने ठंडी जगह ढूँढते जाकर पौड़ीको आबाद किया।

श्रीनगर शासकोंकी उपेक्षाका शिकार हुआ, तो भी वहाँके मूर्तिकार (ओड) और चित्रकार अपनी कलाको बहुत पीछेतक पकड़े रहे।

विशाल सुगढ़ पत्थरोंसे जो राजप्रासाद और मंदिर बने थे, गोहनाकी बाढ़ने उनके अवशेषोंको भी रहने नहीं दिया। अजयपालके महलोंको देखकर किसीने लिखा था—"महलके द्वार बहुत विशाल और भारी हैं। इनके बनानेमें अपरिमित श्रम लगा होगा।"[२]

सकन्याना—पौड़ी-अल्मोड़ा सड़क पर पौड़ीसे २२ मील तथा कैन्यूरसे ८ मील पीछे यह छोटासा गाँव है। यहाँ डाक-बंगला है।

---

[१] **"गढ़वालका इतिहास", पृष्ठ १११-१४**

[२] "The doors are very massive and heavy and it must have immense labour to put them up"—Atkinson.

सकल्याना—टेहरी राज्यकी ७० वर्गमीलकी एक जागीर टेहरी जिलेके पश्चिममें है।

सतोपंत—बदरीनाथसे १८ मील उत्तर-पश्चिम एक सरोवर और हिमानी है। सरोवर तिनकोना है, जिसके तीनों किनारोंपर ब्रह्मा, विष्णु, महेश्वरघाट हैं। जूनसे सितंबर तक यात्रा हो सकती है, जिसमें दो दिन लगता है; किंतु ईंधन और सारा सामान बदरीनाथसे ले जाना पड़ता है। माणाके मारछा लोग इस सरोवरको पवित्र मानते हैं, और अपने मुर्दोंकी अस्थियाँ इसीमें डालते हैं। वसुधारा सतोपंतके रास्तेपर है।

सलाण—अपेक्षाकृत मैदानी जमीनको सलाण कहते हैं, गढ़वालके मल्ला-सलाण, तल्ला-सलाण और गंगा-सलाण ऐसे ही पर्गने हैं।

(१) **गंगा-सलाण**—गंगाके किनारे है। इसीमें अजमीर, धंगू, दबरालस्यूँ, लंगूर और उदयपुरके इलाके हैं। धंगू और उदयपुरकी लड़कियोंको बंबईके भाटिये मोल लेकर ब्याहते रहे हैं।

(२) मल्ला-सलाण—यह अल्मोड़ाके पश्चिममें है। बंगारस्यूँ, गुजरू, इरयाकोट, खटली, सबली, तलाईके इलाके इसी पर्गनेमें हैं।

(३) तल्ला-सलाण—यह अल्मोड़ा जिला और गंगा-सलाणके बीचमें है। बदलपुर, बिजलोट, बूँगी, पैनो, कोडिया और सीलाके इलाके इसमें हैं।

सल्ड महादेव—तल्ला-सलाण पर्गनेमें अपने मकरसंक्रांति और दसहरेके मेलोंके लिए प्रसिद्ध है।

हनुमानचट्टी—बदरीनाथसे ५ मील पहिले यह चट्टी है।

हरद्वार—सहारनपुर जिलेमें गंगाके दाहिने तटपर ऋषिकेशसे १४ मीलपर यह प्रसिद्ध तीर्थ है। उत्तराखंडकी यात्रा यहाँसे आरंभ होती है। यहाँसे दूरियाँ (मील) है—

बदरीनाथ	१८३	गंगोत्री	१८७
केदारनाथ	१५०	जमुनोत्री	१६३

मानसरोवर ३१०

हर्सिल—गंगोत्रीसे पहिले ही यह चट्टी भागीरथीके दाहिने किनारे है।

हेलङ् (कुमार)चट्टी—बदरीनाथके रास्तेपर जोशीमठसे ८ मील पहिले यह बड़ी चट्टी है। यहाँ डाकघर है। इससे एक मील आगे सड़कसे आध मीलकी चढ़ाईपर पैनखंडागढ़के अवशेष हैं।

अध्याय ९

यात्राओंकी तैयारी

§१. यात्रा-महात्म्य

किसी वर्धमान देशकी प्रगति केवल कृषि, उद्योगधन्धे, साहित्य-निर्माण, राजनीतिक और सैनिक बल आदिके एक-एक क्षेत्रमें ही सीमित नहीं रहती, बल्कि बढ़ते हुए राष्ट्रके मनसूबोंकी छाप जीवनके सभी पहलुओंपर दिखलाई पड़ती है। सैर-सपाटे, साहस-यात्रायें भी उसी जीवनके अंग है। पुराने समयमें, जब कि भारत एक सबल और वर्धिष्णु शक्ति था, उसके साहसी पुत्र और पुत्रियाँ दुनियाके कोने-कोनेमें पहुँचे थे। आज फिर इस क्षेत्रमें हमें अपनी हिम्मतको दिखलाना है। देश-देशान्तरोंकी साहस-यात्रायें प्रत्येक व्यक्तिके करनेकी बात नहीं है। हिमालयमें ऐसे स्थान है, जहाँकी यात्रा कर अल्प समय और अपेक्षाकृत अल्प-साहसवाले व्यक्ति भी अपनी उमंगोंको पूर्ण कर सकते हैं। दार्जलिङ्, कलिम्पाङ्, गंतोक, ख्रसान् अथवा अल्मोड़ा, रानीखेत, नैनीताल, मसूरी, चकरौता, शिमला, सोलन हिमालयके ऐसे ही आकर्षक स्थान हैं, जहाँ आदमी बड़ी आसानीसे रेल और मोटर द्वारा पहुँच सकता है। जो लोग कुछ और कष्टके लिए तैयार हैं, और जिन्हें हिमालयमें विश्वके अद्वितीय प्राकृतिक दृश्योंके देखनेका शौक है, वह कहीं घोड़ेसे और कहीं पैदल और भी कितने ही मनोरम स्थानोंकी यात्रा कर सकते हैं। ऐसी यात्राओंके लिए रास्तोंको बतलानेके पहिले आवश्यक है, कि हम यात्राकी पूरी तैयारीके संबंधमें कुछ सूचनायें पाठकोंके सामने रख दें।

§२. यात्रा

यात्रीके सामने पैसेका प्रश्न पहिले आता है। उसको मालूम होना चाहिये, कि यात्राके लिए कितने रुपयोंके साथ उसे प्रस्थान करना चाहिये। यात्रा सप्ताहकी भी हो सकती है। कितने ही ऐसे भी यात्री हो सकते है, जो तीन-चारकी टोलीमें आवश्यक चीजोंको अपनी पीठपर लादकर पैदल हिमालयके भिन्न-भिन्न स्थानोंका चक्कर लगाना चाहते हैं। यदि पथ-प्रदर्शिका (गाइड्बुक) और

मानचित्र हाथमें हैं, तो उनका खर्च उतना ही होगा, जितना खानेकी चीजोंका। हाँ, आवश्यक वस्त्रों और वर्तनोंपर कुछ और लगेगा। अपनी पीठपर सामान लेकर चलनेवाले यात्रियोंके लिए यह सबसे आवश्यक है, कि उनके पास अत्यावश्यक तथा कमसे-कम ही सामान हो। ऐसा व्यक्ति सौ रुपये मासिकमें अपनी यात्रा कर सकता है। यदि दो-तीन आदमी मिलकर कम सामान किन्तु कुछ अधिक आरामके साथ यात्रा करना चाहते हैं, तो वे सामानके लिए एक सम्मिलित भारवाहक रख सकते हैं। आजके महँगाईके दिनोंमें तीन रुपया प्रतिदिनसे कममें भारवाहक मिलना मुश्किल है और मिले भी तो उससे कम देना नहीं चाहिये, क्योंकि आजकल एक स्वस्थ-प्रकृति आदमीके खानेपर दो रुपये रोजसे कम नहीं खर्च आता। भारवाहक बोझा ही नहीं ढोयेगा, बल्कि वह साधरण खाना भी बना देगा। उसे या अलग लिए रसोइयेको आपके भोजनमेंसे भी कुछ मिलना चाहिए। बेहतर यही होगा, कि भारवाहक या नौकरका भोजन अपने ऊपर ले लिया जाय और ऊपरसे डेढ़-दो रुपया दैनिक मजूरी बाँध दी जाये। इस प्रकार साधारणतया भारवाहकपर दैनिक तीन-चार रुपयेतक खर्च होगा।

जो यात्री अधिक पैसा खर्च कर सकते हैं और अनावश्यक कष्ट उठानेके लिए तैयार नहीं हैं, उनके खर्चके बारेमें हम पुरानी यात्राओं या पथप्रदर्शिकाओंमें दिये आंकड़ोंसे आजके खर्चका निश्चय नहीं कर सकते। उदाहरणार्थ मई १९०१में चार अंग्रेज यात्रियोंके दलने दार्जेलिङ्की ओर अपनी नौ दिनकी यात्रापर ६०० रुपया खर्च किये—अर्थात् प्रतिव्यक्ति प्रतिदिन १७ रुपयेके करीब पड़ा, जिसमें बँगले और मदिराका खर्च सम्मिलित नहीं था। उसे भी मिला देनेपर प्रति-व्यक्ति २५ रुपये प्रतिदिनके करीब पड़ा, अर्थात् महीनेका ७५० रुपया। आजकल भी २५ रुपये रोजमें यात्रा आरामसे की जा सकती है, लेकिन जिस यात्राका यहाँ वर्णन है, वह कई नौकरों-चाकरोंके साथ अपना तम्बू और सामान लेकर की गयी थी, खाने-पीनेपर भी बहुत अच्छी तरह खर्च किया गया था। आजकल तो वैसी यात्रा सौ रुपये रोजसे कममें नहीं हो सकती। एक पथप्रदर्शिकाने १९३१-१९३२ में एक आदमीका २० रुपया प्रतिदिन खर्च बतलाया है। इन यात्राओंमें नौकरोंका क्रम इस प्रकार था—

§३. नौकर

१. सरदार—यदि आपको ३, ४ भारवाहक, रसोइया और दूसरे नौकर भी रखने हैं, तो एक सरदारकी अवश्यकता पड़ेगी, जो सभी चीजोंकी देख-

भाल करेगा। यदि आप खुद देखभाल करना चाहते हैं, तो सरदारकी अवश्यकता नहीं। सरदारपर भोजनके अतिरिक्त प्रतिदिन ४, ५ रुपयासे कम खर्च नहीं आयेगा। ऐसे सरदार अल्मोड़ा, नैनीताल, मसूरी या श्रीनगरमें मिल सकते हैं, जिन्होंने यात्राओंमें यात्रियोंका साथ दिया है और जिनके पास पूर्व-यात्रियोंके प्रशंसापत्र भी होते हैं। वह हिन्दी समझ लेते हैं और कितने ही टूटी-फूटी अंग्रेजी भी बोलते हैं।

२. **रसोइया आदि**—रसोइया खानेके अतिरिक्त दोसे तीन रुपयेमें मिल जायेगा। बहुतसे स्थानोंके बंगलोंमें जमादार (भंगी) नहीं होते और जबतक यात्रीके पास अपना भंगी न हो, उसे इन बंगलोंमें ठहरनेका अनुज्ञापत्र नहीं मिल सकता। भंगीके लिए भी खानेके अतिरिक्त डेढ़-दो रुपया रोज देनेकी अवश्यकता पड़ेगी।

३. **भारवाहक**—अंग्रेजोंकी यात्राओंमें एक व्यक्तिपर ५से १० भार-वाहकोंकी अवश्यकता होती थी, यदि वह १० दिनसे अधिककी यात्रा नहीं होती। नौकरोंके लिए भी आहारकी चीजें साथ ले जानी पड़ती हैं, इस लिए अधिक नौकर होनेपर भारवाहकोंकी संख्या बढ़ानी पड़ेगी। चार यात्रियोंके लिए १५से १८ भारवाहक चाहिये। घोड़ा ले जानेपर कहीं-कहीं उसके लिए दाना-चारा ढोनेके लिए भी भारवाहककी अवश्यकता पड़ती है। यह भी याद रखना चाहिये, कि पहाड़में ३० सेरका बोझ मजबूत आदमीका पूरा बोझ समझा जाता है। इसके अतिरिक्त भारवाहकको कुछ सेरका अपना सामान ओढ़ना-बिछोना आदि ढोना पड़ता है। बक्स या होल्डालमें सामानको रखते समय इस बातका ध्यान रखना चाहिये, कि बोझ २५से ३० सेरके भीतर हो। यदि यात्रा बँगलों और चलते राजपथोंमें हो रही हो, तो नौकरोंको ८ आना १२ आना और देना पड़ेगा। ८, ९ हजार फुटसे ऊपरकी ऊँचाईपर ले जानेके समय यदि यात्रा अधिक समयकी हो, तो नौकरोंको ऊनी कम्बल या कोट भी देना चाहिये। वर्षासे अपने सामान-को बचानेके लिए सामान बाँधनेकी बरसाती चादरें और भारवाहकोंके उपयोगके लिए बरसाती कोट साथ होनी चाहिए, नहीं तो आपका बिस्तरा और दूसरे सामान भीग जायेंगे। नौकरोंके लिए भोजन-सामग्री प्रतिदिन निम्न प्रकार अवश्यक होगी—

चावल	१० छटाँक
आटा	४ "
दाल	२ "

घी	१/२ छटाँक
चाय	१ तोला
मसाला	१ "
नमक	१ "
चीनी या गुड़	१ "

(४) **खच्चर**—श्रीनगरमें सामान ढोनेके लिए खच्चर भी मिल जाता है। वह दो मनतक बोझा ले जाता है, लेकिन अच्छा होगा, यदि बोझ पौने दो मनसे अधिक न हो। एक खच्चर ढाई भारवाहकके बराबर सामान ले जा सकता है। सस्तीके जमानेमें खच्चरका भाड़ा डेढ़-दो रुपया रोज था, आजकल वह बारह आना मीलसे कम नहीं होगा।

§४. सवारी

अल्मोड़ा, नैनीताल, मसूरी, श्रीनगरमें सवारीके लिए किरायेके घोड़े मिल जाते हैं। मसूरीमें लड़ाईसे पहले उनका किराया ३,४ रुपया प्रतिदिन था, जिसमें काठी (जीन) भी सम्मिलित थी, और साईस भी, किंतु आजकल खाद्य-सामग्रीका भाव तिगुनासे भी ज्यादा हो गया है; इसलिए घोड़ेका किराया बारह आना प्रति मील हो गया है। घोड़ेको किराया करनेसे पहिले देख लेना चाहिये —विशेषकर यदि यात्रा सप्ताहोंकी हो—कि वह भड़कनेवाला या अधिक चंचल तो नहीं है, उसकी पीठ कटी तो नहीं है। अच्छा यही है, कि घोड़ेको चढ़ाईमें ही इस्तेमाल किया जाये। कड़ी उतराईमें तो सवारी बिल्कुल नहीं करनी चाहिये, क्योंकि इससे घोड़ेकी पीठ कट जाती है और सवारको भी वह सुखकर नहीं मालूम होती। ढालुवाँ उतराईमें सवारी की जा सकती है। कितने ही घोड़े सड़कके किनारे-किनारे ऐसी जगहसे चलते हैं, जहाँ कुछ ही अंगुलोंपर भयानक उतराई या खड्ड रहती है। अनभ्यस्त सवार ऐसे समय घबड़ा जाते हैं। घबड़ानेकी अवश्यकता नहीं है। घोड़े खुद खतरेको समझते हैं। उनपर विश्वास रखना चाहिये। पुलों, विशेषकर झूलेके पुलोंपर अच्छा है, एक-एक करके पार किया जाय। घोड़ेकी सवारी न कर सकनेवाले यात्रियोंके लिए पहाड़में डंडी मिल जाती है, जिसमें छ आदमी लगते हैं। उनकी मजूरी भारवाहकके समान होती है। डंडी रुपये डेढ़ रुपये रोजपर किरायेमें मिल सकती है। रिक्साके लिए अधिकांश पैदल सड़कें अनुपयुक्त हैं। बच्चों या हल्के आदमियोंके लिए कंडी (डोका) भी मिल सकती है, जिसे एक भारवाहक अपनी पीठपर ले जाता है।

§५. वस्त्र-परिधान

यहाँकी यात्राओंमें कितनी ही वार ऐसे स्थानोंमें जाना होगा, जहाँ मई-जूनमें भी उत्तरी भारतकी दिसंबर-जनवरीकी सर्दी रहती है। हजार फुटसे कमकी उपत्यकायें गर्मियोंमें दुःसह होती हैं, ऊपरके सर्द स्थानोंमें सप्ताह-दो-सप्ताह बिताकर लौटे यात्रियोंके लिए तो और भी। जिन्हें नैनीताल, भवाली, अल्मोड़ा, श्रीनगर, मसूरी तक ही रहना है, उनका काम साधारण गरम कपड़ेसे चल जायेगा, किंतु अधिक ऊँचाईमें जानेके लिए अच्छे कपड़ोंका होना आवश्यक है। बदरीनाथ, केदारनाथ तक ही जानेवालोंके लिए अधिक कपड़े नहीं बाँधने चाहिये, क्योंकि वहाँ बदरीनाथ-केदारनाथ हीमें सर्दी है, जहाँ पंडोंसे या भाड़ेपर ओढ़ने-बिछौने मिल जाते हैं। सर्द स्थानोंमें—

१. पुरुषोंके लिये—

बूट दो जोड़ा (एक काँटीदार)		मंकी केप	१
ऊनी मोजा दो जोड़ा (मोटा ऊनी)		मफलर	१
स्लीपर या चप्पल	१ जोड़ा	चमड़ेका दस्ताना	१ जोड़ा
सूती ब्रीचेस	२	बरसाती कोट	१
जाँघिया	४	स्वेटर	१
बनियान	४	ड्रेसिंगगौन या ओवरकोट	१
ऊनी सूट	२	रंगीन चश्मा	१
कमीज या कुर्ता	४	तौलिया	३
सूती मोजा	६ जोड़ा	थर्मस	१
रात्रि-पोशाक या लुंगी	२	पानी बोतल	१
धोती	१ जोड़ा	स्टोव	१
फेल्ट टोप	१	टार्च	१
		लालटेन	१

२. महिलाओंके लिये—

बूट	२ जोड़ा	स्लीपर या चप्पल	१ जोड़ा
ऊनी मोजा	२ "	थर्मस	१
सूती मोजा	६ "	रात्रि-पोशाक	२
साड़ी	४	ब्लाउज	४

पेटीकोट	४	ब्रीचेस या पाजामा (ऊनी)	१
बनियान	४	अंडरवियर	२
ऊनीकोट	२	ड्रेसिंग गौन या ओवरकोट	१
मफलर	१	मंकी कैप	१
ऊनी दस्ताना	१ जोड़ा	चमड़ेका दस्ताना	१ जोड़ा
तौलिया	३		

§६. आवश्यक वस्तुयें

१. बिस्तर आदि—

कपड़ा धोनेके लिए साबुन पासमें रहे, तो शहरोंसे दूर जानेपर धुलाई नौकर कर सकते हैं। बिस्तरेमें निम्न चीजें रहनी चाहिये—

कंबल	३ या ४
चादरें	२
तकिया	१
तकिया-खोल	२
मसहरी	१

२. दूसरी वस्तुयें—

पुस्तकें			फिल्म
नक्शे	डोरी १० हाथ	आलपीन	रसोईके बर्तन
सुतली १० हाथ	छुरी	काँटी	चम्मच
सूआ २	कैंची	स्क्रूड्राइवर	लेमन जूस
हथौड़ी	चाय (टिन)	हजामतका सामान	
टिनबंद दूध	न टूटनेवाली प्लेट	विस्कुट	
टिनबंद मांस	" प्याला	सूतगोली २	
फौंटन स्याही	केतली	नहानेका साबुन ४	
टिनबंद मक्खन	सूई २	केमरा	
टिनबंद तरकारी		चीनी	
पानी-बोतल		सूखे फल	

आटा, चावल, सूखेफल आदि चीजें मोटे कपड़ेके थैलोंमें रखी जा सकती हैं, उसी तरह मसाला, हल्दी आदिको छोटी थैलियोंमें रखा जा सकता है। तीर्थ-

यात्रा-मार्गको छोड़ बहुतसे स्थानोंपर मुर्गी, अंडा और दूध मिल जाता है। मांस हाटके दिनोंको छोड़ कभी ही कभी मिलता है। मौसिमपर साग मिलता है, किंतु आलू, प्याज सदा सुलभ हैं। नैनीताल, अल्मोड़ा, मसूरीमें बहुत-सी दूकानें हैं, जहाँसे यात्रोपयोगी खाद्य-सामग्री तथा दूसरी चीजें मिल सकती हैं।

३. पैकिंग—

२४ इंच लंबे, १८ इंच चौड़े तथा १८ इंच ऊँचे लकड़ीके साधारण तालेवाले बक्स चीजोंको पैक करनेके लिए अच्छे होते हैं। उन्हें घोड़ों और भारवाहकों दोनोंपर आसानीसे ले जाया जा सकता है। खच्चरोंपर लोहेके बक्सोंके टूटनेका डर रहता है, और चमड़ेके सूटकेसोंकी तो गत बन जाती है। चमड़े या फाइबरके सूटकेस भारवाहकोंकी पीठपर भी मुश्किलसे सुरक्षित रह पाते हैं। पानीमें बचनेके लिए मोमजामा या चमड़ेमढ़े बक्स होने चाहिये। चार बक्सोंमें चार आदमियोंके लिए दो सप्ताहकी आहार-सामग्री आ सकती है। कुछ स्थानोंमें दीमक बहुत लगती है, वहाँ बक्सोंको डाकबँगलेकी मेज या कुर्सियोंपर रखना चाहिये अथवा पायोंके नीचे केरासिनमें भिगोया कागज या लत्ता रख देना चाहिये।

४. भेंट-इनामकी चीजें—

कई जगह पहाड़में सिगरेट पीनेका बहुत रवाज है, पुरुष ही नहीं स्त्रियाँ भी धूम्रपान करती हैं। हिमालयके अंतिम गाँवोंमें भी सूखी तंबाकूको मामूली कागजपर लपेटकर पीने नर-नारियोंको आप देखेंगे, फिर ऐसी जगह सिगरेटका माहात्म्य बढ़ जावे, तो कोई आश्चर्य नहीं। इसलिए भेंट या बखशीशके लिए सिगरेट साथमें रख लेना अच्छा है। बच्चोंमें बाँटनेके लिए लेमनजूस, रेवड़ी तथा मिश्रीके टुकड़े अच्छे हैं।

५. पड़ावोंपरके खर्च—

चार आदमियोंके लिए प्रतिदिन निम्न मात्रामें स्थानीय चीजोंकी अवश्यकता होगी। हाँ, यदि किसीको दूधके साथ विशेष प्रेम न हो तब।—

दूध	१ सेर
मुर्ग या चूजे	१ या २
अंडे	१ दर्जन
ईंधन	आध मन
केरासिन	आधा बोतल

चौकीदारको बखशीश　　१ रुपया

६. दो सप्ताहका खाद्य—

चार आदमियोंको १४ दिनके लिए भारतीय खाद्य-सामग्री निम्न मात्रामें आवश्यक होगी —

आटा	२० सेर	चाय	२ पौंड
सब्जी	४ "	मांस (टिन)	२½ सेर
बेसन	४ "	विस्कुट (मीठा)	१ "
चावल	८ "	" (सादा)	१ "
दाल मूँग, मसूर या उड़द	७ "	मुरब्बा	½ "
सूखे मेवे	२ "	अचार	१ "
मकरोनी या सेवइयाँ	½ "	लड्डू-पेड़ा	२ "
पापड़	½ "	मठरी (मीठी)	१ "
बड़ी	१ "	मठरी (नमकीन)	१ "
घी	४ "	सरसो (चूर्ण)	½ पाव
मक्खन	२ "	काली (मिर्चचूर्ण)	½ पाव
पनीर	२ "	लाल मिर्च (चूर्ण)	१ पाव
दलदा या तेल	२½ "	हल्दी	½ सेर
चीनी	८ "	मसाला (चूर्ण)	½ "

चार आदमियोंके लिए युरोपीय खाद्य-सामग्री निम्न मात्रामें आवश्यक होगी—

चाय	२ पौंड	कोकोजम या दलदा	२ सेर
काफी	२ "	पनीर	२ सेर
क्वेकरओट	३ टिन	मुरब्बा (जाम)	३ टिन (सवापावके)
मक्खन	ढाई सेर	मर्मलाद	४ " "
घी	१ "	आटा	२ सेर
चीनी	५ "	नमक	पाव भर
मांस	ढाई सेर	सरसों (चूर्ण)	१ छटाँक
मीठा विस्कुट	१ सेर (टिन)	काली मिर्च	½ "
सादा विस्कुट	१ " "	मसाला (चूर्ण)	१ पाव
केक	२ डेढ़ सेरकी	बेसन	आध पाव
सूखे मेवे	२ सेर	चावल	आध सेर
सूजी	आध सेर	मकरोनी या सेवइयाँ	आध पाव

बीमारी, चोट या वर्फकी सर्दी लग जानेपर उपचारार्थ एक बोतल बरांडी रख लेनी चाहिये, जो स्प्रिटके अभावमें स्टोव जलानेका भी काम देगी।

७. एक दिनका खाद्य—

भारतीय भोजन करनेवालेके लिए प्रतिदिनकी आहार-सामग्री निम्न प्रकार होगी—

चावल, आटा	आधसेर	मुरब्बा	१ छटाँक
दाल	डेढ़ छटाँक	अचार	२ तोला
आलू, सागभाजी	४ "	सूखा मेवा	३ छटाँक
मांस या मिठाई	४ "	दूध	१ सेर
घी	१ "	नमक	१ तोला
मक्खन	आध "	हल्दी-मसाला	आध छटाँक
पनीर	आध "		
चाय, काफी	२ तोला		
चीनी	२ छटाँक		

और युरोपीय भोजन करनेवाले व्यक्तिके लिए—

चाय	आध छटाँक	आलू	३ छटाँक
काफी	२ तोला	चीनी	डेढ़ छटाँक
टिन मांस	२ छटाँक	जाम, मुरब्बा	१ छटाँक
मक्खन	आध छटाँक	मर्मलाद	१ छटाँक
पनीर	आध छटाँक	सूखा मेवा	३ छटाँक
क्वेकरओट	एक चौथाई तोला	मांस	पाव भर
पावरोटी	२ या ३ पाव	दूध	१ सेर
बिस्कुट	१ पाव		

८. पावरोटी—

सप्ताह-दो-सप्ताह टिकनेवाली पावरोटियाँ मसूरी या अलमोड़ा की किसी अच्छी दूकानसे मिल सकती हैं, नहीं तो दिल्लीकी किसी अच्छी रोटीवाली कंपनीसे मँगा लेना चाहिये। पावरोटियोंको तेल-कागजमें लपेटकर हल्के काठके बक्सोंमें रखना चाहिये। देरतककी यात्रा होनेपर चपातियाँ या परावठे ही यात्राके लिए अच्छे होते हैं।

९. लालटेन—

सभी बँगलोंमें टेबुललेम्प होता है, किंतु आजकल केरासिन सुलभ नहीं है। अच्छा है, दो गैलनवाले पेट्रोल टिनमें मिट्टीका तेल भरवाकर साथ ले लिया

जाये, वह चार आदमियोंको दो सप्ताहके लिए पर्याप्त होगा। स्टोव, बैटरी-टार्चके अतिरिक्त एक लालटेन और कुछ दर्जन मोमबत्तियाँ भी साथमें रहनी चाहियें। ६-६ मोमबत्तियोंके ३ पैकेट दो सप्ताहके लिए पर्याप्त होंगे।

१०. पेय—निचली उपत्यकाओंमें उबला पानी पीना चाहिये। शामको उबालकर पानी बोतलमें डाल लेनेपर वह सवेरे ठंडा हो जाता है, और पीनेमें अरुचिकर नहीं प्रतीत होता। तीन-साढ़े-तीन हजारसे ऊपरके स्थानमें नदी या चश्मेका ताजा पानी स्वादिष्ट और स्वास्थ्यके लिए अहानिकर होता है। पहाड़में कहीं-कहीं मंडुवेकी कच्ची शराब बनती है, जो हल्की होती है। इसे बाँसके पोंगोंमें दिया और नलीसे सुड़क कर पिया जाता है।

११. मनीआर्डर, चिट्ठियाँ—गढ़वालके डाकघरोंकी सूची अन्यत्र दी हुई है, जहाँ मनीआर्डर आदि मँगाया जा सकता है। पहिलेसे ही बात कर रखनेपर व्यापारी लोगोंकी कोठियोंपर चेक भुनाया जा सकता है। पासपोर्ट पास रहनेपर डाकघरोंमें मनीआर्डर मिलनेमें तरद्दुद नहीं होता। सौ या अधिक नोटोंका भुनाव दूरके स्थानोंमें मिलनेमें कुछ कठिनाई होती है, इसलिए दस या कमके नोट साथमें हों तो अच्छा है।

§७. यात्रामें

बंगला छोड़नेके पहिले उसकी सफाई और व्यवस्थितिको देख लेना चाहिये, तथा टूटी-फूटी चीजोंका दाम तथा बंगलेका शुल्क दे रजिस्टरपर हस्ताक्षर कर देना चाहिये। भारवाहकोंमेंसे कुछको जल्दी कराके आगे भेजनेसे कोई लाभ नहीं होता, क्योंकि रास्तेमें वह एक दूसरेके साथ बैठते-उठते ही आगे चलते हैं। साईस और रसोइएको मालिकके साथ बंगला छोड़ना चाहिये। यदि रसोइएको मध्याह्न-भोजन साथ नहीं ले चलना है, तो उसे भी आगे भेजा जा सकता है; किंतु ऐसी दशामें खानेकी कुछ चीजें अपने घोड़ेपर रख लेनी चाहिये। पानीकी बोतल साईसके गलेमें रखनी चाहिये। यदि तिब्बती ढंगमे टट्टू और जीनपर चलना मिले, तो घोड़ेकी जीनपर दोनों तरफ लटकते थैले (ताड़ू) में १०-१२ सेर सामान रखा जा सकता है। उसमें या साईसके साथ चायकी केटली, न टूटनेवाले प्याले भी रखे जा सकते है, अथवा इस तरद्दुदसे बचनेके लिए आप चायको थरमसमें ले सकते हैं। साधारण तौरसे देखते-भालते कुछ फोटो या स्केच लेते आप घंटेमें दो मील चल सकते हैं। इस प्रकार नौ बजेसे डेढ़ दो बजे तक ९-१० मील (एक पड़ाव) चलकर अगले बंगलेपर मध्याह्न-भोजन कर

सकते हैं, अन्यथा रास्तेके किसी सुन्दर स्थानमें उसके लिए ठहर सकते हैं। डबल यात्रा करनी हो, तो सवेरे ८ बजे चल देना चाहिये। अगले पड़ावके बंगलेपर अथवा दूसरी जगह मध्याह्न भोजनके लिए एक बजे एक घंटा विश्राम कर आप शाम तक ठहरनेके डाकबंगलेपर पहुँच सकते हैं। इसके लिए भारवाहकों और नौकरों-को दूना वेतन देना होगा, और रास्तेके ठहरनेके बंगलेके चौकीदारको भी कुछ बखशीश देनी पड़ेगी। डबल मार्च करना पहिले ही दिनमें शुरू नही करना चाहिये, इसके लिए आदमियों और जानवरोंको थोड़े अभ्यासकी अवश्यकता होती है। रात्रि-निवासके स्थानमें आनेपर पहिला काम है चायपानी। आमतौरसे घोड़के मालिक घोड़के साथ नहीं जाते, इसलिए पर्यटकको चाहिये, कि वह घोड़के दाने-चारेकी ओर भी ध्यान रखे। यह मानवोचित ही नहीं, बल्कि स्वार्थोचित भी है, क्योंकि घोड़के दुर्बल या घायल हो जानेपर यात्राको जारी रखना कठिन हो जाता है।

§८. रोगादि

आठ दस हजारसे ऊपरकी ऊँचाइयोंपर कड़ी सर्दी या पतले वायुमंडलकी तीव्र धूपके कारण नरम चमड़ेवाले व्यक्तियोंका चमड़ा जल उठता है। इसके लिए "पोंडस् क्रीम" जैसी क्रीम या वेस्लीन लगा लेनी चाहिये। यदि ऐसे स्थानों-पर जाते समय पहिले हीसे वेस्लीन या क्रीम शरीरके खुले भागोंपर मल ली जाये, तो चमड़ा नहीं जलता। ऊँची चढ़ाइयों, विशेषकर बड़ी-बड़ी जोतों (डाँडों)को पार कर आनेपर चेहरा तथा दूसरे खुले अंगोंके चमड़ेका रंग बदल जाता है, गोरा रंग ताम्रवर्ण और पक्का रंग काला हो जाता है। इससे रक्षाके लिए तिब्बती महिलायें मुँहपर कत्थेका लेप कर लेती हैं, और ऊपरसे सारे मुँहको ढँक लेती हैं। वेस्लीन या कोल्ड-क्रीम लगाकर यदि चेहरेको गुलूबंद या मंकीकैपसे पूरी तरह ढाँक दिया जाये, तथा आँखोंपर रंगीन चश्मा लगा रखा जाये, तो रंग-पर असर नहीं पड़ता। ओठोंको फटनेसे बचानेके लिए कपूरी क्रीम या ग्लेसियर क्रीमका लेप अच्छा होगा। जोतोंको पार करनेसे पहिली रातको कोल्ड क्रीम लगाकर सो जाना चाहिये और सवेरे चेहरे को धोना नहीं चाहिये। यदि इसके साथ मंकी-कैपसे मुँहको अच्छी तरह ढँककर जोत पार की जाये, तो चमड़ेके विवर्ण होने तथा रंग बदलनेका डर नहीं रहता। जाड़े या असाधारण ठंडके समय हाथ या पैर जैसे किसी अंगके खुले रहनेपर उसके हिम-जड़ हो जानेका भय रहता है। ऐसे समय विशेष सावधानी नही रखनेपर अनर्थ हो सकता है। ऐसी

नौबत जाड़ों हीमें आ सकती है, जब कि पर्याप्त गरम कपड़ेसे न ढँकनेके कारण हाथ या पैरका पंजा जम जाता है। यदि ऐसा हो जाय, तो आदमीको घबड़ाना नहीं चाहिये। यदि हृदय और शरीरके अन्य अंगोंमें गरमी है, तो वह धीरे-धीरे हिमीभूत अंगमें भी पहुँच जायेगी, किंतु आदमीने यदि उसको आगमें सेंक दिया, तो हिमीभूत अंगका सर्वनाश समझिये। सेंकनेपर पहिले एक तीव्र वेदना उठेगी, फिर शान्ति। कुछ सप्ताहोंमें अँगुलियाँ सूखकर लकड़ी हो जायेंगी, और हाथमें लकड़ी जोड़कर घूमनेकी जगह आप बढ़े नखोंकी भाँति उन्हें काट डालना ही पसन्द करेंगे। पहाड़की उतराईमें भलामानुस जूता भी काटने लगता है, इसलिए परीक्षित जूतेको ही इस्तेमाल करना चाहिये। भारी सर्दी या बर्फ न हो, तो कान्वेस जूता अच्छा रहेगा, किंतु चढ़ाईमें एड़ियाँ और उतराईमें पजोंके बल चलना जूतेकी आयुको बहुत कम कर देता है, इसका भी ध्यान रखना चाहिये। जहाँ कटनेका डर हो, वहाँ समय-समयपर पैरको नमक-पानीमें रखकर कड़ा कर लेना चाहिये। चलते समय प्रतिदिन मोजेमें फिटकरीका चूर्ण डाल लेना भी सहायक होता है। यदि छाले पड़ जायें, तो परिशोधित सूईसे फोड़कर पानी निकाल देना चाहिए, और वहाँ बोरिक चूर्ण या "सिवाज़ोल" मलहम लगाके औषधित रुई लगा लेनी चाहिये। छालोंसे बहुत सावधान रहना चाहिये। घावके उपचारके लिए "सिवाज़ोल", टिंकचर या टिंकचर-बेंज़ीन साथमें रहनी चाहिये। मधुमेहके रोगियोंको तो "रिपु रुज पावक पाप, इनहिं न गनिये छोट करि"की पंक्ति सदा याद रखनी चाहिये। टिंकचर और सिवाज़ोलके साथ उन्हें पेनिसिलीन भी इन्जेक्शनके सामानके साथ पास रखना चाहिये। पेनिसिलीन लगानेमें सुईको स्प्रिटसे नहीं बल्कि पानीमें उबालकर निष्क्रमित करना चाहिये।

चारसे आठ हजार फुट ऊँचे स्थानोंमें वर्षा-बूँदीके समय वृक्षोंके नीचे या घासमें छोटी-बड़ी जोंकें भी एक बाधा हैं। आदमीकी आहट पाते ही यह नेत्रहीन जन्तु सहस्रोंकी संख्यामें पत्तोंके भीतरसे अपनी सूँड़ निकालकर चिपकनेकी घातमें रहते हैं। जोंकें जूतेके भीतर चली जाती हैं। कसकर बँधी पट्टीके भीतर घुसना उनके वशका नहीं है। जोंकोंके लगनेसे पीड़ा नहीं होती, किंतु वह खून चूसकर निर्बल तो अवश्य करती हैं। पेट भर पीकर जब मोटी हो गिर जाती हैं, तब भी इनके मुँहसे निकलकर लगे एक रसायनिक तत्त्वके कारण खून कुछ देरतक नहीं रुकता, फिर अपने आप बंद हो जाता है। हाँ, खून न जमनेवाले आदमीके लिए यह बुरा है। इसके लिए अढेसिव या झिल्ली जैसे पतले कागजकी एक-दो तहों-को घावपर साट देना चाहिये। जोंकोंको खींचकर नहीं निकालना चाहिये,

नहीं तो घाव हो जानेका डर रहता है। नमक उनका भारी शत्रु है। उसके स्पर्श मात्रसे वह गिर पड़ती हैं। नमक न होनेपर जलते सिगरेट या दियासलाईकी तीलीका स्पर्श उनके लिए काफी है। तंबाकूका पानी या नीबूका रस लगा देनेपर जोंकें नहीं चिपकतीं। निचले स्थानोंमें मलेरियाके मच्छर और मक्खियोंसे बचनेके लिए मसहरी जरूर साथ रखनी चाहिये। ऊपरी भागोंमें खटमल या पिस्सू नींद हराम कर देते हैं। सौभाग्यसे अधिकांश डाकबँगले इनसे मुक्त हैं। भेड़-बकरियोंके रहनेके स्थानोंमें पिस्सुओंका जोर रहता है, इसलिए शिविर गाड़ते वक्त उनका ध्यान रखना चाहिये। फ्लिट इनकी अच्छी दवा है, उसकी कितनी ही पिचकारियाँ दीवार, चारपाई आदिपर मार लेनी चाहिये।

§९. कलाकी वस्तुयें

अल्मोड़ा, गढ़वाल, टेहरीकी सीमापर तिब्बत है, जहाँ भारतीय और चीनी कला अविच्छिन्न रूपसे अबतक चली आयी है। भोटान्तके लोगोंका तिब्बतमें धर्म और कला विषयक घनिष्ट संबंध है। उनके पास कितनी ही कलापूर्ण तिब्बती वस्तुयें आती रहती है। यहाँसे प्राप्य कलाकी चीजें हैं—

चित्रपट	शूल (फुरबा)
घंटा	डमरु (कपालका)
अस्थिभूषण	कुंडल (फीरोजेका)
पुस्तक-पट्टिका	मूर्तियाँ
जूता (शोम्पा)	मसीपात्र
काष्ठ-चषक (फोरवा)	धूपदानी
धातुडब्बा	खुकरी
टोपी (श-मो)	मानी (जपचक्र)
प्रतिमा-पेटिका	चौकी (चोक्-ची)
घंटापात्र (रोल्-मा)	चायपात्र
चाय प्याला	चकमक (चक्-ना)
चाय बैठकी	दुदुभी
वज्र (दोर्जे)	पाइप (तंबाकूका)

§१०. फोटोग्राफी

फोटो खींचनेवालोंको अधिक ऊँचाइयोंपर कुछ विशेष ध्यान देनेकी अवश्यकता है; क्योंकि वहाँ नील तथा अति-बैंगनी किरणोंकी अधिकतासे प्रकाश प्रखर

होता है, और अधिक एक्सपोजर हो जानेका डर रहता है। सफेद बर्फका अच्छा फोटो फिल्टरके बिना लेना कठिन है। वैसे भी फोटोके लिए इन पहाड़ोंपर फिल्टरकी अवश्यकता होती है। कोडकके पाससे अच्छे फिल्टर मिलते हैं। फिल्मोंमें वेरीक्रोम अधिक उपयुक्त होते हैं। अच्छे परिणामके लिए कुछ फिल्मों-को अलग-अलग एक्सपोजर-समय देकर देख लेना चाहिये।

§११. तीर्थयात्रीके लिये

गढ़वालकी यात्राओंमें हिमालयके दूसरे स्थानोंकी यात्राओंके और तो आक-र्षण मौजूद ही हैं, साथ ही मानसरोवरके समीप होने एवं उसके चार रास्ते यहाँसे जानेके कारण भी यहाँकी यात्रायें अपना विशेष महत्त्व रखती हैं। जमुनोत्री, गंगोत्री, केदार, बदरीकी यात्रायें तो पिछले २००० हजार वर्षोंसे भारतके भिन्न-भिन्न भागोंके लोगोंको अपनी ओर खीचती रही हैं। पिछले सौ सालोंसे सड़कों और पुलोंके अच्छे इन्तजाम तथा जगह-जगहकी टिकानों-चट्टियोंके बन जानेके कारण अब वहाँ हर साल बड़ी भारी संख्यामें यात्री जाते हैं। मानसरोवरकी यात्रामें सामान अपने साथ ले जाना जरूरी है। भारतकी सीमा पार होते ही चट्टियों और दूकानोंका अभाव हो जाता है। कितनी ही जगह तो टिकनेके लिए गाँव भी नहीं मिलते और आदमीको निर्जन और ठंडे स्थानोंमें टिकना पड़ता है। इसलिए वहाँकी यात्रामें खाना, कपड़ा सबका इन्तजाम करके जाना ही अच्छा है। जमुनोत्री, गंगोत्री और केदार, बदरीकी यात्रामें लोग व्यर्थ ही बहुतसा बोझा उठाकर जाते हैं। वहाँ कहीं-कहीं तो मील-मीलपर ही चट्टियाँ हैं, जहाँ आटा, दाल, चावल, आलू, घी, मसाला जैसी साधारण खानेकी चीजें आसानीसे मिल जाती हैं। इसलिए जिनको खरीद करके खाना है, उन्हें खानेकी साधारण सामग्रीको लेकर चलना बेकार है। हाँ, विशेष खानेकी चीजोंको साथ ले जा सकते हैं। चट्टियोंमें रहनेका स्थान बहुत साफ रहता है। दिक्कत यदि होती है, तो यात्राके समय मक्खियोंकी ही, यदि डी० डी० टी०का प्रयोग नहीं किया गया रहता। इधर कुछ सालोंसे सरकारकी ओरसे डी० डी० टी० छिड़कनेका प्रबंध होता है, यद्यपि कभी-कभी वह काफी देरसे किया जाता है। सर्दीके डरके मारे लोग बोझका बोझ कपड़ा साथमें ले जाते हैं। लेकिन इस सारी यात्रामें सिर्फ जमुनोत्री, गंगोत्री, केदारनाथ और बदरीनाथ ये चार ही स्थान ऐसे हैं, जिन्हें सर्द कहा जा सकता है और जहाँपर दिनमें गरम पोशाक और रातको काफी कपड़ों-की अवश्यकता होती है। लेकिन इन चारों जगहोंमें यदि आपके पंडे हैं, तो वह

ओढ़ने-बिछौनेका इन्तिजाम कर देंगे, कालीकमली धर्मशालामें भी कपड़ा मिल जाता है और केदारनाथ-बदरीनाथमें तो सस्ते किरायेपर जितना चाहें उतना कपड़ा ले सकते हैं। इसलिए सर्दीके मारे बहुतसा कपड़ा पीठपर ढोना या भरियाकी पीठपर लादकर चलना ठीक नहीं है। एक और बातका ख्याल रखना चाहिये। यात्रियोंकी असावधानी तथा लोगोंके सफाईकी ओर ध्यान न देनेसे पहिले हैजा आदि बीमारियाँ हो जाया करती थीं, जिनकी रोक-थामके लिए सरकारकी ओरसे बहुत ध्यान दिया जाता है, और अब शायद ही कभी उनको उभड़ते देखा जाता है। पहाड़में पाखाने उठानेवाले बहुत कम ही मिलते हैं, इसलिए जमादार बिजनौर तथा नीचेके दूसरे जिलोंसे काफी संख्यामें यात्राके समय बुला लिये जाते हैं, जिससे चट्टियोंमें गंदगी नहीं फैलने पाती। हमारे देशके यात्री स्वयं भी सफाईकी ओर जितना ध्यान देना चाहिये, उतना नहीं देते, विशेषकर पाखाना-पेशाब करनेके संबंधमें बहुत बेपरवाही बर्तते हैं। छूतकी बीमारियोंको रोकनेके लिए मुख्य-मुख्य स्थानोंपर हैजेका टीका देनेके लिए डाक्टर और कंपौन्डर तैयार रहते हैं, जो मुफ्त टीका देते हैं। टीका देनेपर किसी किसीको बुखार आ जाता है, जिससे यात्रामें थोड़ासा विघ्न हो सकता है। अच्छा है, यात्री घर छोड़नेसे पहिले ही हैजेका टीका लगवा लें और अधिकार-प्राप्त डाक्टरसे उसका प्रमाणपत्र लेना न भूलें। प्रमाणपत्र दिखला देनेपर फिर टीका लगवानेकी जरूरत नहीं पड़ती।

अध्याय १०

यात्रायें

वैसे तो स्थानीय सड़कों या पगडंडियोंसे गढ़वालके और कितने ही दर्शनीय स्थानोंकी यात्रा की जा सकती है, किंतु यहाँ हम मुख्य-मुख्य यात्राओंका ही विवरण देते हैं :

§१. तीर्थयात्रायें

१. ऋषिकेश——जमुनोत्री

(१२५ मील, ५ दिन)

		उन्नतांश	दूरी (मील)	विशेष
मोटर	ऋषिकेश	११०६	०	डा. ता., डाब., अस्प.
	नरेन्द्रनगर	४०००	१०	डा. ता., डाब., अस्प.
	टेहरी	२५२६	४१	डा. ता., डाब., अस्प.
	सिरै		५	
	भल्डियाना		६	डा.
	छाम		५	
	नगुण		५	
	१. धरासू		५	डा.
	कल्याणी		४	
	गेऊला		५	
	२. सिलक्यारी		५	
	राडीधार		५	
	डडालगाउँ		२	
	सिमली		२	
	३. गंगाणी		२	

	जमुनापट्टी	६
	ओजरा	६
४.	डडोटी	२
	रानागाउँ	२
	हनुमानचट्टी	२
	खरसाली	४
५.	जमुनोत्री	४

२. ऋषिकेश–जमुनोत्री–गंगोत्री–केदारनाथ–बदरीनाथ

(६१५ मील. ६४ दिन)

मोटर	ऋषिकेश	११०६ फुट	०	डा.[1] ता. डाब., अस्प.
मोटर	नरेन्द्रनगर	४०००	१०	डा. ता., डाब., अस्प.
मोटर	टेहरी	२५२६	४१	डा. ता., डाब., अस्प.
मोटर	सिरैं		५	
मोटर	भल्डियाना		६	डा.
मोटर	छाम		५	
मोटर	नगुण		५	
मोटर	१. धरासू		५	डा.
	कल्याणी		४	
	गेऊला		५	
	२. सिलक्यारी		५	
	राडीधार		५	
	डडालगाउँ		२	
	सिमली		२	
	३. गंगाणी		२	
	जमुना चट्टी		३	
	ओजरी		१	
	४. डडोटी		२	
	रानागाऊं		२	

[1]डा०–डाकघर, ता०–तारघर, डाब०–डाकबंगला, अस्प०–अस्पताल ।

हनुमान चट्टी		२	
खरसाली		४	
५. जमुनोत्री	१००००	४	
६. सिमली		२५	यहाँतक उसी रास्ते लौटना
सिंगोट		७॥	
नाकोरी		३॥	
७. उत्तरकाशी (बाड़ा-हाट)	३०००	६	डा. अस्प.
गंगोरी		३	
नैताला		३	
८. मनेरी	४३८०	४	
कुम्हाल्टी		४	
मल्ला-चट्टी	४८५०	२	
९. भटवाड़ी		२	
भुक्की		६	
१०. गंगनानी		३	डा.
लोहारीनाग		४	
११. सुक्खी		५	
झाला		३	
हरसिल	८१००	२	डा.
१२. धराली		२॥	
जांगला		४	
भैरोघाटी		२॥	
१३. गगोत्री	१०३००	६॥	डा.
१४. गोमुख		१८	
१५. गंगोत्री		१८	
१९. मल्लाचट्टी		४०	पहिले रास्ते लौटना
सौराकी गाड		३	
फूयालू		३	
छूणाचट्टी		३	
२०. बैलक		४	

	पगराणा		५	
	झाला		४	
	अगूडा		३	
२१.	बूढ़ाकेदार	४३८०	२	
	भैरवचट्टी		६॥	
२२.	भोटचट्टी		३	
	धुत्तू		९	
२३.	दुफन्दा		६	
	पँवाली	११३६४	३	
२४.	मग्गूको मांडा		९	
	तिरजुगीनारायण		५	डा.
	सोमद्वारा		३।	
२५.	गौरीकुड	६५००	३	डा.
	रामबाड़ा		४	
२६.	केदारनाथ	११७५३	३	डा.
२७.	गौरीकुंड		७	
	रामपुर		७	
२८.	फाटा	५२५०	३	डा.
	मैखंडा		२	
	ब्योङ्-मल्ला		२	
	भेत (नारायणकोटी)		१॥	
	नाला		२	
२९.	ऊखीमठ	४३००	३	डा.
	गणेशचट्टी		३॥	
३०.	पोथीबासा		५	
	दोगलभीटा	७७००	॥	
	वनियाकुंड		१॥	
	चोपता		१	डा.
	तुंगनाथ	१२०७०	३	
३१.	जंगलचट्टी		३	
	पांगरवासा		२॥	

		मंडल		४	डा.
	३२.	गोपेश्वर		४।।	
		चमोली	३१५०	३	डा.
		मठ		२	
		छिनका		१।।	
मोटर		बावला		२	
		सियासैण		१	डा.
		हाट		१	
	३३.	पीपलकोटी	४०००	२	डा. ता., डाब.
		गरुड़गंगा		३।।	
		टंगणी		१।।	
		पातालगंगा		३	
		गुलाबकोठी	५३००	२	
	३४.	हेलंग	५०००	२	डा.
		खनोल्टी		२।	
		भड़कुला		१।	
		सिंहधार		३	
		जोशीमठ	६१५०	।।	डा. ता., डाब.
		विष्णुप्रयाग	४५००	२	
	३५.	घाट		४	
		पांडुकेश्वर	६०००	२	डा. ता., डाब.
		लामबगड़	७०००	३	
		हनुमानचट्टी	८०००	३	
	२६.	बदरीनाथ	१०२४४	५	डा. ता., डाब., अस्प.
	४०.	चमोली	३१५०	४८	उसी रास्ते लौटना
		मैठाणा		३	
		नंदप्रयाग	३०००	३	डा. ता., डाब., अस्प.
मोटर		सोनला	२८००	३	
		लंगासू		४	
		उमट्टा		४	
		कर्णप्रयाग		२	डा. ता., डाब., अस्प.

मोटर		चट्टवापीपल		४	डा. ता., डाब., अस्प.
मोटर		गौचर		२	
मोटर		कमेडा		२	
मोटर		नगरासू		३	
मोटर		शिवानंदी		३	
मोटर		सुमेरपुर		४॥	
मोटर		रुद्रप्रयाग	२०००	२॥	डा. ता., डाब., अस्प.
मोटर		गुलाबराय		२	
मोटर		खांकरा		५	
मोटर		छांतीखाल	३१००	॥।	
मोटर		भट्टीसेरा		१	
मोटर		सुकिरता		२॥	
मोटर	४१.	श्रीनगर	१९००	५	डा. ता., डाब., अस्प.
		विल्वकेदार		३	
		अरणी		२	
		रामपुर		३	
		काल्टा		२।	
	४२.	रानीवाग	१७००	१॥	डा., डाव.
		सीताकोटी		१॥	
		विद्याकोटी		२	
		बाह्—देवप्रयाग	१७००	५	डा. ता., डाब., अस्प.
		सौंक		१	
		उमरासू		२॥	
		छालडी		२।	
	४३.	व्यासघाट	१६५०	३	डा., डाब.
		कांडी		३	
	४४.	सेमलचट्टी		३	
		महादेवसैण		५	
		वन्दरभेल		३	
		कुंडचट्टी		३	
		न्योडलाल		२	

		बड़ी बिजनी		१	
	४५.	छोटी बिजनी	२५००	१	
		नाईमोहन		२	
		महादेवसैण		१	
		गूलर चट्टी		२	
		गरुड़ चट्टी		४	
		लक्ष्मणभूला	११००	२	डा. ता., डाब.
		मुनीकी रेती		१	
	४६.	ऋषिकेश	११०६	१	डा. ता., डाब., अस्प.

३. ऋषिकेश—गंगोत्री

(१५०॥ मील ८ दिन)

मोटर		ऋषिकुश	११०६	०	डा. ता., डाब., अस्प.
		नरेन्द्रनगर	४०००	१०	डा. ता., डाब., अस्प.
		टेहरी	२५२६	४१	डा. ता., डाब., अस्प.
	१.	धरासू		२६	डा., डाब.
	२.	डूंडा		८	
	३.	उत्तरकाशी (बाड़ाहाट)[1]	३०००	९	डा., डाब., अस्प.
	४.	मनेरी	४३८०	१०	
		मल्ला चट्टी	४८५०	६	
	५.	गंगनानी		११	डा., डाब.
	६.	सुक्खी		९	
		हरसिल	८१००	५	
	७.	धराली		२॥	
	८.	गंगोत्री	१०३००	१३	डा., डाब.

४. ऋषिकेश-चिनी (कनौर)

(१५४ मील ११ दिन)

मोटर	ऋषिकेश	११०६	०	डा. ता., डाब., अस्प.
	नरेन्द्रनगर	४०००	१०	डा. ता., डाब., अस्प.
	टेहरी	२५२६	४१	,,

[1] उत्तरकाशीसे आगेकी सभी चट्टियोंके बारेमें देखो यात्रा २

१. धरासूँ		२६	डा., डाब.
डूँडा		८	
२. उत्तरकाशी	३०००	९	डा., डाब.
३. मनेरी	४३००	१०	
मल्लाचट्टी	४८००	६	
४. गंगनानी		११	डा., डाब.
सुक्खी		९	
५. हरसिल	८१००	५	
७. छितकुल		१८(?)	
८. सङ्ला		५(?)	डाब.
९. ब्रूये		८(?)	डाब.
१०. शोङ्टङ्		१०(?)	डाब.
११. चिनी		८(?)	डा., डाब.

५. ऋषिकेश-केदारनाथ[१] (पैदल)
(१३८ मील १३ दिन)

	ऋषिकेश	११०६	०	
	लक्ष्मणभूला	११००	२	
	१. छोटी बिजनी	२५००	११	
	बंदरभेल		६	
	२. सेमलचट्टी		८	
	३. व्यासघाट	१६५०	८	
	४. बाह्—देवप्रयाग	१७००	८॥।	डा., डाब.
	रानीबाग	१७००	८॥	डा., डाब.
मोटर	५. विल्वकेदार		८॥।	
मोटर	६. श्रीनगर[२]	१९००	३	डा. ता., डाब., अस्प.
मोटर	भट्टीसेरा		७॥	
मोटर	७. छांतीखाल	३१००	३॥	.
मोटर	८. रुद्रप्रयाग	२०००	९॥	डा. ता., डाब., अस्प.

[१]विशेषके लिये देखो यात्रा २।
[२]श्रीनगरसे रुद्रप्रयाग तक मोटर द्वारा भी जा सकते हैं।

	छतोली		५	
	मठ		१	
	रामपुर		१	
	सोरग	२३००	२	डा.
९.	अगस्तमुनि	३०००	२।।	डा., डाब.
	सौडी		२	
	चंद्रापुरी		२	
	भीरी		२।।	डा.
	बटवलचारी	३०००	२।।	
	कुंड		१	
१०.	गुप्तकाशी	४८५०	२।।	डा., डाब.
	नाला		१।।	
	भेत (नारायणकोटी)		२	
	व्योंग-मल्ला		१।।	
	मैखंडा		२	
	फाटा	४८५०	२	डा., डाव.
११.	रामपुर		३	डा., डाव.
	तिरजुगीनारायण		४।।।	
१२.	गौरीकुंड	६५००	६।	डा., डाब.
	रामबाड़ा		४	
१३.	केदारनाथ	११७५३	३	डा., डाब.

६. ऋषिकेश-केदारनाथ

(१४१ मील, ६ दिन)

मोटर		ऋषिकेश	१११६	०	डा. ता., डाब., अस्प.
		देवप्रयाग	१५५०	४२	डा. ता., डाब.
	१.	कीर्त्तिनगर		२१	डा.
मोटर		श्रीनगर	१९००	३ पैदल	डा. ता., डाब., अस्प.
	२.	रुद्रप्रयाग	२०००	२१	डा. ता., डाब., अस्प.
	४.	गुप्तकाशी		२४	डा., डाब.

	५. तिरजुगी		१६॥।	डाब.
	६. केदारनाथ	११८५३	१३।	डा., डाब.

७. ऋषिकेश-बदरीनाथ

(१४७ मील, ७ दिन)

मोटर	ऋषिकेश	१११६	०	डा. ता., डाब., अस्प.
	देवप्रयाग	१५५०	४२	डा. ता., डाब., अस्प.
	१. कीर्त्तिनगर		२१	डा.
मोटर	श्रीनगर	१९००	३	डा. ता., डाब,. अस्प.
	रुद्रप्रयाग	२०००	२०॥	डा. ता., डाब., अस्प.
	गौचर		१५	डा. ता., डाब., अस्प.
	कर्णप्रयाग		६	डा. ता., डाव., अस्प.
	नंदप्रयाग	३०००	१३	डा. ता., डाव.
	चमोली	३१५०	६	डा. ता., डाब., अस्प.
	सियासैण		६॥	डा.
	२. पीपलकोटी	४०००	३	डा. ता., डाव.
	३. गुलावकोठी	५३००	१०	डा., डाब.
	४. जोशीमठ	६१५०	९	डा. ता., डाब.
	५. पांडुकेश्वर	६०००	८	डा., डाव.
	हनुमानचट्टी	८०००	६	
	६. बदरीनाथ	१०२४४	५	डा. ता., डाब., अस्प.

८. ऋषिकेश-केदारनाथ-बदरीनाथ

(२४३ मील १६ दिन)

मोटर	ऋषिकेश	१११६	८	डा. ता., डाब., अस्प.
	देवप्रयाग	१५५०	४२	डा. ता., डाब,.
	१. कीर्त्तिनगर		२१	डा.
मोटर	श्रीनगर	१९००	३	डा. ता., डाब., अस्प.
	२. रुद्रप्रयाग	२०००	२०॥	डा. ता., डाब.
	४. गुप्तकाशी	४८५०	२४	डा., डाब.
	नाला		१॥	

५.	फाटा	५२५०	७॥	डा., डाब.
६.	गौरीकुंड	६५००	१०	डा., डाब.
७.	केदारनाथ	११७५३	७	डा., डाब.
	नाला		२४॥	
८-९.	ऊखीमठ	४३००	३	डा., डाब.
	पोथीबासा		८॥	
१०.	चोपता		३	डा., डाब.
	तुंगनाथ	१२०७२	३	
	जंगलचट्टी		३	
११.	मंडल		६॥	डा., डाब.
	चमोली	३१५०	७॥	डा. ता., डाब., अस्प.
१२.	सियासैण		६॥	डा., डाब.
	पीपलकोटी	४०००	३	डा. ता., डाब.
१३.	गुलाबकोटी	५३००	१०	डा., डाब.
१४.	जोशीमठ	६१५०	९	डा. ता., डाब.
१५.	पांडुकेश्वर	६०००	८	डा. डाब.
	हनुमानचट्टी	८०००	६	
१६.	बदरीनाथ	१०२४४	५	डा. ता., डाब.

§२. मानसरोवर-यात्रा

मानसरोवरके मुख्य मुख्य रास्ते हैं—'गंगोत्रीके पास' (जालूखगा)से, बदरीनाथके पास (माणा)से, और नीतीसे होकर। मानसरोवर-क्षेत्रमें निम्न दर्शनीय स्थान हैं—

	मील
कैलास-परिक्रमा	३२
कैलास—ग्यानिमा (मंडी)	३८
" —तीर्थपुरी	२८
" —दुल-बू (गोम्पा)	२१
" —मानसरोवर	१६
" —सिंघु-उद्गम (ताप्-छेना)	४६
बरखा —तग्-चङ्-पो-उद्गम	६५

” —ब्रह्मपुत्र-उद्गम	९२
” —सतलज-उद्गम	२२
मानसरोवर-परिक्रमा	५४
रावणह्लद-परिक्रमा	७७

९. ऋषिकेश-गंगोत्री-मानसरोवर

(२९६ मील　　　२७ दिन)

मोटर	ऋषिकेश	११०६	०	
मोटर	नरेन्द्रनगर	४०००	१०	
मोटर	टेहरी	२५२६	४१	
मोटर	१. धरासू		२६	
	२. उत्तरकाशी	३०००	१७	
	३. मनेरी		१०	
	मल्लाचट्टी		६	
	४. गंगनानी		११	
	५. सुक्खी		९	
	हरसिल		५	
	६. धराली		२॥	
	जंगला (चट्टी)		४	
	कोपङ्		१	
	७. लामाथङ्		८॥।	
	८. नेलङ्		७॥	गाँव
	९. दो-सुम्दो		८॥	गाँव
	१०. ति-पानी (?)		११।	
	११. मंडी		९।	
	जेलू-ख-गा (घाटा)	१७४९०	३।	
	१२. ओप्-नदी		४।	
	१३. पु-लिङ् (मंडी)		१६।	
	१४. शरबा-रब्		९।	माणाका रास्ता यहाँसे
	१५. थोलिङ् (गोम्पा)		२२	गाँव

१६.	मङ्-नङ्		१३
१७:	दापा	१४०००	१४
१८.	नुबरा (मंडी)		६॥
१९:	ङोङ्-बू		१४
२०.	रा-नग्		५॥
२२.	सिब्-चिलम्		१९
२३.	गु-नि-यङ्-ती		१५
२४.	ग्यनिमा (मंडी)		१३
२५.	छू-मिक्-श.-ला		१६॥
२६.	कैलाश (दर्-छेन)	२२०२८	२१।
२७.	मानसरोवर	१४९५०	१६

१०. ऋषिकेश–माणा (बदरीनाथ)–मानसरोवर

(४५६ मील, २६ दिन)

मोटर		ऋषिकेश	१११६	०	डा. ता., डाब., अस्प.
		देवप्रयाग	१५५०	४२	डा. ता., डाब.
	१.	कीर्त्तिनगर		२१	डा.
मोटर		श्रीनगर	१९००	३	डा. ता., डाब., अस्प.
		रुद्रप्रयाग	२०००	२०॥	डा. ता., डाब.
		कर्णप्रयाग		२१	डा. ता., डाब.
		नन्दप्रयाग	३०००	१३	डा. ता., डाब.
	२.	चमोली	३१५०	६	डा. ता., डाब., अस्प.
	३.	पीपलकोटी	४०००	९॥	डा. ता., डाब.
	४.	गुलाबकोटी	५३००	१०	डा., डाब.
	५.	जोशीमठ	६१५०	९	डा. ता., डाब.
	६.	पांडुकेश्वर	६०००	८	डा., डाब:
	७.	बदरीनाथ	१०२४४	११	डा. ता., डाब., अस्प.
		माणा	१०५००	२	गाँव
		मूसापानी		५	
		घासटोली		३	
	८.	चमराँव		४	

	सरस्वती		५	
	राता कोना		२	
९.	जगराँव		४	
	माणाधुरा	१८४०२	३	
			←भारत-सीमा	
१०.	पोती		९	
	जगराँव		८	
११.	शिपुक		३	
	चारङ्ला	१६४००	३	
१२.	रामूरा		१०	
१३.	छाँकरा		१०	
१४.	रत्तूखाना	१६४००	२०	
१५–१६.	थोलिङ्	१२२००	३८	गाँव
१७.	मङ्नङ्		१३	
१८.	दापा	१४०००	१४	गाँव
१९.	नबरा (मंडी)		६॥	
	ङोङ्-बू		१४	
२०.	रानग्-छू		५॥	
२१.	सिब-चिलम		१९।	
२२.	गु-नि-यङ्-ती		१५	
२३.	ग्यानिमा		१३	
२४.	छू-मिक्-शला		१६॥	
२५.	कैलाश	२२०२८	२१॥	
२६.	मानसरोवर	१४०५०	१६	

११. ऋषिकेश-नीती (दम्ज़न) मानसरोवर

(३३६ मील, १८ दिन)

मोटर {	ऋषिकेश	१११६	०	डा. ता., डाब., अस्प.
	देवप्रयाग	१५५०	४२	डा. ता., डाब.
	१. कीर्त्तिनगर		२१	डा.

मोटर		श्रीनगर	१९००	३	डा. ता., डाब., अस्प.
		रुद्रप्रयाग	२०००	२०॥	डा. ता., डाब.
		कर्णप्रयाग		२१	डा. ता., डाब.
		नन्दप्रयाग	३०००	१३	डा., डाब.
	२.	चमोली	३१५०	६	डा. ता., डाब., अस्प.
	३.	पीपलकोटी	४०००	९॥	डा. ता., डाब.
	४.	गुलाबकोटी	५३००	१०	डा., डाब.
	५.	जोशीमठ	६१५०	९	डा. ता., डाब.
	६.	तपोवन		७	डाब.
		रिणी		४	
		सुराईं (ठोठा)		५	गाँव
	७.	गाड़ी		३	
		जुम्मा ग्वाड़		४	
		भावकुंड		६	
	८.	मलारी	१००१४	३	गाँव
		बम्पा		७	डा.
	९.	नीती गाँव	११४६०	४	
		बिमलास		७	
	१०.	दमजन पड़ाव		३।	
		दमजन नीतीधुरा		१०॥	
					←भारत-सीमा
	११.	होती पड़ाव		६	
		तोननला		३॥	
		सग		४	
	१२.	छलम्पा		६	
		डाकर		६	
	१३.	तिसुम		६॥	
		सिव चिलम		३।	
	१४.	गु-नि-यङ्-ती		१५	
	१५.	ग्यानिमा		१३	
	१६.	छू-मिक्-श-ला		१६॥	

१७.	कैलाश		२१॥	
१८.	मानसरोवर	१४०५०	१६	

१२. ऋषिकेश-नीती (चोरहोती)-मानसरोवर

(३२९ मील, १७ दिन)

१.	ऋषिकेश	१११६	०	देखो यात्रा १०
४.	जोशीमठ	६१५०	१५५	
५.	तपोवन		७	
६.	सुराईं		९	
७.	मलारी	१००१४	१६	
	बम्पा		७	
८.	नीती गाँव	११४६०	४	
	कसै		३	
	कालाजावर		३	
९.	चोरहोती-धुरा		७	
	बंजर तल्ला		२॥	
	बंजर-मल्ला		१॥	
	रिमखिन		१	
	होती पड़ाव		२	
१०.	तोननला		३॥	
११.	डाकर		१६	
१२.	सिबचिलम		९॥।	
१३.	गु-नि-यङ्-ती		१५	
१४.	ग्यनिमा		१३	
१५.	छु-मिक्-श-ला		१६।	
१६.	कैलाश		२१॥	
	मानसरोवर	१४०५०	१६	

१३. ऋषिकेश-नीती (गणेशगंगा)-मानसरोवर

(३४५। मील, १८ दिन)

१–८.	ऋषिकेश-नीती		१९८	देखो यात्रा १०,१२

	गोटिङ्		८।
९.	शापुक		३॥
	खखेसिया		४
	गिलडुङ्		४
१०.	गणेशगंगा		२
	ख्युङ्-लुङ्		२१
	नीतीधुरा		४।
११.	चङ्-लू		१२
१२.	नबरा मंडी		११॥
१३.	ङोङ्-बू (गोम्पा)		१४
१४.	सिबचिलम		२३।
	गु-नि-यङ्-ती		४१
१५.	ग्यानिमा		९।
१६.	छु-मिक्-श-ला		१६।
१७.	कैलाश	२२०२८	२१॥
१८.	मानसरोवर	१४०५०	१६

१४. ऋषिकेश-गंगोत्री-मानसरोवर-लिपूलेख-अल्मोड़ा

(५०३॥ मील, ४२ दिन)

मोटर		ऋषिकेश	०
मोटर	१.	धरासू	७७
	५.	हरसिल	५८
		जङ्ला	७॥
		कोपङ्	१
	६.	डांडा	२॥।
		करचा	३॥
		लामाथाङ्	२॥
	७.	नेलङ्	७॥
	८.	दो-सुम्-दो	८॥
	९.	तिपानी	११।
	१०.	मंडी	९।

११.	जेलूखागा (धुरा)	१७४९०	३।	
१२.	पुलिङ्[1]		१६।	
१३.	शरबा-रब्		९।	माणाघाटाका रास्ता भी
१४.	थोलिङ्	१२२००	२२	
१५.	मङ्-नङ्		१३	
१६.	दावा (दापा)	१४०००	१४	गाँव
१७.	नुबरा		६॥	
१८.	ङोङ्-बू		१४	
१९.	रा-नग्-छू		५॥	
२०.	सिब्-चिलम्		१९	माणा-रास्ता भी
२१.	गु-नि-यङ्-ती		१५	
२२.	ग्यनिमा (मंडी)		१३	
२३.	छू-मिक्-श-ला		१६।	
२४.	दर-छेन् (कैलाश)		२१॥	
२५.	मानसरोवर	१४९५०	१६	
	गुरला	१६२००	९॥।	(घाटा)
२६.	गुरला-फुग (गौरी उड्यार)		४	
	बलडक	१५०००	४॥	
२७.	तकलाकोट	१३१००	१६	नेपाल-रास्ता
२८.	पाला	१४०००	६	धर्मशाला
२९.	लीपू-लेख (घाटा)	१६७५०	९।	
				←भारत-सीमा
३०.	कालापानी	१२०००	११	
	गर्-ब्याङ्	१०३३०	५	धर्मशाला
३१.	बुंदी	८८००	८॥।	धर्मशाला
	मालपा	७२००	२॥	धर्मशाला
	निजङ् (जलपान)		५॥।	
३२.	जीपती	८०००	११	धर्मशाला
	सिरखा		॥	धर्मशाला

[1]यह नेलङ् और कनौरवालोंकी मंडी जुलाई-अगस्तमें लगती है।

	सिरदंग		१।।।	धर्मशाला
	तिथलाकोट	९०६८	१।।	
	सोसा	८४००	३	धर्मशाला
३३.	पङ्गू	६९००	६	प्रथमगाँव
३४.	खेला	५५००	८	दूकान (दू०)
३५.	धरचूला		१०	दू.
	बलवा		६।।	डाब., दू.
३६.	जौल-जि-बी	२१००	५	दू.
	अस्कोट	५०००	७	डाब.(जं.)दू.
३७.	डिंडीहाट	६०००	२।।	डाब.(जं.)दू.
	सान्देव	६४००	७।।।	दू.
३८.	थल	३०००	९।।	डाव.(ज.)दू.
	बेरीनाग	७०००	३।	डाब.(जं.)दू.
	मुकल्याडी		३	दू.
३९.	बाँमपटन		६	डाब.(जं.)दू.
	गणाई		६	
	सेराघाट		६	डाब.(जं.)दू.
४०.	कनारी छीना		५।	डाब.(जं.)दू.
	धौल छीना	६०६०	५।	डाव.(जं.)दू.
४१.	बाडे छीना	४०००	५	डाब.(जं.) बाजार
४२.	अल्मोड़ा	५४९०	८।।	डा.ता.,डाब.,बाजार, अस्प.

१५. ऋषिकेश-गंगोत्री-मानसरोवर-दारमा-अल्मोडा

(६२२। मील, ४२ दिन)

१–२५.	ऋषिकेश-मानसरोवर	३८२।।	यात्रा १४ जैसा
२६.	कैलाश	१६	
२७.	छु-मिक्-श-ला	२१।।	
२८.	ग्या-निमा मंडी	१६।	
२९.	छकरा मंडी	५	
	लामा-छोग्तेन	१२	

३०.	मङ्-युल		४।	
	दारमा घाटा (नू-वे)	१८९१०	४	
३१.	डाबे		५॥	
	विडङ्		११	
३२.	गगो		६	
३३.	नाग-लिङ्		१२	
	दर		१४	
	न्यो		२	
३५.	खेला		९॥	
३६.	धर-चूला		१०॥	
३७–४२.	धरचूला-अल्मोड़ा		९०॥	यात्रा १४ जैसा

१६. ऋषिकेश-गंगोत्री-मानसरोवर-उंटाधुरा-अल्मोड़ा

(५६३ मील, ४१ दिन)

१–२५.	ऋषिकेश-मानसरोवर		३८२॥	यात्रा १४ जैसा
२६.	कैलाश (दर्छेन्)		१६	
२७.	छु-मिक्-श-ला		२॥।	
२८.	ग्या-निमा-मंडी		१६॥	
२९.	दारमा-यङ्-ती		११॥।	
	गु-ने-यङ्-ती		२।	
	मूखा-ठा-जङ		९	पड़ाव
३०.	ठा-जङ्		२।	
३१.	छिर-चिन	१६३९०	१२	पड़ाव
	कुङ्-री-विङ्-री (घाटा)	१८३००	५	
	जंती-धुरा	१८५००	३॥।	
	उंटा-धुरा	१७९५०	३॥	←भारत-सीमा
३२.	बोमलास मल्ला	१५०१०	६॥	
	दुङ् (टुङ्गा)	१३७२०	२।	
	मिलम्	११२३२	२।	प्रथम जोहार गाँव

	बिलजू		३	स्कूल
	बुरफू (मल्ला)		२॥	धर्म., बड़ा गाँव
३३.	मरतोली	११०७०	२	स्कूल
	रिलकोट	१२२००	२।	
	बाग उड़ियार	८६००	७।	डेरे
३४.	लीलम्		७॥	
	सुरिङ् घाट		२।	
	मुनसियारी		२	डाब., दूकान
३५.	गिरगाँव		१०	डाब.
३६.	तेजम्	३२८०	८।	
	खैना		७	
३७.	श्यामाधुरा	६९००	४।	दू.
३८.	कपकोट		७॥।	डाब., दू.
	लाहुगढ़का पुल		९।	डाब., बाजार
३९.	बागेश्वर		३	यहाँसे मोटरसे अल्मोड़ा
४९.	ताकूला		१२।	
	कपड़खान		६॥	दूकान
	दीना पानी		१	दू.
४१.	अल्मोड़ा	५४९०	६॥	

१७. ऋषिकेश-नीती-मानसरोवर-गूगे-शिमला

(९८४ मील, ५० दिन)

१–१७.	ऋषिकेश-मानसरोवर	३२९	यात्रा १२ जैसे
१८.	दरछेन (कैलाश)	१६	
१९.	दुलछू (गोम्पा)	२१।	
२०.	तीर्थपुरी (टेटापु)	१४॥।	
	मिसर-ता-सम	४	
२१.	धरगोत्-ला	१८	
	छोपता	२	
२२.	नो-क्यु-ता-सम्	१६	

२३. गरतोक		६	(प. तिब्बत राजधानी)
गरतोक नदी		९	
जोङ्-छुङ्-ला	१८४००		
लो-ग्रा-चे-ला	१८५१०		
२४. नदी		१४	
२५. नदी		१४	
शङ्		६	गाँव
२६. शङ्-छो-ज़ोङ्		१३	गाँव (ज़ोङ्-निवास)
२७. खि-नु-फुग		१३	गाँव
२८. हू-ले		१३	
२९. नुह		१२	गांव
शि-रङ्ग-ला (घाटा)	१६४००		
३०. शि-रिङ्-ला (तल)		१५	
३१. मियङ्		८	
३२. ठि-ग्रोग		१२	गाँव
३३. गूगे		१५	गाँव
शिपकी		५	पड़ाव
शिपकी घाटा		८	
			←भारतसीमा
३४. नम्ग्या		४	डाब., गाँव
३५. स्पू		१०	डाब.
३६. कनम्		१६	डाब.
३७. जंगी		१४	डाब.
३८. चिनी		१०	डा. डाब.,
३९. उडनी		१५	डाब.
४०. नचार		१३	डा., डाब.
४१. पौंडा		७	डाब.
४२. सराहन		१६	डा. डाब., बाजार
४३. गौरा		१३	डाब
४४. गमपुर		७	डा. ता., डाब.,बाजार
४५. निरत		९	डाब.

मोटर	४६. ठाणादार		११	डा.ता.,डाब.,बाजार
मोटर	४७. नारकंडा		११	डा.ता.,डाब.,बाजार
मोटर	४८. मटियाना		११	डा.ता.,डाब.,बाजार
मोटर	४९. फागू		१७	डा.ता.,डाब.,बाजार
मोटर	५०. शिम्ला	७०४३	१२	

१८. ऋषिकेश-माणा-मानसरोवर-थोलिङ-शिम्ला

(६५५॥। मील, ५२ दिन)

१–२५. ऋषिकेश-बदरीनाथ-मानसरोवर		४५६	यात्रा १० जैसे
२६. दर्छेन (कैलाश)		१६	
२७. छु-मिक्-श-ला		२१॥।	
२८. ग्य-नि-मा (मंडी)		१६।	
२९. गु-नि-यङ्ती		१३	
३०. सिब्-चि-लम् (मंडी)		१५	
३१. रा-नग्-छू		१९	
डोङ्-बू (गोम्पा)		५॥	
३२. नबरा (मंडी)		१४	
३३. दाबा (दापा)		६॥	
३४. मङ्-नङ्		१४	
३५. थो-लिङ् (गोंपा)		१३	
३६. नियङ्		१६	
३७. टिवू		९	
३८. खि-नि-फुग		२०	
३९. हू-ले		१३	
४०. नुह		१२	
शि-रिङ्-ला	१६४००		
४१. शि-रिङ्-ला (तल)		१५	
४२. मियङ्		८	
४३. ठि-ग्रोग		१२	
४४. गू-गे		१५	
शिप्की		५	

४५.	शिपकी घाटा	८	
४६–५२.	शिपकी घाटा-शिमला	२०४	यात्रा १७ जैसे

§३. अन्य यात्रायें

१९. काठगोदाम-बैजनाथ-तपोवन-बदरीनाथ

(१८५ मील, ११ दिन)

मोटर		काठगोदाम		०
मोटर		भवाली		२१
मोटर		खैरना		१२
मोटर		रानीखेत		१५
मोटर	१.	अल्मोड़ा		२०
मोटर		हवालबाग		५
मोटर		सोमेश्वर		१२
मोटर		कौसानी		६
मोटर		गरुड़		७
मोटर	२.	बैजनाथ		२
		देवल		४
	३.	लोहाजङ्		८
	४.	बाग		८
		कनौल		६
	५.	रमनी		९
		सेमखरक		९
	६.	कालीघाट		८
	७.	ढकवानी		८
		कुआरी डांडा	१२४००	
	८.	खुलरा		९
		तपोवन		६
	९.	जोशीमठ	६१५०	७
	१०.	पांडुकेश्वर	६०००	८
	११.	बदरीनाथ	१०२४४	११

२०. काठगोदाम-नन्दप्रयाग-बदरीनाथ

(१९७॥ मील, १० दिन)

मोटर		काठगोदाम		०	डा. ता., डाब.
		भवाली		२१	डा. ता., डाब., अस्प.
		खैरना		१२	डा. ता., डाब.
		रानीखेत		१५	डा. ता., डाब., अस्प.
	१.	अल्मोड़ा	५४९०	२०	डा. ता., डाब., अस्प.
		हवालबाग		५	डा., डाब.
		सोमेश्वर		१२	डा., डाब.
		कौसानी		६	डा., डाब.
	२.	बैजनाथ		९	डा., डाब.
		थराली		७।	
	३.	डुंगरी		५	
	४.	घाट		१२॥।	
मो.	५.	नंदप्रयाग		११	डा., डाब.
		चमोली		६	डा. ता., डाब., अस्प.
	६.	पीपलकोटी		९॥	डा. ता., डाब.
	७.	हेलङ्		१२	डा. ता., डाब.
	८.	जोशीमठ		७	डा. ता., डाब.
	९.	पांडुकेश्वर		८	डा., डाब.
	१०.	बदरीनाथ		११	डा. ता., डाब., अस्प.

२१. काठगोदाम-द्वाराहाट-बदरीनाथ

(१७६। मील, ११ दिन)

मोटर		काठगोदाम	०	डा. ता., डाब.
		भवाली	२१	डा. ता., डाब., अस्प.
		खैरना	१२	डा., डाब.
	१.	रानीखेत	१५	डा. ता., डाब., अस्प.
		कोटूली	३	

बलना		१	
दड़माड़		१	
सुनोली		२	
कफड़ा		१	
चंडेश्वर		३	
२. द्वाराहाट		३	डा., डाब., अस्प.
खनरधार		२	
चित्रेश्वर		२	
महाकालेश्वर		२	
ग्वाली		२	
३. गणाई (चौखुटिया)	३२००	३	डा., डाब.
दिगोत		॥	
बिरखेश्वर		२	
रामपुर		१	
बिजरानी		॥	
सेमलखेत		२	
४. मेलचौरी		२॥	डा., डाब.
मेलगुंवार		३	
सैंजी		१	
दरिमडली		।	
धुनारघाट		१॥	डा., डाब.
ग्वार-गघेरा		१	
रसिया		१।।।	
कालीमाटी		।।।	
गंडावज		१	
जंगलचट्टी		२	
खेती		१॥	डा.
५. आदबदरी		३।	डा., डाब.
भटोली		४।	
सरोली		१॥	
सिमली		२।	

६.	कर्णप्रयाग	२३०७	३।।।	डा. ता., डाव.
	जैकंदी		४।।।	
	लंगासू		२।	
	सौला		३	
	नन्दप्रयाग	२८८०	३।	डा., डाब.
	मैथाना		२।।	
	कुमर		१।।।	
	चमोली		१।।	डा., ता., डाव., अस्प.
७.	पीपलकोटी		९।।	डा. ता., डाब:
८.	हेलङ्		१२	डा., डाब.
९.	जोशीमठ	६१५०	७	डा., ता., डाबे.
१०.	पांडुकेश्वर	६०००	८	डा., डाव.
११.	बदरीनाथ	१०२४४	११	डा., ता., डाब., अस्प.

२२. काठगोदाम–कर्णप्रयाग–माणा–मानसरोवर

(४६०।। मील, ३१ दिन)

		काठगोदाम		०	
मोटर	१-६.	कर्णप्रयाग		११०	यात्रा २१ देखो
मोटर		चमोली		१९	
मोटर	७.	पीपलकोटी		९।।	
	८.	हेलङ्		१२	
	९.	जोशीमठ		७	
	१०.	पांडुकेश्वर		८	
	११.	बदरीनाथ	१०२४४	११	
		माणा		२	
	१२.	चमरांव		१२	
	१६.	चारङ् ला	१६४००	३७	देखो यात्रा २५
	२१.	थोलिङ्		६८	
	२६.	सिब्-चिलम्		७२	
	२८.	ग्यानिमा		२८	

३०. कैलाश (दर्-छेन्)		४८	
३१. मानसरोवर		१६	

२३. काठगोदाम–बैजनाथ–नीती–मानसरोवर

(३५१ मील, २० दिन)

मोटर	१. काठगोदाम-अल्मोड़ा		६८	देखो यात्रा २१
मोटर	२. बैजनाथ		३२	
	३. ग्वालदम		८	
	४. लोहाजंग		१२	
	वान		८	
	५. कनौल		६	
	रमनी		९	
	६. सेमखरक		९	
	कालीघाट		८	
	७. ढकवानी		८	
	कुसारी डांडा			
	खुलरा		९	
	८. तपोवन		६	
	९. सुराईं-ठोठा		९	
	गाडी		३	
	१०. मलारी		१६	
	बम्पा	१००१४	७	डा.
	११. नीती गाँव	११४६०	४	
	बिमलास		७	
	१२. दमजन पड़ाव		३।	
	दमजन-नीतीधुरा		१०॥	
				←भारतसीमा
	१३. होती पड़ाव		६	
	१४. छलम्पा		१३॥	
	१५. ति-सुम्		१२॥	
	सिब्-चिलम्		३।	

१६.	गु-नि-यङ्-ती	१५
१७.	ग्यनिमा	१३
१८.	छू-मिक-श-ला	१६॥
१९.	कैलाश	२१॥
२०.	मानसरोवर	१६

२४. कोटद्वारा–केदारनाथ

(१३०॥ मील, ६ दिन)

मोटर	कोटद्वारा		०	
	डाडामंडी		१५	
	वानघाट		१३	
	अदवानी		१२	
	पौड़ी		१०	
	श्रीनगर		८	
	१. रुद्रप्रयाग		२०॥	
	२. अगस्तमुनि		११॥	
	३. गुप्तकाशी		१२॥	देखो यात्रा ८ भी
	४. फाटा	५२५०	९	
	५. गौरीकुंड	६५००	१२	
	६. केदारनाथ	११७५३	७	

२५. कोटद्वारा–बदरीनाथ

(१६५ मील, ५ दिन)

मोटर	कोटद्वारा	०
	पौड़ी	५०
	श्रीनगर	८
	रुद्रप्रयाग	२०॥
	कर्णप्रयाग	२१
	चमोली	१८
	१. पीपलकोटी	९॥

२.	हेलङ्	१२
३.	जोशीमठ	७
४.	पांडुकेश्वर	८
५.	बदरीनाथ	११

२६. कोटद्वारा–माणा–मानसरोवर

(४२८ मील, २५ दिन)

मोटर		कोटद्वारा		०
मोटर		चमोली		११७॥
मोटर	१.	पीपलकोटी		९॥
	२.	हेलङ्		१२
	३.	जोशीमठ		७
	४.	पांडुकेश्वर		८
	५.	बदरीनाथ	१०२४४	११
		माणा		२
	६.	चमराँव		१२
	७.	जगरोन		११
	८.	पोती		१२
	९.	शिपुक		११
				←भारतसीमा
	१०.	चारङ् ला	१६४००	३
	११.	रामूरो		१०
	१२.	छंकरा		१०
	१३.	सत्तूखाना		२०
	१४–१५.	थोलिङ्		२८
	१६.	मङ्नङ		१३
	१७.	दापा		१४
	१८.	नबरा (मंडी)		६॥
	१९.	ङोङ्-बू		१४
		रा-नग्-छू		५॥

२०. सिब्चिलम्	१९
२१. गु-नि-यङ्-ती	१५
२२. ग्यनिमा	१३
२३. छू-मिक्-श-ला	१६॥
२४. कैलाश	२१॥
२५. मानसरोवर	१६

२७. कोटद्वारा–नीती (दमज़न)–मानसरोवर

(३२९ मील, १६ दिन)

मोटर	कोटद्वारा	०	
मोटर	१. चमोली	११७॥	
मोटर	२. पीपलकोटी	९॥	
	३. हेलङ्	१०	
	४. जोशीमठ	७	
	५. तपोवन	७	
	मुराई	९	
	६. गाड़ी	३	
	७. मलारी	१३	
	बम्पा	७	डा.
	८. नीतीगाँव	४	
	९. दमज़न पड़ाव	१०।	
	दमजन नीतीधुरा	१०॥	
		←भारत-सीमा	
	१०. होती पड़ाव	६	
	छलम्पा	१३॥	
	११. तिसुम	१२॥	
	सिब्-चिलम्	३।	
	१२. गुनि-यङ् ती	१५	
	१३. ग्या-निमा	१३	
	१४. छू-मिक्-श-ला	१६॥	

	१५. कैलाश		२१॥	
	१६. मानसरोवर		१६	

२८. कोटद्वारा–माणा–मानसरोवर–अल्मोड़ा

(६५९। मील, ४१ दिन)

मोटर	कोटद्वारा		०	
मोटर	१. चमोली		११७॥	दे. यात्रा २५
	४. जोशीमठ		२८॥	
	६. बदरीनाथ		१९	
	माणा		२	
	११. चारङ्ला	१६४००	४९	
	१६. थोलिङ्		६८	
	२१. सिब्-चिलम्		७२	
	२३. ग्य-नि-मा		७८	
	२५. कैलाश		८८	
	२६. मानसरोवर		१६	
	२८. ग्य-निमा		५४।	देखो यात्रा १६ भी
	२९. दारमा-यङ्-ती		११॥।	
	३१. छिर-चिन्		२५॥	
	मिलम्		२३।	
	३३. मरतोली		७॥	
	४१. अल्मोड़ा		८९	

२९. कोटद्वारा–नीती (चोरहोती)–मानसरोवर–अल्मोड़ा*

(५९५ मील, ३१ दिन)

मोटर	कोटद्वारा	०	
मोटर	१. चमोली	११७॥	देखो यात्रा २५
	५. जोशीमठ	२८॥	

*देखो यात्रा २६, २८

८.	नीती गाँव		४३	
	नीतीधुरा		२०॥।	
१०.	होती पड़ाव		६	
१३.	ग्यनिमा		७५।	
१६.	मानसरोवर		६४	
१८.	ग्य-निमा		५४।	
२१.	छिरचिन		६६	
	मिलम्		२३।	
२३.	मरतोली		७॥	
३१.	अल्मोड़ा		८९	

३०. चमोली–गोह्नाताल

(१२ मील, १ दिन)

चमोली		०	
विरहीपुल		४	
गाड़ी		२	
गोह्ना-ताल	६४००	६	

३१. चमोली–भ्युंढार (नंदनवन)

(४७॥ मील, ३ दिन)

	चमोली	०	
२.	जोशीमठ	२८॥	देखो यात्रा २१, २२
	घाट	६	
	अलकनंदापुल	१	
	पुन (गाँव)	२	
	घांघरिया	३	
	द्वारी	२	
३.	नन्दनवन	१	

३२. चमोली-हेमकुंड (लोकपाल)

(४६॥ मील, ४ दिन)

	चमोली	०	
२.	जोशीमठ	२८॥	देखो यात्रा २१, २२
	घाट	६	
	अलकनंदा पुल	१	
	पुन (गाँव)	२	
३.	भ्युंढार (नंदनवन)	४	
	घांघरिया	३	धर्मशाला
	नाराथोर गुफा	१	
४.	हेमकुंड	१	

३३. जोशीमठ–अल्मोड़ा

(१२२ मील, ८ दिन)

		जोशीमठ	०
		तपोवन	७
	१.	खुलरा	६
		कुआरी डांडा	
	२.	ढकवानी	९
		कालीघाट	८
	३.	सेमखरक	८
		रमनी	९
	४.	कनौल	९
		वान	६
	५.	लोहाजंग	८
	६.	ग्वालदम	१२
मोटर	७	बैजनाथ	८
मोटर		सोमेश्वर	१५
मोटर	८.	अल्मोड़ा	१७

३४. देवप्रयाग—टेहरी—गंगोत्री

	देवप्रयाग		०
	१. रोड		११
	२. जेलम		१०
मोटर	३. टेहरी		११
मोटर	४. भलयाणा		११।
मोटर	५. छाम		५
मोटर	६. धरासू		९
	डुंडा		८
	७. उत्तरकाशी	३०००	९
	८. मनेरी	४३८०	९
	भटवाड़ी		९
	९. गंगनानी		९
	सूकी (सुक्खी)		८
	१०. हर्रसिल	८१००	५
	धराली		२॥
	जंगला		४
	भैरवघाटी		२॥
	११. गंगोत्री	१०३००	६॥

३५. पौडी—अल्मोड़ा

(९३ मील, ८ दिन)

पौड़ी	०
१. पीपलघाट	१२
सकन्याना	६
२. कैमूर	७
३. बुंगीधार	१२
४. केलानी	१०

---

*देखो यात्रा २ भी

५. गणाई		९	
महाकालेश्वर		५	
६. द्वाराहाट		८	
७ सोमेश्वर		७	
हवाल बाग		१२	
८. अल्मोड़ा		५	

३६. पौडी–काठगोदाम

(१३१ मील, ८ दिन)

पौड़ी		०	
१-६. द्वाराहाट		६९	देखो यात्रा ३१
७. रानीखेत		१४	
८. काठगोदाम		४८	

३७. मसूरी–जमुनोत्री–गंगोत्री

(८३ मील, ७ दिन)

मसूरी	६५००	०
लंढौर		२
सुजाखोली		३
१. (थाना) भवन		७
मोरयाण (मराड) डांडा		८
लालूरी		२
२. धरासू		८
४. सिलक्यारी		१४
५. गंगाणी		११
६. डडोटी		१४
७. जमुनोत्री		१२

३८. मसूरी–टेहरी

(४१ मील, ३ दिन)

मसूरी	६५००	०

	लंढौर	३	
	१. थाना उल्टी	१३	
	२. कौडियाला	१३	
	३. टेहरी	१२	

३९. मसूरी–टेहरी–बदरीनाथ

(१७३ मील, ११ दिन)

	मसूरी	०	
	१. धाना उल्टी	१६	
	२. कौडियाला	१३	
	३. टेहरी	१२	
	४. टकूती	१२	
मोटर	५. श्रीनगर	१३	
मोटर	६. चमोली	५९॥	देखो यात्रा २४
मोटर	७. पीपलकोटी	९॥	
	८. हेलङ्	१२	
	९. जोशीमठ	७	
	१०. पांडुकेश्वर	८	
	११. बदरीनाथ	११	

४०. मसूरी–टेहरी–अल्मोड़ा

(१६७ मील, १३ दिन)

	मसूरी	०	
मोटर	५. श्रीनगर	६६	
मोटर	६. पौड़ी	८	
	१०. गणाई	५६	देखो यात्रा ३५
	११. द्वाराहाट	१३	
मोटर	१२. सोमेश्वर	७	
मोटर	हवालबाग	१२	
मोटर	१३. अल्मोड़ा	५	

४१. मसूरी–ऋषिकेश–बदरीनाथ

(२२१ मील, ८ दिन)

		स्थान	ऊँचाई	मील	
मोटर		मसूरी	६५००	०	
मोटर		देहरादून	२०००	२२	
मोटर	१.	ऋषिकेश	१११६	२६	
मोटर		कीर्त्तिनगर		६३	देखो यात्रा ७
मोटर	२.	श्रीनगर	१९००	३	
मोटर		चमोली	३१५०	५९॥	देखो यात्रा २४
	६.	जोशीमठ	६१५०	२८॥	
	८.	बदरीनाथ	१०२४४	२९	

४२. मसूरी–माणा–मानसरोवर

(५०४ मील, २८ दिन)

	स्थान	मील	
	मसूरी	०	
८.	बदरीनाथ	२२१	देखो यात्रा ७,२४,४१
	माणा	२	
१३.	चारङ्ला	२९	देखो यात्रा १६
१८.	थोलिङ्	६८	
२३.	सिब्चिलम्	७२	
२५.	ग्यनिमा	२८	
२७.	कैलाश	४८	
२८.	मानसरोवर	१६	

४३. मसूरी–नीती (चोरहोती)–मानसरोवर

(४११ मील, १७ दिन)

		स्थान	मील
मोटर		मसूरी	०
मोटर		देहरादून	२२
मोटर	१.	ऋषिकेश	२६
मोटर		कीर्त्तिनगर	६३

मोटर	२.	श्रीनगर	३
मोटर	३.	पीपलकोटी	५९॥
	५.	जोशीमठ	२८॥
	९.	नीतीगाँव	४३
		नीतीधुरा	२०॥।
	११.	होती पड़ाव	६
	१४.	ग्यनिमा	७५।
	१५.	मानसरोवर	६४

४४. रामनगर—बदरीनाथ

(१७० मील, १० दिन)

मोटर		रामनगर	०	
मोटर		गजरिया	८	
मोटर		मोहन	५	
मोटर		कुमरिया	३	
मोटर		सौराल	३	
मोटर		टोटा ग्राम	२	
मोटर		गोदी	६	
मोटर		पनवाद्योखन	२	
मोटर		मछोड	२	
मोटर		गूजरघाटी	३	
मोटर		ग्वीलखान	३	
मोटर		वासोट	३॥	
मोटर		श्रीकोट	२	
मोटर	१.	भिकियासैण	३	
		बृद्ध केदार	३	
		मासी	४	
		त्याड	२॥।	
	२.	गणाई (चौखुटिया)	४॥	डा., डाब., अस्प.
		सेमलखेत	५॥	
		पनुवाखाल	१॥	

	मेहलचौरी		१	
	धुनारघाट		५	डा.
	३. लोहबा	५०००	१॥।	डाब., अस्प.
	गांडाबाज		१॥।	
	दिवाली खाल		॥	
	जोंकापानी		२	
	खेती		१॥	डा.
	४. आदबदरी		३।	डा., डाब.
	उज्वलपुर		१॥	
	भटोली		२	
	सिरौली		१॥	
	सिमली		२	डा.
मोटर	५. कर्णप्रयाग	२६००	४	डा. ता., डाब., अस्प.
मोटर	नन्दप्रयाग		६	
मोटर	चमोली		८॥।	
मोटर	६. पीपलकोटी		९॥	
	७. हेलङ्		१२	
	८. जोशीमठ		७	
	९. पांडुकेश्वर		८	
	१०. बदरीनाथ		११	

———

अध्याय ११

केदार-बदरी-यात्रा

§१. केदारनाथ-यात्रा

१. प्रस्थान

हिमालयमें घूमना वैसे तो मेरे लिए कोई नई बात नहीं है, केदारखंड (बदरीनाथ)की भूमिमें मैं पहले भी जा चुका हूँ, किन्तु केदार-बदरीकी वह यात्रा आजसे ४१ वर्ष पहले (१९१० ई०में) हुई थी। उस समय इतनी बहुमुखी जिज्ञासा भी नहीं हो सकती थी। अबकी बार मैंने यह यात्रा खूब आँख-कान खोलकर करनी चाही, जिसका मुख्य उद्देश्य था अपने 'हिमालय-परिचय'के लिए कुछ ऐतिहासिक और दूसरे प्रकारकी सामग्री जमा करना।

२ मई, १९५१को मसूरीसे मैंने प्रस्थान किया। रातको अच्छी वर्षा हो गई थी और मसूरीमें तापमान ५१ डिग्रीपर पहुँच गया था। लेकिन मैं जानता था—'मईका आन पहुँचा है महीना, बहा चोटीसे एड़ी तक पसीना!' उस दिन देहरादूनमें विश्राम करना था, जहाँ दोपहरसे पहले ही पहुँच गया। प्रोफेसर गयाप्रसाद शुक्लका आतिथ्य तो वैसे बहुत मधुर होता है, किन्तु वहाँसे शायद ही कभी अजीर्ण लिए बिना विदा होना मिला हो! ३ मईको देहरादूनसे ऋषिकेशकी बसमें सवार हुआ और डोईवाला होता १ बजेकी तेज धूपमें ऋषिकेश पहुँचा। ऋषिकेश बदरीनाथ-यात्राका आरम्भिक स्थान है। जमनोत्री-गंगोत्री जानेवाले यहाँसे धरासू (७७ मीलसे ऊपर) तक मोटर-बसमें चले जाते हैं और केदार-बदरी जानेवाले कीर्त्तिनगर (६३ मील) तक। मैंने सोचा था, शायद उसी दिन बस मिल जायगी और मैं कीर्त्तिनगर पहुँच जाऊँगा, लेकिन ऋषिकेशमें यात्रियोंकी भीड़ देखकर इसमें सन्देह होने लगा, कि कल भी कीर्त्तिनगरकी बसमें जगह मिलेगी। वैसे तो सभी जगहोंपर, जहाँ सरकारी बसें नहीं चलतीं, मुसाफिरोंको हर तरहकी तकलीफके लिए तैयार रहना चाहिए; किन्तु भूतपूर्व टेहरी-रियासतके क्षेत्रमें चलनेवाली बसें तो इसके बारेमें सबका कान काटती है। यात्रियों तथा बदरीनाथ-मंदिर-समितिने बहुत प्रार्थना की, प्रस्ताव पास किए,

१. जौनपुर (टेहरी) की स्त्री (पृष्ठ ४०८)

२. गुप्तकाशी–पुजारी (पृष्ठ ४१९)

३. नाला–शिवालयके पास बौद्ध स्तूप (पृष्ठ ४२०)

४. केदारनाथ–पंडा काशीनाथजी (पृष्ठ ४२७)

उत्तर-प्रदेशकी सरकारके मंत्री महोदयके पास गाय-गोहार पहुँचाई; किन्तु किसीके कान पर जूं तक भी रेंगती नहीं मालूम हुई। बसके मालिक दरबारमें जाकर अच्छी हाज़िरी दे आते हैं और मामला वहीं-का-वहीं रह जाता है। हमने शामको ऊपरी क्लासके लिए जगह रिज़र्व करवाई, किन्तु सबेरे लम्बे क्यूमें खड़े होनेपर मालूम हुआ कि उस रिज़र्वेशनका कुछ भी नहीं हुआ ! खैर, हमने अपने भाग्यको सराहा, जब कि ठसाठस भरी बसमें निचले दर्जेमें भी बैठनेके लिए जगह मिल गई। यह ४ तारीख़की बात थी।

ऋषिकेश पहुँचनेपर पहले तो कहीं पैर रखनेकी अवश्यकता थी। एक तो मसूरीकी शीतल आबोहवासे जलती भट्ठीमें आए थे, ऊपरसे ऋषिकेश अपने मच्छरोंके लिए कम बदनाम नहीं है। हम बेकारका बहुत-सा बिस्तरा लाद लाए थे, पर उसमेंसे केवल एक कम्बल और दरीकी ही आवश्यकता पड़ी। केदारनाथ और बदरीनाथमें सर्दी अवश्य होती है; किन्तु वहाँ पंडोंके पाससे या किरायेपर कम्बल, रज़ाई, बिछौना आदि मिल जाते हैं और उन्हें बहुत मैला भी नहीं कहा जा सकता। पर हमको अपने साथ मसहरी जरूर लानी चाहिए थी, जो दिनमें मक्खियोंके आक्रमणसे और रातमें मच्छरोंसे रक्षा करती। सो वही हम भूल आए।

ऋषिकेश कभी दस-पाँच घरोंका एक गामड़ा था, किन्तु अब तो वह अयोध्याके भी कान काटता है। हनूमानजीकी सेना भी वहाँ संख्यामें रामजीकी सेनासे कम नहीं हैं। बिजली आ गई है और हनूमानजीकी सेना अपनी आदतसे बाज नहीं आती, इसलिए कूदते-फाँदते उनमेंसे कुछ तो मर जाते हैं और कुछ कमर तुड़वाकर घसिटते रहते हैं। भगवानके भक्त उनकी सुध भुलाते नहीं। पंजाब-सिंध-क्षेत्रमें एक ऐसे ही महावीर पड़े हुए थे, जो अपने घावको कुरेद-कुरेदकर सूखने भी नहीं देते थे, किंतु साथ ही यात्रियोंको पुण्य लूटने का मौका भी देते थे। ऋषिकेशमें कालीकमलीवाला और पंजाब-सिन्ध दो बड़े क्षेत्र हैं। दोनों ही बहुत पुराने हैं। जब मैं ४१ बरस पहले वहाँसे गुज़रा था, तब भी ये मौजूद थे, किन्तु उस समय इनकी अवस्था सुदामाकी मड़ैयासे बेहतर नहीं थी। अब तो वह दूर तक फैले प्रासाद दिखाई पड़ते हैं। नगरका वहुतसा भाग इनके ही हाथमें है। बुरा सौदा नहीं है, यदि वैयक्तिक लाभकी जगह इस सम्पत्तिसे समाजको लाभ उठानेका मौका मिलता हो। कालीकमलीवाले क्षेत्रकी उत्तराखंडमें सैकड़ों शाखाएँ हैं, और उनके संरक्षक अधिकतर मारवाड़ी सेठ हैं। वहाँ सेठों या सदावर्त्त खानेवालोंके ही सत्कार या दुत्कारका प्रवन्ध है। हम तो दोनोंमेंसे एक भी नहीं चाहते थे, इसीलिए हमने अपना डेरा पंजाब-सिन्ध-

क्षेत्रमें ही रखना चाहा। दफ्तरमें जाते ही नाम-गाँव लिखवानेकी ज़रूरत पड़ी। उसमें तो कोई उज्र नहीं था; किन्तु जब बापका नाम पूछा जाने लगा, तो मैंने साफ़ इन्कार कर दिया। अन्दाज़ तो मालूम होने लगा कि ठौर न मिलेगी। ऋषिकेशमें किसी होटलका भी पता नहीं लग रहा था। बेचारे क्षेत्रवालोंके पास जो पुराना छपा हुआ रजिस्टर था, उसमें बापका खाना भी था। अंगरेज़ोंके समयसे यही क़ायदा चला आता था। दुनियामें और जगह पासपोर्टमें बापका नाम लिखानेकी ज़रूरत नहीं होती, लेकिन भारतीय पासपोर्टमें अब भी शायद बापका नाम लिखाना ज़रूरी है। खैर, प्रबन्धकने मुझे टससे मस न होते देख बापके खानेको सूना ही रहने दिया और एक कोठरीमें जगह दे दी। कोठरी देखते ही मुझे उस समयकी गर्मीके साथ-साथ रातकी मच्छरोंकी पल्टन याद आने लगी। चाहता था, छतपर कहीं जगह मिलती; किन्तु हनूमानजीकी सेनाके सैनिक भी वहाँ मौजूद थे, जो बहुत दिनोंसे अभ्यस्त होनेके कारण अब निशाचर भी हो गए हैं। मैंने सामान कोठरीमें बन्द किया, और फिर टिकटके चक्करमें निकला।

इस यात्राका निश्चय सात-आठ महीनें पहले हुआ था। उस वक्त इतने मित्रोंने साथ चलनेका आग्रह किया, कि चार-पाँचपर पहुँचकर मुझे नाम-सूचीको बन्द कर देना पड़ा। लेकिन अब जब मसूरीसे प्रस्थान करने लगा, तो उनमें से सभी किसी-न-किसी काममें व्यस्त थे, इसलिए मुझे अकेले ही निश्चित समयपर चलना पड़ा। वैसे मैंने आगे चलकर एक कुली रखनेका निश्चय कर लिया था, किन्तु अभी तो अकेला था, और यात्रामें एकसे दोका रहना अधिक लाभदायक होता है। मैं ऋषिकेशके गली-कूचोंका चक्कर काट रहा था, उसी समय उत्तरी सीमा-प्रान्तके एक वृद्ध शरणार्थी भाटियाजी मिल गए। ७० बरसके ऊपर पहुँचकर भी अभी वे हट्टे-कट्टे थे और सिरपर पटेवाले बाल तथा कानोंमें सोनेके कुंडलको पुरुषका आवश्यक चिह्न मानते थे। बड़े सत्संगी जीव थे। उन्होंने मुझसे भी कहा कि गंगा-पार गीता-भवनमें चलें, वहाँ कलियुगके दो परम भक्तों—पोद्दार और गोयंदका—के सत्संगका लाभ उठायें। मैंने कहा—मेरा इतना भाग्य कहाँ कि सन्त-वाणीसे अपने कानोंको पवित्र कर सकूं! जब भाटियाजीका आग्रह रुका नहीं, तो घुमा-फिराकर कहना पड़ा कि सेठ लोगोंने पहले तो थैलीपर हाथ साफ़ किया, फिर राज-काजपर और अब उन्होंने धर्मकी गद्दी भी सम्हालानेका निश्चय कर लिया है! मैंने भाटियाजीके स्तरपर ही आकर बड़ी नम्रताके साथ कहा था, इसलिए उन्हें बुरा नहीं लगा। फिर

तो उन्होंने हमारे साथ यात्रा करनेकी भी इच्छा प्रकट की। उनका सामान भी उठवाए हम सिंध-पंजाब-क्षेत्रमें पहुँचे। पहले तो वहाँ 'धोबी बसिके का करे दिगंबरके गाँव' वाली बात हुई थी; किन्तु इस समय आफ़िसमें जानेपर एक बहुत संभ्रान्त उच्च कांग्रेसी नेता वहाँ विराजमान थे, जिनकी पंचोपचारसे पूजा हो रही थी। वे मुझे देखते ही उठ खड़े हुए और बड़े सम्मानसे प्रणामापाती करने लगे। अब तो दफ्तरमें बिजली-सी दौड़ गई। मुख्य प्रबन्धक भी अबकी वहाँ मौजूद थे। उन्होंने तुरन्त आदमी भेजकर एक अच्छी कोठरी खुलवाई। छतके बारेमें कहनेपर उन्होंने वहीं दरी, चारपाई, लालटेन, लोटा, बाल्टी आदिका प्रबन्ध स्वयं जाकर कराया। वैसे १९४३में भी मैं दो-चार दिनके लिए सिंध-पंजाब-क्षेत्रमें ठहरा था और वहाँके लोगोंके सौजन्यसे प्रभावित था; लेकिन अबकी तो वह पराकाष्ठा तक पहुँच गया था। छतपर हवा भी चल रही थी। हमने सामान नीचे कोठरीमें बन्द कर दिया था। हनूमानजीकी सेना जूतोंको भी नहीं छोड़ती, इसलिए जूतोंको हमने बिछौनेके नीचे दबा दिया। रातको बड़े आरामसे सोए। सिंध-पंजाब-क्षेत्र, जैसा कि नामसे प्रकट है, सिंधी और पंजाबी सेठोंकी दानशीलताका प्रतीक है, जिनमेंसे अधिकांश अब शरणार्थी होकर भारतमें जहाँ-तहाँ गुजारा कर रहे हैं। उनकी आर्थिक अवस्था अब अच्छी नहीं है, किन्तु यहाँके कर्मचारी नम्रता और सेवाभावमें अब भी पहले ही जैसे हैं।

४ मईको कीर्त्तिनगरका टिकट लेकर हम बसमें बैठ गए। भाटियाजीको देवप्रयागमें पिंड-दान करना आवश्यक था, इसलिए वे वहाँ उतरनेवाले थे। हमने समझा था, यह बस सीधे कीर्त्तिनगर तक जायगी, किन्तु देवप्रयागमें हल्ला हुआ—उतरो, उतरो, यह बस आगे नहीं जायगी। पीछे उतरे सामानको लेकर फिर उसी बसपर चढ़ना पड़ा। बसवालोंकी मनमानी जो ठहरी। आदमी यात्राके कष्टको बहुत बढ़ा-चढ़ा सकता है, यदि 'गतं न शोचामि'का महामन्त्र उसके पास न रहे। यात्रामें भारतके सभी प्रदेशोंके नर-नारी श्रद्धाकी डोरसे बँधे सनातन हिमालयकी ओर खिंचे जा रहे थे। कीर्तिनगर ढाई बजेके क़रीब पहुँचे। बड़ी धूप थी। यह स्थान १५-१६ सौ फुटसे अधिक ऊँचा नहीं है, इसलिए गर्मीकी परेशानीका क्या कहना। यहाँसे गंगा पारकर तीन मील पैदल चलनेके बाद श्रीनगर पहुँचना था, जहाँ आगेकी मोटर मिलनेवाली थी। गंगाकी यह बड़ी उपत्यका सहस्राब्दियोंसे मनुष्यके दुष्प्रयत्नोंके कारण वन-हीन हो गई है और आजकल हरियालीके लिए आँखें तरसती हैं। सामान ढोनेके लिए बसके पास

बहुत-से नर-नारी छीना-झपटी कर रहे थे। हमने भी एककी जगह दो ढोनेवालोंको ठीक किया। हमारा सिद्धान्त है, किराया पहले ठीक कर लिया जाय और कुछ किफायतके साथ, किन्तु मजूरी देते वक्त उदारतासे हाथ नहीं खींचना चाहिए। उस धूपमें वह तीन मील बड़ा ही दुस्सह था। हमने पानीकी बोतल भी साथमें रखी थी, किन्तु पानी भरकर लटकाना भूल गए थे। सामान अछूत लड़कियाँ लिए जा रही थीं। उनका गाँव रास्तेमें पड़ा, किन्तु पानी वहाँ भी पीनेको नहीं मिला। आगे एक प्याव देखकर प्राण लौटा। पानी गरम था, किन्तु उससे हलक तर किया जा सकता था।

१८९३ ई०में गंगाकी एक शाखा (बिड़ही गंगा)में पहाड़का एक हिस्सा टूटकर गिर पड़ा। धार साल-भरके लिए बन्द हो गई और वहाँ एक विशाल जलाशय बन गया। अंगरेजी काग़ज़ोंमें पढ़ते हैं, कि तत्कालीन अंगरेज़ इंजीनियरने अपनी विद्याका बड़ा ही चमत्कार दिखाया था। जिस महीनेमें बाँध टूटनेकी उसने भविष्यद्वाणी की थी, उसी समय वह टूटा। लेकिन आँखों-देखे कुछ वृद्ध अब भी मौजूद हैं, जो दूसरी ही कथा कहते हैं। प्रसिद्ध चित्रकार मोलारामके प्रपौत्र बालकरामका कहना है कि अपनी भविष्यद्वाणी सत्य करनेके लिए इंजीनियरने डाइनामाइट लगाकर बाँधको तुड़वाया। न तुड़वाता तो कुछ समय बाद अपने ही पानी ऊपरसे और शायद कुछ कम वेगसे निकलता। बाँध उतना कमजोर नहीं था और अगस्त १८९४की प्रलयकारिणी बाढ़के बाद भी वह कुछ ही फुट बह सका। गोहनाकी झीलकी अपार जलराशि अब भी वहाँ मौजूद है। सत्य जो भी हो, किन्तु भविष्यद्वाणीके आधारपर गंगाके किनारे बाढ़के प्रहारकी सीमाएँ निश्चित करके वहाँ निशान लगा दिए गए थे, जिसके कारण मनुष्योंकी अधिक हानि नहीं होने पाई; किन्तु ग्रामों और नगरोंकी बात न पूछिए। श्रीनगर साफ हो गया और उसके साथ पुरातत्वकी दृष्टिसे बड़े ही महत्वपूर्ण वहाँके प्रासाद भी साफ़ हो गए—वे प्रासाद, जिनको देखकर अंगरेज़ लेखकोंने लिखा था—'कैसे इन विशाल पाषाणोंको उठाकर यहाँ पहुँचाया गया ?' इसका उत्तर लोग देते थे—असुरोंने इन पत्थरोंसे दीवारें चिनी थीं। कुछ ऊपर होनेकी वजहसे कमलेश्वरका मन्दिर बच गया, लेकिन वहाँ सभी चीजें नई हैं, केवल कुछ पुरानी खंडित मूर्तियाँ हैं, जिनमें एक बूट धारिणी सूर्य-मूर्त्ति भी है। कमलेश्वरके दर्शनकर श्रीनगरके पास पहुँचे, तो सड़कपर लकड़ी रखकर रास्ता बन्द किया हुआ था—हैजेका टीका लगाए बिना किसीको आगे बढ़नेकी इजाज़त नहीं थी। मसूरीमें दो दिन हमने जाकर टीका लगवाया था और प्रमाणपत्र भी

साथ लाए थे, लेकिन यहाँ ढूंढ़नेपर वह हाथ नहीं आया। अब फिर तीसरी बार टीका लगवानेके सिवा कोई चारा नहीं था।

रास्तोंका अच्छा प्रबन्ध हो जानेसे अब यात्रियोंकी काफ़ी संख्या हर साल इधर आती है, जो कभी-कभी ५०-६० हज़ार तक पहुँच जाती है। मैंने समझा था, मोटर हो जानेसे पैदलके यात्री नहीं मिलेंगे—ऋषिकेशसे पैदलका रास्ता यहाँ आकर मिला था। मालूम हुआ, अब भी २०-२५ प्रतिशत यात्री मोटरका किराया चुकानेमें असमर्थ होनेसे पैदल ही सफ़र करते हैं। कितने ही तो घरसे आटा-सत्तू भी साथ लाते हैं, और पहाड़की चढ़ाईमें, जहाँ खाली शरीर ले चलना भी मुश्किल है, अपना बोझा सिरपर लादे चले जाते हैं। मैंने गढ़वालके ज़िला-बोर्डके अधिकारियोंको लिखा था कि अपने डाकबँगलोंमें ठहरनेकी इजाज़त दे दें। यहाँ उनका उत्तर आया कि डाकबँगले लोककार्य-विभागके अधीन हैं, उसके इंजीनियरको लिखना चाहिए। देर हो चुकी थी, इंजीनियरको लिखा भी; किन्तु उन्हें जवाब देनेकी फ़ुर्सत नहीं हुई!

२. श्रीनगरसे आगे

श्रीनगरमें कोई पुरानी चीज नहीं है। आजका नगर तो १८९४की भीषण बाढ़के बाद बसा। यहाँ देखनेकी कोई चीज भी नहीं थी। यद्यपि यह समुद्र-तलसे १९०० फुट ऊँचा है, किन्तु गर्मी काफी पड़ती है। हमें प्रसन्नता हुई, जब अगले दिन बलबहादुरके साथ मोटर-बसमें बैठकर पौने दो बजे यहाँसे रवाना हुए। इधर पहाड़में सभी जगह मोटरें एक-ओरा हैं, जिससे दुर्घटनाओंकी कम संभावना रहती है। हमें रुद्रप्रयाग जाना था। रास्तेमें एक जगह दोनों ओरकी मोटरोंका मेल हुआ और ५ बजेके आसपास हम रुद्रप्रयाग पहुँच गये। उत्तराखंडमें यद्यपि आज काशियों और प्रयागोंकी भरमार है, किन्तु यह सब लक्ष्मी-भक्तोंका काम है। कहनेको गढ़वालमें पाँच प्रयाग हैं, किन्तु उनकी संख्या दूनीसे भी अधिक है। अलकनन्दा और भागीरथीमें जहाँ भी कोई नदी या गधेड़ा आके मिलता है, यदि वह यात्रापथसे बहुत दूर नहीं है, तो वहाँ प्रयाग बन जाता है। रुद्रप्रयागका पुराना नाम पुनाड है। मोटर-अड्डा अलकनन्दाके बायें किनारे-पर है। दूकानें दोनों तरफ़ हैं। केदारनाथसे आनेवाली मन्दाकिनी और बदरी-नाथसे आनेवाली अलकनन्दाका यहाँ संगम है। केदारनाथका मार्ग काफी दूरतक मन्दाकिनीके बायें तटसे जाता है, इसलिए यात्रियोंको केवल अलकनन्दा-को ही यहाँ पार करना पड़ता है। श्री खडगसिहने बतला दिया था, कि स्वामी

सच्चिानन्दके यहाँ ठहरिएगा, वह उत्तराखंडसे बहुत परिचित हैं, उनसे बहुतसी बातें मालूम होगी।

आवश्यक चीजोंकी पहलेसे ही सूची बनाकर यात्रापर प्रस्थान करना चाहिए, नहीं तो कितनी ही चीजें छूट जाती हैं। हम बरसाती तो लाये थे, किन्तु छत्ता लाना भूल गये थे। यहीं एक छत्ता खरीदा, कुछ मोमबत्तियाँ और दियासलाई ली और फिर स्वामी सच्चिदानन्दजीके आश्रममें पहुँचे। स्वामीजी प्रज्ञाचक्षु (नेत्र-हीन) हैं, अच्छे पठित संस्कृतका काफी ज्ञान रखते हैं। बृद्ध हैं, इसलिए बात करनेके रसिक होने ही चाहिये। वह मंदिरमें बैठे हुए थे। किसी अनुचरने जाके कहा कि एक धोती-कुर्ता पहने बाबू यात्री आया है। मुझे तो रातके टिकनेकी अवश्यकता थी, चाहता था, टिकान मिल जाय, तो बलबहादुरको खाना बनानेमें लगा दूं। लेकिन, स्वामीजीने जो बात शुरू की थी, उससे मालूम हुआ कि शायद उसका छोर ही नहीं मिलेगा। मैंने संक्षिप्त करनेके ख्यालसे भी दो तीन मर्तबे संस्कृतमें बात छेड़नी चाही, किन्तु स्वामीजी भाखा छोड़नेके लिए तैयार नहीं थे। अन्तमें सड़कके पासवाले चौबारेमें जगह मिली। मैं कोई सेठ-साहूकार तो था नहीं, कि मुझसे कोई आशा हो सकती थी, लेकिन मैं चौबारेपर खुश था।

स्वामी सच्चिदानन्द पुरुषार्थी हैं, और लोकसंग्रह करना जानते हैं। कमसे कम इस इलाकेका उन्होंने बहुत उपकार किया है। उनके ही प्रयत्नसे यहाँ एक अंग्रेजी हाई स्कूल, जो कि अब उच्च-माध्यमिक स्कूल है, सफलतापूर्वक चल रहा है। इस गरीब भूमिमें विद्याकी यह शीतल छाया खास महत्त्व रखती है। उन्होंने एक संस्कृत पाठशाला और कन्यापाठशाला भी खोल रखी है। मन्दिर और अच्छे मकान भी बनवाये हैं। जान पड़ता है आजकी देशव्यापी आर्थिक कठिनाई-का प्रभाव इस मठपर भी पड़ा है। शामके वक्त जब सड़कसे यात्री आने लगे, तो बृद्धा संन्यासिनीने सीढ़ीके ऊपर बैठकर लोगोंको पूजा-दर्शनके लिए बुलाना शुरू किया, ठीक वैसे ही जैसे तीर्थोंके पंडे-पुजारी करते हैं। स्वामी सच्चिदानन्दके स्थान-के यह अनुरूप नहीं था। उत्तराखंडके बारेमें स्वामीजीसे वही बातें मालूम हो सकती थीं, जो कि किसी भी अठारहवीं सदीके बृद्धसे सुनी जा सकतीं। कुछ ही वर्षों पहले प्रसिद्ध विद्वान् स्वामी गंगेश्वरानन्द इधरसे गये थे। मैंने समझा था, एक प्रज्ञाचक्षु प्रतिभाशाली विद्वान्का परिचय पाकर स्वामी सच्चिदानन्दको प्रसन्नता हुई होगी, इसलिए उनके बारेमें पूछा। जिसपर उन्होंने शेखी बघाड़नी शुरू की—मैंने उनको शास्त्रार्थके लिए चैलेंज दिया था, लेकिन वह सामने नहीं

आये। स्वामी गंगेश्वरानन्दजीने अपनी एक पुस्तकमें स्वामी शंकराचार्यके मतको आधुनिक कहा है, इसे भला शंकरके अनुयायी कैसे बर्दाश्त कर सकते थे। वह तो शंकरमतके संस्थापकको आठवीं सदीका एक दार्शनिक-सुधारक माननेके लिए तैयार नहीं हैं, लेकिन इतिहास तो यही मानता है। खैर, बलबहादुरने रोटी तरकारी बनाई। प्याज बिना आलूकी तरकारी स्वादिष्ट नहीं बनती, किन्तु "उत्तरे मांस-भोजनं" द्वारा धर्मशास्त्रने जहाँके लिए मांसभोजन परमविहित किया है, और जहाँ ब्राह्मणोंसे लेकर सभी मांस खाते भी हैं, उसी उत्तराखंडमें चट्टियोंपर कहीं प्याज ढूँढ़नेसे नहीं मिलती! सेठों और उनके अनुयायी प्याज खाना बुरा मानते हैं, इसलिए दूकानदार उसे रखते नहीं।

६ मईको पाँच बजे सवेरे ही उठे। धूपमें चलना हमें पसन्द नहीं है। यह मालूम ही था, कि हर मील-डेढ़-मीलपर चट्टी और दूकानें हैं, जहाँ खानेका सामान भी मिलता है और चाय भी। चायको तो न पीनेका हमने संकल्प कर लिया था, क्योंकि एक ही पत्ती सवेरेसे शामतक उबलती रहती है, ऐसी चाय पीनेमें स्वाद क्या? इसके साथ ही चट्टियोंमें मक्खियोंकी भरमार रहती है, जिससे यह भी सन्देह होता है, कि चाय-जलमें दो चार मक्खियोंका भी अरक उतरा होगा। यह भी निश्चय किया था, कि ९से ३ बजेतक चट्टीपर विश्राम करना चाहिये। रास्तेकी चट्टियोंको छोड़ते आगे बढ़े। दही और छाछके प्रति हमारा कुछ अधिक पक्षपात है, किन्तु यह दोनों चीजें इधर सुलभ नहीं मालूम हुईं। दूध सभी जगह सुलभ है, यद्यपि निर्जल दूध शायद ही कहीं मिले। पहली एक दो चट्टियोंपर पके केले और पपीते भी थे। हमने अनुमान कर लिया, कि वह सभी जगह मिलेंगे, किन्तु यह धारणा गलत निकली। तिलबड़ा चट्टीके पास पहले पहल पुराने मंदिर दिखाई पड़े। मंदिर सूने हैं। इन छोटे मंदिरोंके पास कभी कोई बड़ा मंदिर रहा होगा, जिसका पता नहीं। यहाँकी मूर्त्तियाँ कहाँ गईं यह भी नहीं मालूम। लेकिन मंदिर कत्यूरीकालके दसवीं-तेरहवीं शतीके हैं, इसमें सन्देह नहीं। दो घंटेमें ६ मील चलकर ७ बजे हम रामपुर चट्टी पहुँच गये। चाय-वाय पीये नहीं थे, इसलिए यहाँ मध्यान्ह-भोजन और विश्राम करनेका निश्चय किया। दूकान-दार ब्राह्मण देवता कुछ पढ़े लिखे मालूम होते थे, उनसे आसपासके गाँवोंके पुराने मंदिरोंके बारेमें हम कुछ ज्ञान प्राप्त करना चाहते थे। पासके एक छोटेसे मंदिरमें एक मयूरारूढ कार्तिकेयकी मूर्ति तथा दूसरी भी द्विभुज मूर्ति थी, जो बतला रही थी कि यहाँ कत्यूरीकालमें कोई मंदिर रहा होगा। आगे दलनंग चट्टीमें भी सड़कके पासके मंदिरमें कुछ पुरानी मूर्तियाँ हैं। पुजारी इसको भी कोई ज्योतिर्लिंग

महादेव बनानेके लिए उतारू हैं। नाक-कान टूटी मूर्तियोंको देखकर जब मैंने पूछा, क्या रुहेलों (१७४१-४२ ई०) ने इन मूर्तियोंकी यह गत बनाई, तो झट जवाब मिला—रुहेले आये थे यहाँपर, लेकिन शिवजी महाराजने भँवरे छोड़ दि जिनसे वह भाग गये। भागना तो गलत है, सारे उत्तराखंडमें टूटी-फूटी मूर्ति मिलती हैं, जो बतलाती हैं, कि रुहेले संपत्ति लूटने ही नहीं मूर्तिभंजनका पु भी लूटनेमें सफल हुए थे।

दोपहरमें काफी विश्राम करके हम आगे रवाना हुए थे। आज इरादा था ११ मील चलकर अगस्तमुनिमें विश्राम करनेका। बलबहादुरको कह भी दिया था, किन्तु रास्तेके मंदिरोंको देखनेमें जब हम व्यस्त थे, तो वह आगे बढ़ गया। अगस्त-मुनिमें भी एक हाई स्कूल बन रहा था। यहाँ एक मैदान है, जिसमें सानीसे छोटा मोटा हवाई जहाज उतर सकता है। वैसे होता तो इसे धानके खेतोंमें परिणत कर दिया गया होता, किन्तु देवताका स्थान है, उसके डरके मारे कोई हाथ बढ़ाना नहीं चाहता। अस्गतमुनिकी मूर्त्ति दो भुजावाली तथा धातुकी है, देखनेमें भद्दी मालूम होती है। लेकिन मंदिरके बाहर दाहिने ओरके गवाक्षमें हरगौरीकी सुन्दर मूर्त्ति चिपकाई हुई है। और भी मूर्तियाँ रही होंगी, लेकिन खंडित मूर्तियोंकी पूजा तो होती नहीं और उनके प्रेमी तथा व्यवसायी पिछले सौ वर्षोंसे पीछे पड़े हुए थे, इसलिए वह अधिक देखनेमें नहीं आतीं, तो आश्चर्यकी बात नहीं है।

इधर पूछापेखी करनेपर पता लगा, कि अगस्तमुनिसे नदी पार हो दो मीलपर शिल्ला गाँवमें दो बड़े और कुछ छोटे-छोटे प्राचीन मंदिर हैं। रुहेले वहाँ भी पहुँचे थे, किन्तु पूजा अब भी होती है। इस साल टिड्डियोंका प्रकोप हिमालयकी उपत्यकाओंमें भी हुआ था। केदारनाथके बरफमें भी मैंने कितनी ही मरी टिड्डियाँ देखीं और उससे ६ मील नीचे तो जीवित भी कुछ फुदक रही थीं। लेकिन यहाँ दस-पंद्रह मीलमें उन्होंने नुकसान नहीं किया था और फसल अच्छी हुई थी; इसलिए शिल्लामें एक बड़ा यज्ञ हो रहा था, जहाँ ब्रह्मभोजके अतिरिक्त मनों अन्न और घी आगमें स्वाहा किया जा रहा था। देवताकी कृपासे रक्षा हुई थी, इसलिए कृतज्ञता प्रगट करनी ही चाहिये, चाहे उसमें मनुष्यके मुखका दुर्लभ आहार भले ही नष्ट हो जाये अन्नके नष्ट करनेका अपराध किया जा रहा था, किन्तु यहाँ कानूनको कौन पूछता है ?

६ बजे शामको हम सौड़ी चट्टी पहुँचे। यात्रियोंकी भीड़ नहीं थी, इस-लिए यहीं रात्रि-विश्रामका निश्चय कर लिया।

चंद्रापुरी बड़ी चट्टी आगे दो ही मीलपर थी, जहाँ हम ७ मईको ६ बजेसे पहले ही पहुँच गये थे। चाय पीनेका मन करनेके कारण हमें कुछ कठिनाई अवश्य हो रही थी और ख्याल आता था कि यदि हम चार जने सहयात्री होते, तो अपनी पत्ती उबलवाकर चाय बनवा लेते। जल-पानके लिए कहीं कहीं कुछ मिठाइयाँ मिलती थीं, किन्तु वह भी अच्छी नहीं थीं। साढ़े चार मील चलनेके बाद मंदाकिनीके भूलेके पुलके पास भीरी चट्टी मिली। आगे चलनेका इरादा था, किन्तु डर लग रहा था, बलबहादुर कहीं बहक न जाये। पश्चिमी नेपालका वह तरुण हिन्दी तो समझ लेता था, किन्तु निश्चय नही था, कि हमारे कहनेका वह ठीकसे पालन भी कर सकेगा। यहाँ पर पुल पारकर रास्ता मंदाकिनीके दायें किनारसे चल रहा था, इसलिए पुलपर प्रतीक्षा करनेके लिए रुक जाना पड़ा। भीरीमें डाकघर है, किन्तु हमें तो कोई चिट्ठी मिलनेवाली नहीं थी। मूर्त्ति और मंदिरोंके बारेमें पूछनेपर एक वृद्धने बतलाया कि यहाँ भीमसेनका देवालय है, जिसके ही कारण इस स्थानका नाम भीरी पड़ा। उनसे कौन बहस करने जाये, कि भीरी और भीमसेनका कोई संबंध नहीं है। भीमसेनकी मूर्त्ति बिल्कुल भद्दी और आधुनिक है, लेकिन उसके पास हीमें दो फुट ऊँची विष्णुकी प्राचीन मूर्त्ति है।

दोपहरका भोजन हम कुंड चट्टीमें बितानेके लिए पहुँचे अर्थात् सवेरेसे ८ मील चले गये। कुंड क्यों नाम पड़ा, यह समझमें नहीं आता, यहाँ कोई जलकुंड नहीं है। हाँ, मंदाकिनीकी धारमें निर्भय उतरा जा सकता है। पानी तो ठंडा था, किन्तु हफ्तेमें एक दो दिन स्नान करना भी आवश्यक था, इसलिए जाकर स्नान किया। यात्रियोंमें जहाँ कितने ही गरीब पैसेके अभावसे पैदल चलके घरसे लाये सत्तू-आटेको खाकर गुजारा करते थे, वहाँ कितने ही ऐसे भी लक्ष्मीके लाडले थे, जो नरवाहन हो आराम कुर्सीकी तरह झम्पानोंपर बैठे हुए चल रहे थे। चोरबाजारी सेठोंके लिए यह बहुत सुनहला अवसर था, चाहे कितना ही पैसा खर्च करें, कोई पूछनेवाला नहीं था कि वह कहाँसे आया। एक सेठानी तो इतने नौकर-चाकरोंके साथ जा रही थीं, जैसे किसी समय महारानियाँ चला करती थीं। वस्तुतः आज तो सेठानियोंके सामने महारानियाँ फीकी हो गई हैं। नदीके किनारे उनके नौकर चाकर सेठ-सेठानीके कपड़ोंको साबुनसे धोते धोबीघट्टा बनाये हुए थे, इसलिए एक ऊभड़-खाभड़ जगहमें जाकर हमें स्नान करना पड़ा।

बलबहादुर भोजन अच्छा बना लेता था। दोपहरको हमने दाल-भात-तरकारी खानेका क्रम रखा था और रातको केवल रोटी-तरकारी। मक्खियोंके मारे अफत थी। दालमें पड़ जायँ तो खाना हराम हो जायँ और लेटें तो नींद हराम

कर दें। साढ़े नौ बजेसे सवा तीन बजेतक हमें यहीं बिताना था। कलकत्तेके कुछ भद्रपुरुष और महिलाएँ यात्रामें जा रहे थे। एक भद्रपुरुषके पैरके पंजेको जूतेने काट लिया था, जिससे वह नंगे पैर चलनेके लिए मजबूर हो गये। मैंने बतलाया कि तलवा कट जानेपर चलना मुश्किल हो जायगा। चप्पलके बिना गुजारा नहीं चल सकता था, लेकिन यहाँ दूकानोंमें कपड़ेका जूता ही मिलता था। मेरे पासका चप्पल केवल चट्टीपर पहननेमें काम आता था, मैंने उसे दे दिया, लेकिन भद्रपुरुष उसे बिना बदलेके लेना नहीं चाहते थे। मैंने उन्हें अपना दर्शन बतलाया : मनुष्य हरेक उपकारका प्रतिउपकार उसी व्यक्तिको नहीं दे सकता; ऐसे समय अच्छा है, यदि हम यह समझ लें कि उपकार हमें मानवताकी ओरसे मिलता है और प्रत्युपकार भी हम विशाल मानवताके किसी व्यक्तिके प्रति कर सकते हैं।

३. गुप्तकाशीसे आगे

कुंडसे गुप्तकाशी ढाई मील है, जिसमें अन्तिम डेढ़ मील चढ़ाईके हैं। यहाँ ऐसी छोटी-छोटी चढ़ाइयोंमें भी किरायेके घोड़े मिल जाते हैं, लेकिन मुझे उसकी आवश्यकता नहीं थी। गुप्तकाशी भी नया दिया हुआ नाम है, इसका पुराना नाम और ही है। ७ मईको जब हम गुप्तकाशी पहुँचे, तो अभी दो-ढाई घंटा दिन बाकी था। अभी हम आसानीसे तीन चार मील और चल सकते थे, क्योंकि रास्ता उतराई और समतल भूमिका था। लेकिन गुप्तकाशीमें हमें कुछ पुरानी मूर्तियोंका पता लगाना था। यह अच्छा खासा बाजार है, जिसमें तीससे अधिक दूकानें और उतने ही और घर हैं। दूकानें चट्टियों जैसी सिर्फ खाने पीनेकी ही नहीं हैं बल्कि लालटेन, शीशा, टार्च आदि जैसी चीजें भी वहाँ काफी मिलती हैं। बस्तीमें घुसनेसे पहले ही पंडे लोगोंने आ घेरा और जिला तथा गाँव-ठाँव पूछने लगे। मैं तीर्थयात्राके लिए नहीं आया हूँ, यह कहनेपर भी पिंड छूटनेवाला नहीं था। कुलीके आनेमें देर थी, मैंने पहले ही मंदिर और मूर्तियोंके फोटोसे निवृत्त हो लेना चाहा। एक आँगनमें दो छोटे बड़े मंदिर हैं, जो कि पुराने नहीं हैं। बड़े मंदिरके सामने एक छोटे कुंडमें दो धाराएँ गिरती रहती हैं। मंदिरोंमें तो कोई उतनी पुरानी चीज नहीं हैं, किन्तु बगलके उसारेमें पांडवोंके नामसे पूजी जानेवाली खंडित मूर्तियाँ काफी प्राचीन हैं। प्रधान मंदिरके दरवाजेके बाहर दोनों तरफ चतुर्भुज विष्णु और शिवकी मूर्तियाँ गंगा-जमना बना दी गई हैं— पंडे लोग लिंग-भेद करना नहीं जानते।

अभीतक हम बिना पंडेवाले यजमान थे, लेकिन हम पंडा-प्रथाके विरोधी

नहीं हैं, क्योंकि जानते हैं कि अपरिचित दूरदेशीय तीर्थ-यात्रियोंकी इनके द्वारा बड़ी सहायता होती रही है। काशी, मथुरा जैसे नगरों में तो बेचारे यात्री लुट जाते, यदि पंडोंकी आत्मीयता उनकी सहायक न होती। हमने निश्चय किया, किसीको पंडा बनायें, लेकिन शर्त यह रखी कि वह ७० वर्षसे कमका न हो और यहाँके इतिहास-भूगोलकी अच्छी जानकारी रखता हो। यह गुण केदारनाथके पंडा केदारनाथात्मज श्रीकाशीनाथमें मिला। वह ७८ वर्षके लूवानी गाँवके रहनेवाले वाजपेयी (बगवाड़ी) भारद्वाज-गोत्री थे। इस उम्रमें भी उनकी स्मृति गजबकी थी। चीनी तहसील (ऊपरी सतलज) के एक-एक गाँवका उन्होंने नाम बतलाया। उनके बहीखाते सौ वर्षसे अधिक पुराने नहीं थे। हमारे आजमगढ़ जिलेके भी बहुतसे गाँवोंमें उनके यजमान थे, किंतु बहीमें न हमारा जन्मग्राम निकला और न पितृ-ग्राम। उन्होंने बतलाया, रुहेले लूटते-पाटते आगे मस्ता गाँव तक गये। वह केदारनाथ भी जाना चहते थे, लेकिन शिवजी महाराजने इतने पत्थर बरसाये, कि उन्हें भागना पड़ा। काशीनाथजीने एक दूकानके ऊपर रात्रिके रहनेके लिए डेरा दिलवाया, लेकिन इसी समय उत्तराखंडके विद्यापीठके एक अध्यापक तथा एक दूसरे अधिकारी आ पहुँचे। राहुल सांकृत्यायनका नाम तो उन्हें मालूम नहीं था, लेकिन यह जरूर जान पाये कि यह कोई पढ़ने लिखनेवाला आदमी है। हमें अब मजबूर होकर मंदिरकी अतिथिशालामें जाना पड़ा। अतिथिशाला नई बनी हुई है, और जान पड़ता है, कि किसी विशेषज्ञकी सलाह लेनेकी अवश्यकता नहीं समझी गई। दरवाजे खिड़कियाँ सभी भद्दी बनी हुई हैं और कोई ठीकसे लगती भी नहीं है। गुप्तकाशीके मंदिर केदारनाथके रावल—महन्त—के आधीन है। केदारनाथ और बदरीनाथ तथा उनसे संबंधित सभी मंदिरोंका प्रबन्ध अब एक प्रबंध समितिके आधीन हैं। प्रबन्ध समितिने मंदिर-की आमदनीका सदुपयोग करनेका प्रयत्न किया है और उसीका फल यह अतिथि-शाला है।

केदारनाथके रावल कर्णाटक देशके वीर-शैव संप्रदायके हैं। पहले तो केदारनाथसे संबंधित सभी प्रधान मंदिरोंमें दक्षिणके जंगम साधु पुजारी हुआ करते थे, किन्तु अब उतने साधु नहीं हैं। तो भी गुप्तकाशीके विश्वनाथके पुजारी एक कन्नडभाषी शैव साधु हैं। उनसे कुछ बातें मालूम हुईं, किन्तु यह पता नहीं लग सका कि केदारनाथके मंदिरोंमें दक्षिणके वीर शैवोंका अधिकार कैसे हुआ।

सवेरे (८ मई) भोजन करके १० बजे चलनेका निश्चय किया गया

था। पंडाजीने फिर अपने सत्संगका अवसर दिया। फोटो लेते वक्त उनके पौत्र भी उपस्थित थे। वह बतला रहे थे : हमारे लड़कपनमें रास्ता यहाँका बहुत कठिन था। इतने पुलोंका इन्तजाम नहीं था। बाप दादोंसे सुना था कि मुश्किलसे सौ-पचास यात्री सालमें इधर आया करते थे। हमारे समयमें भी आटा चावल रुपया मन, मडुवा ८ आना मन और घी साढ़े चार आना सेर मिलता था।

गुप्तकाशीसे एक मीलकी उतराईपर नाला चट्टी मिलती है, जहाँ बदरीनाथका रास्ता भी आ मिलता है। नाला चट्टीके आसपासके खेत ही बतला रहे थे, कि यहाँ प्राचीन कालमें बड़ी बस्ती रही होगी। कत्यूरीकालका एक पुराना मंदिर अब भी मौजूद है, जिसमें रुहेलों द्वारा खंडित बहुतसी मूर्तियाँ रखी हैं। कोनेवाले छोटे मंदिरके दरवाजेके ऊपर चार पंक्तियोंका एक कत्यूरी-कालीन शिलालेख है, जो शाके ११६८ (१२४६ ई०) का लिखा हुआ है। लेख श्लोकबद्ध है, जिसके कुछ वाक्य हैं—

"स्वस्ति। श्रीदेवी...नुमः:।...मनसा कर्मण वाचा...। देवपितृ-प्रसादेन मणदेवस्य...। पुण्यकर्मभरादेव करिष्यन्ति सुरालयं..। भुक्ति-मुक्ति-फले तस्य...,सरस्वतीप्रसादेन घटिता प्रतिमा सुभा।..." जान पड़ता है, नालामें पहले और कितने ही मंदिर थे, जिनके पत्थर जहाँ तहाँ बिखरे मिलते हैं। सबसे महत्त्वकी चीज यहाँपर है पत्थरका एक स्तूप, जो कि कुमाऊँ गढ़वालका एकमात्र बौद्ध स्तूप है। जाते वक्त तो मेरा ध्यान उसकी ओर नहीं गया, यद्यपि वह सड़कके किनारे ही मंदिरकी दिवारपर मौजूद था, लेकिन लौटनेपर मैंने उसे देखा। इस मंदिरके भीतर कई खंडित मूर्तियाँ हैं, जिनमें शिव-पार्वती, लक्ष्मी-नारायणके अतिरिक्त एक जटाधारी मूर्ति किसी शैव संतकी है। बाहर द्वारपर मंदिरकी दायिकाकी भी पाषाण-मूर्ति है।

नालासे थोड़ा ही आगे चलनेपर मस्ता गाँवकी चट्टी हैं। वहाँके गौड ब्राह्मण नारायणदत्तसे पूछा कि क्या रुहेले यहाँसे लौट गये थे, तो उन्होंने बतलाया—लौट कहां गये, वह तो लूटते-पाटते ठेठ केदारनाथ तक पहुँचे थे।

आगे डेढ़ मीलपर ही भेत चट्टी है, जिसे नारायणकोटी बनाकर यहाँके ब्राह्मण एक प्रसिद्ध तीर्थका स्थान देना चाहते हैं। भेत अवश्य किसी समय एक बहुत महत्त्वपूर्ण स्थान रहा होगा, यह वहाँके दो जगहोंपर बिखरे आधे दर्जनसे अधिक पाषाण मंदिर बतलाते हैं, जो रुहेलों द्वारा ध्वस्त होनेके बाद फिर नहीं आबाद हो सके। गाँवसे नीचे कुछ हटकर खेतोंमें पाषाण-निर्मित एक सुन्दर बावड़ी है,

५. गढ़वाली बच्चे (पृष्ठ ४२१)

६. मैखंडा--खंडित गौरी (पृष्ठ ४२१)

इसके पास भी कभी किसी राजाका प्रासाद था। पंडित विशालमणि उपाध्याय-का नाम गुप्तकाशी ही में सुन चुका था। अंग्रेजोंने केदारनाथके पंडोंको अब्राह्मण और खश लिखा था। विशालमणिजीने भी एक पुस्तकमें उन्हें अब्राह्मण बतलाना चाहा, जिसपर पंडोंने मुकदमा कर दिया और चमोलीके मजिस्ट्रेटने ८ नवंबर १९४० ई०को उपाध्यायजीपर ५०० रु० जुर्माना कर दिया। पंडित काशीनाथजीने और बादमें एक और पंडा सज्जनने मुझे मुकदमेके फैसलेकी कापी दी, लेकिन यह नहीं बतलाया था, कि ऊपरकी अदालतने जुर्माना छोड़ विशालमणिजीको अपराध-मुक्त कर दिया। विशालमणिजी संस्कृत जानते हैं, बहुश्रुत हैं और भारतमें काफी घूमे हुए हैं। उन्होंने भेत जैसे एक साधारणसे स्थानमें पुस्तक-विक्रय और प्रकाशनका काम आरंभ कर रक्खा है, जिससे लोगों-को काफी लाभ हुआ। पुराने मंदिरों और मूर्तियोंमें भी उनकी दिलचस्पी है। उन्होंने बहुत आग्रह किया कि मैं कालीमठ अवश्य देखूँ। केदारनाथके पंडोंको मैं अब्राह्मण नहीं मानता। अब्राह्मण माननेके लिए यह भी मानना पड़ेगा कि केदारनाथका मंदिर और तीर्थ सभी सौ-दो-सौ वर्ष परित्यक्त रह गया, जिसे खस क्षत्रियोंने पीछे दखल किया। वास्तविकता यह मालूम होती है, कि केदारनाथके पंडे—जो बीस-पच्चीस गाँवमें बिखरे हुए हैं—बहुत प्राचीन ब्राह्मण हैं। प्राचीन होनेके कारण पहले वह क्षत्रियोंकी भी लड़कियाँ ले लिया करते होंगे, जिसे पीछे मैदानसे आये ब्राह्मण बुरा मानते उनकी ओर सन्देह की दृष्टिसे देखते थे।

विशालमणिजीको लौटते वक्त तकलीफ देनेका वचन देकर कुलीके आनेपर मैं आगे बढ़ा। साढ़े तीन मीलसे अधिक चलनेपर मैखंडा मिला, जिसे वहाँके ब्राह्मण महिषमर्दनी देवीके साथ जोड़ना चाहते हैं। सड़कके पास ही एक ऊँचा झूला दोखंभों के ऊपर पड़ा है। उसके ऊपर झूलनेका भी बड़ा महातम है। मैखंडा और पैनखंडा ऊपरी मंदाकिनी और अलकनंदाकी उपत्यकाओं के नाम अपना ऐतिहासिक महत्त्व रखते हैं, किन्तु उनमेंसे एकको इतना आसानीसे महिषी-मर्दनी खंड नहीं बनाया जा सकता। यहाँकी सबसे महत्त्वकी चीज महिषमर्दनीके मंदिरसे जरासा और आगे नीचे उतरकर सड़कके ऊपर एक उपेक्षित देवघर है, जिसके भीतर रुहेलों द्वारा तोड़ी दर्जनों पत्थरकी मूर्तियाँ हैं, जिनमें मैंले पत्थरकी शिव और गौरीकी मूर्तियाँ बड़ी ही सुन्दर हैं। मूर्तिभंजकोंने बड़ी बुरी तौरसे इनको तोड़ा, किन्तु कलाकारकी कोमल अँगुलियों और मधुर कल्पना-की उनके अंग अंगपर छाप है। शिवजीके गलेका साँप सिरकी ओर न जाकर

दाहिनी ओर कंधेके सामने लहराता दिखाई पड़ता है। मूर्त्ति छोटी नहीं है। उसकी ओर देखते वक्त मुझे तो ख्याल आता था कि जैसे अजन्ताका कोई चित्र मूर्त्तिमान् होकर बाहर निकल आया है। यह अद्भुत मूर्ति गुप्त कालसे थोड़े ही पीछेकी होगी। उस समय मैंने कालीमठकी अखंड हरगौरीकी सुन्दर प्रतिमा-को नहीं देख पाया था, संभव है दोनों एक ही कालकी हैं, जो सातवीं-आठवीं सदी हो सकता है।

आज हम फाटा (५२५० फुट) में ठहर गये। फाटा काफी बड़ी चट्टी है।

९ मईको ५ बजे नियमानुसार चल पड़े। ५ मीलपर रामपुरमें जलपान किया। वहाँसे त्रिजुगीनारायण साढ़े चार मील हैं। डेढ़ मील केदारनाथके ही रास्ते-पर जाना पड़ता है, फिर बाईं ओर तीन मील चढ़ाईका रास्ता है। दो मीलकी चढ़ाईके लिए हमने दो रुपयोंमें घोड़ा कर लिया। त्रिजुगीकी रुहेलों द्वारा खंडित मूर्तियाँ और नारायण नाम भी बतलाता है, कि उसका संबंध शिव नहीं विष्णुसे है। किसी समय मंदिरमें पूजी जाती शेषशायी भगवान्‌की खंडित मूर्त्ति आज भी दरवाजेके पास पड़ी हुई है। लेकिन पंडा लोग कहते हैं, कि यहीं हिमाचलकी पुत्रीका ब्याह शिवजी महाराजसे हुआ था। मंदिरमें जलती धुनीके लिए कहा जाता है, कि यह वही आग है, जिसको साक्षी देकर कैलाशपतिने गौरीका हाथ पकड़ा था। इधर टिड्डियोंने फसलका बहुत नुकसान किया था। लोग बतला रहे थे, यहाँ जंगलोंमें अब भी वह डेरा डाले पड़ी हैं। शायद फरवरीसे यहाँ पड़ी हुई वह शिशुपालन कर रही हैं, इसलिये शिल्लावाले यज्ञकर्ताओंको संकटसे मुक्त नहीं समझना चाहिए। त्रिजुगी मंदिरके आसपास कई कुंड हैं, जिनमें साँप देवता रहते हैं, जिनके दर्शन सर्वदा सुलभ नहीं है। यह निर्विष साँप हैं। यहाँकी कई मूर्तियाँ ग्यारहवीं-बारहवीं सदीसे भी पुरानी हो सकती हैं।

दोपहर बाद थोड़ा विश्राम करके दो मील पुराने रास्तेसे लौटकर एक मीलके करीब उतराई उतर हम सोमद्वाराके पुलपर पहुँचे। मंदाकिनीकी एक शाखा-को पार करनेके बाद हलकी चढ़ाई शुरू हो गई। रास्तेमें एक जगह ६००० फुट अंग्रेजीमें लिखा हुआ था। जान पड़ता है, अधिकारी लोग समझते हैं कि यदि अंग्रेजीमें Height 6000 feet above Sea level न लिखा जाय, तो यात्रियोंको पता नहीं लगेगा। तारीफ यह कि यह प्रयत्न अभी हालका है, अर्थात् हिन्दीके राष्ट्रभाषा घोषित हो जानेके बादका। केदारनाथके रास्तेमें बड़े प्रयत्नसे जगह जगह पानीके नल लगाये हुए हैं। कहीं कहीं तो वह हजार फुटसे भी दूरसे लाये गये हैं। हर नलकेके पास फुटकी संख्या दी रहती है। यद्यपि हम गर्मीकी

पहुँचसे बाहर आ गये थे, किन्तु चढ़ाई चढ़नेके बाद प्यास तो लगती ही है। एक जगह सिरकटा गणेशके पास नलपर पानी पीनेके लिए रुके। पंडेने अपने गणेशकी महिमा बखान कर पूजा करनेके लिए कहा। समझा रहे थे, कि यह वही स्थान है, जहाँपर पार्वतीके बैठाये हुए गणेशजीकी रखवालीकी अवहेलना करके शिवजी भीतर जाना चाहते थे। बाधा डालनेका गणेशजीको यह फल मिला, कि उनका सिर कट गया। पार्वतीके रोने-धोनेपर शंकरने हाथीके सद्योजात बच्चेका सिर काटकर लगा दिया, जबसे गणेश गजानन बन गये। सिरकटा गणेशके पासकी मूर्त्तिको गौरी कहकर पंडेने बहकाना चाहा। मैंने कहा—यदि कपड़ा हटाकर दर्शन कराओ, तो चवन्नी दक्षिणा मिलेगी और फोटो लेने दो तो अठन्नी। वह इसके लिए तैयार नहीं था। इसे कहनेकी अवश्यकता नहीं, कि गणेशजीको सिरकटा और पार्वतीजीको लूली-लँगड़ी बनानेवाले रुहेले थे, जो दो सौ वर्ष पहले लूटमार करनेके लिए इधर आये थे।

शामको साढ़े चार बजे गौरीकुंड पहुँचे। यहाँ एक गरम तथा दूसरा गंधकी रंगका ठंडे पानीका कुंड है। गरम पानी मुफ्त मिलता हो, तो स्नान करनेकी किसको इच्छा न होगी? हमने जाकर स्नान किया। पानीमें अगर थोड़ासा ठंडा भी मिला दिया जाता, तो नहानेमें बड़ा आनंद आता। मंदिर छोटा है, जिसके भीतर कुछ धातु और पत्थरकी मूर्तियाँ हैं। अब केदारनाथ यहाँसे ७ मील रह गया था, जिसे पार करते ६८०० फुटसे ११७५३ फुटपर पहुँचना था। अगले दिनके लिए एक घोड़ा ठीक कर हम आरामसे विश्राम करने लगे।

४. अंतिम मंजिल

९ मई १९५१को निश्चिंत होकर हम गौरीकुंडकी कालीकमली वाली धर्मशालामें सोये। घोड़ेवालेने शामको सात रुपयेमें केदारनाथ तक पहुँचा देना स्वीकार कर लिया था। वैसे चलनेमें मुझे कोई दिक्कत नहीं थी, लेकिन सोचा था, ६८०० फुटसे ११७०० फुट तककी चढ़ाई यदि घोड़ेके पीठपर कर ली जाय तो क्या हरज? आखिर मैं तीर्थयात्री नहीं था। केदार-बदरीकी यात्राका पुण्य तो ४१ वर्ष पहले ही लूट चुका था, लेकिन, जान पड़ता है, भगवान् केदारनाथ जबर्दस्ती मेरे पल्ले पूरा पुण्य बाँधना चाहते थे। सवेरे घोड़ेवाला बहानेबाजी करने लगा। मालूम हुआ, गौरीकुंडमें आज यात्री अधिक हैं, इसलिए अर्थशास्त्रके सर्वमान्य नियमके अनुसार, माँगके अनुपातसे मोलका बढ़ना आवश्यक था। मुझे उतनी जरूरत भी नहीं थी। रामवाड़ा केदारनाथ पहुँचनेसे पहलेकी

चट्टी है। ४ मीलकी यात्रा चढ़ाईकी थी। मैं ६ बजे चला और साढ़े ७ बजे वहाँ पहुँच गया। मुझे ४१ वर्ष पहलेकी बात भूल गई थी, कि केदारनाथमें ईंधनके अभाव और महँगाईके कारण रोटीसे पूरी खाना सस्ता पड़ता है, यद्यपि पूरी खानेसे पेटकी शिकायत होनेका डर रहता है। तो भी मैंने रामबाड़ामें साफ सुथरी दूकान देखकर बलबहादुरको कहा, यहीं रोटी-पानी कर लो। ९ बजेतक हम रोटी-पानीसे छुट्टी पा लिये। तबतक केदारनाथके कितने ही यात्री दर्शन करके लौटे आ रहे थे। केदारनाथ यहाँसे ३ मील है, लेकिन सरदीमें वह कैलाशका एक टुकड़ा है, इसीलिए बहुत कम यात्री वहाँ रात्रिवासकी हिम्मत करते हैं।

साढ़े ९ बजे फिर आगेके लिए प्रस्थान किया। यद्यपि चढ़ाई उतनी कठिन नहीं है, किन्तु यह समुद्रतलसे १०-११ हजार फुट ऊँचाईकी जगह है, हवाके क्षीण होनेसे फेफड़ेको बहुत मेहनत करनी पड़ती है, जिससे दम अधिक फूलता है। दो सहस्राब्दियोंसे हमारे यात्री कहते आये हैं, कि इसका कारण वहाँकी जड़ी-बूटियाँ हैं, जिनकी मादक गंध आदमीके फेफड़ेको सबसे पहले प्रभावित करती है। तिब्बतवाले इसे मट्टीका बिष (स-दुक) कहकर छुट्टी पा लेते हैं।

मुझे ख्याल आया, आजसे सवा सौ वर्ष पहलेके यात्रियोंका। अंग्रेजोंके शासनसे पहले बदरी-केदारके रास्ते भगवान्के बनाये हुए थे, जिनपर चिड़ियों और बकरियों-को ही तकलीफ नहीं होती थी। पहाड़ी लोग भी अभ्यस्त होनेके कारण उनकी परवाह नहीं करते थे, किन्तु, नीचे भारतके भिन्न-भिन्न भागोंसे आनेवाले यात्री घरसे श्राद्ध करके चलते थे। उनमेंसे कितने तो अपने सारे पापोंको धोकर पाण्डवोंकी तरह सीधे स्वर्ग जानेकी लालसासे भैरवझाँप (भृगुपतन या स्वर्गारोहिणी)से गिरनेके लिए आते थे। काशीनाथजीने बतला दिया था, कि आजसे सौ वर्ष पहले केदार-नाथके यात्रियोंकी संख्या सालमें सौ-डेढ़-सौसे अधिक नहीं होती थी। मैं समझता हूँ, उनमें दस-बीस तो अवश्य स्वर्गारोहणके लिए आते थे। उस वक्त रेल नहीं थी, मोटर नहीं थी, शायद कंडी और डांडी (झप्पान) किसी न किसी रूपमें उस समय भी मौजूद थी, लेकिन अखण्ड पुण्य कमानेके लिए आनेवाले यात्री बहुत कम ही उनका इस्तेमाल करते होंगे, विशेषकर भृगुपतनके यात्री तो वैसा हरगिज नहीं करते होंगे। मैंने सोचा, तब तो भैरवझाँप (भृगुपतन)के लिए आनेवाले शरीरसे मजबूत होते रहे होंगे, हाँ, दिमागसे कमजोर जरूर, क्योंकि इस संबलके बिना कोई आत्मविनाशयज्ञकी महायात्राके लिए तैयार नहीं हो सकता था यहाँ जब ऊँचाईके कारण उनकी साँस जल्दी जल्दी फूलने लगती होगी और उनका पण्डा बतलाता होगा, कि यह कैलाशकी बूटियोंका प्रभाव है, तो उनके मनमें क्या-क्या

बिचार पैदा होते होंगे। घरसे यहाँ तककी महीनोंकी यात्रामें प्रतिदिन नहीं प्रति-घड़ी मृत्युकी मूर्ति उनके सामने आकर खड़ी होती होगी। आजकल आत्महत्या करनेवाले तड़ाक-फड़ाक अपना काम कर डालते हैं। वस्तुतः मृत्युसे अधिक भयंकर मृत्युके बारेमें सोचना है और इन महायात्रियोंको उसके बारेमें महीनों सोचना पड़ता होगा। लेकिन, जो घरसे श्राद्ध करके चल चुके, उनमेंसे बहुत कम ही अपने संकल्पसे हट सकते थे। एक शताब्दी पहले बंद हुई सती-प्रथाके जमानेकी तरह लोकराय भी उन्हें मजबूर करती रही होगी। इन अंतिम तीन मीलोंको पार करते समय उनको अवश्य मालूम होता होगा, कि मृत्यु उन सफेद शिखरोंके नीचे उस पहाड़ीपरसे झाँक रही है, जहाँ कल या परसों पहुँचना है। आज भी स्वर्गारोहिणी (भैरवझाँप)को लोग दिखलाते हैं। आज भी वहाँ गये अंतिम यात्रियों द्वारा अंकित चिह्न रास्तेकी चट्टानमें मिलते हैं। पण्डोंके पास २०० वर्ष-की बहियाँ मिलनेमें बहुत कठिनाई नहीं है। शायद उनके पन्नोंको उलटनेपर कुछ स्वर्गारोहियोंके नाम और पते भी मिल जायँ। हो सकता है, कुछ बूढ़े अपनी आनुवंशिक स्मृतिके सहारे स्वर्गारोहण-संबंधी क्रिया-कलापोंके बारेमें भी कुछ बतलायें। यह एक ऐतिहासिक अनुसन्धानका विषय है, जिसे यदि कोई कर सके तो बहुत अच्छा होगा।

तरह तरहकी बातें सोचते मैं आगे बढ़ रहा था। केदारनाथ डेढ़-दो मीलसे अधिक नहीं था। बलबहादुर २२-२४ वर्षका पतला-दुबला-ठिगना, किन्तु मज-बूत नैपाली तरुण था। मजबूतीके अभिमानमें डंडा रखना वह अपने लिए अपमान-की बात समझता था, लेकिन जब यहाँकी पतली हवाने फेफड़ेको जल्दी-जल्दी धौंकना शुरू किया, तो उसे डंडेका गुण मालूम हुआ। मेरे पास डंडा था, लेकिन मैं उसे दे नहीं सकता था। बड़े बड़े वृक्षोंकी भूमि तो खतम हो गई थी, किन्तु इंच-दो-इंच मोटी झाड़ियाँ अब भी कहीं कहीं थीं। मेरे पास आधुनिक हथियार अभी अभी खरीदा रिवाल्वर था, लेकिन उसके सहारे डंडा थोड़ी ही काटा जा सकता था। बलबहादुरको डंडेकी अवश्यकता इतनी अनिवार्य मालूम हुई, कि उसके दिमागने आदिम मानवकी तरह सोचना शुरू किया। जावाका प्राचीनतम मानव—जिसे आजसे तीन-चार लाख वर्ष पहले हुआ बतलाते हैं—अपने पत्थरके हथियारोंको कुछ छीलकर बनाता था। बलबहादुरके पास दूसरे नेपालियों-की तरह खुकुरी नहीं थी, लेकिन आदिम मानवकी बुद्धि तो थी। उसके पास न समय था न पूर्वजोंका अभ्यास, कि पत्थरको कुछ छील-छालकर तेज कर ले। जिस नालेके किनारे झाड़ियाँ थीं, उसमें बहुतसे अनगढ़ पत्थर थे, उन्हींमेंसे एकको

बलबहादुर उठा दो इंच मोटी लकड़ी काटने लगा। मैं बड़े कौतूहलके साथ उसकी प्रत्येक चेष्टाको देख रहा था। उसने जड़में चारों ओरसे थोड़ा थोड़ा काटा, फिर दबाकर डंडेको तोड़ लिया। मालूम होता है आदिम मानव भी केवल उपयोगितावादी ही नहीं था, उसके दिलमें भी कलाके प्रति प्रेम था। बलबहादुरने उसी अपने पत्थरके हथियारसे डंडेके दूसरे सिरेको भी काट डाला, उसकी कमचियोंको भी निकाल डाला और गाँठोंको चिकना कर दिया। हाथ पकड़नेके छोरको छील-छाल और रगड़कर उसने कुछ गोल और चिकना बना लिया, फिर छिलकेके कारण बुरे मालूम होते डंडेको मानव-पुत्र कैसे इस्तेमाल करता, इसलिए उसने अपने अतिपुरा पाषाणास्त्रसे मुठियाकी ओरसे छिलका उतारना शुरू किया। मैं सोच रहा था, शायद सारे डंडेकी छाल उतारकर ही वह चलनेका नाम ले। बलबहादुर अपनी क्रियामें सुस्त नहीं था, इसलिए मुझे देर करनेके लिए अधीर होनेकी अवश्यकता नहीं थी। लेकिन, उसने डंडेको एक बित्ता ही छीलकर छोड़ दिया। बलबहादुरका यह पुरापाषाणयुगीन डंडा कई दिनोंतक साथ रहा। वस्तुतः उसे किसी संग्रहालयमें रखना चाहिये था, किन्तु हमारे यहाँ "गुणगाहक हेरानों है।" स्वीडनके विज्ञानवेत्ताओंने पिछली शताब्दीमें क्रियात्मक परीक्षा की थी, कि पाषाणयुगीन हथियारोंसे क्या क्या काम किया जा सकता है। उन्होंने छिले हुए पाषाणास्त्रोंसे वृक्ष काटे, वृक्षोंके तनोंको खोदकर नाव बनाई, और दूसरी भी कितनी ही चीजें तैयार कीं। शायद उन वैज्ञानिकोंको उस परीक्षामें हजारों रुपये व्यय करने पड़े होंगे, और यहाँ बलबहादुरने मिनटोंमें परीक्षा करके दिखला दिया, कि बिना छिले पत्थरके हथियारोंसे भी आदमी अच्छा सुडौल डंडा १०-१५ मिनटमें तैयार कर सकता है। बलबहादुरको क्या पता था, कि उसके पूर्वज पहले इसी तरह डंडा बनाते थे। उसके लिए तो सभी नेपाली कमकरोंकी भाँति काला अक्षर भैंस बराबर था।

आगे बढ़ते हुए हम देवदेखनी स्थानपर पहुँचे, जहाँसे केदारनाथका "मैदान" शुरू होता है। मैदान कभी अखंड रहा होगा, जब कि मंदाकिनी और उसमें आकर मिलनेवाले सैकड़ों नाले-नालियोंने उसे छिन्न-भिन्न नहीं किया था। लेकिन वह लाखों वर्ष पहलेकी बात है। तब शायद मैदानकी जगह यहाँ हिमसर या हिमानी रही होगी। इससे पहले भी एक दो जगह नालोंमें बर्फ मिली थी, किन्तु अब तो आध मीलतक बर्फपर ही चलना था। केदारनाथपुरी दिखलाई देने लगी, जो आसपास फैली बर्फके बीचमें वर्फ-ढकी छतोंवाले मकानोंके कारण स्पष्ट नहीं थी। १० मईका दिन और यह बर्फ, नीचे लूह चलती हवा और यहाँ-

की यह सर्दी ! कितना वैचित्र्य ? मध्यान्हका समय था। सवेरे गौरीकुंडसे चले कितने ही यात्री मंदाकिनीमें डुबकी लगा केदारनाथका दर्शन कर लौटे आ रहे थे। साढ़े १२ बजे थे, जब कि मैं मंदाकिनीके पुलको पारकर पुरीमें दाखिल हुआ। बहुतसे पंडे आये, लेकिन मेरे पंडे तो बृद्ध काशीनाथ शर्मा हो चुके थे। नाम-धाम बतलानेमें बेपर्वाही दिखलानेपर एक पंडा-तरुण बल्कि लाल हो गया। जवानीका खून था, शायद दो अक्षर पढ़ा भी था और उसके साथ ही उसे यह भी मालूम होगा, कि अब हमारा देश परतंत्र नहीं है, इसलिए नम्रतामें प्रसिद्ध पंडोंकी वृत्ति करते हुए भी उसके खूनमें थोड़ी गर्मी आ जाय, तो कोई आश्चर्यकी बात नहीं।

पुरीके राजपथपर भी कहीं कहीं बर्फ थी। आसपासकी भूमिमें तो वह काफी थी। कितनी ही दीवारोंको छततक वर्फ ढँके हुए थी, यद्यपि राजपथकी तरफ खुलनेवाले दरवाजोंको बर्फमें छेदकर खोल दिया गया था। केदारखंड कैशालपति भोले बाबाकी भूमि है, जिनके लिये कोई कायदे-कानूनकी पाबंदी नहीं है। जानता था, कि इस वक्त जो धूप दिखलाई दे रही है, वह किसी समय लुप्त हो जा सकती है; इसलिए मैंने उससे पहले फोटो ले लेना आवश्यक समझा। इस बुद्धिमानीने सचमुच ही काम कर दिया। एक ही घंटे बाद आकाशमें चारों ओर सफेद-सफेद बादल दौड़ रहे थे। दूसरे दिन यद्यपि मैं साढ़े ९ बजे चला, लेकिम आकाश उतना निरभ्र नहीं था। लोग भी कहते थे, पूर्वाह्णमें मौसिम अच्छा रहता है। पंडित काशीनाथ शर्माने अपने घरका पता दे दिया था, और यह भी बतला दिया था, कि केदारनाथका डाकखाना मेरे ही घरमें है। वैसे पुरी नाम होनेसे यह नहीं समझना चाहिये, कि काशी-कांची-अवंतिका पुरियोंमेंसे यह भी एक है, जिनकी गलियोंमें आदमी भूल जा सकता है। मैं सीधे काशीनाथ-भवनमें गया। १९१०के जून-जुलाईके महीनोंमें मैं यहाँ डेढ़-दो महीने रहा था, उसे बीते ४१ वर्ष हो गये थे, इसलिए यदि स्मृति अधिक सहायता न करती तो उसको दोष देनेकी अवश्यकता नहीं। तो भी इतना कह सकता हूँ, कि उस समयके मकानोंकी अपेक्षा आजके मकान ज्यादा वड़े और अच्छे हैं, उनकी संख्या भी अधिक है। कालीकमलीवाली धर्मशालाके उस दो महले भवनको भी देखा, जिसमें मैं शिष्य वननेकी इच्छासे स्वामी धर्मदासके साथ ठहरा था। लेकिन अब वह धर्मशालाका एक छोटासा भाग है। वस्तुतः पिछले ४० सालोंमें हमारे धर्मभीरु सेठोंने दो-दो विश्वयुद्धोंकी लक्ष्मीकी बाढ़ोंसे जो लाभ उठाया, उसका काफी प्रभाव इन तीर्थ-पुरियोंमें दिखाई पड़ता है। काशीनाथजीके मकानको किसी जजमानने बनवा दिया है। दीवारें गढ़े हुए पत्थरोंकी, छत साफ-सुथरे

टीनकी, खिड़कियाँ काफी बड़ी और कोठरियाँ भी अच्छी थीं। उसे देखकर कहा जा सकता है, इन ४० वर्षोंमें यहाँके मानवने सुरुचिकी ओर काफी प्रगति की है। लेकिन मनुष्यके लिए सबसे आवश्यक पाखाने-पेशाबके स्थानका वहाँ कोई प्रबन्ध नहीं था। खैर, यह तो हमारे सारे देशकी बीमारी है। हम भारतकी परिभाषा बना सकते हैं—जहाँ स्वच्छ शौच-स्थान बनानेपर कमसे कम या बिल्कुल ही खर्च न किया जाय। मैं तो डायाबेटिसका मरीज ठहरा, जिसके लिए पेशाबका स्थान सबसे समीप होना चाहिए। लेकिन काशीनाथ-भवन कैसे अपवाद हो सकता था ? पोस्टमास्टर साहबसे चिट्ठियोंके बारेमें पता लगाया, तो वहाँ गुप्तकाशीसे कलकत्ताके लिए भेजी गई चिट्ठी पहुँची हुई मिली। आखिर कलकत्ता और केदारनाथ दोनोंमें ककार पड़ता है, और केदारनाथ नजदीक भी है, इसलिए हमारे डाकखानोंके सुयोग्य कार्यकर्त्ता यदि कलकत्ताकी चिट्ठीको केदारनाथ भेज दें, तो कोई अचरज नहीं। पंडित काशीनाथजीने अपने लड़केको भेज दिया था, उनके दामाद भी यहाँ ही थे। उन्होंने अपने मकानमें जो सबसे अच्छी कोठरी थी, उसमें हमें टिकाया। गद्दा और कालीन भी आ गया, दो रजाइयाँ भी रख दी गई—दोपहरको भी यहाँ सर्दी काफी थी। मालूम हुआ, केदारनाथमें (और बदरीनाथमें भी) ओढ़ना-बिछौना पंडा लोगोंके यहाँ काफी रहता है, और बदरीनाथमें तो किरायेपर भी मिलता है। ओढ़ने-बिछौनेको गंदा वही कह सकते हैं, जो सबेरेके पहने कपड़ेको शामको गंदा समझ लेते हैं। मुझे अफसोस होने लगा, कि मैं क्यों कंबलों और बिछौनोंका बोझा लदवाये आया। यहाँ केदारनाथ और बदरीनाथ छोड़ रास्तेमें कहींपर भी एक कंबलसे अधिकका जाड़ा नहीं पड़ता। एक दरी, एक छोटा तकिया और एक कंबल काफी था। मैंने तो बल्कि कुछ किफायत भी की थी, कलकत्ता बंबईसे आनेवाले सेठ तो एक-एक गधेका बोझ लेकर यहाँकी सर्दीसे मुकाबला करना चाहते हैं।

केदारनाथमें ईंधन बहुत महँगा है। एक आदमीके खानेके लिए एक रुपयेका ईंधन लग जाय। जहाँ ढाई रुपया सेर आटा मिलता है और तीन साढ़े तीन रुपया सेर पूरी, वहाँ महँगी रोटी बनानेके लिए तैयार होनेवाले समझदार आदमी कम ही मिलेंगे।

५. केदारनाथपुरी

रामबाड़ामें खा-पी आये थे, इसलिए खानेकी चिंता नहीं थी। हाँ, कुछ थकावट अवश्य मालूम होती थी, जिसके लिए एक घंटा सो लेना जरूरी था।

सोकर बाहर निकले, तो देखा निरभ्र आकाश अब साभ्र हो गया है। केदारनाथमें खंडस्फोट (टूटी-फूटी) मूर्त्तियाँ बहुत है, जिनका फोटो लेना था। लेकिन इस छायामें कैसे लिया जा सकता था ? अगले दिनपर इसे छोड़ना पड़ा।

आज मैंने मंदिरों और टूटी-फूटी मूर्तियोंकी जाँच-पड़ताल कर लेनी चाही। नवदुर्गाकी मढ़ीमें कत्यूरीकाल (१०वीं-१२वीं शताब्दी)की कई मूर्त्तियाँ थीं। केदार-नाथके मंदिरके पीछे भी चार-दीवारीमें टूटी-फूटी मूर्त्तियाँ जड़ी हुई थीं। केदार-नाथका मंदिर अब सरकारी गैर-सरकारी प्रतिनिधियों द्वारा संगठित एक कमीटीके अधीन है, जिसके सेक्रेटरी बदरीनाथमें रहते हैं, किंतु असिस्टेंट सेक्रेटरी (सहायक-सचिव) केदारनाथकी देखभाल करते हैं। इस समय वह ऊखीमठमें गये हुए थे, लेकिन उनके सहायक यहाँ मौजूद थे। मैंने उनसे मिल लेना आवश्यक समझा। वह बड़ी अच्छी तरहसे मिले। वहीं उत्तराखंड विद्यापीठके अध्यापक शास्त्रीजी भी मिल गये। अपरिचित आदमीके साथ भी इस तरहकी शालीनता स्तुत्य है। शास्त्रीजी शंकरके अनन्य भक्त हैं, और इसीलिए भगवान् केदारनाथकी सेवा-पूजाके लिए इस समय यहाँ ठहरे हुए थे। उनके दीर्घ केश, लंबी दाढ़ी, शिरपर त्रिपुंड्र और वेषभूषाको देखकर मुझे अपना काशीका विद्यार्थी-जीवन याद आने लगा और वहाँकी कुछ इसी तरहकी मूर्त्तियाँ मेरे मानस-पटलपर उतरने लगीं, किन्तु मैं जानता था, कि वह इस समय ९० वर्षसे ऊपर पहुँचकर ही हो सकती हैं। शायद क्या निश्चय ही, अब वह इस धराको छोड़कर अन्यत्र चली गई होंगी ! लेकिन आदमीको अपनी प्रत्यक्ष देखी हुई मूर्त्तियाँ ही नहीं स्मृतिकी कृपासे देखने-को मिलती, इतिहास और प्राचीन अवशेषोंमें अंकित मूर्त्तियाँ भी साकार होकर उसके सामने आती हैं। मैं जानता था, केदारका प्रथम मंदिर उस समय स्थापित हुआ, जब कि यहाँ प्राचीन पाशुपतोंका जोर था। गुप्त राजा चाहे अपनेको वैष्णव कहते हों, लेकिन उस समयका ब्राह्मणधर्मी शिक्षित भारत विष्णुका नहीं सबसे अधिक शिवका भक्त था। केदारनाथमें शिवजी विराजमान थे, उज्जयिनीमें महाकाल, कांचीमें भी पार्वती-परमेश्वरका ही जयनाद घोषित होता था। यही नहीं इन्दोनेसिया और इन्दोचीन तक शैवधर्मकी विजय-दुंदुभी बज रही थी। इन्दोचीन (कंबोज)के वह विशाल मंदिर और उनके भीतरके शिलालेख मुझे याद आने लगे, जिनमें शंकरकी पूजाके लिए बृहत् आयोजनका सविस्तर वर्णन था—जो कि अब इतिहासकी वस्तु बन चुके हैं। शैव साधु सैकड़ोंकी संख्यामें वहाँ रहते थे और उनके महन्तके वैभवके सामने आजके रावल किसी गिनतीमें नहीं। परन्तु मुझे वह वैभव आकृष्ट नहीं करता था। मैं आकृष्ट होता था

उस शतरुद्रीके पाठसे, जो त्रिपुंड्रधारी यज्ञोपवीती, रुद्राक्षमाली, वेदपाठियोंके मुँहसे सस्वर निकलता था। मैं आकृष्ट होता था, उस अगर-तगरकी धूप-धूमों और फूलोंकी नाना प्रकारकी मधुर सुगंधियोंसे, जो आजसे डेढ़ हजार वर्ष पहले-के मंदिरोंमें उड़ती थीं। अब भी मुझे मालूम होता है, कि वह मेरी नासिका द्वारा भीतर प्रविष्ट होकर दिमागको भीनी-भीनी सुगन्धसे भर रही हैं। उन जग-मगाते शिवालयोंमें सर्वत्र सौंदर्य, कला और स्वच्छताका अखंड राज्य था। सभी वस्तु शिवं सुन्दरं थी। मुझे यह भी मालूम है, कि यह सब वैभव उन दासदासियोंके परिश्रमसे पैदा हुआ था, जो सारी जनताकी चौथाई थीं। शिवं सुन्दरंके लिए यह बड़े कलंककी बात थी, तो भी स्मृति जिस भव्य रूपको सामने चित्रित करती है, उसे देखकर थोड़ी देरके लिए आनंद और आकर्षण हुए बिना नहीं रह सकता, विशेषकर जब कि मैं जानता हूँ, कि वह दासताका युग फिर लौटकर नहीं आ सकता, मनुष्यके पूर्ण स्वतंत्र होनेको कोई नहीं रोक सकता। काली निशा दुनियाके बहुतसे भागोंसे दूर हो चुकी है, वह बाकी भागोंमें भी देर तक नहीं रह सकती।

अगले दिन मंदिरके भीतरकी चीजोंको देखना था। शास्त्रीजी और पोस्टमास्टर साहब दोनों हीने बतलाया, कि मंदिरके भीतर दीवारोंपर कई शिलालेख हैं। इस बातने मेरी उत्सुकताको और बढ़ा दिया। वहाँ उपस्थित समिति-अधिकारी, शास्त्री-जी और पोस्टमास्टर साहबमेंसे किसीने भी मेरा नाम नहीं सुना था और न मेरी पुस्तकें पढ़ी थीं, यद्यपि तीनों ही शिक्षित नहीं सुशिक्षित कहे जा सकते थे, किन्तु यह ज्ञान मेरे लिए कोई आविष्कार नहीं था। मैं नहीं आशा करता, कि हर एक शिक्षितके लिए राहुल सांकृत्यायनकी कोई न कोई पुस्तक पढ़ना आवश्यक है। उन्हें यह मालूम हो गया, कि मैं संस्कृत जानता हूँ (शास्त्रीजीसे संस्कृतमें ही बात चली थी) और यह भी कि मुझे प्राचीन लिपियोंका ज्ञान है। पुराण-पंथी चाहे वह अपनी पूजा भक्तिमें रहे हों, किंतु तीनों ही सज्जन पुरातत्त्व और पुरालिपिके ज्ञानके महत्त्वको मानते थे, इसलिए यहांकी हर एक चीजको दिख-लानेके लिए वह मुझसे कम उत्सुक नहीं थे।

९ बजेसे कुछ पहले ही केदारनाथका मंदिर यात्रियोंके लिए खुल जाता है। इसके पहले ही मंदिरके कुछ पुजारी तथा शास्त्रीजी जैसे अन्तरंग भक्त भगवान् शंकरकी पूजा करते हैं। इस पूजाके आरंभ होनेसे भी पहले आकर देखनेका इन्तजाम कर दिया गया। मैं ७ बजे ही मंदिरके भीतर गया। केदारनाथका मंदिर गोपेश्वरकी तरह उत्तराखंडका सबसे विशाल मंदिर है। इसके दो खंड हैं, शिखरदार पिछले खंड (गर्भगृह) में शिवजी विराजमान हैं और बाहर उससे

७. केदारनाथ-मंदिर (पृष्ठ ४३०)

८. केदारनाथमें खंडित मूर्तियां (पृष्ठ ४३५)

९. कालीमठ-खंडित मुखलिंग
(पृष्ठ ४४०)

१०. गोपेश्वरका प्राचीन मंदिर
(पृष्ठ ४५६)

कुछ बड़ा सभा-मंडप है। ११ मई होनेसे यह न समझें, कि यहां भी हम मजेमें नंगे पैर विश्वनाथका दर्शन कर सकते थे। बौद्धोंने भिन्न-भिन्न जलवायुके अनुसार अपनी पूजा-प्रक्रियामें परिवर्तन किया है, तिब्बत और मंगोलिया जैसे अति-शीतल देशोंमें मंदिरके भीतर जानेके लिए जूता उतारनेकी अवश्यकता नहीं होती। जापानियोंने भी समझ लिया है, कि शीतल फर्शका नंगे पैरके तलवेके साथ सीधा संबंध चित्तकी एकाग्रतामें सहायक नहीं हो सकता, इसलिए वह साधारण जूतेके ऊपर ऊनी खोलको लगाकर भीतर जानेमें कोई हर्ज नहीं देखते। बर्मा और लंकामें भारतकी तरह ही जूतेको बहुत दूर छोड़ना पड़ता है। यहां ११७६० फुटकी ऊंचाईपर चारों तरफ वर्फ पड़ी धरतीके ऊपर अवस्थित, दिनमें भी दीपक जलानेकी अवश्यकतावाले मंदिरके गर्भमें नंगे पैर जाना ठहरा। मुझे वहां हरएक चीजको बहुत गौरसे देखना था, लेकिन तलवे बर्फ बनते जा रहे थे। खैर पानीमें भीगा हुआ कंबलका टुकड़ा पुजारीने दे दिया, जिससे कुछ हिम्मत बढ़ी। आधुनिक ज्ञानलाभ आदमीको बुद्धिवादी बनाए बिना नहीं रहता। शास्त्रीजी, पोस्ट-मास्टर साहब तथा सहायक-सचिव श्रीनारायणदत्त बहुगुनाके सहायक अफसर हर तरहसे सहायता करनेके लिए तैयार थे।

केदारनाथका मंदिर, जैसा कि पहले कहा, उत्तराखंडका एक सबसे बड़ा मंदिर है। अंग्रेजी राज्यके कायम होनेके वाद पहले बीस वर्षोंसे अधिक ट्रेल कुमाऊंके कमिश्नर या राजा थे। अपने समयके कुमाऊं-गढ़वालके बारेमें ट्रेलने बहुत सी वातें लिखी हैं, जिनका हिन्दीमें आना बहुत आवश्यक है। ट्रेलने लिखा था, केदारनाथका मंदिर नया है। मंदिर देखनेसे यह विश्वास करनेका मन नहीं करता कि, यह १८०० ई० के आसपास बना होगा। उसके समयके आसपास गढ़वालमें भयंकर भूकंप आया था, जिससे अपार हानि हुई थी और उसी मौकेसे लाभ उठाकर नेपालने आसानीसे गढ़वालपर अधिकार कर लिया था। हो सकता है, उस वक्त भूकम्पसे मंदिरको क्षति हुई हो, और उसकी मरम्मत करनी पड़ी हो। वस्तुतः मंदिर उस समय बना था, जिस समयके शिलालेख गर्भगृहके भीतरी दीवारोंमें जड़े हुए हैं, तथा जिस समयकी मूर्त्तियां गर्भगृहके द्वारके चौखटपर बनी हुई हैं। सभामंडपमें भी कई पुरुषप्रमाण मूर्त्तियां हैं, जो भी उसी कालकी हैं। मंदिरके अधिकारियों और मेरी भी बड़ी इच्छा थी, कि कोई शिलालेख पूरी तौरसे पढ़ा जाये, किंतु मंदिरमें घीके चिराग बाले जाते हैं। भगवान्‌के ऊपर भी घीका लेप होता है, और लेप करनेके बाद हाथमें लगे घीको दीवारोंपर पोंछ दिया जाता है। शताब्दियोंसे यह होता आया है,

जिसके कारण अभिलेखोंके अक्षरोंमें घी भर गया है। सुपरिन्टेन्डेन्ट साहबने गरम पानी भी भिजवाया था, कंबलसे रगड़कर मैंने साफ करनेकी कोशिश की, लेकिन उससे वह काम होनेवाला नहीं था। उसे तो गरम पानीमें घुले हुए साबुनसे कड़े ब्रुशके सहारे धोनेकी अवश्यकता थी। मैंने देख लिया, यह काम इस वक्त नहीं हो सकता। लेकिन कुछ अक्षरोंको पढ़नेमें मैं अवश्य सफल हुआ, जिससे मालूम हो गया, कि अभिलेखका काल १२वीं-१३वीं सदीसे पीछेका नहीं हो सकता। अक्षर पत्थरमें काफी गहरे खुदे हुए है, इसलिए ठीकसे धोकर छापा लेनेपर पढ़ना मुश्किल नहीं होगा। मैंने जो अक्षर पढ़े थे, उनमें "रजदेवके....।....इति" लिखा था। पहले चार अक्षर वैसे ही थे, जैसे कि १२वीं सदीके तालपत्रोंमें (मुझे तिब्बतमें मिले) हैं अथवा जैसे अक्षर कत्यूरी राजाओं (१०वीं-१२वीं सदी) के अभिलेखोंमें मिलते हैं, इतिमें ई ऊपर दो बिंदियोंके नीचे उ की मात्रा लगाकर लिखा गया था। यह शिलालेख उत्तराखंडके इतिहासके लिए महत्त्वपूर्ण साबित होंगे।

केदारनाथमें महादेवका कोई लिंग स्थापित नही है। पुराणोंमें कथा आती है, कि जब पाण्डव हिमालय गलनेके लिए आए, तो शंकरजीको ढूंढ़ते हुए इस केदार (क्यारी या मैदान) की भूमिमें उन्हें शंकरजीका पता लगा। शंकर कुल-हत्यारे पापी पांडवोंको मुंह नहीं दिखाना चाहते थे, इसलिए उन्होंने भैंसेका रूप धारण करके चरना शुरू किया। बर्फ पिघलनेके बाद वर्षा शुरू होते ही केदारकी भूमि और उपत्यका हरी हरी घासोंसे ढंक जाती है। आजकल यहां तो नहीं, किंतु आस-पासके पहाड़ोंके बुक्यालोंमें भैंसें चरने जाया करती हैं। अस्तु, इसी तरहकी भैंसोंकी भीड़में शंकरजी भैंसा बनकर चरने लगे। लेकिन पांडव आसानीसे पिंड छोड़नेवाले नहीं थे। अगमजानी सहदेव पंडित भी उनके बीचमें थे। भीमको वैसे अक्ल कहां थी, किंतु सहदेवकी पंडिताईसे उनके विशालकायने मिलकर शंकरको पकड़ना चाहा। शामके वक्त भैंसें जव नीचेकी ओर जाने लगीं, तो भीमने अपने दोनों पैर दोनों ओरके पहाड़ोंपर रखकर ऐसा कर दिया, कि भैंसें उनके पैरोंके बीचसे ही निकल सकें। शंकरके लिए बड़ा धर्मसंकट उपस्थित हो गया। उन्होंने चाहा, कि धरतीमें डूबकर छुटकारा पायें। शंकर डूबने लगे, उनकी पीठभर ऊपर रही, इसी समय पांडवोंने पहचान लिया। महिषरूपी कैलाशपतिका पृष्ठ मात्र केदारनाथमें रह गया, जिसपर ही यह मंदिर बना हुआ है। जान पड़ता है, केदारनाथके नामसे पूजी जाती शिला की आकृतिको देखकर महिषपृष्ठकी कल्पना हुई। ऊपर दिखाई देती केदारनाथकी पीठ दो तीन हाथसे कम बड़ी नहीं है। यह अनगढ़

पत्थर नीचे कितना बड़ा है, यह नहीं कहा जा सकता। पत्थरके चारों ओर चौकोना अर्घा है, जो आम अर्घोंकी आकृतिका न होकर केवल छिला हुआ चौकोर मेंडर है। सारा अर्घा एक पत्थरसे खोदकर बनाया गया है। केदारनाथ-शिला-के बारेमें तो नहीं कह सकता, कि उसे कहींसे उठाकर यहां रक्खा गया, लेकिन अर्घा और शिला एक पत्थरके नहीं हैं। इतने बड़े अर्घेके बनानेके लिए शिला लाना भीमसेन ही का काम होगा। पुजारीने पानी गिराकर यह भी दिखलाया कि केदारनाथ और अर्घेके बीचकी दरारमें गिरनेवाला पानी अपनी आवाजसे बतलाता है, कि वहां कुछ हाथ गहरी पोली जगह जरूर है। केदारनाथ शिला यहां पहलेसे मौजूद थी। उसके किनारेका अर्घा उसी वक्त तैयार हुआ, जब कि वर्तमान या इसके पूर्वगामी मंदिरका निर्माण हुआ, अर्थात् कमसे कम १२वीं-१३वीं सदीसे अर्घा और केदारशिलाका संबंध अक्षुण्ण चला आ रहा है।

१७४१-४२ ई०में लूटपाट करते रुहेले केदारनाथ तक पहुँचे थे। उन्होंने ही यहाँकी सारी मूर्त्तियोंको तोड़-फोड़कर सवाब हासिल किया। लेकिन केदार-नाथकी न कोई मूर्त्ति थी, न लिंग ही, इसलिए उन्होंने इस नैसर्गिक शिलापर हाथ नहीं छोड़ा, हाँ, मंदिरकी और मूर्त्तियों तथा नवदुर्गा आदिकी प्रतिमाओंको नासा-छिन्न लँगड़ी-लूली करके छोड़ दिया। १७४२ ई०से पहले शायद और भी लुटेरे यहाँ पहुँचे हों, किन्तु उनके बारेमें कुछ पता नहीं मिलता। यद्यपि रुहेलोंके यहाँ आनेकी बात न इधरके पंडा लोग माननेके लिए तैयार है, न वर्तमान अधिकारी ही, किन्तु इस सवालका उनके पास कोई उत्तर नहीं है, कि मूर्त्तियोंको किसने तोड़ा, और अपने हथौड़ेका लक्ष्य मूर्त्तियोंकी नाकोंको ही क्यों किया गया? इसमें कोई संदेह नहीं, कि रुहेले गढ़वाल और कुमाऊँके सभी धनाढ्य मंदिरोंमें पहुँचे, और केदारनाथ तथा बदरीनाथ उनके प्रहारसे नहीं बच सके।

गर्भगृहमें अर्घेके पास चारों कोनोंपर बहुत मोटे चार पाषाण-स्तंभ हैं, जिनकी बगलसे होकर भीतर ही भीतर केदारनाथकी प्रदक्षिणा की जा सकती है। मंदिरकी दीवारें दूसरे पुराने मंदिरोंकी तरह बहुत मोटी तथा बड़े बड़े सुगढ़ पत्थरों-को जोड़कर बनाई गई है। शिखरके बारेमें बतलाया जाता है, कि पहले यह और भी ऊँचा था, जिसे मरम्मत करते समय कुछ छोटा रख दिया गया। लेकिन, मंदिरके आकारके तारतम्यको देखनेसे यह बात ठीक नहीं जँचती। सभी इधरके मंदिरोंकी तरह शिखरके ऊपरी भागमें काष्ठवेष्ठनी है। गर्भगृहके द्वारपर आकर देखा, तो वहाँ चौखटकी चारों ओर बहुतसी अलंकारार्थ मूर्त्तियाँ खुदी हुई हैं, जो वर्तमान मंदिरका अभिन्न अंग, तथा १२वीं-१३वीं सदीके पीछेकी नहीं हो सकती।

गर्भगृहके बाहर सभा-मंडप है, यद्यपि इसमें भी गर्भगृहकी तरह रोशनदान नहीं है, किन्तु दरवाजोंके होनेसे यहाँ रोशनी काफी आती है। इस मंडपमें भी भीतर चार विशाल पाषाणस्तंभ हैं। दीवारके गौखोंमें आठ पुरुष-परिमाण मूर्त्तियाँ हैं, जिन्हें पंच पांडव और द्रौपदी बनाकर यात्रियोंको दर्शन कराया जाता है। यह कहनेकी अवश्यकता नहीं, कि वह पांडव-मूर्त्तियाँ नहीं हैं, वल्कि उनका संबंध शैव संप्रदायसे है। इनमेंसे पाँच मूर्त्तियाँ काफी प्राचीन हैं और कलाकी दृष्टिसे भी अच्छी हैं।

अब यात्री लोग भी दर्शन करनेके लिए आने लगे थे, इसलिए मैं मंदिरसे बाहर आ गया। केदारनाथका मंदिर एक ऊँचे चबूतरेपर स्थित है। चबूतरेके बाहर मंदिरका हाता है। मंदिरके पीछेकी ओर बहुतसे पत्थरोंका ढेर पड़ा हुआ था, जिसे कमीटीने साफ करवाकर उसे और प्रशस्त बनवा दिया है। हातेकी पीछेवाली चहारदीवारीमें वहींसे निकली कुछ मूर्त्तियोंको जड़ दिया गया है, सभी मूर्त्तियाँ "खंडस्फोट" हैं और सभी ब्राह्मण-धर्मसे संबंध रखती हैं। बाहर घूमते हुए मैं पीछेसे हातेके दाहिने कोनेपर गया। वहाँ श्री अम्बादत्त तंगवालने ईशान मंदिर नहीं ईशान कुटिया खड़ी कर रक्खी है। उनका कहना है, कि यही केदार-खंडके मूल ईशान भगवान् हैं, जिनका वर्णन महात्म्यमें मिलता है। लेकिन पुस्तक खोलकर ईशान शब्द दिखलानेसे पहले ही मेरी दृष्टि मंदिरके बाहर बिछे हुए पत्थरोंमेंसे एकपर पड़ी। मुझे गौरसे देखते हुए देखकर उन्होंने कहा— यह भोटिया अक्षर है। मैंने जब इस मंदिरको ठीक-ठाक करनेके लिए खुदाई कराई, तभी यह लेख निकल आया। यद्यपि भोटिया वू-मे (शिरोरेखाहीन) लिपिके अक्षरोंसे इस अभिलेखकी दोनों पंक्तियोंके दसों अक्षर मिलते है, किन्तु यह भी याद रखना चाहिए, कि वू-मे लिपि मध्य-एसियाकी गुप्ता ब्राह्मीसे निकली है, इसलिए इसे जैसे भोटिया लिपि कहा जा सकता है, वैसे ही गुप्ताब्राह्मी भी। यह तो निश्चित है, चाहे यह भोटिया वूमे लिपि हो या गुप्ताब्राह्मी, इसका काल कत्यूरीकालसे पहलेका है। यदि गुप्ताब्राह्मी होती, तो ४थी-५वीं सदीकी हो सकती थी। यदि वू-मे तो ७वीं-८वीं शताब्दी की, जब कि तिब्बती साम्राज्य तरिमउपत्यकासे लेकर सारे हिमालयमें था। अक्षरोंको मैंने पढ़नेकी पूरी कोशिश नहीं की। शायद संस्कृत नहीं है। तिब्बती भाषा होना ही संभव है। ऐसा होनेपर पहला अक्षर ये है, दूसरा य, तीसरा र, चौथा यू, पाँचवाँ र सहित क और छठवाँ द होगा। इससे कोई अर्थ नहीं निकलता। शिलालेख खंडित है। संभव है, इसका दूसरा टुकड़ा भी यहीं कहीं आसपासमें पड़ा मिले।

इतना तो इस लेखसे स्पष्ट ही हो जाता है, कि १२वीं-१३वीं सदीमें बने वर्तमान मंदिरसे पहले भी यहाँ कोई मंदिर था, जिससे इस लेखका संबंध है। यदि यह गुप्ताब्राह्मी और भाषा संस्कृत या प्राकृत होती, तो यह ४थी-५वीं सदीका होनेसे सारे केदारखंडके अभीतक प्राप्त लेखोंमें सबसे पुराना माना जाता, किन्तु तिब्बती बू-मे होनेपर भी यहाँका सबसे पुराना तिब्बती लेख है ही। मंदिरके आसपास कमीटीने जो खुदाई की थी, वह पुरातात्त्विक दृष्टिसे नहीं की गई, उसका उद्देश्य था, मंदिरके हातेको कुछ साफ करके बड़ा बना देना। श्रीअम्बादत्तजीने जब मुझे महातम दिखलाया, तो मैंने भी उस लेखका महातम बतलाकर कहा, कि सबसे पहले इसे आप मंदिरके भीतर रखिये।

नवदुर्गाका मंदिर नहीं, एक टूटी फूटी मढी है, जिसमें ११वीं-१२वीं सदीके कई "खंडस्फोट" मूर्त्तियाँ रक्खी हुई है, जिनमें नौ तो नहीं, पाँच मातृकायें हैं, जिनसे यह भी मालूम होता है, कि शायद पहले यहाँ नवो मातृकायें थीं।

शास्त्रीजी इस बातका अफसोस कर रहे थे, जिसमें मैं भी उनका साथ दे रहा था, कि यहाँसे थोड़ी दूर उत्तर जिस स्थानपर भगवत्पाद शंकराचार्य मरे थे, वहाँ उक्त आचार्यका कोई स्मारक नहीं है।

नवदुर्गाकी मूर्त्तियोंको देखें या मंदिरके चौकठेके पत्थर और मूर्त्तियोंको. उनपर १७४१-४२ ई०में हुए रुहेलोंके प्रहारका साफ पता लगता है। मंडपमें छोटी बड़ी चार धातु-मूर्त्तियाँ भी हैं, जो यही बतलाती हैं, कि उन्हें कहीं छिपा दिया गया था, क्योंकि रुहेलोंके साथ मूर्त्तियोंको गलाकर द्रव्य बनानेका भी पूरा प्रबंध था।

§२. बदरीनाथ-यात्रा

१. कालीमठ

११ मई (१९५१) को साढ़े ९ बजे धूप काफी फैल गई थी, जब कि मैंने केदार-पुरीसे बदरीनाथकी यात्रा आरंभ की। बलबहादुरको सामान-सहित ६ बजे सबेरे ही गौरीकुंड भेज दिया था। मैं कोई बोझ नहीं उठाये हुए था, यद्यपि मैंने पीठपर ले चलनेका थैला पिछले ही साल खरीदकर रख लिया था। मुझे यहाँ पगपगपर उसकी अवश्यकता मालूम होती थी। कैमरा मेरे कंधेसे लटक रहा था, रिवाल्वर पाकेटमें थी, किन्तु उनके अतिरिक्त भी दो-एक चीजोंकी अवश्यकता मालूम होनी थी, जिनके लिए पीठका थैला उपयोगी होता। खैर, मैं खाली था

और ११७६० फुटसे ६८०० फुटपर उतरनेका, सात मीलका रास्ता फिर तकलीफ होनेकी संभावना क्या थी ? दो घंटेमें गौरीकुड पहुँच गया। बलबहादुरने भोजन तैयार किया और भोजनोपरान्त यही अच्छा समझा, कि कुछ और मंजिल तै की जाय; इस प्रकार उसी दिन शामके ५ बजे हमने रामपुर चट्टीमें पहुँचकर डेरा डाला।

जाते समय पं० विशालमणि उपाध्यायसे वचन देकर गये थे, कि लौटते वक्त जरूर उनके यहाँ ठहरेंगे।

१२ मईको नित्यके अनुसार ५ बजे सबेरे ही उठ दो घंटेमें ५ मील चलके फाटा पहुँच गये। चट्टीकी दुकानें अभी अभी खुल रही थीं, चायका पानी रक्खा जा रहा था। एक तरुण दुकानदारसे बातचीत करने लगा। बलबहादुर पीछे था, इसलिए उसके लिए प्रतीक्षा करनेकी भी अवश्यकता थी। दुकानदारने ताजी पत्ती डालकर चाय तैयार की। अभी मक्खियोंकी बाढ़ नहीं आई थी, इसलिए एक गिलास चाय पी लेनेका मन किया। बलवहादुरको भी चाय पिलाकर यह कह देना जरूरी था, कि मध्यान्ह भोजन हम ब्योंग चट्टीमें करेंगे। यह सारा इलाका मैखंडाके नामसे प्रसिद्ध है। मैखंडा गाँव फाटासे डेढ़ मीलपर है। ब्राह्मणोंने वहाँ महिषमर्दनीका मंदिर बनाकर इस नामकी व्याख्या भी कर दी है और महात्म्य बढ़ानेके लिए पासमें दो विशाल खंभोंपर झूला भी डाल दिया है। लेकिन यह सब न होनेपर भी मैंखंडाकी प्राचीनतामें कोई संदेह नही। बदरीनाथ धाम जिस इलाकेमें अवस्थित है, उसको पैनखंडा कहते हैं और केदारनाथके इलाकेको मैखंडा। दोनोंकी व्याख्या एक ही तरहकी होना चाहिये। यह दोनों अलकनंदा और मंदाकिनीकी ऊपरी उपत्यकाओंके नाम हैं। पैनखंडामें जिस तरह जोशीमठ पुराने मंदिरोंका एक प्राचीन स्थान है, करीव करीव वही स्थिति मैंखंडाकी है। यद्यपि यहाँसे अधिक मंदिर भेंतमें हैं, किन्तु सड़कके किनारेकी मढ़ीमें यहाँ भी बहुतसी खंडित मूर्त्तियाँ रखी हुई हैं। मढ़ीके पीछे मकरमुखोंसे पानीकी धार गिरती रहती है। जाते वक्त ही मैंने शिव-पार्वतीकी खंडित किंतु अद्‌भुत मूर्त्तिको देख लिया था, लेकिन उस समय मूर्तिका अच्छी तरह फोटो नहीं ले सका था। इस समय वह काम करना था। शिव-पार्वतीको रुहेलोंके हथौड़ोंने तोड़कर अलग अलग कर दिया। उनके अद्‌भुत सौंदर्यको देखकर दिल कहता था—वह कैसे कठोर-हृदय पशु होंगे, जिन्होंने ऐसी सुन्दर कलाकृतिपर हाथ छोड़नेकी हिम्मत की। किंतु, धर्मान्धिता क्या नहीं कर सकती? आगे आनेपर कुछ चर्मकारोंकी झोपड़ियाँ मिलीं। उनसे पूछनेपर मालूम हुआ,

कि वह अपने चमड़ोंको बहुत कुछ यहीं सिझा लेते हैं। उनका सिझानेका ढंग प्राचीन है और काम आनेवाले मसालोंमें बंज (ओक) की छाल मुख्य है। यह देखकर मुझे भी उत्सुकता हुई। यह लोग चमड़ेको गढ़ा-सिझाई प्रक्रियासे सिझाते हैं, जब कि नीचे आम तौरसे चरसे (चमड़े) में मसाला डालकर उसे टाँगकर सिझाया जाता है, जिसके कारण चमड़ेके बाहरी तरफ मसाला नही पहुँच सकता। मैंने श्रीनगरके सरकारी चमड़ा स्कूलके प्रबंधकको इस बातका रोना रोते देखा, कि छात्र-वृत्ति देनेपर भी हमें विद्यार्थी नहीं मिलते। मैंने वहांके शिल्पकारोंसे कहा—तुम क्यों नही उस स्कूलसे फायदा उठाते। उनका उत्तर उचित ही था—हम अपने लड़कोंको बूट-चप्पल बनाना यहीं सिखला सकते हैं और सिखलाते भी हैं। लेकिन अच्छा जूता बनानेके लिए हमें नीचेसे चमड़ा मँगाना पड़ता है। आठ-नौ रुपयेमें बिकनेवाले जूतोंमेंसे सात रुपया तो चमड़ेमें चला जाता है। मैंने कहा—क्या तुम अपने लड़कोंको चमड़ा सिझाईका काम सीखनेके लिए श्रीनगर नहीं भेज सकते। मैंने यह भी बतलाया, कि तुम्हारी गढ़ा-सिझाई प्रक्रिया बहुत अच्छी है, यदि तुम उसमें आधुनिक रसायनके मसालेको डाल सको, तो चीनी चर्म-कारोंकी तरह बहुत अच्छा चमड़ा तैयार कर सकते हो। शिल्पकारोंने इसके लिए बड़ी उत्सुकता प्रकट की, लेकिन मुझे विश्वास नहीं, कि सरकारी स्कूलके लोग उनकी सहायता करना चाहेंगे।

ब्योंगमें बलबहादुरने भात-तरकारी बनाई। कुछ ही फर्लांगपर ऊपरी ब्योंगमें जहाँ आलू दस आने सेर था, वहाँ निचले ब्योंगमें वह सवा रुपये सेर मिला। भोजनोपरान्त यहाँ अधिक नही ठहरा, क्योंकि जानता था, विशालमणिजी भेतमें प्रतीक्षा कर रहे होंगे। पाँच फर्लांग चलनेपर जुरानीमें पेंशन-प्राप्त ओवर-सियर श्रीनारायणसिंहका बाग मिला। इन्होंने यहाँ अंगूर, मालटा, नारंगी, सेब आदि कई तरहके फल लगाये हैं। मैखंडा और पैनखंडामें वह सारे मेवे लगाये जा सकते हैं, जिन्हें कि हमें पाकिस्तानसे मँगाना पड़ता है। नारायणसिंहने यहाँ तजर्बा करके रास्ता भी दिखला दिया है। सुन्दर नारंगियाँ पेड़ोंपर लगी हुई थीं, लेकिन जान पड़ता है, नारायणसिंहको बगीचेसे बहुत आशा नहीं है, अथवा अधिक लाभके लिए वह सड़क और नहरकी ठेकेदारीको ज्यादा पसंद करते हैं। नारायणसिंह वहाँ नही मिले और उनके नौकरने भी मेरी जानकारीमें बृद्धिके लिए सहायता नहीं करनी चाही। पता लगा, नारायणसिंहकी जमीनके ही ऊपरी भागमें थोड़ीसी भूमि लेकर सरकारने भी अपनी फलोंकी नरसरी खोल दी है। नरसरीकी जगह ठीक करते समय आँखके भरपूरोंने यह नहीं देखा, कि वहाँ

पानी भी है ? पानी न होनेके कारण भला नरसरीका काम कैसे आगे बढ़ सकता है। वैसे भी सिर्फ नरसरीके सस्ते पौधों और दो-चार आदमियोंके सामने कुछ लेक्चर दे देनेसे पैंनखंडा और मैखंडा मेवोंकी भूमि नहीं बन जायेंगे। उसके लिए यातायातका सुभीता तथा बाहर फल भेजनेवाली एजंसियोंकी अवश्यकता होगी, तभी यहाँके खेतोंमें गेहूँ-जौकी जगह अधिक महँगे मेवेके बगीचे लगाये जा सकते हैं।

भेत—साढ़े १२ बजे मैं भेत पहुँचा। श्रीविशालमणिजी और दूसरोंका भी आग्रह है, कि इसे भेत न कहकर नारायणकोटि कहा जाय। शायद नारायण-कोटिसे आगे उसे तीर्थपुरी बनानेकी आशा हो, लेकिन इस स्थानका ऐतिहासिक महत्त्व भेत शब्द हीसे प्रकट हो सकता है। सड़कके ऊपरकी ओर कई पुराने मंदिर और पानीका कुंड है। इनमेंसे कितने ही मंदिरोंमें अब मूर्त्तियाँ नहीं हैं, या है तो खंडित है। बाजारमें सड़कके किनारे भी दो कत्यूरीकालके मंदिर हैं। गाँवसे थोड़ा नीचे बड़े लंबे चौड़े खेतोंके बीचमें अलंकृत पत्थरोंकी बनी छतके नीचे सुन्दर बावड़ी है, जो किसी समय लोगोंके घरोंके लिए स्वच्छ शीतल जल दिया करती थी, किंतु जिसे अब लोगोंने अनावश्यक समझकर पत्थर डालकर बंद कर दिया है। इसमें संदेह नहीं, कि भेत पहले किसी छोटे-मोटे सामन्तकी राजधानी रही होगी। उसके ध्वंसमें सबसे आखिरी हाथ बटाया रुहेलोंने।

मैं जल्दी जल्दी भेत आया था, कि विशालमणिजीको लेकर जितना सबेरे हो सके कालीमठ चलूँ। विशालजी उस स्थानको ढाई मील बतलाते थे। आधी दूर मंदाकिनीके किनारे तक उतरना फिर उतना ही चढ़कर वहाँ जाना था। खैर, लौटनेके बारेमें मुझे कोई फिकर नहीं थी, लेकिन चाहता था, यदि काफी रोशनी रहते ही कालीमठ पहुँचूँ, तो फोटो लेनेमें आसानी होगी। मगर जल्दी करनेपर भी शर्माजी ढाई बजेसे पहले तैयार नहीं हो सके। बिचारोंमें कुछ आधुनिकता रखते हुए भी शर्माजी संस्कृतके पंडित हैं, इसलिए दो घंटेमें तैयार हुए, तो कोई बात नहीं। हमें कालीमठ जाना था। ढाई बजे जाते वक्त सूरज पीठकी ओर था और रास्ता उतराईका, इसलिए कोई तकलीफकी बात नहीं थी। भेतको नारायणकुटी बनाकर उसकी प्राचीनताको कम करनेका प्रयत्न जरूर हो रहा है, किंतु यह कत्यूरीकालमें एक महत्त्वपूर्ण स्थान रहा, इसके परिचायक अब भी वहाँके बहुतसे पुराने शून्य मंदिर हैं। हम पगडंडीके रास्ते उतरते निचले टोलेसे उस जगह पहुँचे, जहाँ कि "भयहरनाथ जोगीसिध"वाली सुन्दर बावड़ी है। १४वीं सदीके इस लेखसे यह नहीं समझना चाहिये, कि भयहरनाथ हीने इसे बन-वाया होगा, क्योंकि बावड़ी जितनी सुन्दर है, उसमें यह लेख सजता नहीं। इसके

नीचे काफी चौड़े-चौड़े खेत हैं। वैसे यहाँका पहाड़ धीरे-धीरे चढ़ा-उतार हुआ है, किंतु तो भी इन खेतोंके इतने चौड़े होनेमें पहले कारण इनपर खड़े मकान हुए। शर्माजी बतला रहे थे, कि यहीं राजाका प्रासाद था। अब वहाँ कोई चिन्ह नहीं था। संभव है, वहींके पत्थरोंको ले जाकर लोगोंने घर बना लिया हो। खेतकी बाँधोंमें कहीं-कहीं कोई गढ़ा हुआ पत्थर भी मिलता है। बावड़ीसे थोड़ा नीचे नालेके पास "नीलंग"का ध्वंसावशेष है। शर्माजीने इसका नाम "नवलिंग केदार" बतलाया। नहीं कह सकता, यह पंडिताऊ व्याख्या ठीक है या साधारण आदमी द्वारा बतलाया नीलंग नाम ठीक है। खंडहरके स्थानमें अवश्य कोई मंदिर या स्तूप रहा, यद्यपि स्तूप माननेके लिए मेरा अधिक आग्रह नहीं है। यहाँ कुछ टूटी फूटी मूर्त्तियाँ पड़ी हैं, जिनमें सवा बित्तेकी एक दीपधारिणी स्त्री-मूर्त्ति धातुकी है। जिस तरह अपने पासकी दूसरी मूर्त्तियोंकी तरह यह धातु-मूर्त्ति अरक्षित स्थानमें है, उससे इसे कभीका ही उठ जाना चाहिये था। न उठने-का कारण यही होगा, कि बाहरके मूर्त्तिचोरोंको इसका पता नहीं लगा, या इसका अधिक सुन्दर न होना उनकी नजरमें नहीं जँचा, गाँवके लोग तो इस दिव्य-शक्तिवाली मढ़ीके डरके मारे ही उसे छू नहीं सकते थे। मूर्त्तिके पास किसी सामन्त-दंपतीकी पत्थरकी दो मूर्त्तियाँ हैं, जो शायद इस मंदिरके बनानेवाले दायक थे। एकाध तांत्रिक देवता भी हैं।

हम वहाँसे अब खेतोंको लाँघते मंदाकिनीके किनारे पहुँचनेसे पहले सड़क-पर आ गये। मंदाकिनीपर लोहेका झूला नहीं पुल है। पुल पार भी अब सड़क बना दी गई है। इसमें श्रीविशालमणिजी और जिलाबोर्ड दोनोंका कृतज्ञ होना चाहिये। पुल पार होते ही चढ़ाई लगी। चढ़ाई चढ़कर हमलोग काली गंगाकी उपत्यकामें आ गये, जिसके दाहिने किनारेपर कालीमठ स्थित है। नाम सुननेसे आदमीको भ्रम होगा, कि कलकत्तेके कालीघाटकी सस्ती नकल करते किसी तांत्रिक-ने यहाँ एक नया स्थान खड़ा कर लिया होगा। शायद कालीमठका पहले कुछ और नाम रहा हो। सौभाग्यसे वहाँके मंदिरमें एक बड़ा कत्यूरीकालीन शिला-लेख है, उसके पढ़े जानेपर स्थान और स्थानीय सामन्तका पता लगे बिना नहीं रहेगा। फर्लांग दो फर्लांग पहले हीसे कत्यूरीकालीन मंदिरोंके शिखर दिखाई देने लगे, जिससे मुझे विश्वास हो गया, कि विशालमणिजी कृत विशाल प्रशंसा अलीक नहीं है, किंतु यह देखकर अफसोस हुआ, कि हम ऐसे समय पहुँच रहे हैं, जब कि सूर्यका प्रकाश करीब करीब समाप्त हो चुका है। यहाँपर कई मंदिर हैं, लेकिन कालीजी इन मंदिरोंमें नहीं, बल्कि खम्भोंपर खड़ी छतवाले एक चबू-

तरेके गढ़ेमें यंत्रके रूपमें विराजमान हैं। इस नवीन सिद्धपीठके होते भी स्थानके वातावरणसे प्राचीनताकी गंध आ रही थी। सबसे बड़ा मंदिर शायद अपने प्राचीन रूपमें नही है। उसमें कितनी ही मूर्त्तियाँ हैं। वहाँके लोगोंने बतलाया, कि असली कालीपीठ या कालशिला सामनेके दुगरोह पर्वतशिखरपर है। कुछ लालसी छीटें पड़ी कालीगंगाके भीतरकी एक शिलाको दिखलाकर बतलाया कि जब दुर्गाने कालशिलामें बैठे रक्तबीजके अत्याचारोंसे भक्तजनोंके प्राणोंकी रक्षाके लिए कालिकाको पैदा किया, तो उसने यहीं आकर रक्तबीजको मारा। परंपरा इस कालिकाको दुर्गाके क्रोधसे उत्पन्न हुई एक छोटे दर्जेके देवी मानती है। संभव है, कालशिला और कालीगंगा पुराने नामोंके अवशेष हों, यद्यपि संस्कृतका काल शब्द समय और ध्वंसक वस्तुके लिए ही आता है, रंगवाची 'काला' शब्द हूणोंकी भाषाका है, जिनका नाम भारतमें ईसाकी आरंभिक सदियोंमे पहले नहीं सुना गया।

कालीमठमें एक और प्रथा प्रचलित थी, जो कि अब बंद हो चुकी है। यहाँके चार-पाँच गाँवोंके खस लोग अपनी लड़कियोंको देवीके मंदिरपर चढ़ा देते थे, जिनको रानी, देव-चेली या देव-रानी कहा जाता था। आजसे थोड़े ही साल पूर्व अभी एक-दो वृद्धा देव-रानियां मौजूद थीं। हमारे पथप्रदर्शकने नदी पारके उस घरको भी दिखलाया, जिसमें रानियां रहती थीं। चाहे इस प्रथाका आरंभ कैसी भी शुद्ध भावनासे हुआ हो, किंतु एक शाक्त वातावरणमें उनसे आजन्म कौमार्य व्रतकी रक्षाकी आशा रखना केवल दुराशा मात्र था, इसलिए यदि ये देव-रानियां देवदासीका रूप ले लेती हों, तो इसमें आश्चर्य करनेकी अवश्यकता नहीं। निश्चित गांवोंके लोगोंने कालीदेवीको कुपित करके बहुत जोखिम उठाया था, जब कि कुछ सालों पहले उन्होंने अपनी लड़कियोंको मंदिरपर चढ़ाना बंद कर दिया। लेकिन समाजका कोप दैवीकोपसे भी बड़ा होता है। वह जानते थे, इस प्रथाको जारी रखनेपर हम साधारण खस (राजपूत) जातिमें कभी अपनी प्रतिष्ठा नहीं रख सकते। यहां हरगौरी, सरस्वती और लक्ष्मीके तीन मंदिर हैं। हातेमें जो खंडित मूर्तियां और लिंग हैं, और जिनमें एक-लिंग त्रिमुख और दूसरा चतुर्मुख है, उनकी कला भी प्राचीन है। मालूम होता है, पहले यह स्थान पाशुपतों (लकुलीशों) का था। लक्ष्मीमंदिर टूट फूट गया था, जिसे पीछे पुराने पत्थरोंको जोड़कर ठीक किया गया। इस मंदिरके साथ एक लंबा-सा मंडप है, जिसकी बाहरी दीवारमें सामने एक बड़ा-सा शिलालेख है। संध्या हो चली थी, हमें भेन लौटना भी था, इसलिए कहीं कहीं अस्पष्ट उस सारे लेखका

पढ़ डालना संभव नहीं था। लेख २० इंच लंबा १० इंच चौड़ा और कुल पंक्तियां १८ हैं। लिपि कत्यूरी ताम्रलेखोंकी है, जो १० वीं-१२वीं शताब्दियोंकी आसपास की हो सकती है। लेखके कुछ अंश हैं—

"ॐ॥ संध्या-समाधि-घटितांजलितः स्वपाणौ कृष्णौ सके पि मुम ऽऽक्षिणांसः।
शर्व्वस्यऽस्वकर-संस्थित-तोयराशेः संधित्र (१)...दयितयेव गृहीतकेशः॥
दक्षोद्भवांतरुमपास्य शिरे प्रस्नुत शर्व्वे...पनिमवाप्य... (४)
गिरिपति गृहगोप्ता महारुद्राभिधार...
...बाल ऐवाभवन् स्वामी सर्व्वसंग्रामकृद्यतः। (११)
रुद्रसूनु ......कालिकाला शैल...
(१४)...संग्रामकीर्तिः प्राक्तनकवयो (१५)।
(१५)...कर्त्तुः शिला-कुट्ट (१६)कः..."

मालूम होता है, गिरिपति मंदिरके गोप्ता (संरक्षक) कोई रुद्र नामके सामन्त के पुत्र (रुद्रसूनू) सर्व्वसंग्रामाजित् बालपनमें ही हो गये थे। उन्होंने इस मंदिरको बनवाया था।

लक्ष्मीमंदिरके सामने दो कत्यूरी कालीन शिखरदार मंदिर है, जिनमें हरगौरीका मंदिर इतना आश्चर्यकर साबित होगा, यह मुझे कभी कल्पना भी नहीं थी। मंदिरके भीतर अब प्रकाश बहुत ही क्षीण रह गया था, उसमें फोटो न ले सकनेके लिए मैं बहुत पछताने लगा। मैं इसे अतिशयोक्ति नहीं समझता, यदि कहूं कि आज सारे भारतमें इतनी सुंदर अखंड हरगौरीकी मूर्ति कहीं भी नहीं है। युगल-मूर्ति ४० इंच लंबी तथा २४ इंच चौड़ी एक शिलासे बनाई गई है। मैं मैखंडाकी खंडित हरगौरी मूर्तिसे ही बहुत प्रभावित था, किंतु यहां मैंने शोभा और सौन्दर्यमें अद्वितीय इस हरगौरीकी मूर्तिको देखा। इसकी कोमल वंकिम रेखाओंमें वही सौंदर्य भरा था, जो कि अजन्ताके चित्रोंमें दिखाई पड़ता है, बल्कि पत्थरमें ऐसा तन्वंग उत्कीर्ण करना संभव हो सकता है, इसपर आंखें विश्वास नहीं करती थीं। ललितासनस्थ हरके वामांकमें अनुपम सौन्दर्यराशिकी मूर्ति बनकर भूधरसुता विराजमान हैं। शिव चतुर्भुज हैं, किंतु गौरी साधारण मानवीकी तरह द्विभुज। नीचे गणेश और मयूरारुढ़ कार्त्तिकेयकी मूर्तियां हैं। वहीं उस कलाप्रेमी भक्तकी भी मूर्ति है, जिसने इस सुंदर मूर्तिके निर्माण करनेका व्यय वहन किया था। मेरा मन तो कहने लगा, कि वह शायद रुद्रसूनु ही हो, और तब यह मूर्ति यहांकी प्रधान मूर्ति रही होगी। आश्चर्य और अत्यन्त प्रसन्नता

भी मुझे यह देखकर हो रही थी, कि यह कलाराशि रुहेलोंके प्रहारसे कैसे बच गई ? अवश्य यह किसी तरह उनके सामने आने नहीं पाई, नहीं तो उन्होंने इसके साथ भी वही वर्ताव किया होता, जो कि मैखंडाके हरगौरीके साथ किया। लोग बतला रहे थे, पहले कालीगंगाके परले तटपर भी मंदिर था, जिसे किसी बाढ़में कालीगंगा बहा ले गई। किंतु पारके मंदिरमें होनेके कारण यह सुंदर मूर्ति रुहेलों-के हाथोंसे नहीं बच सकती थी, इसे अवश्य किसीने छिपा दिया था। मैं स्वयं मूर्तिके सामने बैठा, दर्शनसे तृप्त नहीं हो सका था, इसलिए अपनी तृप्तिके लिए भी मुझे मूर्तिके फोटोकी अवश्यकता थी और साथ ही यह आकांक्षा तो थी ही, कि अपने पाठकोंको भी इसका दर्शन कराऊं, लेकिन संध्याके कारण वह नहीं हो सका। ऐसी सुंदर प्रतिमा और सुंदर मंदिरकी सेवाके लिए सुंदरी देवचेलियोंकी अवश्यकता थी ही। कुछ फोटो बाहरसे लेनेका प्रयत्न किया, और हम लौटनेके लिए तैयार हो गये। वहां स्थित भद्रजनोंने चाय पिलाये बिना नहीं छोड़ना चाहा। विशालमणिजीका ७-८ वर्षका लड़का भी आग्रह करके चला आया था, किंतु लौटते वक्त बेचारा थक-सा गया था। फिर हम दोनोंकी जो बातें हो रही थीं, उनमें वह सहभागी नहीं हो सकता था, इसलिए और भी उसका मन नहीं लगता था। विशालमणिजी केदारनाथके पंडोंके साथ मुकदमेकी बात कभी बतलाते थे और कभी आसपासके ऐतिहासिक ध्वंसावशेषोंका जिक्र करते थे। उनको इन ध्वंसा-वशेषोंसे बहुत प्रेम है। वह चाहते हैं, कि इनका रहस्य खोला जाय। यदि इस तीव्र जिज्ञासाको शांत करनके लिए उनको पुरातत्व और मूर्तिविद्या-संबधी पुस्तकों-के अध्ययनका मौका मिला होता, तो वह बड़ा काम कर सकते थे। वह संस्कृतके पंडित हैं। एक संस्कृत काव्य उस समय छपवा रहे थे। व्यवहारबुद्धि भी रखते हैं, इसलिए पुस्तक-प्रकाशन और पुस्तक-विक्रय द्वारा स्वावलंबी हैं।

२. ऊखीमठको

१३ मईको फिर हमारी डोरी बदरीनाथकी ओर खिंची और वलबहादुरको आगे चलनेके लिए कहकर सवा ५ वजे सवेरे ही चल पड़ा। पं० विशालमणिजीने मना करनेपर भी नाला तक साथ चलनेका आग्रह नहीं छोड़ा। नालाके पुराने मंदिरको मैं देख गया था, किंतु चाहता था, उसे फिर एक बार अच्छी तरह देखूं। मंदिरके पास पहुंचते ही बाहरकी चारदीवारी पर सड़कके किनारे ही एक पाषाण-स्तूप देखा। स्तूप बहुत बड़ा नहीं है, किंतु कुमाऊं-गढ़वालमें प्राप्त एक-मात्र बौद्ध स्तूप होनेके कारण उसकी ओर मेरा ध्यान उस दिन क्यों नहीं गया,

इसपर आश्चर्य हुआ। कुमाऊं-गढ़वालमें असंदिग्धरूपसे बौद्धधर्मके तीन ही चिह्न बच रहे हैं—(१) बदरीनाथकी मूर्ति, जो वस्तुतः ध्यानावस्थित बुद्धकी खंडित मूर्ति है, (२) नाला का यह पाषाण-स्तूप और (३) बाडाहाट (उत्तर काशी) में दत्तात्रेयके नामसे पूजी जाती बुद्धकी भव्य धातुमूर्ति। मैंने विशाल-मणिजीका ध्यान भी इधर आकृष्ट कराया और इसके वाद उन्हें मंदिरके कोने-वाले छोटे मंदिरके द्वारपर उत्कीर्ण कत्यूरी शिलालेखको जाकर दिखलाया। उसे जल्दी जल्दीमें कुछ पढ़नेकी कोशिश की—

"स्वस्ति। श्रीदेवि...नुमः।
तत्र...भद्रस्य (२) मनसा कर्मणा वाचा अंगुष्ठाण..धि-यत।
देवपितृ-प्रसादेन मण देवस्य...(३)
पुण्यकर्म्मभरादेव करिष्यन्ति सुरालयं।
भुक्तिमुक्तिफले तस्य...(४)
सरस्वतीप्रसादेन घटिता प्रतिमा सुभा।
सुक्र धरम।...साके...११६८"

इस लेखसे यह तो निश्चित हो जाता है, कि शकाब्दकी १२वीं शताब्दीके पूर्वार्द्ध अर्थात् ईस.की १३वीं शताब्दी (१२४६ई०) में यह मंदिर वनाया गया था। इसकी लिपि भी कत्यूरी अभिलेखोंकी है, जो जान पड़ता है १३वीं शताब्दी तक उत्तराखंडमें प्रचलित थी।

विशालमणिजीसे विदा हो मैंने ऊखीमठकी ओर जल्दी जल्दी पग बढ़ाया। रास्तेमें ही उत्तराखंड विद्यापीठ मिला। विद्यापीठके प्रिंसिपल श्री अय्यर महा-शयके अनथक परिश्रम तथा मंदिर कमेटी और दूसरे दाताओंकी सहायताका ही यह फल है, जो इस झारखंडमें यह विद्यापीठ खड़ा हो गया। एफ० ए० तकके छात्र यहांसे परीक्षामें बैठते हैं। ऐय्यर महाशयकी वड़ी इच्छा है, कि विद्यापीठ डिग्री कालेज हो जाय। इसमें आयुर्वेद और संस्कृतके विद्यालय भी सम्मिलित हैं। काशीकी संस्कृत-परीक्षाओंमें यहांके छात्र बैठते हैं। आज रवि-वारका दिन था, छुट्टीके कारण विद्यापीठके मकानों और फरनीचरोंको ही मैं देख सकता था, इसलिए बहुत आग्रह करनेपर भी मैंने देखनेके लिए क्षमा मांगी। एक तरफ मुझे अय्यर महाशयके उत्साह और परिश्रमके लिए उनके प्रति श्रद्धा हो रही थी, दूसरी ओर ख्याल करता था, कि कब तक हमारा देश अर्थकरी विद्या छोड़ केवल संगीत-साहित्य-कलामें ही मग्न रहना चाहेगा। देशकी आर्थिक

कठिनाइयां तभी दूर हो सकती हैं, जब कि शिक्षामें विज्ञानका सबसे अधिक भाग हो। उत्तराखंडमें नाना धातुएं हैं, जिनसे लाभ उठानेके लिए पर्वत-पुत्रों और पुत्रियोंको खनिज विज्ञान सिखलानेकी अवश्यकता है। उत्तराखंडके पर्वत-गात्रको मेवोंके बगीचोंसे ढंका जा सकता है, जिसके लिए उद्यान-विज्ञानकी बड़ी अवश्यकता है। यहां अच्छी जातिकी भेड़ोंको पालकर अच्छे किस्मका ऊन लाखों टन पैदा किया जा सकता है, उसके लिए पशुप्रजननके वैज्ञानिक तरीकोंको सिखलानेकी अवश्यकता थी। लेकिन यह बीमारी तो सारे भारतकी है। अंग्रेजोंके जानेके बाद भी अंग्रेजोंकी ही खर्चीली तथा कम-लाभकरी शिक्षा-प्रणाली चलती जा रही है। इमारतपर ज्यादा-से-ज्यादा खर्च करनेके लिए मजबूरी है, लेकिन प्रयोगशालापर खर्च करना कठिन मालूम होता है, अथवा साधारण घरमें प्रयोग-शाला रखनेकी जगह उसके लिये खर्चीली इमारतकी मांग की जाती है। अय्यर महाशय तथा उनके सहयोगियोंको हजार धन्यवाद है, जो एक-एक पैसा मांग-जांचकर, तथा बदरीनाथ मंदिर समितिकी उदारतासे अपना काम चला रहे हैं। विद्यापीठका आयुर्वेद विभाग चाहता है, कि औषधि-निर्माण द्वारा कोई आय-मार्ग निकाला जाय।

ऊखीमठ—बलबहादुर आगे चला गया था। मैंने भी विना एक क्षण बैठे जल्दी जल्दी आगे पग बढ़ाया। मंदाकिनीका पुल बहुत दूर नहीं था, उसे पार होकर प्रायः एक मील चढ़कर ऊखीमठ पहुंचा। बदरीनाथ मंदिरके लिए जो स्थान जोशी-मठका है, वही स्थान केदारनाथके संबंधमें ऊखीमठका है। जाड़ोंमें केदारनाथके रावल तथा प्रबंधक यहीं रहते हैं। वैसे ऊखीमठका मंदिर नया है, मूर्तियां भी बहुत-सी नई हैं, जिनपर द्रविड़-मूर्तिकला और वास्तुकलाका प्रभाव है, किंतु, यहां कुछ पुरानी मूर्तियां भी हैं। बगलके मंडपमें कई मूर्तियां हैं, जिनमें नटराजकी मूर्ति पुरानी है। अबूटधारी किंतु सूर्यमुखी फूलवाली द्विभुज दो सूर्य-मूर्त्तियां भी मौजूद हैं। भीतरका शिवलिंग मुखलिंगवाला है। पुरुषप्रमाण, दाढ़ीवाले किसी सामन्तकी भी मूर्ति मंदिरमें है। वहीं बगलमें किसी दाढ़ीवाले शैवाचार्यके पास राजकुमार और राजकुमारीकी दो मूर्तियां हैं। मुमकिन है यह किसी पुराने कत्यूरी सामन्तकुलकी हों।

ऊखीमठ और केदारनाथके बारेमें एक प्रश्न मेरे सामने उपस्थित था। मैं समझता था कि यहांके रावल साहबसे उसमें सहायता मिलेगी। रावल महानुभाव तरुण तथा सज्जन पुरुष हैं और बदरीनाथ मंदिर समितिके सहायक मंत्री श्री नारायणदत्त बहुगुणा भी बड़े भद्र पुरुष हैं। दोनोंने अपनी शक्तिभर मुझे सहा-

यता प्रदान करनेका प्रयत्न किया। रावल साहब पठित हैं। पहलेके कितने ही रावलोंकी तरह ये भी कर्नाटक देशके रहनेवाले हैं। उनसे दक्षिणके शैव-संप्रदायके संबंधमें बातचीत हुई। मेरी समस्या थी—उत्तर (हिमाचल) का यह प्रधान मंदिर दक्षिणी शैवोंके हाथमें कैसे चला गया। कुषाणकालसे लेकर गुर्जर-प्रतिहार-काल तक अथवा ईसाकी प्रथम दश शताब्दियोंमें उत्तरी भारतमें जिस ब्राह्मण-धर्मकी प्रधानता थी, वह शैव धर्म था। कुषाणोंके सिक्कोंमें शिव और नंदीको प्रमुख स्थान मिलना इसी बातको सिद्ध करता है। गुप्त चाहे अपनेको परमवैष्णव लिखते हों, किंतु उस कालकी मूर्तियों तथा साहित्यपर शैव धर्मकी ही अधिक छाप है। हिमाचलका यह भूखंड ईसाकी आरंभकी शताब्दियोंमें ही प्रधान तीर्थ बना, जिसका अधिक प्रचार गुप्तकालमें हुआ। उस समयसे ही इसका नाम भी केदारखंड पड़ा। आजकल यद्यपि बदरीनाथ या बदरीनारायणके नामसे ही गंगाके यह उद्‌गम-स्थान प्रसिद्ध है, किंतु हमारे पुराने ग्रंथोंमें इसे बदरीखंड नहीं, केदार-खंड कहा गया है। मौखरियों और हर्षवर्धनके कालमें भी शैव धर्मका पता लगता है। गुर्जर-प्रतिहारोंके समय तो खजुराहो जैसे सुंदर शैव वास्तुशिल्प और मूर्तिकलाके केंद्र स्थापित हुए। उसी समय हिमाचलमें कत्यूरियोंका शासन था, जिनके यहां शैव मूर्तियों और देवालयोंकी बहुतायत थी। वामांके विराजमान गौरी सहित हरकी मूर्ति, मुखसहित शिवलिंग, और केवल शिवलिंगमें भी रेखाओं द्वारा उसे शिश्नका रूप देना जैसे पुराने शैव चिह्न काली (सरयू) नदीसे सत-लजकी उपत्यका तक मिलते हैं।

इसका यह मतलब नहीं, कि उस समय दक्षिणमें शैवोंका प्रभाव कम था, लेकिन प्रश्न यह है: जब ईसाकी १०वीं-१२वीं शताब्दी तक उत्तरमें भी शैव धर्म प्रधानता रखता था, तो दक्षिणके शैवोंके हाथमें कैसे केदारनाथ का प्रबंध चला गया। रावल साहबने यह बतलाया कि, यहां आनेवाले रावलोंमें कितने ही द्रविड़ देशसे आये थे, लेकिन इधर वह कर्णाटक देश हीसे आ रहे हैं। यह भी उन्होंने बतलाया, कि हम बसवके वीर-शैव संप्रदायके अनुयायी नहीं हैं। वस्तुतः उत्तरवाले इतिहासकारों और विद्वानोंमें अक्सर यह भ्रम देखा जाता है। वह समझते हैं, दक्षिणमें जो वीर-शैव संप्रदाय प्रचलित है, वह बसवको ही अपना प्रधान आचार्य मानता है। केदारनाथमें जिस शैव संप्रदायके रावल आते हैं, वह बसवके सुधारके बहुत पहलेके हैं। उनका और बसवके संप्रदायका वही संबंध है, जो सनातनी और आर्यसमाजी हिंदुओंका, अथवा पुराने सिक्खों तथा अकाली सिक्खोंका। रावल साहब कह रहे थे: बसवने कोई सुधार-उधार नहीं किया। वह तो एक राजमंत्री

था और अपने राजनीतिक दलको मजबूत करनेके लिए ही उसने प्राचीन शैव धर्ममें बिगाड़ पैदा किये। अस्तु, यह निश्चित है, कि केदार नाथके रावलोंका संप्रदाय दक्षिणके प्राचीन शैव संप्रदायसे संबंध रखता है। दक्षिणमें जिस तरह शैव वैष्णव संप्रदायोंकी तनातनीसे शिव और विष्णुको एक दूसरेसे बहुत नीच होना पड़ा, वह अवस्था उत्तरमें नहीं हुई। यहां शैव विष्णुकी पूजा करनेसे पतित नहीं हो जाता था। आजकल दक्षिणके प्राचीन या नवीन दोनों ही प्रकारके शैव विष्णुको शिवका साधारण सेवक भर मानते हैं और उनकी पूजाको अपने कर्तव्यमें नहीं शामिल करते।

मैंने रावल साहबसे कहा--उत्तरमें ईसाकी १२ शताब्दियों तक शैव संप्रदायका खूब प्रचार मालूम होता है और आजसे कमसे कम ३-४ शताब्दियों पहलेसे ही दक्षिणसे यहां धर्माचार्य रावल आने लगे। इससे जान पड़ता है, कि १२वीं और १६वीं शताब्दीके बीचमें किसी समय उत्तर भारतीय शैवाचार्यका स्थान दक्षिण भारतीय शैवाचार्यने लिया। रावल महाशयने बतलाया, कि उनकी परंपराको ऐसा कोई समय मालूम नहीं है, जब कि इस तरहका परिवर्तन हुआ हो। इसपर मैंने अपनी कल्पना बतलाई: चाहे शंकराचार्यको बदरी-केदारके संबंधमें कितनी ही प्रधानता दी जाय, और उनके चार महान् पीठोंमें जोशीमठको गिना जाय, किंतु गढ़वाल-कुमाऊंके सारे पुरातत्व-संबंधी अवशेष बतला रहे हैं, कि कत्यूरीकाल के अंत (१२वीं सदी) तक इस भूमिमें शंकरके अनुयायियोंकी नहीं, बल्कि लकुलीश शैवोंकी प्रधानता थी। वही लकुलीश शैव यहांके कत्यूरी राजाओंके गुरु थे—यहांके मंदिरोंके रावल थे और यहांकी भव्य इमारतों तथा मूर्तियोंके निर्माता तथा प्रतिष्ठाता थे। १२वीं शताब्दी तक शंकराचार्यके अनुयायियोंको यहां कोई प्रधानता नहीं मिली थी। शंकराचार्यके संबंधकी यह परंपरा शायद सच्ची हो, कि छद्मवेशमें किसी शैवने ही उनको केदारनाथमें विष देकर मार डाला। जान पड़ता है १२वीं शताब्दीके बाद नीचेकी तरह पहाड़के भी विद्वानोंमें शंकरके वेदांतका प्रभाव बढ़ा। शंकरके वेदांतियोंको न विष्णुसे कुछ लेना था, न शिवसे ही, और काम पड़नेपर अर्थात् व्यवहारमें वह सब कुछ बननेके लिए तैयार थे। "अन्तःशाक्ताः बहिःशैवा" भी हो सकते थे, "अन्तःशैवा बहिर्वैष्णवाः" भी हो सकते थे। जान पड़ता है अपनी इसी नीतिसे उन्होंने बदरीनाथको अपने हाथमें कर लिया। ११वीं-१२वीं शताब्दीमें बदरिकाश्रमके रावल शैव होते थे या वैष्णव इसके बारेमें अभी निश्चय नहीं कहा जा सकता। कत्यूरी राजा अपनेको परम शैव कहते हुए भी बदरिकाश्रम भगवान्की पूजा-अर्चाके लिए बड़े-बड़े वृत्ति-बंधान करते

थे, इसका कारण उनकी राजनीतिक उदारता थी अथवा तत्कालीन शैव धर्मका धार्मिक समन्वय बाद, इसे नहीं कहा जा सकता। अभी तक केदारखंडके बहुतसे स्थानोंका पुरातात्विक अनुसंधान नहीं हुआ है, हो सकता है, आगे इस पर और प्रकाश पड़े। मैं समझता हूं, केदारनाथके तत्कालीन रावलने जब देखा, कि धीरे-धीरे शैव धर्मको शंकरके वेदांतियोंने शैव बनकर उदर-सात् कर लिया है, कहीं ऐसा न हो. कि वह केदारनाथको भी अपने हाथमें कर लें। पहाड़से जो उनको उत्तराधिकारी मिल सकते थे, अब वह ऐसी अवस्थामें नहीं थे, कि वेदांती शैवोंका मुकाबला डटकर करते अपने प्राचीन शैव धर्म तथा पूजा-कलापको अक्षुण्ण रखते। अंतिम शैव राउलने भविष्यको अंधकारपूर्ण देखा। उन्हें मालूम होने लगा कि यदि सावधानीसे काम नहीं लिया गया तो कुछ ही समय बाद केदारनाथमे शैवधर्मका नाम भी लुप्त हो जायगा। केदारनाथ सारे भारत ही क्या जावा, और कम्बोज जैसे प्रधान शैव-देशोंमें एक प्रख्यात और पवित्र तीर्थ-भूमिकी तरह प्रसिद्ध था। दक्षिणी भारतसे आजकी तरह तब भी तीर्थयात्री आते रहते थे। अंतिम उत्तरी राउलको उनके द्वारा यह मालूम था, कि दक्षिणमें शैव धर्म खूब फूल-फल रहा है, उसकी नीव वहां दृढ़ है। उसने सोचा: असली शैव माता-पिताका पुत्र ही पक्का शैव राउल रह सकता है, इसीलिए उसने किसी दक्षिणी शैव साधुको अपना उत्तराधिकारी बनाया, जिसके बाद दक्षिणसे ही रावल आने लगे।

ऊखीमठमें केदारनाथ भगवान्के लिए प्रदत्त भूमि या ग्रामोंके बहुतसे दानपत्र हैं, किंतु उनमें १८वीं शताब्दीसे पहलेका कोई नहीं है। शाके १७१९ (अर्थात् १७९७ ई०) का एक नैपाली राजाका ताम्रपत्र है। संवत १८६८ (सन् १८११ ई०) में—जब कि रणबहादुरशाहकी मैथिल ब्राह्मणी कनिष्ट पत्नी श्रीकांतवती देवीके नाबालिग पुत्र गीर्वाणयुद्ध विक्रमशाहका शासनकाल था—एक गोरखा-अधिकारी रामदास थापाकी मांने निजभर्तृ-विक्रमार्जित कूर्माचलके गतोली इलाकेमें कुछ भूमिदान केदारनाथ भगवानके लिए किया था। काल "शाके १७१३ विजयनाम संवत्सरे माघ कृष्ण चतुर्दसी सोमको यह दानपत्र लिखा गया।" इससे पहले १७५५ में फतेपतशाह, १७६२ में जैकृतशाह और १७७३ में प्रदीपशाह इन गढ़वाल नरेशोंने भी केदारनाथ भगवान्को भूमि प्रदान की थी। १७४१–४२ के रुहेला-आक्रमणने जहां मूर्त्तियोंका खंड-स्फोट किया, मंदिरोंको लूटा, वहां उस समय तक चले आये कागज या भोजपत्रके लिखे अभिलेखोंको भी शायद नष्ट कर दिया, इसीलिए १८ वीं सदीसे पहलेके कोई अभिलेख केदार या बदरीनाथके रावल कार्यालयमें नहीं मिलते। संभव है, यदि पूरी तौरसे छान-

बीन की जाय, तो पंडोंके घरों, रावल-कार्यालयके रद्दीखानोंमें कुछ कामकी चीजे मिलें। देशके भिन्न-भिन्न स्थानोंसे राजा लोग जो भेंट भेजते थे, उसके उत्तरमें रावल लोगोंकी चिट्ठियां जाती थी। सौ-सवा-सौ वर्ष पुरानी ऐसी चिट्ठियां मैंने रामपुर-बिशेर रियासतके कागजोंमें देखी हैं। संभव है, ऐसी और भी चिट्ठियां राजस्थान, हिमाचल, सौराष्ट्र और दक्षिण भारतके रियासती कागजों-में मिल जायं।

× × ×

ऊखीमठ अच्छी चट्टी है, यहां बहुतसी दूकानें हैं। हम मंदिरमें जबतक जाकर आये, तब तक बलबहादुरने भोजन भी तैयार कर रखा था। भोजन करनेके बाद यहां कोई काम न रह गया था, इसलिए तीन बजे चल पड़े। मंदाकिनीके आरपार किंतु धारसे मील-डेढ़ मील ऊपर गुप्तकाशी और ऊखीमठ बसे हुए हैं। दोनों ही एक दूसरी जगहसे अच्छी तरह दिखाई पड़ते हैं। ऊखीमठसे तो बहुत दूरतक गढ़वालकी पर्वतमयी भूमि दिखलाई पड़ती है। यहां जंगलोंका पता बहुत कम ही लगता है, अधिकतर भूमि या तो खेतोंकी सीढ़ियोंमें परिणत हो गई है, अथवा जंगलोंके कट जानेसे नंगी बन गई है। मईके महीनेमें तो यहां कोई प्राकृतिक हरियाली या सौंदर्य नहीं था, वर्षामें अवश्य यह सारी भूमि हरियालीमे ढंक जाती होगी। बलबहादुरसे चलते वक्त मैंने कह दिया था, कि आज नदीके किनारेवाली चट्टी (ग्वालियाबगड़) में रात्रि-विश्रामके लिए ठहरना है। मैं कंठा चट्टीपर (ऊखीमठसे साढ़े ३ मील) दो घंटे तक प्रतीक्षा करता रहा, किंतु बलबहादुरका पता नहीं था। मुझे तो डर लगने लगा, कि कहीं वह पीछेकी ही किसी दूकानमें तो नहीं बैठ गया—शायद सोचता हो, मैं पीछे छूट गया हूं। मैं लौटनेकी सोच रहा था, इसी समय दूर बलबहादुरकी छोटीसी मूरत धीरे-धीरे आती दिखाई पड़ी। वहीं ठहर जाते, किंतु मक्खियां इतनी अधिक थीं, कि मन नहीं माना। बलबहादुरके आते ही उसके साथ-साथ दो मील चल-कर उसी नामकी छोटी नदीके किनारे ग्वालियाबगड़ चट्टीमें पहुँचा। सूर्यास्त हो गया था, शायद इसलिए भी मक्खियां भिनभिना नहीं रही थीं। पिछली चट्टीमें जहां पानीका बहुत तोड़ा था, वहां इस चट्टीमें आगे-पीछे अगल-बगल सभी जगह पानीकी नाली या धार कलकल कर रही थी। और भी बहुतसे लोग यहां टिके हुए थे। कानपुरके दो नातिवृद्ध कुर्मी भगत साथ ही तीर्थ करनेके लिए आये थे। दोनोंका गांव पास-पास था, तथा दोनों ही एक जातिके थे, किंतु उनमेंसे एक, जो आयुमें कुछ कम था, इस धुनमें था कि सरपट दौड़कर यात्रा पूरी कर

ली जाय। उसके साथीमें इतनी शक्ति नहीं थी। उसे इस दौड़-धूपके कारण कुछ हरारत-सी भी आ गई थी। कंठाचट्टीमें उसने अपने साथीसे कहा, कि आज यही ठहरा जाय, साथीका कहना था कि दो घंटा दिनसे टिकना अच्छा नहीं होगा। आखिरमें वह नहीं माना और अपने साथीको छोड़कर ग्वालियाबगड़में चला आया। मैंने उससे कहा—परदेशमें आकर अपनें भाईबंधको ऐसी अवस्थामें छोड़कर चल देना जीवन भरके लिए कलंककी बात है, ऐसा तुम्हें नहीं करना चाहिए। क्या हुआ यदि दो दिन बाद घर लौट कर गये। उसने भी अपने पक्षका समर्थन किया। चमोलीमें पहुंचनेपर मैंने देखा, उसका साथी बुखारमें पीड़ित हो अस्पतालमें आया है, लेकिन अब वह भी उसके साथ है।

३. तुंगनाथ

ग्वालियाबगड़से दस-साढ़े-दस मील तकका रास्ता चढ़ाईका है। मैंने देखा, वहाँ घोड़े मिल रहे हैं, ऐसी अवस्थामें पैदल चलनेकी अवश्यकता नहीं थी, इसलिए मैंने रुपया मीलपर घोड़ा कर लिया। १४ मईको ५ बजे ही घोड़ेपर चढ़के चला। घोड़ेवालेने बड़ी तारीफ की थी, लेकिन घोड़ा कमजोर था। दो-तीन मील चलनेके बाद रास्ता अधिक ऊँचाईपर आ गया। यहाँ हरे-भरे जंगल भी काफी थे और जूड़ी जूड़ी छाया बहुत सुखद मालूम होती थी। केदारनाथकी तरफसे इधर भी कहीं-कहीं ऊँचाई दिखलानेवाले साइन्बोर्ड हाल हीमें लगाये गये थे। इनमें "समुद्रतलसे ऊपर...फुट" अंग्रेजीमें लिखा हुआ था। १९५१ ई०के अप्रैल या मईमें खड़े किये जानेवाले यह साइनबोर्ड अंग्रेजीमें क्यों? उत्तर-प्रदेशमें मैंने बहुत जगह सड़कोंपर हिन्दीमें मीलके अंक और संकेत लिखे हुए देखे हैं, यह पहाड़ भी उत्तर-प्रदेश हीका अंग है, फिर अंग्रेजी-भक्ति इतनी क्यों? जान पड़ता है, यदि किसी अधिकारीका ध्यान पंतजीकी ओर गया, उसने हिन्दीमें लिखवा दिया। लेकिन अधिकारियोंमें अंग्रेजी-भक्तोंकी भी कमी नहीं है, विशेषकर जब कि वह जानते हैं, कि हिंदीके राष्ट्रभाषा स्वीकृत कर लिये जानेपर भी उनके प्रधान-मंत्री नेहरू अपनी जगहसे टससे मस नहीं हुए, तो उनकी हिम्मत और बढ़ जाती है। शायद यह उसीका परिणाम है Above sea level 7000 feet (समुद्रतलसे ऊपर ७००० फुट)। शायद यह भी तर्क पेश किया जा सकता है, कि बदरी-केदारधाम अखिल भारतीय हैं, सुदूर मद्रासके तीर्थयात्री हिंदी अक्षरों-अंकोंको नहीं समझ पायेंगे, उनके लिए अंग्रेजीमें लिखना अधिक लाभदायक है। उन्हें इसकी क्या परवा कि ८० फी

सदी तीर्थयात्री उत्तर भारतके होते हैं, जिनमेंसे मुश्किलसे १० सैकड़ा अंग्रेजीसे परिचित हैं।

पैदल चलनेमें भी आनंद आता। यहाँ हिमालयके एक सुषमापूर्ण भूखंडमें चलना हो रहा था, किंतु तब बीच-बीचमें ठहरते हुए चलनमें ही आनंद आता, जिसके लिए कि समानधर्मा सहयात्रीकी अवश्यकता होती। खैर, हम साढ़े ६ मील चलकर ८ बजेसे पहले ही वाणियाँकुंडीचट्टीमें जब पहुँचे, तो घोड़ा थक चुका था। घोड़ेवालेने भी तुंगनाथ तक चलनेका आग्रह नहीं किया। यहांसे तुंगनाथ ३ मील था और चढ़ाईके साथ ऊँचाई भी मिल जानेसे ऐसा-वैसा घोड़ा मेरा बोझ उठाके चल नहीं सकता था। वाणियाँकुंडीके एक चट्टीवालेके घोड़ेकी बड़ी प्रशंसा हो रही थी। कह रहे थे, उसे पलटनमें ले जाना चाहते थे, आप उसे ही ले जायें। मैंने 'एवमस्तु' कहा, और पीछे पछताना नहीं पड़ा। घोड़ा बहुत मजबूत और काफी तेज भी था। घोड़ेके आनेमें एक घंटेकी देर हुई। ७-८ हजार फुटकी ऊँचाईपर भी मक्खियोंका अखंड राज था। चट्टीवाले शिकायत कर रहे थे, कि डी० डी० टी० छिड़कनेवाले अभी नहीं आये। उनका डी० डी० टी०पर विश्वास हो गया है। उन्होंने अपनी आंखोंके सामने देखा, डी० डी० टी० छिड़कने-का अर्थ है, मक्खियोंके लिए महा-प्रलय। शायद हमारे तीर्थयात्रियोंमें भी बहुत कम ऐसे होंगे, जो कि मक्खियोंके संबंधमें अहिंसा-धर्म पालन करनेका आग्रह या सत्याग्रह करेंगे।

घोड़ेपर चढ़कर चलनेमें अब एक तरहका आनंद आ रहा था। सवारीके लिए अच्छा जानवर मिलनेपर ऐसा ही होता है, यद्यपि इस घोड़ेपर वह लोग नहीं निर्भय होकर चल सकते थे, जो कि पृथिवीके गुरुत्वाकर्षणके बलपर सवारी करना चाहते हैं। आसपासके जंगलोंमें खरशू और तूनके वृक्ष अधिक थे, देवदार-जातीय वृक्षोंकी कमी थी। वाणियाँकुंडीके कुछ नीचे हीसे गाँव खतम हो जाते हैं। ऊपर जाड़ोंमें बर्फ पड़ती है, इसलिए शायद लोगोंने गाँव बसाना पसंद नहीं किया। हाँ, आजकल कहीं-कहीं ग्वालोंकी झोंपड़ियाँ लग गई थीं, गाय-भैंसें चरनेके लिए आई हुई थीं। इधरकी चट्टियोंमें कितने ही घर उजड़े दीख पड़े। जान पड़ता है, पिछली अर्ध-शताब्दीमें जिस तरह बराबर यात्रियोंकी बृद्धि होती रही, उसके कारण हर एक पास-पड़ोसका ग्रामीण दूकान छाननेके लिए तैयार हो गया। माँगसे अधिक दूकान छाननेका यह परिणाम हुआ, कि कुछको टाट उलटकर हट जाना पड़ा। उन्हींके नामपर यह खंडहर रो रहे हैं। नवीन भारतमें इन चट्टियों-को और समृद्ध होना चाहिए। यदि तीर्थयात्रिओंकी संख्या कम हो, तो हिमालयके

कौमार्य सौंदर्यका आनंद लूटनेके लिए सैलानियोंकी संख्या बढ़नी चाहिये। हाँ, उनको ये मक्खियोंसे भिनभिनाते, फूसकी झोंपड़ियोंवाले दरिद्र घर पसंद नहीं आयेंगे। भारतके लोगोंका साधारण जीवनतल अधिक ऊँचा हुए बिना नहीं रह सकता, क्योंकि आजके निम्न जीवन-तलके विरुद्ध अकाल और भूखमरीने धावा बोल दिया है। पैसा अधिक हाथमें आने दीजिये, और हर एक भारतीय नर-नारीको कमसे कम चार सालकी अपनी मातृभाषामें अनिवार्य शिक्षासे गुजरने दीजिये, फिर अपने ही झुंडके झुंड सैलानी हिमालयकी ओर निकल पड़ेंगे। तुगनाथके दोनों ओर ग्वालियाबगड़ और मंडल तककी पर्वतस्थली हिमालयके बहुत रमणीय स्थानोंमें हैं। ऐसे स्थान जापान या कोरियामें सैलानियोंसे भरे मिलते हैं।

वाणियाँकुंडीसे चौपता चट्टी एक मील है। इससे थोड़ा आगेसे तुंगनाथका रास्ता (२ मील) अलग होता है। पिछली यात्रामें किसी अनाड़ीने तुंगनाथकी चढ़ाईका इतना भय दिखलाया, कि मैं वहाँ गया ही नहीं, लेकिन अब की बार वहाँ अवश्य जाना था। दुराहेपर मैंने देखा, अब भी कुछ तीर्थयात्री तुंगनाथको छोड़कर दाहिनेके रास्ते निकले जा रहे हैं। एक असाधारण मोटी बंगाली प्रौढ़ा महिलाकी हिम्मतको मैं दाद दिये बिना नहीं रह सकता था। वह तुंगनाथके रास्तेपर आध मील आगे मिलीं और बड़े करुणाजनक स्वरमें पूछ रही थीं,—अभी कितना दूर है। सवा-डेढ़ मील कहना उनके ऊपर अत्याचार करना होता, इसलिए मैंने कहा—बहुत दूर नहीं है, चढ़ाई भी खड़ी नहीं है, लेकिन ऊँचाईके कारण साँस अधिक फूलती है, धीरे-धीरे बैठते-सुस्ताते चली आओ। मेरी तरह और भी कितने ही आदमी घोड़ोंपर चल रहे थे, और कितने ही यहाँ भी पैदल २५-२५ कदमपर ठहरते आगे बढ़ रहे थे। तुंगनाथ जब मीलभरके करीब रह गया, तो वनस्पतिका राज्य खतम होने लगा। आज सबेरेसे साढ़े चार हजार फुटसे ९ मील चलकर मैं १२०७० फुटपर पहुँचा था। जहाँ आखिरी २००० फुट वनस्पतिके राज्यसे बाहर निकलते जा रहे थे, वहाँ ऊँचाईके अनुसार अलग-अलग वनस्पति-जातियोंका राज्य था। ९००० फुटके आस-पास खरशू (ओक) और देवदार मिल रहे थे। तुगनाथके आखिरी हजार फुटमें तो सिबेरियाकी तुंद्रा दिखाई पड़ रही थी। यहाँ आज (१४ मईको) भी बर्फ थी, यद्यपि वह सारे पर्वतपर अविच्छिन्न रूपसे नहीं थी। तुंगनाथ हम १० बजे पहुँचे। सैकड़ों यात्री वहाँ आ चुके थे। उस सर्दीमें हिमगलित पानीवाली आकाश-गंगामें श्रद्धालु नर-नारी डुबकी भी लगा रहे थे। हमने तो अपना नियम रक्खा है, ६००० फुटमें ऊपरकी ऊँचाईपर

हफ्तेमें एक दिनका स्नान पर्याप्त है। युधिष्ठिरकी राजसूय यज्ञके प्रधान पुरोहित धौम्यने यह गुह्य तत्त्व बुलानेके लिए आये अर्जुनको समझाना चाहा, लेकिन जान पड़ता है, गांडीव धनुषके चलानेमें इतनी फुर्ती रखनेवाले कौंतेय बुद्धिकी दौड़में कुछ कमजोर-से ही थे। वेद-वेदांग-पारंगत महर्षि धौम्यने हिमालयके ऐसे स्थानमें रहते वर्षोंसे अपने शरीरको जल डालकर उसी तरह अपवित्र नहीं किया था, जिस तरह कम्यूनिस्टोंके हाथमें जानेसे पहलेके तिब्बतके लोग। अर्जुनने बातसे नहीं तो अपने भावोंसे धौम्यके प्रति घृणा प्रकट करनी शुरू कर दी, जब कि पहाड़के उष्ण स्थानमें पहुँचते ही ऋषिने नित्य स्नान और संध्या-तर्पण शुरू किया। उन्होंने अर्जुनको बहुत समझाना चाहा, कि हिमालयकी हवा शरीर और मन दोनोंको पवित्र कर देती है, यहाँ जल-स्नानकी अवश्यकता नहीं है। जब मैदानमें पहुँचकर धौम्यने त्रिकाल-संध्या-स्नान शुरू किया, तो अर्जुनने समझ लिया, कि यह आदमी पूरा ढोंगी है, न जाने क्यों भैयाने इसे ही अपने यज्ञका प्रधान ऋत्विज माननेकी हठ ठानी है।

केदारनाथ और बदरीनाथमें तो कितने ही लोग एकाध रात ठहर भी जाते हैं, किंतु तुंगनाथमें रात्रिवास करनेवाला शायद ही कोई अभागा यात्री हो। ईंधनके अभाव अतएव महँगाईके कारण यहाँ रोटी नही पूरी खाई जाती हैं, जो साढ़े तीन रुपया सेर थी, भारवाहक लोग ही रोटी खाते होंगे। मुझे यह देखकर बड़ा अफसोस हुआ, कि आज आकाश साफ नहीं था, नहीं तो इस उच्च-स्थानसे नीचे मैदान तक और ऊपर हिमाचल-श्रेणियों तकके विराट भूभागका बड़ा रमणीय दृश्य दिखलाई पड़ता। हिमश्रेणियाँ तो दिखाई दे रही थीं। तुंगनाथ भारतमें सबसे अधिक ऊँचाईपर अवस्थित हिंदू-तीर्थ है। यह शिखर नही बल्कि पर्वतश्रेणीके उच्चतम पृष्ठभूमिपर है। मंदिर निर्माताओंने अच्छा किया, जो एकदम मेरुपर नहीं बल्कि जरासा नीचे उसे बनवाया, नहीं तो प्रायः सदा चलनेवाले झंझावातसे यात्रियोंको बहुत कष्ट होता। आज खैरियत थी, जो हवा नहीं चल रही थी, नही तो नहानेवाले यात्रियोंकी और भी परीक्षा होती। हमको फोटो लेना था, जो धूपके न होनेके कारण अच्छा नहीं आ सकता था। यहाँ भी रुहेलों द्वारा खंडित बहुतसी मूर्त्तियाँ हैं। कहीं पढ़ा था, तुंगनाथमें पत्थरकी एक बुद्ध मूर्त्ति है। मुझे वह मूर्त्ति कहीं दिखलाई नही पड़ी। भीतर शिवलिंग है, जिसके पीछे पद्मासनस्थ कुंडलधारी किसी भक्त साधुकी मूर्त्ति है। शायद इसीको लोगोंने बुद्ध समझ लिया हो। हाँ, ५-६ इंच ऊँची भूमिस्पर्श मुद्रामें एक धातुमयी बुद्ध मूर्त्ति अवश्य वहाँ रक्खी है, जो मूर्त्ति कहींसे लाई गई हो सकती है। १७४१-४२ ई०की

महेला लूटमें भला यह मूर्ति कैसे बच सकती थी; लेकिन छोटी होनेसे इसको छिपाया जा सकता था। यह मूर्त्ति इस बातका प्रमाण नही है, कि तुंगनाथमें पहले कोई बौद्ध मंदिर था। ऐसे दुरारोह स्थानमें मंदिर बनाना प्राचीन बौद्ध नियमके विरुद्ध था। तिब्बतमें भी ऐसे स्थानोंमें विहार १३वी-१४वी शताब्दीके बाद बनने लगे। मुख्य मंदिरके बाहर भी छोटी-मोटी आधे दर्जनके करीब मढ़ियाँ हैं, जिनमें हरगौरी या दूसरी खंडित मूर्त्तियाँ है। पंडोंने सभीके सामने पैसेकी थाली रख छोड़ी है।

एक घंटेमें हमारा दरस-परस हो गया, फोटो उतारना और पूरी खा लेना भी समाप्त हो गया। दरस-परसमें अवश्य ज्यादा समय लगा, क्योंकि कुछ श्रद्धालु बंगाली भद्र पुरुष और महिलायें आ गई थी, इसलिये पुजारीने लंबा संकल्प पढ़ना शुरू किया और सो भी एक-एकका अलग-अलग। एक दर्जनके करीब आदमी मंदिरके भीतर संकल्प पूरा करानेके लिए खड़े थे, इसलिए दर्शन करना संभव नही था और मुझे झुंझलाते हुए प्रतीक्षा करनी पड़ी।

घोड़ा यहीं तकका था। आगे उतराई ही उतराई (आठ मील तक) थी, इसलिए उसकी अवश्यकता नहीं हो सकती थी। मैं ११ बजे तुंगनाथसे रवाना हुआ। जहाँतक रास्तेका सवाल है, यात्रीको मंदिरसे अधिक ऊँचाईपर चढ़नेकी अवश्यकता नहीं पड़ती, लेकिन पर्वतकी रीढ़ तो पार करनी ही पड़ती है। रीढ़ तक पहुँचकर दोनों तरफकी पहाड़ी ढलान अच्छी तरह दिखाई पड़ी। दोनों तरफ प्रायः हजार फुट तक वृक्ष या झाड़ियाँ नहीं, बल्कि उनकी जगह घास थी। शायद यहाँके पशुपाल इसे बुक्याल न कहें, क्योंकि वह बुक्याल विस्तृत ढालुवाँ घास-मैदानोंको कहते है। दो मील उतरकर भेलकना चट्टी है। खरशू और देवदार जातीय वृक्ष तुगनाथसे हजार फुट नीचेसे शुरू हो गये थे। भेलकनामें चौपतासे सीधे आनेवाली सड़क आ मिलती है। यहाँ घंटों इन्तिजार करनेके बाद बलबहादुर आया। कलसे ही देख रहा था, वह चलनेमें बहुत ढिलाई कर रहा है। क्या कारण हो सकता है, इसका पता अगले दिन लगनेवाला था। बोझ इतना भारी नही था, जिसके कारण गति मंद हो सकती थी। भेलकना वैसे छोटी चट्टी नहीं है। यहाँ कई मकान खंडहर पड़े थे, जो आसपासके ग्रामीणोंकी अविचार-पूर्ण क्रियाके परिचायक थे। भूले-भटके यात्रियोंके लिए मील दो मीलपर चट्टियों-का होना अच्छा है, लेकिन दूकानदारको तो रोज दस-पाँच यात्री चाहिये। यहाँ बहुत कम ही यात्री ठहरते हैं। वैसे स्थान अच्छा है। वसंत या वर्षामें और भी सुंदर मालूम होता होगा, मक्खियाँ भी और स्थानोंकी अपेक्षा कुछ कम थीं।

इतना सबेरे ठहर जाना मैंने अच्छा नहीं समझा और जैसे ही बलबहादुर आया, यह कहकर आगे चल पड़ा, कि पौने तीन मीलपर आनेवाली अगली चट्टीमें रात्रि-विश्राम होगा।

आगे उतराई ही उतराई थी, लेकिन एकदम सीधी नहीं। थोड़ी दूर तक पहाड़की रीढ़पर भी चलना पड़ा। इस जंगलकी यात्रा सैलानियोंके लिए बहुत आकर्षक हो सकती है। पांगरवासा चट्टीका नाम सुनकर यात्रामें ही परिचित हो गये डाक्टर घोषने कहा : "बंगाली नाम वासा"? मैंने कहा : ऐसे बहुतसे शब्द उत्तर-भारतीय भाषाओंमें समान हैं, इसलिए उन्हें किसी एक भाषाका नहीं कहा जा सकता। उन्होंने पूछा—पांगर क्या है? मैंने कहा—आसपास के जंगलोंमें पांगर अर्थात् चेस्टनटके वृक्ष अधिक हैं, इसीलिए चट्टीका नाम पांगरवासा पड़ गया। अभी भी दिन बहुत था, लेकिन बलबहादुरकी गति देखकर मैंने यहीं रहना ठीक समझा। पहले मक्खियोंने बहुत दिक किया, किंतु जब सूर्यने अपनी किरणें बटोर लीं, तो उनसे त्राण मिला। पांगरवासा बड़ी चट्टी नहीं है। तुंगनाथ-की उतराई करके आनेवालोंके लिए भेलकना बहुत नजदीक पड़ जाती है, उसके बाद यही अनुकूल चट्टी है। घोष महाशय तो यहाँसे आगे बढ़ गये थे। मेरे आनेके समय अधिकतर टिकानें खाली पड़ी थीं। लेकिन अँधेरा होते ही कहीं रहनेका ठौर नहीं रह गया। चट्टीवाले दूकानदारोंने यह अच्छा किया है, जो कि खानेकी चीजें खरीदकर रसोई नहीं बनाने वालोंको भी एक आना प्रति आदमी-पर टिकनेके लिए स्थान दे देते हैं। लोगोंकी भीड़ देखकर हमें एक ओर सिमटना पड़ा। बलिया जिलेके एक बृद्ध ब्राह्मण किसी प्रौढ़ा भक्तिनके साथ तीर्थ करने आये हुए थे। भक्तिनने रातको मीरा और तुलसीके भजनको तोड़-मरोड़कर अपनी भाषामें जोर-जोरसे गाना शुरू किया। उस समय कुछ लोग तो सोनेमें विघ्न समझ-कर झुँझला रहे थे और कुछ भक्तिभाव-संपन्न जन उन्हें और गानेके लिए प्रोत्साहित कर रहे थे। भक्तिनने भक्तोंके आग्रहको देखकर कहा—भूखमें कहीं भजन होता है? मैंने सोचा, कबीर साहबने भी कहा है "भूखे भजन न होय गोपाला।" लेकिन दो-तीन घंटा रात गये, अपने-अपने बिछौनेपर लेटे लोगोंमेंसे किसीके मनमें इतनी श्रद्धा नहीं उत्पन्न हुई, कि उठकर भक्तिनको दो-चार पैसे देकर भजनको जारी रखवा सके। दूसरोंके लिए अच्छा ही हुआ, नहीं तो यह बेसुरा गान न जाने कबतक चलता रहता।

१५ मईको ५ बजे सबरे ही रवाना हुए। यहाँसे मंडल (सवा तीन मील) तक कलसे भी सुंदर अरण्य-भूमि थी। सारा रास्ता उतराईका था। मंडलका

डाकबँगला कुछ ऊपर ही है, लेकिन मुख्य चट्टी अलकनंदाकी एक शाखाकी समतल उपत्यकामें है। चट्टीके भीतर घुसनेसे पहले ही टीका लगानेवाले रहते हैं, किंतु जान पड़ता उसके लिए बहुत आग्रह नहीं है। श्रीनगरमें टीकाके लिए बड़ी कड़ाई होती है, और उससे बहुत कम ही बच निकलते हैं, तो भी हमारे लोग भरसक टीका नहीं लगवाना चाहते। यहाँ भी कुछ ऐसे आदमी आये थे, लेकिन डाक्टर साहब अभी वहाँ मौजूद नहीं थे और उनके आदमीने बहुत जोर नहीं दिया। मंडलकी चट्टी काफी लंबी है, दूकानें भी बहुत हैं। लेकिन सभी चट्टियोंकी तरह या तो आटा-चावल लेकर रसोई बनाइये, या दूध अथवा दिनभर औटती पत्तियोंकी चाय पीजिये। दहीका वहाँ नाम नहीं। इस भूमिमें केला तथा दूसरे फल हो सकते हैं, लेकिन फलोंका भी कहीं पता नहीं। कितने ही दिनोंकी बनी बिना स्वादकी मिठाइयोंको खानेको किसका मन होगा? बलबहादुरको हमने चाय पिला दी और वहाँसे चल पड़े। इस उपत्यकामें भी टिड्डियाँ आई थीं। उन्होंने फसलको काफी नुकसान पहुँचाया था, लेकिन कुछ खेतोंमें गेहूँ कट रहे थे। रास्ता नदी पार करके उसके बायें किनारेसे था। बिना चट्टियोंकी भी एक-दो दूकानें रास्तेमें मिलीं। बैरागन कुछ बड़ी चट्टी है, किंतु कहीं न खाने पीनेका आकर्षण था, न देखने सुननेका, इसलिए हम आगे ही बढ़ते गये। फिर पहाड़की एक बाहीं पार करके दूसरी छोटी नदीको पुलसे पार किया। यहाँसे गोपेश्वर तक सवा मीलका रास्ता चढ़ाईका था। चढ़ाई शुरू होते ही किरायेके घोड़े खड़े मिले। हमने सवा रुपयेपर घोड़ा कर लिया।

४. गोपेश्वर

गोपेश्वर बड़ा गाँव है, किंतु उससे ढाई मील ही पर चमोली एक अच्छा खासा कस्बा है। यह समझमें नहीं आता, कि चमोली छोड़कर यहाँ क्यों हाई स्कूल बनानेकी अवश्यकता पड़ी। चमोलीमें मोटरका अड्डा है। अभी श्रीनगरसे ही यहाँ मोटर आती है, किंतु आगे २८ मील जोशीमठ तक मोटरकी सड़क बन रही है। चमोलीमें हाई स्कूल होनेपर लड़कोंके लिए अधिक अनुकूलता हो सकती है। हाँ, गोपेश्वर एक तीर्थ है, यह आकर्षण जरूर हो सकता है। स्कूलके संस्थापक समझते होंगे, कि यात्रियोंसे कुछ सहायता मिल जायगी, लेकिन आज-कल गोपेश्वर कोई वैसा तीर्थ नहीं है, चढ़ाई चढ़नेके कारण कुछ देरके लिए लोग विश्राम भले ही कर लेना चाहें, नहीं तो यह तीसरी श्रेणीके पूज्य-स्थानोंमें भी नहीं है। इसमें शक नहीं, पुराने समयमें यह केदारखंडके प्रमुख तीर्थोंमें रहा

होगा। केदारनाथ छोड़ यहाँका प्राचीन मंदिर गढ़वाल और कुमाऊँका सबसे पुराना और विशाल मंदिर है। कई दर्जन पुरानी टूटी-फूटी मूर्त्तियाँ इसके गत वैभवको बतलाती हैं। १३वीं शताब्दीके दो नैपाली विजेताओंने यहाँके विशाल लौह त्रिशूलपर अपने अभिलेख खोद छोड़े हैं। त्रिशूलके डंडेपर तो उससे भी ५-६ शताब्दियों पूर्वका अभिलेख है। गोपेश्वरके ऐतिहासिक महत्त्वसे कौन इन्कार कर सकता है? विशाल मंदिरके शिखरमें एक ओर लंबी दरार पड़ गई है, यदि उसकी मरम्मत न हुई, तो मंदिरका ध्वस्त हो जाना निश्चित है। मंदिरके आगे सभामंडप, जान पड़ता है, किसीने पीछेसे बनवाया। इसमें चित्रकारी भी की गई थी, लेकिन वह बहुत कुछ मिट गई है। यह मंदिर भी, बदरीनाथ मंदिर समितिके आधीन है। चाहे यहाँपर अधिक पूजा न चढ़ती हो, किंतु पुरातात्त्विक महत्त्वको देखते हुए इसपर अधिक खर्च करनेकी अवश्यकता है। मैं जानता ही था, कि बलबहादुर जल्दी नही आयेगा, इसलिए दर्शन और फोटोके कामसे निवृत्त हो लेना चाहता था। मंदिरके बाहर एक जगह एक दर्जन टूटी-फूटी पाषाण-मूर्त्तियाँ हैं, जिनमें बूटधारी सूर्य और चार मुखवाला मुखलिंग भी हैं। मुखलिंग ही नहीं बल्कि साधारण लिंगमें रेखा द्वारा शिश्नका आकार लानेके प्रयत्नने बतलाया कि यहाँ लकुलीश शैवोंका प्राधान्य था। बूटधारी सूर्यकी कई मूर्त्तियाँ बतला रही थीं, कि यह शकों द्वारा प्रचालित मूर्त्ति कत्यूरीकालकी है। गोपेश्वर नाम तथा अभिलेखसे मालूम होता है, कि यहाँ सूर्यकी नहीं शिवकी प्रधानता थी। मंदिरके भीतर शिवलिंग है। सभा-मंडपके एक गलियारेमें कई खंडित मूर्त्तियाँ रक्खी हुई हैं। उनमें एक बूटधारी सूर्य मूर्त्ति अधिक प्राचीन मालूम होती है। यह खंडित मूर्त्तियाँ रुहेलोंकी करतूत या उससे पहले अकबरके समयमें आये टुकड़िया हुसेन खांकी धर्मान्धिताको बतला रही थीं। इसमें शक नहीं, गोपेश्वरमें इस मंदिरके अतिरिक्त भी कितने ही छोटे-बड़े मंदिर थे, जिनकी ही मूर्त्तियाँ जमा करके जहाँ-तहाँ रक्खी हुई हैं। मुमकिन है, यदि खुदाई की जाय, तो और भी कुछ मूर्त्तियाँ मिलें। गोपेश्वरके अपने रावल (गृहस्थ) हैं, जिनकी प्रधान जीविका मंदिरकी दक्षिणा नहीं, बल्कि उसमें लगे खेतोंकी उपज है। साथ ही उन्होंने एक छोटी-मोटी दूकान भी खोल रक्खी है। मक्खियाँ बहुत तंग कर रही थीं, लेकिन खाना तो खा करके यहाँसे चलना था।

बलबहादुर देरसे आया। फिर रसोई बनाते समय भी देखा, उसमें उत्साह नहीं है। मैंने उससे पूछा, तो कहा—इतनी मजूरी कम है। मैंने डेढ़ रुपया रोज और खानेपर उसको नियत किया था। मैंने जब कहा, कि तुमने तो श्रीनगरमें

११. गोपेश्वर–प्राचीन शिवलिंग
(पृष्ठ ४५६)

१२. गोपेश्वर–खंडित मूर्तियां
(पृष्ठ ४५६)

१३. पांडुकेश्वरके जोड़े मंदिर
(पृष्ठ ४६६)

१४. हिमालयका एक दृश्य
(पृष्ठ ४६७)

इसे कबूल किया था। उसने कहा—मैंने समझा था, दिनमें दो-चार मील चलना पड़ेगा। खैर, मैंने समझ लिया, कि इधर बारह आना और रुपया मील तक भी कितने ही नैपाली कंडीवाले कमा रहे हैं। इसका भी ध्यान उसी ओर होगा। अन्तमें उससे कह दिया, कि आज हम चमोली पहुँच रहे हैं, यदि तुम्हें पहलेकी मजूरीपर नहीं रहना है, तो वहाँसे मोटरका किराया देकर तुम्हें श्रीनगर भेज देंगे। यह मेरे लिए भी अच्छा था, क्योंकि मैंने देख लिया था, जो सामान अपने साथमें ढोके लाया हूं, उनमेंसे उतनी ही की मुझे आवश्यकता है, जिन्हें मैं अपने कंधेपर रखकर चल सकता हूं। भोजनोपरान्त २ बजे गोपेश्वरसे प्रस्थान किया। चमोली यहांसे कुल ढाई मील है और रास्ता भी कहीं चढ़ाईका नहीं है। हां, इस वक्त इस जंगल-शून्य पर्वतस्थलीमें गर्मी अधिक मालूम हो रही थी—हम ३१५० फुटकी ऊंचाईपर उतर भी तो रहे थे। अलकनंदा आध मील चलनेके बाद ही नीचे बहती मिली, किंतु उसके किनारे हम चमोलीके पास ही आकर पहुंचे। अलकनंदाके दाहिने तटपर भी दो चार अस्थायी दूकानें थी और घोड़े तो सौसे भी ऊपर थे। सोचा, यदि बदरीनाथ आने-जानेका घोड़ा मिल जाय, तो किरायेपर ले लें, लेकिन इस पारके सभी लद्दू घोड़े थे, जिनकी पीठपर जीन नहीं थीं। लादनेके आस्तरणपर बैठकर चलना सासत मोल लेना था। मैंने उन्हें छोड़कर पुल पार हो चमोलीमें भाग्य-परीक्षा करनी चाही।

चमोलीका यह स्थान वस्तुतः एक कस्बे या व्यापारकेंद्रके उपयुक्त नहीं है, क्योंकि जिस जगह टेढ़ी-मेढ़ी गलियोंके किनारे दूकानें बनी हैं, वहांका पहाड़ सीधी चढ़ाईका है। एक सज्जनके पास घोड़ा था, जो था तो लद्दू ही, किंतु चारजामा दे रहे थे, परन्तु वह गरजू समझकर मनमाना किराया मांग रहे थे। मैं वस्तुतः घोड़ा लेनेके लिये मजबूर नहीं था। घोड़ा इसी ख्यालसे ले रहा था, कि उसके साथ जानेवाला आदमी रसोइयेका भी काम करेगा। अगर हर दूसरी-तीसरी चट्टीपर बना बनाया भोजन मिल जाता, तो मैं पैदल चलना बहुत पसंद करता। लेकिन अपने हाथसे रसोई बनाना बर्तन-भांडा मलना उतना आकर्षक काम नहीं था। यह मालूम था, कि कहीं कहीं भलेमानुस दूकानदार भोजन बनाकर दे सकते हैं, लेकिन वैसा हर जगह होना मुश्किल था और होता भी तो केवल रातके खानेके लिए ही। मैंने निश्चय कर लिया कि एक ऊनी चादर, एक दुसूती चादर, कंधेपर लटकाये दो कैमरे, एक रिवाल्वर और पोर्टफोलमें डायरी जैसी कुछ चीजें छोड़ बाकी सभी सामान चमोलीमें छोड़ दें। मसूरी छोड़नेके बाद अबतक मुझे इन्सोलिन लेनेकी जरूरत नहीं पड़ी, इसलिए इंजेक्शनका सामान ढोना भी मैंने

बेकार समझा। सोचा था, शायद कालीकमलीवालेके यहां सामान रखनेका इंतजाम हो जाय, लेकिन अभी वहां सारा प्रबंध चौकीदार कर रहा था, और वह भी बेचारा बुखारमें पड़ा हुआ था। मेरा ध्यान अस्पतालकी ओर गया। वहां श्रीजीवानंद सुन्दरियालसे परिचय हुआ। वस्तुतः मैं यहां सामान रखवानेके ख्यालसे नहीं आया था, बल्कि एक छिले स्थानमें दवा लगवाना चाहता था। सुन्दरियालजी लेखकके रूपमें मुझे नहीं जानते थे, लेकिन साक्षात्कार होनेपर उन्होंने जिस प्रकारका सौजन्य दिखलाया, उससे मैंने यह कहना अनुचित नहीं समझा, कि मैं अपना सामान यहां छोड़ जाना चाहता हूं। उन्होंने खुशी खुशीसे स्वीकार किया। मैंने सोचा था, अगले दिन चलते वक्त सामान रख जाऊंगा, लेकिन कितनी ही देरकी प्रतीक्षाके बाद जब बलबहादुर आया, तबतक यहांकी सारी धर्मशालायें भर चुकी थीं और मुझे रहनेके लिए कहीं भी स्थान नहीं मिल रहा था। मैंने इससे यही अच्छा समझा, कि सामान इसी समय सुन्दरियालजीके यहां रख दू और अगली चट्टीका रास्ता पकड़ूं। बलबहादुरको उसकी ११ दिनकी मजदूरी, श्रीनगरतकका किराया, और कुछ इनाम-बखशीश देकर छोड़ दिया। सामान अस्पतालमें सुन्दरियालजीके पास रक्खा, फिर चादर कंधेपर और हाथमें पोर्ट-फेल लेकर चल पड़ा। अभी घंटाभर दिन था। मालूम ही था कि आगे चट्टियां बहुत नजदीक-नजदीक हैं। दो मील जा मठ चट्टीकी एक दूकानके ऊपर ठहरा। दूकानदारसे बड़ी बेतकल्लुफीके साथ कहा और उसने रोटी-तरकारी बनाकर खिला देनेका भार अपने ऊपर ले लिया। चटाईपर जिस वक्त मैं बैठा, तब तक अंधेरा नहीं हुआ था। इसी समय एक मंगोल मुखमुद्रायुक्त तरुण मेरे पास आकर कहने लगाः मैंने आपको कहीं साक्षात् अथवा फोटोमें देखा है। देखना तो नहीं हो सकता था, क्योंकि बाम्पा(नीति)निवासी श्रीउदयसिंह पाल जिन स्थानोंमें मुझे देख सकते थे, वहां मैं गया ही नहीं था। वह पठित थे, विशारद-परीक्षा देनेकी किसी समय तैयारी भी कर चुके थे। नीती डांडाके भोटांतिक होनेके कारण उनसे बहुत-सी बातें मुझे भी जाननी थी, इसलिए कितनी ही देर तक उनसे बातचीत होती रही। जाते हुए वह एक नीतीवाले व्यापारी सज्जनसे बात करते गये, जो उसी रात मेरे पास आये। उदयसिंहका आग्रह था कि मैं उनके दोस्तके घर चला चलूं, लेकिन मैंने रातको यहीं रहना पसंद किया। घोड़ा और आदमी मिल जाय, तो निश्चिंत होकर यात्रा हो सकेगी, यह विचार उनपर प्रकट कर दिया, किंतु घोड़ेका इंतजाम नहीं हो सका।

अब मैं बिलकुल अकेला था। यदि खाना पकानेका सवाल न होता, अथवा

कोई सहयात्री मिल गया होता, तो बड़े आरामसे पैदल यात्रा कर सकता था, लेकिन वह हो नहीं सका। उदयसिंह पालकी बातसे यह निश्चय हो गया, कि नीती और माणा दोनों घाटोंमें किसी तिब्बती पुस्तक या मूर्ति आदिके मिलनेकी संभावना नहीं है। किसी समय भोटांतिक लोग भले ही बौद्ध रहे हों, लेकिन अब उनका इससे उतना ही परिचय है, कि जब कोई मंत्र-तंत्र करनेवाला लामा आ जाता है, तो उससे ये झाड़-फूंकका काम करा लेते हैं। इन लोगोंको व्यापारके लिए तिब्बत हरसाल जाना पड़ता है, इसलिए पुरुषोंमेंसे अधिकांश तिब्बती भाषा बोलते भी हैं और उनसे शताब्दियोंसे खान-पानका संबंध चला आया है, इसलिए उसका बायकाट करके अपने व्यापारको धक्का लगानेके लिए तैयार नहीं हैं। उदयसिंह और उनके दूसरे मित्र इस बातके लिए परेशान थे, कि तिब्बत और चीनकी जो तनातनी है, उसके कारण व्यापारको बहुत धक्का लगेगा। उस समय(१५ मई १९५१)अभी चीन और तिब्बतका समझौता नहीं हो पाया था। वैसे भी ल्हासासे बहुत दूर रहनेके कारण मानसरोवर प्रदेशमें शासन-व्यवस्था ठीक नहीं थी। हमारे व्यापारी अपने हथियारके बलसे ही डाकुओंसे अपनी रक्षा कर सकते थे। मालूम हुआ, बहुत गिड़गिड़ानेपर भारत सरकारने नीतीवालोंको १५-१६ बन्दूकें दीं। उनको कमसे कम ५० बन्दूकोंकी अवश्यकता थी। बन्दूकें भी इतालियन १०-१० सेरवाली थीं, जो बकरीपर माल ढोनेवालोंके लिए भारी थीं। थोड़े समय बाद चीन और तिब्बतका समझौता हो गया, नहीं तो हमारे व्यापारियोंको उस साल डाकुओंसे और भी ज्यादा संत्रस्त होना पड़ता। अनिश्चित अवस्था होनेके कारण पश्चिमी तिब्बतके राजकर्मचारियोंमेंसे बहुतोंने अपने-अपने परिवारोंको भारतमें भेज रक्खा था। फिर उनसे डाकुओंसे त्राण पानेमें कहाँतक सहायता मिल सकती थी?

५. जोशीमठ

केदारनाथके रास्तेमें जिस तरह आसानीसे घोड़े मिल जाते हैं, वही ख्याल बदरीनाथके बारेमें भी हमारे मनमें था। यद्यपि इधर घोड़े कम नहीं हैं, किंतु अधिकतर वह माल ढोनेका काम करते हैं, खाली घोड़े मुश्किल हीसे मिलते हैं। लेकिन मैं प्रायः खाली हाथ था। पछतावा यही था, कि पीठपर ढोनेका थैला क्यों नहीं साथ लाया। फिर तो हाथके पोर्टफेलको उसमें रखकर सीटी बजाते आनंदके साथ यात्रा कर सकता था। हाँ, चिन्ता थी तो यही, कि हर जगह बनी-बनाई रोटी नहीं मिलेगी। मठसे डेढ़ ही मीलपर अगली चट्टी छिनका है।

उदयसिंहने बतलाया था, कि वह और नीतीवाले दूसरे बहुतसे भोटांतिक परिवार आजकल छिनका हीमें हैं। नीती, माणा, नेलङ वाले और यही बात अल्मोड़ा जिले के भी भोटांतिकोंकी है, जाड़ा आते ही अपने १०-११ हजार फुट ऊँचाईके गाँवोंको छोड़कर नीचेकी ओर खिमकने लगते हैं। उनके गाँवोंमें अक्तूबर हीमें सर्दी तेज हो जाती है, और वर्षाकी जगह बादल बर्फ बरसते हैं। उनके गाँव भी ऐसे स्थानोंमें हैं, जहाँ वृक्ष क्या झाड़ियाँ भी नहीं उगतीं। ऐसी जगहोंमें जाड़ा बिताना पशु-प्राणीके लिए संकट मोल लेना है; इसीलिए अचिंत्य कालसे उनके यहाँ परिपाटी चली आई है—शरदके अन्त होते ही लोग अपने गाँवोंको छोड़कर नीचेकी ओर चल देते हैं। गाँवमें घर पीछे एक या गाँव पीछे कुछ आदमियोंको तब तकके लिये छोड़ दिया जाता है, जब तक कि बर्फ पड़कर उनके मकानों की सारी दीवारोंको ढक नहीं देती। लोग अपने घरोंकी सभी चीजें अपने साथ तो नीचे नहीं ले जा सकते, इसलिए उनकी रक्षाके लिए गाँवमें कुछ आदमियोंको छोड़ना अवश्यक है। यदि अपने या पड़ोसके गाँवोंके आद-मियोंके मुँहमें पानी न भरे, तो भी डांडे पार तिब्बती लोग रहते हैं, जिनमें डाकुओंकी संख्या कम नहीं होती। आजकल भोटांतिक लोग अपनी भेड़-बकरियों, गायों, गदहों, घोड़ोंको लिये बच्चोंको पीठपर बाँधे या अँगुली पकड़ाये ऊपरकी ओर जा रहे थे। कृषिजीवी होते हुए भी यह लोग सालमें दो बार घुमन्तू जीवनका आनन्द लेते हैं। जिनके पास पैसा-कौड़ी है, उनकी स्त्रियाँ अपने सारे जेवरोंको पहने अच्छे कपड़े-लत्तेके साथ चल रही थीं। यहाँकी भोटांतिक स्त्रियोंमें सूती कपड़ेकी एक शोभार्थ ओढ़नी ओढ़नेका रवाज है। यह लड़कोंके कंटोप (कुलबारे) की तरह शिरसे पैरोंतक पहुँचती है। शिरके सामने वाले भागमें बहुत अच्छा सुईका काम भी होता है।

हमें अपनी मंजिल काटनी थी, इसलिए उदयसिंहके बारेमें पूछ-ताछ नहीं की। उन्होंने जोशीमठमें मिलनेके लिए कहा था और इस बातका बहुत आग्रह किया था, कि मैं उनके साथ बाम्पा (नीती) चलूँ। साढ़े चार मील चलकर सियासैंण चट्टीमें कुछ साफ सुथरी एक दूकानमें प्याले रक्खे देखकर सोचा, चाय पी लें। चाय पीनेमे भी ज्यादा इच्छा थी घोड़ेके बारेमें पूछ-ताछ करनेकी। तरुण दूकान-दारने ताजी चाय बना करके पिलाई और बतलाया, कि एक मील आगे हाट गाँवमें अलकनंदाके लोहेके पुल पर दूकानदारके पास बहुत अच्छा घोड़ा है। थोड़ी देरमें मैं पुल पार करके उस दूकानपर पहुँच गया। चलते हुए सोच रहा था, कारण कुछ भी हो, कुमाऊँ-गढ़वालमें हाट ऐसे गाँवोंको कहते हैं, जो कभी किसी

सामन्तकी राजधानी रहे। ऐसे गाँवोंमें किसी पुराने मंदिरका मिलना अवश्यक हैं। सड़कसे ऊपर गाँव है। देखा उसके एक छोरपर एक कत्यूरी मंदिर खड़ा है। दूकानदार (केदारदत्त)से बहुत मोल-भाव नहीं करना पड़ा। उन्होंने रुपया मीलपर घोड़ा देना स्वीकार कर लिया। शायद मोल-भाव करनेपर बारह आना मील भी हो जाता, लेकिन मुझे उसकी इच्छा नहीं हुई और पीछे जब देखा, कि अन्न छोड़कर एक रातमें घोड़ेको खानेके लिए तीन-तीन रुपयेकी घास लग जाती है, तो यह कोई महँगा सौदा नहीं मालूम पड़ा।

थोड़ी देर ठहरना पड़ा, क्योंकि घोड़ा पहाड़पर चरने गया था। घोड़ेकी मजूरीमें आदमीकी मजूरी भी शामिल थी, लेकिन हमें तो आदमीसे रसोइएका काम भी लेना था और उस श्रमके लिए भोजनमें साझीदार बनाना था। मुझे यह विश्वास नहीं था, कि केदरदत्तजीके भाई वाचस्पति भोजन बनानेमें इतने निपुण होंगे। मुझे उतने प्रकारोंकी तो अवश्यकता नहीं थी, लेकिन देखता था, रोटी, दाल, भात, तरकारी सभी चीजें वह बहुत स्वादिष्ट बनाते थे और फुर्तीके बारेमें तो कहना ही क्या। वाचस्पति २६-२७ वर्षके तरुण होंगे, किंतु इसी उमरमें मसूरी और दूसरी जगहोंमें कई साल रसोई बनानेका काम कर चुके थे। घोड़े-पर चढ़ते ही मालूम हुआ, कि अब दिनमें बीस-पचीस मील चलना मुश्किल नहीं होगा। पुल परसे ही चढ़ाई शुरू हो जाती है, जो कि दो मील चलकर पीपलकोटि हीमें खतम होती है। पीपलकोटीको वड़ी चट्टी नहीं, वल्कि बाजार कहना चाहिए। यहाँ सभी तरहकी चीजें मिलती हैं। हमको जब वहाँ माल्टाके सुंदर और स्वादिष्ट फल मिले, तो ख्याल आया, सचमुच हिमालयकी यह भूमि स्वादिष्ट फलोंकी खान हो सकती है, यदि थोड़ा अक्लसे काम लिया जाय। पीपलकोटीमें अच्छी जातकी भेड़े पैदा करनेके लिए सरकारकी ओरसे इन्तिजाम है, लेकिन जिसका लाभ धीरे-धीरे होता है, उसकी ओर हमारे ग्रामीणोंका ध्यान भी धीरे-धीरे ही जाता है।

रास्तेमें हर जगह मील-मील दो-दो मीलपर चट्टियाँ और टिकानें हैं। वाचस्पतिसे सलाह हो चुकी थी, कि आज जोशीमठ चलके रहा जाय। अब तो यह भी ख्याल आ रहा था, कि घोड़ेसे निश्चित हो जानेके कारण नीतीकी यात्रा भी निश्चित है। पीपलकोटीसे साढ़े तीन मीलपर टँगनी चट्टी मिली, जो ईसाकी पहली सदीमें भी प्रसिद्ध इस जनपदके तंगण नामको बतला रही थी। इसीने छोटी जातके मजबूत और फुर्तीले घोड़ोंको टांघन नाम दिया, किंतु आजकल यहां घोड़ोंके पालनेका रवाज नहीं है। अभी कुछ सबेरा था, इसलिए

तीन मील आगे पातालगंगा चट्टीमें भोजन बनाने-खानेके लिए दोपहरको ठहरे। चट्टीके पास प्रायः आधा मीलतक बरसातमें बराबर पहाड़ गिराता रहता है। ढीली किस्मकी मट्टी अधिक और पत्थर कम हैं, इसी कारण बरसातमें यहाँ सड़क बह जाती है। बरसातके लिए चक्कर काट कर ऊपरसे एक सड़क निकाली गई है। मोटर सड़क तो इससे बचनेके लिए अलकनंदा पारसे घुमाई गई है।

चमोलीसे जोशीमठ साढ़े २८ मील है। उत्तर प्रदेशकी सरकारने जोशीमठतक मोटरकी सड़क बनवानेका संकल्प ही नहीं कर लिया, बल्कि आखिरी ४-५ मील छोड़कर सड़क बन भी गई है। बीचमें पुल नहीं बन पाये हैं, लेकिन हमारी सरकारें कितनी सूझ-बूझ रखती हैं, यह सड़क उसका उदाहरण है। दो-दो चार-चार मील हर साल बढ़ानेकी जगह सरकारने एक ही बार सारी सड़कको बना लेना चाहा। जब जेबकी हालत देखी, तो जैसे और कितने ही काम छानकर छोड़ दिये गये, वैसे ही यह सड़क भी छोड़ दी गई। चलते हुए कामको, कहते हैं, तार देकर रुकवाया गया। कोई पूछे, जनताकी गाढ़ी कमाईके दस-बारह लाख रुपये जो वर्षासे बहनेके लिए छोड़ दिये गये, उसकी जिम्मेवारी किसपर थी? यह पहले ही ख्याल कर लेना चाहिए था, कि पैसेकी कमीके कारण कोई बाधा तो नहीं होगी। पैसेकी कमीके बारेमें क्या पूछते हैं? जहां फजूलखर्चीमें लखनऊके नवाबोंको मात किया जाता हो, वहाँ पैसा रहेगा कैसे? यह फजूलखर्ची स्वयं केंद्रमें प्रधान-मंत्रीसे शुरू हुई है। जिस वक्त पाकिस्तान और हिन्दुस्तान एक थे, उस वक्त दिल्लीके सचिवालयमें जितने आदमी काम करते थे, उससे आज तिगुनेसे अधिक हैं। जहाँ पहले ६४२ क्लर्क थे वहाँ अब २५४८ काम कर रहे हैं। सहायक जहाँ ४९३ थे वहाँ २३१० हैं। सबसे मोटी तनख़ाह पानेवाले सेक्रेटरी पहले ९ ही थे, जो सारे अखंड-भारतका काम चला लेते थे, आज १९ हीं नहीं है, बल्कि हाल हीमें प्रधान-मंत्री साहबने एककी संख्या और बढ़ा दी। संयुक्त सचिव ८की जगह ४० हैं, उप-सचिव १२की जगह ८९ हैं। केंद्रमें इस तरहसे जब भाई-भतीजे-भानजोंको नौकरी दिलानेके लिए व्यर्थ ही आदमियोंको भरकर संख्या चौगुनी और खर्च उससे भी अधिक कर दिया गया, तो प्रान्तोंके मंत्री क्यों पीछे रहने लगे? उड़ीसाकी सरकारने भी कर्मचारियोंको तिगुना करके खर्च इतना बढ़ा लिया, कि उसका दीवाला निलकनेको है। पंडित जवाहरलाल नेहरूको अपना हर्ता-कर्ता बनाकर कांग्रेसवाले समझते हैं, नैया पार हो जायगी। लेकिन सच तो यह है, कि नवाबी खर्चकी बुरी आदत लगानेकी सबसे अधिक जिम्मेवारी उन्हींपर है। केन्द्रीय सरकारके कार्यालयोंके चलानेपर

बड़ी बेदर्दीसे रुपया बर्बाद किया जा रहा है। उससे भी बेदर्दी हमारे दूतावासोंके खर्चपर की जा रही है। हमारा दरिद्र देश अपने वाशिंगटन, लंदन, और मास्कोके दूतावासोंके खर्चमें इंगलैंड और अमेरिकासे होड़ लेना चाहता है। कोरी लफ़्फ़ाजी और कागजी घुड़-दौड़की आशा आप भले ही नेहरूजीके नेतृत्त्वसे कर सकते हैं, किंतु यदि देशकी नैयाको कोई सबसे जल्दी डुबा सकता है, तो वह नवाबी आदत-वाले पंडित नेहरू ही हो सकते हैं। शायद अमेरिकासे कर्ज ले-लेकर हम रोटी एकाध साल भले ही चला लें, लेकिन इसके लिए देशकी महँगे मोल खरीदी आजादीको बहुत सस्ते बेंच देना होगा। इसी तरहके ख्याल मेरे दिमागमें आ रहे थे, जब मैं परित्यक्त मोटर सड़कको देखते आगे बढ़ रहा था। (पीछे काम फिर शुरू करके मोटर सड़क पीपलकोटी तक १९५२ में पहुंचा दी गई।)

दोपहरको दो-ढाई घंटेके लिए पातालगंगामें ठहरे। हमारे चूल्हेके पास ही हरियानाकी तीन-चार ग्रामीण स्त्रियाँ रोटी बना रही थीं। अभी उनका घरका लाया आटा खतम नहीं हुआ था। वह २०-२५ रुपयेमें सारी यात्रा करके घर लौट जाना चाहती थीं। अगर रेल और मोटरका सवाल न होता, तो शायद और भी कम खर्च होता। एक तरफ हमारे देशमें १००मेंसे ९० ऐसे लोग हैं, जिनके लिए पैसा अब भी अशर्फीका मोल रखता है और दूसरी तरफ हमारे प्रधान-मंत्री हैं, जिनको अशर्फी भी पैसे जैसी मालूम होती है। भोजनोपरान्त फिर चले। मैं घोड़ेकी सवारी चढ़ाईमें ही पसन्द करता हूँ, उतराईमें चढ़ना अपनी और घोड़े दोनोंकी सासत करना है। मुझे मालूम नहीं था, कि पातालगंगामें एक अच्छी टोली साथके लिए तैयार है। नागपुरके पंडित ऋषीकेश शर्माकी बीबी मिलीं। वह चार-पाँच सहयात्री स्त्री-पुरुषोंके साथ बदरीनाथ जा रही थीं। उनका आग्रह देखकर ही नहीं वैसे भी मेरा मन कर रहा था, यदि घोड़ा न होता, तो पैदल यात्रा बड़ी अच्छी रहती। दिनमें तीन तीन बार स्वादिष्ट भोजन तैयार मिलता और बात करनेके लिए शिक्षित भद्रपुरुषों और महिलाओंका साथ। लेकिन अब तो बदरीनाथ तकके लिए घोड़ा किराये पर कर चुका था। घोड़ेको उनकी चालसे चलानेमें वाचस्पतिको दुख होना और उन्हें घोड़ेकी चालसे चलाना, यदि संभव भी होता, तो भी भारी अत्याचार होता। मैंने केवल अफसोस ही नही प्रकट किया, बल्कि साथ ही अकाल-दर्शनके लिए प्रसन्नता भी जाहिर की। आगे दो मीलपर गुलाबकोटी और उससे दो मीलपर हेलङ्-चट्टी थी। हेलङ् यह विचित्रसा शब्द शायद प्राचीन किरात भाषाका अवशेष है। यहाँसे कुछ आगे चढ़नेपर अलकनन्दाके परले पार ऊँचाईपर उरगम्की विस्तृत ढालुवाँ पर्वतभूमि दिखाई

पड़ी। वहाँ कई गाँव और लहलहाते खेत थे। मुझे मालूम था, उस गाँवमें कई कत्यूरीकालीन प्राचीन मंदिर हैं। वहाँ ऐतिहासिक सामग्री काफी होगी, इसमे संदेह नही; किन्तु इतनी उतराई-चढ़ाई करके दो तीन दिन लगानेके लिए मेरे पास समय कहाँ था? मैंने तो पहले ही समझ लिया था, कि केदारखंडके ऐतिहासिक स्थानोंमेंसे हाँडीके चावलोंकी तरह मैं कुछ ही को देख सकूँगा। जोशीमठ आधा मील रह गया, जब सिंहधारा चट्टी मिली। शंकराचार्यका फिरसे स्थापित हुआ नया मठ यहीं पासमें है। साइनबोर्ड भी संस्कृतमें था, जो नारा लगा रहा था "चलो वेदोंकी ओर।" सिंहधारामें एक दूकानमें मोसम्बीके फल देखे। दूकानदारने पूछा, सेबको कैसे सालभर रक्खा जा सकता है? इधर हालमें फलोंकी ओर लोगोंका ध्यान गया। फलोंके लिए यह अत्यन्त अनुकूल भूमि है। यदि मोटर यहाँतक आ जाय, तो यहाँके फल जल्दी और सस्ते नीचेके शहरोंमें पहुँच सकते है। उस समय हाटसे ऊपर-ऊपर गोपेश्वर तककी भूमि सेब, नास्पाती, नारंगी, माल्टा आदिके बगीचोंसे ढँक सकती है। इस वक्त तो लोग सोचते है, यदि हम इसी तरह फलोंको सात-आठ महीने रख सकते, तो यात्राके वक्त इनकी अच्छी बिक्री होती। मुश्किल यह है, कि फल तैयार होते हैं जुलाईके बाद (सेब आदि तो सितंबरमें पकते हैं) और यात्रा जून हीमें करीब करीब खतम हो जाती है।

अभी कुछ दिन था, जब कि हम जोशीमठ पहुँचे। जोशीमठका उल्लेख जोशिका (योषिका) के नामसे नवीं-दसवीं शताब्दीके कत्यूरी-शिलालेखोंमें आया है। बदरीनाथ मंदिरकी बहियोंमें गाँवका नाम 'जोशी' है। यहाँके पुराने निवासी जोशियाल कहे जाते हैं। जोशिका कत्यूरियोंकी राजधानी थी। कत्यूरी राज्य किसी समय सारे कुमाऊँ-गढ़वाल तक नही, बल्कि शिमलेतक फैला हुआ था। इतने बड़े राज्यकी जोशिका राजधानी इसीलिए रही होगी, क्योंकि वह उक्त राजवंशकी पुरानी राजधानी थी। यद्यपि इस जगह पहाड़ बहुत कुछ ढालुवाँ है, जिसपर बस्ती काफी बढाई जा सकती थी, लेकिन किसी विशाल राज्यकी राजधानीके लिए यह स्थान अनुकूल नहीं हो सकता। नीचे गोचर, या श्रीनगरमें अच्छे खासे नगर बसानेके लिए काफी समतलसी भूमि है। हो सकता है, श्रीनगरमें भी एक राजधानी रही हो, जहाँ जाड़ोंमें कत्यूरी दरबार लगता हो। यह तो मालूम है, कि श्रीनगरमें पहले भी नगर था, लेकिन वहाँ कभी कत्यूरिनोंकी राजधानी रही, इसका कोई प्रमाण नहीं। १८९४ ई०की बाढ़में श्रीनगरके पुराने ध्वंसावशेष बहाये जा चुके हैं, इसलिए वहाँसे कोई नया प्रमाण मिलनेकी संभावना कम

है। जोशीमठ अच्छा खासा गाँव है। इसके चारों तरफ पहाड़ोंका परकोटासा घिरा मालूम होता है, लेकिन वह शत्रु नहीं केवल दृष्टि रोकनेके लिए ही है। ६१५० फुटकी ऊँचाई होनेके कारण मेरे मसूरीके निवासस्थान (६५०० फुट)से कम होते भी हिमालके नजदीक होनेसे यहाँ बर्फ अधिक पड़ती है। कमसे कम जोशीमठके पासकी भूमि अलकनंदाके किनारेसे ऊपर पहाड़की रीढ़ तक तो मेवेके बागोंसे ढँक जानी चाहिए। कत्यूरियोंके वक्तमें फलोंकी ओर कितना ध्यान था, यह नहीं कह सकते। शराबके लिए अंगूरकी लतायें तो यहाँ अवश्य होती होंगी। उनकी लाल शराबकी कन्नौजके महलोंमें भी कम माँग नहीं रही होगी। जोशीमठके ८-९ सौ वर्ष पुराने वैभवके अवशेष अब कुछ मंदिर रह गये हैं, जिनमें एक नरसिंहका मंदिर है और दूसरा वासुदेवका। यह दोनों मंदिर बदरीनाथ मंदिरके ही अधीन हैं। जाड़ोंमें बदरीनाथका पट बंद होनेपर कर्मचारी यहीं चले आते हैं। नरसिंहकी मूर्ति छोटी है और उसके चमत्कारोंकी तरह तरहकी कथायें कही जाती हैं। वासुदेव मंदिर अधिक पुरातत्त्विक महत्त्व रखता है। मुख्य मंदिरमें वासुदेवकी प्रायः पुरुष-प्रमाण पत्थरकी मूर्ति है। मंदिरके चारों तरफ कई और छोटे छोटे मंदिर हैं, जिनमेंसे कुछमें मूर्त्तियाँ नहीं हैं। दाहिनी ओर नवदुर्गाके मंदिरमें नवदुर्गाकी मूर्त्तियाँ हैं। यह आश्चर्यकी बात है, कि जोशीमठमें टूटी या साबित मूर्त्तियाँ बहुत कम हैं। लेकिन इसका कारण मूर्त्तियोंका वास्तविक अभाव होना नहीं है, बल्कि पिछले सवा-सौ वर्षोंसे उनके ग्राहकोंकी संख्या जिस प्रकार बढ़ती रही, उसके कारण किसी भी खंडित मूर्त्तिका बच रहना संभव नहीं था। भूतपूर्व रावल साहब बतला रहे थे, कि मैंने यहाँ सूर्यकी एक खंडित मूर्त्ति देखी थी, किंतु अब वह दिखाई नहीं पड़ती। जान पड़ता है यात्रियोंके साथ नीचेके मूर्त्ति-व्यापारी भी आते रहे हैं, जिनके कारण एक भी खंडित मूर्त्ति बचने नहीं पायी। अब जो वासुदेव जैसी थोड़ीसी मूर्त्तियाँ है, वह अखंडित है। १७८१-८२ ई०में रुहेलोंके हाथोंसे यह कैसे बच गई? हो सकता है, रुहेला टुकड़ीको पुजारियोंने अच्छी रिश्वत दे दी, अथवा मूर्त्ति हीको छिपा दिया।

आज रातको यहीं विश्राम किया। जोशीमठसे तिब्बतको दो रास्ते जाते हैं, एक नीतीडांडी होकर, जिसमें भोटांतिक लोगोंके दस-ग्यारह गाँव हैं और दूसरा माणा होकर। जिस तरह बदरीनाथ अर्थात् माणा डांडेकी ओर पुराने अवशेष पांडुकेश्वर और बदरीनाथके रूपमें हैं, उसी तरह नीतीके रास्तेमें भी भविष्यबदरी, तपोवन आदिमें प्राचीन मंदिरोंके अवशेष हैं। यद्यपि तपोवनके पास भविष्यबदरीको बतलाया जाता है, लेकिन संभव है वही वास्तविक बदरी (अर्थात् भूतबदरी) रही हो।

९वीं-१०वीं शताब्दीके कत्यूरी ताम्रपत्रमें तपोवनीय बदरिकाश्रम भगवान् लिखा हुआ है, जिससे मालूम होता है, कि बदरिकाश्रम आजके बदरीनाथ नहीं, बल्कि तपोवनके पास था। तपोवन आज भी इसी नामसे प्रसिद्ध है और नीतीके रास्ते-पर जोशीमठसे सात मीलपर अवस्थित है। वहाँ पुराने मंदिर भी हैं और गर्म-कुंड भी, जिसीके कारण उसका नाम तपोवन पड़ा। क्या जाने, माणावालोंकी प्राचीन परंपरा सच्ची हो, जिसमें कहा जाता है, कि वर्तमान बदरीनाथ पहले लामाओं (तिब्बतवालों)के देवता थे। जोशीमठका महत्त्व इसलिए भी बढ़ने-वाला है, कि यही बारहो महीना रहने लायक ऐसी बड़ी बस्ती है, जहाँ नीती और माणासे तिब्बत जानेवाले दोनों रास्ते मिलते हैं। तिब्बतमें कम्यूनिस्टोंके आ जानेका यह तो फल हुआ, कि नीतीके बड़े गाँव बाम्पा और माणा गाँवमें अब सीमांतीय पुलिस-थाने बन गये, जो जाड़ोंमें जोशीमठ हीमें आयेंगे। इसके अति-रिक्त हिमालय पार बहती हुई कम्यूनिज्मकी बाढ़को रोकनेके लिए पूँजीवादी भारत इधर जो कुछ प्रबंध करेगा, उसका केंद्र जोशीमठ ही होगा। जोशीमठ तक मोटर सड़क आ जानेपर, इसमें संदेह नहीं, यहाँ फलोंके बगीचोंकी अच्छी उन्नति हो सकेगी।

६. बदरीनाथपुरी

१७ मई (१९५१ ई०)को साढ़े ४ बजे सबेरे हम जोशीमठसे चल पड़े। बदरी-नाथ कुल १९ मील रह गया था, इसलिए आज वहाँ पहुँच जानेमें कोई संदेह नहीं था। जोशीमठ तक मोटरके पहुँच जानेपर बदरीनाथ कितना नजदीक हो जायेगा? दो मील उतराई उतरकर विष्णुप्रयाग पड़ता है, जहाँ धौलीगंगा और अलकनन्दा-का संगम है। धौलीगंगा नीती डांडासे आती है और अलकनंदा माणासे। यदि किसी नदीकी मुख्य शाखा वही हो सकती है, जो सबसे अधिक लंबी हो और जिसमें पानी अधिक आता हो; तो इसमें संदेह नहीं, कि हमारी गंगाकी मुख्य धारा अलक-नन्दा है, और माणाके पास मिलनेवाली दो धाराओंमें भी अलकनंदा नहीं बल्कि सरस्वतीको ही मुख्य धारा मानना पड़ेगा, जो कि माणा डांडेसे आती है। विष्णु-प्रयागमें इतनी काफी जगह नही, कि वहाँ कोई बड़ी चट्टी बन सके, लेकिन दूकानें और टिकानें यहाँ भी बन गई हैं। ९ बजेके करीब ८ मील चलकर हम पांडुकेश्वर पहुँचे। पांडुकेश्वर कोई महत्त्वपूर्ण स्थान था, इसका परिचय वहां अब भी विद्यमान दो प्राचीन मंदिर दे रहे हैं। इनमेंसे एकका शिखर गोल है और दूसरेका नोकदार। दोनों मंदिरोंकी सभामंडपें बाहरसे ऐसी तिकोनी

बनी हुई हैं, जिसके कारण लोगोंको यह कल्पना करनेका मौका मिला, कि यह किसी ग्रीक स्थापत्यका अनुकरण है। आसपासकी भूमि देखनेसे मालूम होता है, कि यहाँ यही दो नहीं बल्कि और भी मंदिर रहे होंगे। कौन जानता है, बदरीनाथके वर्तमान स्थानको निश्चित करनेमे पहले पांडुकेश्वर ही बदरीनाथ रहा हो। इसका दूसरा नाम योगबदरी भी है, जो उसी ओर संकेत करता है। पुरातत्त्व-वेत्ताओंको पांडुकेश्वरका परिचय वहाँ रक्खे गये ९वी-१०वीं शताब्दीके चार ताम्रपत्रोंसे हुआ। हो सकता है, यह ताम्रपत्र पहले किसी और जगह रक्खे जाते हों। चार ताम्रपत्रोंमें एक तो कोई अंग्रेज अफसर ले गया, जिसे उसने लौटाया नहीं। तीन ताम्रपत्र मैं समझता था अब भी पांडुकेश्वरमें हैं, लेकिन पूछनेपर मालूम हुआ, कि वह बदरीनाथ मंदिर समितिके पास हैं। मेरी इस यात्राका एक मुख्य प्रयोजन था, इन ताम्रपत्रोंका पढ़ना। इनमंसे एक हीको मै छपे ब्लाकके सहारे पढ़कर पहलेके पठित पाठको शुद्ध कर सका था। मैं इस सूचनासे निराश नहीं हुआ, लेकिन बदरीनाथ जानेपर जब पता लगा, कि ताम्रपत्र जोशीमठमें हैं, और जबतक सेक्रेटरी साहब, और खजांची दोनों मौजूद न हों, तबतक उन्हें खोलकर दिखाया नहीं जा सकता, तो अवश्य मुझे निराश होना पड़ा। मंदिरमें मूर्त्तियां पुरानी हैं। मंदिरका एक यह महत्त्व भी है, कि यहाँके पुजारी शंकराचार्य-वंशज नम्बूतिरी ब्राह्मण होते हैं, अर्थात् बदरीनाथके रावलके भाईबंद। अभी सबेरा था, इसलिए यहीं भोजन बनानेकी सलाह नहीं हुई और तै हुआ, कि अंतिम (हनुमान) चट्टीमें भोजन बनाया जाय।

विष्णुप्रयाग समुद्रतलसे साढ़े चार हजार फुटपर है, पांडुकेश्वर ६ हजार और हनुमानचट्टी ८ हजार। विष्णुप्रयागसे हनुमान चट्टी तक पर्वत-स्थली बड़ी सस्यशामला और रमणीय है। रामबगड़के आसपास तो देवदारोंके जंगल भी हैं, यद्यपि वह उतने घने नहीं है। यह रक्षित बनखंड है किंतु, तो भी लकड़ी देनेमें उदारतासे काम लिया गया, जिसका प्रभाव जंगलोंपर बुरा पड़ा है। हनुमान चट्टी पहुँचकर वृक्षोंका अभाव हो जाता है, जिसका प्रभाव तुरंत भोजनपर पड़ता है। यहाँ लकड़ी इतनी महँगी है, कि यदि उसको खरीदकर रसोई बनाई जाय, तो कच्ची रसोई भी तीन रुपया सेर पड़ जाती है, और पूरी भी तीन रुपया सेर ही मिलती है; इसलिए अधिकांश यात्री पूरी ही खरीदकर खा लेते हैं—आटा यहाँ सवा दो रुपया सेर था। हनुमानचट्टी तक भी चढ़ाई चढ़के ही आना पड़ता है, किंतु वह उतनी कठिन नहीं है। इससे आगे बदरीनाथ तक ५ मीलमें साढ़े तीन मील चढ़ाईके हैं, जिसमें ८००० फुटसे १०००० फुटकी ऊँचाई-

पर उठना पड़ता है, इसीके कारण साँस बहुत फूलती है। लेकिन हमारे पास तो वाचस्पतिका मजबूत घोड़ा था, इसलिए सांस फूलनेकी अवश्यकता नहीं थी। देवदेखनीसे डेढ़ मील बदरीनाथ रह जाता, जैसा कि नामसे ही प्रकट है, इस जगहसे बदरीनाथ पुरी दिखाई पड़ती है। प्राचीनकालमें जब छुरेकी धार जैसे रास्ते पर चलकर लोग देशसे यहाँ पहुँचते होंगे, उस वक्त अपने महीनोंके परिश्रमके बाद यह सौभाग्य प्राप्त करनेपर उन्हें कितना आनन्द आता होगा? आजकल तो लोग पीपलकोटी तक मोटरमें आते हैं। जोशीमठतक भी मोटरकी सड़क बन ही रही है, बाकी १९ मीलकी भी सड़क बहुत प्रशस्त है, तो भी जो लोग पैदल चलके आते हैं, उन्हें हनुमानचट्टीसे देवदेखनीकी चढ़ाईके बाद बदरीनाथ को देखकर बहुत सान्त्वना मिलती है।

मैंने समझा था, पंजाब-सिंध क्षेत्र पुरी हीमें होगा, लेकिन वह पुरीसे एक मील पहले ही सड़कके ऊपर मिला। पंजाब-सिंध-क्षेत्रवालोंको पुरीमें कोई अनुकूल जगह सस्ती नहीं मिल सकी, इसलिए उन्होंने यहीं अपना क्षेत्र बना लिया। कालीकमलीवालोंकी तरह इस क्षेत्रने उत्तराखंडके सभी जगहोंमें अपनी धर्मशालायें बनवानेकी होड़ नहीं की, बदरीनाथमें इसकी शाखा अभी थोड़े ही दिनों पहले बनी। देशके विभाजनका इस क्षेत्रपर बहुत प्रभाव पड़ा है, क्योंकि इसके बड़े बड़े दाता सिंधी या पश्चिमी पंजाबी थे। क्षेत्रके प्रबन्धक भगतजीके लिए मेरे पास परिचयपत्र था। वैसे भी भगतजी बड़े सज्जन पुरुष हैं, प्रबंध-कुशल तो हैं ही, इसलिए इसमें संदेह नहीं, उनका स्वागत मुझे अवश्य मिलता, लेकिन चिट्ठीने भी अपना प्रभाव डाला और एक अच्छी कोठरीमें मुझे ठहराया गया। चाय पहले आई। मैंने आज ही पुरी हो आनेका निश्चय कर लिया। पहलेसे यही तय कर चुका था, कि दो रात तीर्थवास किया जाय, १८ मईको देखने दाखनेका काम पूरा करके १९को यहाँसे चल दिया जाय। लौटनेके लिए घोड़ा और वाचस्पति जैसा रसोइया साथ था ही।

पुलपार हो पुरीमें गये। सोचा कोई अच्छी पथप्रदर्शिका (पुस्तक) मिले, तो ले लें। अलकनंदाके दाहिने तटपर बसी पुरी समुद्रतलसे १०२४४ फुट ऊपर एक अच्छी खासी नगरी बन गई है। चीजें महँगी अवश्य हैं, किंतु सभी वस्तुयें मिल जाती हैं। पुस्तकोंकी तो कई दूकानें हैं, यद्यपि उनमें अधिकतर महातम और पथप्रदर्शिकायें ही मिलती हैं। दो तीन दूकानोंको देखते श्रीगोविन्द-प्रसाद नौटियालकी दूकानपर पहुँचे। उनकी दूकान महेशानंद एण्ड सन्स सारे भारतमें प्रसिद्ध है। गोविन्दप्रसादजीकी अंग्रेजी-हिंदी पथप्रदर्शिका मुझे

पसंद आई थी और मैं चाहता था, उसके नये संस्करणकी कापी ले लूँ। मैंने वहाँ बैठे एक प्रौढ़ सज्जनसे पुस्तकोंके बारेमें बात करते गोविन्दप्रसाद नौटियालका पता पूछा, तो मालूम हुआ, कि मैं उन्हींसे बात कर रहा हूँ। वह भी मेरा नाम अच्छी तरह जानते थे। दोनोंको मिलकर बड़ी प्रसन्नता हुई। उत्तराखंडकी यात्रापर अंग्रेजी और हिंदीमें उनकी दोनों पुस्तकें तो यात्रियोंके लिए बहुत ज्ञान-वर्धक हैं ही, उसके अतिरिक्त भी उत्तराखंडके संबंधमें पारंपरिक, आधुनिक तथा पौराणिक ज्ञानका उनके पास बहुत भारी भंडार है। इस बातकी शिकायत कर रहे थे, कि बड़े परिवारका बोझ सिरपर पड़नेके कारण समय मुझे नहीं मिलता, कि उस सामग्रीको पुस्तकका रूप दे सकूँ। वस्तुत: ३०-३५ वर्षकी उमरतक आदमी जितना काम करनेमें अपनेको स्वच्छंद समझता है, उसके बाद वह वैसा नहीं रहता। मैंने कहा—मै कल यहाँ हूँ और इसी समय मंदिर कमीटीके सेक्रेटरी श्री पुरुषोत्तम बगवाड़ीसे मिल लेना चाहता हूँ। केदारनाथमें मुझे हर प्रकारकी सहायता मिली, बदरीनाथमें भी उसकी पूरी आशा थी, लेकिन यह नहीं समझता था, कि यहाँ इतना अप्रत्याशित स्वागत होगा। नौटियालजीने अपने आदमी-को मेरे साथ कर दिया। मैंने घरके बाहर हीसे अपना नाम देकर सूचना भेजी, तो बगवाड़ीजी ऊपरके अपने कमरेसे दौड़े दौड़े आये। मै जानता हूँ, उनका गर्मागर्म स्वागत केवल शिष्टाचारके ही लिए नहीं था। उनसे पहले मैंने काम-की बात कही। उन्होंने भी सबसे पहले इस बातका आग्रह किया, कि इसी वक्त आप हमारी अतिथिशालामें आ जायें। इसे मैंने भी उचित समझा, क्योंकि मुझे काम यहाँ करना था, इसलिए एक मील दूर ठहरना अच्छा नहीं था। दूसरी बात उन्होंने कही—मैं घोड़ा लौटा देता हूँ, आपको अपना घोड़ा दूँगा, इसलिए इतनी जल्दी बदरीनाथ छोड़नेकी अवश्यकता नहीं। आज रातको तो मैं भगत-जीका आतिथ्य छोड़ना नहीं चाहता था, इसलिए उसके लिए मजबूरी जाहिर की, लेकिन बदरीनाथमें तीन रात रहनेका निश्चय कर लिया। उनसे मालूम हुआ, कि पांडुकेश्वरके तीनों ताम्रपत्र यहाँ नहीं हैं। उनकी मजबूरियोंको देख-कर यह कहनेका साहस नहीं हुआ, कि आप अपने और खजांचीके एक-एक आदमी-को भेजकर ताम्रपत्रोंको दिखानेका प्रबंध कर दें। यह भी मालूम हुआ, कि ताम्रपत्र बदरीनाथके आभूषणोंके साथ रक्खे हुए हैं।

× × ×

अगले दिन १८ मईको ब्राह्ममुहूर्तमे पहले ही बगवाड़ीजीका आदमी हमारे पास मौजूद था। लेकिन भगतजी भी ऐसे ही छुट्टी देनेवाले नहीं थे। उन्होंने

आदमीके पहुँचने तक चाय और नाश्तेका प्रबंध कर लिया था। वाचस्पतिको आज छोड़ देना था। सामान हमने आदमीके हाथ अतिथिशालामें भेज दिया और स्वयं इस बातकी प्रतीक्षा करते ठहरे रहे, कि धूप निकल आये तो आसपास कुछ कामके फोटो ले लें। पश्चिम ओरकी हिमाच्छादित पर्वतमालामें रौप्य-स्तूपकी तरह नीलाकाँटाकी चोटी दिखाई पड़ती थी। पूरबकी पर्वतमालामें कुबेर-भंडारका शिखर था। दोनों पर्वतमालाओंके बीचमें अलकनंदा कलकल करती बह रही थी, जिसकी धारसे पर्वतकी जड़तक बहुत कुछ ढालुवाँसा मैदान था। मेरी तरह बहुतोंको बदरीनाथकी हवाई यात्राकी बात पढ़कर भ्रम पैदा हुआ होगा, कि शायद हवाई जहाज ठेठ बदरीनाथपुरीमें उतरता था। यहाँ ऐसी जगह आसानीसे तैयार हो सकती है, जहाँपर हवाई जहाज उतर सकें, लेकिन वह पहले हीसे तैयार नहीं है, बल्कि तैयार करना पड़ेगा। यदि अधिक विस्तृत मैदान बनाना हो, तब तो माणाके लोगोंके बहुतसे खेतोंको छीनना पड़ेगा, जो कि अन्नके इस प्रकारके टोटेके समय अच्छी बात नहीं होगी। लेकिन हमारी सरकार तिब्बतमें कम्यूनिस्टोंके आनेकी खबरसे ही बहुत परेशान है। उसे हर वक्त लगा रहता है, कि कहीं इसी रास्ते कम्यूनिज्म भारतमें न चला आये!

बगवाड़ीजीने अपने चपरासी गंगासिंह दुरियालको मेरे लिए पथप्रदर्शक दे दिया। गंगासिंह जिस दुरियाल जातिका है, वह बदरीनाथकी चार प्रधान संरक्षक जातियोंमेंसे है। बदरीनाथकी भूमि स्वयं माणाके मारछा लोगोंकी है। नीचे पांडुकेश्वर तक दुरियाल लोग रहते हैं। जोशीमठके रहनेवाले जोगियाल कहे जाते हैं। यह तीनों जातियां अब्राह्मण (राजपूत) हैं। चौथी जाति डिमरी ब्राह्मणोंकी है। बदरीनाथके गर्भ-मंदिरमें केवल मलाबारके नंबूनिरी ब्राह्मण रावल जा सकते हैं, या डिमरी ब्राह्मण। बदरीनाथकी मूर्त्तिको तो केवल रावल ही छू सकते हैं। यहाँके पंडे देवप्रयागके हैं। गंगासिंहने बहुतसी बातें बतलाईं। उस दिन तप्तकुंडमें स्नान और भोजनको छोड़कर अपना सारा समय हमने गंगासिंहके साथ इधर-उधर घूमनेमें बिताया। माणाके मारछा लोगोंका तो दृढ़ विश्वास है, कि वर्तमान बदरीनाथ पहिले तिब्बतवालोंके देवता थे। उनकी बात इस अंशमें ठीक भी है, क्योंकि बदरीनाथकी मूर्त्ति असंदिग्ध रूपसे बुद्ध-मूर्ति है। शामको हम घूमते-घामते माणाकी ओर गये। पुल अभी लकड़ीके तख्तोंको रखकर चलने लायक नहीं बन पाया था, इसलिए माणा गाँवको हम अलकनंदाके दूसरे तीरसे ही देख पाये। थोड़ा ही आगे माता मूर्त्तिका छोटासा मंदिर है। गंगासिंहके मुँहसे बदरीनाथकी जो अलिखित जीवनयात्राका पता लगा, अब ज़रा उसे

१५. बदरीनाथ–हिमालयका एक दृश्य
(पृष्ठ ४७०)

१६. बदरीनाथ–हिम-शिखर
(पृष्ठ ४७०)

१७: बदरीनाथका–गंगाराम चपरासी
(पृष्ठ ४७०)

१८. बदरीनाथ–मारछा बच्चे
(पृष्ठ ४७८)

सुनिये। यह स्मरण रखना चाहिये, कि यह गंगासिंहकी कोई अपनी कल्पना नहीं है, बल्कि इस भूमिमें शताब्दियोंसे चली आई परंपरा है।

बदरीनाथ पहले सतलजके किनारे (पश्चिमी तिब्बतके) थोलिङ् मठमें रहते थे। जिस मंदिरमें रहते थे, आज भी वह मौजूद है। लामा लोग उनकी पूजा करते थे, लेकिन वह भक्ष्या-भक्ष्यका कोई परहेज नहीं रखते थे। एक शुद्ध हिन्दूकी तरह बदरीनाथको यह अनाचार बुरा लग रहा था। एक दिन दरवाजा बंद करके लामा लोग निश्चित सोये पड़े थे, बदरीनाथने इस मौकेको गनीमत समझा और मंदिरके दरवाजेके ऊपर दीवालमें छेद करके निकल भागे। गंगासिंह थोलिङ्-मठ देख आये हैं। कह रहे थे कि वह छेद आज भी वहाँ मौजूद है। बदरीनाथ बहुत दूर नहीं गये थे, कि लामा लोगोंको पता लग गया। उन्होंने भी उनका पीछा किया। बदरीनाथने देखा, वह बहुत पास पहुँच गये। वहाँ चौंरी गायें चर रही थीं। बदरीनाथ छोटा रूप लेकर एक चौंरीकी पूँछमें छिप गये। लामा लोग इधर-उधर दूर-दूर तक ढूँढ़ते लगे। चौंरी गायके इस उपकारके बदले बदरीनाथने बरदान दिया : आजसे चौंरी गायकी पूँछ पवित्र मानी जायगी। तभीसे उसकी पूँछका बना चँवर देवताओंके ऊपर डुलना है। बदरीनाथ फिर आगे भगे। एक बार फिर लामाओंको पास पहुँचते देखा। उन्होंने रास्तेमें आगकी एक बड़ी लंबी पाँती खड़ी कर दी। लामा उससे भी नहीं रुके, जिसके कारण उनके मुँहकी दाढ़ी-मोंछ जल गई। यही कारण है, जो तिब्बतवालोंको मूँछ-दाढ़ी नहींके बराबर होती है। लामा फिर पकड़ना ही चाहते थे, कि बदरीनाथको श्यामकर्ण घोड़ा हाथ आ गया। वह उसपर चढ़कर मूँछपर ताव देते भाग निकले। लामा बहुत पीछे रह गये। माणा गाँवके पास आकर उन्होंने श्यामकर्ण घोड़ेको छोड़ दिया—अब दो-ढाई मील ही तो रह गया था। आज भी माणा गाँवके पास श्यामकर्ण घोड़ा चट्टानके रूपमें मौजूद है, जिसको देखकर अविश्वासी लोग कह देते हैं : चट्टानोंमें इस तरहकी विचित्र आकृतियाँ भिन्न-भिन्न पत्थरोंके मिलनेसे बन ही जाती हैं।

उस समय बदरीनाथ नहीं शिव-पार्वती इस भूमिके स्वामी थे। उनका मंदिर तप्तकुंडके ऊपर वर्तमान मंदिरके आसपास ही कहींपर था। आसपास आजकी तरह ही खेत थे, जिनमें बहुत बढ़िया चावल पैदा होता था। भगेलू बदरीनाथका मन इस सुंदर भूमिको देखकर ललचा गया और उन्होंने किसी तरह इसे हथियानेका निश्चय कर लिया। लेकिन देखा, शिवजीसे बलपूर्वक भूमि छीनी नहीं जा सकती, इसलिए उन्होंने छलका रास्ता स्वीकार किया। पुरीके पास ही बाँवणी नामक दुरियालोंका गाँव है। वहाँ अब भी उस चट्टानको देखा जा सकता है,

जहाँ सद्योजात शिशुका रूप धरके बदरीनाथ "ह्याउ" "ह्याउ" करने लगे थे। शिव-पार्वती सबेरे ही सबेरे हवाखोरीके लिए निकले। पार्वतीने वहाँ सुनसानमें फेंके बच्चेके करुण क्रंदनको सुना और उनका हृदय द्रवित हो गया। शिवजीने बहुत समझाया—दुनियामें बहुत धोखा है, तुम इस फेरमें मत पड़ो। लेकिन पार्वतीके मातृ-हृदयने उसे नहीं माना। उन्होंने उस अनाथ बच्चेको गोदमें उठा लिया। ले आकर बच्चेको उन्होंने अपने मंदिरके भीतर रक्खा और स्वयं भोलेनाथके साथ तप्तकुंडमें स्नान करनेके लिए उतरीं। लौटकर मंदिरमें घुसना चाहती थीं। देखा, किवाड़ भीतरसे बंद है। कितना ही खटखटाती, कितना ही चिल्लाती रहीं, लेकिन वह वज्र किवाड़ अब कहाँ खुलनेवाला था? शिवजी महाराजने कहा—मैंने कहा न, धोखा खाओगी। लो, अब उसने हमारा मंदिर दखल कर लिया। अब झगड़ा करनेसे कोई फायदा नहीं। दुनिया बड़ी लंबी चौड़ी है, चलो कहीं दूसरा देश देखें।

पार्वतीजीका मुँह गुस्सेसे लाल हो गया था। उन्होंने कहा—मैं तो इस तप्तकुंडमें बर्फ गिराकर इसे ठंडा कर दूँगी, जिसमें इस बदमाशको गर्म पानी स्नान करनेको न मिले।

शिवजीने कहा—इससे इसको उतना नहीं नुकसान पहुँचेगा, बल्कि इससे तो बेचारे यात्री सर्दीके मारे मरेंगे।

पार्वतीजीको शिवजीकी यह बात पसंद आई, लेकिन वह बदला लेनेके लिए कुछ तो अवश्य करना चाहती थी। उन्होंने मना करनेपर भी शाप दे दिया, कि इस भूमिमें अबसे चावलकी खेती नहीं हो सकेगी। अपने घरको दोनोंने छोड़कर नीचेका रास्ता लिया। थोड़ा उतराई उतरकर जब कांचन गंगाके नामसे प्रसिद्ध छोटे नालेको पार कर रहे थे, तो देखा, लोग पीठपर चीजें लादे हुए चले आ रहे हैं। पार्वतीजीने पूछा—क्या ले जा रहे हो? लोगोंने कहा—बासमतीका चावल है भगवानके लिए। शिवजीने मुस्कुरा दिया। पार्वतीजीने सिर धुन लिया—मेरा शाप भी व्यर्थ ही गया। यहाँ तो और भी बढ़िया चावलकी ढुलाई लगी हुई है।

बदरीनाथ अब अपनी नई दखल की हुई जगहमें बड़े मौजसे रहने लगे। अटकामें ५६ परकारका भोग लगता, शृंगारमें सोना और रत्नके आभूषण होते, केसर, कस्तूरी तथा दूसरी बहुमूल्य सुगंधियाँ रोज आध-आध सेर चढ़तीं। दुनियाभरके भक्त लोग पूजा करनेमें होड़ लगा रहे थे। कुछ समय बाद बदरीनाथके पिता-माताको पता लगा, कि बेटा तो बड़ी मौज कर रहा है। उन्होंने

सोचा—चलो बुढ़ापेमें हम भी बेटे हीके पास आरामसे रहें। दोनों जने न जाने कितनी दूरसे उस बुढ़ापेमें मंजिल मारते बेटेके घरपर पहुँचे, लेकिन बदरीनाथ कोई श्रवणकुमार थोड़े ही थे, कि अपने अंधे माता-पिताको कामरमें बैठाकर घूमते फिरते। बदरीनाथकी लक्ष्मी भी अब पतिके दिग्विजयके बाद पास पहुँच गई थीं। दोनों पूरे कलजुगी बेटे-बहू थे। उन्होंने सोचा, यदि यह बूढ़े पासमें बस गये, तो हमारे मौज-मेलेमें भारी विघ्न पैदा करेंगे। बदरीनाथने चाल चली। पिताको तो पाँच मील दूर वसुधाराके जलप्रपातपर भेज दिया, जहाँ वह अब भी तपस्या कर रहे हैं। माँको पितासे अलग करके माणाके सामने मातामूर्त्ति बनाकर बैठा दिया।

हम मातामूर्त्तिके पास बैठे हुए थे। वहाँ दरभंगाके एक भूतपूर्व मैथिल ब्राह्मण पंडित भी मौजूद थे। सरस्वती और अलकनंदाके संगमपर व्यास गुफा है। विश्वास किया जाता है, कि व्यासजीने यहीं अठारहों पुराणोंको लिखा था। बदरीनाथ विष्णुका स्थान है, इसलिए रामानुजी आचारियोंका इस स्थानसे घनिष्ट संबंध होना ही चाहिये। यहाँके आचारी महंत व्यास गुफाके सामने अबके साल भागवत्का १०८ पाठ कराना चाहते थे। उन्होंने हमारे मैथिल आचारी-को भागवत-वाचकोंमेंसे एक बनाकर रख छोड़ा था। मैं भी कुछ समयतक आचारी रह चुका हूँ, इसलिए उनके टंट-घंट और पूजा-पाखंडका परिचय रखता हूँ। मैथिल आचारी बेचारे सर्दीसे परेशान थे। कह रहे थे: न जाने कब इतने पंडित मिलेंगे, जब १०८ भागवतका पाठ आरंभ होगा। मुझे तो यह सर्दी बर्दाश्त नहीं होती। मैंने कहा—आप महंतजीके लिए मेंडकोंकी तुलाई मत बन जाइए, अगर इसी तरह हर एक व्यास सर्दीका बहाना करके खिसकता रहेगा, तब तो १०८ पाठ हो चुका। मैंने यह भी सलाह दी कि महंतजीको कहें, कि सबके आ जानेकी प्रतीक्षा न करें, जैसे जैसे व्यास मिलते जायें, वैसे वैसे पाठमें लगाते जायें। प्रायः ११००० फुटकी ऊँचाईपर दिनमें १२-१४ घंटा पाठ करना और हर एक लघुशंका-दीर्घशंकाके बाद बर्फके पानीमें स्नान करना शायद कोई अभागा ही व्यास पसंद करे। मैथिल पंडितका भी मन सकपका रहा था। मैंने गंभीर होकर पूछ दिया—आप कैसे आचारियोंके फंदेमें पड़े? विष्णुके तीन अव-तारों (मत्स्य-कूर्म-वाराह)को चटकर जानेवाले और विष्णुको नरसिंह रूप धारण करनेके लिए मजबूर करनेवाले एक मैथिलको यह क्या सूझी? बेचारोंने बुरा नहीं माना, मुस्करा दिया और कहा—हमारे बाप-दादा आचारी हो गये थे। मुझे याद हो आया, लंकामें विभीषण भी होते हैं। गंगासिंहने जो बदरीनाथ-

पुराण सुनाया था, उसको सुनकर हमारे मैथिल पंडितको भी पता लग गया, कि बदरीनाथ भगवान् कलजुगी लड़के-लड़कियोंके सामने कोई अच्छा उदाहरण उपस्थित नहीं कर सकते।

संध्याको बदरीनाथके पंडा लोगोंने भी अपनी पंडा-पंचायतकी ओरसे "महान् लेखक राहुल सांकृत्यायनके सम्मानमें" चाय-पानका आयोजन किया। मुझे उस सम्मानसे भी अधिक यह देखकर प्रसन्नता हुई, कि पंडा लोगोंकी नई पीढ़ी मेरे जैसे नास्तिककी पुस्तकें भी पढ़ने लगी है। चाय-पान क्या, वह तो मिठाइयोंका एक अच्छा खासा भोज हो गया था, जिसमें इतने आदमी सम्मिलित हुए थे, जिनकी संख्या शायद ही कानूनकी मर्यादाके भीतर रही हो।

बदरीनाथकी अतिथिशाला दोमहला नया भवन है। कोठरियाँ साफ-सुथरी हैं और उनके साथ नहानघर-शौचालयका भी प्रबंध है। अलकनंदा उसके नीचेसे बहती है। निवासस्थान ऐसा था, और भोजनके लिए भगवान्का प्रसाद इतना स्वादिष्ट मिलता था, कि यदि एक-दो महीने रहा जाता, तो भी आनंद ही आनंद था, लेकिन हम तो समयके बंदे ठहरे। जीवन इतना आरामसे बैठनेके लिए थोड़े ही पाया था। अगले दिन सबेरे बदरीनाथका दर्शन करना तै हुआ था।

७. बदरीनाथजी

१९ मई (१९५१ ई०) का सबेरा आया। आज बदरीनाथका दर्शन करना था। पहले ही गोविंदप्रसाद नौटियाल और कितने ही मर्मज्ञ पुरुषोंसे सुन चुका था, कि बदरीनाथकी मूर्ति बुद्धकी मूर्ति है। यद्यपि कान और आँखमें चार ही अंगुलका अन्तर होता है, लेकिन आँखकी बात सबसे प्रमाणिक समझी जाती है। सबेरे ७ बजे बदरीनाथका स्नान होना है, जिसके लिए उनकी मूर्तिको निरावरण (निर्वाण) कर दिया जाता है। यही समय है, जब कि असली मूर्तिको देखा जा सकता है, शृंगार की हुई मूर्तिका तो केवल मुँह भर दिखलाई पड़ता है। बदरीनाथका मंदिर तीन भागोंमें विभक्त है। सबसे भीतर छोटासा गर्भगृह है, जिसके अंतिम छोरपर बदरीनाथ तथा दूसरी मूर्त्तियाँ हैं। यहीं बाईं ओर रावल और उनके सहायक डिमरी पुजारी बैठते हैं। गर्भगृहके बाहर छोटा सभामंडप है, जिसके बाहर एक और कुछ बड़ासा मंडप है। प्रवेश करनेके दरवाजे बाहरी मंडपमें हैं। मध्य-मंडपमें बहुत आदमियोंके खड़े होनेके लिए स्थान नहीं है, लेकिन मेरे लिए बगवाड़ीजीने ऐसी जगह बैठनेका इंतिजाम किया था, जहाँसे मैं सबसे नजदीकसे मूर्तिका दर्शन कर सकता था। मंदिर के भीतर दिनके प्रकाशके आनेका रास्ता नहीं है,

लेकिन वहाँ चिराग जलते रहते हैं। कहते हैं, एक चिराग तो मंदिरका पट बंद हो जानेके बाद भी जलता रहता है। दीपकी बत्ती तेज कर दी गई थी, जिसमें मैं अच्छी तरहसे देख सकूँ। पहले बदरीनाथकी मूर्तिका फोटो भी लिया जा सकता था, लेकिन कमीटीने मूर्तिकी पवित्रताका ख्याल करके उसे बंद कर दिया। तेलके दीपककी तेज बत्तियोंके प्रकाशमें ४-५ फुटसे जितना स्पष्ट देखा जा सकता है, उतना मैं देख सकता था। बगवाड़ीजी दूरबीन भी ला रहे थे, लेकिन वह जरा देरसे पहुँचे, जब कि पौन घंटा अच्छी तरह देखकर मैं मंदिरसे चला आया था।

मैंने जो देखा, वह यह था :—मूर्त्ति पद्मासनस्थ है। उसका चेहरा तथा एक हाथ खंडित है। चेहरेमेंसे दो-ढाई-इंच मोटा एक पत्थर निकल गया है, जिसके साथ दोनों आँखें, नाक और मुँह गायब हैं। शृंगार करते वक्त इस खाली जगहमें चंदनपंक लगा दिया जाता है और आँखोंको भी कृत्रिम रूपसे बना दिया जाता है। दाहिने हाथमेंसे भी कुछ पत्थर निकल गया है। जान पड़ता है, दाहिना हाथ भूमिस्पर्श-मुद्रामें है। हम जानते हैं, बोधगयामें वज्र-आसन मार कर दृढ़ संकल्पके साथ जब सिद्धार्थ गौतम बैठे, तो अपने दाहिने हाथकी अँगुलियोंको पृथिवी की ओर दिखलाते हुए उन्होंने प्रतिज्ञा की थी—या तो इसी आसनपर मेरा शरीर सूख जायगा, नहीं तो मैं जिस तत्त्वज्ञानकी खोजमें हूँ, उसे प्राप्त करके ही उठूँगा। मुझे मालूम होता था, बायें हाथका भी थोड़ासा पत्थर निकल गया है, लेकिन इसे दूसरे प्रत्यक्षदर्शी नहीं मान रहे थे। बायाँ हाथ पैरके ऊपर है। ऐसी मूर्ति बुद्ध और तीर्थंकर महावीर इन दोनोंमेंसे एककी हो सकती है। मैं देख रहा था, छातीपर यज्ञोपवीतकी तरह पतलीसी रेखा पड़ी हुई है। इस बातका समर्थन वर्तमान रावल और भूतपूर्व रावल श्रीवासुदेवजीने भी किया। इस प्रकार इसमें संदेह नहीं रह गया, कि मूर्ति बुद्धकी है। बदरीनाथकी मूर्ति अखंड रहनेपर बहुत सुंदर रही होगी, इसमें संदेह नहीं, उसके छाती, कमर आदि सारे अंग बिल्कुल ठीक अनुपातमें हैं। वर्तमान रावल चीवरके छोरको यज्ञोपवीत मानते हैं। ३० वर्षोंसे नजदीकसे देखनेवाले भूतपूर्व रावल इसे बुद्धकी मूर्ति मानते हैं। उन्होंने सारनाथ आदिमें जाकर बुद्धकी ऐसी मूर्त्तियाँ देखी है। सिरके पिछले सुरक्षित भागमें बुद्धकी तरह ही बाल है, यह भी वह बतला रहे थे। इस प्रकार मूर्तिके बुद्ध-मूर्ति होनेमें संदेह नहीं। बदरीनाथकी दोनों बगलोंमें और भी कितनी ही मूर्त्तियाँ हैं, जिनमें नारदकी धातु मूर्ति भी बुद्धकी मूर्तिसी मालूम होती है। वर्तमान रावल साहबने बतलाया, कि मूर्तिके पीठासनमें कुछ रेखायें हैं, जो फूल-पत्ते या अक्षर हो सकते हैं।

मूर्तिके इतिहासके बारेमें बतलाया जाता है, कि पहले यह मूर्ति नारदकुंडमें फेंकी हुई थी, जहाँसे किसी शंकराचार्यने निकलवाकर उसे तप्तकुंडके पास रखवाया। पीछे गढ़वालके किसी राजाने उसके लिए वर्तमान मंदिर बनवाया। मंदिर १८वीं सदीके उत्तरार्धमें बना। इस सदीके पूर्वार्ध (१७४१-४२ ई०)में लूट-मार करते रुहेले बदरीनाथ तक पहुँचे थे। उससे भी पहले १६वीं सदीके उत्तरार्द्धमें अकबरके एक भूतपूर्व अफसर टुकड़िया हुसेन खांने भी काफ़िरोंके विरुद्ध धर्म-युद्ध कर, कुमाऊँ-गढ़वालके मंदिरोंको लूट मूर्त्तियोंको तोड़ सवाब हासिल किया था। लेकिन टुकडियाके बारेमें नहीं कहा जा सकता, कि वह बदरीनाथ तक पहुँचा। गढ़वालमें इन दो मूर्तिभंजक टोलियोंका आना इतिहाससे सिद्ध है। इनमेंसे एक तो अवश्य ही बदरी-केदारनाथ तक पहुँची, नहीं तो हिंदू-मूर्त्तियोंको नाक-कान तोड़कर किसने खंडित किया? इससे पहले एक और भी मूर्त्तियों और मंदिरोंकी ध्वंस-लीलाका पता लगता है, जिसका शिकार यह बुद्ध मूर्ति हुई। तिब्बती इतिहाससे मालूम है, कि ६५०-८५० ई०में (प्रायः २०० वर्षों तक) यह भूखंड तथा नेपालसे लेकर कश्मीर तकका सारा हिमालय तिब्बतके आधीन था। एक शताब्दी तक चीनी तुर्किस्तानका भी स्वामी तिब्बत रहा। वैसे भी उस समय हिमालयमें नेपालकी तरह बौद्ध धर्मका बहुत प्रचार था, लेकिन तिब्बती शासकोंके बौद्ध धर्ममें बहुत अनुराग होनेके कारण इस समय केदारखंडमें और भी अधिक बौद्ध विहार बने। ९वीं सदीके मध्यमें तिब्बती साम्राज्य छिन्न-भिन्न होने लगा, उसी समय यहाँसे भी तिब्बती शासन खत्म हुआ जान पड़ता है। स्वदेशी विद्रोहियोंका विदेशी शासनके साथ जो संघर्ष हुआ, उसमें शासकका धर्म होनेके कारण बौद्ध धर्म भी पिस गया। यही कारण है, जो कुमाऊँ और गढ़वालमें बौद्ध मूर्त्तियोंका इतना अभाव है। कुमाऊंके द्वाराहाट, बैजनाथ, बागेश्वर जैसे स्थानोंमें सैकड़ों खंडित मूर्त्तियोंके रहते हुए भी कोई बुद्ध मूर्त्ति नहीं मिलती। बागेश्वरकी दो मूर्त्तियोंपर आसन मारे बुद्ध मूर्ति होनेका संदेह होता है, लेकिन मंदिरमें आग लगनेसे उनका अगला भाग इतना अधिक नष्ट हो गया है, कि केवल रेखाओंसे ही बुद्ध-मूर्ति होनेका अनुमान होता है। गढ़वालमें केवल तीन बौद्ध मूर्त्तियाँ या स्तूप मिले हैं, जिनमें बाड़ाहाट (उत्तरकाशी)में दत्तात्रेयके नामसे पूजी जाती धातुकी खड़ी बुद्ध-मूर्तिमें संदेह नहीं है। जिस राजा नागराजने इस मूर्तिको बनवाया था, वह पश्चिमी तिब्बतमें ११वीं सदीके आरंभमें शासन करता था। मंदाकिनी-उपत्यकामें नालाचट्टीके मंदिरके बाहर एक बौद्ध पाषाण स्तूप है, इसके

भी बौद्ध होनेमें संदेह नहीं है। यदि तुंगनाथ और बदरीनाथ (नारद)की धातु मूर्त्तियोंको छोड़ दिया जाय, तो तीसरा चिन्ह बदरीनाथकी बुद्ध-मूर्त्ति है। तप्त-कुंडके नीचे अलकनंदाका ही एक भाग नारदकुंड है। यहाँ एक चट्टानके कुछ भीतर होकर अलकनंदाका पानी बहता है, जिसके कारण वहाँ पानीके कुंडवाली एक गुहासी बन गई है। आजकल बर्फके बहुत पिघलनेसे धाराका पानी कुंडके मुँहतक भरा हुआ था, लेकिन वर्षाके बाद जब धार कम हो जाती है, तो कुंड ऊपरसे कुछ खाली हो जाता है और उसमें आसानीसे उतरा जा सकता है। भूतपूर्व रावल, श्रीबगवाड़ीजी तथा दूसरे भी बहुतसे सज्जन कहते थे, कि नारद कुंडमें अब भी कुछ मूर्त्तियाँ पड़ी हुई हैं। रावल वासुदेवजी तो कह रहे थे : अपने ३० वर्षके बदरीनाथके संबंधके समय वर्षाके अंतमें कितनी ही बार मैं नारदकुंडमें स्नान करने गया। मेरे साथियोंने कहा था, कि मुँहमें तेलका कुल्ला लेकर कुंडमें उतर-कर यदि पानीपर तेल फेंक दें, तो अँधेरी गुफामें कुछ अधिक प्रकाश हो जाता है, फिर मूर्त्तियाँ देखी जाती हैं। मैंने वैसा ही किया, और वहाँ लेटी हुई मूर्त्तियाँ देखीं। बदरीनाथकी वर्तमान मूर्त्ति पहले नारदकुंडकी ही मूर्त्तियोंके बीचमें थी। सेक्रेटरी साहबका मैंने ध्यान आकर्षित किया और उन्होंने कहा, कि पानी कम होनेपर मैं मूर्त्तियोंको ढुँढ़वाऊँगा।

बदरीनाथकी मूर्त्तिके बारेमें मेरी निम्न कल्पना है : ९वीं शताब्दीमें तिब्बती शासनको हटानेके लिए तिब्बतियोंसे स्थानीय सामन्तोंका संघर्ष हुआ। उस समय बहुतसे बौद्ध मंदिर और मूर्त्तियाँ नष्ट की गईं। उन्हीं नष्ट हुई मूर्त्तियोंमें यह वर्तमान बदरीनाथकी मूर्त्ति भी है, जिसे नारदकुंडमें फेंक दिया गया था। माणावाली परंपरा जब इसके बुद्ध-मूर्त्ति होनेकी बात करती है, तो उसका इशारा ९वीं शताब्दीके यहाँके विहार और मूर्त्तियोंकी ओर है। बौद्ध मूर्त्तिको हटा देनेपर वहाँ उसी समय या बादमें वासुदेव या बदरीनाथका मंदिर किसी कत्यूरी राजाने बनवाया होगा, यदि वह पहलेसे नहीं था। यदि टुकड़िया हुसेन खाँ यहाँतक पहुँचा, तो १६वीं सदीके चौथे पादमें उसने उस समयकी मूर्त्तिको नष्ट किया, नहीं तो १७४१-४२ ई०में रुहेलोंने मंदिरको लूट और नष्ट-भ्रष्ट करके मूर्त्तिको तोड़ डाला, और तत्कालीन बदरी-नाथकी मूर्त्ति भी नारदकुंडमें पहुँच गई, जहाँ कि वर्तमान बदरीनाथरूपी बुद्ध-मूर्त्ति अपने और साथियोंके साथ पहिलेसे पड़ी थी। नारदकुंड एक प्रकार बौद्ध और ब्राह्मण मूर्त्तियोंका समाधि-स्थान बन गया था। पीछे किसी संन्यासीने परंपराको सुनकर नारदकुंडसे मूर्त्ति निकलवानेका प्रयत्न किया। उस वक्त पीछे फेंकी हुई

बदरीनाथकी मूर्त्ति न मिलकर पुरानी बुद्ध-मूर्त्ति हाथ आ गई। किसी पंडितको यह ख्याल नहीं आया, कि यह बुद्धकी मूर्त्ति है। कहा जाता है, मूर्त्ति कुछ दिनोंतक ऐसे ही रखकर पूजी जाती रही, फिर जब गढ़वालके किसी राजाने मंदिर बनवा दिया, तो वहाँ स्थापित कर दी गई। यह हम नहीं कह सकते, कि बदरीनाथकी पुरानी मूर्त्ति नारदकुंडमें अवश्य ही होगी। यदि नारदकुंडमें फेंकी गई, तो उसे वहाँसे मिलना चाहिए और यदि अलकनंदाकी धारमें इधर-उधर हटकर फेंक दी गई, तो उसका मिलना असंभव है। जो भी हो, बदरीनाथके इतिहासपर और प्रकाश डालनेके लिए नारदकुडकी मूर्त्तियोंको निकालना आवश्यक है।

× × ×

बदरीनाथके कार्यालयके सभी कागजपत्र अधिकतर जोशीमठमें रहते हैं। तो भी यहाँ मौजूद बहियाँ १७वीं सदीतक जाती हैं। यदि मंदिरके सभी कागजपत्रोंका अनुसंधान किया जाय, तो मुसलमानोंके आक्रमणोंके बारेमें बहुत कुछ पता लग सकता है। गढ़वालके आर्थिक और सामाजिक इतिहासकी सामग्री इन कागजोंमें बहुत मिलेगी। यदि कोई विश्वविद्यालय अपने एक छात्रको इसी विषयपर डाक्ट्रेट देवे, तो इन बहियों और कागज-पत्रोंमें छिपी बहुतसी ऐतिहासिक बात प्रकाशमें आ सकती हैं। पांडुकेश्वरके ताम्रपत्र तो नहीं मिल सके, किंतु पंडित रुद्रदत्त पंत द्वारा की हुई उनकी प्रतिलिपि मंदिर-कार्यालयमें थीं। उनकी शुद्धतापर पूरा विश्वास तो नहीं किया जा सकता, किंतु दूसरी प्रतिलिपियोंकी अपेक्षा वह अधिक शुद्ध हैं, इसमें संदेह नहीं। मैंने उनको उतार लिया। सेक्रेटरी साहब और उनके सहायकने वचन दिया, कि जोशीमठमें जितने कागजपत्रोंके कूड़ा-करकट हैं, हम उनको सम्भालकर रखवा देंगे।

दोपहरसे पहले ही मैंने माणा गाँवको भी देख आना चाहा। कलकत्तेके डाक्टर हिमांशु घोष भी साथ थे और गंगासिंह दुरियालके बिना तो हमारी यात्रा ही पूरी नहीं हो सकती थी। गाँवके पासवाला भूलापुल अभी तैयार नहीं हो पाया था, इसलिए अलकनंदा पार होकर जानेका निश्चय किया गया। माणावाले लोग जाड़ोंके लिए नीचे चले गये थे। अब वह ऊपर आने लगे थे। स्त्रियाँ पीठपर कंडी या बच्चोंको लिये तकलीसे ऊन कातती सज-धजकर आ रही थीं। मैंने उनकी विचित्र पोशाकके लिए फोटो लेना चाहा, लेकिन उसमें लौटते वक्त पांडुकेश्वर हीमें ही सफल हो पाया। पूरी तरह तो नहीं कह सकता, क्योंकि जो कुर्ती या साड़ी मारछानियाँ पहनती हैं, वह आसपासकी दूसरी पहाड़ी स्त्रियोंकी भी पोशाक हैं। कानमें कई बालियाँ, नाकमें बड़ा नत्थ, गलेमें हँसली, कुमाऊँ-गढ़-

वालके आम आभूषण हैं। शिरपरकी ओढ़नी भोटांतिक स्त्रियोंका विशेष चिन्ह है, जिसमें ललाटके ऊपर सुईका किया हुआ सुन्दर काम बहुत आकर्षक मालूम होता है। मैं उस कामको अपने फोटोमें नहीं ला सका। मुझे संदेह है, कि यह प्राचीन कत्यूरी सामन्तों और राजाओंकी रानियोंका विशेष परिधान रहा होगा। यह सूती कपड़ेका होता है और पीछेकी तरफ एड़ीतक लटकता रहता है। सर्दी रोकनेमें इससे कोई सहायता नहीं मिलती। पहले सजानेके लिए जो वस्त्र कत्यूरी रानियाँ इस्तेमाल करती थीं, वही अब भोटांतिक स्त्रियोंकी सज्जाके रूपमें रह गई हैं।

माणा कोई सौ परिवारोंका गाँव होगा। यह बिल्कुल तिब्बतके गाँवों-जैसा मालूम होता है, फर्क इतना ही है, कि यहाँ मिट्टीकी छतें नहीं हैं। गाँवमें हमें वहाँके स्कूलके मास्टर तथा कुछ और सज्जन मिले। अभी बहुतसे घरोंमें ताले पड़े हुए थे। स्कूल अभी जमा नहीं था। गाँवके आगे सरस्वती (अलकनंदा-की बड़ी शाखा) पर एक बड़ी चट्टान पुलकी तरह पड़ी हुई है। लोगोंने इसका नाम भीमसेनका पुल रख लिया है। ऐसा ही पुल कुछ दूर आगे भी है। तिब्बत-का रास्ता सरस्वतीके किनारे-किनारे जाता है। माणा गाँववाले बड़े चिंतित थे। जान पड़ता है, बदरीनाथका काम बढ़नेके कारण माणावालोंने तिब्बती व्यापारके प्रति कुछ उपेक्षा कर ली, जिसके कारण उन्हें वह सब व्यापारिक सुभीते नहीं मिले, जो कि नेलङ् (गंगोत्री), नीती (धौलीगंगा), जोहार, ब्याँस और दरमाके भोटां-तिक लोगोंको प्राप्त हैं। औरोंकी अपनी-अपनी मंडियाँ तिब्बतमें निश्चित हैं, किंतु माणावालोंकी कोई अपनी मंडी नहीं है। इस साल तिब्बतमें कम्यूनिस्तोंके आनेकी जो अफवाहें उड़ रही थीं, उनसे भी इनकी चिंता और बढ़ गई थी। कम्यू-निस्त पश्चिमी तिब्बतमें पहुँचकर हमारे व्यापारमें बाधा डालेंगे, उनकी यह धारणा पीछे गलत सिद्ध हुई। पीछे जो खबरें व्यापार करनेवालोंने भेजीं, उनसे मालूम हुआ, कि कम्यूनिस्त-सैनिकोंका बर्ताव बहुत अच्छा था। इतना अच्छा, कि कुछ लोग तो भय करने लगे हैं, कि कम्यूनिस्त इसी बहाने हमारे लोगोंका मन फेरना चाहते हैं। लेकिन जिस वक्त मैं माणामें था, उस वक्त चीन और तिब्बतका समझौता नहीं हुआ था। वैसे तो पश्चिमी तिब्बतमें बराबर ही डाकुओंका जोर रहता है, लेकिन इस साल राजनीतिक अवस्थाके अनिश्चित होनेके कारण उनका उपद्रव बहुत अधिक होता, इसमें संदेह नहीं। हमारे सभी भोटांतिक व्यापारी अपने हथियारोंके बलपर ही आत्मरक्षा करते रहे हैं। इस साल तो उन्हें और भी हथियारोंकी अवश्यकता थी। भारत सरकारसे प्रार्थना

करनेपर माणा गाँवके सौ परिवारोंके लिए केवल तीन बन्दूकें मिलीं। उन्हें कमसे कम पंद्रह बन्दूकोंकी अवश्यकता थी। नीतीवालोंको ५० बन्दूकोंकी जरूरत थी पर मुश्किलसे उन्हें १०-१२ बन्दूकें मिलीं। एक दूसरे गाँवका बृद्ध कह रहा था—भालू हमारे यहाँ खेतीको बचने नहीं देते। हमने बहुत कोशिश की, कि एक बन्दूक-का लाइसेंस मिल जाय, लेकिन वह नहीं ही मिला। समझमें नहीं आता, अंग्रेजोंके जमानेका हथियारोंका कानून जैसाका तैसा स्वतंत्र भारतमें क्यों लागू है? कांग्रेसने वर्षों प्रस्ताव पास किये, कि हथियारका कानून उठा दिया जाय और भारतके प्रत्येक नागरिकको हथियार रखनेका अधिकार हो। लेंकिन कांग्रेसकी सरकारने शासनकी बागडोर सम्भालते ही अपने सब पुराने प्रस्ताव भुला दिये। जान पड़ता है, आजके शासक भी अपने देश-बन्धुओंसे उसी तरह डर रहे हैं, जैसे विदेशी शासक। हमें इस बातका जबर्दस्त आन्दोलन करना चाहिये, कि अंग्रेजों के समयसे चले आये हथियार-कानूनको उठा दिया जाय। बंदूक और पिस्तौल का आजके युद्ध हथियारोंमें वही स्थान है, जो कि भाले और तलवारका। चोरों और डाकुओंको निहत्था आप नहीं बना सकते। आये दिन बंदूक और पिस्तौल ले-लेकर डाका डालनेकी खबरें अखबारोंमें छपती रहती हैं, फिर साधारण नाग-रिकोंको हथियारसे वंचित रखकर हिंस्र मनुष्योंके मुँहमें डालना कहाँतक उचित है?

माणावाले यह भी कह रहे थे, कि पुराने जमानेमें हमारे लोग जाड़ोंमें नीचे चले जाते थे। उस समय जंगल बहुत थे, जिनमें चरते हमारे ढोर और भेड़-बकरियोंसे माल ढोना जीविकाका एक अच्छा साधन था, लेकिन आजकल मोटरों-के चल जानेसे हमारा वह रोजगार छिन गया। जंगलोंकी जगह खेत बन जानेसे गाँववाले हमारे ढोरोंके चरनेमें बाधा डालते हैं। अब वहाँ जाना बेकारका कष्ट उठाना है। घाट और पांडुकेश्वरके पासके जंगलोंमें अगर अपना मकान बनाने भरके लिए हमें जगह मिल जाय, तो हम पचासों मीलकी मंजिल मारनेसे बच जायें। मैं नहीं समझता, घाट या पांडुकेश्वरमें जंगलातकी भूमिमेंसे २५-५० एकड़ दे देनेसे सरकारको भारी हानि होगी। वस्तुतः जहाँ यह लोग अपना घर बनाना चाहते हैं, वहाँ देवदार जैसे कीमती वृक्षोंका जंगल भी नहीं है। लेकिन सरकारकी मशीन तो अब भी वही पुरानी है, जिसमें जनताके कष्टकी ओर केवल व्याख्यानोंमें सहानुभूति दिखलाई जाती है। मुझे विश्वास है, अगर गाँववाले मिलकर प्रयत्न करें, तो उनकी उचित माँग मान ली जायगी।

जब हम माणासे लौट रहे थे, तो एक बहुत मोटेसे पुलिस दारोगा साहब कान्सटेबलके साथ माणाकी ओर जाते दीख पड़े। तिब्बतमें कम्यूनिस्तोंके आनेका माणावालोंको पहला फल मिलने जा रहा था, उनके गाँवमें पुलिस थानाका स्थापित होना। गाँववालोंको लकड़ीके अत्यन्त अभावके कारण वैसे ही घरोंकी कमी है, इसपर पुलिसवाले अपने रहनेके लिए भी उन्हीं घरोंमें स्थान बनाना चाहते हैं। दारोगा साहब घर देखने जा रहे थे। दारोगा साहबके मोटे-चौड़े शरीरको देखकर मुझे तो ऊपरके अफसरोंकी बुद्धिपर आश्चर्य आया। भला पहाड़की चढ़ाई-उतराईके लिए क्या यही शरीर उपयुक्त था! मालूम हुआ, कान्सटेबल भी दूरके भेजे गये हैं। पूछनेपर यह जानकर संतोष हुआ, कि कमसे कम एक स्थानीय आदमी दुभाषियाके रूपमें रख लिया गया है। यदि भाषासे सर्वथा अपरिचित आदमी ही यहाँ रख दिये जाते, तो आश्चर्य करनेकी बात नहीं, अंधेर नगरी जो ठहरी।

८. मसूरी वापस

२० मई (१९५१ ई०)को सबेरे ही चलना था। बर्फ पिघल जानेपर पहाड़ोंमें जहाँ-तहाँ घास निकल आती है, यद्यपि वह वर्षाकी जैसी बड़ी नहीं होती, तो भी काफी होती है। बदरीनाथके लोग अपने घोड़ोंको घरमें रखनेकी जगह चरनेके लिए पहाड़ोंमें छोड़ देते हैं और महीनों उनकी खोज-खबर नहीं लेते। मंदिरका घोड़ा भी इसी तरह छोड़ा हुआ था। वह घोड़ोंकी जमातमें चरते-चरते कहीं दूर निकल गया था, इसलिए शामको उसे पाये बिना ही गंगासिंह लौट आये। आज बड़े तड़के चलनेकी सलाह थी, वह पूरी नहीं हो सकी; बल्कि, संदेह होने लगा, कि शायद आज न चल सकेंगे। आजके लिए कामका कोई प्रोग्राम भी नहीं था, इसलिए दिन काटना मुश्किल होता। सेक्रेटरी साहबने और भी आदमी भेजे और ९ बजे घोड़ा आ गया। वह अच्छी जातका टांघन था। देखकर कुछ डर भी मालूम होता था, लेकिन घोड़ा जितना देखनेमें तगड़ा मालूम होता था, उतना चंचल नहीं था। सेक्रेटरी साहब श्रीपुरुषोत्तम बगवाड़ी, उनके सहायक तथा सभी लोगोंका सौहार्द और साहाय्य मुझे प्राप्त हुआ था। मैंने यह भी देखा, कि मंदिरके संबंधमें उनकी व्यापक दिलचस्पी है। जहाँ पूजा-पाठ और यात्रियोंके आरामके बारेमें वह हर तरहकी सहायता करनेके लिए तैयार रहते हैं, वहाँ कला और पुरातत्त्वकी तरफसे भी वह उदासीन नहीं हैं। मैंने बगवाड़ीजीके सामने जब सुझाव रक्खा, तो मालूम हुआ, कि वह पहले हीसे कुछ इस तरहकी बातें

सोच रहे थे। मैंने कहा बदरी-केदारके यात्रा-क्षेत्रमें पुरातत्त्विक महत्त्वके बहुतसे मंदिर, मूर्तियाँ और शिलालेख हैं। हेलङ्के सामने उरगम-उपत्यका, तथा मध्य-मेश्वरकी भाँति कितने ही और भी ऐसे प्राचीन मंदिर हैं, जहाँ यात्री नहीं जा सकते। कालीमठ जैसे मंदिर (जो रास्तेसे ढाई तीन ही मीलपर है) में इतना महत्त्वपूर्ण कत्यूरी शिलालेख और मास्टरपीस हरगौरीकी मूर्त्ति है, लेकिन उनका पता मुझे वहाँ जानेसे पहले नहीं था। एक अच्छे फोटोग्राफर द्वारा यदि किसी पुरातत्त्वमें दिलचस्पी रखनेवाले विद्वान्के साथ मंदिरों, मूर्त्तियों और शिला-लेखोंका फोटो-छाप उतरवा लिया जाय, तो बड़ा काम होगा। कमीटीकी तरफसे आप उनका एक अच्छा अलबम छपवा सकते हैं, जिससे लगा हुआ पैसा आसानीसे निकल आ सकता है। हाँ, फोटोग्राफर पहाड़का होना चाहिये, नहीं तो दुरारोह रास्तोंमें वह जाना पसंद नहीं करेगा। पीछे मुझसे बात हुई, तो अपनी कला और इतिहास संबंधी लगनके लिये प्रसिद्ध बैरिस्टर मुकुंदीलालजी तैयार दीख पड़े। आजकल देहरादूनमें काम करते बहुत कुशल फोटोग्राफर तरुण गंगासिंह बिरोरिया भी इस कामके लिए तैयार मिले, लेकिन और कामोंमें व्यस्त होनेके कारण मैं इससे पहले इसकी सूचना बगवाड़ीजीको नहीं दे सका। मुझे विश्वास है, वह नारदकुंडसे मूर्त्तियोंको निकलवाने तथा इस फोटोके कामको अवश्य करायेंगे।

बदरीनाथमें मैं दो दिन तीन रात रहा, किंतु इतने ही समयमें इतना हेलमेल हो गया कि सचमुच ही चलते वक्त कुछ सूना-सूनासा मालूम होता था। दोपहरका भोजन सिंध-पंजाब-क्षेत्रमें करना था। भगतजीने वहाँ भोजन पहले हीसे तैयार कर रखा था। ११ बजे हम बदरीनाथपुरीसे प्रस्थान कर सके। यह जानकर प्रसन्नता हुई, कि गंगासिंह दुरियाल हमारे साथ घोड़ा लेकर जा रहे हैं। नीती जानेका बड़ा अच्छा साधन और सुअवसर मिला था, लेकिन एक तो अभी नीती-वाले धीरे-धीरे नीचेसे अपने घरोंकी ओर जा रहे थे, इसलिए अभी वहाँके बहुतसे गाँव निर्जन ही होंगे, यह विचार बाधक हो रहा था। दूसरे रास्तेके कई महत्त्व-पूर्ण स्थानोंके छोड़ देने तथा आदिबदरी तक जानेका ख्याल भी छोड़ देनेसे मनमें उतना उत्साह नहीं रह गया था, इसलिए नीतीका ख्याल छोड़ना पड़ा। लोगोंसे पूछनेपर यह मालूम हो गया था, कि वहाँ किसी बौद्ध पुस्तक, मूर्त्ति या अवशेषके मिलनेकी संभावना नहीं है, तो भी यदि कोई समानधर्मा सहयात्री होता, तो मैं नीती अवश्य जाता।

रास्ता उतराईका था। ऐसी जगह घोड़ेपर चलना मैं पसंद नहीं करता, इस लिए गंगासिंहको आनेके लिए कहकर आगे-आगे पैदल ही चल पड़ा। हनुमान

१९. बदरीनाथ धाम (पृष्ठ ४७०)

२०. बदरीनाथ-मारछा तरुणी (पृष्ठ ४८३)

चट्टीमें नहीं ठहरा और सीधे हरियालीकी भूमि ढूँढ़ते विनायक चट्टीपर पहुँचा। अब गंगासिंहके साथ साथ ही चलना अच्छा मालूम हुआ। यहीं माणावाले मास्टर और कुछ और आदमी मिल गये। उन्होंने नदीपार सामनेकी वन-भूमिको दिखलाकर कहा : यदि वहाँ जगह मिल जाय, तो हम माणावाले जाड़ोंके लिए अपना घर यहीं बना लें। जगह ६००० फुटसे कुछ ऊपर थी। आसपास बारहों मास बसनेवाले लोगोंके गाँव हैं, इसलिए घुमन्तू जीवन छोड़नेके लिए तैयार माणावालोंके लिए यह बहुत अनुकूल और समीपकी भूमि है। गंगासिंहके आ जानेपर आगे बढ़े। पांडुकेश्वरमें जरासा ठहरे। मैं किसी मारछानी महिलाका जातीय आभूषण और पोशाकके साथ फोटो लेना चाहता था। उसकी साध यहाँ पूरी हुई। एक तरुणी ऊनी कपड़ा बुन रही थी। उसने फोटो लेनेका विरोध नहीं किया। बादल आसमानमें छाये हुए थे, इसलिए और अच्छे फोटोकी उम्मीद तो नहीं थी, तो भी पीछे यह देखकर प्रसन्नता हुई, कि फोटो आ गया है।

पौने ५ बजे हम घाट चट्टीपर पहुँचे अर्थात् बदरीनाथसे १३ मील नीचे उतर आये थे। आज जोशीमठ पहुँचनेकी संभावना नहीं थी, और इससे अच्छी चट्टी आगे नहीं थी। घोड़ेकी घासका भी प्रश्न था। आगे साढ़े ६ मील चलकर जोशीमठ पहुँचनेपर ही घासका प्रबंध हो सकता था। यही सब सोचकर आज इसी चट्टीमें विश्राम करनेका निश्चय किया। घाटतक आज पैदल ही आये थे, यद्यपि उतराईमें कहीं-कहीं सवारी कर सकते थे, लेकिन मुझे पैदल चलना ही पसंद आया। सबसे पहले घोड़ेकी घासका प्रबंध करना था, दाना तो दूकनदारके पास महँगा या सस्ता मौजूद था। गंगासिंह जब तीन रुपयेकी घास पीठपर लादे आये, तब मालूम हुआ, कि यहाँ रुपया मील घोड़ेका किराया देना अधिक नहीं है। सब घास एक शामके ही लिए पर्याप्त हुई। गंगासिंह अपने ४० सालके जीवनमें जो भी कथा पूर्वजोंसे सुनते आये थे, उसे सुना रहे थे। कह रहे थे, बदरीनाथ मंदिरसे संबंध रखनेवाले लोगोंके चार थोक हैं, जिनमें माणाके मारछा सबसे पहले आते हैं, फिर पांडुकेश्वरके आसपासके गाँवोंमें रहनेवाले हम दुरियाल हैं, जोशीमठवाले जोशियाल तीसरे हैं और चौथे डिमरी (सरोला ब्राह्मण)। यह कुछ आश्चर्यसा मालूम होता है, कि चार थोकोंमें देवप्रयाग-निवासी बदरीनाथके पंडे नहीं गिने जाते। देवप्रयागके पंडोंकी गढ़वालके ब्राह्मणोंमें एक अलग ही श्रेणी है। उनके विवाह महाराष्ट्र और दूसरे ब्राह्मणोंसे भी होते आ रहे हैं। उनका बड़ा गाँव नीचेके तीर्थयात्रियोंके आनेके रास्तेमें पड़ता है, इसलिए यात्राके

महत्त्वको वह समझ सकते थे। यही कारण है, जो जोशीमठके नीचे रहनेवाले डिमरी ब्राह्मण चार थोकोंमें एक होनेपर भी बदरीनाथके रसोइया और सहायक पुजारी ही रह गये, धनकी खान नीचे वालोंकी पंडागिरी उनके हाथमें नहीं आई। चारों थोकोंके लोग बदरीनाथ धाममें अलिखित कुछ विशेष अधिकार रखते हैं, उनके पास बहुतसी अलिखित परंपरायें भी हैं, जिनका उल्लेख शायद बदरीनाथकी पुरानी बहियोंमें मिले। किसी अनुसंधानकर्ताके लिए यह एक अच्छा विषय है, किंतु हमारे यहाँ जिस तरह नून-तेल-लकड़ीकी चिंता पहले ही सिरपर सवार हो जाती है, तथा युनिवर्सिटीकी डिग्री पाते ही विद्याकी समाप्ति समझ ली जाती है, उसके कारण इन बिखरे हुए रत्नोंको परिश्रमके साथ जमा करनेवाले तरुण मिलने मुश्किल हैं।

घाट चट्टीसे मील भर ऊपरसे हेमकुंडका रास्ता अलग होता है। अलकनंदा-पर एक साधारणसा झूला-पुल बना हुआ है। वहाँसे बटिया घाँघरिया गाँव (६ मील) तक भ्युँढार नदीके किनारे-किनारे जाती है। वही आखिरी गाँव है। घाँघरियासे एक रास्ता फूलोंकी उपत्यका भ्यूँढार या "नंदनवन"को जाता है, जहाँ वर्षामें सैकड़ों तरहके फूल खिलते हैं और दूसरा रास्ता लोकपाल कुंडकी ओर जाता है। लोकपालकुंडको हेमकुंड कहकर अब सिक्खोंने अपना तीर्थ बना लिया है। ढूँढ-ढाँढ़कर ग्रंथसाहेबसे इसके प्रमाण निकाल लिये गये हैं, कि गुरु गोविंद-सिंहने पहले जनममें इसी जगह तपस्या की थी।

२१ मईको हम ५ बजेसे भी पहले रवाना हुए। धौलीपार दो मीलकी चढ़ाई घोड़ेकी सवारीसे करके ७ बजेके करीब हम जोशीमठ पहुँच गये। यहाँके मंदिरोंको तो जाते वक्त देख चुके थे, हाँ, भूतपूर्व रावल श्रीगोविन्दन्से बात करना जरूरी था। उनकी बहुज्ञताके बारेमें दूसरोंके मुँहसे भी सुन चुका था। वह इसीलिए रावल पदसे च्युत कर दिये गये, क्योंकि उन्होंने किसी पहाड़ी तरुणीसे ब्याह कर लिया। लोग आशा रखते हैं, कि रावल लोग विश्वामित्र-पराशर-प्रभृति वातांबु-पर्णाशन महर्षियोंके शिरपर भी पैर रखकर अखंड ब्रह्मचर्य पालन करें। गोविन्दन्जी औरोंकी अपेक्षा अधिक ईमानदार थे, जो अपनी संतान और पत्नीके प्रति अपने उत्तरदायित्वको खुलकर स्वीकार करना चाहते थे। इसीका उनको दण्ड मिला, जो उन्हें रावल पदसे हटा दिया गया। मुझसे जब किसीने इस बातकी शिकायत की, तो मैंने उन्हें बतलाया, कि रावलने किसी क्षत्रिय-कन्यासे ही तो ब्याह किया। मलाबारमें नम्बूतिरी ब्राह्मणोंमें यह आम रवाज है। वहाँ नम्बूतिरी ब्राह्मणोंके बड़े लड़केको ही बापकी संपत्ति और अपनी

जातिमें विवाह करनेका अधिकार होता है। छोटे लड़के नायर-कन्याओंसे दायित्वहीन विवाह-संबंध करते हैं। इसके कारण उन्हें जातिच्युत नहीं होना पड़ता। रावल गोविन्दन्‌ने कोई नियमोल्लंघन नहीं किया, यदि उन्होंने किसी क्षत्रिय-कन्यासे विवाह कर लिया। रहा यह, कि जो अखंड ब्रह्मचारी नहीं, उसे बदरीनाथकी मूर्त्तिको हाथ लगाना नहीं चाहिये, यह केवल भोलेपनकी बात है। आजतक हुए रावलोंमेंसे शायद कोई भी ऐसा नहीं हुआ होगा। हाँ, रावलोंकी निरंकुशता अवश्य उठ जानी चाहिये थी, जो कि कमीटीकी स्थापना द्वारा हो गई।

रावल गोविन्दन् कूपमंडूक नहीं हैं। उनको देश-दुनियाकी खबर है। भारतके दक्षिणी छोरमें जन्म लेकर बचपन हीमें छोटे भाई होनेके कारण अपने किसी संबंधीके साथ हिमालयमें चले आये। उनसे देरतक बातें होती रहीं। उनका कहना है: (१) नारदकुंडमें और भी मूर्त्तियाँ हैं, (२) बदरीनाथकी मूर्त्ति निःसंदेह बुद्धकी मूर्त्ति है, और वह पद्मासनस्थ है। बाँह भी छिली हुई है। सामनेसे मुँहका एक टुकड़ा निकल गया है, जो शायद कहींपर मौजूद है, जनेऊकी भाँति चीवरकी रेखा है, कान लंबे हैं, अवशिष्ट शिरोभागमें केश हैं, (३) वह मेरी इस रायसे सहमत थे, कि प्राचीन मूर्त्तिके नष्ट होनेपर पहलेसे फेंकी खंडित बुद्ध-मूर्ति नारदकुंडसे निकालकर स्थापित की गई, (४) यह मूर्त्ति कलाकी दृष्टिसे बहुत ही सुन्दर रही होगी, (५) जोशीमठमें उन्होंने सूर्यकी कोई और दूसरी खंडित मूर्त्तियाँ देखी थी, जो अब नहीं हैं; (६) जान पड़ता है, उन्हें उठा ले गये; (७) तपोवनमें कितनी ही खंडित मूर्त्तियाँ और मंदिर हैं (उनके बारेमें मैंने बतलाया, कि यह रुहेलोंकी करतूत है), (८) थोलिङ्मठ (पश्चिमी तिब्बत) से प्रतिवर्ष भेंटके साथ चिट्ठी आती है, जिसमें बदरीनाथको 'अपना देवता' लिखा रहता है।

वार्तालापमें हमें रस आ रहा था, लेकिन मुझे चलना भी था, इसलिए छुट्टी लेनी पड़ी। खनोल्टी छोटीसी चट्टी है। विश्वास नहीं था, कि यहाँ बढ़िया चावल खानेको मिलेगा। गंगासिहने भोजन बनाया। भोजनोपरान्त थोड़ा विश्राम किया और फिर चल पड़े। यदि कल जोशीमठ पहुँच गये होते, तो आज शामतक बड़ी आसानीसे चमोली पहुँच जाते। घाटसे आकर जोशीमठमें बात करनेमें भी काफी समय लग गया, इसलिए २१ मील चलकर गरुड़गंगामें आज रात्रिके लिए विश्राम करनेका निश्चय करना पड़ा। चट्टियोंमें घंटा-डेढ़-घंटा पहले पहुँच जानेपर ठहरनेके लिए अच्छा स्थान मिल जाता है, देर करके

आनेवालोंके लिए जगह मिलनी मुश्किल हो जाती है। हमें बहुत ढूंढ-ढाँढ करनेपर कालीकमलीवाली धर्मशालाके बरांडेमें जगह मिली। कुछ लोग हमसे भी देर करके आये, जिनको टिकान मिलनेमें बड़ी कठिनाई हुई। अब कल हमारा चमोली पहुँचना निश्चित था और यदि मोटरमें जगह मिल गई, तो समझ रहे थे, कल ही श्रीनगर भी पहुँच जायेंगे।

२२ मईको साढ़े ४ बजे पैदल चल पड़ा। यहाँसे १० मील हाटके पुल तक उतराई थी। मैंने वहाँतक घोड़ेकी सवारी नहीं की, यद्यपि गंगासिंहका उसके लिए बहुत आग्रह था। उतराई हो, तो पैदल चलनेमें जो आनंद आता है, उससे अपनेको वंचित रखना मैं पसन्द नहीं करता। हाट पहुँचनेपर देखा, अभी सबेरा ही है, इसलिए आगे मठमें हमने चाय पी और वहाँसे चलकर साढ़े ९ बजे चमोली पहुँच गये। ११ बजे श्रीनगरकी मोटरें छूट रही थीं। कंपौंडर श्रीसुंदरियालजी और डाक्टर विश्वासने कोशिश की, कि टिकट मिल जाये, लेकिन बसें भर चुकी थीं। डाक्टर विश्वास भी सुंदरियालजीकी तरह ही बड़े भद्रपुरुष निकले। उन्होंने मध्यान्ह-भोजनके लिए निमंत्रण दिया। उनका बँगला अस्पतालसे कुछ ऊपर कचहरी और डाकबँगलेके पास था। कह रहे थे, मेरी पत्नी ऐसे झारखंडमें रहना नहीं चाहती, जहाँ मछली मुयस्सर न हो। बंगालीके लिए मछली तो जातीय भोजन है। उन्होंने बहुत कोशिश की, कि कहींसे मछली मिल जाय, किंतु सफलता नहीं मिली। सूखा-रूखा खाना खिलानेमें उन्हें बहुत संकोच हो रहा था। उसे वह "भोजन" नाम देनेके लिए तैयार नहीं थे। यहाँसे कुछ ही मीलोंपर १८९३ ई०के पर्वतपातकी निशानी गोहनाका महासरोवर मछलियोंसे भरा पड़ा है, लेकिन चमोलीमें अगर उसके काफी ग्राहक हों, तब न मछली यहाँ पहुँचे। यहाँसे जब मोटरें कोटद्वार तक जाती हैं और आगे रेल है, तो क्यों नहीं गोहनाके लाखों मन रोहुओंमेंसे कुछको नीचे भेजा जाता—क्या वह अन्नके अभावको कुछ मात्रामें कम नहीं करेंगे?

मोटरके रास्तेपर आ जानेके बाद आदमीके भाव दूसरे ही हो जाते हैं। वह समझता है, अब मैं सभ्यताके सीमाके भीतर आ गया, मोटरपर चढ़कर जल्दी ही जहाँ चाहूँ वहाँ पहुँच सकता हूँ। बहुत प्रयत्न करनेपर ३ बजेकी बसमें जगह मिली। बदरीनाथसे लौटे यात्रियोंकी भीड़ थी। बहुतसे लोग तो बदरीनाथमें ही बसका टिकट कटवा लेते हैं, उन्हें जगह मिलनेमें सुभीता होता है। आगे एकके बाद एक नंदप्रयाग, कर्णप्रयाग, रुद्रप्रयाग आये। हाटसे नीचेके पर्वतोंमें वनश्रीका अभाव है, उन्हें हिमालयका अंग कहनेमें भी संकोच होता है। रास्तेमें हमें गौचरका

मैदान मिला। यहाँ छोटे हवाई जहाज उतर सकते हैं। पहले जब कभी बदरीनाथकी विमानयात्रा चालू थी, तो उसका अर्थ था, इसी गोचरके मैदानमें उतरना। गोचरमें हम काफी दिन रहते ही पहुँच गये थे। यह स्थान कर्णप्रयागसे ६ मील पहले आता है। यहाँपर भोटांतिक लोगोंके लिए बागेश्वरकी तरहका एक मेला लगानेकी कोशिश की गई, लेकिन भोटांतिक लोग उससे अधिक संतुष्ट नहीं मालूम पड़ते। उनका कहना है: हम तो तिब्बतसे लाई अपनी चीजोंको लेकर वहाँ पहुँच जाते हैं, किंतु नीचेकी जिन चीजोंकी हमें अवश्यकता है, वह नहीं मिलतीं। वैसे भी जब आगे रेलके अन्तिम स्टेशन और बड़े बाजार कोटद्वारा तक मोटर जाती है, तो कोई बड़ा व्यापारी क्यों यहाँसे चीजें खरीदेगा, जब कि उसे वही चीज कोटद्वारामें सस्ती मिल सकती है। अब तो हाट-मेला जोशीमठमें या आसपास में ही कहीं अच्छी तरह लग सकेगा, जब कि वहाँतक मोटर जाने लगेगी और साथ ही नीती और माणा घाटोंके पारवाले तिब्बतके व्यापारियोंको आकृष्ट किया जायेगा—कम्युनिस्त तिब्बतका व्यापार अब अधिकतर अर्ध-सरकारी हो जायेगा, इसमें संदेह नही।

रुद्रप्रयागमें अँधेरा हो गया। रास्तेमें एक जगह मोटर बिगड़ गई। डर लगने लगा, कहीं रात यहीं न बितानी पड़े, लेकिन आखिर साढ़े ९ बजे रातको हम श्रीनगर पहुँच ही गये। बदरी-केदारके रास्तेके कुछ परिचित यात्री भी उसी बससे उतरे थे। हमारा विचार तो श्रीखड्गसिंहके नेशनल-होटलमें रातको ठहरनेका था, लेकिन साथकी महिलाओं और भद्रपुरुषोंके आग्रहने इस बातके लिए मजबूर किया, कि उसी रातको ३ मील पैदल चलकर अलकनंदा पार कीर्तिनगरके मोटर-अड्डेपर चले चलें। श्रीनगरमें खड्गसिंहके यहाँ भोजन तैयार था, दूकानोंसे भी कुछ मिल सकता था, लेकिन नहीं लिया। कीर्तिनगरमें आधी रातको पहुँचे। उस वक्त तक दूकानें बन्द हो चुकी थीं, इसलिए हम लोगोंको भूखे ही एक पेड़के नीचे सो जाना पड़ा। भीड़ इतनी थी, कि डर लग रहा था, कहीं सबेरेकी बसमें जगह न मिले।

सबेरे ऋषीकेशका टिकट मिल गया। सूर्योदयसे पहले ही बस चली। ऋषीकेश और कीर्तिनगरके बीच चलनेवाली बसें अपने व्यावहारसे बतला रही थीं, कि हम किसी रियासती सवारीमें चल रहे हैं। वैसे कोटद्वारा-चमोली सड़ककी बसें भी प्राइवेट हैं, और इस बातकी उचित माँग की जाती है, कि रोडवेजकी बसें चलाई जायं, किंतु कीर्तिनगरसे ऋषीकेश तककी बसें तो सवारी नहीं सासतके लिए हैं। बसवाले यात्रियोंकी परवाह नहीं करते और ड्राइवर तो अपनेको पूरा

तानाशाह समझते हैं। आगेवाली बसें धूल उड़ाती जा रही थीं और पीछेवाली बसें चाहती थीं, कि उनके मुसाफिर खूब धूल फाकें। जहाँ मन होता, वहाँ ड्राइवर अपनी बस खड़ी कर देता और उसके पीछे आ-आकर कितनी ही बसें रुकी पड़ी रहतीं। जान पड़ता है, यहाँ कोई धनी-धोरी है ही नहीं। देवप्रयागमें घंटे भरके लिए बस रुकी। व्यासी चट्टीपरका घंटे भरका रुकना अच्छा था, भोजनका समय था और चट्टीपर रोटी-तरकारी, पूरी-तरकारीका प्रबंध माकूल था, यद्यपि पानीकी शिकायत थी। ऊपरसे आनेवालोंके लिए यहाँ गर्मी ज्यादा मालूम हो रही थी।

हमारी बसमें काफी स्त्रियाँ थीं। यात्रामें न जाने कौनसी संपत्ति लुटी जा रही थी, कि उनमें बराबर वाग्युद्ध होता रहा। २३ मईके साढ़े ११ बजे हमारी बस ऋषिकेश पहुँची। गर्मीके बारेमें क्या पूछना है? मालूम होता था दोजखमें चले आये। मन यही कहने लगा, कि जल्दी भागकर देहरादून पहुँचा जायं। देहरादूनकी बस तैयार थी, टिकट भी मिल गया, लेकिन ड्राइवर साहबकी मनमानीके कारण साढ़े १२ बजेके पहले वहाँसे चल नहीं सके। इन प्राइवेट बसोंसे गवर्नमेंटकी रोडवेजकी बसोंमें यात्रियोंको बड़ा आराम रहता है, इसमें संदेह नहीं। अगर यात्रिओंको पूछा जाय, तो वह यही कहेंगे, कि कमसे कम यात्राकी सभी मोटर-बसोंको तो सरकारी बना दिया जाय। सरकारको इसमें घाटा नहीं है, लेकिन प्राइवेट स्वार्थ, घूस-रिश्वत और खुशामदके भरोसे शिरपर आई बलाको टाल देनेमें सफल हो जाते हैं। दो घंटेमें २७ मीलकी यात्रा करके ढाई बजे हम देहरादूनमें पंडित गयाप्रसाद शुक्लके घरपर पहुँचे।

देहरादून २००० फुटकी ऊँचाईपर बसा है, लेकिन हमें तो वहाँ भी मालूम होता था, किसी भट्टीवाले घरमें बैठे हैं। मन यही करता था, कि भागकर मसूरी जा धरें, लेकिन महीनोंसे हिंदी-परिषद्की बैठकमें सम्मिलित होनेके लिए हम वचन दे चुके थे। शुक्लजीने उसे २५ मईको रख रक्खा है, यह सुनकर दिल मसोस करके रह गया—पूरे ढाई दिन और तीन रात इस भट्टीमें तपना होगा, न जाने किस जन्मका कर्मविपाक है। बिजलीका पंखा चलानेपर भी पसीना बंद नहीं होता था। रातको खुले आकाशके नीचे सोये। २४ मईको यह देखकर जानमें जान आई, कि आज आकाशपर बादल छाये हुए हैं। दिनमें थोड़ीसी वर्षा भी हो गई, लेकिन रातको फिर आकाश निरभ्र हो गया। फोटो धुलवानेपर मालूम हुआ, कि हमारी यात्राके अधिकांश फोटो अच्छे आये हैं। २४-२५को जैसे-तैसे देहरादूनमें बिताया। शुक्लजीकी धर्मपत्नीके हाथका स्वादिष्ट भोजन आग्रहपूर्वक

अधिक खा जानेसे पेट खराब होनेका डर बना ही रहा। शुक्ल-पीखार कहने हीके लिए कान्यकुब्ज हैं, नहीं तो कनौजियोंके धर्मको पूरी तरह छोड़ चुका है। भला हो पड़ोसी पंडित हरनारायण मिश्रजीका, जिनके कारण धर्म बचा हुआ है, नहीं तो कनौजिया पितरोंको भूखे ही रहना पड़ता। मिश्रजीने २५के मध्यान्हको ब्रह्मभोज कराया—बहुत स्वादिष्ट मांस बना था, यद्यपि घीके अधिक होनेकी शिकायत थी।

आते समय जिस तरह सूर्य देवताने ग्रीष्मसे मिलकर अपने चंडरूपको दिखाया था, उससे तो यदि उसकी चली होती, तो देहरादूनके ढाई दिन असह्य हो जाते, लेकिन पिछले दो दिनों कुछ बादल आते-जाते रहे और जरासी बूंदा-बाँदी हो गई। जब २६ मईको सवा ८ बजे सबेरे मसूरीकी बस रवाना हुई, तो सिर परसे एक बड़ासा भार उतर गया। पौने दस बजे बस मसूरीके अड्डेपर आई और ११ बजेसे पहले ही हम अपनी कुटिया (हर्न किल्फ, हैपीवेली) में पहुँच गये। इस प्रकार २ मईसे २६ मई तककी बदरी-केदार-यात्रा समाप्त हुई।

अध्याय १२

जन-साहित्य

गढ़वालका अलिखित जन-साहित्य अन्य पर्वतीय प्रदेशोंकी भाँति ही बहुत समृद्ध है। लेकिन अभीतक उसके संग्रह करनेका वैज्ञानिक क्या साधारण ढंगसे भी बहुत कम ही प्रयत्न किया गया है। यहाँ हम उसके कुछ गद्य-पद्यके नमूने देते हैं।

§१. गद्य

१. चिट्ठी[1]

नैलचामी, टिहरी गढ़वाल कार्तिक ८ गते १९९४

श्रीमान् मान्यवर धर्ममूर्त्ति पं० विशालमणिजी साहिब भटवाड़ी भवानन्द-की सेवा चौंरा कीर्तिसिंहको पैलागुन स्वीकार हो। खबर मिले, कि केदारनाथ-का पंडा फेरवालोंका साथ आपकी जीत होये, बड़ी खुशीकी बात छे। हमारा वोख[2] भी बारा जात गुसाईं वणिगे छया। हमन साल ८२से मुकद्दमा चलाये और वो लोग बोरा कोम करार दिया गया, वोंका ब्राह्मण श्रीनन्दकी चान्द्रायण जनेऊ देण बाबत होये, बल्के एक जालसाजी मुकद्दमा भी वोंपर बाबत जात बदलनको चले ६५० रु० जुर्माना और छ माहकी सजा वोरोंको होए। फतेराम बा० भटवाड़ी झड़ू उन्याल, महानन्द, बलिराम थापली डूँडसीर व अम्बिकादन्त्त, रघुबरदत्त रविलखेड़ा वगैरह ब्राह्मणोंकी काटल अकरीवालोंकी चान्द्रायण शुद्धता वोरोंको जनेऊ देणपर दरबार ने करवाये। यखमाँ १४ साल मुकद्दमा माँ लगेन बाद २ भैडौं-का साथ मुकद्दमा चले यख नीलचामीश्वरकी पूजा कर्नवाला भैंडा जो फूलवाली व धारवाली व दोठ गाय-भैंस हलचिराका बैल और मुर्दाको घूर लेंद छया, वोंन लेणो इन्कार करे। बोले कि हम ब्राह्मण छवाँ, भैंडा नि छवा। खास मट्टीका भैंडोन हलचिराका बैल नि लीनेन। वाँका बाबत सरकार-

---

[1]"फूलकण्डी" पृष्ठ भू० ११–१२ [2]यहाँ।

से फैसला होए कि ये ऐबदार पशु तुम लोग ही लीक आयेन। तुम अपना घर निरखणों च दानत तोंकी बिकरी करीक टेमल फंडमा रुपया जमा कर देबा। नैक (नायक) नग्याल वणीक पँवार वणना छया, वो भी हजूर कोर्टसे नैक ही वणाया गयां। कुमारधारका कुमार भी पॅवार वणना छया, वो भी कुमार ही रख दिया गयेन। म[illegible] [illegible]रदा [illegible] का[illegible]गरा जातका [illegible] वणना छया, तौपर ५[illegible] रु० जुर्माना होयेन और कारगिरी ही रख दिया गयेन। हमारा महाराजा इन्साफ कर्ना छन। खबर छ कि आपका यख भी भैंडा, सेठी, बोरा, नैक जात वदलान छन। आपसे प्रार्थना छ कि, वो लोगूंको अपणा बाप-दादा बदलणसे अवश्य रोका, जाँसे कोई जात बदलीक अपणो नाम जार-पुत्रोंकी गणतीमाँ न डालो।

पत्र भेजणवाला—पं० भवानन्द नौटियाल भटवाड़ी, किर्तसिंह, नर्डिसिंह, दात्रुसिंह, उप्राण चौरा, वादरसिंह खुंटीनेगी, पुडोली नैलचामी, टिहरी गढ़वाल।

२. कृतज्ञता[1]

श्रीमान् पं० ज्ञानानंदजी बिजल्वाण धन्नूल (पट्टी) क्वीलीका सुपुत्र पं० जनान्दजी बिजल्वाण असिस्टेन्ट सब-इन्सपेक्टर पुलिस तथा श्रीमान् लाला गंगाशरणजीका सुपुत्र लाला मामचन्दजी दुकान मगरा जौनपुरको मैं विशेष कृतज्ञ तथा आभारी छौं, जौंन कि ई पुस्तकका प्रकाशन मा विशेष अनुरोध करे और प्रकाशनको खर्च प्रदान करिक सहायता करे। ईश्वर यों सज्जनोंकी चिरायु व कामना सफल करे।

मैं कृतज्ञ छौं उपरोक्त सज्जनोंको, और कृतज्ञ छौं ऊंकू जो मैंसणी अपणा समझदन; और जौंसणी मैं अपणा समझदौं।

यशोभिलाषी :
टीकाराम "कुंज"।

§२. पद्य

१. नथुली[2] **(मध्य बोली)**

नथुली पॅवर[3], नथुली पॅवर दा,
तू होली[4] गूलाबी फूल, मै होलूँ भॅवर दा।

---

[1]"गढ़गुंजार" [2]पहिले तीन पद्य श्री गोविन्द चातक द्वारा संगृहीत तथा "हिमाचल"में प्रकाशित हैं। [3]नथुलीका मुडा सिरा [4]होगी

ताकुलाकी ताकी,[१]
मैं छौं दिलदार सुवा,[२] तू छै मन बाँकी।
ग्यों[३]-जौका कीस,[४]
तेरी गीची[५] इनी सुवा, जनु ठंडू पाणी तीस[६]।
दरजीकी कैंची,
सीं सनकौंण्या आँखी, मैं दी दे पैंछी[७]।
फटी जाली टाँटी,[८]
घणा गौकी वाट नी औंण,[९] माया जाँदी बाँटी।
गुड खायो माँख्योन,[१०]
और खाँदा गीचिन,[११] तू खाँदी[१२] आँख्योन।

२. ताचुली

ताचुली[१३]की ताच,[१४]
गाडू[१५] घायी लादु सुवा,[१६] धारु देंदी बाच[१७]।
झंगोराको बोट,[१८]
कुयेडी[१९]को मोडो[२०] मरे, होइगे अद्या लोट[२१]।
चौंल[२२] भरी पाथी,[२३]
कैका सिरवाणी[२४] रली[२५], चूडियों भरी हाथी।
सड़ककी कैंच,
बायीं हाथी सिरवाणी, दहिणी हाथी ऐंच[२६]॥
हींसर[२७]की गोंद,
मैंन[२८] फास खाण सुवा, तेरी नथुली ऊंद[२९]।
घास बाँधी पूली,
भुवकी फंडु पेयी,[३०] पर बुलाक[३१] न घूली[३२]॥

---

[१]घुमाव, नाच [२]तोता [३]गेहूँ [४]ठूस [५]मुख [६]प्यास [७]उधार-पैंचा [८]मालूलताका फल [९]आना [१०]मक्खियोंने [११]मुखसे [१२]खाती है [१३]एक घास [१४]पत्ता (?) [१५]नाले [१६]शुक, प्रियतम [१७]पुकारका उत्तर [१८]बूटा [१९]कुहरा [२०]मुर्दा [२१]छा जाना [२२]चावल [२३]दो सेर [२४]सिरहाना [२५]रहेगी [२६]ऊपर [२७]काँटेदार झाड़ी [२८]मैं [२९]में [३०]ले ली [३१]नथकी [३२]निगलना

कतरी तो प्याज,
सौकारुको मोडो मरे,[1] ज्योंको[2] बडे व्याज ॥
दली जाली दाल,
नाककी नथुली चूली,[3] न जा सुवा माल ॥

३. बेटी नगीना

तिन त बोले मैना[4] अंग्रेजी पढन बेटी नगीना,
तब नी पढे ओं नम सिधं[5] बेटी नगीना।
तिन त बोल मैन पट्टीकी पट्वान[6] होंणे बेटी नगीना;
तब नी होये गौंकी पदानी[7] बेटी नगीना।
तिन त बोल मैन लाहौरी लड्डू खाणा बेटी नगीना,
तब नी मिले झंगोरा[8] को पजवाणी[9] बेटी नगीना।
तिन त बोले मैन हारमुनी बजौणें बेटी नगीना,
तव नी मिले फुटचूं कनस्तर बेटी नगीना।

४. ढोल-मंत्र[10]

वन्मो आदेस,[11] माता पिता गुरु देवताकौ आदेस,
रण कू दली[12] ठोकत ताल, फुट-फुट रे बाबा बजर सी ताल।
पूड नी फुटे डोर नी खुले मंत्र नी चले,
दैणा नरसी बाबा हणमान, तेरी आण[13] पडे परथमें[14]।
जत खोलु, सत खोलु, कंकणी[15] खोलु,
मुंदडे[16] खोलु, हार खोलुँ डोर खोलु,
तामा रोदन खोलु, कोन्ती[17] का सत न खोलु,[18]
सीताका सत न खोलु, दुरपतीका खाडा न खोलु,

---

[1]मुर्दा मरे [2]जिनका [3]देना [4]मैन [5]ओं नमः सिद्धं [6]पटवारिन [7]प्रधानकी स्त्री [8]सँवा [9]माँड [10]चौथीसे सातवीं तककी गीत "विशाल हृदय" (श्री शंभुप्रसाद बहुगुणा, पृष्ठ २२६, २१६, २१७८, २१७)से ली गई हैं। [11]ओं नमो आदेश [12]रणदलन करनेवाले [13]शपथ, जान [14]पूडा [15]ढोलकी मेखला [16]मुद्रा [17]कुन्ती [18]नंगा करूँ

नकोल[१]की छडी न खोलु, सहदेवकी छडी न खोलु,
अर्जनका धनक न खोलु, भीमकी गजा[२] न खोलु,
दुद्ध्या[३]की वाचा न खोलु, मंत्र नी चले अंजनीका पुत्र,
नरसी वीर तेरी आण पडे, पंच पंडव तेरी आण पड़े।

५. ***चांछड़**[४]

बौडी[५] ऐन बौडीजी बारा मैनों[६]की बारा वसुंधरा।
रितु बौडी ऐ गैन[७] ढाँइ जसु[८] फेरा। बौडी क ऐ गैनजी वसन्त-पंचमी।
तब बौडी क ऐ गैन फूल सगराँद।[९] बारा फूलू मान कू फूल प्यारूँ।
बारा फूलू मान[१०]कू फूल-सरदार। सेल[११] सिरताज छ, रातू[१२] मखीमला।
जाई[१३] सुरमाडी छ, बू[१४]फूल गुलाब। नीगंदु[१५] बुराँस[१६] डोला-सी गच्छेंदु[१७]
बौडी क ऐ गैन बैसाख बिखोत[१८]। बौडी क ऐ गैन पापडी त्योहार।
बौडी क ऐ गैन जी बूथल[१९] तमाश।
जौं दिसा ध्याणियों[२०] का मैती[२१] ह्वला[२२] ग्वीनी[२३]।
तौ दिसा ध्याणी मैतु जाली देसु, नि मैतगी[२४] फयोंली[२५] देलीउँ जाली[२६]।

६. ***चौफोला**[२७]

डांखरि ढूरलि[२८] तैं[२९] बाँकी रँवाई,[३०] डांखरि ढूरलि।
राँवाई ना जा तू राँवाई ना जा,
तेरी मामी हँसाड[३१] रणू, डांखरि ढूरलि।
तैं पाली-पछौंउ रणू, डांखरि ढूरलि।
डांखरचूं क तल होली, डांखरि ढूरलि।
तू येकू येकेंतो[३२] छ ई, डांखरि ढूरलि।

---

[१]नकुल [२]गदा [३]दुधिया बाबा

*"विराट हृदय" पृ० ६ (२१६) [४]चाँचर (गीत) [५]फिर (बहुरि) [६]बारह महीना [७]आ गई [८]बैल जैसे [९]फूल संक्रान्ति (चैतकी) [१०]महीना [११]पीला [१२]लाल [१३]जई (जूही ?) [१४]वह [१५]निर्गंध [१६]रोडेन्ड्रन [१७]फूला [१८]विषुवत् संक्रान्ति [१९]... [२०]धीया [२१]मातृ पक्षीय [२२]होंगे [२३]सखियो ! [२४]मातृपक्षीय [२५]एक फूल, स्त्रीका नाम, [२६]देहलीपर जायेगी

[२७]*"विराटहृदय" पृ० २१८. [२८]फरसे रहते [२९]तू [३०]टेहरीका पर्गना जिसमें जमुनोत्री है [३१]हँसोड [३२]एकलौता

मैं जादू रँवाई आमा[1] डांखरि ढूरलि ।
काल का डस्याणा[2] ना जा, डांखरि ढूरलि ।
बैरीका बंदांण ना जा, डांखरि ढूरलि ।
मैं जाँदू रँवाई आमा डांखरि ढूरलि ।
दरोलो[3] ना होई रणू, डांखरि ढूरलि ।
सिंहणी सपूत छई, डांखरि ढूरलि ।
भड़ू[4]को वचणो रणू, डांखरि ढूरलि ।
होंदो दुई दिनू रणू, डांखरि ढूरलि ।
मरणू अवसिहि होण, डाखरि ढूरलि ।
जब जग जलम[5] लीने, डाँखरि ढूरलि ।

७. बारहमास्या[6]

भादों की अँधेरी झकाझोर, ना वास,[7] ना बास पापी मोर ।
ग्वेरु[8]की मूरली तू त बाज, भैंस्यूंकी घांड्यौं न डांडो गाज ।
आँसुन चादरी मेरी रुझ,[9] तुम तैं स्वामीजी नी सूझ ।
बाज्यौ ती वाज्यौ ती बाज्यौ डंका, सीता हर लीगे रावण लंका ।
ना बास, ना बास पापी मोर, भादौंकी अँधेरी झकाझोर ।

८. चेतावनी[10]

रे लोला दीरिदा[11], जाग जरा गढ़वाल ।।
डाँडी व कांठ्यौं[12] घाम लगीगे, अब तु होश सम्हाल ।
दगड्या[13] लगी गयाँ कामू सबेरे, जोडि लीने धन माल ।।
रे लोला दरिद्री जाग जरा गढ़वाल ।।
पूषको पालो जेठ कि रुडे[14] काल जून बसगाल ।
त्वैन सत्याये नंगाहि तन सब, खाँदी समै[15] अन्नकाल ।।

---

[1]मा [2]डँसा [3]शराबी [4]जोधा [5]जन्म
[6]"विराट हृदय" पृ० २१७ [7]बोल [8]ग्वाला
[9]भीगी [10]"फूलकन्डी" पृ० ५ [11]अरे भाई
[12]डांडा कोठा [13]साथी [14]गर्मी
[15]खाते समय

रे लोला दरिद्री जाग जरा गढ़वाल ॥
दाणो नि घर माँ बालक भूखा, नांगान ह्योयाँ बेहाल ।
रे, तख माँ[1] भी जाँदी[2] अदालत कैकी तु कर्ज कपाल ॥
रे लोला दरिद्री जाग जरा गढ़वाल ॥
वोइ[3] व बाबू[4]का दगडा[5] भी, दावा व झूटा बवाल ।[6]
जुआ शराबे राँडू पिछाडे,[7] होंदी तु हाल बेहाल ॥
रे लोला दरिद्री जाग जरा गढ़वाल ॥
अप्फू नि कुछभी कर्नू कमौणू, उद्यमको नि छ खियाल ।
बेटी कु बेची वींका रगतते[8], चाँदी तु होणू निहाल ।
रे लोला दरिद्री जाग जरा गढ़वाल ॥
'योगीन्दर' यो जतन बिचारा, सुधरि पड़ो सब जाल ।
नींद रलिया[9] इन्ने पडीं त ऐगे समै अन्त काल ॥
रे लोला दरिद्री जाग जरा गढ़वाल ॥

९. स्वामीकु रैवार गीत*

पौन तू प्राण मेरी, दास छौ मै भि तेरी ।
जैं दिशा भौंर[10] मेरो, तैं दिशा मारी फेरो ।
देखि स्वामी को डेरो, बोलि रैवार[11] मेरो ।
भौंर तू प्राण मेरो, केशरु को रसिया ।
बागों को तू बसिया, फूलु को छै हसिया ।
कै[12] विराणी हि जाई,[13] देखिकी तू ना भूल ।
भौर अलसीगे[14] तेरो, यो गुलाबी सी फूल ।
भौर की आश धरी, फूली गुलाब कली ।
भौर विदेशु रम्यों, नी छ या बात भली ।
खूब मैदान बड़ा, बाटामां त्वै मिलला ।
हौंसिया[15] लोग रंदा,[16] सेठुका गांऊ भला ।

---

[1]तो भी [2]जाता है [3]मा [4]बाप [5]साथ [6]आफत [7]पीछे [8]रक्तसे [9]रहेगी

*"फूलकंडी" पृ० ७९ [10]प्रियतम, भँवर [11]संदेशा [12]किसो [13]स्त्री [14]मुर्झा गया [15]खुशदिल [16]रहते

सेरो[1] चौसरसी बिछ्यूँ, चौकोण्यों चारि गाउ।
नैर सी कूल भली, पट्टि चौरास नाउँ।
नौर नौटयाल[2] रहंदा, खूब ज्यूंदीको सेरो।
नैणिकी कूल भली, जा गड्यालू[3]को डेरो॥
किलकिलेश्वर छै तखी[4] मैति[5] मादेव मेरो।
"महन्तयोगीन्द्र" पूरी राखला ध्यान तेरो॥

—योगीन्द्र (फूलकंडी, पृष्ठ ७९-८०)

१०. बेटी बेची दुर्गति

कथा सीराकि या सुणि लेवा। पापि धनसिंह धिकार देवा।
बेटी बेचिक जैन[6] पाप करे। तैको करजा तोभि नि तरे॥
नौनि[7] वेच्यां कि रै बात सूणा[8]। ना करा पाप रुप्यों करुणा[9]।
धनसिंह कि छै इक नौनी। दान देणक सौ मरे क्योंनी॥
लूथि बूथि तैका[10] दुई नौना। बांजा पड़ो तौकी जगा क्योंना।
नौनी को नाउँ छ सीरा देवी। जैकि विपदा सूणौदु मैं भी॥
जैं घडी माझ स्या[11] पैदा होये। बोद[12] धनसिंह अब कर्जा धोये।
पालिसैंती नौ बर्स ह्वैग्यां। कुछ जगों का मँगदारा[13] गैग्यां॥[14]
बात मंगदारा करदो गैन। धनसिंहन हजार कैन।
बोद धनसिंह "हम जाति रौत। बडि जात खांदी रुप्या भौत॥
वेटि सीरा को हों चाहे मौत। चाहे दस पांच ह्वै जौन सौत।
बर चाहे बूढ़ो हो या कोढ़ी। पर रुप्योंने मिलौणि जोड़ी॥
जैका ना हो एक भी दांत। और ना होव क्वै जात-पांत"।
कर्ज धनसिंह को देण जैन। सीरा बेटि जो बेवोणि[15] तैन॥
कर्ज़ा गाडदो[16] जाणी च रौत। बेटि का बाना[17] सो ह्वैगे भौत।
खूब ऊडौंदा सी[18] मालपूआ। सदा खेलदो जांदान[19] जूआ।

---

[1]सिंचाईकी भूमि [2]नौर गाँवका नौटियाल [3]गड्याल मच्छी [4]तहाँ [5]पीहर [6]जो [7]लड़की [8]सुनो [9]लालच [10]तिसके [11]वह (सा) [12]कहता है [13]मंगनीवाले [14]चले गये [15]विवाहनीय [16]निकाल दो [17]बहाना [18]वह लोग [19]जाते हैं

बोद धनसिंह "हे कुल देवी। बेटि बिकैक पूजाई त्वै बी[१]।
जै कि देणि तैन ऊज-पैंच[२]। तैको भरोसो की नौट[३] छै" ॥
ग्यारह बर्स कि स्या सीरा ह्वैगे। थैली लीक[४] नन्दु बुढया ऐगे।
नन्दु सेठ छ वर्सों को साठ। दस मीलका द्वी दिन बाट ॥
बाल सफेद सब छन तैका। नौना नी होया तौं माझ कैका[५]।
बोद नन्दु सेठ खुसी ह्वैके। "रौत नौनि छे देवा तुमू मैक।
नौना नी होया कैकाभि डेरा[६]। तान[७] रौत आयो पास तेरा ॥
तेरि बेटिका नौन्याल[८] होला। धन दौलत कू त्वैभि[९] देला ॥
मै छौं सारा मुल्कमां सेठ। देवा नौनिकु ना करा लेट।"
"मैन द्वी हजार रुप्या लेणी। कोल-छडाई[१०] और त्वेन देणी।"
बोद नन्दु "मैं तय्यार छऊं। कोल-छड़ाई क्या देण तौंऊं" ॥
सीरा की माता बर्सोंकि तीस। बोदि "जंवाई छै देणि बीस[११]।
और नथुलि धागुलि[१२] देया। तब सुख कीजो नींद सेया" ॥
नन्दु सेठको कलेऊ खाये। सीरा न जाणे कि माना आये।
टीको समौण स्या आज ह्वैगे। ब्याह को दिन भी होइ गैंगे।
ब्याउक रैग्यन[१३] दिन आठ। नन्दु थैलि दीक[१४] लैगे बाट।
माघ का मैनाकी गते ग्यार। सीरा को ब्याह जुडिगे यार।
देखा रुप्यों नहीं बोरा जात। भारी रौतु मां[१५] मार दी हात।
डेरा आइक तैं नन्दु बोरो। "सबि बराति मेरि चला सोरो[१६] ॥
सबि वौरा हि पैटेन[१७] पौणा। छूढा[१८] सोनेरा नौनी का गौणा[१९]
कूडि[२०] धनसिंहकी लैले आग। सीरा छोरि को फोडचाले[२१] भाग ॥
स्वारा चलीगे स्या बेटि सीरा। रौत धनसिंह बणिगे मीरा।
सीरा बेचिकतैं[२२] राणि पाणी। धोउ करिकतै लाणि खाणी ॥
साट को बुढया सो नन्दु बोरो। देखे सीरान फोडदी खोरो।[२३]
देख्या सीरान जब बुरा हाल। रौंदि रौंदि ह्वैगी आंखि लाल ॥

---

[१]तुझे भी [२]कर्जा [३]नोट [४]लेके [५]उनमेंसे किसीका [६]घरपर [७]इसीलिए [८]लड़के [९]तुझे भी [१०]गोद छुड़ाई [११]एकसो बीस देना [१२]हाथके कड़े [१३]रह गया [१४]देकर [१५]रावतोंके बीच [१६]भाईबंद [१७]तैयार [१८]खालिस [१९]गहना [२०]मकान [२१]फोड़ा [२२]बेंच कर [२३]खोपड़ी

बोदि सौत "द्वि हजारि बांद[1]। धाण-धंदाकु[2] लगऊ कांद"।
दुइ कोदलि[3] सीराकु रोज। सौत देंदिन[4] खांणको भोज।
भूख प्याससे तैं छै मैना[5]। स्वारा ही पर बीतण लैना।।
मौडि-बाबुक[6] रैंवार सीरा[7]। रौत रौतिण पागल नीरा[8]।
"बाबा निर्वंश होयान तेरो। सारो खून खाये जैन मेरो।।
मांजि[9] होयान मेरि तू कोढ़ी। बांजा पड्यान भायों कि जोड़ी।
जैन थैलि पर लाये डीठ। मैकु[10] फेरिले इकदम पीठ"।।
सीरा विलाप करदी भारी। मेरो नी होये क्वै मैति-स्वारी[11]।
गंगा माता मा समाइ जांदू। काली वणीक मैत्यूंकु खांदू।।
सीरा देवि पडि गैगे गाड। धनसिंह कुवाणि गैगै खाड।
लूथि-बूथि दूई कोढ़ि ह्वैन। तौकि मां का आंखा फूटि गैन।।
घर नी रये अब चूला-छार। बोद धनसिंह "क्या कदु[12] यार"।
ह्वैगे दिवाल्या सो बड़ो रौत। पाप तापो मा ह्वै तैकि मौत।।
बेटि बेंचला जो तौकि बीक[13]। यनी ही दशा ह्वै जालि ठीक।
देला जो कोई कन्याको दान। तीनी लोगु मां सी पौला मान[14]।।
—ठा०औतारसिंह नेगी ठा०बहादुरसिंह रावतकी "गढ़वालशिक्षाके" आधारपर
—(फलकंडी, पृष्ठ ७-९)

११. [15]प्युली

[15]सुण मेरा स्वामीजी सौण[16] आये। भुण-मुण वर्षा भी सांत ल्याये[17]।
सरसर डांड़ौ कुयेड़ि[18] आये। चौदिश स्वामि अंधेरी छाये।।
देखि कुयेडि ज्यु खुदि ऐगे[19]। स्वामिकी यादन रोण लैगे।
कनी[20] लगी वर्षा रुण-झोण। भीतर-भैर छन[21] धूल-मोण[22]।।
सरसु[23] उपाणा[24] क्यों देला सेण[25]। लागी जो लौलि[26] तय[27] बैठो रोण।
क्यारि-कुण्डौमा भरिएगे पाणि। कब औला स्वामि मै कदु[28] गांणी[29]।।

---

[1]स्त्री [2]कामधंदा [3]मंडुये की रोटी [4]देती [5]महीना [6]माता-पिताको [7]संदेश [8]बिल्कुल [9]माता [10]मेरे लिए [11]पीहर-संबंधी [12]करूँ [13]उसकी भी [14]पावेगा [15]नाम [16]सावन [17]साथ [18]कुहरे [19]उदास हो गया [20]कैसी [21]हैं [22]मच्छर [23]खटमल [24]पिस्सू [25]शयन [26]खुजली [27]तब [28]करूँ [29]प्रतीक्षा।

अब डेरा ऐजावा[१] मेरा स्वामि। ये पापी मन नी सकदु थामी।
क्या मैसें कोई खता होये होली। आम[२] लोगौमां तुम लेला बोली ॥
कुजाती नारि नी छों मैं स्वामी। वदजबान नी सकु थामी ॥
कुजात्या रांडूको काम यो च[३]। मेरा अग्वाडि[४] दूसरो को च ॥
मालिक बणैक पूरो बैल। देखा रे मैक क्या बोन[५] कैल[६] ॥
भलो आदिम कोई आयो धोरा। मैं बोनदे[७] तु पागल छोरा ॥
अफुत[८] खैण्डि-वटिक[९] खाण। स्वामिक कौणि-झंगोरो[१०] लाण ॥
लैक्वी[११] छाणो चौक मां ऐगे। बेटि-बुवारि[१२] मैक्यूंण लैगे[१३] ॥
स्वामिन बोल्यो "नी देण गाली। तुरत लगौदी द्वार ताली ॥
मेरे माचद अब चली जांदो। लीक सिराणि[१४] मै गला लांदो" ॥
उल्टी आफत लगीगे स्वामी। रोई छूटिगे नी सकद थामी ॥
छोटि जाति कि यनि[१५] होंदिलोको,[१६] खानदान्यों मां बिगड़ी न कोको ॥
पतीकी सेवा करीक राम। सीता सतीको अमर नाम ॥

—विशालमणि उपाध्याय (फलकंडी, पृष्ठ २२)

१२. नारीवर्णन

पथ ओ चलदी सुनसान वणी[१७]।
दुःखड़ा मन का मन मांहि गणी ॥
मन थौ वोखि[१८] ही उइं नोनि परैं[१९]।
जुकडी मू[२०] दिन्यूं थउ प्रेम घरैं ॥
लगदी वणु मा कनि[२१] प्यारि थई[२२]।
वणु आछरि हो जनि घूमि रई ॥
जबरी[२३] वखमा[२४] चुप-चाप थई।
वण-देवि जनी कि विराजदि थई ॥

---

[१]आ जाओ [२]साधारण [३]यह ही [४]सामने [५]कहना [६]किसीने [७]कहने लगी [८]अपने आप [९]अच्छे [१०]कंगुनी-सवां [११]लेकर [१२]बेटोबहू [१३]गाली लग गई [१४]लेकर तकिया [१५]ऐसी [१६]अपवाद [१७]बनकर [१८]वहाँ [१९]उसी लड़कीपर [२०]छातीमें [२१]कैसी [२२]थी [२३]जब [२४]वहाँ।

मन मेरु हरी कनु[1] पापिण हे।
जुकड़ी मुत्यरी कनु पाप रहे ॥
अफु गै तबरी[2] हंसदी हंसदी।
करि गै मइकू यनि या दुखदी[3] ॥
चुप चाप खड़ी कनि थै वखमां।
जनि मूर्ति स्वनेरि[4] धरी तख-मां[5] ॥
वणु या जनि[6] ग्वैरनि गोपि कुई।
खुश शांत वणी कृष्ण गैल थई ॥
घुमदी कुइ या सुखि भारि[7] यनी।
करदी मृगणी वणु सैल[8] जनी ॥
मुखड़ी पिंगली कनि स्वाणि[9] थई।
जनु सूर्जमुखी भलु फूल कुई ॥
पग हाथ कना प्रिय कोमल था।
फुलवाड़ि फुल्यां यन[10] फूल नि था ॥
चलदी कनि थै रगड़ी[11] वणु मा।
चिफली[12] सड़क्यों जनि की घरुमा ॥
कुरता हरि धारि धवती पिंगली।
कि कनेर जना लगदा जंगली।
चलदी यनि थै सँगता[13] हि भली।
जनि राज हंसीण दिखेदि भली ॥
घर ओज[14] लगान्दि वलू[15] जव थै।
बोलदी तुम्हारु मुलाजु[16] भि थै ॥
पथ याद रख्या न सदा यख[17] यो।
चुभगे तब से मेरि छानि थयो ॥
थइ वाणि पियारि मि कोकिल की।
हरदी सुध बुद्धि थई मनु की ॥

---

[1]कैसे [2]तब [3]दुख देकर [4]सुनहरी [5]वहाँ पर [6]जैसे [7]भारी [8]सैर [9]सुहावनी [10]ऐसा [11]रेडा [12]फिसलाऊ [13]सर्वत्र [14]तरफ [15]बैल [16]मुलाहिजा [17]यह।

जबरे बोलदी यनि वाणि थई।
मन होस मेरा तबरे नि रई॥
तबसे मन मेरु कनू[1] हरले ।
वश मा म्यरु प्राण कनू करले॥
जब तैं रलु[2] प्राण मेरा तन मा।
त्यरि सूरत याद रली मनमा॥
अपणा मन-मन्दिर मूर्ति त्यरी।
सहि[3] प्रेम धरे मन प्यार करी॥
मन तेरु कनू यनु जाणि भि नी[4]॥
अब मर्जी तेरि करि चाहि जनी॥
अधमे कुछ भी करली अब तू।
सब श्राप भि मेरू भोगलि तू॥
कनु कैक[5] अऊं अब मैं त्वइ मा।
बसिगे मुखड़ी तनमा मनमा॥
यनु सोचद सोचद आंसु झड़ी।
निकले तब आँखुन भारि बड़ी॥
अँसु-धार यनी मुखमा बगदी[6]।
करुणा विरही जनि[7] द्वोइ नदी॥
—टीकाराम "कुंज" ("गढ़-गुंजार-वाटिका", पृ० २९)

---

[1]कैसे [2]रहेगा [3]सहित [4]जाना भी नहीं [5]कैसे करके [6]बहती [7]जैसी ।

नाम-सूची